U0930114

北京通州年鉴

BEIJING　TONGZHOU　NIANJIAN

2003

北京市通州区史志办公室

序　言

通州历史悠久，地理位置优越，历来是京东交通枢纽；通州是京杭大运河的北起点，积淀着丰富的运河文化。进入 21 世纪的通州，正在实施“十五”计划的道路上奋力前行，按照卫星城“一河两线三城”和全区“一环三路四个区域”的经济发展总体框架，加大经济结构调整，在政治经济、文化教育、商贸旅游、交通电信等方面呈现出良好的发展势头。区委二届十一次全体会议确立了建设北京新城区和建设京东工业基地的战略目标，通州区将会加快前进的步伐，开创现代化建设的新局面。

《北京通州年鉴》作为全面、系统、及时地记录通州发展历史进程的大型综合性年刊，于 1999 年创刊后，已连续编纂出版了 5 期。通州年鉴汇集了我区最新成果、最新资料与信息，是一部反映通州区情区貌的地方小型百科全书，成为各部门各行业制定工作决策和各级领导指导工作的参考依据；为区内外各界人士了解、研究通州提供信息资料；也为进行爱祖国、爱家乡教育提供乡土教材。这部年鉴对提高全区人民的文化素质，加强社会主义物质文明和精神文明建设有着重要的作用。

在《北京通州年鉴》逐年出版的过程中，编写人员要不断总结探索，进一步提高年鉴的质量，充分发挥通州年鉴资政、存史、教育的功能。希望全区各级领导、有关撰写人员以及广大读者能够一如既往地关心、重视年鉴工作，在通州社会经济稳步发展进程中，我们也应该能够看到一期比一期更好的年鉴。

通州区区长　牛晓明

编　辑　说　明

一、《北京通州年鉴》是一部大型的综合性资料工具书和史料文献。在通州区委、区政府的领导下，由区地方志编纂委员会主持编纂。

二、本年鉴以马列主义、毛泽东思想、邓小平理论、江泽民“三个代表”重要思想为指导，贯彻以经济建设为中心，坚持四项基本原则，科学地反映客观情况。

三、本年鉴采用文章和条目两种体裁，以条目为主体，用规范的语体文、记述体直陈其事，文字力求言简意赅。

四、本年鉴从1999年开始逐年编辑。当年出版的年鉴全面汇集上一年度通州区政治、经济、文化、社会发展等诸方面的重大事件和新的情况，为各级领导提供可资参考的依据，为各行各业提供有价值的信息资料，为各方面人士了解、研究通州提供全面情况和最新信息。本年鉴反映2002年1月1日至12月31日期间情况（部分内容依据实际情况时限略有前后延伸）文中一般直书月、日不再写年份。

五、本卷年鉴文字内容，设有概述、特载、大事记、党派、政权·政治协商、群众团体、政法·军事、经济管理、财税·金融·审计、农业、工业、商业服务 旅游、对外经济贸易、交通·邮电、城乡建设、科教文卫体、社会生活、街道、乡镇、人物、统计资料、附录共22个类目，91个分目，67个子目，1519个条目。

六、本卷年鉴收有通州区党、政、军，区各民主党派、群众团体、区各街道、乡镇和各局（公司）、事业单位负责人名录，所列均以2002年内任职为限，其中有任免情况的分别予以注明。收录2002年内获得区以上各类先进人物、先进单位名单。

七、选入年鉴的文章和条目，均由各部门各单位确定专人撰写，经部门单位主要领导审阅，并经由区委、区政府有关部、委、办领导审查。统计资料由统计局提供。照片由各单位提供。

八、本年鉴的编辑工作得到各撰稿单位及各方面的热情关怀和大力支持，在此深表谢意。由于水平有限，对本书的疏漏之处与不足，恳请各界批评指正，以利于今后改进。

▲ 9 月 26 日，市委书记贾庆林、市长刘淇检查温榆河绿化情况

▲ 11 月 30 日，中共中央政治局委员、中共北京市委书记、市长刘淇到梨园镇曹园村调研

▲1月20—22日，北京市通州区第二届人民代表大会第五次会议召开

▲1月15—17日，政协北京市通州区第二届委员会第四次会议召开

通州区经济发展服务中心

通州区经济发展服务中心是区委、区政府为优化投资环境、提高办事效率、更好地为投资者服务而设立的区政府直属综合办公服务机构。位于新华大街140号，卫星城商务中心。服务中心的宗旨是：联合办公、公开透明、服务周到、廉洁高效。服务中心总面积1200平方米，进驻5个委、12个局（处）、5个咨询中介服务单位。全面负责办理入区企业各项登记注册，基本建设立项审批和建设开工许可必须履行的各项手续，为投资者提供便捷、高效的服务。

服务中心设4个办公区：即企业登记注册区、基本建设投资立项办理区、建设项目开工许可办理区、咨询服务区。服务中心将积极努力，不断进取，为通州区经济发展多做贡献。

▲通州区经济发展服务中心

▲宽敞的服务中心大厅

通州区经济发展服务中心

★主　任：　刘　辉(常务副区长)

★副主任：　李维敏　陈友生

★办公室电话：69518375

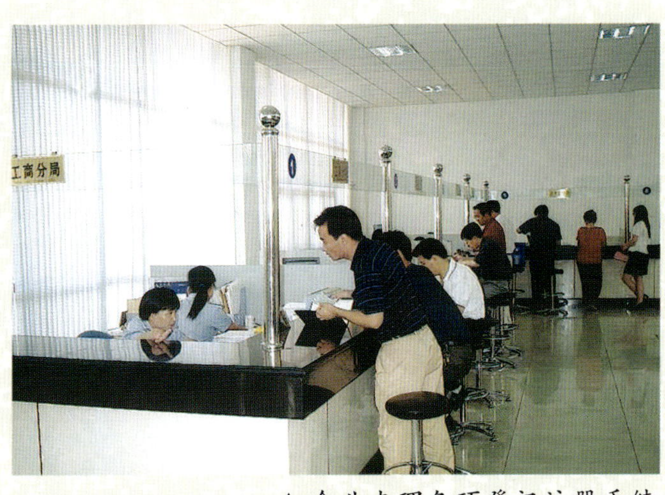

▲企业办理各项登记注册手续

▲ 通州区劳动和社会保障局大楼

▲ 劳动保障局在“通州区首届礼仪文化风采大赛”中获得第一名，参加了本区与北京电视台《公益歌曲大擂台》栏目合办的颁奖晚会。

通州区劳动和社会保障局是承担全区劳动和社会保障工作的政府职能部门。1984年在通州镇人民政府劳动科基础上组建，几经变更，现迁驻运河东大街85号办公。目前，局内共设政工科、办公室（行政科）、劳动工资科、医疗保险科、职业技能培训科、劳动争议仲裁科、劳动和社会保险监察科、就业科（失业保险科）、养老保险科、工伤保险科等10余个行政科室，职业介绍服务中心、劳动服务管理中心、社会保险基金管理中心、农保中心、职业技术学校等9个事业单位，共有干部职工160余人。担负着全区促进就业再就业、综合管理社会保险、协调劳动关系、职业技能培训鉴定等各项劳动保障工作。

几年来，在区委、区政府的正确领导下，通州区劳动和社会保障局不断加强制度建设和队伍建设，2002年在“社会评议政府效能与作用”活动中获得五个单项第一和总分第一的好成绩。

▲ 区劳动保障局局长李玉君在行风建设动员会上作动员

通州区劳动和社会保障局

▶副市长翟鸿祥在区委书记崔君乐、区长卢晓明陪同下视察本局劳动工作

◀国家劳动和社会保障部领导到本局检查、指导劳动保障工作

▶局长李玉君陪同区人大主任曹文广及各位委员视察通州区职业技术学校

▲ 2002年通州区秋季城乡劳动力招聘洽谈会在运河文化广场举行

▲ 通州区职业技术学校第二职业学校开学典礼

通州区妇女联合会

▲全国妇联副主席沈淑济调研"三八"绿色基地

▲庆"三八"女民警、刑侦、巡察干部家属"回娘家"座谈会

▲通州区妇女植树活动

▲通州区妇女互助创业项目小组授牌仪式

▲新华街道社区公共服务社、社区妇女创业基地揭牌仪式

▲ 妇女、儿童、家庭环保活动

通州区科学技术协会是通州地区科学技术工作者的群众组织，是由全区的学会、协会、研究会、厂矿和街道办事处科协组成，是区委领导下的人民团体，是党和政府联系科学技术工作者的桥梁和纽带。

◀2002年通州区科技周—绿色科普游园会

通州区科学技术协会

近年来，区科协在区委、区政府的领导下，贯彻落实"三个代表"的重要思想，团结和组织广大科技工作者，在全区范围内组织开展了"三下乡"、"金桥工程"、"科普之春"、"科技周"、"绿色科普游园会"、"创建北京市台湖生态科普示范基地"、"科学消费宣传月"和"科技学术交流"及技术培训、专题报告会等活动。多次获得北京市科协"金桥工程组织工作一等奖"、"科技周组织工作奖"、"科普之春组织工作奖"、"科普工作先进集体"、"文明单位"、"文化、科技、卫生'三下乡'活动先进集体"等。

▲开展科普活动

▲台湖生态科普示范基地技术签约仪式

▲北京市第四届科普之春活动启动仪式

通州区党史区志办公室

▶ 通州区地方志编纂委员会全体委员会议

▲ 史志办主任张洪林向区领导汇报工作

▼《通县志》评稿会

▲ 通州年鉴总结表彰工作会

▲ 区政协领导、委员检查指导史志工作

通州区 TONG ZHOU QU
JIAN CHA YUAN 检察院

▲3月22日，最高人民检察院政治部干部部长尹晋华和江西省检察院检察长丁鑫发在北京市人民检察院检察长许海峰陪同下到通州区检察院就机构改革问题进行调研

北京市通州区人民检察院坚持内强素质、外树形象，坚持从严治警、从优待警，坚持严格执法、狠抓办案，坚持解放思想、机制创新，大力加强领导班子建设、干警队伍建设、检察业务建设和制度建设，各项工作均取得了突出的成绩，1998年被最高人民检察院荣记“集体一等功”，2000年被最高人民检察院授予“人民满意的检察院”荣誉称号，并被评为“首都模范检察院”，数十名干警先后获得各级各类奖励。

▲ 刑满释放人员亲属给区检察院审查起诉处送来锦旗

▶ 区委副书记石进贤看望参加严厉打击毒品犯罪宣传活动的干警

▲ 通州区建立预防职务犯罪网络成立大会

▲ 区检察院代表队在全市检察机关综合信息技能比武决赛中取得第一名，获单项比武一等奖

通州区司法局

通州区司法局恢复建立于1981年1月，2002年1月与区法制办合属办公。机关设有8科1室，并分别在15个乡镇、街道办事处设有司法所。本局承担着全区法制宣传教育工作的规划、组织和指导工作；负责指导和管理全区人民调解工作和基层司法所、基层法律服务所的建设和发展工作；负责组织、指导对刑满释放和解除劳动教养人员的安置帮教工作；负责管理本区律师、公证、法律援助管理工作及公证、律师改革工作等。多年来，司法局从法制宣传、法律服务、法律保障三个方面充分发挥了职能作用，为逐步实现依法治区和公民法律意识的提高做出了贡献。

▲司法局召开党组成员会议

▲ 通州区刑释解教人员安置帮教工作会议

▲ 通州区依法治理经验交流现场会

▲ 推进人民调解制度

人民武装

RENMIN WUZHUANG

▲ 区领导慰问驻通部队

▲ 举行国防教育街开街仪式

▲ 通州区国防教育街

▲ 区领导赴昌黎看望本区民兵高炮队指战员

◀ 通州区少年军校训练

▲ 农业科技博览会上贾庆林参观通州展台

▲ 西集镇爱宕梨

通州区农

TONGZHOUQU NONG

▲ 张家湾葡萄园

▲ 规模化奶牛场

◀ 10月22日，蒙牛乳业有限责任公司奠基仪式在通州区潞城镇举行，该项目一期投资2.2亿元，占地140亩。

▲ 红灯樱桃

▲设施蔬菜—西芹

业委员会

YE WEI YUAN HUI

▲旅游新景点—台湖第五生产队

▲ 观赏鱼养殖—红帽子金鱼

▲ 园艺花卉

◀ 露地油菜花

▲ 区委书记崔君乐等领导视察水利工程

▲ 2002年通州区第七次荣获北京市农田水利建设平原组评比第一名

通州区水利局

2002年通州区水资源局重点实施了温榆河、小中河、萧太后河等堤防绿化工程，年内完成河道绿化植树4.4万株；实施了潞城镇塘改湖配套工程；完成了北运河潞湾橡胶坝、凉水河大桥、凤港河东鲁桥等工程；实施了永乐店地区防汛强排站维修改造工程；实施了宋庄供水一厂建设工程；完成3万亩中低产田水利工程配套；进一步加大水政执法力度，共查处水事违法案件462起，清理关闭潮白河采砂点32个。2002年通州区被市政府授予农田水利基本建设平原区县第一名。

▲ 集中供水工程—宋庄供水一厂

▲ 北运河潞湾橡胶坝

▲ 凉水河马驹桥大桥

▲ 塘改湖工程—潞城镇水梦园

▲ 速生丰产林

▲ 蝴蝶兰

通州区林业局

TONG ZHOU QU LIN YE JU

▲ 环镇林

▲ 全民义务植树

▲ 通州区环厂林

通州区城乡建设委员会

TONG ZHOU QU CHENG XIANG JIAN SHE WEI YUAN HUI

▲ 建委对口扶贫

▲ 外地进京施工企业生活区标准管理工作启动暨外施青年突击队命名仪式

▲ 生产工人行为规范及生活区基本要求

◀ 全国安全质量大检查

▲ 京津塘高速路马驹桥西站

▲ 改造后的新华南北路

▲ 北运河周边环境绿化

▲ 通州区电信大楼

▲ 新华联小区

▲ 新建成的国防教育广场

通州区教

▲市委书记贾庆林到潞河中学调研

▲市委副书记龙新民教师节看望老教师林殿石

▲市委副书记杜德印参加后南仓小学开学典礼

▲通州区二〇〇二年教育工作会

▲新建成的潞州中学

▲运河中学运动场

育委员会

▲ 市委副书记龙新民与区“名校长”“名教师”合影

▲ 区委书记崔君乐等领导与幼儿共度“六一”儿童节

▲ 区镇投资兴建的漷县镇幼儿园

▲ 市政协党组书记程世娥到潞河中学调研

▲ 副市长林文漪等领导参加永乐店中学50年校庆

▲ 市人大领导调研基础教育

▶ 接受市规范化验收合格的甘棠中学

通州教育

▲成教中心建成“电子阅览室”

▲区教委开展第二届“秋实杯”竞赛

▲区教委开展第二届“春华杯”竞赛

▲潞河中学举办135周年校庆

◀庆祝“六一”儿童节

通州体育

▲通州区首届城运会开幕式

◀城运会太极拳表演

▲花会表演

▲全民健民运动

▲ 通州区邮政局召开一届九次职代会

▲ 邮政规范化服务培训

▲ 通州邮政局团总支创建青年文明号动员会

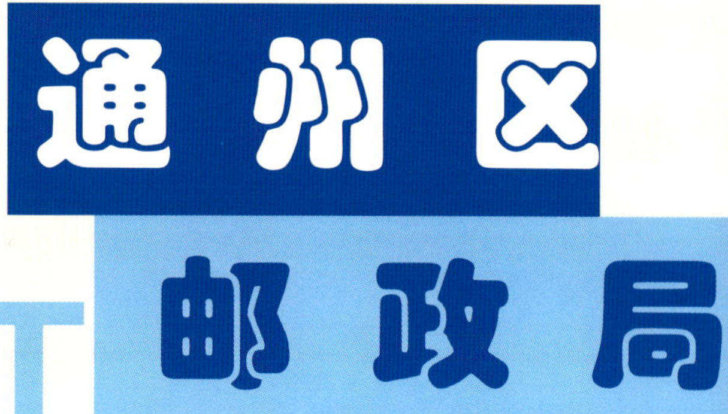

▲ 精神文明创建工作考评会

◀ 驻通部队及通州武装部举行党刊党报征订会

▲ 新华街道社区图书馆揭牌仪式

▲ 位于吉祥园小区的国防教育街、元帅墙

新华街道位于通州城东北部，面积3.25平方公里，辖区街巷48条，下设6个社区居民委员会，2个居民委员会。辖区有市属单位10个，区属单位55个，非公有制经济组织310个。2002年是新华街道工委和办事处坚持“以人为本服务居民，重点突破，逐步推进”的原则，抓住“围绕社区抓党建、抓好党建促社区”这一理念，充分发挥社区党建的龙头作用，全面推进社区建设。初步构建了以党组织为核心、以社区居委会为主体、社会单位支持、共同参与共驻共建的新型社区管理体系、市、区领导多次视察新华街道社区党建、社区建设和如意社区工作，并给予高度评价和充分肯定。

▲ 如意社区老年大学学员在上书法课

▲ 特困户编织组的产品

▶ 新华街道“社区公共服务社”特困户编织组

中仓街道

ZHONG CANG JIE DAO

中仓街道位于通州城中部，辖区面积6.5平方公里。街巷56条，有12个社区居委会，生活小区23个。辖区内有市、区机关企事业单位78个。2002年，街道工委办事处坚持内强素质，外树形象，加强环境基础建设，全面加强了社区党建和精神文明建设，辖区内1600名党员实行了《党员手册》管理，并在全区推广。投资21万元建立了党员活动室，解决了社区党支部的活动场所问题。积极开展科技创安工作，协调22个产权单位，对东里小区实行封闭管理，群防群治收到明显效果。社区环境和精神文明建设硕果累累，学习宣传新时代道德楷模孟宪峰活动和社区文体活动在辖区普遍展开。社区服务项目不断完善，服务队伍不断壮大。

▲ 学雷锋、比宪峰、当先锋大型服务咨询活动

▲ 中仓街道工委《党员手册》发放仪式

▲ 中仓街道东里小区封闭竣工仪式

▲ 中仓小区保安人员正在值勤

▲ 中仓街道社区服务中心办公楼

永顺镇

YONG SHUN ZHEN

▲ 珠江房地产开发公司与永顺镇合作建设大型社区—珠江国际城

▲ 华龙公园

▲京顺房地产开发公司开发建设的运乔嘉园小区

▲ 永顺富新工贸公司与清华大学合作生产的电动拖车处于国内领先水平

▲ 永顺镇举办首届运动会

宋庄镇

SONG ZHUANG ZHEN

▲草寺村文化公园

▲ 宋庄镇特色蔬菜

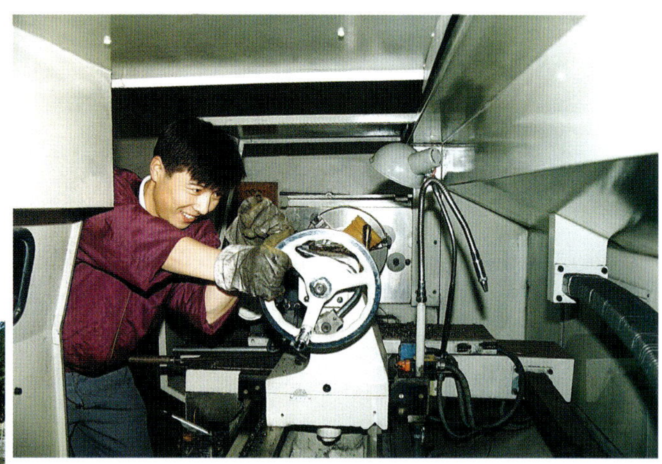

▲宋庄铸造厂新添置的数控车床

▲ 小堡村为村民修建的游泳池

▲环境建设—村内道路干净整洁

◀丰富多彩的业余文化生活

梨园镇位于通州卫星城南，被区委确定为南部新城。镇域面积24.83平方公里，下辖26个村民委员会，总人口37911人。近年来，全镇坚持以经济建设为中心，以农村城市化为目标，以富民强镇为根本出发点，在党的富民政策和“三个代表”重要思想的指引下，经济工作突飞猛进，呈现出了强劲的发展势头，工业、农业、第三产业齐头并进，城市建设功能日趋完善，南部新城建设进程进一步加快，人民生活水平日益提高。党建和精神文明建设取得可喜成绩。连续多年被北京市评为“六好乡镇党委”和“首都 文明乡镇”，为全镇经济发展、社会稳定和实施南部新城战略奠定了良好的基础。

▲ 中共中央政治局委员、中共北京市委书记、市长刘淇到梨园镇调研

▲ 区委书记崔君乐到梨园镇琪景饮片厂调研

▲ 梨园镇中心幼儿园

▲ 梨园镇五月的鲜花群众歌咏比赛

▲ 通州南部新城建设中的翠屏北里小区

漷县镇

HUO XIAN ZHEN

▲漷县镇交通环境优越

漷县镇地处通州区东南，共61个行政村，近6万口人，镇域面积113平方公里。交通便捷，水网密布，地理位置优越。属国家级小城镇综合改革试点镇，北京市精品小城镇。总体规划面积7平方公里。该镇确定“以工兴镇富民”的发展思路，以工业重镇、建设经济强镇、精品小城镇为目标，大力发展经济和各项社会事业。全镇已建起小城镇、金三角、码头三个工业开发区，各项基础设施建设齐备，共引进各类企业130家，总投资25亿。2002年，全镇实现国内生产总值5.6亿元，第二产业增加值2.7亿元，财政税收9200万元。漷县正朝着现代化精品小城镇的道路阔步前进。

▲ 漷县镇圣火文化广场

▲ 漷县镇政府前广场公园

▲ 漷县镇基础教育园区

▲ 北京恒聚油田化学剂有限公司

▲ 旅游新亮点—万亩荷花塘

▲皇家新村街头一景

张家湾镇

ZHANG JIA WAN ZHEN

▲ 芽菜种植

▲五木服装厂制衣车间

▲ 丰富多彩的体育活动

▶美通润滑油公司仓库

尹河蔬菜基地

西 集 镇

西集镇位于通州区东南部，距市中心35公里，行政区域面积96平方公里，辖57个行政村，总人口4.2万人，耕地面积7.7万亩。近年来，西集焕发了勃勃生机，尤其是镇党委在合并乡镇后，解放思想，实事求是，积极克服前进中的困难，充分挖掘和发挥地区优势，全力加强通州绿色生态产业园区和通州轻纺服装服饰园区建设，加大农业结构调整力度，取得了可喜的成绩。

▲ 韩国科学技术园区入驻企业开工典礼

▲ 轻纺服装服饰园区

▲ 明太阳大樱桃

▶ 规模奶牛场

马驹桥镇 MA JU QIAO ZHEN

▲ 北京通州物流产业园区的华通物流园区

马驹桥镇是北京市政府确定的33个中心镇之一，又是亦庄卫星城的重要组成部分，区位优势明显，交通条件优越，发展前景广阔，尤其是通州区物流产业园区、国家环保产业园区分别于2002年1月和2002年12月被北京市人民政府列为市级开发区，目前各园区工作开展顺利。围绕“环境建设深化年”这一主题，本着“高起点规划、高标准建设”的原则，将马驹桥建成现代化精品小城镇。

▲ 马驹桥生活起步区住宅楼

▲ 北京国家环保产业园区的桑德集团

▲ 北京邢钢焊网科技发展有限责任公司

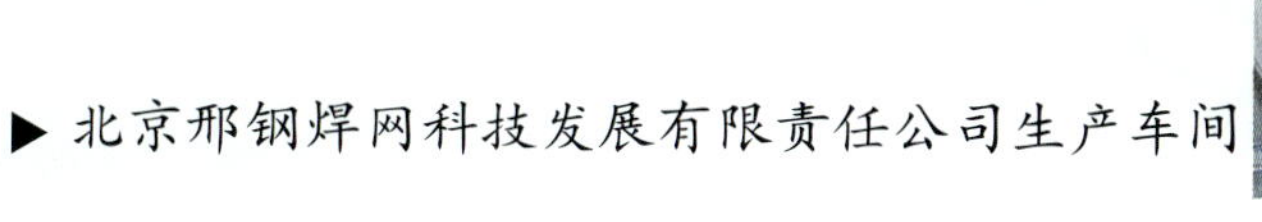

▶ 北京邢钢焊网科技发展有限责任公司生产车间

▲ 胡家村鸵鸟养殖

▲ 新落成的永乐广场内景

永乐店镇

YONG LE DIAN ZHEN

▲坐落在镇域内的天津中天制药有限公司

▲永乐店镇速生丰产林

▼绿色永乐大型推介活动焰火晚会

目　　录

中国人民政治协商会议北京市通州区委员会

群 众 团 体

通州区工会

共青团通州区委员会

通州区妇女联合会

通州区工商业联合会

通州区科学技术协会

通州区残疾人联合会

通州区红十字会

政法·军事

政　法

·政法工作·

·公安工作·

·检察工作·

工商行政管理

个体(私营)经济

消费保护

质量技术监督

财税·金融·审计

财 政

税 务

·国家税务·

·地方税务·

金 融

·工商银行通州支行·

·建设银行通州区支行·

·农业银行通州区支行·

·中国银行通州区支行·

·农业发展银行通州支行·

·通州区农村信用合作社联合社·

·中保财产保险通州区支公司·

农　业

工 业

商业服务·旅游

旅　游

对外经济贸易

对外经贸

工业开发区

·北京通州工业开发区·

·北京市光机电一体化产业基地·

交 通·邮 电

城 乡 建 设

供　水

节　水

供　电

燃　气

园林绿化

环境卫生

城管监察

环境保护

房地产开发

·通州区房地产开发总公司·

科·教·文·卫·体

社 会 生 活

精神文明建设

人口管理

民　政

·民政工作·

·优抚安置·

·救济救灾·

·社区建设·

·基层政权建设·

·行政区划·

·殡葬管理·

·民族·宗教·侨务·

·民间组织管理·

·婚姻家庭·

乡 镇

永顺镇

梨园镇

宋庄镇

张家湾镇

漷县镇

马驹桥镇

西集镇

潞城镇

台湖镇

永乐店镇

于家务回族乡

人　　物

统 计 表

附　　录

概　　述

地情概况

通州区位于北京市东南部,京杭大运河北端。区域地理坐标北纬39°36′~40°02′,东经116°32′~116°56′。东西宽36.5公里,南北长48公里,面积912.34平方公里,耕地57.89万亩。西邻朝阳区、大兴县,北与顺义区接壤,东隔潮白河与河北省三河市、大厂回族自治县、香河县相连,南和天津市武清县、河北省廊坊市交界。全区地处永定河、潮白河洪冲积平原,地势平坦,平均海拔高程20公尺。分布13条河流,总长245.3公里,主要河流有北运河、潮白河、凉水河、凤港减河。气候属暖温带大陆性半湿润季风气候区,年日照2730小时,年平均气温12.4℃,降水600毫米左右。

通州区历史悠久,早在新石器时期,境域内即有人类活动。西汉初始建路县,后先后改称通路亭、潞县、通州、通县。1948年12月通县解放,分置通县、通州市。1958年3月县市由河北省划归北京市后,合并为北京市通州区。1960年复称通县。1997年4月撤销通县设立通州区。全区辖10个镇、1个乡、4个街道。年末常住人口60.7万人,其中农业人口38.7万人。人口自然增长率-0.57‰。全区人口由22个民族构成,其中汉族占总人口的96.76%,回族、满族分别占3.12%和0.1%。

2002年国民经济和社会发展

2002年全区国内生产总值90亿元,比上年增长17.6%。其中一、二、三产业增加值分别为13.2亿元、39.5亿元、37.4亿元。第一、二、三产业占国内生产总值之比为14.7:43.8:41.5。区级财力18.11亿元,增长40.38%;地方财政收入6.9亿元,增长46.1%。

全区经济稳步发展,各项改革取得阶段性成果,完成政府行政机构改革,国有资产管理体制改革,组建通政国有资产经营管理公司、商业资产运营公司。成立土地储备分中心,土地一级市场开始运行。深化投融资体制改革,拓宽融资渠道,通过银政合作、BOT模式、出让冠名权经营权等方式融资8.3亿元,支持光机电基地、八通轻轨等重点工程建设。

农　业

2002年全区农业增加值13.2亿元,同比增长14.7%。在遭受历史罕见大风冰雹自然灾害情况下,农业生产仍然获得好收成。粮食总产1.35亿公斤,亩产550.96公斤。农业产业化进程加快,形成蔬菜、林果花卉、养殖业三大主导产业,培育了张家湾葡萄、潞城蔬菜、永乐店速生林等一批特色专业村镇。年内新增蔬菜面积2万亩,其中保护地面积2000亩,出口菜面积5000亩,蔬菜面积累计18万亩,年总产量10亿公斤。新增林果花卉面积6.2万亩，植树630.9万株。其中新发展经济林2.2万亩，植树216万株；种植月季、玫瑰等花灌木6000亩，栽植草坪7000亩；种植大樱桃、精品梨等优新品种果树2.5万亩，果树面积累计10万亩。

养殖业继续发展，各类养殖专业户5.3万户，养殖业产值17.4亿元。年累计出栏生猪50.6万头、肉牛2.59万头、肉羊16.8万只、商品肉鸡519万只、乌鸡700万只、肉鸭448万只；产鲜奶4万吨，鲜蛋1.5万吨。商品鱼上市1550万公斤；观赏鱼产量1.5亿尾，产值6000万元；稻田养蟹产量20万公斤，产值800万元。形成毛庄奶牛、王庄观赏鱼、大辛庄乌鸡等专业村。

年内农产品加工业以股份制、合作制等形式引进胡萝卜深加工、玉米超微粉、淡水鱼加工等12个项目，蒙牛集团、中绿食品公司等品牌企业落户通州；龙头企业带动能力增强，近百家农产品加工企业和农民之间形成有机的利益联合体；通济达公司配送农产品10万吨，销售收入1.2亿元，世纪东方绿舟农产品配送超市正式营业。全面推行标准化生产，改变农产品无标准生产、无标准上市的状况，农产品安全生产体系初步建立，认定标准化生产示范基地49家，其中市级10家、区级39家；76家企业通过市级食品安全认证；建成农产品检测中心。大力发展都市型郊区农业、观光农业，大营生态旅游初具规模。

农田水利环境治理完成潞湾橡胶坝、北运河二期治理、3万亩中低产田水利工程配套和潞城镇塘改湖一期等工程。增加节水农田管灌面积1.2万亩。通州区获北京市农田水利基本建设平原区县第一名。

工　业

区域工业总产值（现价）126.25亿元，销售收入115.84亿元，利润5.77亿元，分别增长40.2%、36.2%和52.3%。区属工业总产值11.38亿元，销售收入13.1亿元，利润7795.8万元，分别增长113.1%、112.2%和392.1%；乡镇（村）工业产值89.65亿元、销售收入77.38亿元、利润3.61亿元，分别增长48.84%、44%和31.22%。

工业加快发展成效显著，第二产业增加值在GDP中所占比重增加4.4个百分点。工业运行质量创历史最好水平。区属工业实现销售收入与利润同步增长。以实现投资主体多元化和建立规范的法人治理结构为重点，继续推进国有和集体工商企业改革，累计完成转制企业237家，完成股份制改造企业10家，依法破产企业42家，核销转移债务9.7亿元，置换职工身份5532名。加大工业区基础设施和环境建设的投入，全年累计投资5亿元。光机电一体化产业基地实现“十通一平”，签约9个项目。马驹桥环保产业园获国家经贸委批准为国家级环保产业园区。年内全区招商引资共引进1000万元以上的项目147项，协议总金额115亿元，其中亿元以上项目24项，电科集团、驰普网络技术有限公司、中科镓英有限公司等一批科技含量高，经济效益好，资源消耗低，环境污染少的企业落户通州。村级二三产业发展迅速，村级工业总量占乡镇工业总量的60%以上。2002年通州区被评为京郊发展二三产业先进区县，永顺镇评为京郊二三产业发展先进乡镇。

建筑业增加值完成8.7亿元，开复工面积418万平方米，其中商品房开复工面积247.3万平方米，销售额21.7亿元。

商业　对外经贸

2002年全区社会商品零售总额41.5亿元，集市贸易成交额14.7亿元，分别增长8.3%和4.6%，商业税收1.36亿元，增长43%。商业经济体制改革完成商业管理机构调整，撤销部分二级公司，成立通州商业资产运营公司，实现由行政管理向资产管理转变。连锁、配送等新型商业业态加快发展，通糖连锁店与物美重组为通糖物美便利店，新华市场与国美合作组成新华国美电器连锁店，区供销社15个基层店加盟北京市医药股份公司实行连锁经营，效益稳步回升。马驹桥物流产业园成为市政府批复的第一家物流产业基地。运河文化产业带列入北京人文奥运“六大景区”,通运桥等重点文物修复工程完工,潞湾橡胶坝建成投入使用,北运河上游12公里段基本具备通航条件。整顿各类市场清理拆除北机老市场、中山街、新仓路马路市场,新建北机新市场、北潞州封闭市场和新城南街、中山街2个临时菜市场。拆除清理卫星城范围内的322个废品收购站点,建立西杨庄、焦王庄、郝家府3个再生资源交易市场。世纪东方绿舟绿色农产品超市建成开业,专营无公害绿色农产品。建筑房地产业迅速发展,建筑业开复工面积418万平方米,商品房交易和销售面积突破100万平方米,全行业完成税收5亿元,分别增长9.3%、28.2%和38.9%。

年内新发展外商投资企业40家。其中中外合资企业19家,合作企业4家,外商独资企业17家;高新技术企业11家。项目协议总金额8631.5万美元,协议利用外资额3956.68万美元,外商实际到位资金6573万美元,分别增长15.8%、40.8%和6.5%。全年外贸出口创汇额1.12亿美元,增长37.3%,创历史新高。年上缴税收2.1亿元,增长40%。25家外贸企业获自营进出口权,累计63家。年内通州区贸促支会正式对外办公,通州区进出口企业协会成立。

城乡建设

城乡基础设施建设总投资15亿元,重点工程完成新华南北路改造、城市内环路、凉水河大桥等工程;配合市有关部门,完成八通轻轨建设的60%工程总量,公路六环路宋庄段竣工通车。城市道路交通体系进一步完善。有机生物处理厂投入使用,在全市率先实现粪便集中无害化处理;10万吨污水处理厂工程全面启动;天然气“三线”铺设工程,年内铺设主干管线10.7公里,新增燃气用户4200户;全区75%的村庄完成低压电网改造。

旧城改造拆除危旧房屋7万平方米,北大街改造正式动迁,南大街改造工程启动。城镇街道社区基础建设,40%的建成区配置社区闭路电视监视系统,87%的居住小区实行封闭管理,建设社区卫生、教育、商业等配套设施。城乡绿化美化完成“两河一路”绿色通道工程,实施内环路、新华南北路、通胡路、通马路等道路的绿化美化。新增城市绿化面积近100万平方米。城乡拆除一批违建临建设施20万平方米,城区主要街巷、乡镇政府大街两侧基本无违法建设。完成“两道四河”环境综合治理,乡镇环境建设成效显著,乡镇基础设施和村容镇貌投入资金3亿元,漷县镇完成2万平方米商业广场及敬老院公寓楼、镇中心幼儿园建设。

科技、教育、文化、卫生、体育

全年组织实施星火计划项目17项,其中新上项目6项。项目完成产值10.33亿元,利税1.55亿元;组织申报国家级重点新产品计划2项,市级科技项目4项。年内发展民营科技企业18家,新认定高科技企业6家,申报科技项目6项。民营科技企业累计102家,技工贸总收入11.88亿元,上缴税金7863万元,出口创汇5454万美元。年内引进各类科技人员354人,举办各类培训班306期,培训各类专业技术人员1.6万人次;发放绿色证书506本。开展电子政务建设,全区公共信息平台初具规模,政府信息平台、社会服务信息网、农业远程信息服务网络投入使用。清华紫光泰和通环保技术有限公司、银力环电气有限公司评为北京市星火科技先导型示范企业。

全区财政支付教育事业费3.2亿元。中小学布局调整完成8所农村中心校和7所农村完小撤并工作。建成潞河中学、永乐店中学综合楼第一批教学设施,新增校舍面积8万平方米。迁址新建潞州中学(原草寺中学)。通州区青少年活动中心迁建工作完成,达到一级资质标准。加快教育信息化建设,新建校园网17个。全区初中毕业生合格率100%,中考升学率99.7%,高考录取率83.4%。继续扩大普高招生规模,扩招1307

人,高中录取率52.2%。东里幼儿园、东方幼儿园达到市一级一类园标准。继续选拔一批优秀教师到边远地区任教。成人教育立足岗前岗中培训,全年培训37万人次,实施“新华街道社区教育培训工程”、“成教中心农业现代化培训工程”等五项培训工程;成人高考人数8241人,增长66.38%。

开展丰富多彩的文化活动。举办“第十二届农民艺术节”系列活动,组织“文化下乡”、“夏日文化广场”等活动。全年各种形式的演出625场次。第二辑《运河文库》出版发行。永乐店、漷县、张家湾、宋庄和于家务5个镇级文化广场建成投入使用。

加强卫生执法和卫生防病工作,成立通州区卫生局卫生监督所和疾病预防中心。监督食品经营单位合格率94.94%,食品监测合格率83.5%。公共场所卫生监督合格率93.6%。计划免疫接种率99.27%,妇女病防治普查率63.91%,治疗率92.41%。4个社区卫生服务中心站、49个社区卫生服务站从业医务人员289人,覆盖人口35.6万人。全区参加体育锻炼人口26万人,完成全民健身网络工程建设,郊区最大的群众健身走廊在本区建成,中小学生体育达标率98.3%。年内举办全区性各类大型体育活动13次。本区运动员参加市级各类比赛获金牌11枚,在市第六届残疾人运动会上通州区团体总分名列第二。在远南残疾人运动会上获9枚金牌。

人民生活和社会保障

年末全区在岗职工人数(包括乡镇)13.32万人,在岗职工年平均工资12934元,增长6%。城镇居民人均年可支配收入10081元,农民人均纯收入5835元,分别增长18.5%和10.6%。城乡居民储蓄余额118.5亿元,增长17.6%。

社会保障体系进一步完善。提高城镇、农村居民低保标准,各项社会保障基金征缴率98%以上。全区离退休职工基本养老金全部实现社会化发放。扩大基本医疗保险参保范围,697家企业8.34万名职工参加了基本医疗保险,建立企业补充医疗保险,覆盖面92%。年内完成6500平方米福利院建设和11个农村敬老院改造工作。下岗职工基本生活保障向失业保险制度稳步并轨,失业人员再就业率86.5%,城镇登记失业率1.4%。各乡镇成立农村劳动力就业服务所,建立就业登记信息网,帮助9322名农村剩余劳动力从一产转向二三产业。

精神文明和民主法制建设

继续开展各类主题活动,贯彻《公民道德建设实施纲要》,开展“学习孟宪峰,争做文明通州人”等一系列道德实践活动,广泛宣传孟宪峰等先进人物事迹。开展礼仪知识培训,举办礼仪风采大赛等系列活动,集中整治市容市貌和纠正不文明行为活动。命名文明村、文明单位、文明居民区等一批区级精神文明单位。军警民共建和双拥工作加强,本区被评为北京市双拥模范区。

民主法制建设稳步推进。区人大及常委会积极推进依法治区工作,开展对区人大常委会任命的“一府两院”有关人员建立书面述职制度。积极开展“四五”普法教育;加强政府廉政建设,严厉查处各种违法违纪行为。狠抓政府执法部门的服务意识、服务水平和工作作风,开展民主测评活动。社会治安综合治理推进社区警务工作战略,建立社区警务站62个;加大投入实施科技创安工程。深入开展“严打”整治斗争,全年各类刑事案件立案2528起,破获各类刑事案件1025起,抓获犯罪嫌疑人1380人,打掉各类犯罪团伙69人。

特　　　　载

抓住发展机遇　深化环境建设
加快建设北京新城区

——2002 年 12 月 26 日在区委二届
十一次全体(扩大)会议上的报告

通州区委书记　崔君乐

各位委员、同志们:

现在,我受区委常委会委托,向全会作报告,请予审议。

这次全会是党的十六大胜利闭幕后区委召开的第一次全会,也是我们贯彻市委的要求,努力建设北京新城区,加快推进工业化和城市化进程的新形势下召开的一次重要会议。会议的主要任务是:深入贯彻党的十六大精神和市第九次党代会精神,认真总结 2002 年"环境建设年"的各项工作,全面部署 2003 年"环境建设深化年"的各项任务,组织动员全区广大党员干部和群众,在党的十六大精神指引下,与时俱进,开拓创新,加快发展,推动全区经济和社会各项事业再上新水平,开创全区改革开放和现代化建设的新局面。

2002 年工作的回顾

2002 年,全区紧紧围绕"环境建设年"的各项任务,按照"深化改革,扩大开放,营造环境,加快发展"的总体要求,在改善投资环境、服务环境、人居环境、生态环境、人文环境、政治环境和社会环境等各方面取得明显进展,经济持续、快速、健康发展,社会事业全面进步,党的建设、精神文明建设和民主法制建设取得新的成绩,全区社会稳定,政治安定,人民生活水平稳步提高。

一、全区综合实力继续增强,经济运行质量明显提高

全面超额完成各项经济指标。全区国内生产总值 90 亿元,比上年增长 17.6%,其中一、二、三产业的增加值分别为 13.2 亿元、39.5 亿元、37.4 亿元,比上年分别增长 14.9%、23% 和 13.4%,产业结构改善为 14.6:43.8:41.6。全口径财政收入 18 亿元,增长 48.8%,在 2000 年的基础上实现翻一番。地方财政收入 6.8 亿元,比上年增长 43.2%。区级财力 16.6 亿元,比上年增长 28.4%。固定资产投资 41.2 亿元,比上年增长11.2%。

工业发展成效显著。工业增加值在GDP中所占比重同比增加4.4个百分点。工业区基础设施和环境建设的投入强度明显加大，全年累计投资近5亿元，是2000年的近两倍。光机电一体化产业基地基础设施建设达到“十通一平”，达到了一年一个样。招商引资效果明显，全年累计引进千万元以上企业119家，其中亿元以上企业21家，协议总金额65.3亿元，中科稼英等一批科技含量高，经济效益好，资源消耗低，环境污染少的知名企业落户通州。全年利用外资6573万美元，出口创汇1.12亿美元，同比增长37.3%。加强了与驻通中市属企业的联合与协作，初步形成双赢的合作框架和合作机制。

农业产业化进程加快。形成了蔬菜、林果花卉、养殖三大主导产业，培育了张家湾葡萄、潞城蔬菜、永乐店速生林等一批特色专业村镇。龙头企业的拉动作用明显增强，引进了蒙牛集团等一批龙头企业，通济达公司打造出“东方绿舟”绿安农产品品牌，年配送能力达到10万吨，销售收入1.2亿元。全面推行标准化，改变了农产品无标准生产、无标准上市的状况，建成10家市级、39家区级标准化生产示范基地和食用农产品安全生产基地。绿色安全食品体系初步确立，76家企业通过市级食品安全认证。台湖第五生产队、张家湾葡萄采摘等一批观光农业项目取得了较好的经济和社会效益。

建筑、建材和房地产业发展迅速，效益显著。建筑业增加值完成8.7亿元，开复工面积418万平方米，同比增长12.3%和9.3%，房地产业实现销售面积100万平方米，同比增长28.2%，三大产业全年完成税收5亿元，同比增长38.9%。

商业服务业活力增强。商业“退出”步伐加快，“引进”力度加大，连锁、配送等新型业态加快发展，通糖连锁店全部实现了与物美重组，商业经济效益开始好转。交通运输、金融、旅游、信息咨询等产业有新的发展。

二、城乡面貌有新的改观，城市环境不断改善

城乡规划全面展开。河东新城、南部新城控规正在报批，乡镇区划调整后的镇域规划及设计工作开始启动，轻轨沿线城市设计、北苑商务区规划、新华南北路城市设计等规划、设计工作进展顺利，完成了运河文化产业带发展规划。

完成了一批重点基础设施建设工程。全年城乡基础设施建设总投资15亿元，高标准完成了新华南北路、内环路等一批重大道路改造工程，六环路宋庄段全线贯通，八通轻轨建设已完成工程量70%，城市道路交通体系进一步完善。城市粪便无害化处理厂投入使用，10万吨污水处理厂建设全面启动，水、电、气、热和邮电通讯等市政设施建设全面推进，城市承载能力和服务功能进一步增强。

城乡绿化美化力度加大。高标准完成了“两河一路”绿色通道工程，实施了内环路、新华南北路、通胡路、通马路等道路的绿化美化，月亮河花园、奥体公园、生态公园建设进展加快，启动了北大街危旧房改造工程，坚持“减法”原则，拆除了一批违建临建设施，新增城市绿化面积近100万平方米，完成了“两道四河”环境综合治理，街道、镇村环境综合治理取得明显效果。18件环保实事得到落实。

三、体制创新力度加大，创新领域不断拓宽

银政合作和市场化投、融资方式取得突破。区政府与市建设银行、商业银行、光大银行、首创信保投资管理有限公司签订的18亿元授信额度的合作协议，实际利用资金8.3亿元。改变政府投资方式，以政府投资与有关部门合作，建立资本金融资平台，扩大融资渠道，采用BOT方式建设污水处理厂、供热厂等一批基础设施项目。出让道路冠名权，建设了东方嘉汇路和珠江大道。

土地有偿使用方式上取得突破。坚持“依法、自愿、有偿”原则，采用土地作价入股、土地回租等方式，在工业发展用地补偿、农业规模化生产用地租借等方面进行了新的尝试。

国有资产经营管理方式有所创新。成立了通政国有资产经营管理公司、商业资产运营公司和土地储备分中心,国有资产经营公司开始发挥融贷资金主体作用。

财政预算管理迈出新的步伐。推行了部门预算管理和预算外资金管理,规范了专项资金的使用和监督;完善了乡镇财政管理体制,实行了“双层审计、村帐托管、电算管理”的村级财务管理制度。

企业改革继续深化。一批劣质企业依法实施破产,一批城镇国有集体企业退出一般竞争性行业,规范的股份制公司组建有了突破,企业投资主体呈现多元化,发展了一批行业协会和中介组织。

四、党的建设不断加强,党风廉政建设责任制不断落实

党的思想建设重点突出。各级理论中心组学习制度得到落实,党员干部对邓小平理论和“三个代表”重要思想的学习不断深入,学习贯彻十六大精神的热潮正在兴起。“三个代表”学教回查活动、“三讲”教育回头看活动取得成效,WTO 相关知识的学习开阔了干部的思路,全区党员干部的思想理论水平有了新的提高。

领导班子建设和干部队伍建设进一步加强。结合机构改革,实行竞争上岗,调整充实了一批处科级领导班子,圆满完成了乡镇党委换届工作。一批德才兼备的优秀年轻干部走上了处级领导岗位,班子结构进一步优化,领导班子的敬业精神,工作热情,凝聚力、战斗力进一步增强。加大了后备干部队伍建设和人才引进力度,一批综合素质高,工作能力强的干部被提拔到各级领导岗位。以带领农民致富和农村稳定为目标,以“三级联创”为载体,对新组建的“两委”班子成员进行了培训,农村基层党组织带领农民致富的能力和工作水平有了新的提高。健全完善了街道办事处党的基层组织,街道社区党建工作进一步加强。

党的作风建设逐步深入。各级干部“立党为公、执政为民”的意识普遍增强,党员领导干部深入实际,调查研究,及时解决基层群众关心的热点难点问题,扶贫济困送温暖深入人心,社会福利快速发展,55 件实事得到落实,推行了“一站式”办公和网上审批,服务水平和办事效率进一步提高。

党风廉政建设责任制得到落实。领导干部廉洁自律工作进一步深化,从政行为进一步规范。反腐倡廉的领导格局和工作机制进一步完善,干部中违纪违法案件得到严肃查处,有 22 人受到党纪处分,11 人被开除党籍,3 人被开除公职。行政审批、医疗购销、建筑工程项目招投标、公路收费、中小学收费、农民负担等行业出现的不正之风得到纠正和制止。政府采购工作取得好的效果。

五、精神文明建设成效显著,民主法制建设稳步推进

精神文明建设和宣传思想工作为经济和社会事业提供有力支持。宣传思想工作紧扣主题,突出重点,坚持正面引导,加强对内对外宣传,为全区各项事业发展营造了良好的舆论氛围。以群众性精神文明创建活动为载体,贯彻《公民道德建设实施纲要》,开展了“学习孟宪峰,争做文明通州人”等一系列道德实践活动,开展了礼仪培训系列活动,在全市产生较大反响,开展了集中整治市容市貌和纠正不文明行为活动,收到了良好的社会效果。区、乡镇和街道举办了一批健康、积极、向上的各种类型文化活动,丰富群众文化生活。全年组织科技、卫生、法律”三下乡”活动一百余次,深受群众欢迎,对于帮助农民致富,提高公民素质起到了积极的促进作用。

民主法制建设稳步推进。区人大及其常委会积极推进依法治区工作,开展了对政府副区长的述职评议,对区人大常委会任命的“一府两院”有关人员建立了书面述职制度,政府部门的依法行政水平有了新的提高。加强了对乡镇人大换届选举的领导,基层国家权力机关建设得到进一步加强。区委通过了关于加强政协工作的决定，促进了政协职能的进一步发挥。“四五”普法工作逐步深化，公民的法制意识、民主意识不断增强。政务、村务、厂务公开逐步规范化、制度化。

全区政治安定，社会稳定。圆满完成了十六大安全保卫工作。实现了处理法轮功的两个“0”指标。加大投入，提高了全区治安防范能力和科技创安水平。深入开展“严打”斗争，刑事案件多发势头和社会丑恶现象得到遏制。建立了区、乡镇（街道办事处）、村（居委会）三级人民内部矛盾摸排调控系统，人民来访和人民内部矛盾排查调处工作进一步加强。

六、社会各项事业健康发展，城乡居民生活持续改善

教育教学水平继续提高。对教育投入继续加大。完成了一批农村中心校和农村完小的撤并工作，完成了普通高中扩招任务，一批普通中学规范化建设顺利通过市规范校验收，继续选拔了一批优秀教师到边远地区任教。

政府信息平台、社区服务信息网、农业远程信息服务网络投入使用。城镇医药卫生体制改革工作进展顺利，卫生执法进一步加强，潞河医院病房楼、妇幼保健院病房楼工程提前完成。文化、体育、广播电视、计划生育工作取得新的进展。

城乡居民生活水平继续提高，农民人均可支配收入5830元，城镇居民可支配收入10066元，分别比上年增长10.6%和18.3%，年末城乡居民储蓄余额118亿元，比上年增长17.2%。社会保障体系进一步完善，再就业工作有了突破性进展。机构改革工作顺利完成。

回顾2002年全区经济和社会发展取得的成绩，我们深刻体会到：第一、只有坚持以经济建设为中心，把发展作为第一要务，坚持不断地解放思想，与时俱进，才能牢牢把握发展的主动权，才能聚精会神搞建设，一心一意谋发展。第二、只有坚持不懈地搞好环境建设，牢固树立环境也是生产力的思想，不断提高投资环境、人文环境等方面的水平，才能不断提高聚集高质量生产要素的吸引力。第三、只有坚持从实际出发、大胆创新，创造性地开展工作，才能保证各项工作目标的实现。

在充分肯定成绩的同时，我们也必须以客观的冷静的态度正视存在的问题和不足：一是思想解放程度和工作创新还不够，发展的思路还不够开阔，解决问题的路数还不多。二是经济总量不足，经济结构、产业结构不尽合理，特别是工业化程度不高，区域经济特色不明显。三是聚集生产要素的吸引力不足，投资环境仍需进一步改善，吸引外资和出口等拉动全区经济增长的动力不足。四是城市规划建设管理按照“四高”要求还有较大差距，特别是城市的规划、设计和建设的整体性不够，城乡人居环境仍需改善。五是党的基层组织建设、民主政治建设有待加强，不稳定因素还不少，一些发展中存在的矛盾和问题还需要认真加以研究。所有这些，都必须引起我们的高度重视，在今后的工作中努力加以解决。

全区发展的战略任务和2003年的主要工作

党的十六大提出了全面建设小康社会的奋斗目标，令人鼓舞，催人奋进。11月30日，市委书记刘淇同志视察通州区工作时对我们提出了新的更高要求，希望通州区在学习贯彻十六大精神的过程中，紧紧围绕首都率先基本实现现代化和举办历史上最出色的一届奥运会这两大历史性任务，加快建设“北京新城区”，加快工业化和城市化进程，实现通州区在北京远郊区县中的率先大发展。刘淇书记的重要指示，为我们当前学习贯彻落实十六大精神进一步指明了方向。

十六大报告指出：“必须把发展作为党执政兴国的第一要务”，“要集中全国人民的智慧和力量，聚精会神搞建设，一心一意谋发展”。这明确地告诉我们:发展是永恒的主题。加快发展是大势所趋。就通州区而言,加快发展必须抓住机遇,必须确立符合自身实际的发展战略,从现在起到2008年,我们的发展战略是:确立建设“北京新城区”的战略目标,实施建设京东工业基地的战略任务,树立“率先基本”的发展思想。

确立建设“北京新城区”的战略目标。“北京新城区”这一战略定位为通州区加快发展带来了难得的机遇,我们要深刻理解和充分认识这一定位的重要战略意义,深入研究建设“北京新城区”的发展思路,充分认识通州区的区位优势和各方面的资源优势,坚持不懈地深化环境建设,使通州区形成要素汇集、资源涌流的发展局面,经过不懈努力,最终把通州区建成一个有产业支撑、设施完备、具有可持续发展能力的生态城、数字城、文化城、文明城。到2008年,城市化率力争达到55%左右。

实施建设京东工业基地的战略任务。这一战略任务是:坚持走新型工业化道路,积极拓展工业发展空间,加快全区工业化进程。实施园区战略、品牌战略、高新技术带动战略和外向带动战略,用高新技术和先进适用技术改造传统产业,加快光机电一体化、物流、环保、电子、生物、新医药、新材料、服装服饰、食品等几大工业园区和产业基地的建设,形成一批基地品牌和产品品牌,到2008年,工业经济的结构进一步优化,工业运行的质量进一步提高,工业发展的可持续能力进一步增强,工业在经济中的支柱地位牢固确立,初步形成以高新技术企业、现代制造业、都市型工业为支柱的主导产业,工业增加值在GDP中所占的比重达到50%左右。

树立“率先基本”的发展思想。北京市提出要在全国率先基本实现现代化,通州区作为建设中的“北京新城区”,争取达到“率先基本”也是有条件的。通州区历史上曾经是商贾云集之地,经济贸易繁荣发达。建国以后,通州作为北京的工业基地,建设速度加快,近年来又被赋予了产业转移的功能,这为通州的快速发展积累了一定的物质基础,拓展了发展的空间。特别是近几年,经过全区上下的共同努力,发展思路更加清晰,经过转型布局和环境建设,全区经济呈现出健康快速的发展势头。这些有利的条件,说明我们有可能而且必须树立“率先基本”的发展思想,“率先基本”的发展思想要求我们必须解放思想,打破常规,适度超前,实现跨越式发展。到2008年,全区人均GDP接近5000美元。

全区上下、各行各业、各个方面的工作从现在起就要始终瞄准这个奋斗目标,不能动摇。我们要按照十六大提出的“发展要有新思路,改革要有新突破,开放要有新局面,各项工作要有新举措”的总要求,进一步增强加快发展的紧迫感和责任感,在加快发展上既要谋划长远又要紧抓当前,全面做好2003年的各项工作,保持通州经济持续快速健康发展,从而为建设“北京新城区”奠定坚实的基础。

2003年全区工作总的要求是:以邓小平理论和“三个代表”重要思想为指导,全面贯彻落实党的十六大和市九次党代会精神,确立建设“北京新城区”的战略目标,实施建设京东工业基地的战略任务,树立“率先基本”的发展思想,以“环境建设深化年”总揽工作全局,在提升农业水平,打牢工业基础,优化人居环境,树立文化品牌,建设文明城市五个方面取得突破性进展,加快工业化和城市化进程,全面加强党的建设,继续推进民主法制建设和精神文明建设,维护社会稳定和政治安定,促进社会各项事业的全面进步,开创全面建设小康社会的良好局面。

2003年全区经济发展的主要目标是:国内生产总值增长16%,达到104.4亿元。全口径财政收入增长18%,达到21.2亿元。地方财政收入增长18%,达到7.4亿元(按新财政体制计算)。固定资产投资完成额增长11.7%,达到46亿元。农民人均可支配收入增长10.5%,达到6440元。城镇居民人均可支配收入增长11%,达到11170元。

实现2003年的奋斗目标,必须抓住发展机遇,深化环境建设,提高对机遇的认识,提高对深化环境建设重要性的认识。

必须充分认识到我们面临的发展机遇。一是十六大提出了从现在起到2020年全面建设小康社会和基本实现工业化的奋斗目标,中央继续实行积极的财政政策和扩大内需的方针,给我们提供了明确的奋斗目标和宏观政策机遇。二是中国入世和北京申奥成功后,国际国内资本加速向北京流动,而通州区距北京市中心区最近,且土地资源丰富,独有的区位优势,加上广阔的发展空间,无疑使我们在加快发展中处于有利地位,更容易抢得先机。三是北京市提出了从现在起到2008年要率先基本实现现代化和"建设新北京、办好新奥运"的奋斗目标,围绕发展首都经济进一步加快了中关村、亦庄开发区和朝阳CBD的建设步伐,这为我们借势发展、壮大自己提供了难得的发展机遇。四是通州区定位"北京新城区"后,长安街延长线和八通轻轨的建设,拉近了通州与城市中心和CBD等城市功能区的距离,使通州对高素质人才的流动和产业的转移更具吸引力,这就为我们加快"北京新城区"的建设创造了有利条件。同时,我们还必须充分认识到环境建设的重要性。环境建设在市场经济条件下已成为极具凝聚力的吸引力的生产要素,地区间对各类生产要素的竞争力在某种意义上取决于环境建设这一生产要素的竞争力,没有一流的环境建设水平,就不可能集聚优质的生产要素。所以,实现建设"北京新城区"的战略目标,加速工业化、城市化进程,我们必须抓住机遇,在进一步改善投资环境、服务环境、人居环境、生态环境、人文环境、政治环境和社会环境方面加大工作力度,深化环境建设。

2003年,围绕抓住发展机遇和深化环境建设,我们要认真做好以下五个方面的工作。

一、深化环境建设,打牢工业基础,加快工业化进程

打牢工业基础、首先要确立"工业立区"的思想,通过实施园区战略、品牌战略、高新技术带动战略和外向带动战略,大力发展外向型企业和民营企业,改造提升传统产业,尽快增加全区的工业总量,加快工业化进程。

确立"工业立区"的思想,形成加快工业发展的创新能力。提高工业园区的综合竞争力和创新能力,使园区具有五大能力,即统一、配套、完善的基础设施和生活设施供给能力,高度集聚优质生产要素的凝聚能力,快捷、周到、高效、低成本的政府服务能力,规模大、质量高、见效快的产出能力,充满勃勃生机、有明显带动和辐射作用的可持续发展能力。拓展工业发展空间和优化布局,完成通州工业区、环保产业园区、聚富苑工业区的扩区工作,逐步形成张家湾与潞城、马驹桥与台湖、永乐店与于家务、西集四大工业发展区域。加快产业升级,尽快形成以半导体材料为主的高新技术产业,以光机电一体化、环保设备为主的装备制造业,以服装、食品、印刷、家具等为主的都市工业,以新材料、新技术为主的门窗建材业。

实施园区战略,进一步优化投资环境。重点加大光机电一体化产业基地、物流产业园区、环保产业园区、通州工业区、永乐经济开发区、聚富苑工业区、食品工业园区、服装服饰园区等八大园区的基础设施投入。特别是光机电一体化产业基地要做到一年一变样,三年大变样。园区的基础设施建设从规划上要充分体现土地资源意识、产业布局意识、结构调整意识,建设上要做到"九通一平"和"统一"的标准同时并举,投入上要坚持运用市场机制,多渠道融通资金。园区建设要确立"诚信、环境、服务、品牌"的理念。在营造园区产业发展氛围的同时,注重营造园区人居氛围和创新氛围。园区的开发、建设和管理要逐步向以市场化运作为主转变。在园区投资环境不断改善的同时,要加大招商引资的力度,重点引进投资规模大、科技含量高、产业关联度强、市场前景好的品牌企业和外向型企业，尤其在引进制造企业和民营企业上取得突破。要做好签约后的企业服务工作，加快引进企业的资金到位和开工投产。

实施品牌战略，打造品牌园区、品牌企业和品牌产品。树立品牌意识，培育和打造光机电、服装服饰、食品三大品牌园区，加快引进区外的品牌企业，组建规范的股份有限公司，打造自己的品牌企业，努力打造一批品牌产品，提高品牌园区、品牌企业和品牌产品对工业经济增长的贡献率。同时加大对品牌园区、品牌企业和品牌产品的宣传力度，促进提高产出效益。

实施高新技术带动战略，走新型工业化道路。发挥科技是第一生产力的作用，大力推进企业的技术创新和升级，加快用高新技术和先进适用技术改造提升传统产业，提高企业的技术装备水平和生产工艺水平，延长传统产业"成熟期"，提升产品附加值。建立技术创新基金，鼓励企业进行技术、产品创新。大力引进环保、电子、机械、通讯、新医药、新材料等现代制造业和科技主导型企业。坚持以信息化带动工业化，以工业化促进信息化。尽快完成"通州信息化建设三年发展规划"的编制工作。要加强工业的基础性工作，强化企业的科学管理，提高企业的经济效益。

实施外向带动战略，努力开拓国际市场，扩大企业产品出口。大力发展外向型企业和自营进出口企业。设立工业企业开拓国际市场支持资金，支持高新技术和高新技术产品的出口，逐步提高高新技术产品的出口比重。力争在重点区域重点企业申办保税工厂、保税车间，降低进出口成本。加强对三资企业和出口创汇企业管理，优化出口产品结构，千方百计扩大企业产品出口。

二、深化环境建设，提升农业水平，加快农业产业化进程

提升农业水平，要面向市场，坚持科技兴农，继续调整优化农业结构，大力引进龙头企业，打造品牌产品，提高农产品的市场竞争力，加快农业的产业化进程。积极探索农业工业化道路，提高农业的产出效益，提高农民收入水平。

调整优化农业结构，加快籽种农业发展。继续发展蔬菜产业，膨胀林果花卉业，做大做强养殖产业，加快形成规模，形成优势产品和优势产区。瞄准国内、国际先进水平，加大农业科技投入，建立具有广泛影响和拉动作用的种植业和养殖业的籽种中心，加快籽种农业的发展，提高农业的附加值。加强设施农业建设，尽快形成规模。

树立市场意识，打造绿安品牌，做大配送。组织有关部门和人员，瞄准首都市场，瞄准奥运和CBD，认真研究不同阶层人群的消费需求，围绕绿色安全消费做文章，打造绿色安全品牌，提高"东方绿舟"品牌的影响和市场覆盖率。继续扩大配送基地建设规模，达到3万亩以上，配送能力达到20万吨。制定并实施通州绿安食品奥运行动规划，把通州打造成为奥运等大型活动和CBD等商务中心的农副产品配送基地。建立健全市场信息服务体系，加快发展农村专业合作组织和中介组织，提高农民进入市场的组织化程度。推行标准化生产，加强标准化基地建设，全年达到50个；抓好质量体系认证，确保食品质量安全，提高市场竞争力。

大力引进龙头企业，增强结构调整的拉动力。制定具有吸引力、适合龙头企业发展的优惠政策，大力引进产业关联度大、科技含量高、带动能力强的大型龙头企业，提升产业化水平。继续包装一批农业项目，对外开展大规模招商。发挥通济达、蒙牛等龙头企业的带动作用，加快其生产基地建设，带动农民致富。

大幅度提高农副产品出口量。在不断扩大农产品国内市场销售的同时，采取自营出口、代理出口等多种形式千方百计大幅度扩大农副产品出口。蔬菜出口要形成规模，打出品牌，向更广阔的市场发展，提高出口产品在全部农产品中的比重。

挖掘资源特色,发展观光农业。从本乡镇、本村的特色资源出发,大力发展观光农业。观光农业建设要力求主题鲜明,特色突出,融观光、旅游、科普、教育为一体,提高观光农业的档次和效益,年内再培育一批农业观光项目。

积极探索农业的工业化道路。农业生产在规模化、集约化、机械化、设施化的基础上向标准化、工厂化方向发展,提高农产品的工厂化加工程度,促进农产品多层次增值,改变农业与其他各业低水平联接的状态,实现农业与二三产业的一体化经营与发展,提高农业的产出效益,加快农民增收步伐。

三、深化环境建设,优化人居环境,加快城市化进程

为实现建设"北京新城区"的战略目标,当前的任务是按照"四高"要求,提升规划设计水平,加大基础设施投入,强化生态建设,优化人居环境,推进城市化进程,加快建设北京新城区。

按照建设"北京新城区"的目标,研究北京新城区的科学定义、内涵和发展思路,研究建设通州生态城、数字城、文化城、文明城的内涵和标准,制定出发展规划。高起点、高标准做好通州区域总规、通州城市总规修编及小城镇中心区的规划编制。完成河东新城、南部新城的控制性详规和城市扩区规划。做好新华南北路、北苑商务中心区、西海子公园等重要街区、节点的设计。高标准做好四个小城镇中心区的详规和设计工作。

加大城乡基础设施建设力度,提升城市承载能力。加强对通州区域内路网建设及交通组织的研究,进一步完善城区和区域内交通网络规划。优先搞好城市功能性基础设施建设,高标准设计建设北苑立交桥,高标准地完成滨河路污水管线铺装工程、滨河路西移工程,完成外环路东延、张采路、通马路二期等重点道路建设工程和永顺西街等一批城市次干路建设工程。完成市自来水管网的入区工程,年内实现供水。启动河东新城、南部新城、北部组团等电力工程。加快污水处理厂建设,力争年底投入使用。加大小城镇基础设施投入。完成农村低压电路改造工程。

进一步优化人居环境,建设花园式城市。建设绿色生态屏障,继续搞好"三河三路"(三河:通惠河、温榆河、北运河。三路:京哈快速路、通顺路、京津公路)的绿化和景观整治工程,继续搞好环城、环镇、环村、环厂林带的建设,继续高标准完成六环路绿化工程。加快建设生态公园和水上公园。坚持"减法"原则,对京哈路以南,内环路以北,滨河路以西区域规划建设进行全面控制,腾出更多的空间进行绿化美化。启动"两河三园"(两河:通惠河、北运河。三园:西海子公园、永顺现代雕塑主题公园、梨园古典园林主题公园)建设。全面启动北大街、南大街危旧房改造工程,绿化美化社区环境,创造优美的人居环境。

加强城市管理,搞好社区建设。进一步理顺和完善城市管理体制。继续推进城市管理重心下移,进一步强化四个街道办事处和永顺、梨园、潞城镇对城市的管理职能,加大城市综合执法力度,提高城市的管理水平。继续加大科技创安投入,积极推进乡镇村和街道社区的科技创安工作。继续高标准地加快社区建设,进一步完善社区管理组织和职能,全面完成"三室一场一校"的硬件设施建设,做好社区服务信息网络建设。完善社区功能,增加社区服务项目,实施绿色蔬菜配送工程和早点工程。按照"花园式、环保型、智能化、安全化"小区的标准,所有小区都要有与开发规模相适应的商业网点等公建配套设施、社区居委会、警务站等办公场所。推广新型粪便无害化处理装置和小区污水处理装置。

增强环保意识。严格控制工业污染和大气污染,加大对工业污染的治理力度,城区内严格控制工地扬尘,全面推行使用清洁燃料,加强机动车尾气监测,各乡镇严格禁止燃烧秸秆、垃圾,大气质量达到市里规定的标准。

围绕优化人居环境,提高商业等服务业水平。加快实施通州区商业服务业布局及发展规划,年内建成一批区域性和社区性商业设施。进一步整合商业服务业资源,加快商业服务业网点和新兴业态的发展,加大商业品牌企业的引进力度,促进商业服务业竞争,提升商业服务水平,方便群众生活。加快引进银行、保险、证券等金融企业,年内争取有新的商业银行、证券服务部在通开业。

四、深化环境建设,树立文化品牌,提高城市文化品位

建设文化城是通州建设"北京新城区"的历史选择,也是运河文化发展史的必然延续。当前的任务是研究实施运河文化产业发展规划,进一步挖掘运河文化底蕴,树立文化品牌,大力弘扬运河文化,加快文化产业的发展。

挖掘整理运河文化资源。围绕着运河开放、创新、文明的深厚底蕴,挖掘运河的漕运史、仓储史、文物、古迹和文化景观的历史底蕴,搜集整理运河"漕运"、"仓储"、"传说民谣"等文化史料,推新风车、风筝、料器、面人、剪纸等运河民俗文化,宣传通州不同历史时期尤其是当代的文化名人,发挥运河文化名人效应。加快学宫等运河文化古迹的整修和外国艺术博物馆、运河博物馆等运河文化景观的建设。加快文化产业的建设。进一步解放思想,大胆创新,通过市场运作吸引资金,加快运河文化产业带建设。研究制定通州区文化产业发展规划,加快文化产业园区规划的落实。加大引进文化产业的力度,支持鼓励社会各方进入文化开发领域,促进文化资源产业化,大力发展文博、民俗手工、大众文化传媒等文化产业。

办好首届"运河北京文化节",打造运河文化品牌。要把运河文化节举办成通州的文化品牌,通过举办文化论坛、文化交流、文化展示、文化招商、运河风情游等系列活动,充分展示通州深厚的历史文化底蕴和改革开放取得的新成就。

五、深化环境建设,建设文明城市,推动社会全面进步

建设文明城市,就是要围绕提高全区人民文明素质和城乡文明程度,以群众性精神文明创建活动和法制宣传教育活动为载体,切实加强基层民主政治建设,不断加大依法治区的工作力度,不断提高公民的法制意识、"三德"意识,努力建设文明礼仪之区、文明有序之区、民主法治之区、安全稳定之区,推动社会全面进步。

进一步加强思想宣传工作。以学习宣传好十六大精神为主线,结合建设北京新城区,加快工业化、城市化进程的发展思路及深化环境建设等中心工作加大宣传力度,宣传通州区改革开放取得的成果,宣传通州区的发展潜力和优势,宣传通州区的投资环境、人文社会环境,通过宣传使各种生产要素大量向通州涌流、汇聚,促进全区经济和社会的快速发展。

实现创建首都文明区的目标。要把创建首都文明区工作放到突出的地位抓紧抓好,制定出具体的实施方案,加强领导,加大组织实施的力度,要加强对创建文明区活动的宣传,引导全区人民积极参与创建文明区活动。有关部门要加强协调,保证创建目标的实现。通过广泛深入地开展创建文明村镇、文明社区、文明行业活动,营造文明健康的育人环境、优质的投资服务环境、整洁优美的人居环境、繁荣向上的人文环境、有序祥和的社会环境,使公民的文明素质不断得到提高。

开展"三德"教育活动。认真贯彻《公民道德建设实施纲要》,大力倡导爱国守法、明礼诚信、团结友善、勤俭自强、敬业奉献的基本道德规范。在全区树立一批社会公德典型、职业道德典型、家庭美德典型,并使之蔚然成风。

继续开展学礼、懂礼、用礼活动。在突出特色,提高水平的基础上,办好第二届礼仪风采大赛,并逐年坚持,形成通州区一个精神文明建设的品牌。广泛开展群众性文化活动，丰富活跃群众的文化生活。

开展法制宣传周教育活动。深入开展“四五”普法教育，切实增强人民群众遵纪守法和依法维护自身权益的意识。每年全区定期开展法制宣传周教育活动，一年突出一个主题，逐年开展，形成通州区一个法治教育的品牌。

妥善处理人民内部矛盾。进一步做好人民内部矛盾排查调处工作，落实重大矛盾纠纷责任追究制。坚持领导干部信访接待日制度，认真做好人民群众来信来访工作，高度重视、妥善解决群众反映的热点难点问题。继续开展社会治安综合治理，依法严厉打击邪教和各种违法犯罪活动。

提高社会各项事业发展水平。进一步深化教育改革，整合教育资源，推进教育均衡发展。加大教育工作创新力度，推进教育产业化，全面推进素质教育，培育“四有”新人，提高教育教学水平。提高卫生事业发展水平，整合卫生资源，加快医院医疗设施等硬件建设，提高医疗诊治业务水平，加强医德医风建设，提高服务水平，健全和完善社区、农村医疗服务机构，提高社区、农村医疗服务水平。实施全民健康计划，不断提高全民的健康水平。提高体育事业的发展水平，加强体育基础性工作和设施建设，加快全民健身工程建设，大力发展社区健身设施。制定竞技体育发展目标，创造竞技体育的新水平。提高社会保障事业的发展水平，进一步完善社会保障体系，扩大各项社会保险的覆盖面，健全社会基本养老制度、城乡社会救助制度和城市居民最低生活保障制度，完善农民最低生活保障制度，逐年提高城市和农村的低保水平。牢固树立就业是民生之本的思想，千方百计扩大就业和再就业，努力保持就业局势的平稳。提高人口环境对可持续发展重要性的认识，稳定低生育水平，完善人口计划生育保障和奖励制度。提高拥军优属、扶残助困、老龄、保密、史志、档案等各项事业的工作水平。加快农村有线电视网络建设，推动进村入户工程。

学习贯彻十六大精神为“环境建设深化年”提供有力保障

实施建设“北京新城区”的战略目标，完成“环境建设深化年”的各项任务，要求我们必须牢牢把握十六大的精神实质，全面推进党的建设，转变观念，大胆创新，改进作风，狠抓落实。

一、牢牢把握十六大精神实质，用十六大精神统一全区广大党员干部的思想和行动

当前，摆在全区各级党员领导干部面前的首要任务是认真学习好十六大报告，牢牢把握十六大精神实质，用十六大精神统一广大党员干部的思想和行动。全区党员领导干部、各级理论中心组要带头学好十六大报告原文，认认真真地学，原原本本地学，同时组织好所在单位党员干部和群众的学习。在学习贯彻十六大精神的过程中，必须牢牢把握以下几个方面：

必须牢牢把握十六大报告的主题、灵魂、精髓。高举邓小平理论伟大旗帜，全面深刻地领会“三个代表”重要思想的科学内涵和精神实质，坚持解放思想，实事求是，与时俱进，从建设“北京新城区”的实际出发，分析研究通州区各方面资源的情况，以及发展中的优势和存在的问题，有针对性地在思想观念、制度体制、做法措施等方面大胆创新，加快全区经济和社会各项事业的发展步伐。

必须牢牢把握发展是第一要务的思想。这是落实“三个代表”重要思想的核心，是社会主义现代化建设的本质。我们要牢固树立发展是硬道理的思想，坚定不移地坚持以经济建设为中心，对照率先基本实现现代化的要求和建设“北京新城区”的目标，认真查找我们存在的差距，调动方方面面的积极因素，排除各种干扰，聚精会神搞建设，一心一意谋发展。

必须牢牢把握实现奋斗目标的“四新”要

求。进一步解放思想，全面理清加快建设“北京新城区”的发展思路，牢牢把握能够带动通州区经济和社会快速发展的各种机遇，大胆创新，坚决冲破一切妨碍发展的思想观念，坚决改变一切束缚发展的做法和规定，坚决革除一切影响发展的体制弊端，以跨越式的发展赢得先机，以可持续的发展赢得后劲，以高质量的发展赢得优势，把握经济和社会发展的主动权，促进通州区的大发展。

二、以改革的精神全面推进党的建设

实施建设“北京新城区”的战略目标，完成2003年的各项工作必须以十六大精神为指导，切实加强各级领导班子和干部队伍建设，加强基层组织建设，落实党风廉政建设责任制，为我区改革开放和现代化建设提供强有力的组织保证。

切实加强领导班子和干部队伍建设。加强领导班子建设，要认真贯彻学习好十六大精神和“三个代表”重要思想，努力掌握马克思主义的立场、观点和方法，深入实际，调查研究，提高领导班子的思想理论水平和科学决策水平，提高党委驾驭全局，领导经济工作的水平，提高政府宏观管理和组织经济工作的水平。坚持发扬民主集中制原则，坚持重大问题集体讨论决定的制度，充分发挥班子成员的积极性，把班子建设成为政治坚定、廉洁勤政、团结务实的领导集体。加强干部的日常教育管理，分层次、有重点地抓好教育培训，对新一届乡镇党委、政府班子成员、新任职领导干部分期分批进行培训。认真贯彻落实《干部任用条例》，深化干部人事制度改革，坚持公开、公平、公正的原则，扩大公开招聘、竞争上岗的职位和范围，建立能上能下、能进能出的干部管理机制。加大人才的引进力度，努力创造使人才充分展现才华的环境和条件，努力培养、大胆提拔使用优秀年轻干部，吸引优秀人才向通州区集聚。区级机关和乡镇机关都要采取多种形式抓好干部的政治理论和科学文化知识的学习，把区和乡镇二级机关建设成为学习型机关，培养树立一批学习型干部典型。

切实加强基层组织建设。以加快农村经济发展和维护农村稳定为目标，以“三级联创”活动为载体，重点抓好农村两委班子建设，着力提高村党支部的创造力、凝聚力、战斗力。加强社区党建工作，构建以街道党工委为核心，社区居委会党总支为基础，社区全体党员为主体，社区内各基层党组织共同参与的街道、社区党建工作新格局。认真抓好在非公经济组织、涉农企业、农民专业经济合作组织中建立党支部的工作。抓好企业、机关、学校等基层党组织建设。加强对广大党员的教育和管理，实施党员素质工程，促使广大党员发挥先锋模范作用，当好走在时代前列的尖兵，当好爱岗敬业的榜样，当好促进改革发展稳定的中坚，当好实践党的宗旨的模范。

切实加强党风廉政建设。各级党委要认真贯彻落实党风廉政建设和反腐败斗争的工作部署，继续坚持反腐败斗争的领导体制和工作机制，强化教育，立足防范，完善监督，不断提高党员领导干部拒腐防变与抵御风险的能力，为我区经济和社会发展提供有力的政治保证。全面落实党风廉政建设责任制，重点抓好区处两级领导班子党风廉政责任制的落实，突出抓好科、队、站、所和村级支部的党风廉政责任制建制工作，引导党风廉政建设和反腐败斗争向基层深化。加强社会对政府部门工作作风与效能的监督，促使政府部门增强自律意识和服务意识。加强对事权、财权、人权审批程序的监督，强化对行政项目工作的监察力度。继续加大对违纪违法案件的查办力度，坚决查处大要案。

切实加强民主政治建设。要充分发挥党委总揽全局，协调各方的领导核心作用。加强对人大、政协工作的领导。充分发挥人大代表和政协委员的作用。加强统战工作，巩固和发展爱国统一战线。继续做好侨务工作。加强对台工作。充分发挥工青妇等群众团体联系人民群众的桥梁纽带作用，特别要注意调动和发挥这些组织在经济建设和社会发展方面的重要的不可替代的作用。

三、转变观念，大胆创新，改进作风，狠抓落实

“环境建设深化年”的各项任务已经明确，能否圆满完成，关键在转变观念，大胆创新，改进作风，狠抓落实。

第一，要转变观念。要提高对发展形势的认识，自觉地把思想认识从那些不合时宜的观念束缚中解放出来，适应形势变化的要求，按照建设“北京新城区”、加快工业化和城市化进程的新要求，与时俱进，加强学习，加快思想观念的转变，发展战略上要实现从“农村郊区”向“北京新城区”转变，发展思路上要实现从“农业立区”向“工业立区”转变，发展观念上要实现从“农业经济”向“市场经济”转变，发展目标上要实现从“常规发展”向“跨越式发展”转变，同时要牢固树立大局意识、环境意识、创新意识、开放意识。只有实现思想观念的四个转变，牢固树立四种意识，才能实现我们建设“北京新城区”的战略目标、完成打造京东工业基地的战略任务。

第二，要大胆创新。创新是一个民族进步的灵魂，是解决我们前进中困难和问题的金钥匙，是实现建设“北京新城区”目标的不竭动力。我们要在组织领导经济工作的方式方法方面大胆创新，打破阻碍经济快速发展的思想观念、做法、规定和体制障碍；在市场化运作、适度举债等多渠道筹集发展资金方面大胆创新，最大限度地扩大资金来源，吸引外资和民间资本，争取中央和市有关部门的资金支持；在经营城市资源方面大胆创新，全面启动土地一级市场，实施“减法”基金，整合城市资源，加大基础设施投入，形成良性循环；在城市规划、设计和管理方面大胆创新，在规划设计上要加大投入，采取在国际范围内的招投标方式全面提升城市规划设计的水平；在土地利用和园区建设方面大胆创新，正确处理好土地占用和工农业发展的关系，确立土地价值的理念，大胆探索多种土地占用方式，降低土地成本，降低企业入区门坎，使农民得到实惠，使园区快速发展；在引进人才和发挥人才作用方面大胆创新，要研究建立能够吸引、留住、使用人才的机制和平台，创造宽松的政策环境，使人才脱颖而出。政府还要建立专门的创新基金，用以鼓励各方面的创新成果。通过不断创新，为我区经济和各项事业发展注入新的活力。

第三，要改进作风。加快通州经济发展，实现建设“北京新城区”的战略目标，要求各级领导机关和工作人员必须牢固树立“立党为公，执政为民”的思想，始终把老百姓的利益放在第一位，做到权为民所用，情为民所系，利为民所谋。十分重视关心困难群众，为群众办实事，谋福利，解决好群众关心的热点难点问题。加强调查研究，不断改进作风，加快政府职能转变，不断提高工作效率和服务水平。继续开展行风评议和社会评议政府部门效能的工作，促使政府部门不断改进作风，更好地服务基层、服务企业、服务群众。

第四，要狠抓落实。好的发展思路要靠扎实的工作去实现。全区各级党员干部要以对党和人民高度负责的态度，统一思想，坚定信心，理顺情绪，凝聚力量，把全区广大干部群众的积极性、主动性、创造性引导到建设“北京新城区”的目标和任务上来，引导到率先基本实现现代化的目标上来，团结一致，脚踏实地，埋头苦干，狠抓落实，创造出政通人和、风正气顺、要素汇聚、资源涌流的发展局面，以优异的成绩为建设“北京新城区”开好局、起好步。

各位委员、同志们！新的一年我们的任务光荣而艰巨。让我们紧密团结在党中央周围，在市委的正确领导下，高举邓小平理论伟大旗帜，认真实践“三个代表”重要思想，振奋精神，开拓创新，为全面完成“环境建设深化年”的各项任务而共同奋斗！

政 府 工 作 报 告

——2003 年 2 月 13 日在通州区第二届人民代表大会第六次会议上

通州区区长 卢晓明

各位代表：

现在，我代表通州区人民政府向大会报告工作，请予审议，并请政协各位委员提出意见。

2002 年工作回顾

过去一年，在市委、市政府的领导下，全区人民坚持以邓小平理论和“三个代表”重要思想为指导，按照区委关于“环境建设年”的总体部署，团结奋斗，求真务实，开拓创新，加快发展，圆满地完成了区二届人大四次会议确定的工作任务，经济建设和社会各项事业呈现出蓬勃向上的发展局面，取得了令人鼓舞的新成绩。

一、经济快速健康发展，综合实力继续增强

全区国内生产总值实现 90 亿元，比上年增长 17.6%。全口径财政收入 18.9 亿元，增长 56.2%，提前三年完成“十五”计划任务。地方财政收入 6.9 亿元，区级财力 17.5 亿元，分别增长 46.1% 和 36.1%，增长幅度是近几年来最高的。社会固定资产投资完成 42.3 亿元，增长 14.2%。

农业结构调整向纵深发展。新增蔬菜面积 2 万亩、林果花卉面积 6.2 万亩，养殖专业户达到 5.3 万户，培育了一批特色专业村镇，三大主导产业初具规模。龙头企业带动能力不断增强，近百家农产品加工企业和农民之间形成了有机的利益联合体；通济达公司配送农产品 10 万吨，世纪东方绿舟绿色农产品超市正式营业。农产品安全生产体系初步建立，认定标准化生产示范基地 49 家，76 家企业通过市级食品安全认证，投资 500 万元建成农产品检测中心。大力发展观光农业，大营生态旅游规模进一步扩大，台湖“第五生产队”等项目开始接待游人。农业招商成果喜人，蒙牛集团、中绿食品公司等品牌企业落户通州。

工业运行质量创历史最好水平。工业增加值、销售收入、利润高速增长，增幅分别达到 26.2%、28.7% 和 49.8%，第二产业增加值在国内生产总值所占比重增加 4.4 个百分点，并首次超出第三产业。各级工业园区投入基础设施建设资金 5 亿元，提高了规划标准和建设标准，投资环境明显改善。招商引资取得新突破，全年引进投资总额千万元以上企业 147 家，亿元以上企业 24 家，协议总金额达 115 亿元，中美 CMI 控股公司、中科镓英有限公司等一批科技含量高、市场前景好的企业落户通州。光机电一体化产业基地一期起步区市政配套设施实现“十通一平”，签约项目 9 个，协议投资额 49.4 亿元，实现了一年一变样的目标。加强服务与协作，中市属企业纳入区域经济发展的大框架。

第三产业稳步发展。以“退出、引进”为着力点，大力发展新型商业业态，通糖与物美实现全面合作，区供销社 15 个基层店加盟北京市医药股份公司，实行连锁经营，效益稳步回升。马驹桥物流产业园开始启动，5 家企业入区建设。提升市场建设档次,东方嘉汇花卉交易市场和宠物市场部分设施完工。建筑、房地产业迅速发展,建筑业开复工面积441万平方米,商品房交易和销售面积突破100万平方米,共完成税收5亿元,分别增长15.3%、28.2%和38.9%。运河文化产业带列入北京人文奥运“六大景区”,通运桥等重点文物修复工程完工,潞湾橡胶坝建成并投入使用,北运河上游12公里段基本具备通航条件。旅游、交通、金融、保险、信息、咨询服务等第三产业也有了新发展。

二、加强城乡建设与管理,生产生活环境明显改观

按照规划先行的原则,相继完成通州发展战略研究、温榆河绿色生态走廊控规、八通轻轨沿线及新华南北路城市设计和重点产业园区等一批重大项目规划。区域总规、城区总规、乡镇规划修订工作全面启动。

各项重点工程建设进展顺利。坚持基础设施适度超前的原则,全年投资15亿元,实施了一批市政工程和生态工程,城市供给能力、承载能力和服务功能迈上了一个新台阶。配合市有关部门,完成八通轻轨70%的工程总量,公路六环宋庄段竣工通车;新华南北路改造、城市内环路、凉水河大桥等工程相继竣工。与北京城区联网供水前期工作就绪,并列入全市60件实事之中。实施天然气“三线”铺设工程,新增主干管线10.7公里,新增燃气用户4200户。10万门容量的河东电信局破土动工。全区75%的村庄完成低压电网改造。采取BOT模式运作的10万吨污水处理厂正式动工;有机生物处理厂竣工并投入使用,在全市率先实现粪便集中处理。完成内环路等道路绿化工程和“两河一路”绿色通道工程,新增城市绿化面积近百万平方米。月亮河花园、奥体公园、生态公园建设按计划进展,全区植树630万株;18件环保实事得到落实,生态环境进一步改善。旧城改造步伐加快,科技大厦开始动工,北大街、南大街开始动迁。

不断推进街道、社区的基础建设。整合社区资源,完成38个社区居委会的组建工作,新华办事处办公用房得到基本解决。审定、配置社区行政、事业编制,增加社区建设经费,50%的社区居委会办公用房面积达标,70%的社区居委会完成“三室一场一校”建设,40%的建成区配置社区闭路电视监视系统,90%的居住小区实行了封闭管理。进一步完善社区便民服务功能,社区卫生、教育、商业等配套设施建设开始启动。

深入推进环境综合整治,圆满完成庆国庆、迎十六大两项重大环境整治任务。完成通惠河两岸、京哈公路通州段以及“两道四河”环境综合整治工作。城乡拆临拆违20万平方米,城区主要街巷、乡镇政府大街两侧基本无违法建设。整顿中山街、新仓路、北机等马路市场,全面整治废旧物资收购站点,规范了再生资源市场秩序。以查处非法小广告、清理洗车行业、打击露天烧烤为重点,开展专项整治活动,城区环境质量有较大提高。各乡镇的环境意识空前统一,用于改善所在区域基础设施和村容镇貌的投入达3亿元,四个小城镇、中心镇的建设在农村城镇化进程中起到了较好的示范带动作用。认真落实“五个一”工程,环境整治示范村达到112个。

三、各项改革取得阶段性成果,对外开放水平不断提高

按照市场经济体制要求,深化政府行政管理体制改革,政府机构和人员编制精简20%;国有资产经营管理方式有所创新,成立了通政国有资产经营管理公司、商业资产运营公司,强化了国有资产管理;推进财政管理体制创新,推行部门预算管理,规范资金使用和监督,初步构建起公共财政的框架体系;成立土地储备分中心,土地一级市场开始运行。深化投融资体制改革,拓宽融资渠道,通过银政合作、BOT模式、政府承诺、出让冠名权和经营权等方式融资8.3亿元,有力支持了光机电基地、八通轻轨等重点工程建设。

以实现投资主体多元化和建立规范的法

人治理结构为重点，继续推进国有和集体工商企业改革，完成转制企业237家，完成股份制改造企业10家，依法破产企业42家，核销转移债务9.7亿元，妥善置换职工身份5532名。规范的股份有限公司组建取得突破，初步形成投资主体多元化，多种所有制并存，共同发展的格局。

在"依法、自愿、有偿"的原则下，采用土地回租、土地作价入股等方式，推进农业生产规模经营，拓展工业发展用地空间，农村土地使用权合理流转和优化配置取得有益尝试。扎实推进农村财务制度改革，421个村实行了双层审计、村帐托管、电算管理，有效堵塞村级财务管理漏洞。

积极开展对外友好交往与合作，全年接待来访的各国使节与商社6批次，与日本伊那市、韩国九老区的友好关系得到加强。外向型经济稳步发展，全年引进外商投资企业40家，协议资金总额8600万美元，实际利用外资6573万美元，分别增长25%、5%和6.7%。申办自营进出口权企业达到63家，出口创汇1.12亿美元，增长37.3%。

四、科教文卫体等社会事业协调发展，全面进步

科技对经济增长的贡献进一步增强，新发展民营科技企业16家，新认定高科技企业5家，申报科技项目6项。加快科技成果的引进与转化，实施星火计划6项。重视科技人才的引进与培养，引进各类具有中高级技术职称的专业人才354人。以电子政务建设为突破口，全面推进政府、企业、社区和村镇信息化建设，全区公共信息平台初具规模。

实施教育优先发展战略，教育事业成绩显著。整合教育资源，完成8所农村中心校和7所农村完小撤并，全区中小学布局更加合理。增加教育投入，建成潞州中学、永乐店中学综合楼等一批教学设施，新增校舍面积8万平方米，完成通州区青少年活动中心迁建工作。继续扩大普高招生规模，扩招1307人，高中录取率达到40.2%。高中教育教学质量明显提高，高考上线率达到86.1%，名列郊区第一。加强师资队伍建设，继续选拔了一批优秀教师到边远地区任教。学前教育有了新突破，东里、东方两所幼儿园首次达到市一级一类园标准。普教、成教、职教协调发展。

区、乡镇和街道举办了一批内容健康向上，形式灵活多样的文化活动，丰富了群众文化生活。出版了一批图文并茂的书刊，打出了"中国文学之乡"的品牌。加大文化市场管理力度，整治"网吧"工作取得阶段性成果。加强卫生执法监督力度，完成各项卫生防病工作指标。潞河医院和妇幼保健医院病房楼主体竣工，4个社区卫生服务站建成并投入使用。郊区最大的群众健身走廊在我区建成。体育事业成果丰硕，我区运动员在市第六届残疾人运动会上团体总分名列全市第二，在远南残疾人运动会上获得9枚金牌，为国家和首都争得了荣誉。

全面完成人口与计划生育工作各项指标，全区出生人口总数3190人，计划生育率98.5%，人口出生率5.27‰。档案、史志、保密、气象等工作也取得了新成绩。

五、精神文明建设取得新进步，民主法制建设进一步加强

深入学习贯彻党的十六大精神，精神文明建设与改革开放和现代化建设相结合，促进了两个文明协调发展。认真开展创建首都文明社区等一系列精神文明建设活动，广泛宣传孟宪峰等先进人物事迹，努力提高全区公民的思想道德素质和科学文化素质。开展礼仪知识培训，举办礼仪风采大赛等系列活动，开展纠正不文明行为活动，收到较好的社会效果。军警民共建和双拥工作得到加强，我区被评为北京市双拥模范区。

按人大要求，政府组成人员进行述职，政府接受人大法律监督和工作监督的自觉性增强。坚持重大问题决策之前在政协协商，虚心接受政协民主监督，全力支持政协开展工作。全年共办复人大议案1件，建议169件，政协提案186件、建议案3件。民族宗教政策进一步落实,侨务和对台工作取得新进展。通过公民自由索取政府文件等形式,有效扩大了社会各界的知情权。

坚持依法治区,积极开展“四五”普法教育,群众法律意识进一步增强。加强政府勤政廉政建设,严肃开展民主测评活动,狠抓政府执法部门的服务意识、服务水平和工作作风。实施科技创安工作,圆满完成十六大安全保卫工作。深入开展“严打”整治斗争,破获一批重大案件,社会治安形势明显好转。依法打击“法轮功”非法邪教组织,实现了处理“法轮功”的两个“0”指标。健全和完善便民电话网络,认真办理人民来信来访,建立人民内部矛盾调查排处长效机制,群众反映的一些热点、难点问题得到妥善解决。

六、努力为群众办实事,人民生活不断改善

努力实践“三个代表”重要思想,坚持立党为公,执政为民,政府公开承诺为群众办理的55件实事基本落实。

社会保障体系进一步完善。社会保险扩面征缴超额完成计划任务,基金收缴率达98%以上。建立企业补充医疗保险,覆盖面达92%。落实城乡低保制度,提高低保标准,实现应保尽保,并做到了按时足额发放。重视和加强社会福利事业,完成6500平方米福利院建设和11个农村敬老院改造工作。全社会关心老龄事业和残疾人事业,无障碍设施建设取得新进展。

健全就业服务体系,人民生活水平不断提高。多渠道开发就业岗位,高度重视并做好再就业工作,实现下岗向失业的并轨,下岗职工100%出中心,7609名失业人员实现就业,再就业率达到65%,城镇登记失业率1.6%。各乡镇成立农村劳动力就业服务所,加强职业指导和培训,帮助9322名农村剩余劳动力从一产转向二三产业。城乡居民收入继续提高,城镇居民人均可支配收入达到10081元,增长18.5%,农民人均纯收入达到5835元,增长10.6%。城乡居民储蓄余额118.5亿元,增长17.6%,居民消费结构升级、居住条件改善、生活品质提高。

各位代表,过去的一年,全区环境建设实现新突破,改革开放取得新进展,经济发展迈上新台阶,所有这些成绩,凝聚着方方面面的智慧和心血,这是市委、市政府、区委正确领导和全区人民开拓进取、团结拼搏的结果。在此,我代表区政府,向积极投身通州各项建设事业的广大干部群众,向给予我们支持与监督的人大代表、政协委员、各民主党派、无党派人士、各人民团体,向支持我们工作的驻通中市属单位、人民解放军和武警部队,向所有支持通州建设和发展的各界朋友,致以崇高的敬意和衷心的感谢!

回顾过去一年,我们必须清醒地看到,在发展中还存在着不少矛盾和问题。主要是:思想解放程度和工作创新还不够,发展的思路还不开阔,解决问题的路数还不多。经济总量不足、结构不合理的问题依然突出,与先进区县相比存在较大差距,特别是工业化程度不高,区域经济的特色还不明显。城市规划、建设、管理与“四高”要求还有较大距离,在城市交通、市容、水电气热供应、小区物业管理等方面群众还有很多意见,社区人属地管理意识有待强化。政府的职能转变、工作效率与经济社会发展要求、广大人民群众的期望尚有差距,个别政府职能部门和工作人员服务意识淡薄,办事效率不高。投资的硬环境和软环境还有待于进一步改善。城乡就业压力进一步增大,部分群众生活困难。社会不稳定因素依然存在,治安形势不容乐观。对于上述问题,我们要采取有力措施尽快解决。

2003年全区经济、社会发展奋斗目标和主要任务

党的十六大确立了全面建设小康社会的宏伟目标,市九次党代会提出在全国率先基本实现现代化的奋斗目标,市委、市政府要求

通州按照“北京新城区”的目标加速工业化、城市化进程，这是对通州极大的鼓舞和鞭策。我们必须紧紧围绕这一战略目标，凝聚全区人民的意志和力量，务必使今年的各项工作与贯彻十六大精神相结合，与落实市委、市政府关于通州发展的重要指示相结合，把握机遇，适度超前，全面提速，确保全区经济持续快速增长和社会事业全面进步，力争经过几年的努力在全市率先进入基本实现现代化的行列。

按照区委二届十一次全体(扩大)会议确定的总要求，政府工作的重点是：以邓小平理论和“三个代表”重要思想为指导，全面贯彻落实党的十六大和市九次党代会精神，落实区委二届十一次会议提出的各项任务，确立建设“北京新城区”的战略目标，实施建设京东工业基地的战略任务，树立“率先基本”的发展思想。围绕“环境建设深化年”的总体部署，在经济建设方面，推进新型工业化进程，打牢工业基础；推进城市化进程，优化人居环境；推进农业产业化进程，提升农业水平；推进流通现代化进程，增强三产活力；推进投融资市场化进程，优化资源配置。在社会事业发展方面，树立运河文化品牌，营造一流的文化环境；建设文明城市，营造一流的社会环境；维护社会稳定和政治安定，营造一流的治安环境；全面提高政府的工作水平，营造一流的服务环境。

全区经济和社会发展的主要预期目标是：国内生产总值增长16%，达到104.4亿元。全口径财政收入、地方财政收入均增长18%，分别达到22.3亿元和7.4亿元(按新财政体制计算)。固定资产投资增长13.5%，达到48亿元。农民人均纯收入增长10.5%，达到6450元；城镇居民人均可支配收入增长11%，达到11190元。

实现以上目标，必须用十六大精神统一全区人民的思想和行动，把加快发展作为第一要务，按照“四新”的要求，聚精会神搞建设，一心一意谋发展。加快发展必须紧抓机遇，要深刻理解战略机遇期的丰富内涵，抓紧抓实“举办奥运会，建设新城区”这一非常现实并且可以大有作为的机遇，抢占发展先机，赢得发展优势。加快发展必须解放思想，坚决冲破一切防碍发展的思想观念，坚决改变一切束缚发展的做法和规定，坚决革除一切影响发展的体制弊端。加快发展必须大胆创新，在组织领导经济工作的方式方法上大胆创新，在市场化运作、适度举债等多渠道筹集发展资金上大胆创新，在经营城市资源方面大胆创新，在发挥土地价值和园区建设方面大胆创新，在引进人才和发挥人才作用方面大胆创新，通过不断创新，为我区经济和各项事业发展注入新的活力。加快发展必须调动一切积极因素，真正实现一切劳动、知识、技术、管理和资本的活力竞相迸发，一切创造社会财富的源泉充分涌流，造福于人民，贡献于社会。加快发展必须深化环境建设，进一步改善和优化投资环境、服务环境、生态环境、人文环境、政治环境和社会环境，为实现建设“北京新城区”的战略目标，加速工业化、城市化进程创造良好的先决条件。

今年要重点抓好八项工作：

一、推进新型工业化进程，打牢工业基础

确立“工业立区”的思想，实施园区战略、品牌战略、高新技术带动战略和外向带动战略，尽快提高工业运行质量，增加全区工业总量。狠抓“工业基地”建设，重点发展光机电基地、环保产业园等八大园区，加快工业化进程，到2008年，初步形成高新技术产业、现代制造业、都市型工业等主导产业，形成张家湾与潞城、马驹桥与台湖、永乐店与于家务、西集四大工业板块，工业增加值占国内生产总值的比重达到50%左右，工业支柱地位牢固确立。为此，2003年要做好以下工作：

加强工业基础性工作，重点解决三个制约因素。一是解决工业发展用地问题。加大协调力度，做好通州工业区、环保产业园、聚富苑工业区扩区的立项、规划、土地等手续报批工作，增加全区工业用地供应量。二是解决建设资金不足问题。采取多种形式，尤其是市场运作的方式加快各级工业园区基础设施建设，力争在资金投入上实现新突破。三是解决工业园区管理体制问题。借鉴先进地区管理经验，理顺园区管委会与乡镇政府、村委会的利益关系，使其相互促进、共同发展。

全面提升各级工业园区的基础设施建设水平。光机电基地年内完成一批环境建设工程，启动基地生活配套区建设，力促已签约企业全面开工，形成项目建设高潮，确保基地一年一变样，三年大变样。环保产业园区规划方案批准后尽快启动基础设施建设。轻纺服饰园、食品工业园等乡镇工业园区要以统一的标准着力营造一流的投资环境，打造专业化品牌，增强集聚优质生产要素的吸引力。逐步完善园区内住宅、休闲、娱乐等三产服务配套设施，使之成为环境优美、功能齐全的花园式工业园区。

提高招商引资的针对性和实效性。从严把好引进项目准入条件，大力引进投资规模大、科技含量高、产业关联度强、市场前景好的品牌企业和外向型企业，争取在吸引国际、国内知名大企业直接投资上取得突破。树立“诚信、环境、服务”的招商理念，运用“专业化、市场化、代理化”等招商手段，组建招商资源共享网络，实现招商方式方法上的创新。加强对已签约项目的跟踪服务，提高引进项目的资金到位率和开工投产率，进展速度快的，政府工业发展基金给予重点支持。

利用高新技术和先进适用技术改造提升传统产业。筹集企业技术创新资金1000万元，采取贷款贴息、注入资本金、拨款扶持等方式，鼓励企业进行产品、技术创新，打造品牌产品。精心包装100个传统产业项目，面向国内外招商，积极探索利用民间资本和国际资本参与企业技术改造和产业升级的新途径。

按照规范化要求，继续推进国有集体企业产权制度改革。精心选择一批资产优良、主业突出、产品有竞争力的企业，组建成股份有限公司。积极创造条件，对部分已改制企业进行“二次转制”，完善法人治理结构，促其向现代企业制度转变。畅通劣势企业退出通道，年内基本完成资不抵债企业的破产工作。正确处理发展、改革与稳定的关系，做好失业人员的安置和再就业工作。

提高企业现代化管理水平。加强以成本、财务、质量为重点的基础管理，大力推进ISO9000质量标准体系和ISO14000环境标准体系的认证。充分发挥工商联和中市属企业联合会的作用，为中小企业、民营企业和中市属企业提供优质的服务和公平竞争的环境，放手发展非公有制经济，壮大区域工业经济规模。

重视和加强外经外贸工作，加快建立开放型经济体系。实施外向带动战略，设立鼓励中小企业开拓国际市场资金，支持企业千方百计扩大出口。力争启动韩国中小企业发展园区，尝试在海外创办招商窗口和举行推介会，引进国际知名企业直接投资。改善投资软环境，提高对外商的服务质量，提升服务水平。全年外贸出口创汇力争达到1.3亿美元，实际利用外资7000万美元。

二、推进城市化进程，优化人居环境

按照“北京新城区”的战略目标，进一步明确城市功能定位，加速城市化进程，力争2005年初步形成“一河二线三城”的基本框架，2008年城市建设再上一个档次，城市化率力争达到55%。经过不懈努力，最终建成有产业支撑、设施完备、具有可持续发展能力的生态城、数字城、文化城、文明城。为此，2003年要做好以下工作：

实施通州新城总规修编，加快一批控详规设计。增强规划设计的科学性、现代性、前瞻性，继续完善新华南北路、北苑商务区、果园中心区等重点区域的城市设计。系统研究城市道路交通，进一步完善城区和区域内交通网络规划。重点规划采取招投标形式，确保规划的质量和水平。严格执行城乡规划，增强规划的严肃性、权威性。

实施一批水、电、气、路等重点工程，提高城市供给与承载能力。全力配合，确保八通轻轨按时通车，实施沿线燃气、供水、污水处理、降噪屏障等附属配套工程。力争在用水高峰到来前完成北京市大管网向通州供水工程，推进居住区用水卡表计量工程；污水处理厂建成并投入使用。潞城10万门电信局年底前建成投入使用。建设河东新城、南部新城、北部组团三个11万伏变电站，完成一批建成小区的临电改造工程和全区农村低压电网改造工程。加快旧城区、六环路沿线产业园区和生活区燃气工程建设，全区新增用气户4200户。加快北苑环岛道路立交工程的项目论证，并争取启动建设。启动朝阳北路延长线、外环路东南段等道路交通工程，完成10条以上城市次干道路网加密工程，完成运通大桥改造工程，完成通马路二期工程，加快张采路、九德路等一批乡镇公路建设。

实施一批生态环境工程，提高城乡环境质量。绿、彩、美相结合，高标准推进六环路绿化工程和北运河、通惠河二期绿化工程，加快“四环林”建设。制定水资源开发、利用和保护规划，加强水资源管理，继续实施塘改湖工程，建成1-2处水上旅游观光区。启动小区生活污水排放生物处理，在城区一批小区建成无害化环保化粪池。在农村推广低硫优质煤配送，在城区推广使用清洁能源，清理整顿各类污染企业，严格控制施工扬尘，各乡镇禁烧秸秆垃圾，力争大气质量好于二级的天数达到60%。

实施一批旧城改造和旧村改造工程。全面启动北大街、南大街、新城南街等旧城改造工作。落实城市建设“减法”原则，设立“减法基金”，以人为本，疏解城市建设密度，增加公共绿地面积。启动永顺、梨园主题公园建设，加快生态公园建设。全面展开通州科技大厦工程建设，力争建成通州标志性建筑之一。加快城区内污染、扰民和效益低下企业以及养殖企业的搬迁进程，引导企业有序退出城区。逐步改造“城区中的村庄”，改善居民居住条件。

加快村镇建设。高标准完成小城镇、中心镇镇域规划、中心区详规和城镇设计，力求风格多样，特色鲜明。加大小城镇、中心镇基础设施建设投入，推进每个乡镇1-2个中心村建设试点工作。继续抓好乡镇环境综合整治，再创建环境示范村100个。推广乡镇集中供水工程，完成西集、潞城、永乐店镇3处水厂建设，积极推进农村用水改造工程。

提高城市管理水平。推进社区建设，理顺政府职能部门与街道、社区居委会与物业部门的关系。进一步完善社区服务设施，改善办事处、社区服务中心及社区居委会办公条件，完成社区“三室一场一校”建设。做好第五届社区居委会换届选举工作，加强社区工作者培训，提高社区管理人员素质。建立街道城管监察分队，落实社区城管执法联系人制度。积极探索环境卫生、设施维护、市容保洁等长效运营机制改革，推进城市管理市场化、社会化。实施城市地理信息系统管理工程，实现城市管理手段方面的新突破。继续实行拆临拆违和环境整治工作，清理整顿全区客货运市场，清除道口路边违法经营行为。

三、推进农业产业化进程，提升农业水平

以促进农业增收为主线，以培育龙头企业和农产品安全生产体系为重点，深入推进农业结构调整，提高农业产业化、集约化水平。

培育和发展种养业。因地制宜，进一步扩大蔬菜、优质果品、速生林、苗木花卉种植面积，加快形成优势产品和优势产区。规范已建成养殖小区管理，提高利用率。在继续搞好常规养殖基础上，重点扩大奶牛、观赏鱼、肉羊养殖规模。加大农业科技投入，建立籽种中心，加快籽种农业的发展，提高农业附加值。

加强农产品安全生产体系建设。制定并实施通州绿安食品奥运行动规划，在城区试行农产品市场准入制度，食用农产品安全生产和质量认证企业发展到100家，打造绿安品牌，提高市场竞争力。积极推行标准化生产，加强标准化基地建设，全年达到50个。

探索农业的工业化道路，提高农业的集约化、标准化、设施化水平。大力发展农副产品加工龙头企业，提高农副产品附加值，扩大农产品出口规模。加快引进和培育龙头企业，重点扶持蒙牛集团等5家龙头企业，提升通济达公司的辐射带动能力，提高"东方绿舟"品牌的影响和市场覆盖率，年配送能力达到20万吨。加强农业基础设施建设，完成中低产田改造3.5万亩，力争实施新河灌区和凤港河灌区改造工程，提高农业机械化装备水平，搞好果、菜等小型农机具的研制和推广应用。

挖掘资源特色，发展观光农业。从本乡镇、本村的特色资源出发，大力发展融观光、旅游、科普、教育于一体的农业观光项目，提高农业的档次和效益，年内再培育一批项目。

建立和完善农业服务体系，加强市场信息服务和科技推广服务，组织建立农业科技服务专家团，提高农产品的科技应用水平和科技含量。加强农业合作组织建设，规范和扶持10家带动能力强、市场销售面大的合作组织，提高农民进入市场的组织化程度。

落实党在农村的各项基本政策，按照"自愿、依法、有偿"原则，采取各种形式抓好土地承包经营权流转，推进适度规模经营。做好农村集体土地登记、确权、发证试点工作。按照中央和北京市部署，完成农业税费改革工作，坚决取缔各项不合理收费，切实减轻农民负担。

四、推进流通领域现代化进程，增强三产活力

第三产业要以巩固有特色的优势产业、培育壮大现代服务业为主，变比较优势为产业优势，变产业优势为就业优势。

充分发挥消费的拉动作用。通过破产、租赁、改制等方式，全区国合商业企业转制面力争达到100%，使现代商业发展更具活力。落实全区商业规划，加速宠物市场、东方嘉汇花卉市场等现代商业设施建设，发展超市、便民店、仓储式市场等多种商业业态，加快发展社区商业服务业，推进特色商业街区建设。适应居民消费结构升级和生活质量提高的需要，提升商业、服务业的服务范围、服务档次、经营水平，促进住房、休闲、教育、医疗等新兴消费。适应农民收入增长的趋势，加快新兴商业进入乡镇市场的步伐。

加快马驹桥物流产业园区建设。从编制园区详规开始，力争向国际水平看齐，坚持有特色、高标准、努力把物流产业园区建成具有一定规模、设施先进、环境优美、服务配套的物流企业集结地。年内在完成规划报批的基础上，启动园区11公里主干路及通讯、供水、供暖、供气等配套设施建设，并争取一批规模化、专业化的物流企业入园。

充分估量政策变化对房地产业的影响，基本稳定开发规模，全力提升住宅品质。着重扶持实力强、规模大、信誉好、品质高的企业，保证一批大项目如期启动，为全区经济增长多做贡献。加大对房地产开发企业的服务力度，强化小区批后监督和综合验收制度，完善居住区公共服务配套设施。加强和规范居住区物业管理工作，培育和规范物业管理市场，积极推进建成区实施物业管理。积极引导房地产企业调整投资结构，增加经营性产业投资，带动城市现代服务业发展。

创造条件，加快引进银行、保险、证券等金融企业入区，年内争取有新企业在通开业。积极引导银行改进金融服务，改善企业融资环境。交通运输、信息、咨询等产业要取得新的发展。

五、推进投融资市场化进程，优化资源配置

坚持财政投入、银行信贷、社会融资三种方式，进一步整合区域资源资产，加快投融资体制创新，解决资金投入不足问题。

继续尝试政府适度举债，打造规范的融资主体，充分发挥财政资金的杠杆作用，力争在重点工程和园区建设融资上较去年有更大突破。

进一步解放思想,在经营城市方面进行大胆探索与实践。发挥通政国有资产经营管理公司作用,打破行业和地域界限,在更大范围、更深层次整合区域资源资产,增强融资和变现功能。对具备条件的北苑商务区项目、运河旅游开发项目以及供水、供气、供暖、通讯等经营性项目,采取 BOT、股份合作等市场化方式,调动社会投资进行开发和运作。对道路等市政设施实施统一管理,公开招标、拍卖广告权和冠名权。继续采取政府承诺、分期偿还的方式,缓解资金紧张的矛盾。

全面启动土地储备工作,一方面要严格规范土地出转让行为,保证政府对建设用地的集中、统一供应,另一方面要扩大土地储备量,加快土地一级开发步伐,筹集建设资金。

六、加快运河文化产业带建设,树立文化品牌

以增加城市文化气息、培育城市文化产业、打造运河文化品牌为重点,支持和鼓励文化事业发展,创造和壮大新的经济增长点,使运河沿线不仅成为人文奥运的风景区,而且成为经济增长的活跃区。

挖掘整理运河文化资源。搜集整理运河的漕运史、仓储史、"运河民谣"、"运河号子"等史料、资料,推新风车、面人、剪纸等运河民俗文化,发展民间工艺。加强对文物古迹的保护和管理,宣传运河文化名人和文化古迹,充分发挥名人效应,提高通州知名度和影响力。精心组织、筹办首届"运河北京文化节"通过举办文化论坛、文化招商、运河风情游等系列活动,充分展示通州的文化底蕴和改革开放取得的新成就。

加快运河文化产业带重点工程建设。全面实施花丝镶嵌厂及西海子公园周边拆迁,做好通惠河、北运河沿线景观设计和美化工作,建设以西海子公园为中心的"两河一园"工程。启动学宫修复工程,抓好月亮河花园、外国艺术博物馆、古城文化开发等重点工程的建设。

把大力发展旅游业提上日程。制定旅游业发展近中期规划。采取市场化动作方式,规划和启动民俗文化街、饮食文化街建设,发展集餐饮、文化、娱乐于一体的民俗旅游。充分利用运河水面开阔的自然条件,发展以郊野自然风光为主的观光旅游。结合运河文化产业带的建设,整合旅游资源和文化资源,发展以历史人文古迹为主的文化旅游,开发具有运河特色的旅游纪念品,搞好节日旅游接待,刺激拉动旅游消费。完善旅游服务设施,改善接待条件,促进旅游经济的发展。

研究制定文化产业的发展规划,加快文化产业园区规划的落实。制定和完善文化产业扶持政策,大力引进文博、娱乐休闲、文化传媒等产业入区,加快文化产业发展。

七、建设文明城市,促进社会进步

物质文明、政治文明、精神文明一起抓,三个文明协调发展。

坚持科教兴区,充分发挥科学技术是第一生产力的作用。利用首都科技优势,抓好北京航空制造工程研究所和大唐科技园区两个高科技孵化器建设。继续发展民营科技企业,落实星火计划。建立科技创新资金,组建生产力创新促进中心,启动科普示范基地二期工程。落实人才引进政策,加强人才交流中心和人才市场建设,引进懂管理、懂技术的高素质人才。加快各级园区信息平台建设,启动科技信息管理网和经济社会发展综合数据库建设,实施百家企业上网工程,用信息化带动经济和社会发展。

加大教育投入,重视素质教育,提高全区教育的整体水平。继续整合教育资源,完成6所农村中小学的撤并工作。加大优质高中校建设力度,推进运河中学、永乐店中学北京市示范高中校建设。努力扩大普高招生规模,使普高录取率达到45%。推进城乡中小学校合理布局,规模办学,改善农村地区基础薄弱校办学条件,提高办学水平,使全区教育均衡发展。推进教育信息化,完成15所学校校园网建设。加强师资队伍建设,完成教师培训中心一期建设,深入开展教育教学业务培训,深化教育人事制度改革,提高师资队伍的整体素质和水平。加大教育创新力度,探索教育产业化。适应通州经济建设和社会发展需要,继续发展成人教育,加大职业教育投入,培养专业技术人才。提高学前教育水平,力争再创建一所一级一类幼儿园。

坚持预防为主,防治结合,提高人民群众健康水平。整合新华医院、中医医院、运通医院等医疗卫生资源,提高服务功能,"十五"期间潞河医院力争达到三级医院水平。增强医院适应市场经济的能力,提高医务人员素质,满足人民群众的就医需求。启动中医医院异地新建工程和潞河医院二期病房楼、门诊楼新建扩建工程。加强对文化市场的监督管理。努力构建面向大众的健身服务体系,以乡镇为重点,配建40个全民健身工程,广泛开展群众性文体活动。竞技体育要有更大发展,逐步恢复历史最好水平。

稳定低生育水平,计划生育率达到98%以上,人口出生率5.5‰以下,自然增长率保持在零以下;85%的行政村建立计生保障制度。启动通州档案馆新馆建设。做好《通县志》出版发行工作。

继续落实《公民道德建设实施纲要》,以诚实守信为重点,加强"三德"教育,促进人的全面发展。搞好创建文明社区、文明村镇、文明行业等"三大创建"活动,营造文明健康的育人环境、优质高效的投资环境、整洁优美的人居环境、繁荣向上的人文环境、有序祥和的社会环境等"五大环境",力争实现首都文明区的创建目标。继续办好礼仪风采大赛,逐年提高,形成品牌。加强国防教育,增强全民国防观念。做好征兵和优抚安置工作,深入开展军警民共建活动,争创全国"双拥模范城"。

坚持依法治区,维护良好社会秩序。深入开展严打整治专项斗争,全年刑事案件发案率力争同比下降2个百分点,破案绝对数同比增加5个百分点。继续实施科技强警工程,加强公安基础建设,启动看守所迁建等工程。开展法制宣传周教育活动,落实"四五"普法规划,增强全社会、尤其是公职人员的法制观念和依法办事能力。拓宽和规范法律服务,有效提高公证、律师、人民调解、法律援助等法律服务质量。坚持开展与"法轮功"等邪教组织的斗争,加强对刑满释放、解除劳教人员的安置帮教工作。深入开展基层安全创建工作,严格出租房屋及外来人口管理,加强社区安全保卫工作和城乡结合部社会治安综合治理,努力消除各种治安隐患。集中开展市场打假专项整治,重视和加强交通安全管理、安全生产和消防工作,避免重大事故发生,确保人民生命财产安全。加强信访和人民内部矛盾纠纷排查调处工作,维护政治稳定和社会安定。

八、转变政府职能,提高政府行政水平

适应加入世贸组织和完善市场经济体制的新形势,创新管理体制,提高行政效能,改进工作方式,加快学习型、服务型、实干型政府建设步伐。

切实形成理论联系实际的学风。各级政府部门和领导干部要率先垂范,把领会、贯彻十六大精神作为当前和今后一个时期首要的政治任务,带头实践"三个代表"重要思想,努力掌握和运用党的理论、路线、方针、政策,切实解决本部门存在的实际问题。要结合自身工作,学习市场经济知识,学习法律法规,提高理论水平、业务能力和领导水平,做勤奋学习、善于思考的模范,解放思想、与时俱进的模范,勇于实践、锐意创新的模范。

切实推进行政体制创新。完善政府的经济调节、市场监管、社会管理和公共服务职能,加大宏观调控力度,转变经济增长方式,实现结构优化升级,加快工业化、现代化进程。大力培育和规范各类行业协会,健全各类社会中介组织,转移政府承担的社会职能。进一步清理和精简行政审批事项,尤其是科学设定并规范区内行政审批程序,缩短审批时限,试行行政审批投诉制度和社会评价制度。按照政事分开原则,改革事业单位管理体制。按照所得税分成办法,完善乡镇财政管理体制。全面推进电子政务,加强政府信息化、网络化建设,提高政府办公效率,启动“数字通州”建设工程。

切实健全政府监督机制。自觉接受人大及其常委会的法律监督、工作监督和政协的民主监督,坚持定期向人大报告工作、向政协通报情况的制度,继续做好向人大定期述职工作,认真办理人大代表建议和政协委员提案。坚持民主、科学的决策程序,提高政府决策水平。自觉接受社会监督,继续开展人民代表和社会各界对政府部门的公开评议活动。推进政务网上公开,加强区长信箱和便民电话建设,畅通民意沟通渠道。强化内部监督,严格落实责任追究,加强领导干部从任期到离任的审计监督。

切实改进政府工作作风。坚持调查研究之风,要围绕“北京新城区”的战略目标,加强对制约发展的重大问题、主要矛盾的调查研究,理清工作思路,提出发展新举措。发扬艰苦奋斗之风,充分认识率先实现工业化和城市化的艰巨性,艰苦创业,自强不息;深刻认识我们的区情和面临的压力,精打细算,勤俭建区,严格财政收支管理,坚决反对铺张浪费、大手大脚。保持求真务实之风,各级领导干部要坚决克服形式主义,力戒空谈,力戒浮夸,脚踏实地,埋头苦干,讲实效,办实事。倡导勤政廉洁之风,深入开展“立党为公、执政为民”教育活动,坚决禁止以权谋私,建立行政审批权力部门科级岗位定期轮换机制,塑造一支廉洁自律、勤政高效、甘于奉献、能打硬仗的公务员队伍。

切实保持就业局势稳定。就业是民生之本,要加快建立以劳动者自主就业为主、以市场调节就业为基础、以政府促进就业为动力的就业机制。扩大社区服务就业门路,实行弹性就业形式,多渠道、多层次开发就业岗位。积极开展再就业援助,帮助最困难的群众实现再就业。坚持城乡统筹就业,有针对性地开展职业介绍和职业指导,强化职业培训,提高劳动者素质,再就业率达到60%以上,城镇登记失业率控制在2.5%以内。把农村富余劳动力就业和农业产业结构结合起来,发展有利于扩大就业的劳动密集型产业,实现农村富余劳动力向二、三产业转移10000人以上。继续完善社会保障体系,深化养老、基本医疗等各项保险制度改革,积极开展扩面征缴工作,各项基金收缴率达到95%以上。认真落实城乡低保制度,加强动态管理,实现应保尽保。关注和支持残疾人、老年人事业,切实保证弱势群体和低收入者的基本生活。

切实为人民群众办实事。进一步密切政府与人民群众的联系,拿出更多的时间深入基层,深入群众,听取群众意见,关心群众疾苦,做到权为民所用,情为民所系,利为民所谋。坚持立党为公,执政为民,努力履行全心全意为人民服务的宗旨,尤其要关心生产和生活遇到困难的群众和弱势群体,通过扎实有效地工作,带领群众创造幸福生活。努力办好55件实事,着力解决群众看病就医、市场秩序、社会治安、社会保障、水电气热供应和服务等方面的突出问题,为群众早餐、买菜、出行等日常生活提供更便利的条件,不断提高办实事的社会效益。

各位代表,今年是实现我区“十五”计划攻坚之年,更是为今后的发展夯实基础的一年,我们的任务光荣而艰巨。让我们紧密团结在党中央周围,高举邓小平理论伟大旗帜,努力实践“三个代表”重要思想,在市委、市政府和区委的领导下,在区人大代表、政协委员和广大人民群众的监督下,坚定信心,奋力拼搏,开拓进取,以昂扬奋进的精神状态,为振兴通州、实现经济和社会的跨跃式发展而努力奋斗!

通州区人民代表大会常务委员会工作报告(摘要)

——2003年2月14日在北京市通州区第二届人民代表大会第六次会议上

通州区人大常委会主任 曹文广

各位代表:

我代表通州区第二届人大常委会,向大会报告区二届人大四次会议以来的工作和今年的主要任务,请审议。

2002年是我国具有重大历史意义的一年。一年来,我国积极应对入世带来的机遇和挑战,不断深化改革,促进发展,维护稳定,各项事业取得了新的成就;党的十六大胜利召开,为全面开创我国改革开放和社会主义现代化建设新局面指明了方向。在中共通州区委的领导和市人大常委会的指导下,区人大常委会坚持以邓小平理论和"三个代表"重要思想为指导,认真落实市委关于加强人大工作的决定和区委关于进一步加强人大工作的意见,按照本届人大四次会议决议的要求,围绕区委二届八次会议确定的"环境建设年"的工作大局,以经济建设为中心,以代表人民群众的根本利益为出发点,以推进民主法制建设为主线,勇于实践,与时俱进,开拓创新,各方面工作都有了新的进展,为推动全区的民主法制建设、经济和社会各项事业发展做出了积极的贡献。

一、强化法律监督,推进依法治区进程

1、推动法制宣传教育,增强全区公民的法制观念

常委会加强对法制宣传教育工作的监督,听取了区政府关于"四五"普法规划实施工作情况的汇报,提出了法制宣传教育要抓住重点、总结经验、推广典型、增强实效的建议,推动了"四五"普法规划的有效实施;与区依法治区领导小组联合举办了以"履行宪法义务,推进依法治区进程"为主题的座谈会,畅谈宪法对国家政治、经济和社会生活带来的巨大变化,认真查找工作中存在的问题和不足,进一步明确了依法治区工作的方向和重点;常委会领导在通州有线电视台发表了题为"学习宣传宪法、推进民主法制建设"的电视讲话,向社会广泛宣传了宪法的重要意义及公民享有的权利和应尽的义务。

2、开展执法检查,促进法律法规的贯彻实施

有计划地对经济、教育、文化、卫生、体育、残疾人、老龄事业等18项法律法规在我区的贯彻执行情况进行了执法检查。常委会注重增强执法检查的针对性和实效性,采取上下联动的方式,组织市、区、乡镇三级代表200余人次,对全区81家食品加工、销售单位的食品卫生情况进行了突击执法检查,提出建议、意见59条,并重点检查了建筑工地食堂和学校食堂卫生情况,对检查中发现的问题,督促政府有关部门严格执法,限期解决,促进了全区食品卫生状况的改善;在加强对教育方面法律法规贯彻执行情况的检查监督中,听取了区政府关于教育"十五"计划实

施两年来工作情况的汇报，组织代表视察了义务教育法、职业教育法、北京市学前教育条例等法律法规的实施情况，提出了坚持教育优先发展战略，继续加大对教育的投入，努力实现教育均衡发展，调动乡镇政府办学积极性及加强师资建设等建议，对推动我区教育事业的快速发展，起到了积极的作用。

3、加强对司法工作的监督，进一步促进司法公正

一是在深入调查研究的基础上，听取审议了区人民法院关于加强执行工作情况的报告，提出了找准“执行难”的切入点，加大执行力度，狠抓执行队伍建设和制度建设等审议意见，有力地推动了法院执行工作。二是听取了区人民检察院关于查办和预防职务犯罪工作情况的汇报，提出进一步完善预防职务犯罪的网络建设和制度建设，提高查办和预防职务犯罪工作的质量和效率等建议，积极推动查办和预防职务犯罪工作的开展。三是常委会把办理人民群众涉及司法机关的来信来访，作为加强对司法工作监督的有效途径，及时批转有关部门认真办理并报告办理结果；对重要的信访件要求有关部门领导亲自汇报办理结果，以促进司法机关依法办案、公正司法。

二、围绕“环境建设年”的重点工作开展监督，促进全区经济和社会各项事业发展

1、围绕经济工作的重点开展监督，促进经济发展

常委会组织代表视察了北京市光机电一体化产业基地、通州工业开发区、物流产业和环保产业园区、乡镇工业园区建设情况，建议政府进一步扩大市、区工业区和乡镇工业园区的规模，加大基础设施建设投入，营造有利于招商引资的基础设施环境；继续关注农业结构调整，多次视察蔬菜、林果花卉种植业和养殖业发展情况，对张家湾葡萄采摘旅游、潞城镇大营村生态旅游和台湖第五生产大队民俗旅游等农业经营形式，给予高度重视，认真听取工作情况汇报，促进其健康发展；听取审议了商业产权制度改革情况和通州区卫星城商业网点规划编制情况的报告，视察了商业连锁店，积极促进商业的改革与发展。

2、围绕群众关注的热点开展监督，改善社会环境

把监督城乡规划、管理放在重要位置，分别听取了通州发展战略研究、新华大街建设详细规划编制、河东新城、南部新城及宋庄、马驹桥两镇镇域规划和重点产业园区等一批重大项目规划情况的汇报，提出了坚持规划先行，高标准、高起点完成规划及依法、依程序调整规划等意见和建议，维护规划的严肃性、权威性；听取了《北京市通州区城市管理办法》实施情况的汇报，建议区政府理顺城市管理体制，加大城市管理宣传力度，严格执法，进一步提高城市管理水平；先后组织代表视察了新华南北路改造工程、运河奥体公园建设、潞湾橡胶坝建设、塘改湖建设、凉水河大桥建设、农村水厂和污水处理厂建设、妇幼保健院病房楼扩建等工程，推动上述建设工程的顺利进行；从代表人民群众根本利益出发，对社会保障和再就业工作给予高度重视，听取审议了区政府关于劳动和社会保障工作情况的报告。建议区政府千方百计扩大就业，争取就业形势的好转；加强职工培训体系建设，提高劳动者的职业技能；加强社会保障体系建设，继续推进社会保险制度的改革，促进了社会保障体系的建设和再就业工作的开展。

3、积极促进社会发展计划和财政预算的实施

听取审议了区政府关于2001年财政决算的报告和同级财政审计工作的报告，审查和批准了通州区2001年财政决算，对有关部门落实常委会对上一年度财政决算提出的审议意见进行检查，促进了问题的解决；听取审议了区政府关于调整2002年财政支出预算的报告，作出了决议。为进一步推动社会发展计划、财政预算任务的完成，适时听取了区政府关于2002年国民经济和社会发展计划、

财政预算上半年执行情况的汇报，有效地促进了工作的开展。审议批准了区政府向区人大常委会提出的关于提请光机电一体化产业基地项目和八通轻轨项目建设贷款偿还本息所需资金列入年度财政预算的报告，保障了上述两项重点建设项目所需的资金。

三、进一步拓宽监督渠道，推动国家机关工作人员依法履行职责

进一步坚持和完善对人大常委会任命的国家机关工作人员任前法律法规知识考试制度，2002年，对16名国家机关工作人员，进行了任前法律知识考试。通过考试，进一步增强了被任命人员的国家意识、法律意识、公仆意识，增强了依法行政、公正司法的自觉性。常委会在认真总结经验的基础上，开展了对副区长张树森的述职评议工作。常委会组成人员深入实际，调查研究，了解张树森副区长依法行政、履行职责的情况。常委会会议认真听取了张树森副区长的述职报告，进行了实事求是、客观公正的评议，对张树森副区长依法行政、履行职责所取得的成绩给予了充分肯定，并就全区今后工业发展、工业区建设、企业产权制度改革、招商引资、农民向二三产业转移以及做好为驻区中市属企业服务等方面的工作提出了建议；常委会议听取审议了张树森副区长关于整改情况的报告，对整改取得的初步成效表示满意。常委会组织开展了对常委会任命的政府各委主任、各局局长和区人民法院副院长、区人民检察院副检察长的书面述职备案工作，召开了动员会，对书面述职备案工作的内容、步骤和时间安排提出了具体的要求；并将对述职报告进行审阅，提出评价意见，向述职者进行反馈，并将述职报告、评价意见、整改措施等材料归档备案，作为日后开展对述职者继续进行监督的依据。

四、加强和改进代表工作，充分发挥代表作用

1、贯彻“代表法”，为代表履行职责创造条件

一是坚持代表列席主任会议和常委会会议制度，为代表知情知政创造条件。共有48名区人大代表列席了常委会会议、主任会议。二是广泛开展“代表法”颁布十周年纪念和宣传教育活动，认真组织代表学习“代表法”，总结交流经验，推动代表工作的开展。三是组织代表开展多种形式的视察活动，共有500余人次参加了视察活动。四是注重发挥代表小组的作用，推动代表小组工作的开展。五是为开好本次代表大会，举办了形势报告会和视察活动，讨论了大会有关文件，组织部分代表同区长、副区长进行了座谈。

2、开展代表述职评议试点工作，推动代表依法履行职责

在北苑街道办事处代表小组开展了代表述职评议试点工作。北苑街道106和102选区两名代表分别向选民代表作了述职报告，汇报了他们依法履行代表职责，为群众解决实际问题及努力提高自身素质的情况。部分选民代表对代表的述职进行了实事求是、客观公正的评价。两名代表虚心听取意见，认真制定整改措施，改进了自己的工作。全区各代表小组组长、联络员和北苑代表小组代表观摩了述职评议活动。此次代表述职评议活动产生了很好的社会效果，为宣传人民代表大会制度，增强代表依法履职的自觉性和责任感，提高代表参政议政水平，发挥代表作用探索了一条新路，也为今后全区代表小组开展代表述职评议工作提供了经验。

3、加强代表议案、建议的督办工作，提高办理质量

区二届人大三次会议提出了“关于加强通州城市社区建设”的议案。为进一步促进城市社区建设，区二届人大四次会议再次提出了“加大工作力度，加快解决社区建设中几个问题”的议案，并采取多种形式，加大对办理工作的监督力度，较好地促进了议案办理工作的落实，社区建议取得了明显成效。

区二届人大四次会议交由区政府办理的代表建议、批评、意见134件，闭会期间收到

代表建议35件，全部依法予以办理。为提高办理质量，常委会两次与区政府有关部门召开部分代表和重点承办单位见面会，并逐件审核办理报告，采取多种方式征求代表意见，了解办理情况；对代表表示不满意的及时跟踪，督促补办或重办；及时听取区政府办理工作情况的报告，组织代表视察重点建议办理情况，有效地促进了办理工作的落实。

4、认真做好市人大通州区代表的换届选举工作

多次召开主任会议，研究关于召开区二届人大五次会议，选举北京市人大代表的有关事项，认真做好各项筹备协调工作，积极组织区人大代表会前活动，保证了选举工作紧张有序、依法顺利进行。2002年11月20日至21日，通州区第二届人民代表大会召开第五次会议，选举产生了28名北京市第十二届人民代表大会的代表。

五、加强领导、精心组织，圆满完成镇、民族乡人大换届选举工作

2002年下半年，我区镇、民族乡人大依法进行换届选举。常委会精心组织、周密部署、深入宣传、广泛发动，加强对选举各个阶段工作人员的培训和工作指导，深入分析研究换届选举工作中的情况和问题，克服了选举中的诸多不利因素，顺利地选出了741名镇、民族乡人大代表。代表结构比往届更加合理，体现了代表性和广泛性，代表的整体素质有了明显提高。为开好新一届镇、民族乡人民代表大会第一次会议，常委会加强对各镇、民族乡人大代表培训和会议筹备工作的指导与检查，提出规范化、程序化的要求。各镇、民族乡依法召开新一届镇、民族乡人民代表大会第一次会议，选举产生了新一届镇、民族乡人民代表大会主席、副主席，镇长、副镇长、民族乡乡长、副乡长，讨论审议决定了本镇、民族乡重大事项。通过这次换届选举，对农村广大干部群众进行了一次生动的民主法制教育和坚持与完善人民代表大会制度的教育，进一步加强了基层政权及民主政治建设。

六、加强自身建设，提高常委会及机关工作效率

一是加强学习。认真组织常委会组成人员和机关工作人员学习邓小平理论、“三个代表”重要思想、党的十六大及市九次党代会精神，组织机关干部开展学习英语、电子政务、计算机网络知识和参观考察等活动，拓宽了思路，丰富了知识，有效地促进了常委会各项工作的开展。二是加强制度化、规范化建设。制定了《北京市通州区人民代表大会常务委员会任免国家机关工作人员办法》，依法规范人事任免工作；按照市编办的要求，规范了各工作委员会名称，健全了工作机构；重新确定了各工作机构职责，理顺了内部工作关系；认真落实常委会审议意见反馈制度，对常委会会议提出的审议意见的落实情况，进行跟踪监督，促进办理。三是加强调查研究。围绕常委会的中心工作、审议议题和人民群众普遍关注的热点问题，深入基层，深入群众，了解民情，反映民意，关注民生，集中民智。一年来，先后开展了商业产权制度改革、劳动保障和再就业工作、中小学办学规范化建设、职业教育、法院执行工作、人大信息工作等情况调研，为进一步提高常委会审议质量奠定了基础。

一年来，常委会认真完成市人大常委会委托的各项工作任务。组织市人大通州区代表小组开展活动5次；组织代表及有关人员对全国、北京市人大及其常委会制订、修改的12部法律、法规草案征求了有关方面的意见；配合参与市人大常委会在我区开展的较大规模的视察、执法检查、调研等活动9次；配合参与市人大常委会开展对副市长张茅和市交通局局长张燕生的述职评议活动；接待市人大常委会农村委、教科委、文卫体委、研究室、人事室、新闻处、老干部处等单位组织召开的会议及公务活动400人次。

过去的一年，常委会的工作取得了一定成绩，但也存在一些差距和不足，主要是：监督工作的力度和实效还有待进一步增强；常

委会审议质量和执法检查水平还有待进一步提高；重大事项决定权的行使还有待进一步研究探讨；常委会组成人员和机关工作人员的工作水平与新的形势对人大工作提出的要求和人民群众的期望之间还有一定差距。这些问题都需要在今后的工作中，不断研究解决。

2003年常委会工作的指导思想是：坚持以邓小平理论和“三个代表”重要思想为指导，深入贯彻党的十六大、市九次党代会和市十二届人大一次会议精神，按照区委二届十一次会议确定的“环境建设深化年”的总体思路、任务目标和本次会议的决议要求，解放思想、实事求是、与时俱进、开拓创新，为促进全区民主法制建设、经济和社会各项事业发展做出更大的贡献。

一、认真学习贯彻党的十六大精神

采取多种形式，组织常委会组成人员、机关工作人员以及区人大代表，镇、民族乡人大代表认真学习贯彻十六大精神，进一步增强做好人大工作的责任感、使命感和紧迫感。自觉坚持和争取党对人大工作的领导，按照十六大的要求依法行使各项职权，积极实践，开拓创新，为推进全区社会主义物质文明、政治文明和精神文明建设做出贡献。

二、强化监督职能，增强监督实效

把保障宪法、法律和行政法规在本行政区域内的贯彻实施放在监督工作的首位，进一步加大执法检查力度，注重监督实效，促进依法行政和司法公正。围绕区委确定的“环境建设深化年”的重点工作，强化工作监督，认真落实重大事项报告制度，积极推进全区工业化、城市化进程，促进经济和社会各项事业发展。坚持和完善对常委会任命的国家机关工作人员任前法律法规知识考试制度；进一步完善书面述职备案工作；认真实施《北京市通州区人民代表大会常务委员会任免国家机关工作人员办法》，进一步做好人事任免工作；不断完善监督程序，落实常委会议审议意见办理反馈制度。

三、做好代表工作，为代表履行职责创造条件

积极组织代表活动，扩大代表述职评议试点范围，加强代表议案、建议的督办工作，进一步推动代表小组工作的开展，同时认真总结本届五年代表工作的经验。2003年下半年，常委会要精心组织，做好新一届代表选举工作，选出结构合理、政治素质高、参政议政能力强的代表，为下一届人大及其常委会工作的开展打好基础。

四、加强对镇、民族乡人大工作的指导

坚持常委会主任、副主任联系指导镇、民族乡人代会制度；坚持和完善镇、民族乡人代会制度；坚持和完善镇、民族乡人大主席联席会制度、列席区人大常委会议制度；加强对新一届镇、民族乡人大代表、人大专职主席、副主席和人大工作人员的培训，积极推进镇、民族乡人大工作制度化和规范化建设，提高镇、民族乡人大工作水平。

五、进一步加强常委会及机关自身建设

利用讲座、知识竞赛、业务技能比赛等多种形式，加强对“三个代表”重要思想和法律法规、英语、电子政务等现代科学文化知识的学习，进一步提高常委会组成人员和机关工作人员的政治和业务素质；坚持和完善各项工作制度，进一步加强常委会制度化、规范化建设；深入开展调查研究，进一步提高常委会审议质量；加大干部培训力度，积极推荐优秀干部下基层挂职锻炼；加强与兄弟区县人大的工作联系，学习与交流地方人大工作经济；认真总结本届人大常委会五年来的工作，并围绕常委会的职责，进行一些专项工作总结，为下一届人大及其常委会开展工作提供有价值的参考和依据。

政协通州区第二届委员会常务委员会工作报告(摘要)

——2003年2月12日在政协北京市通州区第二届委员会第五次会议上

政协通州区委员会主席　王玉辉

各位委员:

我受政协通州区第二届委员会常务委员会的委托,向大会报告工作,请予审议。

一、2002年工作的回顾

一、加强学习,提高素质,为履行政协职能奠定基础。

为了增强学习效果,我们坚持"三个结合":一是坚持学习原文与听辅导相结合。在委员们认真研读十六大报告原文的基础上,常委们集体学习讨论了十六大报告,请十六大代表李淑华同志介绍参加十六大的亲身感受和学习十六大报告的体会,请中央党校周锡荣教授为全体委员作学习十六大精神辅导报告,使委员们进一步加深了对十六大报告的理解与把握。二是坚持委员自学与集中学习相结合,强调以自学为主。积极为委员自学提供学习材料,为全体委员订阅了《人民政协报》,编发了3期《市情通报》、20期《区情通报》和8期学习资料。与此同时,围绕国内外形势的发展和本区中心工作,多次组织委员学习座谈,参加市政协组织的报告会,听取有关领导同志的情况通报。召开了纪念邓小平南方谈话发表十周年座谈会。三是坚持学习理论与参观、视察、考察相结合。在视察财政工作时,我们先请财政局领导介绍有关财政知识再通报有关情况,使委员们既学到了相关知识,又提高了参政议政水平。我们还多次组织委员到本市其他区县和外省市参观考察,学习政协工作经验,开阔视野,拓宽思路,以推进本会工作。

二、围绕区委、区政府的中心工作认真履行职能。

积极开展政治协商。我们采取多层次、多形式履行政治协商职能,坚持并不断完善全体会议总体协商、常委会议重点协商、主席会议专题协商、专委会对口协商的制度,不断提高政治协商水平。区政协二届四次会议期间,各界委员认真听取区政府领导关于政府工作报告、财政报告及经济和社会发展计划报告的说明,认真讨论、协商三个报告,50多位委员在专题座谈会上发言;各界委员在小组会上发表真知灼见。区委、区政府领导与委员进行座谈,听取委员的意见和建议,共商我区改革开放和现代化建设大计。委员们围绕环境建设年,就转变政府职能、改善招商引资环境、城市建设与管理、精神文明建设等方面,提出70余条意见和建议。常委会组织各界委员就我区经济和社会发展中的一些重要问题,进行了协商讨论。常委会议先后听取了区政府领导同志关于运河文化产业带规划建设和房地产业发展的情况通报;主席会议听取了环保工作的通报,讨论了运河文化广场、奥体公园和三个环岛的雕塑方案；各专委会分别听取了农委、商委、教委、科委、卫生局、规划局等有关部门年度工作计划通报，对相关工作提出了意见建议，其中的许多意见已被采纳。例如，主席和委员们对运河文化广场、奥体公园和三个环岛的雕塑方案提出了进一步突出通州的特色，注意历史和现实的结合，历史文化和当代文化的统一；雕塑应合理布局，少而精；应充分考虑雕塑的长远观赏价值，造型美观而简洁明快，坚固而不易损坏等5条意见。

加强民主监督工作。常委会团结各界委员积极拓展民主监督的渠道，探索民主监督的有效方式，加大民主监督的力度。把组织委员视察、考察、听取情况通报作为政协履行民主监督职能的重要方式。常委会议听取了区政府关于环境建设年和2002年上半年工作进展情况的通报，视察了物流产业园区和马驹桥镇建设情况。主席会议和相关专委会一起听取了水资源保护和开发利用情况通报，视察了台湖镇、宋庄镇规划和建设、光机电产业基地建设、农村低压电网改造、“四五”普法规划实施、广播电视事业发展情况。有关专委会对商业改革、医疗改革、社区建设、再生资源市场建设和自来水供应、林业、农业、体育、文物保护、维护社会稳定、提案办理等工作进行了座谈、视察。例如，在社情民意恳谈会上，卢晓明区长率所有在家的副区长向政协常委和部分委员通报环境建设年和2002年上半年工作进展情况，委员们提出了很多宝贵的意见。会后，区政府立即将这些意见进行归纳和整理，召开区长办公会进行专题研究，决定由各位主管副区长就涉及本口的问题进行督办，限期办结，并及时把办理情况向政协通报。区政府随即将办理情况通报给各位委员。

担任区政府及有关职能部门和区人民法院特约工作人员、特约监督员的70多位委员，参加了对有关工作进行的考评和检查。

重视调查研究，广泛参政议政。政协各位主席与部分委员一道完成了关于城市社区建设、关于非公经济、关于农村劳动力转移、关于加强教师队伍建设的专题调研。我们十分注重调研质量，在知情献策上狠下功夫。加强对调研的组织领导，实行了驻会主席分工负责制。不但了解本区的情况，而且到其他区县考察有关情况，学习先进经验；不但广泛听取委员、群众的意见，而且认真征求党政领导的意见。在全面、深入了解情况的基础上反复分析、研究，提出切实可行的建议。关于城市社区建设、关于非公经济、关于农村劳动力转移的专题调研报告分别经政协常委会议、主席会议研究讨论，形成了政协常委会建议案或主席会议建议案报送区政府，为区委和政府科学决策提供了依据。其中关于城市社区建设的调研报告还在《北京调研》和《北京市农业职业学院院刊》上发表。

区政府高度重视政协的建议案及调查报查。例如在认真研究区政协关于城市社区建设的建议案及调查报告后，对前一时期的社区建议工作进行了认真总结，并明确提出了下一步工作重点，一是以组织建设为重心，构建新的社区管理体制；二是以设施建设为突破口，大力发展社区服务；三是以队伍建设为基础，提高社区的管理和服务水平。区政府认真研究了关于加快我区农村富余劳动力转移的建议案，从明确领导责任、扩大农村劳动力就业空间、完善就业服务体系等六个方面提出了15条措施。区政府主要领导要求有关部门认真研究关于非公经济的建议案，尽快制定关于支持非公经济发展的意见。区工商分局的领导在政协调研报告的基础上，结合自身工作的实际，对如何进一步加快我区非公有制经济的发展进行了“破题”式调研，提出了更加具体的意见和建议。目前，区政协2002年完成的四项专题调研所提出的建议大部分已被政府和相关职能部门采纳。

各专委会注重发挥政协自身优势和委员专长，开展了一系列参政议政活动，内容丰富，形式多样，提出了许多好的建议。例如，农林委员会委员和区农委负责同志就我区农业、农村、农民问题进行座谈，在“加大农业结构调整力度，由平面调整向立体调整方向转变；加大农产品加工龙头企业的引进力度，增强带动作用；提高农业设施的投资水平，增强农民向农业投资的信心；强化农业科技服务网络，为农民产前、产中、产后提供优质服务”等方面增进了共识。文史资料委员会以“三亲”史料为重点，积极征集文史资料。全年共征集文史资料23篇，计135000多字。编辑出版了《文史选刊》第21期。这期《文史选刊》内容丰富，图文并茂，宣传了历史悠久的运河文化，具有较高的史料价值。一年来，常委会和各专委会组织委员视察、考察、调研等活动100余次，参加活动的委员达1300余人次。

三、贯彻市、区政协工作会议精神，积极推进规范化、制度化建设。

市政协工作会议召开后，我们召开了常委会议，学习了市委关于加强政协工作的决定，协助区委召开了通州区成立以来第一次政协工作会议，制定了《中共北京市通州区委关于进一步加强政协工作的决定》。会后，我们制订了关于贯彻通州区政协工作会议精神的具体意见，编辑印发了会议文件汇编，并组织所有委员学习贯彻会议精神。

结合贯彻市、区政协工作会议精神，学习兄弟区县政协经验，并结合我区政协工作实际，积极争取区委的领导和区政府的支持，从建立健全规章制度入手，推进了履行政协职能的规范化、制度化建设。区委制定了《关于办理民主党派提案的暂行办法》，区政协制发了《关于进一步提高提案质量的工作意见》、《关于评选表彰优秀提案的办法》，区委办公室、区政府办公室、区政协办公室联合制发了《关于办理有争议重点提案的协商办法》、《关于办理政协建议案的工作程序》，区委办公室、区政府办公室联合制发了《关于聘请政协委员担任特约工作人员的暂行办法》、《关于加强政协专委会与党政有关部门对口联系的意见》。使政协的各项工作进一步做到了有章可循。

四、提案和反映社情民意工作取得新进展。

二届四次会议以来，委员共撰写提案210件，经审查立案202件，现已全部办复。协调市政协委员，将有关超越我区职权范围的提案转化为市政协委员提案7件，促使有关问题得到了解决。我们不仅重视提案数量，更重视提案质量；不仅重视提案的办复，更重视与承办单位加强协调，落实委员的意见、建议。为了强化委员提案的办理工作，主席（扩大）会议听取了提案委员会提案综合分析汇报和区政府提案办理情况通报，促进了提案工作。

加强了信息工作。全年共收到信息235条，其中通过《委员之声》向区委、区政府或有关部门反映124条，通过电话向有关部门反映7条，报送市政协9条。区委、区政府领导高度重视《委员之声》，多次做出批示，仅崔君乐书记作的批示就有13条。委员提出的许多意见、建议被采纳。区教委、市政管委、林业局、招商局、环保局等部门认真研究解决委员所反映的问题，并及时将有关情况向政协通报。《委员之声》为区委区政府体察民情、了解民意、集中民智、科学决策提供了重要参考，已经成为区委、区政府体察民情、了解民意、集中民智的重要桥梁和纽带。

五、积极发挥统一战线组织作用，促进团结稳定和祖国统一。

通过建立联系委员制度、走访委员等多种形式，加强委员之间、委员与政协机关工作人员之间的沟通和交流。关注少数民族乡的发展，维护少数民族权益。加强同民族宗教界代表人士的联系和沟通。每逢重大民族宗教节日，政协领导都前往祝贺，转达党和政府的关怀。组织民族宗教界的委员外出参观学习，开阔眼界。帮助信教群众解决实际问题，先后协调有关乡镇和有关部门解决了三个信教群众聚集村急需解决的修路、低压电改及重打吃水井等问题。

积极宣传"和平统一、一国两制"的基本方针。和区委统战部、区政府台办一起举办了台情报告会、中秋联谊会。有关委员通过接待来访、探亲访友、书信等各种途径,向台港澳和海外人士宣传"和平统一、一国两制"的基本方针和江泽民主席关于发展两岸关系、推进祖国和平统一进程的八项主张,介绍我区经济快速健康发展、社会秩序稳定、人民安居乐业的大好形势,为实现祖国的完全统一做出了贡献。

六、进一步加强机关自身建设,提高干部队伍素质。

组织机关工作人员认真学习政治理论和业务知识。以答卷方式组织机关工作人员学习党的十六大报告和新党章。组织机关干部参加电子政务培训,学习基础英语。积极筹措资金,改善办公设备,机关办公自动化水平有了新的提高。健全完善了一系列制度,推进机关工作规范化、制度化。老干部工作受到老干部的好评和区老干部局的表彰。

加大了对政协工作的宣传。通过通州电视台、电台、通州时讯、人民政协报、通州党政机关内部网宣传政协工作。

二、2003年工作意见

一、深入学习贯彻十六大精神,用"三个代表"重要思想指导政协工作。

二、围绕区委、区政府中心工作,积极履行政治协商、民主监督和参政议政职能。

三、加强调查研究,提高参政议政水平。

四、发挥人民政协统一战线组织的作用,为维护社会稳定和促进祖国统一作贡献。

五、加强自身建设,夯实做好政协工作的基础。

各位委员,中共十六大的胜利召开,为人民政协事业的发展提供了强大动力,开辟了广阔的前景,创造了良好的环境。在建设中国特色社会主义的伟大事业中,人民政协肩负着重要的历史使命和历史责任。让我们紧密团结在党中央周围,以邓小平理论和"三个代表"重要思想为指导,在中共通州区委的领导下,同心同德,群策群力,与时俱进,扎实工作,更加富有成效地履行政协职能,为促进我区改革开放和现代化建设,推进社会主义民主政治建设和全面建设小康社会做出新的更大的贡献。

关于通州区2002年国民经济、社会发展计划执行情况和2003年计划草案的报告(摘要)

——2003年2月13日在通州区第二届人民代表大会第六次会议上

通州区发展计划委员会主任　张永明

各位代表:

我受区人民政府的委托,向大会报告通州区2002年国民经济、社会发展计划执行情况和2003年计划草案,请予审议,并请政协各位委员提出意见。

一、2002 年国民经济、社会发展计划的执行情况

(一)国民经济呈现增长快、效益好,总量和质量同步提高的发展格局

全区国内生产总值达到 90 亿元,比上年增长 17.6%,比预期目标高出 2.6 个百分点。各季增幅均保持在 17%左右,经济增长的稳定性显著增强。一产增长 14.9%,二产增长 22.9%,三产增长 13.4%,增加值分别达到 13.2 亿元、39.4 亿元和 37.4 亿元,三次产业构成为 14.7:43.8:41.5。经济效益稳步提高,财政收入大幅度增长,全口径财政收入比上年增长 56.2%,达到 18.9 亿元,实现两年翻一番;地方财政收入比上年增长 46.1%,达到 6.9 亿元。固定资产投资完成额比上年增长 14.2%,达到 42.3 亿元。

农业经济稳步发展。农业总产值达到 29.1 亿元,比上年增长 18.8%。蔬菜、林果花卉和养殖业三大主导产业规模不断扩大,新增蔬菜面积 2 万亩,新增林果花卉面积 6.2 万亩,养殖业产值达到 13 亿元,比上年增长 13.6%。

工业运行质量提高,盈利能力增强。全区工业增加值 30.8 亿元,销售收入 117.1 亿元,利润总额 5.7 亿元,分别比上年增长 26.2%、28.7% 和 49.8%。实际利用外资 6573 万美元,外贸出口创汇额 1.12 亿美元,分别比上年增长 6.7%和 37.3%。

建筑业和房地产业发展迅速。建筑业增加值完成 8.7 亿元,开复工面积 441 万平方米,分别比上年增长 12.3 %和 15.3%。房地产业实现销售面积 100 万平方米,比上年增长 28.2%。建筑和房地产业是我区财政收入重要来源,共完成税收 5 亿元,比上年增长 38.9%。

居民消费稳中有升。全区社会商品零售额达到 41.5 亿元,集市贸易成交额完成 14.7 亿元,分别比上年增长 8.3%和 4.6%。

(二)环境建设效果明显,提升了通州的形象和招商引资的吸引力

基础设施供给能力增强,人居环境明显改观。完成新华南北路、旧日化路、杨庄路的拓宽改造,完成潞湾橡胶坝、凉水河大桥建设工程,启动了南、北大街危旧房改造、10 万吨污水处理厂、河东电信局、凉水河吴营大桥等工程。有机生物处理厂竣工并投入使用。天然气新增主干管线 10.7 公里,新增天然气用户 4200 户。全区农村低压电网改造完成 75%。

运河文化产业带建设进展顺利,人文环境建设加强。完成了产业带的发展规划。实施运河文化广场完善工程,启动了月亮河花园、奥体公园、生态公园建设,完成了通运桥修复工程,北运河上游 12 公里段基本具备通航条件。

城乡绿化、美化和综合整治力度大,生态环境进一步优化。以两河一路绿色通道建设为重点,全区共完成植树 630 万株,绿化面积 4.5 万亩。完成内环路、新华南北路等道路的绿化工程和“两河一路”的绿色通道工程,新增城市绿化面积近百万平方米,改善了卫星城的面貌。城乡整治力度加大,拆除违章、临建 20 万平方米,城乡结合部的面貌有了很大改观。

政府服务经济的效能提高,政策和服务环境进一步改善。区政府完善了乡镇财政体制等一系列政策,兑现了对企业的奖励办法,有效地改善了我区的政策环境。各乡镇也出台了促进经济发展和招商引资的政策,调动了方方面面发展经济的积极性。全区机构改革顺利完成,行政审批部门制定了行政审批程序性规定和违反规定的责任追究办法,审批程序大大简化,服务意识显著增强。开展了评议政府部门活动,促进了政府作风的转变和效率的提高。

(三)体制创新力度加大,为经济发展注入了新的活力

探索银政合作新模式。区政府与市建设银行、商业银行签订了 18 亿元授信额度的合作协议，通过政府承诺等多种融资方式，实际利用资金8.3亿元，有效地支持了“八通轻轨”、“光机电一体化基地”和“土地储备中心”等重点工程的建设。在银政合作模式的示范带动下，金融机构投资我区建设的积极性比较高。

市场化融资取得实效。继污水处理厂运用BOT方式运作后，光机电一体化基地也运用此方式运作了燃气供应、电力供应、污水处理等基础设施项目；梨园镇通过出让道路冠名权修建了东方嘉汇路。全区制定户外广告有偿使用、限期使用、统一招标、整体出让的方案，为经营城市无形资产提供了依据。

探索征占土地作价入股的方法，解决发展用地和对农民利益补偿的问题。在光机电一体化基地建设当中，采用了将土地按评估价入股到基地开发总公司，每年根据各村股权配置情况和基地开发总公司经营收入情况进行红利分配。这一办法，既保证了农村集体组织和农民的利益，又减轻了基地前期建设资金的压力。漷县、潞城等乡镇坚持依法、自愿、有偿的原则，探索了土地流转的新方法，从农民手中租用土地，进行规模化、集约化经营。

(四)园区建设取得重大进展，招商引资成效显著

光机电一体化产业基地规划建设进展较快，控制性详细规划已经正式通过，两平方公里的起步区实现“十通一平”。有9个项目签约入驻，协议总投资49.4亿元。通州物流产业园区各项配套设施正在运作和建设之中，入区企业5家，总投资11亿元，到位资金2.5亿元。马驹桥环保产业园已获国家经贸委批准为国家级环保产业园区，引进企业30家，总投资13亿元，初步形成以环保为主导产业的工业园区。

以通州食品工业园、“聚富苑”民族工业园、服装服饰工业园为代表的乡镇工业园区发展迅速。通州食品工业园经过两年的发展，已经成为食品加工业和劳动密集型企业为主的工业园区，入驻企业22家，协议总投资4亿元，安排劳动力就业1500人。“聚富苑”民族工业区起步晚但建设快，一年投入4000万元，实施了八项工程，引进企业12家，总投资5.2亿元。

在招商引资方式实现专业化、集约化、更有利于产业布局转变的基础上，全区以“诚信、环境、服务、品牌”为招商工作理念，组织了形式多样、内容丰富、各具特色的招商推介会、新闻发布会、成果展示会，全年引进投资千万元以上企业147家，其中亿元以上企业24家，协议总投资115亿元。蒙牛集团、星海钢琴、恺王集团、好利来公司等一批知名企业，电科集团、台湾CMI、湖南软件、弛普网络等一批高新技术企业相继入驻我区。

(五)社会事业全面进步，人民生活水平有较大提高

教育坚持规模办学，合理布局，完成了15所农村学校撤并，普通高中扩招1307人，录取率达到40.2%，比上年增长5.4个百分点，高考大专以上上线率86.1%。卫生事业取得新进展，提高了医疗技术水平和服务质量。潞河医院病房楼和妇幼保健医院病房楼交付使用，就医条件得到改观。竞技体育事业获得新发展，在远南残疾人运动会上，我区运动员取得9金1银的好成绩，为国家和首都争得了荣誉。社区建设得到加强，社区居委会调整合并为38个，70%的社区居委会“三室一场一校”得到落实。社区卫生、体育、商业等配套设施建设启动，便民服务功能进一步增强。全面完成人口与计划生育各项指标，人口出生率5.27‰。精神文明创建活动丰富多样，开展了礼仪知识培训、礼仪风采大赛、评选“文明通州人”等活动，提升了通州人的文明素质。

城乡居民收入持续增加，农民人均纯收入5835元；城镇居民人均可支配收入10081元，分别比上年增长10.6%和18.5%。社会保障事业取得新进展，提高了低保标准，城镇居民家庭人均低保标准提高到290元，农村居民低保标准提高到年人均1200元，做到应保尽保。完成6500平方米福利院建设和11个农村敬老院改造工作。再就业工作取得实效，建立健全了11个乡镇的就业服务所，加强了技能培训，召开了61场职介洽谈会，14622人达成就业意向。城镇登记失业人员再就业率65%，失业率控制在1.6%以内。

2002年存在的问题和不足。一是经济总量不足、产业结构不尽合理、运行质量不高仍是当前制约通州快速发展的主要矛盾；二是经济发展的硬环境和软环境有待进一步改善；三是经济增长的动力不足，投资结构有待改善，出口和消费拉动需要增强；四是城市规划、建设、管理和经营的水平仍然不高；五是投融资体制创新力度需进一步加大；六是城乡居民收入需进一步增加。

二、2003年国民经济和社会发展的主要目标、任务和措施

2003年全区经济和社会发展的主要目标是：

——国内生产总值104.4亿元，比上年增长16%。三次产业的比重为13.4:46.8:39.8。

——全口径财政收入、地方财政收入均比上年增长18%，分别达到22.3亿元和7.4亿元(按新财政体制计算)

——固定资产投资完成额48亿元，比上年增长13.5%。

——工业利润7.2亿元，比上年增长26.1%。

——建筑业开复工面积485万平方米，比上年增长10%。

——社会商品零售额43.5亿元，集市贸易成交额15.3亿元，分别比上年增长4.8%和4.1%。

——外贸出口创汇额1.3亿美元，实际利用外资7000万美元，分别比上年增长16.1%和6.5%。

——扣除物价因素，农民人均纯收入6450元，城镇居民人均可支配收入11190元，分别比上年增长10.5%和11%。

——全区常住人口出生率控制在5.5‰以下。

——与经济发展相适应，各项社会事业全面进步。

为了实现上述目标，着重采取以下六个方面的措施。

(一)围绕现代化、规模化、生态化做文章，进一步深化农民增收的发展环境，全面提升农业水平

第一产业增加值14亿元，比上年增长6.1%。

大力引进龙头企业，提升农业产业化水平，形成与二三产业相互衔接的现代化农业。壮大生产龙头，强化加工龙头，提升销售龙头。抓好农业的招商引资工作，在引进国内外农副产品加工知名企业上务求取得新突破。重点扶持蒙牛乳业等龙头企业，加快雨润食品、御香苑等龙头企业的发展，促进公司+农户的农业产业化进程。不断提高通济达公司的配送能力，扩大其知名度和影响力，年内配送和销售蔬菜要达到20万吨。

继续推进农业结构调整，提升蔬菜、林果花卉、养殖业三大主导产业的集约化、规模化水平。抓好绿色安全蔬菜基地建设，打造绿色蔬菜品牌。在潞城、马驹桥、漷县和于家务等乡镇发展绿色安全蔬菜基地，新增面积达到2万亩，建成一批集“旅游观光、出口创汇、绿安蔬菜”为一体的高标准基地。抓好林果花卉基地建设，继续推进宋庄、西集、张家湾3个优质果品基地和梨园、潞城、宋庄、漷县、张家湾等5个高标准花卉基地建设。抓好标准化养殖小区建设，强化养殖业对农业的带动作用。鼓励养殖业向养殖小区聚集，建设生态化、花园式、可供观光的养殖小区，推进养殖业实现标准化养殖、规模化生产、产业化经营。以蒙牛乳业为龙头，继续发展肉牛、奶牛等养殖业，新建20个奶牛养殖小区。抓好肉羊产业，通过引进良种和现代育种技术壮大种羊养殖规模，发展10个优种肉羊养殖小区，提升我区养羊产业的水平。扶持乌鸡、肉兔、鹌鹑等特色养殖。

整合资源，搞好规划，提升农业生态水平。大力发展绿色生态林，在永乐店、于家务、西集、漷县、张家湾、潞城、永顺等七个乡镇继续推进速生林建设。根据北京市关于“三环绿水绕京城”的总体规划，按照隔离地区建设标准，实施一批生态建设工程，绿化、美化六环路、温榆河、北运河和通惠河，完成京津风沙源治理工程。

（二）围绕园区特色和品牌企业的引进做文章，进一步深化工业园区的环境建设，打牢工业基础

全区工业增加值达到38.5亿元，销售收入147亿元，利润总额7.2亿元，分别比上年增长25.1%、25.6%和26.1%。

工业的发展要坚持园区带动战略，以扩大发展空间为突破口，以打造合格融资主体为载体，以环境建设为第一任务，以增强招商引资吸引力为根本目的，解放思想，突出创新，为打牢工业基础提供足够的土地、资金和人才支持。重点加大光机电一体化产业基地、物流产业园区、环保产业园区、通州工业区、永乐经济开发区、食品工业园区、聚富苑工业区、服装服饰园区等八大园区的基础设施投入。特别是光机电一体化产业基地要做到一年一变样，三年大变样。园区的基础设施建设从规划上要充分体现土地资源意识、产业布局意识、结构调整意识、建设上要做到“九通一平”和“统一”的标准同时并举，投入上要坚持运用市场机制，多渠道融通资金。

调动村级发展企业的积极性。建立村级工业大院晋升机制、奖励机制和融资担保机制，促进村级企业发展和农民向二、三产业转移。村级企业发展要合理利用原有空间和闲置资产。村级工业大院要在坚持科学规划、合理布局的基础上，强化基础设施建设，努力做到基础设施的配套和统一供给，提高工业大院建设的档次。

招商引资要坚持“诚信、环境、服务、品牌”的理念，实现招商方式方法上的创新，把工作的重心向加强服务和提高工作效能上转移，既要重视技术密集型企业、资金密集型企业的引进，也要重视劳动密集型企业的引进，既要重视资金和技术的引进，也要重视人才和管理技术的引进。从严把好引进项目准入条件，大力引进投资规模大、科技含量高、产业关联度强、市场前景好的品牌企业和外向型企业，争取在吸引国际、国内知名大企业直接投资上取得突破。提高引进项目的资金到位率和开工投产率，对进展速度快的，政府工业发展基金给予重点支持。

围绕把现有企业做大做强，着力推动企业的改组、改制和科技进步，推动企业强化管理。以建立规范的有限责任公司和股份制公司为目标，全面推进和深化国有和集体工业企业产权制度改革，力争年内全部实现改制。完善相关扶持政策，建立区政府的科技创新基金，引导和鼓励企业加强管理，建立研发机构，提高创新能力，增强发展的后劲。引导和鼓励企业提高产品质量，多创名牌产品、优质产品。做好行业协会的组建工作，充分发挥协会为企业服务的作用。加强与中、市属企业及各级各类企业的联系，保证企业对通州区情况的知情权和有关待遇的落实。

（三）围绕“退出”和“引进”做文章，进一步深化新型服务业发展的环境，加快物流园区、商业网点和新型业态的发展

全面完成物流园区的规划，完成各项手续报批工作。启动园区11公里主干路及通讯、供暖、供水、供气等配套设施建设。加大园区的招商引资，争取更多企业入区。

加大商业引进力度，吸引更多的有实力的商业企业到通州经营发展，重点搞好一些著名品牌企业的引进工作，大力推进超级市场和连锁业的发展。完成全区商业发展规划的编制工作，贯彻实施社区住宅配套网点的管理办法，加快社区综合超市建设，不断提高社区综合超市服务水平。

加快国合商业脱困的步伐，使亏损大户

扭亏为盈。进一步解放思想，加快国有资产从商业领域退出步伐，大胆推进国合商业的改制和破产工作，通过破产、租赁、出售等方式促进商业资产的重组和优化配置。以资产运营公司为龙头，继续抓好中、小企业产权制度改革，争取全面完成改制工作。

加大对市场的清理和整顿力度，大力规范商品流通市场秩序，实施市场准入制度，集中开展市场打假专项整治，特别要加强对涉及人民健康的食品、烟酒、医药。保健品等商品的监管力度。

交通运输、邮政电信、旅游、档案等各业都要获得显著发展。

(四)围绕“四高”标准做文章，推进重点工程建设，进一步优化人居环境

(五)围绕开发文化产业、发展文化经济做文章，进一步深化人文环境建设，树立文化品牌

(六)建设文明城市，创造优良的社会环境，提高人民生活品质

关于通州区2002年财政预算执行情况和2003年财政预算草案的报告(摘要)

——2003年2月13日在通州区第二届人民代表大会第六次会议上

通州区财政局局长　韩振福

各位代表：

我受通州区人民政府委托，向大会提出通州区2002年财政预算执行情况和2003年财政预算草案的报告，请予审议，并请政协各位委员提出意见。

一、2002年财政预算执行情况

(一)财政收入预算执行情况

通州区第二届人民代表大会第四次会议批准的2002年地方财政收入预算为54666万元，实际完成69424万元，完成年初预算的127%，比上年增长46.1%。其中：共享税完成51616万元，比上年增长43.7%；固定税收完成9663万元，比上年增长63.7%；非税收入完成4861万元，比上年增长59.9%；基金收入完成3284万元，比上年增长23%。收入增长的主要原因是：我区国民经济快速、健康发展，经济总量增加，促进了财政收入增长；申奥成功的良好氛围和八通轻轨的即将建成通车，带动了房地产业的迅猛发展，成为我区财政收入的主要增长点；新的区对乡镇财政体制，促进了乡镇经济的快速发展，成为区财政的主财源。

(二)区级财力完成情况

2002年区级总财力175586万元，比上年的129035万元增长36.1%。分项完成情况是：

1、地方财政收入69424万元

2、市返还资金46462万元

3、市转移支付资金3127万元

4、市追加专项资金31336万元

5、其他结算资金7030万元

6、上年结转18207万元

（三）财政支出预算执行情况

通州区第二届人民代表大会第四次会议批准的2002年财政支出预算为97793万元，后经二届人大常委第十一次会议批准，调整为147723万元，比年初预算支出增长51%，实际支出158870万元，为调整预算的107.5%，比上年增长39%，分项支出预计情况是：

1、基本建设支出6968万元，完成年初预算的425%，完成调整预算的133%，比上年增长1.7%。支出的主要项目有潞湾橡胶坝，奥体公园，凉水河大桥工程，潞河示范校及新疆班，农业基础设施，区政府信息中心设备购置等。

2、企业挖潜改造支出18172万元，完成年初预算的144%，完成调整预算的96%，比上年增长40%。重点用于企业挖潜、技术革新和改造，各项税收管理政策兑现，光机电一体化基地建设等。

3、支援农村生产支出、农业综合开发支出及农林水气等部门事业费支出共计15797万元，完成年初预算的196%，完成调整预算的102%，比上年增长26%、其中正常经费1200万元；项目投入一是农业水利基础设施建设、节水灌溉与农业综合开发4400万元，二是农业结构调整支出3040万元，三是支持林业三大体系建设，完成“五河十路”绿色通道工程3497万元，四是救灾支出896万元等。

4、科技三项费及科学事业费支出902万元，完成年初预算的224%，完成调整预算的100%，比上年增长16.8%。主要用于科研支出，科技三下乡等科普支出和改善科技人员办公生活条件等。

5、文体广播事业支出2151万元，完成年初预算的161%，完成调整预算的108%，比上年增长35%。在保证文化、体育、档案、广播、党校正常经费支出的同时，重点用于图书馆图书购置、体育场馆设施建设、计划生育事业、办公自动化建设和市区两级运动会等。

6、教育事业费支出22561万元，完成年初预算的114%，完成调整预算的103%，比上年增长21.7%。在保证教育经费正常支出的前提下，重点用于危房修缮，学校危电和取暖设施改造，整合教育资源，建设中小学校园网，为高中学校建设综合实验电教楼等。

7、卫生事业支出5140万元，完成年初预算的113%，完成调整预算的101%，比上年增长39%。其中正常经费976万元；专项支出主要项目：公费医疗经费、预防保健、社区卫生服务、医疗减免、农村合作医疗健康保健、卫生院修缮及设备购置等。

8、税务审计交通等部门事业费支出3272万元，完成年初预算的253%，完成调整预算的162%，比上年增长116%。重点用于人员增资和全国统一发票改革及实施的有关工作等。

9、行政管理费支出17017万元，完成年初预算的175%，完成调整预算的134%，比上年增长51%。增加的支出主要用于行政机关改善办公条件，机构改革提前离岗人员一次性补助，年初补发十三月工资和职务补贴1950万元，年终补发政策性增资1860万元。

10、公检法司支出8209万元，完成年初预算的148%，完成调整预算的111%，比上年增长33%。其中：正常经费5964万元；专项经费重点用于公安机关装备购置，外来人口管理，公检法司改善办公条件等。

11、城市维护费支出7210万元，完成年初预算的149%，完成调整预算的123%，比上年增长104%。其中：正常经费2019万元；专项经费重点用于运河文化广场一期完善工程，城乡绿化美化，更新环卫设备和车辆，马驹桥、永乐店、宋庄、漷县小城镇建设等。

12、社会保障及社会救济支出6981万元，完成年初预算的161%，完成调整预算的

97%，比上年增长41%。主要用于抚恤社救定期定量补助，城市低保、农村低保，社区建设，敬老院修缮等。

13、行政事业单位离退休经费支出8703万元，完成年初预算的110%，完成调整预算的107%，比上年增长26%。

14、政策性补贴支出751万元，完成年初预算的75%，专项用于农业结构调整风险金支出。

15、专项支出3159万元，完成年初预算的72%，完成调整预算的52%，比上年增长97%。主要是安排了教育附加专项支出2659万元。

16、其它支出13659万元，完成年初预算的96%，完成调整预算的70%，比上年增长4%。其中乡镇级体制返还支出6000余万元，区本级支出的主要项目是：住房公积金支出，全区纳税大户奖励兑现，农村基金会及城市建设和农业信用贷款利息，冬季取暖费，行政性收费及罚没收入返还，运河产业带规划建设经费和法院新址建设等。

17、基金支出5809万元，完成年初预算的123%，完成调整预算的68%，比上年下降6%。主要用于“五河十路”绿化2400万元，农村教育附加支出731万元，返还墙体材料基金750万元，街道办事处经费120万元等。

18、上解支出9902万元，其中体制上解4400万元，所得税上解5502万元。

19、结算扣款2507万元，其中企业结构调整贷款2350万元，世行贷款157万元。

2002年总财力175586万元，总支出158870万元。按照“收支平衡略有结余”的原则，收支相抵后结余16716万元，其中：因不能进行结算，乡镇体制返还结余9798万元，其余均为市专项结余，结转下年使用。

另外，预算外资金已成为有效支持我区经济和事业发展资金的重要组成部分。2002年预算外资金专户存储已达16500万元，土地出让金12400万元，这些资金重点用于如下项目：

1、基础设施建设15500万元。

主要用于新华南北路，外环路工程，乡镇级公路建设和工业区基础设施建设等。

2、教育投入4000万元，主要用于推进教育现代化建设，改善办学条件等。

3、农业投入360万元，重点是加强农业基础设施建设、农业产业结构调整、农业综合开发等。

4、卫生投入2900万元，重点用于公费医疗，增加医疗设备。医疗减免、社区建设等。

5、社会保障投入1200万元，确保低收入群体基本生活，落实国有企业下岗职工基本保障，解决特困人员的医疗救助和救灾支出。

6、公检法司投入1200万元，重点用于补充公检法司部门的业务经费支出和“科技强警”支出。

7、机关投入1791万元，主要是保证政权机关正常运转，提高现代化管理和服务水平等。

（四）为确保财政预算任务的完成，2002年所做的主要工作有

1、加强税收征管，保证财政收入任务的完成

继续贯彻落实“加强征管，堵塞漏洞，清缴欠税，惩治腐败”的工作方针和国家及北京市增收节支会议精神，坚持依法治税，依税聚财，完善重点税源数据库的建设。充分调动各级政府、各部门发展经济、增收节支的积极性，促进了区与乡镇经济的共同发展。加大稽查力度，提高服务水平，推进和完善各项纳税服务制度和举措。在加强税收征管的同时，区政府制定并实施了《进一步完善乡镇财政管理体制方案》、《支持通州工业区、永乐经济开发区发展的意见》和《对纳税大户及企业领导班子的奖励办法》等一系列政策，调动了各部门招商引资的积极性，有利地保证了税收的增长。2002年全口径财政收入完成18.9亿元，比上年的12.1亿元增长56.2%，创近几年最高水平。

2、加大财政宏观调控力度，逐步建立公共财政框架

按照公共财政的要求，财政支出主要是“保政权、保稳定、促发展”。2002年财政部门保证了党政机关正常运转和农业、教育、科学、卫生等支出按法定比例增长；确保政法部门经费需要，支持“科技强警”和“从优待警”；加大社会保障投入，维护首都社会稳定。通过建立医保。房改、养老保险专项准备金，确保低收入人群。弱势群体的基本生活。

一是依法保证了农业、教育、科技、卫生支出的增长。2002年农业投入15797万元，同比增长26%，高于区级财政经常性收入增长近十一个百分点(财政经常性收入增长15.1%，下同)，切实促进了农业结构调整和农民致富；全力支持教育事业的发展，全年投入22561万元，比上年增长21.7%，高于财政经常性收入增长六点六个百分点，达到了法定要求；科技投入902万元，比上年增长16.8%，有利地支持了科教兴国战略的实施；卫生投入5140万元，比上年增长39.1%；保证了享受者的基本医疗，形成居民小病在社区，大病诊治到医院的医疗服务体系，方便了人民群众就医。

二是加大了对社区建设、社会保障体系和弱势群体的支持力度。街道办事处的社区服务、卫生、文化、治安、信息网络化和“三室一场一校”建设支出386万元。落实再就业工作会议精神，按照《关于进一步做好下岗失业人员再就业工作的通知》要求，拨付再就业工程374万元，其中再就业培训资金186万元，培训人员3043人次；用于自谋职业补助906万元，享受补助人数1397人；投入625万元，重点解决了城低保、农低保对象6102人，优抚对象73户、社保对象翻建房屋247间；敬老院、福利院的软硬件建设等项支出1378万元。

三是增加了公检法司投入，专项用于办公现代化、社区警务站、派出所设备购置518万元，交通巡警设备594万元，办案经费254万元，公安机关指纹识别系统142万元，三级信息网130万元等。

四是支持了“五河十路”市重点绿化工程、新华南北路改造，八通轻轨建设、光机电一体化、运河文化产业带等一批重点工程。

3、推进宏观资源配置体制改革

积极探索新的理财思路，拓宽理财渠道，建立健全投融资体系，充分发挥财政资金的引导作用，吸引其他社会资金促进通州经济和各项事业的发展。按照“国家所有、分级管理、授权经营、分工监督”的总体要求，充分发挥财政的管理和监督职能，多方探索国有资产运营新思路，成立通政国有资产经营公司，通过资产运营，盘活国有资产存量，优化资源配置，提高财政资金和国有资产的使用效益，实现国有资产的保值增值。特别是注重发挥财政资金的导向作用，扩大银政合作信贷规模，对北京雨润食品有限公司等22家企业发放了“银政合作”贷款4610万元；支持企业重组转制，为企业清理核销不良资产11户，消化企业潜亏6809万元。为企业甩掉了包袱，增强了企业的活力，扩大了企业发展空间。

4、强化预算管理，深化预算改革

在全区各单位的支持和配合下，全面进行了2003年部门预算编制工作。财政部门成立了“预算编制工作领导小组”和“预算编审委员会”，制定并实施了《预算工作规范》，同时，财政部门还调派45名机关业务骨干，分成15个小组，深入到全区近400个单位进行摸底调查，按照检查与调查相结合的原则，取得行政事业单位机构改革后的第一手资料，为编制部门预算建议草案奠定了基础。部门预算的编制与执行有效地规范了支出行为，增加了支出的计划性，提高了资金使用的透明度。

5、规范财政管理，把握资金投向，积极争取市专项资金支持

今年是区委、区政府确定的“环境建设年”，全区道路、电力，电信、燃气等基础设施建设、水系治理和绿化美化等生态环境建设

的投入力度是历年最大的。为保证我区各项事业健康发展,财政部门把争取筹集专项资金当作头等大事来抓,2002年争取市级预算内专项31336万元,一般性转移支付7744万元,预算外专项6108万元,三项合计45188万元。特别是八通轻轨2亿元的贷款贴息,市财政从2003年起一贴五年,贴息总金额达5000余万元。为了更好地把握资金投向,提高资金使用的计划性,编制了《通州区经济和社会发展项目库》,本项目库涉及农业、工业、教育、社保、卫生、基本建设等各个行业和领域共366个项目,涉及总投资532174万元,经市财政局认定,通过项目库支持的项目达133个,落实资金18020万元。

6、积极推进财政资金管理与监督的规范化

根据财政改革的需要,在机构改革时成立了国库管理机构,彻底实现了预算"编制、执行、监督"三分离的财政管理新模式。在体制上实行预算部门管编制,国库部门管拨款,监察部门管监督的新格局。财政监督由事后监督管理为主向事前审核、事中监控、事后检查的有机结合转变,建立起财政自查、社会监督、财政财务检查新体系。从而实现全方位、全过程的财政监督机制,为提高财政资金使用效益提供了有力保证。

各位代表,2002年我区预算执行情况是好的,但在预算执行和经济发展中还存在一些主要问题:一是经济增长点单一,以房地产为龙头的相关行业,对税收的贡献率大大超过其他行业,随着房地产旺销与滞销周期的转变,将严重制约财政收入的增长;二是新兴制造业和现代服务业规模较小,没有形成支柱产业;三是财政资金引导放大社会资金的作用不明显,公共财政支出力度还不够,在财政形势不断好转的情况下,要注意资金投入的方向性;四是监督机制尚需完善。这些问题将采取有力措施,认真加以解决。

二、2003年财政预算草案

(一)财政收入预算

2002年我区地方财政收入调整为62800万元,以此为基数,2003年地方财政收入预算74100万元,同比增长18%,其中:共享收入53600万元,固定收入12200万元,非税收入4800万元,基金收入3500万元。市返还额54830万元。区级财力128930万元(不含市追加专项资金),其中:区本级财力74100万元,市返还54830万元。

(二)财政支出预算

2003年财政支出预算编制原则:坚持贯彻一要吃饭、二要建设,经济决定财政的思想;量入为出、收支平衡,不搞赤字预算;依法理财,保证农业、科技、教育、卫生等事业支出的法定增长;集中财力,加大基础设施投入,保证"环境建设深化年"所需资金;支持运河文化产业带、八通轻轨、光机电一体化、小城镇和物流产业园区建设;组织资金,保证社区建设、社会保障支出、粮食风险基金和住房公积金的合理安排。根据上述原则,2003年财政支出预算安排128930万元,分项支出安排情况是:

1、基本建设支出1600万元

2、企业挖潜改造资金19253万元

3、科技三项费和科学支出500万元

4、农业、林业和水利气象支出9558万元

5、工业交通等部门的事业费115万元

6、文体广播事业费1291万元

7、教育支出23990万元

8、医疗卫生支出4871万元

9、其他部门的事业费2155万元

10、抚恤社救支出4809万元

11、行政事业单位离退休支出9251万元

12、社会保障补助支出1361万元

13、行政管理费支出12523万元

14、公检法司支出6313万元

15、城市维护费14491万元

16、政策性补贴支出1600万元

17、专项支出1531万元

18、其他支出9568万元

19、总预备费3050万元

20、基金支出1100万元

以上各类事业支出比上年预算均有不同程度的增长。

(三)解放思想,开拓创新,全面完成2003年财政预算任务

1、大力组织收入,确保全年财政收入任务的完成。

2、转变财政职能,谋划区域经济发展新思路。

3、树立大财政观念,创新财政管理机制。

4、加强财政管理的科学化和公开化,实施有效监督,堵塞各种漏洞。

5、与时俱进,深化财政改革。

大 事 记

2002年通州大事记

1 月

10日　市长刘淇到通州区对温榆河治理工程进行调研。

△　民盟通州总支听取运河文化产业带建设工作进展情况汇报，对如何建设具有通州特色的运河文化产业带景区提出见解和意见。

11日　区委召开二届八次全体（扩大）会议。区委书记崔君乐作题为《深化改革，扩大开放，营造环境，加快发展》的报告。

12日　召开2002年加快区工业发展动员大会，副区长张树森作了《以强烈的历史责任感和紧迫感，紧抓机遇加快调整，努力开创通州区工业发展新局面》的工作报告。会上，区委、区政府对招商引进优胜单位、科技进步和科学管理优秀企业和个人进行了表彰。

15至17日　政协通州区第二届委员会第四次会议举行。

20至22日　通州区第二届人民代表大会第四次会议举行。会议通过了六项决议，卢晓明当选为通州区人民政府区长，东晓钟当选为通州区人民检察院检察长。

22日　北京东部人才网开通。开设5大类几十项服务内容。

23日　通州区在运河文化广场举行“反对邪教，崇尚文明”大型巡回展览。

24至25日　日本长野县伊那市议会访华团一行8人到本区访问。

2 月

3日　全国政协常委陈邦柱、国家工商总局副局长杨树德到八里桥农产品中心批发市场考察。

4日　区四套班子领导分别走访慰问城乡优抚对象、困难户、劳模、离退休老干部、失业人员、基层干部，送去了慰问品。

△　区乡镇企业局评为2001年度京郊优秀乡镇企业局。

5日　通州区举行各界人士、驻通部队、中市属单位团拜会。

9日　北京市政协副主席傅铁山到通州区视察工作。听取了本区资源配置、历史沿革、发展机遇、产业布局等情况汇报。

20日　本区制定出台《法律援助实施办法》。

22日　北京东睿国际文化艺术发展有限公司成立签字仪式在通州区举行。

28日　第四届北京农村科普之春活动启动仪式在漷县镇举行。中国科协副主席徐善远出席启动仪式。

3 月

1日　区委、区政府对2001年度农业工作先进集体、先进个人进行表彰。

7日　通州区召开庆祝国际“三八”劳动妇女节大会。会上，授予程显新、敖淑明等

20名“妇女就业带头人”称号。

△　通州区被评为2001年度全国安全生产先进单位。

12日　北京礼仪专修学院通州分院成立仪式暨电话礼仪培训会议举行。

14日　本区召开区精神文明建设工作会议，对获得文明行业、文明社区和精神文明建设“十、百、千、万”系列工程优胜单位和个人进行表彰。

15日　国务院发展研究中心东方公共管理综合研究所与西集镇政府共同建设北京市通州区生态产业园暨东方公共管理科研基地，举行签约仪式。

18日　通州区举行“环境建设年宣传日”活动。

19日　北京东方嘉汇花卉交易展示中心奠基仪式在梨园镇举行。该中心投资2亿元，占地2400亩。

△　区政府印发《通州区社区发展规划(2001—2005年)》。

22日　通州区村级“三个代表”教育活动回查工作全面展开。

26日　通州区孟宪峰、许春兰等7人被授予“首都精神文明建设奖”、邮政局等5个单位被命名为2001年度“首都文明单位标兵”、规划局等24个单位被命名为“首都文明单位”、4个乡镇、19个村及社区获得不同奖项。

27日　区委组织部、宣传部、人事局、共青团共同组织开展评选第一届通州区十佳杰出青年活动。

28日　北京世界名车城落户永顺镇。

29日　副市长林文漪出席通州区教育工作会议并讲话。

30日　市委书记贾庆林，市委常委、秘书长杜德印，副市长刘志华到通州区视察温榆河绿色通道绿化情况。

是月　全区开展“扶贫济困春风行动”，为特困家庭献爱心，做热心公益好市民。

4　月

2日　马驹桥镇北五村搬迁工作正式开始。

3日　通州区召开青少年保护母亲河志愿者行动推进大会。

4日　全国妇联副主席、书记处书记沈淑济到区调研“巾帼科技致富工程”。

△　区政府与市商业银行、中投保公司、北京首创集团联合开展信用担保暨银政合作协议举行签约仪式。

8日　通州区与韩国汉城特别市九老区举行缔结友好城市关系签字仪式。

△　潞河中学与新西兰理工学院签署了“中新友好实践班”教育合作项目协议，该协议于本年暑假开始实施。

9日　通州区举行授予游俊英、苏仲平为通州区荣誉区民仪式。

10日　区政府与中国建设银行北京市分行举行银政合作签字仪式。

11日　北京军区司令员朱启到通州区调研地方武装和预备役建设情况。

13日　通州区举行“古运河纪念林揭碑仪式”暨植树活动。

14日　旧日化路道路改造工程竣工，该工程3月10日动工。

16日　来自全国百余位知名民营企业家参加通州区“百家民营企业通州行”活动。

18日　区政府与物美集团有限公司举行商业集团合作签约仪式。

19日　全国人大副委员长何鲁丽及部分全国人大常委会委员、人大代表在市人大副主任张燕丽及区领导陪同下视察本区食品卫生及管理工作。

24日　通州区举行纪念共青团建团80周年暨首届“十佳杰出青年”颁奖仪式。会上表彰了“五四红旗团委”、“五四红旗团支部”、优秀共青团员等先进集体和先进个人。

△　通州区村级财务管理改革工作动员大会召开，推进“双层审计、村帐托管、电算管理”。

25日　新华南路天然气工程竣工。

26日　区团委书记肖志刚获得第十六届北京市“五四奖章”。

△ 由电信科学技术仪表研究所、通州经济委员会、区科学技术委员会共同创办的北京大唐高新技术创业园举行开园仪式。

28日 中科镓英砷化镓材料建设项目奠基典礼在北京市光机电一体化产业基地举行。

5 月

1日 运河园等11个住宅区、上园路等6个城市街道名称正式启用。

△ 通州区16个单位面向社会公开招聘94名国家公务员。

△ 通州区举办第四届旅游资源展示会。

9日 全国绿化委副主任、国家林业局长周生贤和首都绿化委副主任、副市长刘志华视察通州区温榆河绿色通道建设情况。

△ 通州区“乡医一体化管理”试点工作全面启动。

15日 团区委被团中央评为“全国团建先进县(市)”。

△ 通州区召开运河文化产业带发展规划论证会。国家建设部及市有关部门的专家就运河文化产业带开发设计进行了论证。

17至22日 在北京市第九次党代会上,区民政局长李淑华当选为中共十六大代表。

20日 通州首家街道工会联合会在中仓街道办事处成立。

23日 中国民兵武器装备陈列馆通过国家旅游局AAA质量等级评定。

25日 通州区第一所为外来民工开办的文明市民学校——通州区建筑集团公司文明市民学校中心校第四工程处分校举行揭牌仪式。

26日 北京市光机电一体化产业基地基础设施施工奠基仪式在台湖镇举行,副市长刘海燕,区领导崔君乐、卢晓明等出席。

27日 副市长张茅到通州区就外经外贸和旅游事业发展情况进行考察调研。

28日 许春兰、刘宝双当选2001年京郊十大新闻人物。

30日 通州区经济体制改革研究会等五个协会举行揭牌仪式。

△ 区政府整治“两道”“四河”两侧环境整治方案出台。

31日 团市委、团区委等单位联合开展的以实践公民道德实施纲要为主题的“小小文明工程”建设行动启动仪式在通州区举行。

△ 新疆维吾尔自治区党委副书记司马义·铁力瓦尔地等到潞河中学考察。

6 月

11日 副市长刘敬民到本区就城市发展规划进行调研。

13日 国家农业部副部长范小健到绿色食品批发市场、京东大运河农产品配送中心调研。

14日 北京金远洋对外贸易有限公司成立。

15日 通州区与江苏省通州市缔结友好区市签字仪式在通州区举行。

17至25日 区委书记崔君乐、副区长张树森等一行5人赴日本、新加坡、香港就物流发展、物流园区建设、观光旅游农业和工业园区建设、发展等问题进行考察。

18日 市政协副主席卢松华率领市政协委员到本区就北京城市总体规划执行情况进行调研。

21日 国家药监局副局长张文周到区调查药监工作情况。

27日 市委副书记龙新民率首都精神文明办、市教委、市文化局等部门领导到通州调研听取了本区网吧及文化娱乐场所清理情况的汇报。

28日 市委副书记强卫就环境建设、农业结构调整和农民增收等情况到通州调研。

△ 区委、区政府决定建立区知识产权中心。为区政府直属副处级全额拨款事业单位,同时加挂知识产权局的牌子。8月27日正式挂牌成立。

是月 社区居委会规模调整工作结束,将68个居委会、97个家委会调整合并为38个社区居委会。

7　月

3日　区团委被团中央确定为全国团建创新试点单位。

10日　通州区召开投资环境推介大会，60余家外省市驻京办事处代表及区内有关单位参加。

12日　全国人大领导到马驹桥镇考察环保产业园。

16日　举行《运河文库》丛书首发式。该丛书2001年出版第一辑十部，本年出版第二辑十部。

18日　通州区开展“公共场所告别光膀子争做文明通州人”万人签名活动。

28日　陆军航空兵学院营建工程奠基仪式在台湖镇举行。

29日　通州区“国防教育街”正式落成。

30日　在北京市双拥模范区（县）命名暨纪念首都军（警）民共建精神文明大会上，通州区获“双拥模范区”奖牌。

31日　区四套班子领导慰问驻通部队官兵。

8　月

1日　通州区获得市“双拥模范区”称号。

3日　通州区第四届葡萄采摘节在张家湾开幕。

4日　晚22时30分左右，通州区出现大风冰雹天气，造成部分农田、居民住宅受灾，供电、供水、通讯设施被毁。

6日　市委副书记强卫到区察看受灾情况，并慰问受灾乡镇群众。

10日　全区开展为受灾乡镇损款活动。区领导将800万元赈灾款发到受灾农户手中。

13日　市委书记贾庆林到通州区就工农业生产、城市建设、教育、社区建设等进行调研，先后视察了八通轻轨建设工程、潞河中学、通美晶体技术有限公司、张家湾葡萄高产示范园、大运河农产品配送中心和新华北街如意小区。市委副书记强卫、副市长刘志华陪同视察。

15日　市政协主席陈广文、副主席宋维良、朱育成、梅蕴新视察了张家湾镇北京通美晶体技术有限公司和葡香苑高效葡萄示范园，对工业引进及农业调整情况进行了调研。

16日　北京金远洋对外贸易公司与北京华海电力设备安装公司举行北京林德国际运输代理有限公司成立仪式。

18日　京郊最大的体育公园—通州奥体公园水上运动设施开始接待游人。

26日　副市长翟鸿祥到区调研，先后察看社保大厅、医保大厅、潞城就业服务所、新华如意社区等，听取了有关工作汇报。

28日　中国电子科技集团公司北京信息产业园落户北京市光机电一体化产业基地入区签字仪式在台湖镇举行。

31日　北京世纪东方绿舟农产品配送超市正式开业。

9　月

9日　副市长刘海燕对区工业工作进行调研。先后察看了铜牛公司、北京市光机电一体化产业基地。

10日　“通州区农民就业直通车”开通。

11日　北运河潞湾橡胶坝建成蓄水。

16日　通州区电力整治动员大会召开，到年底，在全区开展电力整治“百日大战”活动。

20日　“中国绿色行”北京东方大学城永乐之夜大型文艺焰火晚会在永乐店文化广场举行。

21日　通州区首届城市运动会举行。

23日　新华南北路改造及内环路工程竣工典礼举行。

26日　市委书记贾庆林、市长刘淇等视察温榆河治理工程和通州段绿化工程，观看了温榆河生态走廊通州段控制性详细规划展板，听取了区领导对温榆河通州段的规划和实施情况的汇报。

△　区农业环境推介暨项目招商洽谈会和台湖第五生产队农村生活实践园金秋捉蟹节在台湖镇开幕。

28日　全区开展“城市清洁日”活动，区

领导一同参加。

10　月

6日　永乐店中学举行建校50周年庆典,副市长林文漪,内蒙古自治区常务副主席岳福洪和区领导出席庆祝典礼。

16日　通州城乡统筹就业信息网络建成投入使用。

△　通州区秋季城乡劳动力招聘洽谈会在运河文化广场举行。

△　通州区被中央社会治安综合治理委员会评为1997-2000年度全国社会治安综合治理优秀奖,4名区领导受到表彰。

19日　潞河中学135周年校庆,市领导贾庆林、刘淇写信祝贺,市委常委朱善璐、新疆维吾尔自治区副主席刘怡、全国政协副秘书长张国祥、市政协副主席卢松华和区领导出席校庆活动,并为校史馆揭牌。

△　市委书记贾庆林、在杜德印、刘志华陪同下到通州区视察了北运河治理情况。

△　通州区首届老年人趣味运动会在体育场举行。

20日　蒙牛乳业(北京)有限公司奠基仪式在潞城镇食品园区举行。

22日　九三学社通州支社成立。

△　北京市工商联与通州区人民政府联合主办"北京民营企业家论坛"。

24日　通济桥整修工程竣工通车。

25日　通州区社会主义学院在区委党校成立。

26日　通州区举行卫星城污水处理厂奠基仪式。

△　由台湖镇农民企业家谷建华赞助,国内数十名艺术家共同创作的国画长卷《京门九衢图》完成,并在人民大会堂举行新闻发布会。

29日　梨园镇大稿村被评为全国精神文明创建文明村镇工作先进单位。

31日　2002年首届环北京国际公路自行车赛第六赛段比赛在通州区举行。来自荷兰、法国、德国、蒙古、中国等10支代表队参赛。

△　市委副书记阳安江到通州区视察、指导工作。

11　月

1日　通州区举行"学习孟宪峰,争做文明通州人"演讲比赛。

4日　通州区北京通美晶体技术有限公司,北京三佳时装有限公司和北京奔驰衬衫有限公司被评为北京地区2001年度全国先进外商投资企业。

5日　市委副书记、市人大常委会主任于均波及部分委员到通州区考察工作。

7日　通州区召开党政群机关机构改革总结暨公务员过渡宣誓大会。

8日　区四大家领导深入到基层各乡镇、部门,与基层同志共同学习十六大文件精神。

12日　区"两河一路"绿色通道工程竣工。工程总投资5204.2万元。

14日　通州区召开第八届"远南"残运会通州区获奖运动员座谈会。

21日　张家湾镇葡萄协会、宋庄绿美佳农副产品供销服务中心,梨园镇乌鸡养殖合作社被市政府确定为市级重点示范单位。

20至21日　区第二届人民代表大会第五次会议召开,会议选举产生28名北京市第十二届人民代表大会代表。

29日　市委宣讲团到通州区作学习十六大精神报告。

30日　中共中央政治局委员、北京市委书记、市长刘淇到梨园镇曹园村调研基层党建工作,并视察了通美晶体技术有限公司、大运河蔬菜配送中心。

11月30日至12月12日　各乡镇分别召开乡镇党员代表大会,选举产生新一届乡镇党委领导班子。

12　月

3日　副市长张茅到于家务回族乡聚富苑工业区调研。察看了聚富苑民族工业区、社会福利院。

4日　市委副书记杜德印到通州区检查贯彻党的十六大精神、党风廉政建设责任制等方面的情况。

5日　北京市社区服务热线96156正式开通。

7日　南大街一期拆迁工程正式启动。

17日　区科委与北京江力源房地产开发公司，举行通州区科技大厦签约仪式

18日　通州区内部审计协会正式成立。

19日　全区实施"党员素质工程"动员大会召开。

23日　北京市放心食品展示交易中心在八里桥市场举行揭牌仪式。副市长刘志华和区领导崔君乐、卢晓明出席揭牌仪式。

24日　区领导分别到潞城镇、西集镇、漷县镇的三个天主教堂和通州基督教堂进行慰问。

26日　区委二届第十一次全体（扩大）会议召开，会议确立了建设"北京新城区"和建设"京东工业基地"的战略目标，树立了"率先基本"的发展思想。

28日　市委副书记、常务副市长孟学农到通州区就工业发展情况进行工作调研。先后察看了铜牛集团厂区、通美晶体技术公司、恒聚油田化学剂公司、通力环电气公司。

△　北京铜牛股份有限公司新厂落成投入生产。副市长刘海燕及区领导为新厂揭牌。

30日　通州区镇、乡人大代表换届选举工作圆满结束。全区共选举产生新一届镇、乡人大代表741人。

31日　"通州区优秀专业技术人员"表彰大会召开。授予于振山等28名同志"通州区优秀专业技术人员"荣誉称号。

是月，通州区土地二次详查工作结束。全区现有土地面积135.94万亩。其中：耕地63.92万亩，占47.01%；园地7.08万亩，占5.2%；林地7.68万亩，占5.65%；草地1.55万亩，占1.14%；居民点及独立工矿用地30.96万亩，占2.77%；道路7.57万亩，占5.57%；水域15.78万亩，占11.61%；未利用土地1.14万亩，占1.04%。

党　派

中国共产党北京市通州区委员会

【概　况】 通州区委紧紧围绕"环境建设年"的各项任务,按照"深化改革,扩大开放,营造环境,加快发展"的总体要求,在改善投资环境、服务环境、人居环境、生态环境、人文环境、政治环境和社会环境等各方面取得明显进展。经济持续、快速、健康发展,社会事业全面进步,党的建设、精神文明建设和民主法制建设取得新的成绩,全区社会稳定,政治安定,人民生活水平稳步提高。

国内生产总值90亿元,比上年增长17.6%,其中一、二、三产业的增加值分别为13.2亿元、39.5亿元、37.4亿元,比上年分别增长14.9%、23%和13.4%,区级财力16.6亿元,比上年增长28.4%。农民人均可支配收入5830元,城镇居民可支配收入10066元,分别比上年增长10.6%和18.3%。

工业发展成效显著。工业增加值在GDP中所占比重同比增加4.4个百分点。工业区基础设施和环境建设的投入强度明显加大,全年累计投资近5亿元,招商引资效果明显,全年累计引进千万元以上企业119家,其中亿元以上企业21家,协议总金额65.3亿元,全年利用外资6573万美元,出口创汇1.12亿美元,同比增长37.3%。农业产业化进程加快。形成了蔬菜、林果花卉、养殖三大主导产业,培育了张家湾葡萄、潞城蔬菜、永乐店速生林等一批特色专业村镇。商业服务业活力增强。连锁、配送等新型业态加快发展,交通运输、金融、旅游、信息咨询等产业有新的发展。高标准完成了新华南北路、内环路等一批道路改造工程,六环路宋庄段全线贯通,八通轻轨建设已完成工程量70%,城市道路交通体系进一步完善。高标准完成"两河一路"绿色通道工程,实施了内环路、新华南北路、通胡路、通马路等道路的绿化美化,完成"两道四河"环境综合治理。

党的建设不断加强,党风廉政建设责任制不断落实。"三个代表"学教回查活动、"三讲"教育回头看活动取得成效,WTO相关知识的学习开阔了干部的思路。以"三级联创"为载体,对新组建的"两委"班子成员进行培训,农村基层党组织带领农民致富的能力和工作水平有了新的提高。党风廉政建设责任制得到落实。反腐倡廉的领导格局和工作机制进一步完善,行政审批、医疗购销、建筑工程项目招投标、公路收费、中小学收费、农民负担等行业出现的不正之风得到纠正和制止。政府采购工作取得好的效果。

精神文明建设成效显著,民主法制建设稳步推进。以群众性精神文明创建活动为载体,贯彻《公民道德建设实施纲要》,开展"学习孟宪峰,争做文明通州人"等一系列道德实践活动,开展礼仪培训系列活动,开展集中整治市容市貌和纠正不文明行为活动,收到良好的社会效果。"四五"普法工作逐步深化，公民的法制意识、民主意识不断增强。政务、村务、厂务公开逐步规范化、制度化。圆满完成十六大安全保卫工作。实现处理法轮功的两个"0"指标。深入开展"严打"斗争，刑事案件多发势头和社会丑恶现象得到遏制。建立区、乡镇(街道办事处)、村(居委会)三级人民内部矛盾摸排调控系统，人民来访和人民内部矛盾排查调处工作进一步加强。

(董本新)

主要工作和重大活动

【市领导视察温榆河治理工程】 1月10日，市长刘淇，副市长孟学农、刘敬民、刘志华在区领导陪同下到通州区视察温榆河治理工程情况。刘淇指出，要按照以水为魂，以绿为体，以人为本的原则，把温榆河建成京郊重要的生态区域。

(王永梅)

【召开区委二届八次全会】 1月11日，召开中共北京市通州区第二届委员会第八次全体扩大会议。区委书记崔君乐作了《深化改革，扩大开发，营造环境，加快发展》的报告。会议讨论并通过《关于递补杨绍宏等同志为中共北京市通州区第二届委员会委员的决定》和《中共北京市通州区第二届委员会关于二届八次全会工作报告的决议》。区四大家主要领导和有关领导出席会议。

(王永梅)

【市领导视察温榆河绿色通道绿化情况】 3月30日，市委书记贾庆林，市委常委、秘书长杜德印，副市长刘志华在区领导崔君乐、卢晓明等陪同下到通州区对温榆河绿色通道绿化情况进行视察并看望了参加植树活动的干部、群众。

(王永梅)

【区领导察看灾情】 8月5日凌晨，区领导崔君乐、卢晓明、邓乃平等到遭受暴风雨及冰雹袭击的张家湾镇、永顺镇、漷县镇、西集镇、新华街道等地了解受灾情况，看望受灾群众，慰问参加抢险的干部职工。

(王永梅)

【市领导视察通州】 8月13日，市委书记贾庆林到本区调研。贾庆林首先来到潞河中学，察看了学生公寓、图书馆、电子阅览室、闭路电视主控室。随后察看本区受灾情况，详细询问了自救工作部署和进展情况，并强调要千方百计组织好生产自救，努力减少损失，要早做准备，为明年的生产打好基础。贾庆林还察看了通美晶体技术有限公司砷化镓晶片生产流程、大运河农副产品配送中心特菜加工车间，新华北街如意小区社区建设等情况。

(王永梅)

【市领导视察温榆河治理和绿化工程】 9月26日，市委书记贾庆林、市长刘淇视察了温榆河治理工程和通州段绿化工程。贾庆林等领导仔细询问了温榆河治理后的水面情况，察看了治理后提取的水样样本，并观看了温榆河生态走廊通州段控制性详细规划展板，听取了区领导崔君乐、卢晓明对温榆河通州段的规划和实施情况的汇报。贾庆林要求温榆河治理和绿化要保持田园风光特色，使温榆河真正成为一条绿色生态河道。

(王永梅)

【市领导视察北运河治理情况】 10月19日，市委书记贾庆林到通州区视察北运河治理情况。视察并听取本区关于北运河治理、环境年建设、运河文化产业带等方面的工作汇报，贾庆林对运河两岸的自然景观和较好的水环境给予充分肯定。贾庆林强调，市农委、市水利局要认真研究对北京市水系的治理，重点加快温榆河、通惠河和凉水河三大河流及支流的污水治理。运河两岸绿化带要高标准建设，多种芦苇和各种大树，充分体现古都风貌。

(王永梅)

【市领导视察通州建设】 11月30日，市委书记、市长刘淇到本区调研。先后察看了梨园镇曹园村、北京通美晶体技术公司、大运河农产品配送中心。区委书记崔君乐、区长卢晓明分别向市领导汇报了本区学习贯彻十六大精神和工作情况。刘淇对本区近年来经济和社会发展取得的成绩给予充分肯定。

（王永梅）

【召开区委二届十一次全会】 12月26日，召开中共北京市通州区第二届委员会第十一次全体扩大会议。区长卢晓明传达了市委九届二次全会精神。区委书记崔君乐作了《抓住发展机遇，深化环境建设，加快建设北京新城区》的报告。会议通过了《中共北京市通州区第二届委员会关于二届十一次全会工作报告的决议》。区四大家主要领导和有关领导出席会议。

（王永梅）

组 织 工 作

【概　况】 2002年，全区各级组织部门紧扣“环境建设年”这个主题，抓重点、创特色，求实效为目标，各项工作取得新进展、新经验，较好地完成了组织工作任务。

加大干部培训力度，“大培训”的格局初步形成，培训内容的针对性进一步提高。2002年举办新任副处级领导干部培训班，组织、政工干部培训班等各类领导干部培训班7期，其中培训副处级领导干部156名，优秀中青年干部38名，组织干部73名，优秀中青年知识分子53名。举办农村干部素质培训班和3期农村党支部书记任职资格培训班，156人取得任职资格。至此村级党支部全部实现持证上岗。

进行干部选拔、任用、管理、监督等方面的实践与探索，推进干部人事制度改革。①规范干部公示程序，扩大了公示范围。②对符合试用条件的15名干部实行试用期制。③对干部管理权限的调整和改革进行探索。④强化对处级领导班子民主生活会检查、监督和指导。⑤首次实施乡镇领导干部换届选举考察预告制度。

完成全区党政机关机构改革和乡镇领导班子届前考察及干部调整工作。全区结合机构改革、乡镇合并和乡镇换届共调整干部310名。其中提拔任用69人，由处级领导职务改任同级非领导职务的67人；非领导职务改任领导职务的3人；交流处级领导干部78人；享受政策提前退休的93人。提拔任用的69名干部中，新任副处级干部52人，新任正处级干部17人，全部为大专以上文化程度，女干部18人，占26.1%。调整后的全区处级领导干部总数由522人下降到424人，精简比例为19%。处级班子年龄结构发生了较大变化，35岁以下领导干部比例由23%提高到29.5%；处级领导干部平均年龄由49.9岁下降到43.3岁，街道干部由改革前的43岁下降到38岁。

加大后备干部管理和人才引进工作力度。本着管少、管好的原则，通过民主推荐和组织考察，对原后备干部名单进行调整，2002年确定的后备干部名单中，正职后备干部58名，副职后备干部416名。在抓后备干部集中培训的同时，还对70余名正副处级后备干部进行考察。年内从北京和其他部分省市20余所院校选调优秀大学毕业生56名。

深入开展“创建”活动，农村基层组织建设得到进一步加强。一是确保创建工作责任的落实，组建督查组，并建立了创建督查制度，定期汇报制度，创建工作职责考核办法。二是以狠抓整改方案落实为重点，在全区480个行政村中深入开展“三个代表”学教回查活动。对于排查的54个重点村，采取集中办班，派驻工作组等措施，有50个村的主要问题基本得到解决。三是在加大农村两委办公场所、党员活动室、党员电化教育室和村务公开栏等硬件建设的同时，进一步加强了基层组织软环境建设，制定出台了《通州区村级组织规范化管理工作实施细则》，进一步对村务公开的内容形式做了统一规定。另外，还配合有关部门抓了村级财务“双层审计、村帐托管，电算管理”工作（已有392个村实行了村帐托管，占总数的81.3%），指导各乡镇重新选举村民理财小组工作（目前已有230个村完成选举工作，占总数的47.7%）。四是立足创新，对基层组织进行六个方面的有益探索。

加大街道社区党建工作力度，强化街道班子的配备，充实党对街道工作领导力量。2002年，健全了四个街道工委工作机构，先后将68个居委会、97个家委会整合为38个社区居委会，并建立了党总支部。2002年以新华街道工委为试点，进行街道社区党建工作的探索，在全区推广，4个街道工委全部成立了街道社区党建工作协调委员会和社区建设管理委员会，取得初步成效。

（刘东元）

【干部人事制度改革】 积极进行干部选拔、任用、管理、监督等方面的实践与探索，推进干部人事制度改革。①规范了干部公示程序，扩大了公示范围。2002年，对新任正处级干部17名，副处级干部52名，出席市人大代表候选人预备人选20名，十六大代表候选人预备人选1名，机构改革先进个人2名分别进行了公示。②对符合试用条件的15名干部实行试用期制，建立试用干部档案，进行跟踪考察。③对干部管理权限的调整和改革进行探索。在商委系统各企业进行改革中，对6名处级干部进行企业转制后的身份置换，取消11名副处级干部的行政级别，归口商委管理。④强化对处级领导班子民主生活会检查、监督和指导，进一步加强经济责任审计联席会议制度的运行，使干部监督工作落到实处。2002年，先后参加了40多个领导班子的民主生活会，对17名离任领导干部进行经济责任审计，对5名在职领导干部进行任期经济责任审计。⑤首次实施乡镇领导干部换届选举考察预告制度，为完善干部考察程序，扩大群众知情权、参与权积累了经验。

（刘东元）

【完成党政机关机构改革】 在全区党政机关机构改革工作中，制定了《关于机关、乡镇、街道领导干部调整配备意见》、《党政机关领导班子职数设置的意见》、《科级干部竞争上岗的实施意见》和《机构改革人员定岗的实施意见》等文件，作为《全区机构改革方案》的配套措施。2002年全区城乡400多名机关干部通过竞争上岗走上科级领导岗位；有232人享受改革政策办理提前退休手续，其中处级干部93人，科级干部139人；有41人办理了提前离岗手续。在机关改革中，还理顺了纪委系统干部管理体制，强化了纪检干部的配备力度，先后从乡镇选配31名优秀副处级干部充实到各城口单位任纪工委书记、纪委书记、纪检组长。

（刘东元）

【乡镇领导班子换届工作】 年内，进行乡镇领导班子换届工作，重点抓了两项工作：一是开展换届考察工作，由组织部牵头分成4个考察组，对各乡镇班子和领导干部进行全面考察，听取了11个乡镇党政班子和主要领导干部的公开述职，审阅180名处级干部的书面述职报告；考察组分别与464名班子成员、机关干部，基层干部进行个别谈话；共有1183人参加民主测评、民主评议、民主推荐。二是按照乡镇领导班子换届人事安排意见，认真做好干部调整工作，这次乡镇换届共调整干部115名，其中提拔干部23名（从科级提到副处级19名，从副处级提到正处级4名），交流轮岗的58名，改任非领导职务的34名。

（刘东元）

【人才引进工作】 2002年从北京和其他部分省市20余所院校选调优秀大学毕业生56名，其中引进硕士研究生4名，博士生1名。另外还为通州区经济开发区企业通美公司引进专搞晶体技术方面的高级工程师2名，为金远洋外贸公司引进高级经济师1名，为潞河中学引进高级教师3名，一级教师1名。

（刘东元）

【探索“创建”活动新经验】 年内，深入开展“创建”活动，立足创新，对基层组织进行六个方面的有益探索。①以漷县为试点，发展新党员实行公示，从源头上保证党员队伍的先进性。②以中仓街道为试点，推行《党员手册》方法，强化党员教育管理，发挥党员先锋模范作用。③以永乐店镇为试点，努力推进村级党支部书记公职化管理模式,建立健全村级党支部书记岗位责任制,年度及任期目标考核、工资报酬,奖金兑现等办法。④总结梨园镇记《民情日记》工作经验,在全区推广,据不完全统计,从建立记《民情日记》以来,全区乡镇机关干部共走访农民3000余户,记《民情日记》2700多篇,解决各类问题800多件,化解不稳定因素65起,为村民办实事388件。⑤借鉴台湖模式,在全区开展实施无职党员"设岗定责"的办法。⑥总结张家湾镇葡萄协会,菜果公司、水生蔬菜、苗木花卉、养殖等5个农业种养殖协会和专业合作组织中建立党支部的经验,在全区农村新经济组织、专业合作组织和行业协会中推行建立党组织工作。

(刘东元)

【街道社区党建工作】 强化街道班子的配备,充实党对街道工作领导力量。2002年,健全了四个街道工委工作机构,按副处级实职配备了街道工委组织委员、宣传委员、纪委书记等12名,先后将68个居委会、97个家委会整合为38个社区居委会,并建立了党总支部。2002年以新华街道工委为试点,进行了街道社区党建工作的探索,在取得经验的基础上,全区4个街道工委全部成立了街道社区党建工作协调委员会和社区建设管理委员会,共吸纳了150个单位,研究制定了工作章程和议事规则,以"共同利益,共同需要、共同目标"为出发点,以"地域性、群众性、社会性、公益性"为着力点,共同协商街道社区内的各项工作,积极探索思想工作联做,生活环境联建,社会治安联防,公益事业联办的路子,取得了初步成效。

(刘东元)

【召开创建标杆村拉练观摩会】 10月23日,区委组织部组织全区11个乡镇党群书记和组织部长到永顺镇杨庄、漷县镇马头、梨园镇曹园、马驹桥镇小白村四个党建创建标杆村拉练观摩。

(刘东元)

【村级党支部书记全部实现持证上岗】 自1999年以来,先后成功举办8期村级党支部书记任职资格培训班,圆满完成了村级党支部书记任职资格培训任务,并取得了市委组织部、市委农工委颁发的任职资格证书。到2002年10月,全区480个村级党支部书记全部实现持证上岗。为提高全区农村党支部书记整体素质、提升党建创建工作水平打下有力基础。

(刘东元)

【举办优秀中青年干部培训班】 9月18日—12月18日,在区委党校举办为期三个月的通州区2002年优秀中青年干部培训班结业。来自全区各单位的31名优秀青年干部参加了本期培训班。

(刘东元)

【党组织和党员情况统计】 2002年年末统计,全区共有党组23个,工委12个,基层党委47个,党总支64个,党支部1377个,党小组1421个,党员39721名,其中女党员9807名,少数民族党员953名,预备党员846名。

(刘东元)

宣传工作

【概　况】 2002年,全区宣传思想工作紧紧围绕"三个代表"重要思想这条主线,扎实推进理论武装工作。2002年,全区各级党组织以"三个代表"重要思想和"十六大"精神为指针,结合全区改革开放和发展实际,努力推动以科学的理论武装工作向纵深发展。理论学习重点突出、组织有序、扎实有效。全年理论学习围绕"三个代表"这一条主线,分为两个学习阶段:即,十六大之前,以学习江泽民同志"七一"重要讲话、"五三一"重要讲话和《江泽民论有中国特色社会主义(专题摘编)》为重点;十六大之后,以学习十六大精神为主。全区各级党委中心组坚持理论联系实际,认真学习、深入研讨,努力把科学理论转化为指导实践的强大武器。"十六大"闭幕后,全区共组织十六大宣讲报告34场。区委理论学习中心组继续坚持撰写理论学习体会文章,发挥表率作用。各基层党委中心组也撰写大量的理论联系实际的学习体会，区委宣传部把部分区级、处级干部的理论学习体会文章结集出版，下发到全区各单位。在各级党委中心组的带动下，全区广大党员干部中理论学习氛围更加浓厚，邓小平理论和“三个代表”重要思想和“十六大”会议精神更加深入人心。

精心组织礼仪宣传教育系列活动，拓展宣传思想工作新领域。为提高全区广大干部群众的素质和修养，树立通州区和通州人的良好形象，区委宣传部围绕贯彻落实《公民道德建设实施纲要》，围绕贯彻落实“环境建设年”的总体目标，在全区范围内开展礼仪文化系列教育活动。成立活动领导小组，下发《关于在全区开展礼仪知识普及和礼仪规范培训工作的意见》，确定培训内容、培训对象、培训方式，规定了各单位的具体培训时间。3月，成立北京礼仪学院通州分院。全区各单位高度重视此项活动，积极邀请礼仪学院教授讲授礼仪专业知识，开展培训活动。在整个培训活动中，有10多万名干部群众接受礼仪培训。区委宣传部先后在全区范围内开展接听电话礼仪规范活动、通州区文明公民礼仪知识有奖竞赛、旅游企业服务礼仪展示大赛、通州区公务员礼仪知识竞赛、通州区喜迎十六大礼仪文化风采大赛等活动，干部群众文明素质明显提高。

大力开展积极健康向上的群众文化活动，不断满足人民群众的精神文化需求。认真贯彻落实市委宣传部及市委农工委的各项活动要求，在全区范围内广泛开展了“第十二届农民艺术节”系列活动、“五月的鲜花”群众歌咏活动、“纪念毛泽东《在延安文艺座谈会上的讲话》发表60周年系列活动”、“党的光辉照万家”喜迎十六大文艺演出等各项活动，共计演出达625场次，观众达25万人次。打造运河文化品牌，开展文化活动。出版《运河文库》丛书2辑20部290万字；长16米，高0.8米的《京门九衢图》在人民大会堂隆重展示推出；成功举办“首届大运河文化武夷花园杯”中国书画大赛，参赛作品达6000余件，评出各类获奖人数194人，国内各新闻媒体均给予了报道，日本、韩国均派团参加了展览开幕式。制作《群众文化巡礼》电视片，摄制了通州文物古迹和大型文化活动精彩纷呈的画面，在北京电视台BTV—2频道循环播出。举办大型文艺活动，提升通州知名度。配合中央电视台在本区录制了大型公益晚会《绿色畅想》，宣传、呼唤人文环保意识，迎接2008年北京绿色奥运，万余名观众观看了演出。与北京电视台联合举办“中国绿色行”永乐之夜大型文艺焰火晚会，受到现场三万余名观众的热烈欢迎。市场化运作，举办《珠江国际城杯摄影大赛》，征集作品2000余份。《北京日报》等媒体对此次活动进行了大量的宣传报道，在社会上引起了强烈的反响。

（翟海英）

【召开全区宣传思想工作会议】　会上表彰了宣传工作优胜单位、先进单位。区委常委、宣传部长杨林总结了2001年全区宣传思想工作，部署了2002年宣传工作任务。区委副书记李章泽对2002年宣传思想工作提出了四点要求。

（翟海英）

【大型话剧《刘宝双》晋京演出】　1月11日，内蒙古自治区通辽市委宣传部根据刘宝双事迹编排的大型话剧《刘宝双》晋京演出。在中国评剧大剧院、通州宾馆共演出6场，万余人观看了演出。

（翟海英）

【举行环境建设年宣传高潮日活动】　3月16日，在新华大街举行环境建设年宣传高潮日活动，全区67家单位、乡镇、街道参加了活动，并结合本部门的职能，制作展出了展板，发放各类宣传材料和宣传手册，开展现场咨询，许多单位还分别在街道社区、乡镇主要地段设站宣传，形成了浓厚的宣传氛围。

（翟海英）

【开展“讲道德、讲文明”农民读书征文活动】　全区各单位认真组织，积极参与，共报送稿件70余篇，有效地推动了《公民道德建设实施纲要》在本区农村的贯彻落实，促进了农村的两个文明建设。

（翟海英）

【举办“共产党员的风采”演讲比赛活动】 全区70个基层单位党委上报了演讲稿，通过四组预赛，有17名选手进入6月29日举行的演讲决赛。梨园镇、计生委、张家湾镇获得了演讲比赛一等奖。演讲活动热情讴歌近年来在全区各行各业涌现出来的优秀共产党员的代表，大力宣传了他们感人的优秀事迹，赞美他们无私奉献、立党为公、锐意进取的崇高品质，激发了全区广大党员群众“知党、爱党、跟党走”的热情，在全区上下形成了学先进、赶先进的学习热潮。

（翟海英）

【加强和改进宣传工作专题调研】 7月，利用一个月的时间，区委宣传部、文明办、广电中心、通州报社等有关单位领导在区委常委、宣传部长杨林的带领下到马驹桥镇、永乐店镇、新华、中仓、北苑、玉桥四个街道办事处围绕加强和改进宣传思想工作进行专题调研，并深入到社区、企业、村庄、工地了解情况，解决实际问题。

（翟海英）

【举办“农民就业带头人评选”新闻发布会】 7月5日，通州区“农民就业带头人评选”新闻发布会在通州宾馆举行。这次新闻发布会由区委宣传部、企业局、财政局、劳动局、广播电视中心共同主办，会上对评选出的崔大柏等10名农民就业带头人标兵、侯守忠等40名优秀农业就业带头人进行了表彰，并举行农民就业带头人演讲，对10位农业带头人标兵的先进事迹进行介绍。区领导杨林、陈巨宗、苏文权、叶永清等出席了新闻发布会。

（翟海英）

【把握正确舆论导向】 区属各新闻媒体大力宣传全区改革开放、经济建设的巨大成就和美好前景，开设了《与时俱进看通州》、《立党为公、执政为民》、《宣传十六大 落实十六大》、《搞好环境年建设 乡镇领导访谈》等特色鲜明的专栏、专题。在市级媒体刊发了《通州扬帆》、《通州区环境建设出手不凡》等一批有影响的报道。2002年，全区在市级以上的报刊中共发表消息、通讯、照片等各类报道2000余篇，其中部分报道在头版展示了全区改革开放的新气象。

（翟海英）

【举办系列礼仪竞赛活动】 年内，先后举办了“通州区文明公民礼仪知识有奖竞答”、“通州区公务员礼仪知识竞赛”、“旅游企业服务礼仪展示大赛”、“接听电话礼仪规范”、“通州区喜迎十六大礼仪文化风采大赛”等宣传教育活动，充分展示了全区政府公务员良好的精神风貌和礼仪文化素质。11月22日晚，在北京电视台800平方米大演播厅举办了通州区礼仪风采大赛颁奖晚会。劳动局表演的小品《再就业》、公安分局表演的小品《真假警察》等八个在本区礼仪文化风采大赛中获奖作品进行了精彩的演出，分别从不同侧面展示了行业礼仪。

（翟海英）

【深入开展“三下乡”活动】 根据中宣部等十一部委关于开展“三下乡”活动的总体布署，下发了《关于深入开展2002年“三下乡”活动的安排意见》。全区共举办大型“三下乡”活动8场，各乡镇村组织小规模的活动百余次，各相关部门进村入户1.7万户，赠送各种技术图书近10万册、光盘2000张；举办各类技术培训班近800余期，培训人数达到3.5万余人；举办各类文艺演出300余场；全区已建立长期帮扶对子近3000个。活动覆盖了全区480个行政村，做到了村村有活动。区“三下乡”各相关部门结合工作实际相应建立了“需求卡”，各有关部门对反馈回来的“需求”内容及时进行分类、汇总，责成专人及时与需求户联系，拿出解决方案。据不完全统计，在“三下乡”活动中全区共发放“农民需求卡”7.5万份，发放“农民需求解决卡”6.1万份，发放“重点户登记卡”2万份，农民提出各类问题6000多个，解决农民问题4500个。“农民需求卡”的发放成为政府了解民情的又一有效途径，称之为“连心卡”。

（翟海英）

统战对台工作

【概　况】 统战、对台工作紧密围绕全区经济和社会发展的“十五”计划，坚持“三个代表”重要思想，继续贯彻落实全国和北京市统战、宗教工作会议精神，以扩大宣传，营造良好的社会氛围做基础，以完善制度，健全机制为保障；以化解矛盾，维护社会稳定，为经济建设增强助力为目标，切实加强统一战线两支队伍建设，进一步推动全区各领域统战、对台工作的深入开展。

（刘淑玲）

【各界人士春节团拜会】 1月23日，召开通州区各界人士暨驻军、中市属单位春节团拜会，180名代表参加了会议，区四大家领导与各界人士欢聚一堂，共庆佳节。会上通报了2001年通州区两个文明建设所取得的成就及2002年工作目标和工作思路，与会代表进行了座谈发言，并观看了通州区自编自演的文艺节目。

（刘淑玲）

【区委召开党外人士协商会】 在区二届人大四次会议和区政协二届四次会议召开前夕，区委邀请区各民主党派、工商联负责人、无党派人士、有关人民团体负责同志，就区人大、区政协人事安排问题进行民主协商，充分征求党外人士意见。

（刘淑玲）

【民主党派、工商联协商通报会】 1月31日，召开民主党派、工商联负责人协商通报会，就区委二届八次会议精神进行通报，与会人员围绕区委书记崔君乐工作报告进行了座谈讨论，对通州区今后的发展特别是规划、教育等问题提出了建议和意见。区政协主席王玉辉，政协副主席、统战部长李汉良先后讲话。

（刘淑玲）

【台情报告会】 3月13日区委统战部、区台办协同有关部门组织召开台情报告会。国务院台湾事务办公室研究中心专家、人民大学港澳台研究室主任张同新教授从台湾当前形势、民进党执政后台湾政局、中美关系的变化对台湾的影响、对“反独促统”四个方面作了生动的报告，区部分政协委员、民主党派、工商联、民族宗教、台胞台属、海外联谊会理事、非公经济代表、区直机关工委系统干部300人听了报告。通过报告会，大家对台湾岛内情况有了进一步认识，对党的对台方针政策有了更深刻的理解。

（刘淑玲）

【宝佳制衣捐资助学40万】 3月15日，宝佳制衣公司（德国独资企业）董事长郭世民、吴慧兰夫妇为潞城镇卜落垡小学捐资仪式在小学校内举行。宝佳制衣有限公司落户于通州区潞城镇运潮民营经济园区，得知卜落垡办学经费不足情况后，决定首批捐款40万元用于改善办学条件，并建立了长期资助关系，在捐赠仪式上将卜落垡小学冠名为宝佳小学。市委统战部、市工商联、区领导和有关部门的负责同志参加了捐助仪式。

（刘淑玲）

【统战对台工作会议】 3月29日，召开全区统战对台工作会议，各单位主管统战对台工作的领导、宣传部长、政工科长、统战干部近230人参加了会议。会议传达了中央、市委统战工作会议精神，总结部署了本区统战对台工作。会上对2001年全区统战对台工作20个先进单位和22名先进个人进行了表彰。区委副书记李章泽对2002年统战对台工作提出要求。

（刘淑玲）

【台湾问题大型图片展】 区台办为深入开展“爱我台湾、心系统一”主题涉台宣传教育活动，于5月22日在运河中学拉开了“通州区中小学生台湾问题大型图片展”巡回展帷幕，区百余名中小学生参加了开展仪式。区政协主席王玉辉、区委副书记李章泽、区政协副主席、统战部长、台办主任李汉良等领导出席了开展仪式。此次图片展活动在区内中学进行巡回展出。

（刘淑玲）

【召开民族宗教工作会议】 5月29日，召开全区民族宗教工作会议，各单位主管民族宗教工作的领导、宣传部长、民政科长、民族村、宗教村的党支部书记200余人参加了会议。会议传达了全国及北京市宗教工作会议精神，总结了五年来的宗教工作，对今后一个时期全区民族宗教工作进行了部署。区委书记崔君乐就今后如何做好民族宗教工作讲话提出要求。会上，对区农委等11个民族宗教工作先进单位、22名先进个人进行了表彰。

（刘淑玲）

【民主人士、台胞台属参观考察】 5月31日，区委统战部组织民主党派、工商联、民族宗教、台胞台属参观考察北京光机电一体化产业基地、马驹桥物流园区、皇木厂旅游度假村和宝佳制衣有限公司。考察中大家对近几年通州区日新月异的变化，深有感触，部分代表表示，利用自身优势，加强同海内外亲朋好友联系，介绍家乡的巨大变化，动员他们来通州投资。

（刘淑玲）

【民进市委、市委研究室来通调研】 6月17日，民进北京市委和北京市研究室一行10余人在民进北京市委副主委朱容先带领下到本区就“农业结构调整与农业职业技术教育”进行调研，区政协主席王玉辉、区委副书记李章泽陪同调研。

（刘淑玲）

【市区领导察看本区民族宗教“三级网络建设”】 7月2日市宗教局副局长季文渊率有关部门负责同志来通了解民族宗教“三级网络建设”进展情况，听取民委负责同志汇报后，对通州区“三级网络”工作给予了肯定。

（刘淑玲）

【市委领导到通州区调研统战工作】 8月1日上午，市委常委、统战部长尤兰田、副部长周伯琦等一行5人到本区进行统战工作调研。区委书记崔君乐、副书记李章泽、区政协副主席、统战部长李汉良及有关部门负责同志陪同进行了调研。听取了区委的统战工作汇报，并就统战工作及本区经济社会发展情况与区领导进行了座谈。座谈后，市委领导一行视察了于家务乡民族经济园区——聚富园和敬老院。

（刘淑玲）

【市委统战部领导来通调研】 9月6日市委统战部副部长周茂菲一行来通到中华卫星通讯网落中心进行考察。之后，参观了区工商联会员企业——北京雨润食品有限公司，并进行调研，听取了企业负责人的汇报，对本区工商联会员企业的发展给予肯定。

（刘淑玲）

【各界人士中秋联谊会】 9月18日上午，召开各界人士喜迎中秋联谊会。各民主党派、归侨侨眷、台胞台属、台商200余名代表欢聚一堂，喜迎中秋，共庆佳节。区四大家主要领导和有关领导出席了会议，常务副区长苏文权代表四大家领导向前来参加联谊会的各界代表致以节日的祝贺和亲切的问候，并向与会代表通报了通州区经济建设和各项事业发展情况。

（刘淑玲）

【举行“弘扬爱国情、高唱统一歌”文艺汇演】 为了贯彻市台办等四家联合举办“弘扬爱国情、高唱统一歌”主题歌曲演唱活动的通知精神，喜迎党的“十六大”胜利召开，10月23日隆重举行“弘扬爱国情，高唱统一歌”文艺汇演。此活动在区台办、区工会、区团委、区妇联、区文化委等有关部门的积极筹备下，经过基层选拔，精彩的表演赢得了场内观众阵阵掌声。经过激烈的角逐，分别评选出一、二、三等优秀组织奖。全区500多名干部群众及驻军部队官兵一同观看了演出。

（刘淑玲）

【通州区社会主义学院成立】 10月25日郊区县首家社会主义学院在区党校成立。市委统战部副部长刘宪苏、区政协主席王玉辉、区委副书记李章泽、区政协副主席、统战部长李汉良及各民主党派组织、工商联、区委组织部、宣传部、区党校负责同志参加了揭牌仪式。区委副书记李章泽对社会主义学院建设提出要求。

（刘淑玲）

【举办学习贯彻十六大精神报告会】 11月27日区委统战部召开统战系统学习贯彻十六大精神报告会。会上传达了北京市委书记刘淇在全市领导干部会上的讲话。十六大代表、区民政局党委书记、局长、区民委主任李淑华结合参加十六大盛会的所见所闻及亲身感受为与会同志作辅导报告。区政协副主席、统战部长、台办主任李汉良在会上对全区统战系统各单位各部门学习贯彻党的十六大精神提出要求。全区各民主党派、工商联、民族宗教、台胞台属、海外联谊会理事等270人参加了报告会。

（刘淑玲）

【调研工作】 年内，区委统战部对全区非公经济和如何加快党外干部的培养、选拔及使用进行调研，关于《营造良好环境，促进非公经济发展》的调研被市委统战部评为一等奖。两篇调研被登载在《工作与交流》刊物上。区台办关于《发挥工会职能，建立健全工会制度》的调研登载在《北京对台工作》内部刊物上。

（刘淑玲）

【信息宣传工作】 年内，采集编写《通州统战对台工作》12期，打印2800份下发各基层单位党委和统战干部。年度内区委统战部向市委统战部报送信息78条，其中市委统战部《统战信息》《诤友》杂志采用29条，获北京市委统战部信息工作先进单位。上报区委信息科75条，采用32条。区台办上报市台办信息70余条，其中被《对台工作》、《台办动态》、《台情快报》、《国台办简报》采用43条。区政府信息科采用7条。

（刘淑玲）

政策研究

【概　况】 年初，区委下发《关于进一步做好2002年调查研究工作的意见》，各单位党政主要领导根据“环境建设年”的各项工作部署，结合自身工作重点，认真组织开展了各项调查研究，全年完成报市重点课题2个，区、处两级领导班子党政主要领导完成课题分别为26和84个，完成率为80.8%和106.3%。上交区委的调研报告内容及涉及面较之去年更广，选择课题的针对性更强，部分调研思想更加解放，创新意识更强，具有较强的全局性、前瞻性，调研报告的质量与往年相比明显提高。全年共编发《通州调研》36期，全区调研文章在市级以上刊物共刊发27篇，分别登载在《北京工作》、《北京调研》、《京郊调研》、《工作研究》、《北京农村经济》、《北京市农业管理干部学院学报》等刊物。区委研究室被市委农工委、市农委评为2002年度农口调研工作先进单位。

（童　露）

【召开调查研究工作协调联席会议】 3月7日，召开区调查研究工作协调联席会议，会议总结了2001年全区调研工作情况，对2001年度全区调研工作评比和表彰情况进行了通报，并提出了2002年调查研究工作意见。

（童　露）

【调研成果获奖】 4月11日，在市委召开的北京市调查研究联席会议上，区委书记崔君乐主持的《通州区农民增收有效途径探讨》、原区长焦志忠主持的《以重组引进为重点大力推进乡镇工业二次创业》分别被评为2000－2001年度北京市优秀调查研究成果二等奖和三等奖，区委研究室主任张秀余被评为2000－2001年度北京市调查研究先进工作者。

（童　露）

【开展乡镇资源情况调研】 4月到10月，区委书记崔君乐主持开展了《整合乡镇资源，加快区域经济发展》调研，对合乡并镇前后各乡镇的资源情况进行深入调查，并形成调研报告，为研究如何进一步认识、挖掘和利用资源，突出地区特色、产业特色、全面推动乡镇经济发展和社会进步提供了参考。

（童　露）

【完成光机电基地征占地补偿问题调研】 8

月，区委研究室对北京市光机电一体化基地征占土地补偿办法进行调研，在大量走访和座谈基础上形成了调研报告，该报告指出，工业园区发展征占的大量农村土地直接影响到农民的切身利益，解决不好就会影响农村的稳定，通过调查，总结了光机电基地的成功经验，为本区其它园区征用农民土地提供借鉴和参考。此篇调研报告刊登在《北京调研》2002年第10期上。

（童　露）

【制定农民向二三产业转移意见】 10月，区委研究室对全区村级二、三产业发展情况进行调研，针对本区村级二三产业的发展总量不足，质量不高，结构不合理等问题，制定了《北京市通州区人民政府关于进一步加快村级二、三产业发展的意见》通政发［2000］69号。

（童　露）

【完成《通州卫星城经营的实践与思考》调研】 10月，区委研究室组织建委、经委、市政管委、房地局、商委等单位进行了《通州卫星城经营的实践与思考》调研，总结分析了本区在经营城市方面的主要做法与成效，并针对存在的问题提出相应对策。此调研报告已上报市委研究室。

（童　露）

【进行社情民意调查】 12月，按照市委研究室统一部署，选择了永顺镇的永顺、杨庄、北马庄和台湖镇的安定营、外郎营、玉甫上营等6个村，组织100户农民代表填写社情民意调查表，调查结果反馈回市委研究室。

（童　露）

老干部工作

【概　况】 老干部工作继续以邓小平理论和“三个代表”重要思想为指导，围绕迎接、学习、贯彻“十六大”这个中心任务，认真贯彻落实北京市十五次老干部座谈会和区老干部工作会议精神。用强化思想政治工作推动老干部党建；用深入调研、加强协调敦促落实老干部两项待遇；用狠抓契机、寓教于乐推动各项活动的开展；用营造氛围、拓展阵地，充分发挥老干部优势作用；用业务培训，感情融入，努力提高专兼职工作人员素质；用争优创先，表彰激励，确保各项工作有效开展。

（杜振强）

【为老干部送温暖活动】 2月1日，崔君乐、卢晓明、曹文广、王玉辉等区领导，入户慰问34位原区、县级离退休老领导和离休老领导的遗孀。春节前，老干部局3位局长带队，分别对有特殊困难的老干部进行了入户慰问，为39户老干部送去3.04万元慰问金。国庆节前，老干部局领导代表区委、区政府分别看望了老干部特困户，为25户老同志送去解困金2万元。

（杜振强）

【老干部春节团拜会】 2月6日，区老干部迎春团拜会在通州宾馆召开。原正处职以上离休干部，原副区县职以上退休干部，区老干部工作领导小组成员，老干部党支部书记150余人参加。崔君乐、卢晓明、曹文广、石进贤、苏文权、刘德龙等区领导到会向老同志恭贺新春，并一起观看了文艺演出。

（杜振强）

【老干部工作会议】 2月22日，区老干部工作会议在区委综合楼召开。各单位主管书记、工作人员、活动站长、老干部党支部书记、老年协会负责人150余人参加。会议总结了2001年老干部工作，部署了2002年工作。区委副书记石进贤做重要讲话。

（杜振强）

【成立老干部思想政治工作研究小组】 4月17日，老干部思想政治工作研究小组在区老干部局正式成立。组员为13名先进老干部党支部书记，活动形式为每季度一次，提出研究课题，大家共同探讨。2002年共围绕3个专题进行讨论，深化了“三个代表”重要思想的学习与实践活动。

（杜振强）

【举行系列活动启动仪式】 4月26日，区老干部局在局多功能厅举行“坚持身心两健，共向百岁进军”系列活动启动仪式。各单位主管领导、工作人员、活动站长、老年群团组织代表及相关单位负责人150余人参加。此项活动历时半年,共分启动仪式,门球、台球比赛,保健及党史知识讲座,党史知识竞赛,评选、推荐“四好”健康老人及总结表彰六个阶段进行。

(杜振强)

【区领导向老领导通报情况】 7月16日,区委、区政府在通州宾馆向原任区县级离退休老领导通报本区上半年工作情况;12月23日,通报本区全年工作情况。崔君乐、卢晓明、石进贤等参加会议并先后两次听取了老领导的意见和建议。

(杜振强)

【召开争创活动表彰会】 11月26日,庆祝党的十六大胜利召开老少同台文艺演出暨争创活动表彰会在区老干部局多功能厅召开。会议对基层活动站室的争优创先活动进行总结;对评选出的十佳站室、8家先进站室和2个优秀争创组颁发了奖牌。石进贤、何凤慈等区领导出席并同老同志一起观看了文艺演出。

(杜振强)

【召开老干部党建工作总结交流会】 11月28日,老干部党建工作总结交流会在区老干部局召开。全区40个老干部党支部书记参加,区教委等4家老干部党支部书记就本支部的思想建设、组织建设、制度建设、作风建设及开展“牢记党的历史,再为党旗增辉”主题教育活动情况作了典型发言,总结交流工作经验。会议对2002年老干部党建工作进行了总结,对2003年工作进行了部署。

(杜振强)

【实施老干部工作领导负责制百分考核】 12月15日,采取基层单位总结、自报得分和老干部局综合平衡相结合的方法,对全区各单位贯彻落实老干部工作领导负责制情况进行了考核评比。参照半年初评结果,评出优秀单位27个,良好单位11个,合格单位34个。

(杜振强)

党校工作

【概　况】 2002年,区委党校坚持以邓小平理论和“三个代表”重要思想为指导,紧紧抓住干部培训这个中心任务,着眼于党校的长远发展,解放思想,与时俱进,提高教学质量,加大基础设施建设,加强党校队伍建设,经过全体教职工共同努力,党校在各个方面都发生了重大变化,党校工作打开了新局面。2002年,党校被评为区“工会工作先进单位”、“卫生工作先进单位”。

(陆金钟)

【干部培训工作成绩显著】 2002年,党校以办好干部培训班为中心,以培养一流干部人才为目标,下大力气抓好干部培训工作。全年共举办四期领导干部培训班,培训干部129人。其中,有副处级领导干部培训班两期,新任副处领导干部培训班一期和一期优秀中青年干部培训班。在处级领导干部培训中,以《领导干部金融知识读本》为主教材,共进行14次教学辅导,17次专题讲座。在优秀中青年干部培训中,以“三基本”为主要内容,共进行27次教学辅导和14次专题讲座。使参加培训的学员深化理论,丰富知识,提高了认识,增强了党性观念,较好实现培训目标,达到培训目的。

(陆金钟)

【承办学历班】 2002年,校党委本着“保证质量、扩大生源”工作方针,加大招生宣传力度,共招收新生638名,在校生人数达到1862人,达历史最高水平。同时,有472名学员毕业,将在不同的工作岗位上发挥作用,为通州区的经济建设和全面发展贡献自己的力量。

(陆金钟)

【开展理论宣传活动】 2002年,为进一步宣传江泽民“三个代表”重要思想和十六大精神,党校有关领导和教师深入各乡、镇、局、公司进行辅导讲课,受到广大党员干部的欢迎。同时,出版《党校工作通讯》6期,下发到各乡、镇、局、公司。

（陆金钟）

【改善办学条件】 2002年，校党委积极争取区委、区政府的大力支持，千方百计筹措资金，全力改善办学条件。首先，建起西平房，开辟出1215平方米的新教学区，建起食堂，保证师生用餐；其次，改善办公条件，配置新的办公家具和设备，共安装空调36台；建起4个健身活动室，配备各类健身器材，充实职工业余生活。

（陆金钟）

【引进人才，壮大教师队伍】 为建设一支规模适当、结构合理、素质优良的教职工队伍，2002年，党委加大人才引进力度。经过积极协调、认真筛选，全年共引进11人，其中，研究生3名，本科生6名。改变了严重缺编问题，提升了队伍素质。

（陆金钟）

机关工委工作

【概　况】 2002年，区直属机关工委坚持以邓小平理论和“三个代表”重要思想为指导，以各基层党支部为依托，以建设高素质的党员、干部队伍和创造高效率的机关工作为目标，认真贯彻落实江泽民同志“七一”讲话、党的十五届六中全会、党的十六大及区委二届八次会议精神，从思想、组织、作风上全面推进机关党的建设，促进了机关各项工作任务的完成。

（薛炳云）

【召开离退休干部春节团拜会】 2月7日，工委在梨园镇京州园召开机关离退休干部春节团拜会，部署2002年老干部工作，听取离退休老同志的意见和建议。区委常委、工委书记刘德龙参加会议并讲话。

（薛炳云）

【开展扶贫济困募捐活动】 4月2日，工委组织机关干部、职工开展扶贫济困送温暖募捐活动。活动中，机关764名职工捐款53525元，人均捐款70元。

（薛炳云）

【举办入党积极分子培训班】 5月下旬，工委举办入党积极分子培训班。59名要求入党的积极分子参加培训，受到党的基本知识和端正入党动机的教育。

（薛炳云）

【举办首届职工乒乓球赛】 5月25日，工委在公园下坡乒乓球馆举办了首届机关职工乒乓球比赛。来自本系统35个单位的50支男、女队参加了比赛。区领导崔君乐、卢晓明、李章泽、刘德龙等参加了比赛活动。

（薛炳云）

【召开工委工作会议】 6月26日、9月25日工委先后召开两次工作会议。共审批新党员31名、预备党员转正32名，调整基层党支部班子33个。

（薛炳云）

【建党81周年纪念活动】 6月28日，工委组织召开学习孟宪峰事迹演讲暨新党员宣誓大会，纪念建党81周年。来自各基层党组织的200余名党员代表参加了这次活动。大会为38名新党员举行了庄严的入党宣誓仪式，有8名同志做了学习孟宪峰事迹演讲。区领导崔君乐、刘德龙参加了大会。

（薛炳云）

【举办基层党支部书记培训班】 8月8日，机关工委举办基层党支部书记培训班。听取了市委直属机关工委组织部长刘宝锁关于“贯彻基层组织工作条例，当好基层党支部书记，做好党务工作”的讲座。区委常委、工委书记刘德龙参加培训并讲话。

（薛炳云）

【为受灾乡镇捐款活动】 8月10日，工委组织区直机关干部、职工开展为本区张家湾等受灾乡镇捐款活动。全系统2000余名干部职工共捐款111560元。

（薛炳云）

【召开第一届工会会员代表大会】 12月13日，区直机关工会召开第一届会员代表大会。大会通过无记名投票，选举李雅静为工会主席、尹长伟为工会副主席、冯利英为经费审查委员会主任。

（薛炳云）

纪检·监察

【概　况】 2002年，全区纪检监察工作坚持以江泽民总书记“七一”重要讲话和“三个代表”重要思想为指导，深入贯彻落实党的十五届六中全会精神，按照中纪委、市委和区委的工作部署，围绕‘作风转变年”、“环境建设年”两大主题和经济建设的中心，从服务于全区改革发展稳定大局出发，加大工作力度，积极营造反腐倡廉、勤政高效的社会环境，进一步推进了党风廉政建设和反腐败斗争向纵深发展，促进了全区经济和社会各项事业的健康发展。

（谢京文）

【领导干部廉洁自律工作进一步加强】 区委、区政府重点贯彻落实中央及市委提出和重申的领导干部不准收受现金、有价证券和领导干部配偶、子女从业及制止奢侈浪费等有关规定。结合通州实际，提出和制定相关的纪律规定，并加强贯彻执行情况的监督检查。同时在国有、集体企业领导干部中认真开展廉洁自律“回头看”活动，通过民主生活会对照检查，利用厂务公开加强群众监督，开展职工评议等，确保廉洁自律各项规定的贯彻执行。

（谢京文）

【公务用车和购车情况专项检查】 区委、区政府依据《关于党政机关企事业单位购置汽车的规定》，重点对全区2002年以来90个处级单位公务用车、购车情况，先后进行两次专项检查，查出违规购车24部。对其中3部购车金额严重超标的，予以没收处理，责令违规购车单位主要领导做了书面检查，并将有关处理情况向全区进行通报，有效遏制了铺张浪费歪风的发生。

（谢京文）

【解决乡镇干部“走读”问题】 区委在各乡镇领导班子成员和包村干部中开展了走访群众、了解社情民意和记《民情日记》活动。同时，各乡镇加强了相关制度建设，建立健全了干部日常值班制度、领导带班制度和干部住勤制度。结合实际把解决乡镇干部“走读”向村级干部延伸，建立健全了村级“两委”班子干部定期入户走访等制度，从而进一步密切了党群干群关系，促进了农村稳定和各项事业发展。

（谢京文）

【召开廉洁自律专题民主生活会】 各处级单位及其班子成员围绕如何树立正确的权力观、地位观、利益观，及在思想、工作和廉洁自律等方面存在的突出问题，以落实中央、市委、区委重点提出和重申的领导干部廉洁自律规定为主要内容，从6月下旬到7月底，相继召开了专题民主生活会，进行了自查自纠和批评与自我批评。按照分工，区委领导参加了部分处级单位生活会，900多名处级干部参加了基层单位民主生活会。专题民主生活会前，各单位共召开座谈会300余个，发放调查问卷520份，征求意见和建议560条。

（谢京文）

【查办案件】 2002年区委根据实际，重新调整了区大案要案协调领导小组，并具体组织和指导有关疑难案件的查办工作。5月，区纪委对基层纪委落实办案责任制情况进行了专项检查，促进了案件检查工作规范化、制度化建设，提高了办案质量和效率。加强了对基层办案特别是乡镇办案工作的指导，使基层办案工作水平有了新的提高。全区11个乡镇中，8个乡镇有了自办案件，占乡镇总数的72%。年内全区纪检监察机关共初核案件线索57件，了结52件；共立案31件（含去年遗留3件），比去年同期的29件上升10.3%；新立案28件，比去年同期的26件上升7.7%，结案28件。有28人受到党纪政纪处理，同时有 16 人受到刑事追究。通过查办案件，挽回经济损失 81.5 万元。

（谢京文）

【案件审理】 年内，对查处的每一案件，做到严格把关，严格审理，使案件查处工作切实做到事实清楚，证据确凿，定性准确，处理恰当，手续完备，确保查办案件的质量。同时区纪委还对基层单位 2001 年度审结案件质量及处分决定执行情况进行全面检查，保证了处分决定的落实。

（谢京文）

【信访举报】 2002 年，区纪委继续把群众信访举报作为反腐倡廉和维护稳定的关键环节来抓。进一步建立健全基层纪检监察信访信息网络，强化基层领导信访接待日制度的落实工作，坚持每季度对基层单位领导接待日制度落实情况进行一次检查、抽查。制定下发《关于共产党员进行信访举报活动的纪律规定》，对党员参与群众信访的现象起到约束作用。全年全区纪检监察机关共受理群众信访举报 739 件次，比去年同期减少 340 件次，下降 31.5%。其中，区纪检监察机关直接受理群众信访举报 431 件次，比去年同期减少 157 件次，下降 26.7%；接待集体访 10 批，比去年同期减少 13 批，信访举报质量也进一步提高。

（谢京文）

【深化行政审批制度改革】 为了规范行政审批权力的行使，转变政府职能，区政府积极推进行政审批制度改革，制发了《关于加强行政审批制度改革，进一步提高机关行政效能的意见》；全区 31 个具有行政审批职能的部门认真组织实施，分别制定《行政审批程序性规定》及相关制度；通过召开“深化行政审批制度改革工作现场会”，交流经验，推动了行政审批制度改革的不断深化。全区 426 个行政审批事项的程序性规定向社会公开并执行。这项改革，有力地促进了政府部门职能的转变和办事效率的提高，受到企业和群众的欢迎以及市纪委、监察局的充分肯定。

（谢京文）

【全面推进农村财务管理体制改革】 在稳定村级集体经济所有权、经营权、支配权的基础上，在全区 11 个乡镇全部推行“双层审计、村帐托管、电算管理”。全区已有 435 个村实行村帐托管，占行政村总数 91%。对此项改革，市纪委、监察局，市农村纪工委都给予了充分肯定，并将本区的主要做法和经验，在全市范围内进行转发。

（谢京文）

【行风评议活动】 7 至 9 月，在全区开展了对区政府所属的 36 个职能部门的依法行政、廉洁自律、服务态度、办事效率、政务公开等情况的评议活动。共向社会发放“社会评议政府部门作风与效能调查表”2863 份，回收率为 92.9%。125 人次参与了网上评议。共征集社会对政府所属部门提出的意见和建议 226 条。对群众反映的意见和建议，经归纳整理后，分别反馈给各被评议单位。对在评议过程中群众意见比较多的单位，区纪委监察局下发整改监察建议书。各被评议单位针对在评议当中群众提出的意见，主动进行整改，并制定了切实可行的整改措施。通过评议部门和行业作风，有力促进了参评单位工作作风的转变和办事效率的提高。

（谢京文）

【财政制度改革】 通过严格部门预算编审，规范预算执行，规范了政府收支行为。预算外资金一律实行“收支两条线”管理的规定得到有效贯彻执行。在巩固清理整顿行政事业单位银行账户工作成果的同时，区委、区政府分别制定下发了《通州区乡镇财政财务管理办法》、《预算外资金拨付管理操作程序》、《财政监督检查实施办法》。另外为实现财政职能由微观管理向宏观管理的转变，提高资金使用效益，增强财政资金使用的透明度，建立了通州区经济和社会发展财政专项资金项目库。

（谢京文）

【厂务公开进一步规范】 区委、区政府强化了责任制，把此项工作纳入折子工程，进行重点督办，强化了厂务公开内容、形式、程序、时间、监督、档案的“六个规范”。全区269个国有、集体及其控股企业和事业单位，实现了推行厂务公开、建立厂务公开协调小组、落实“三个重大”公开全部达到100%。2002年，公开重大事项1261件，评议领导干部611名，民主测评满意率达到98%。

（谢京文）

【专项治理工作】 在纠正医药购销不正之风工作中，药品招标采购金额达到3666万元，占采购总额9871万元的37%，给予患者让利394.8万元。全区政府集中招标采购金额达到7600多万元，与计划相比节约资金477万元。规范有形建筑市场得到大力推进，全区182万平方米应公开招投标的建设工程项目，全部采取了招投标方式进行。治理中小学乱收费中共清退违规收费5.7万元。在减轻农民负担工作中，积极推行涉农收费和价格公示制度。2002年全区共减轻农民负担1199万元。治理公路“三乱”工作的成果得到进一步巩固，全区公路无“三乱”现象发生。

（谢京文）

【落实党风廉政建设责任制】 区委、区政府和区属各单位，坚持把贯彻落实党风廉政建设责任制作为首要工作来抓，切实纳入了工作重要议程。根据机构改革后，人员变动较大的情况，全区83个处级单位分别调整充实了组织领导和工作机构。区委、区政府对党风廉政建设和反腐败斗争的39项工作任务，按照谁主管谁负责的原则进行落实分工，确定20个牵头单位和54个协办单位，分别明确责任、内容、要求及完成的时限。强化责任主体意识，对各项工作分管的区级领导、牵头单位和协办单位分别签订《责任分工认定通知书》。从全区142个处级单位到基层，层层明确责任范围，与基层签订党风廉政建设责任书，总数达到3000余份。在落实上做到了一级抓一级，积极推进责任制向科、队、站、所及基层党支部的延伸。对不认真履行责任制的有关干部进行责任追究，先后有8个受到责任追究。11月底，区委组成6个检查组，由区领导带队，对全区11个乡镇，37个委办局公司落实党风廉政建设责任制情况，重点进行检查，并逐单位进行意见反馈。12月初，市委检查组对本区党政领导班子贯彻落实党风廉政建设责任制进行了深入细致的检查并给予充分肯定。

（谢京文）

【党风廉政宣传教育月效果明显】 围绕“树立正确利益观”的教育主题，在全区党员和各级领导干部中，深入开展“党风廉政宣传教育月”活动。教育月中，区委书记崔君乐以《牢固树立正确的利益观 做“三个代表”的忠实实践者》为题，为全区近千名副处级以上党政领导干部讲授党课。全区140多个处级单位的主要领导，分层次对所属科级干部、基层党支部书记和党员进行党课教育。区纪委还组织“树立正确利益观”征文活动，全区党员干部共撰写征文3800余篇。教育月期间，结合组织学习市纪委等四部门联合推出的方工同志勤政廉政典型事迹和下发的案例材料，区纪委对发生在本区的原华飞化工集团总经理章开先典型违纪违法案例进行深刻剖析，并将剖析材料下发基层，组织各级干部进行学习，从中汲取教训，引以为戒。同时还总结下发了区公安分局刑侦支队副队长许春兰等五名同志廉政勤政的先进事迹。全区有800多名处级干部，2000多名科级干部，20000余名党员接受了正反两方面典型教育。与此同时，基层各单位还推出本单位先进典型91人，反面典型3人。教育月活动达到预期效果。

（谢京文）

【“作风建设大讨论”主题教育活动】 4至9月，区纪委在全区广泛开展“作风建设大讨论”主题教育活动，各单位边学习、边讨论、边整改。通过大讨论，共建立和完善各项制度100余项，党员干部行政行为得到进一步规范，思想作风、工作作风、生活作风进一步好转。

（谢京文）

【纪检监察组织机构建设】 区属27个党政机关，全部健全了纪检监察机构，有16个单位派驻了纪工委书记、纪检组长，24个单位派驻了监察科长。新选派到27个单位的纪委书记、纪检组长，有25人曾在基层任党委副书记、副乡镇长，平均年龄42岁，全部具有大专以上学历。

（谢京文）

【信息新闻工作】 2002年，区纪委编辑下发纪检监察信息和工作交流70期，刊发信息250余条，刊发有关研讨文章15篇。上报信息被区委、市纪委和中纪委采用100余篇，信息工作继续列入全市纪检监察系统先进行列。对外宣传上，《是与非》刊出反映本区党风廉政建设的文章13篇，中国纪检监察报、中国监察杂志等新闻媒体采用3篇。

（谢京文）

民主党派

【概　况】 2002年，通州区共有民主党派成员263人，其中获高级技术职称89人，占成员总数的37.7%，初中级技术职称101人，占成员总数42.7%，年内，民进通州支部主委黄念辉被聘为北京市第十届政协委员，民建会员邹小美、金文岭、民进会员张金英、马艳玲、九三学社社员刘燕玲五人当选为北京市第十届人民代表大会代表。致公通州支部主委张晓燕被选为致公市委第六届委员会委员、常委，同时被选为中国致公党第十二次全国代表大会代表。民盟通州支部主委白静宜被聘为“全国首饰电视大奖赛评委”，并参加浙江省诸暨国际珍珠节珍珠首饰设计大赛评委为获奖者颁奖。各民主党派成员中有区政协委员34人，其中常委10人，政协副主席4人，纪检监察、审计监督、人民陪审员10人。其中：致公通州支部主委张晓燕为北京市劳动保障局特邀监督员，农工北京结研所支部支修义被聘为市纪委党风监督员。通州区党派成员任副处级以上实职干部10人。其中：区人大副主任1人、副区长1人、区政协副主席4人、区工商联合会会长1人，区建委、督导室、文化委副主任各1人。年度内，共发展新成员12人。各党派按照本党派市委的工作部署，结合通州实际，围绕区委、区政府的中心工作，发挥自身优势，履行参政议政、民主监督的职能，积极开展党派工作。

（刘淑玲）

【民盟通州总支听取运河文化产业情况汇报】 1月，通州区民盟总支部组织40名盟员，听取区运产办负责人就运河文化产业带建设工作进展情况汇报，盟员们对如何建设具有通州特色的运河文化产业景区提出各自的见解和意见，进一步拓宽了运河文化产业带的开发与建设思路。区领导朱学民、王玉辉、何凤慈、李汉良以及民盟市委领导唐克等参加了活动。

（刘淑玲）

【民进通州支部与民进房山支部开展联谊活动】 6月22日，民进通州支部与民进房山支部在通州区文化委多功能厅举行联谊活动，通过诗歌表演等多种文艺形式歌颂多党合作政策，发挥参政作用，积极参政议政。进行了工作交流，组织参观了潞河中学。

（刘淑玲）

【组织建设】 年内，民革通州支部改选，新一届民革通州支部主委由孙大公担任，孙庆为组织委员，刘利为宣传委员。民盟通州支部根据人员逐步增多、分布面广、不宜活动情况，经请示民盟市委和区委主管领导同意，并得到民盟市委批准成立了民盟通州总支，支部主委由白静宜担任，刘淑华、程红为副主委。经过积极筹备，九三学社通州支社于11月成立，王昆为支社主委。年内共发展新成员12人。其中：民建2人、民盟4人、民进1人、致公3人、农工1人、民革1人。新成员中年龄结构趋于年轻化，30岁左右居多，文化层次大学本科占90%，中高级职称占一定比例。

（刘淑玲）

【参政议政】 2002年，各民主党派积极组织参加各种政治活动，积极向党委和政府提出合理化建议，共交提案57件，其中：集体提案11件，个人提案46件。另黄念辉、张京二人市提案9件。民进成员刘秀珍关于《复兴庄工具六厂门口厕所应改造或拆除》提案，区政府很重视，责成有关部门研究并解决了二中后门、工具六厂门口厕所又臭又脏的多年遗留问题，受到附近居民的欢迎。民建通州总支关于《发展通州运河文化产业》、《注重通州区中小企业发展、增进就业》的提案引起区政府及有关部门的重视。致公通州支部《确实落实旧电池回收》的提案在本区得到实施。民盟通州总支关于《发挥通州区电视台窗口作用》、民进通州支部关于《加快边远地区中小学建设和发展》等7件提案被区政协评为党派优秀提案。干冬竹《关于建立通州血液病诊防组织》、叶永清提出的《关于对我区危旧房改造的一点做法》等12件委员个人提案被评为委员优秀提案。

（刘淑玲）

【信息调研】 年内，各党派上报信息116条。其中被各党派市委、区政协、区委统战部采用68条。冯勇、张京、孙大公、刘淑华、李玉清、武军被区政协评为优秀信息员。民建通州总支与区政协联合撰写的《关于加快农村剩余劳动力，增加农民收入》的调研报告上报市会参政议政室，引起领导高度重视。

（刘淑玲）

【党派成员科研成果】 民盟成员刘淑华《农村中小学学习困难生成因及对策的研究》获北京市九五教育科研成果奖、《我谈教育与奥运》在《诤友》杂志上发表；刘兰亭、贺远征分别在加拿大、韩国举办个人画展；民盟总支主委白静宜《漫谈花丝镶嵌摆件》在《中国钻石》杂志发表；朱群芳《绿色经济影响着我国外贸的发展》的论文，获中国国土学术委员会（全国性学术研究评定机构）评审一等奖，编入中国当代人才理论发展文库；朱群芳、程红《发展首都经济，加快北京现代化国际大都市建设——首都会展经济的发展及对策建议》调研报告获得市委统战部优秀调研一等奖；刘玉华《环境教育是一种全面的终身教育》、《教育环境与可持续发展》，郝玉柱《国企股权结构应多元化》、《整治假冒伪劣商品的经济学分析》、《山西煤炭企业资产重组问题探讨》、《企业改制中几个问题的探讨》，梁日杰《资本全球化与环境保护》分别登载在中国环境报、山西日报、广西经济管理学院学报和经济问题、煤炭经营研究、山西统计杂志上。在已进行的十五个科研课题中郝玉柱《北京物资学院新世纪教学改革课题—教师评价制度体系探讨》（重点课题）、朱群芳、王雅平、马月华联合进行的《大学生环境素养培养与绿色社区建设相结合的互动实践研究》、《自然之友环保项目“种树人”》的课题均已立项。

（刘淑玲）

政权·政治协商

通州区人民代表大会常务委员会

【概 况】 2002年,区人大常委会共举行8次常委会会议,审议9项议题,作出15项决议、决定。依法任免国家机关工作人员61人次;召开38次主任会议,听取22项工作汇报,检查了18项法律法规的贯彻执行情况;开展对张树森副区长的述职评议和对常委会任命的区政府各委主任、各局局长以及“两院”副职的书面述职备案工作;组织代表视察32次,开展代表向选民述职评议的试点工作,补选1名区人大代表;受理人大代表来信来访35件,人民群众来信来访170件,均督促区“一府两院”及有关部门予以办复;圆满完成镇、民族乡人大换届选举工作;加强了常委会制度化、规范化建设;召开区二届人大五次会议,选举产生北京市第十二届人民代表大会代表28名,圆满完成市人大常委会委托的各项工作。

(刘志刚)

【区二届人大四次会议举行】 1月20至22日,区第二届人民代表大会第四次会议在通州宾馆举行,240名代表出席会议。会议听取并审议了代理区长卢晓明作的《通州区人民政府工作报告》;听取并审议了区发展计划委主任张永明作的《通州区2001年国民经济、社会发展计划执行情况和2002年国民经济、社会发展计划草案的报告》,审查批准了通州区2001年国民经济、社会发展计划执行情况的报告和2002年国民经济、社会发展计划;听取并审议了区财政局局长韩振福作的《通州区2001年财政预算执行情况和2002年财政预算草案的报告》,审查和批准了通州区2001年财政预算执行情况的报告和2002年财政预算;听取并审议了区人大常委会主任曹文广作的《通州区人民代表大会常务委员会工作报告》,听取并审议了区人民法院院长高洪涛作的《通州区人民法院工作报告》;听取并审议了区人民检察院代理检察长东晓钟作的《通州区人民检察院工作报告》,会议对上述报告分别作出了决议。会议补选卢晓明为北京市通州区人民政府区长;补选东晓钟为区人民检察院检察长;补选刘华、刘学力、刘晓云为北京市通州区第二届人民代表大会常务委员会委员。区委书记崔君乐在会上作了重要讲话。

大会共收到代表议案73件,议案审查委员会对所提出议案进行了审查,经大会主席团决定,建议将中仓代表团提出的“关于街道办事处实行体制改革后,也要尽快建立街道财政”问题(议案第3号)、新华代表团提出的“关于落实街道办事处全额拨款事业人员编制”问题(议案第34号)和程静林等10名代表提出的“四个街道办事处急需建立社区服务中心”问题(议案第26号)、裴永利等14名代表提出的“关于尽快解决北苑街道办事处办公用房”问题(议案第43号)4件议案合并为一项立为议案,即“关于加大工作力度,加快解决社区建设中几个问题”的议案。将其余69件议案作为建议、批评和意见办理,收到代表提出的建议、批评和意见61件。共计130件,其中属于城建、城管方面36件,道路、交通方面35件,教科文卫体方面10件,环保方面8件,农田水利方面12件,其他方面29件。

(刘志刚)

【区二届人大五次会议举行】 11月20至21日,区第二届人民代表大会第五次会议在通州宾馆举行,239名代表出席会议。会议选举于海春、卫华诚、马彦玲(女)、王建华(女)、卢晓明、邢仲山、刘艳玲(女)、刘瑞芳(女)、李宁(回族)、杨心辉、何志强(回族)、邹晓美(女)、宋艳(女)、张旭、张毅、张金英(女)、张原飞、张燕丽(女)、陈学明、金文岭、赵玉影、赵家骐、禹学垠、曹文广、崔君乐、董维毅、韩克非(女)、韩振福为北京市第十二届人民代表大会代表。

(刘志刚)

【第24次常委会会议召开】 3月7日举行。会议审议通过了区人大常委会2002年工作要点;曹文广主任传达了北京市第十一届人民代表大会第五次会议精神。

(刘志刚)

【第25次常委会会议召开】 6月4日举行。会议听取并审议了区政府《关于通州区2001年度财政预算执行和其他财政收支情况的审计工作报告》和《关于通州区2001年财政决算的报告》,作出了关于批准通州区2001年财政决算的决议。会议审议批准了区政府《关于提请光机电一体化产业基地项目建设贷款偿还本息所需资金列入年度财政预算的报告》和《关于提请八通轻轨项目建设贷款偿还本息所需资金列入年度财政预算的报告》。进行了人事任免事项。

(刘志刚)

【第26次常委会会议召开】 8月7日举行。会议听取了区政府副区长张树森任职以来工作情况的报告并进行评议。区人大常委会主任曹文广作述职评议工作总结,区长卢晓明代表区政府作了表态发言,区委副书记李章泽代表区委讲话。

(刘志刚)

【第27次常委会会议召开】 8月9日举行。会议听取审议了区政府关于环境建设上半年工作进展情况的报告,进行了人事任免事项。

(刘志刚)

【第28次常委会会议召开】 10月10日举行。会议听取审议了区人大常委会关于召开区二届人大五次会议有关事项的说明,作出关于召开区二届人大五次会议的决定;审议通过了区人大常委会关于区二届人大五次会议建议议程和主席团、秘书长建议名单;审议批准了区人大常委会代表资格审查委员会关于代表资格审查的报告。会议作出关于镇、民族乡人大换届选举工作的决定,关于成立镇、民族乡人大换届选举工作办公室的决定,关于镇、民族乡人民代表大会代表名额的决定,关于任命镇、民族乡选举委员会主席、副主席、委员的决定,关于宋庄、潞城等8个镇第一届人民代表大会第一次会议筹备领导小组组成人员的决定;审议通过了区人大常委会关于镇、民族乡人大换届选举工作的安排意见。会议听取审议了区政府关于商业产权制度改革工作情况的报告;听取审议了区人民法院关于保证办案质量,提高办案效率,加强执行工作情况的报告;听取审议了区政府关于贯彻落实国务院和北京市基础教育工作会议精神,加强中小学规范化建设情况的报告。会议进行了人事任免事项。

(刘志刚)

【第29次常委会会议召开】 11月20日举行。会议通报了北京市人大常委会请通州区人大常委会将中共北京市委、北京市各民主党派、无党派代表人士和各人民团体经协商,联合推荐赵家骐等5名同志为本区选举的北京市第十二届人民代表大会代表候选人的名单和推荐表转送区二届人大五次会议大会主席团,依法提交全体代表进行酝酿、讨论、选举的事项。

（刘志刚）

【第30次常委会会议召开】 12月11日举行。会议听取审议了区人民政府区长卢晓明关于区二届人大四次会议代表建议、批评和意见办理情况的报告；区人民政府副区长杜宏谋关于办理“加大工作力度，加快解决社区建设中几个问题”议案情况的报告；区人大常委会关于区二届人大四次会议代表议案和建议、批评、意见办理情况的报告。会议进行了人事任免事项。

（刘志刚）

【第31次常委会会议召开】 12月25日举行。会议作出了关于接受苏文权辞去北京市通州区人民政府副区长职务请求的决定。会议审议批准了北京市通州区人民代表大会常务委员会代表资格审查委员会关于补选代表资格审查的报告；听取审议了关于召开区二届人大六次会议有关事项的说明，决定2003年2月13日召开区二届人大六次会议；审议通过了区二届人大六次会议建议议程，主席团、秘书长建议名单，国民经济、社会发展计划和财政预算审查委员会主任委员、副主任委员、委员建议名单，议案审查委员会主任委员、副主任委员、委员建议名单；审议决定了列席区二届人大六次会议人员；审议通过了《北京市通州区人民代表大会常务委员会工作报告（审议稿）》。会议审议通过了区人大常委会任免国家机关工作人员办法。会议听取审议了区政府副区长张树森关于述职评议整改情况的报告；听取审议了区政府关于劳动和社会保障工作情况的报告；听取审议了区政府关于提请调整通州区2002年度财政支出预算的报告，作出了关于批准通州区人民政府2002年度财政支出预算调整方案的决议。

（刘志刚）

【推进依法治区进程】 2002年，区人大常委会在促进依法治区方面重点抓了三个方面的工作：一是加强对“四五”普法规划实施情况进行监督，推动法制宣传教育工作的开展；与区依法治区领导小组联合举办履行宪法义务、推进依法治区进程的主题座谈会。常委会领导在通州有线电视台发表题为“学习宣传宪法，推进民主法制建设”的电视讲话，进一步增强全区公民的法制观念。二是以组织代表视察、专题听取有关部门贯彻实施法律法规工作情况汇报、开展执法检查等形式，有计划地对18项法律法规在本区的贯彻执行情况进行检查监督，并注重增强执法检查的针对性和时效性，促进依法行政、严格执法；三是加强对区人民法院执行工作情况和区人民检察院查办和预防职务犯罪工作情况的监督，进一步促进公正司法。

（刘志刚）

【加强工作监督】 2002年围绕经济工作的重点，加强对各级工业区基础设施建设、农业结构调整、商业产权制度改革等工作的监督，促进经济发展；围绕重点工程建设、城乡规划和管理、“严打”整治、社会保障和再就业等群众关心的热点开展监督，促进社会环境的改善；常委会积极促进社会发展计划和财政预算的有效实施，审议批准了区政府关于提请光机电一体化产业基地项目和八通轻轨建设贷款偿还本息所需资金列入年度财政预算的报告，保障了上述两项重点建设项目所需的资金。

（刘志刚）

【开展述职评议工作】 年内，常委会对16名国家机关工作人员进行了任前法律知识考试；开展了对区政府副区长张树森的述职评议工作，成立述职评议领导小组，组织常委会组成人员深入实际、调查研究，进行实事求是的评议，对张树森副区长依法行政、履行职责所取得的成绩给予充分肯定，并就全区今后工业发展、工业区建设、企业产权制度改革、招商引资、农民向二、三产业转移以及做好为中市属企业服务等方面的工作提出了建议；开展对常委会任命的政府各委主任、各局局长和区人民法院副院长、区人民检察院副检察长的书面述职备案工作，提出评议意见，向述职者进行反馈，并将述职报告、评议意见、整改措施等材料归档备案，作为日后对述职者进行跟踪监督的依据。

（刘志刚）

【开展代表活动】 坚持代表列席主任会议和常委会议制度，共有48名区人大代表列席了常委会议和主任会议；广泛开展“代表法”颁布十周年纪念和宣传教育活动，总结交流经验，推动代表工作的开展；组织代表开展多种形式的视察活动，充分发挥代表作用；注重发挥代表小组的作用，推动代表小组工作的开展；举办全区代表参加的形势报告会和代表集体视察活动，讨论了区二届人大六次会议有关文件，并就讨论政府工作报告代表反映集中的问题和群众关心的热点问题，组织部分区人大代表同区长、副区长进行座谈；在北苑街道办事处代表小组开展代表向选民述职，接受代表评议活动，推动了代表依法履行职责。

（刘志刚）

【办理代表议案、建议】 区二届人大四次会议代表提出了“关于加大工作力度，加快解决社区建设中几个问题”的议案，提出建议、批评和意见共134件，已全部如期办复。闭会期间收到的35件建议，也已按规定时间办复。为提高办理质量，常委会两次与政府有关部门召开部分代表和重点承办单位见面会，采取多种形式征求代表意见，对代表不满意的及时跟踪，督促补办或重办，及时组织代表视察重点建议办理情况，促进办理工作的落实。

（刘志刚）

【做好镇、民族乡人大换届选举工作】 成立通州区镇、民族乡人大换届选举工作领导小组，召开动员大会，加强对选举各个阶段工作的培训和指导，深入宣传，广泛发动，认真分析研究换届选举工作中的新情况、新问题，克服选举中的诸多不利因素，顺利选出741名镇、民族乡的人大代表；加强对各镇、民族乡人大代表的培训和新一届人民代表大会第一次会议筹备工作的领导，促进新一届镇、民族乡人大一次会议的依法召开。本次换届选举，是对广大干部群众的一次民主法制教育和坚持与完善人民代表大会制度的教育。

（刘志刚）

【建立健全工作制度】 2002年，制定了《北京市通州区人民代表大会常务委员会任免国家机关工作人员办法》，进一步严格了人事任免程序；按照市编办的要求，规范各工作委员会名称，健全工作机构，重新确定各工作机构职责；认真贯彻落实常委会审议意见办理和反馈制度，促进审议意见的落实。

（刘志刚）

【调查研究】 在区人大常委会听取审议“一府两院”工作报告之前，为保证审议质量，常委会相应工作机构深入调查研究，向常委会作调查研究情况报告，实事求是反映情况，提出超前性、可行性的建议、意见；常委会主任、副主任深入基层调研，先后开展了商业产权制度改革、劳动保障和再就业工作、中小学办学规范化建设、职业教育、法院执行情况、人大信息工作等情况调研，为进一步提高常委会审议质量奠定基础。2002年共完成调研报告6篇。

（刘志刚）

通州区人民政府

【概　况】 2002年，在市委、市政府的领导下，全区人民坚持以邓小平理论和“三个代表”重要思想为指导，按照区委关于“环境建设年”的总体部署；团结奋斗，求真务实，开拓创新，加快发展，完成了区二届人大四次会议确定的工作任务，经济建设和社会各项事业呈现出蓬勃向上的发展局面，取得了令人鼓舞的新成绩。

全区国内生产总值实现90亿元，比上年

增长17.6%。全口径财政收入18.9亿元，增长56.5%，提前三年完成“十五”计划任务。地方财政收入6.9亿元，区级财力17.5亿元，分别增长46.1%和35.7%，增长幅度是近几年来最高的。社会固定资产投资完成42.3亿元，增长14.2%。

农业结构调整向纵深发展。新增蔬菜面积2万亩、林果花卉面积6.2万亩，养殖专业户达到5.3万户，培育了一批特色专业村镇，三大主导产业初具规模。龙头企业带动能力不断增强，近百家农产品加工企业和农民之间形成了有机的利益联合体。大力发展观光农业，大营生态旅游规模进一步扩大，台湖“第五生产队”等项目开始接待游人。农业招商成果喜人，蒙牛集团、中绿食品公司等品牌企业落户通州。

工业运行质量创历史最好水平。工业增加值、销售收入、利润高速增长，增幅分别达到26.2%、28.7%和49.8%，第二产业增加值在国内生产总值所占比重增加4.4个百分点，并首次超出第三产业。各级工业园区投入基础设施建设资金5亿元，提高了规划标准和建设标准，投资环境明显改善。招商引资取得新突破，全年引进投资总额千万元以上企业147家，亿元以上企业24家，协议总金额达115亿元。

第三产业稳步发展。以“退出、引进”为着力点，大力发展新型商业业态，通糖与物美实现全面合作，区供销社15个基层店加盟北京市医药股份公司，实行连锁经营，效益稳步回升。马驹桥物流产业园开始启动，5家企业入区建设。提升市场建设档次，东方嘉汇花卉交易市场和宠物市场部分设施完工。建筑、房地产业迅速发展，建筑业开复工面积441万平方米，商品房交易和销售面积突破100万平方米，共完成税收5亿元。运河文化产业带列入北京人文奥运“六大景区”，通运桥等重点文物修复工程完工，潞湾橡胶坝建成并投入使用，北运河上游12公里段基本具备通航条件。旅游、交通、金融、保险、信息、咨询服务等第三产业也有了新发展。

本年，区政府召开常务会议11次，办公会议21次，研究议题81项；专题或协调会议72次，研究议题111项。其主要内容包括各项改革、经济建设、环境保护、城乡规划、重点工程、科教文化、安全生产、综合治理、人事任免等重大事项。

（李梦玲）

总体工作和重大活动

【区政府为群众拟办的55件实事全面完成】 具体情况是：(1)完成京津公路至运河滨河路的内环路东段建设。(2)完成杨庄路、旧日化路等城市次干路的改造工程。(3)实施张凤路一期、通马路二期等一批乡镇公路建设。(4)实施“两水”工程，动工建设污水处理厂，并建设第二水厂。(5)搞好乡镇集中供水工程建设，建设台湖、马驹桥2座水厂，日供水能力达到2万立方米。(6)实施农村低压电网改造，启动河东新城、南部新城两个11万伏输变电站建设。(7)实施天然气“三线”铺设工程，新增天然气入户3000户。(8)加快了地铁八通线建设。(9)完成公路六环宋庄段建设。(10)改造新华南北街，拓宽南北中轴线。(11)潞城10万门电信局开工建设，完成8000平方米土建工程、机房楼主体框架。(12)拓宽就业领域，开发社区就业岗位，全年下岗职工再就业率达到90%以上，城镇登记失业人员就业率达到60%以上，城镇登记失业率控制在2%以内。(13)成立11个乡镇农村劳动力就业服务机构，拓宽就业渠道，向二三产业转移农村劳动力8500人。(14)大力发展专业镇、专业村，新发展专业村20个，其中蔬菜5个，果品10个，苗木5个，带动农民致富。(15)规范和扩大10个具有带动农户强、市场销售半径大的农民合作经济组织。(16)扶持观光农业发展，搞好宋庄镇白庙橡胶坝观光旅游、张家湾镇葡萄采摘、张家湾镇千亩荷花塘观光、潞城镇绿色生态旅游4个观光农业项目开发。(17)协调、推进农产品安全、绿色认证，提高农产品市场竞争力。新增安全食品达标企业10家,安全蔬菜生产基地6万亩,安全果品生产基地3万亩,安全生产养殖小区20个。(18)加强对农民科技培训,扩大现有35个农业高效园区规模。(19)实施温榆河配套水利工程,改善水环境。(20)完成"两河一路"(潮白河、温榆河、六环路)绿色通道工程,总长97.9公里,新增绿化造林面积4.6万亩。(21)启动卫星城新华南北路、通马路、长安街延长线、内环路、滨河路"五条绿色大道"绿化美化建设。(22)完成3万亩中低产田改造工程,疏挖沟渠26.2公里,配套建筑物117座,更新机井158眼,建设管灌10.93万米等。(23)实施宋庄、漷县、马驹桥、永乐店四个小城镇绿化美化示范工程。(24)加强"四环林"建设,环城林、环镇林、环村林和环场林面积达到1万亩。(25)实施《通州区生活污水处理三年规划及实施意见》,搞好通惠河、北运河沿岸排污治理。(26)加大大气污染治理,全年空气质量2级和好于2级的天数达到60%。(27)完成农村粪便无害化处理厂建设,城区生活粪便无害化处理率达到60%。(28)以拆违为重点,实现城区主要街巷、所有建成小区无违法建设。(29)完善天桥湾、帅府等住宅小区物业管理和配套设施建设。已建成小区实现全部通邮。(30)开展创建一批无违法建设乡镇活动,实现乡镇辖域内主要公路两侧、政府大街两侧无违法建设。(31)整顿卫星城内各级各类市场,迁建北机市场,建设中山街市场。(32)整顿和规范出租车运营市场,小公共、重型机动车、人力车退出新华大街。(33)启动西海子公园改扩建工程。完善运河文化广场工程。(34)加快奥体公园建设,完成地上、地下基础设施,并完成田径场主体工程。(35)完善社区组织体系,核定组建社区居委会占应组建总数的50%以上。确定新华、北苑街道办事处新的办公地点。(36)加大养老保险资金的扩面征缴力度,确保各项社会保险基金征缴率达到95%以上。扩大基本医疗保险参保范围,落实企业补充基本医疗保险,覆盖人群达到90%。(37)巩固、完善城市和农村最低生活保障制度,按标准动态管理。完成73户农村优抚、社救对象危房改造工作。完成7所农村敬老院改造工程。实施"星光计划",社区居委会达到"三室一场一校"要求。(38)为4名贫困肢残人装配假肢,为10名贫困白内障患者免费植入人工晶体,为10名重度肢残人免费配发轮椅。对350名残疾人进行劳动技能培训。新华南北路改造及沿线公共设施、重点单位无障碍设施达标。(39)完成社会福利院6000平方米病区楼及附属工程。(40)建设全民健身工程35个,其中标准工程1个,为广大群众科学健身提供更多场地设施。(41)加快城市危旧房改造步伐,抓好新城南街、西上园、南大街、北大街、清泉浴池等地区旧城改造。(42)搞好无公害农产品市场和花卉交易市场建设。(43)加快行政审批制度改革。建立健全政府部门行政审批程序性规定和行政审批责任追究制度。(44)加快农村远程教育网络建设,完成6个站点的新建工作。(45)完善"一站式办公",提高服务水平。调整进厅单位职能,完成内部办公网络建设。(46)整合教育资源,撤并部分农村完全小学,试办农村寄宿学校。(47)扩大普通高中招生规模,普通高中入学率增加5个百分点。(48)全区中小学校建设100个计算机教室,小学三年级以上开设外语课。(49)完成教育网络中心建设。(50)抓好运河中学、永乐店中学市级示范高中校建设。(51)选派城口优秀教师到农村任教。(52)完成潞河医院、妇幼保健院病房楼主体工程。(53)加快社区卫生服务站建设,改善群众就医。在西集镇上坡村、台湖镇北神树村、漷县镇东寺村、马驹桥镇西田阳村建立4个农村社区卫生服务站。(54)推进有线电视入户工程,扩大覆盖面。启动潞城镇、西集镇二级网络建设,完善宋庄镇、漷县镇有线电视网络,全年发展40个村级有线电视网,全区城乡发展有线电视用户突破1万户。(55)防范和打击各种违法犯罪活动,增强群众安全感。全年刑事发案率控制在上升10%以内,破案率不低于上年水平。强化外来人口管理工作，外来人口《暂住证》办证率达到95%，出租房屋办证率达到90%以上，《出租房屋治安责任保证书》签约率达到100%，外来人口犯罪率不超过6%。

（李梦玲）

【刘淇等到通州调研】 1月10日，市长刘淇、常务副市长孟学农，副市长刘敬民、刘志华，市政府秘书长黄承祥，市有关部门领导，在区领导崔君乐、卢晓明等陪同下，就温榆河流域治理工作到本区进行调研。在通州温榆河畔，刘淇市长指出：温榆河流域治理是市委、市政府制定的很重要的生态建设项目，温榆河的基础条件很好；只要按照"以水为魂、以绿为体，以人为本"的原则整治，就可以把温榆河流域变成北京重要的生态地区，这对提升北京市城市形象，提高百姓生活质量都有重要意义。

（李梦玲）

【日本长野县伊那市议会访问通州】 1月24日，日本长野县伊那市议会访华团一行8人到本区访问。双方进行了愉快的交流并达成五个方面的合作意向。代表团参观了运河中学、运河文化广场等地。

（李玉芬）

【中国红十字会党组书记王立中等到通州考察】 1月27日，中国红十字会党组书记、常务副会长王立中，北京市红十字会常务副会长张熙增率领"红十字会博爱送万家"活动组在区人大副主任沈德海、副区长何凤慈陪同下，到西集镇为陈文贵等贫困户送去了慰问金和慰问品。

（李玉芬）

【全国政协常委陈邦柱等到通州考察】 2月3日，全国政协常委陈邦柱、国家工商总局副局长杨树德在区长卢晓明、副区长张少田陪同下到八里桥农产品中心批发市场考察，对市场的规范化管理及市场的繁荣给予肯定。

（李玉芬）

【北京东睿国际文化艺术发展公司在通州成立】 2月22日，北京东睿国际文化艺术发展公司成立签字仪式隆重举行。该公司将建成我国第一家外国艺术博物馆，博物馆占地2000亩，是集博物、拍卖、展示、交易为一体的文化产业项目，该项目的建设是本区运河文化产业带建设健康、快速发展的标志性工程。

（陈新全）

【对纳税大户及企业领导班子奖励办法出台】 3月16日，为鼓励企业发展、多贡献，区政府制定了对纳税大户和企业领导班子的奖励办法。《办法》自2002年1月1起实施。

（东　滨）

【清华大学师生到通州参观】 3月23日，清华大学师生一行80余人到本区参观学习。区委副书记石进贤介绍了本区吸引人才的三个优势，常务副区长苏文权介绍了本区的基本情况及各项事业发展情况。区委书记崔君乐等领导陪同参观了北京市光机电一体化产业基地建设情况。

（李玉芬）

【国家民政部副部长罗平飞等到通州参加义务植树】 3月26日，国家民政部副部长罗平飞带领民政部机关干部150余人在副区长杜宏谋陪同下，到本区台湖镇参加义务植树劳动。共植树3000余株。

（李玉芬）

【副市长林文漪到通州调研】 3月29日，副市长林文漪出席通州区教育工作会并到二中调研，林文漪对通州区率先实现教师工资统一发放、积极进行课程教材改革、强化素质教育、加强教师队伍建设、承办新疆民族班等各项工作给予充分肯定。会后，林文漪到通州区第二中学，参观了校园环境，听取了有关汇报，并表示市政府将对通州二中的校舍建设给予大力支持。

（李玉芬）

【贾庆林等到通州检查工作】 3月30日，市委书记贾庆林，市委常委、秘书长杜德印，副市长刘志华等到通州区检查温榆河绿色通道建设情况。贾庆林对本区绿色通道建设十分满意，并对绿化、造林提出要求。区委书记崔君乐、区长卢晓明等陪同检查。

(李玉芬)

【全国妇联副主席沈淑济到通州调研】 4月4日,全国妇联副主席沈淑济在市妇联主席李巧云及区领导崔君乐、石进贤、张少田陪同下到本区调研。听取了本区关于开展"巾帼科技致富工程"活动及今后工作思路的汇报,对"巾帼科技致富工程"提出要求。

(李玉芬)

【举行荣誉区民授予仪式】 4月9日,本区举行荣誉区民授予仪式。授予游俊英、苏仲平为通州区荣誉区民。副区长何凤慈宣布了区政府的决定,区长卢晓明向游俊英、苏仲平两位先生颁发证书。

(李梦玲)

【古运河纪念林揭碑仪式举行】 4月13日,举行通州区古运河纪念林揭碑仪式暨植树活动。北京市绿化基金会会长单昭祥及区委、区人大、区政府、区政协领导崔君乐、卢晓明、曹文广、王玉辉等为纪念林揭碑并参加植树活动。

(李玉芬)

【"百家民营企业通州行"活动举行】 4月16日,本区举行"百家民营企业通州行"活动启动仪式,来自全国百余位知名民营企业家出席。区有关部门领导分别介绍了通州经济发展、招商引资和各工业开发区的情况。区委书记崔君乐出席启动仪式并讲话。

(李玉芬)

【何鲁丽等到通州视察】 4月19日,全国人大常委会副委员长何鲁丽及部分全国人大常委会委员、人大代表在市人大副主任张燕丽及区领导曹文广、沈德海、张少田、何凤慈陪同下,到本区视察食品卫生及管理工作。听取了物美超市和八里桥农产品批发中心领导的汇报等。

(李玉芬)

【中科镓英砷化镓材料建设项目在通州奠基】 4月28日,中科镓英砷化镓材料建设项目奠基典礼在北京市光机电一体化产业基地举行。区长卢晓明介绍了区位优势及经济工作情况。市长刘淇、副市长刘海燕及区委书记崔君乐出席奠基典礼。

(李玉芬)

【周生贤等领导到通州考察】 5月9日,全国绿化委员会副主任、国家林业局局长周生贤,副市长刘志华在市林业局局长宋希友及区领导崔君乐、刘德龙、崔祥陪同下,到本区视察温榆河绿化工程建设情况。听取了区长卢晓明关于通州绿化美化建设情况的汇报,对本区温榆河绿化美化工作取得的成绩给予肯定。

(李玉芬)

【乡镇财政财务管理办法出台】 5月19日,根据《中华人民共和国会计法》、《中华人民共和国预算法》和《行政单位会计制度》的有关规定,结合本区实际制定了《北京市通州区乡镇财政财务管理办法》,本办法自2002年6月1日起施行。

(东 滨)

【光机电一体化产业基地建设奠基仪式举行】 5月26日,本区举行北京市光机电一体化产业基地基础设施建设奠基仪式。副市长刘海燕及区领导崔君乐、卢晓明、王玉辉、苏文权、张树森、仇春利、高志禄出席奠基仪式。

(李玉芬)

【"世界汽车之窗"项目发布会举行】 6月10日,本区举行"世界汽车之窗"项目发布会。天发控股公司与区招商局在北京皇家大饭店联合举办"世界汽车之窗"项目招商新闻发布会,区领导崔君乐、卢晓明、张树森出席。

(李梦玲)

【农业部领导到通州调研】 6月13日,国家农业部副部长范小健、市政府副秘书长丁向阳在区长卢晓明、副区长张少田陪同下,就绿色食品无公害工作到本区调研。参观了八里桥农产品批发市场、京东大运河农产品配送中心,对本区绿色食品无公害工作给予肯定。

(李玉芬)

【通州与江苏省通州市缔结友好区市】 6月15日,北京市通州区人民政府与江苏省通州市缔结友好区市签字仪式在通州区举行。通州区区长卢晓明、江苏省通州市市长葛亮代表双方签订友好合作协议。全国妇联党组书记、副主席顾秀莲，北京市市委常委、组织部长赵家骐，市政协副主席卢松华，江苏省通州市市委书记陈照煌等出席签字仪式。

（李玉芬）

【海斯顿环保设备有限公司落户通州】 7月18日，北京海斯顿环保设备有限公司基地落成暨启动新闻发布会在马驹桥镇举行。副市长刘海燕、国家环保总局副局长祝光耀及区领导卢晓明、张树森等出席发布会。

（李玉芬）

【户外广告管理办法出台】 7月26日，为规范本区户外广告的设置，加强户外广告的管理，根据本市有关规定结合本区实际，区政府制定了《通州区户外广告管理办法》，本办法自发布之日起施行。

（东　滨）

【农村居民最低生活保障制度建立】 7月26日，为贯彻落实市政府关于加大扶贫帮困工作力度的精神，切实保障农村居民的基本生活，推进社会保障体系建设，区政府决定，从2002年7月起建立并实施农村居民最低生活保障制度。

（东　滨）

【本区遭受大风冰雹袭击】 8月4日晚22时30分左右，通州区出现大风冰雹天气，瞬间风力达10级，暴风雨夹带冰雹的最大直径达60毫米，有鸡蛋大小。全区内连根拔起、倾倒、歪斜树木7000余棵，共砸毁房屋1650余间。新华大街75号三间房屋被一棵大树砸塌，死3人，伤1人。全区受伤50余人。全区11个乡镇，347个村，受灾面积214391亩，绝收面积23027亩。灾害共造成直接经济损失2.3亿元。部分地区电力、供水、通讯设施损坏，造成停电，停水、通讯中断。10千伏线路48处掉闸，全区205棵电信通讯杆折断。灾情发生后，区领导立即赶赴现场，组织有关部门进行现场救助，对受灾居民妥善安置，清理倒树，恢复道路交通。

（李梦玲）

【贾庆林等领导到通州调研】 8月13日，市委书记贾庆林在市委副书记强卫、副市长刘志华及区领导崔君乐、卢晓明、刘辉、刘德龙、安铁军等陪同下，到本区就工农业生产、城市建设、教育、社区建设等进行调研。先后视察了八通轻轨建设工程、潞河中学、通美晶体技术有限公司等地。

（李梦玲）

【北京信息产业园入驻通州】 8月28日，中国电子科技集团公司北京信息产业园入驻光机电基地，举行签约入驻仪式。市计委主任邢少军，市经委副主任冯海、战超，区领导崔君乐、卢晓明、张树森等出席。中电科集团公司是经国务院批准，由我国电子工业46个科研院所和26家企业组建的大型国有企业集团。北京信息产业园占地1240亩，首期投资20亿元。

（李梦玲）

【罚没财物管理办法出台】 8月30日，为加强对罚没财物的管理，依据《中华人民共和国行政处罚法》等法律、法规和规章的规定，区政府制定了《通州区人民政府罚没财物管理办法》。

（李梦玲）

【杭州市余杭区政府代表团到本区考察】 9月1日，浙江省杭州市余杭区政府代表团到本区就城市管理与小城镇建设情况进行考察并与区领导座谈。副区长刘辉介绍了本区加强小城镇建设和推进农村城市化进程的经验和做法。考察团参观了新华联家园、物流产业园区等。

（王文秀）

【新华南北路及内环路工程竣工】 9月23日，本区举行新华南北路及内环路工程竣工典礼。区长卢晓明出席竣工典礼并讲话。区领导曹文广、王玉辉、石进贤、李章泽等出席典礼。

（王文秀）

【贾庆林等到通州视察】 9月26日，市委书记贾庆林、市长刘淇、市委副书记强卫、常务副市长孟学农、副市长刘敬民在区领导崔君乐、卢晓明、张少田陪同下，到本区视察温榆河绿化和水利建设情况。

(李梦玲)

【防雷减灾管理办法出台】 10月12日,为防御和减轻雷电灾害,保护国家和人民生命财产安全,依据有关法律、法规,结合本区实际,区政府制定了《通州区防雷减灾管理办法》。本办法自公布之日起施行。

(东 滨)

【贾庆林等到通州视察】 10月19日,市委书记贾庆林、市委副书记杜德印、副市长刘志华在区领导崔君乐、卢晓明、刘德龙、张少田陪同下,到本区视察北运河治理情况。听取了北运河治理、工业生产、环境年建设和运河文化产业带建设等方面的汇报,对本区各项工作取得的成绩给予肯定,并就污水治理和绿化工作提出了具体要求。

(陈新全)

【住宅配套商业服务业用房管理实施办法出台】 10月23日,为适应通州卫星城建设的发展需要,落实社区商业发展规划,根据市有关文件精神,区政府制定了《关于加强住宅配套商业服务业用房管理的实施办法》。

(李梦玲)

【首届环北京国际公路自行车赛第六段比赛在本区举行】 10月31日,2002年首届环北京国际公路自行车赛第六段比赛在本区举行。本站赛事共有国内外10支车队、60余名运动员参加比赛。区领导曹文广、王玉辉、李章泽、苏文权、刘德龙、安铁军等出席开幕式并为获奖选手颁奖。

(王文秀)

【大本营彩涂板加工中心落户通州】 11月1日,北京万汇通业经贸有限公司、韩国株式会社世亚制钢及张家湾镇政府三方合资经营的大本营彩涂板加工中心(北京)有限公司正式签约成立。副区长张树森参加签字仪式,并主持召开三方协调机制专题会议。

(李梦玲)

【聚富苑民族工业区晋升为区级工业区】 11月4日,经区政府常务会研究,批准将通州聚富苑民族工业区晋升为区级工业区。

(东 滨)

【于均波等到通州考察】 11月5日,市委副书记、市人大常委会主任于均波,市人大常委会副主任赵凤山及部分委员在副市长刘志华,区领导崔君乐、卢晓明、曹文广、刘德龙等陪同下考察了东亚铝业、北京恒聚油田化学剂、宝佳制衣三家公司,对本区发展乡镇企业取得的成绩给予肯定,并对今后的发展提出具体要求。

(王文秀)

【征收地下水资源费规定出台】 11月8日,为加强全区水资源管理,促进经济和社会发展,依据市有关文件精神,区政府制定出台了《关于征收地下水资源费规定》。

(东 滨)

【制定加强供水工程建设和管理规定】 11月8日,为实现水资源的合理开发、高效利用、全面节约和有效保护,依据《中华人民共和国水法》和市有关文件精神,区政府制定了《关于供水工程建设和管理的规定》。

(东 滨)

【刘淇等到通州调研】 11月30日,中央政治局委员、市委书记、市长刘淇,市委副书记强卫,市委常委、市委秘书长孙政才,副市长刘志华等到通州区调研,先后考察了梨园镇曹园村、北京通美晶体技术公司和京东大运河农产品配送中心。刘淇对本区近几年的发展和清晰的发展思路给予高度评价,对通州加快工业、城市化步伐,提出要求。

(李梦玲)

【杜德印等到本区检查工作】 12月4日,市委副书记杜德印,市委党风廉政建设责任制检查组组长王火、张厚昆就本区贯彻党的十六大精神、贯彻执行党风廉政建设责任制等方面的情况进行检查。听取区委书记崔君乐工作情况汇报后,对本区贯彻落实党风廉政建设责任制情况给予充分肯定并提出具体要求。

(王文秀)

【北京中科印刷有限公司在本区成立】 12月10日,本区举行庆祝北京中科印刷有限公司成立暨中科院印刷厂建厂45周年大会。中国科学院副院长杨柏龄，区长卢晓明、区委副书记李章泽出席大会。

（王文秀）

【电子政务工作】 2002年，区政府信息平台基本建成，开发建设了较为完整的政府网上对外信息发布系统和咨询审批信息系统，政府网站功能不断完善，政府部门之间实现公文网上传输和信息共享，视频会议系统投入使用。政府信息平台初具规模，配置60余台交换机、服务器以及网络防火墙、入侵检测等设备，具备了一定的信息交换能力和数据处理能力。11个乡镇、28个城口委办局使用有线电视光缆专用光纤线路，接入政府信息平台，与区委、区人大、区政府、区政协机关31个处级单位实现互连互通，构建了全区政府信息宽带光纤网络。北京市政务专网光纤线路已经接入政府信息平台，网络交换机开通使用。

（张　朋）

【建立通州区信息化工作办公室】 经通州区编制委员会批准，2002年1月北京市通州区经济信息中心更名为北京市通州区信息中心（挂北京市通州区信息化工作办公室牌子），负责通州区信息化工作领导小组的日常工作，负责全区信息网络建设的组织协调工作，负责政府信息网络的规划、开发、建设、管理工作，采集、存贮、开发、利用信息资源，为区委、区政府及有关单位提供信息咨询，为全区社会和经济发展做好服务工作。

（张　朋）

【建议提案工作】 本年，区政府共办理人大代表建议169件、议案1件，办理政协委员提案186件、建议案3件。区人大二届四次会议交由区政府研究办理的代表建议、批评和意见（以下简称建议）共134件（其中69件是转为建议办理的议案），其中，道路、交通方面36件，占26.9%；城建、城管方面38件，占28.4%；农田、水利方面12件，占9%；环保方面8件，占6%；文教、卫生方面11件，占8.2%；其它方面29件，占21.5%。经过全区50多个单位和部门的共同努力，按照《北京市通州区人民代表大会代表建议、批评和意见办理条例》的有关规定，全部办复。办理结果：一是经过努力当年得到解决或基本解决的（A类）建议58件，占总数的43.3%。二是已列入政府建设规划，预计两三年内可以解决的（B类）建议41件，占总数的30.6%。三是受政策规定或资金等条件限制，短期内不能解决但已经向代表说明解释的（C类）建议34件，占总数的25.4%。四是超出区政府职权范围，报请市有关部门研究参考的（D类）建议1件，占总数的0.7%。同时对35件平类人大代表建议按法律规定进行了认真办理。

（李学东）

【政府信息工作】 2002年，通州区政府办公室共收到各单位报来的信息7361条，比上年增加1985条，增长36.9%；编发《信息快报》275期，比上年增刊55期，增长25%；刊登信息2516条，同比增加751条，增长42.5%。与此同时，向市政府办公厅报送信息600条，被市政府编发的《昨日市情》等刊物采用信息171条、信息调研6篇，其中有1条被评为优秀信息，7条被市领导批示。按市政府办公厅信息工作“四优”评比条件，通州区政府办被评为信息工作优秀单位，两名同志被评为重视信息工作的优秀领导和优秀信息工作者。

（陈新全）

【档案管理工作】 本年，区政府机关综合档案室坚持为领导、为机关、为基层服务的宗旨，不断提高档案工作管理水平，认真做好立卷归档、提供利用等工作。全年接收各类案卷761卷。其中，文书档案674卷，财务等档案87卷。接待查阅380人次，提供档案1600余卷、册，为各部门制定工作计划、开展业务、总结工作等提供了可靠的依据。

（李梦玲）

【便民电话工作】 2002年，区政府便民电话工作室共接听群众和基层单位来电4000余人次，受理网上区长信箱180件，办结率始终保持在95%以上。全年《便民电话月报》出刊12期,《便民电话专报》30件,专题《会议纪要》2期,全年组织会议11次,其中,专题会议7次,有效地促进了一些社会热点、难点问题的解决,较好地发挥了便民公开电话为群众和基层单位服务、为领导服务、为维护社会稳定服务的作用。按照市政府便民电话中心目标管理考核办法,2002年,通州区便民电话工作被评为市级优秀单位。

(郭　建)

政府法制工作

【概　况】 2002年,根据区机构改革有关文件精神,区法制办与区司法局合属办公。政府法制工作紧紧围绕通州区改革发展稳定的实际,以加快政府职能转变、提高服务效能为重点,努力营造宽松高效的法制环境。为进一步推动依法行政,从严治政,规范政府行为,从加强制度建设入手,出台了若干工作制度和规范性文件。

(王晓民)

【审核规范性文件】 本年,完成政府规范性文件审核30件,共提出修改意见88条;完成各职能部门规范性文件审核22件,共提出修改意见56条;完成市政府立法征求意见9件,共提出修改意见58条。

(王晓民)

【规范性文件清理工作】 年内,共清理政府规范性文件660件,其中保留155件,废止505件,清理结果通过区政府网站和通州时讯报对外进行公布。

(王晓民)

【出台文件】 本年,以区政府名义制发文件4件,以区政府办公室名义制发文件3件,编印《通州区法制工作手册》2本,印发4000册,代区政府起草批复、决定、通告6件。

(王晓民)

【完成行政审批事项】 年内,完成全区31个具有行政审批职能单位行政审批事项426项,其中审批类77项,审核类140项,核准类172类,备案类37项。

(王晓民)

【行政执法案件卷宗评查】 2002年采取每月抽查与年终统查相结合的方式,每月抽查4-6个执法机关的处罚案卷,全年共抽查44个行政执法机关,共抽查案卷119卷,评出优秀卷58卷,合格卷54卷,不合格卷7卷。

(王晓民)

【完善社会监督体系】 年内,出台了《北京市通州区人民政府法制工作义务监督员监督办法(试行)》,并聘任10名政府法制工作监督员。

(王晓民)

【联合执法检查】 全年共组织相关行政执法机关对非法用工、非法销售丧葬用品等违法行为进行了8次检查和处罚。

(王晓民)

人事机构编制

【概　况】 2002年,人事及机构编制管理工作紧紧围绕全区中心工作开展,坚持实施人才战略,加强公务员队伍建设,推进事业单位人事制度改革,巩固机构改革成果,充分发挥职能作用。积极稳妥地做好机构改革人员定岗分流工作,机构改革任务全面顺利完成,在2001年初步完成区直机关"三定"工作的基础上,完成各单位的人员定岗分流工作;制定措施,完成街道、乡镇机构改革方案的制定、落实及人员定岗分流工作;根据全市统一规定,完成区人大、区政协和法、检两院"三定方案"的审批和落实工作;结合街道、乡镇机关的机构改革,完成街道、乡镇、事业单位改革及人员定岗分流工作;按照市编办及本区机构改革的总体部署,完成区直机关和乡镇机构改革的检查验收工作。继续努力实施人才战略,认真落实《通州区"十五"人才事业发展规划》,及时追踪规划落实情况,就辖区内部分高新技术企业、民营科技企业以及区属重点企业对人才的需求、使用、管理情况进行调研,对有些单位反映出的问题,提出切实可行的解决方案；努力做好高层次人才的引进、培养、管理工作，继续为企业引进外埠高级人才开启了“直通车”，引进各类高层次人才15人，并初步拟定政府“百万元人才发展基金”使用方法，做好高层次人才管理与服务工作；认真做好大中专毕业生就业指导工作，在切实做好本地生源毕业生就业指导工作的同时，积极选拔引进外地生源优秀毕业生225名(不含教育系统)，其中硕士生13名、本科生212名；充分发挥人才市场对人才配置的主渠道作用，举办不同系统的大型人才招聘会三次，共有200余家用人单位到会招聘，设置职位1500多个，到会应聘人数达3000人，并组织6家用人单位参加北京人才大市场招聘会，达成意向50余人；圆满完成军转干部的接收、安置、培训工作及驻通部队随军家属安置工作，共接收军队转业干部8名(计划分配)，安置随军家属33人。进一步加强公务员队伍管理，组织完成了机关、事业单位18716人参加的年度考核工作，继续加大考核结果的使用力度；大力加强公务员能力建设，组织四期共870人参加的为期两个月的电子政务培训工作(考试及格率为95%)，组织参与了北京市国家公务员电子政务友谊赛，开办3期250人参加的公务员“讲英语”培训与考试工作；严格公务员考录制度，组织本区17个单位面向社会公开招考国家公务员工作，设置招考职位94个；完成乡镇机构改革中非国干身份人员的公务员录用资格考试工作，本区11个乡镇517名科级以下非国干人员参加考试，合格率达83%；100余名处级非国干身份人员参加录用资格考试，合格率100%；继续在全区公务员队伍中开展做“人民满意的公务员”和“人民满意的公务员集体”活动，区民政局长李淑华被评为“北京市人民满意的公务员”，并记一等功。加快事业单位人事制度改革，率先在区卫生局、教委、司法局、光机电一体化产业基地及张家湾开发区等单位开展全员聘用制，本年度有三分之一的事业单位完成聘用合同制；完善专业技术人员职务聘任制，完成2001年度2200名专业技术人员任职资格备案工作，其中高级127名、中级498名、助理和员级1575人；抓好专业技术人员任职资格考试工作，组织1327人参加的全国职称外语考试工作、889人参加的全国会计师资格考试工作和509名税务执法人员、225名工商执法人员的考试工作；做好乡镇企业中专业技术人员的职评工作，组织504名不具备规定学历人员参加专业课、基础课培训考试，为290人申报各级职称(其中取得高级职称的4人)；加强专业技术人员继续教育工作，完成三次977人次参加的专业技术人员计算机应用水平考试及考前培训，使本区11957名专业技术人员参加继续教育学习比率达78%，72学时比率达到80%以上。认真做好工资福利工作，配合党政机关及乡镇的机构改革，做好提前退休人员、新招录公务员的工资核定、工龄的确认工作，拟定了《乡镇公务员过渡后重新确定工资的有关规定》；做好本区机关、事业单位在职人员正常增资及离退休人员增加离退休费的审批工作，为17058名考核为称职(合格)以上人员办理晋升一档职务工资的审批手续，为4000余名退休职工增加了退休费，为249名连续五年考核为称职等次或连续三年考核为优秀等次人员晋升了一级级别工资，为1002人办理了增资手续，为新调入机关、事业单位的339人办理重新确定工资手续；开展机关、事业单位工资福利的调研，做好机关、事业单位技术工人升考技术等级的组织、培训、考核工作。深入开展“立党为公、执政为民”活动，注重现代人事管理政策、业务知识和现代知识的学习，不断加强自身建设。

(吴绍伟)

【北京东部人才网开通】 1月12日，北京东部人才网(www.bjdbrc.com)开通仪式在通州会堂举行。这是区政府为企业办实事工程的重要内容之一，其主机通过畅捷公用信息平台，直接接入骨干国际出口，拥有100M共享宽带，开设5大类几十项服务内容，基本涵盖了人才资源开发的全部相关内容，标志着本区人事人才工作向数字化目标迈出了坚实的一步。

（吴绍伟）

【举办工业企业人才交流洽谈会】 1月12日，在通州会堂举办2002年工业系统、乡镇企业、外商投资企业人才交流洽谈会，共有60余家单位到会招聘，涉及专业43个，共接待各类求职人员1200余人，初步达成意向558人次。参会人员中有30—40%是外埠人才，表明本区专业性人才交流洽谈会具有较强的发展潜力。

（吴绍伟）

【举办大中专毕业生供需见面暨人才交流洽谈会】 4月6日，在通州会堂举办“2002年通州地区大中专毕业生供需见面暨人才交流洽谈会”，吸引58家用人单位到会招聘，设置招聘职位378个，接待各类求职人员1200余人，初步达成意向209人。

（吴绍伟）

【组织不具备规定学历专业技术人员职称考试】 4月13日、27日，组织本区乡镇企业建筑系列专业技术人员不具备规定学历专业技术人员基础知识、专业知识考试，分别有266人、300人参加。

（吴绍伟）

【组织全国职称外语等级考试】 4月14日，全国职称外语等级考试在北京物资学院进行，共有考生1327人，设54个考场，806人考试合格。

（吴绍伟）

【开展信息技术及“电子政务”知识培训】 4月开始，在本区国家公务员中开展信息技术及“电子政务”知识培训，全区50岁以下的公务员及参照公务员制度管理的人员本着“缺什么、补什么”的原则，参加内容包括Windows98、Word2000、Excel2000、PowerPoint2000、计算机网络及应用、“电子政务”及其应用等六个模块在内的培训。

（吴绍伟）

【完成年度考核与奖励工作】 4月，完成本区机关、事业单位18716人参加的2001年度考核与奖励工作，其中党政群机关3052人参加考核，评出优秀等次420人、称职2621人、基本称职2人，未定等次9人；事业单位15644人参加考核，评出优秀2203人、合格13271人、基本合格11人、不合格7人，未定等次152人。考核结束后，对表现突出并被评为优秀等次人员分别给予记三等功、提前晋级、嘉奖奖励，对考核为基本称职（基本合格）、不合格人员分别给予警告、记过、不能晋级、扣发奖金等处理。

（吴绍伟）

【面向社会公开招考国家公务员】 5月，面向社会公开招考主任科员以下非领导职务国家公务员，本区17个单位面向社会公开招考94个职位的国家公务员，报名者经资格审查227人符合报考条件，通过公共科目笔试、专业科目笔试、面试、考核、政审、体检等层层选拔，最后有40人被录用为国家公务员，于11月履行国家公务员过渡宣誓仪式。

（吴绍伟）

【组织全国会计师资格考试】 5月25—26日，通州考区全国会计师资格考试在北京物资学院进行，共有考生883人，设26个考场，四个科目累计有128人考试合格。

（吴绍伟）

【组织乡镇国家公务员录用资格考试】 6月10日，组织本区乡镇国家公务员录用资格考试，517名在非工勤岗位上工作的不具备国干身份的人员参加考试，431人考试合格，参与了竞争上岗或双向选择。

（吴绍伟）

【军转干部安置工作受表彰】 7月15日，因在军转干部安置工作中做出了显著成绩，在北京市军转安置工作表彰会上，区人事局及本区三名同志分别获北京市军转安置工作先进单位、先进军转工作者、先进军队转业干部荣誉称号。1990年以来，本区共接收军转干部264名，其中团职42名、营连排职120名、技术干部102名，安置全迁户104户，筹建军转宿舍楼6000余平方米。

（吴绍伟）

【落实人事执法检查】 7月，对本区人事执法情况进行自我检查。8月1日,北京市人事执法检查小组来本区检查人事政策法规落实情况,抽查了部分单位人事档案,对9个单位50名工作人员进行问卷调查,到区市政委、劳动和社会保障局机关现场检查人事执法情况,给予了较高评价。

(吴绍伟)

【组织税务、工商执法人员资格考试】 9月7日、11月16日分别组织通州区国家税务局、地方税务局和通州工商分局执法人员资格考试,国、地两税500名税务人员、工商分局225名工商人员参加资格考试。

(吴绍伟)

【机构改革工作圆满完成】 11月7日,本区机构改革工作通过北京市验收小组验收,总结大会在通州区会堂举行,区长卢晓明作总结讲话。本次机构改革,全区行政审批事项由676项减少到426项,组织结构实现了区政府工作部门与市政府相关部门在机构设置和职能配制上的基本对应,对有些机构进行了撤并,在28个部门理顺职能145项,在区委10个工委和部分政府部门建立了纪检监察的派驻体制,区委工委、区政府部门及乡镇机构分别减少2个、9个和11个,全区各党政群机关共精简行政编制468名,机关干部队伍的年龄结构、知识结构和专业结构进一步优化。

(吴绍伟)

劳　动

【概　况】 2002年劳动保障工作取得新进展,整体工作全面推进。以稳定就业,控制失业,促进下岗失业人员再就业和全面推进农村富余劳动力向二、三产业转移为主导思想,城乡统筹就业的大格局基本形成。全区原有45家企业的6657名下岗职工全部实现再就业,全区20237名失业人员中有17501人实现就业,就业率为86.5%;城镇登记失业率控制在1.4%左右。劳动关系协调机制进一步完善,大力组织劳动法律法规宣传,坚持劳动合同届满后的预警预报制度,充分发挥政策咨询、信访接待、劳动仲裁、执法监察联动机制作用,协调工会组织和企业家联合会组织建立兼职仲裁员队伍并参与办案,筹备组建通州区劳动关系调处三方协商会议制度,促进劳动关系协调机制更趋完善。加强劳动保障干部队伍建设,开展“三个代表”、“学习十六大报告”等教育活动,促进依法行政、廉政勤政和行风建设,完成市、区下达的各项工作任务,促进全区经济发展和社会稳定。

(姚华峰　张　雪)

【下岗职工失业人员再就业】 全区原有45家企业的6657名下岗职工已全部实现再就业,再就业率达100%,“下岗职工”的概念在本区成为历史;全区20237名失业人员有17501人实现就业,就业率为86.5%;城镇登记失业率控制在1.4%左右。共举办招聘洽谈会110次,提供就业岗位29356个,有22357名求职者与用人单位达成就业意向,为用工单位推荐求职人员1500人。

(杨东莲　张　雪)

【职业技能培训与鉴定】 2002年,初步确立以区职业技术学校为骨干,以社会力量办学为基础的职业培训网络,培训实体发展到19家,年培训近1.2万人次。组织初、高中落榜生开展劳动预备制培训,组织下岗职工、失业人员开展再就业培训,共进行职业指导培训11613名,创业者培训1587名,培训后就业率达76%以上。积极推进职业资格证书和就业准入制度,职高、技校和中专校毕业生持双证率达98%以上,技术工人持证上岗率达90%。

(王贵生　张　雪)

【开发社区就业岗位】 年内,共开发置换社区就业岗位4000多个,安置下岗失业人员3200余人;成立社区公益性就业组织4家,40名就业特困人员实现托底就业;建立劳务派遣组织7家,安置下岗失业人员290人;发展社区就业实体725个,安置下岗失业人员1000余名。

(李春兴　张　雪)

【开通就业服务动态管理网络】 年内，本局投资200余万元开通失业人员动态管理网络，建立集职业介绍、职业指导、职业培训、职业技能鉴定、外地工管理、社区就业、农村富余劳动力管理为一体的城乡统筹就业网络系统，与4个街道办事处和11个乡镇就业服务所通过ISDN通讯设备全部实现互联，率先实现就业信息的资源共享。

（杨东莲 张 雪）

【农村劳动力就业取得丰硕成果】 2002年，成立通州区农村劳动力向二、三产业转移办公室，在各乡镇组建劳动就业服务所。举办不同规模的招聘洽谈活动，共提供就业岗位7250个，有1.3万名求职者与用人单位达成就业意向。组织9322名农村劳动力由一产业转向二、三产业，完成全年任务的103.6%，从事二、三产业人数累计达到12.61万人，占全区农村劳动力总数的67.6%。

（袁文生 张 雪）

【加强职工劳动合同管理】 年内全区155个企业12310名职工中共有3427名职工劳动合同届满，劳动部门加强劳动合同届满预警预报和履行劳动合同的报告制度，城镇职工劳动合同续订率达到67%。进一步推动集体合同制度，全区共有335家企业实行了集体合同制度，涉及职工62560人。

（刘建国 张 雪）

【强化劳动监察】 2002年，对2299家用人单位实施劳动监察（巡查），涉及职工14.31万人，其中查处违法案件539件，为9193名劳动者补签了劳动合同，为853名劳动者追缴社会保险费152.12万元，为4054名劳动者追补工资632.76万元，为213名劳动者追回风险抵押金18.60万元。督促用人单位办理、补办、年审《就业证》3184个，对两家非法使用外工的单位进行处罚，取缔三家非法职介机构。对889家单位进行劳动年检，同比增长14%，保证了劳动政策法规的贯彻实施。

（苏进全 张 雪）

【劳动争议处理立体网络形成】 年内成立劳动争议仲裁玉桥调解中心和永乐店仲裁分庭，逐步形成劳动争议处理多级化网络。2002年全区共受理劳动争议案件386件，同比增长32%，结案率100%，其中涉及劳动合同争议案件186件，劳动报酬争议案件107件。

（徐景龙 张 雪）

【工伤认定】 全年累计接待来访人员806人次，工伤认定243件，核定工伤待遇120人，同比分别增长1.7倍、34%和1.4倍。

（文 刚 聂玉国）

【劳动鉴定】 2002年对347名职工进行劳动能力丧失程度鉴定，其中工伤鉴定247人，因病完全丧失劳动能力鉴定100人。

（孟若冰 张 雪）

【受理群众来信来访】 2002年接待群众来信来访4162人次，其中集体访29次，办理政协提案2件，做到事事有结果、件件有交待，结案率100%。

（尹春娟 张 雪）

【深化行政审批制度改革】 开通与市劳动保障局、区政府信息中心的网络联系，建立了局域办公自动化网络，突出电子政务的公众化、信息化，购置安装了电子大屏幕和触摸屏。聘请5名特邀监督员，定期对全局行政审批程序性规定执行情况及其它行风建设工作进行监督、抽查和考核。开展劳动法律法规和人员素质的培训活动，在“通州区首届礼仪风采大赛”和“社会评议政府作风与效能”等活动中荣获第一名。

（赵瑞云 张 雪）

社会保障

【概 况】 社会保障工作逐步走上规范化、制度化、法制化轨道。加快完善社会保障体系建设，医疗保险制度改革取得阶段性成果。加大社会保险制度改革力度，社会保险的保障作用日益突出，社会保险扩面征缴工作成效显著，各项社会保障基金的征缴率均达到98%以上。下岗职工基本生活保障金100%足额发放，及时调整并足额发放失业人员的保险待遇,下岗职工的基本生活得到充分保障,全区32835名离退休职工的基本养老金全部实现社会化发放,发放率100%。

(姚华峰 张 雪)

【医疗保险制度改革取得阶段性成果】 全区参加基本医疗保险单位计697家,共有参保职工83457人(其中职介存档参统人数7000人),新增参保职工1.8万人;共收缴基本医疗保险金8614万元,收缴率达98%;共为9009名患病职工支付医疗保险金4838万元,为1623名退休参保职工个人帐户一次性充值32万元,为410名参加大病统筹患病职工报销医药费272万元。全区629家参保单位为70261人建立了企业补充医疗保险,占全区参统人数的92.1%。清理职工拖欠医药费847万元,占拖欠总额的82.5%,提前完成市下达的任务指标。成立定点医疗机构领导小组,确定42家医疗单位为全市的定点医疗机构。

(曹文兰 王 彤)

【社会保险扩面征缴工作成效显著】 年内成立扩面征缴工作领导小组,确定重点方位,建立纵横联动制约机制,从扩面征缴、清欠、稽核检查三条主线同时出发,征缴养老、失业、工伤保险基金18333万元,全面完成市下达指标。对242个单位进行稽核检查,37户企业为24039人补缴社会保险费311.31万元;清理历年欠费1348万元。

(史宝娣 张 雪)

【养老保险】 全区养老保险参统人数89048人,征缴基金16212万元,与上年同期相比,新增参统人数1817人。全区32835名离退休职工的基本养老金已全部实现社会化发放,发放率100%。

(于立东 张 雪)

【失业保险】 全区参加失业保险的单位和人员共计723户6.20万人,新增参统人数1919人,收缴失业保险金1672万元,同比增长103%。共拨付失业金3953.43万元,医疗补助金202.54万元;为1699名下岗职工、失业人员发放自谋职业补助费859.59万元;为483名农民合同制工人拨付一次性生活补助费14.61万元。

(郭春兰 张 雪)

【工伤保险】 参加工伤保险的单位和人员达560户4.35万人,收缴工伤保险金449.20万元,为763人次工伤职工支付工伤待遇213.89万元、108人次工伤职工补支工伤待遇7.27万元。

(郑 波 张 雪)

【农村社会养老保险】 全年收缴农村养老保险费239万元,同比增长102%,全区新增投保1500人,已为538人按月发放养老金。

(刘俊杰 张 雪)

信访工作

【概 况】 2002年全区信访排查工作本着加强领导,严密组织,紧紧围绕“环境建设年”的中心工作,以维护群众利益、维护社会稳定为出发点和立足点,认真开展人民内部矛盾纠纷的排查调处工作,畅通信访渠道,超前化解各类人民内部矛盾和重点信访问题,为全区的经济发展和维护首都稳定发挥了积极的作用。

年内区信访办共受理群众来信来访2095件,比去年增加20件,上升1%。其中受理群众来信1124件,比去年减少30件,下降2.6%;受理群众联名信77件/5764人,比去年增加1件/679人,分别上升1.3%和13.3%。接待群众来访971批/4069人次,与去年相比增加50批,上升5.4%,人次减少521人,下降11.3%;集体访140批/2882人次,比去年减少2批/703人次,分别下降1.4%、14.8%。越级到市集体访17批/676人次,比去年增加5批/107人次,同比分别上升41.7%、18.6%,基本实现在本区内化解矛盾和问题的工作目标,圆满完成工作任务。

(纪学玲 刘淑琴)

【强化领导负责制】 年初,区委、区政府把建设“首善之都”、“稳定之都”和本区“环境建设年”的工作目标紧密结合起来,把信访排查工作列入“稳定工程”和各级党政“一把手工程”，区委常委会讨论通过了《关于进一步加强区、乡镇新时期人民内部矛盾纠纷排查调处工作责任制的通知》和《关于进一步加强和完善区领导信访接待日制度的意见》及《关于加强基层信访排查工作的十项制度》，关于上述文件的执行又下发有区纪委、区监察局、区信访办联合督查、督办的通知。

（纪学玲　刘淑琴）

【坚持区级领导信访接待日制度】　年内区级领导共有18人次参加领导信访接待日，有10名领导参加约访，一些棘手、疑难问题得到及时有效的化解，共接待来访群众120批/925人次。

（纪学玲　刘淑琴）

【坚持领导阅批群众来信制度】　全年区级领导阅批群众来信539件，占来信总量的48%，占初信的57.7%，党政一把手阅批量占73%。

（纪学玲　刘淑琴）

【继续坚持领导包案制度】　年内，对已发生的集体访和联名信的重点案件，继续坚持了区级领导包案制度，加大对问题调处的领导力度，共有25名区级实职领导干部分别包11个乡镇和4个街道办事处，帮助指导基层化解矛盾和问题，化解重点信访问题37件。

（纪学玲　刘淑琴）

【建立责任追究制度】　年初，区委研究决定，对越级集体访处理不当的，实行责任倒查制，严格进行责任追究。一是向全区通报，二是书面检查；三是给予经济处罚；四是给予党纪、政纪处分。

（纪学玲　刘淑琴）

【加强信访排查调处机构建设】　根据合并乡镇后信访排查工作的需要，区委加强了信访排查调处机构的建设，年初，各乡镇设立了信访排查办公室，配备专职干部，并且在乡镇党委换届中设立信访委员（副处级），强化了基层排查工作的领导力量。

（纪学玲　刘淑琴）

【健全三级排查网络】　年初，对全区各级排查调处机构进行重新整顿，建立档案，健全三级排查网络，区信访排查工作领导小组，下设办公室，处级单位及村、企事业层层建立了排查小组，共有552个，专兼职信访排查干部1656名，其中处级以上干部264名，占16%。

（纪学玲　刘淑琴）

【组织培训班】　年内，共举办信访干部培训班2次，重点进行培训处级单位专兼职信访排查干部260多人，重点学习市区有关信访排查文件，请市领导及专家讲课。于家务回族乡党委、潞城镇党委、梨园镇曹园村委会、潞城镇常屯村党支部在会上总结交流了经验，区委副书记石进贤到会讲话。各乡镇、局、公司负责培训基层信访排查干部，共培训3500多人次。

（纪学玲　刘淑琴）

【定期排查】　年内，坚持定期排查分析制度，区每月、乡镇每半月定期排查一次本单位、本地区、本系统易引发矛盾和信访苗头问题，每月5日、20日向区排查办上报情况；重大政策出台之前，重点工程施工前后进行“拉网式”排查。全区共排查出各类矛盾和信访问题1864件，其中列入区重点197件，全部实行领导包案，基本得到全部化解。

（纪学玲　刘淑琴）

【现场办公】　年内，处级领导干部带头下基层帮助指导工作，全办下基层178次/356人次，人均45次；参加6个联合调查组，共抽调11人次，组织基层协调会29次。帮助基层化解重点矛盾纠纷和信访问题39件。

（纪学玲　刘淑琴）

【强化督查督办】　年内，按照区委要求，每季度进行一次重点矛盾和重点问题的调处进展情况的检查，解决的销帐、未解决的挂帐督办，全年四次下达责任通知书65件，全部结案。

（纪学玲　刘淑琴）

【信息工作】　年内，报送市、区信访排查信息168条，采用85条，其中市办采用12条，区委、区政府信息科采用73条。《通州采取控制化解集体访五项措施初见成效》被市委办公厅信息专刊采用。

（纪学玲 刘淑琴）

【继续坚持法律咨询制度】 坚持领导信访接待日法律咨询制度，请律师参加领导接待日，进行依法交流，年内共有12名律师参加接待，接待群众26人次，解答问题26件。

（纪学玲 刘淑琴）

【年终考核】 年底，信访办根据《信访排查工作日标管理考核办法》对全区各单位信访排查工作进行了考核，并评出信访排查工作优秀单位35个，进行了通报表彰。

（纪学玲 刘淑琴）

【信访办评为市级信访排查工作优秀单位】 区信访办在市信访排查工作目标管理考核中，被评为2002年度信访排查工作优秀单位。

（纪学玲 刘淑琴）

对外事务

【概 况】 2002年，通州区外事办公室根据市外办和区委区政府的总体工作部署和要求，结合全区外事工作实际，积极发挥外事窗口服务经济建设的能动作用，围绕因公出国（境）管理及审批、外事接待、发展国际友好城市及开展对外交往几项工作，重点突出服务和管理两大职能工作。

（张振宇）

【因公出国（境）审批工作】 2002年全区共审批因公出国（境）团组137个。其中随中央和市属团组出访的有104个，本区自组团组33个，其中党政团组7个，文化交流团组10个，企业商贸团组16个。全区审批因公出国（境）人员共计257人，其中公费出国（境）217人，外方负担费用40人。主要前往美国、加拿大、德国、澳大利亚、日本等21个国家和地区。

（张振宇）

【通州区与韩国汉城九老区结成友好城市】 4月8日，本区与韩国汉城九老区正式签署友好城市协议，签字仪式在通州区举行。这是本区建立的第二个国际友好城市，也是北京市各区县中建立的第五个国际友好城市。

（张振宇）

【接待外宾300余人】 2002年接待外宾来本区参观、访问、学习、考察300余人。其中：外事办接待日本、韩国、蒙古等友好访问团共计45人；潞城镇大营旅游度假村接待日本、美国、法国、英国、香港和澳门参观者将近200人；潞河中学接待澳大利亚、加拿大、意大利、美国、德国、挪威、韩国、瑞士、丹麦、香港、澳门以及台湾来校访问交流人员共47人。区文化委接待来自日本、韩国的书画家11人。

（张振宇）

【申办外商来华邀请函工作】 2002年，为本区14家企业55名外商申办了外商来华邀请函，涉及美国、德国、澳大利亚、印度、意大利、日本、法国、加拿大、英国、巴基斯坦、韩国等12个国家。

（张振宇）

【友好城市交往活动】 4月8日，以韩国汉城九老区区厅长朴元和议会议长尹柱为团长的13人代表团到本区访问，同时两区举行了正式缔结友好城市签字仪式。9月初，以张树森副区长为团长的7人招商代表团到九老区进行访问，参观了对方的工业园区。12月22日以九老区议会副会长为团长的代表团到本区访问，双方进行了友好交流。

1月和7月以伊那市议会议长御子柴龙一为团长的10人代表团和以伊那中日友好协会副理事长三泽岩视为团长的中日中学生乒乓球友好交流代表团先后对本区进行访问。

（张振宇）

经济体制改革

【概 况】 年内，根据区委二届五次、六次全会精神，区体改办遵照区委“十五”计划建议和区政府“十五”计划纲要精神，围绕区委、区政府的中心工作，深入开展调查研究，制定配套政策，指导企业改革，协助有关单位完成区委、区政府布置的任务,经济体制改革在通州区经济建设中发挥了重要的作用。

2002年,区体改办审批国有和集体企业改制49家,改制形式为股份合作制21家,有限责任公司10家,股份有限公司1家,破产17家。其中资产规模比较大的有北京变压器二厂、通天印刷厂、京华电器公司、新华市场、菜蔬公司等。金通资产经营管理公司先后兼并企业5家,改制企业4家,破产企业1家,另有3家已批准改制方案,改制工作正在实施中。截至2002年底,金通公司53家(含市属和军队划转企业)企业中累计已改制39家,改制面达74%。北京变压器二厂经过各项准备工作,9月完成股份有限公司的组建工作,成为区内企业改制的第一家股份有限公司。

区政府强化国有资产管理,组建了北京市通政国有资产经营公司。整合商委系统资源,一次性撤销饮食服务公司、工业品公司、副食品公司,成立商业资产运营公司,实现资产、人员的优化组合。光机电一体化产业基地实行"土地作价入股,保底分红"的土地征用模式,进一步创新了土地征占方式,为工业区建设开辟了新路。永顺镇、梨园镇开始探索农村社区股份合作制的尝试。适应中国加入WTO的新形势,成立经济体制改革研究会、工业联合会等5家行业协会。深化投融资体制改革,拓宽融资渠道,通过银政合作、BOT模式、政府承诺、出让冠名权和经营权等方式融资进行基础设施建设。全区的经济体制改革进入活跃并呈现多样化阶段。

(朱新亮)

【制定企业破产工作审批意见】 加强对区属国有和城镇集体企业破产及破产企业职工分流安置、资产处置工作的监督、管理,促进企业改革稳步推进,确保社会稳定,区体改办与区经委、区财政局联合制定《关于区属国有和城镇集体企业破产工作的审批意见》(通政办发[2002]1号),规范了区属国有和城镇集体企业破产工作。

(朱新亮)

【开展农村土地流转情况调查】 年初,根据《中共中央关于做好农户承包地使用权流转工作的通知》和市委农工委《关于开展农村土地流转情况调查的通知》,区体改办会同区农委、经管站组成联合调查组,深入到每个乡镇了解农村土地流转情况。体改办综合各乡镇调查情况起草了《北京市通州区农村土地流转情况调查报告》。

(朱新亮)

【编印《经济体制改革动态》】 4月2日,《经济体制改革动态》正式刊印,旨在通过宽范围地介绍区内外经济体制创新、改革的做法和经验,传达上级领导关于体制创新的意见、要求,传播体制创新的全新理论,为区委、区政府领导决策提供参考,为区各有关部门经济体制改革提供借鉴,进而推动和加快本区的体制创新和经济发展。截至年底,已刊印14期。

(朱新亮)

【成立经济体制改革研究会】 5月30日,适应中国加入WTO的新形势,通州区成立经济体制改革研究会。通过聘请专家、学者就我国产权制度改革的现状、行业协会的发展及作用等问题举办专题讲座,以及编发《经济体制改革动态》刊物,进一步深化各级领导对经济体制改革的认识,开阔了经济体制改革工作视野。

(朱新亮)

【成立企业改制服务中心】 区体改办探索为企业改制服务的新途径,经有关部门批准,筹备成立了通州区企业改制服务中心。中心成立三个月,引进企业15家,协助7家企业进行了产权制度改革。

(朱新亮)

【编辑"招商业务丛书"】 年内,区体改办与区招商局组成招商业务书籍编委会,编辑了《招商经验汇编》、《招商实务简明读本》,供本区的招商人员学习和借鉴,引导全区的招商工作进一步适应市场化招商形势,为全区招商引资工作发挥指导作用。

(朱新亮)

招 商 工 作

【概　况】 2002年通州区的招商引资工作紧紧抓住“环境建设年”的主题,不断探索、开辟招商引资工作的新领域。在项目的引进上实现了范围大、领域宽、起点高;在打造通州品牌,深化环境建设上达到了良好的效果。招商局全年共引进实体投资项目30个,累计投资总额34.67亿元,其中外商投资2100万美元。年内引进的北京机械施工公司、东方龙网络印刷、西联国际石材港、福建亚通公司、御膳坊食品公司、华德永佳地毯、韩国汉森集团和张一元茶叶公司都是具有一定质量和品牌的投资项目。上年引进的驰普网络和优尼克生物制药项目的主体建设已经完工,好利来食品等项目已经投产见效。12月,招商局通过ISO9001质量体系认证。是本区首家申请并通过质量管理体系认证的事业单位。

(卢子山)

【特约招商员新春联谊会】 1月24日,招商局召开特约招商顾问、招商员新春联谊会,邀请到为招商局提供招商信息作出突出贡献的社会各界人士20余人举行座谈,进一步探讨发展中介合作,扩大社会化招商的途径和做法。参会人士对招商局积极拓展招商领域的举措表示赞赏,并针对本局招商工作及双方合作事宜提出许多中肯的建议。一年来,招商局立足社会化招商进行积极探索,建立了相对稳固并具备一定规模的招商中介组织和中介人联络群,成为招商局赖以发展业务的重要保证。

(卢子山)

【企业家新春座谈会】 1月25日,招商局召开企业家新春座谈会,邀请到经招商局引进通州区的已签约项目及在谈项目代表共30人举行座谈,代表区政府向为通州区经济发展作出贡献的企业界人士致谢、拜年,虚心听取企业意见。与会企业家对招商局“一切面向客户”的优质服务予以高度认可,并针对本局如何进一步加强全方位投资服务提出许多中肯的建议。

(卢子山)

【中外企业合资合作项目洽谈会】 1月29—30日,招商局派出代表参加第二十四届中外企业合资合作项目洽谈会。在此期间,本局人员与来自世界各国的90余家投资商和项目合作商进行了交流,同时将本区的工业区、农产品深加工、服装服饰、工业技改、基础设施建设、文化旅游等重点项目在会上予以广泛推介,与会投资商对本区农业、环保、机电等方面表示出较强的合作意向。通过洽谈,本局与其中46家外商建立了下一步的联系渠道。此次参会拓展了招商工作覆盖范围,在原有的以寻求项目带资入区为主的基础上,进而大力整合区内资源,强化项目招商的新思路。

(卢子山)

【第一支“招商小分队”赴沈阳拓展业务】 1月12—17日,招商局派出4名代表组成第一支“招商小分队”赴沈阳进行业务拓展与经验交流。在此期间走访了一些比较知名的民营企业,如沈阳东宇集团股份有限公司、沈阳银基发展股份有限公司、沈阳恒光集团、沈阳程氏企业集团等大型企业。参观考察了国家级开发区——沈阳经济技术开发区,并与其招商局有关人员进行了业务交流。此外,积极与当地新闻媒体沟通,达成初步合作意向。

(卢子山)

【招商局内部网站建设完成】 春节前夕,重新改版后的通州区人民政府招商局网站(WWW.BJTZZS.COM)和广大投资者见面。此次更新后的网站总体上分为招商引资、投资环境、投资政策、办事程序、投资区域、招商项目和招商动态共七个板块,并附配了大量的图片资料,较为完整地介绍了通州区的整体投资情况,对于项目的引进将起到积极的推动和促进作用。

(卢子山)

【解决招商引资“瓶颈”问题新举措】 1月28日,区长卢晓明批示要研究招商引资中的“瓶颈”问题后，招商局即召开专题局务会议研究解决方案，向区政府提出初步建议：一、强化地域功能分工，确定工业发展优势区；二、预征工业用地，准备充裕的发展空间；三、结合实际，有效引导，完善地方相关政策体系；四、汇总个案，专题研究，形成地价的区域规划；五、大力建设全区招商信息资料库；六、积极包装项目对外融资；七、加强工业区的配套设施建设；八、建立招商项目扶持基金。

（卢子山）

【本区参加“中国民营企业家论坛”】 2月26日—3月1日。招商局派代表参加了在黑龙江亚布力召开的“中国企业家论坛”第二届年会。本届年会为中国商业领袖和专家学者提供了高层对话和商业合作的平台，国内众多知名企业家、学者到会。本局代表通过参加本次活动，与知名中国民营企业家刘永好、张朝阳、回溯宁等进行了接触，同时与新希望集团、东方龙文化传播有限公司、北京唐龙文化发展有限公司等企业的高层领导就投资意向进行了较为深入的洽谈。此外，本局人员还参加了在哈尔滨举办的“俄罗斯科技创新项目博览会”和“第二届北方农业博览会”。

（卢子山）

【通州区礼仪培训工作全面展开】 3月12日上午，由区委宣传部、区文明办、北京礼仪专修学院和区招商局共同组织的北京礼仪专修学院通州分院揭牌仪式在通州宾馆举行，市委宣传部、首都文明办、北京礼仪专修学院以及区有关领导到会。揭牌仪式后北京礼仪专修学院通州分院李柠院长对到会的人员进行了电话礼仪专题培训。本次活动揭开了通州区2002年“礼仪文化旅游系列活动”的序幕。

（卢子山）

【著名企业家刘永好来通州考察】 3月13日，应招商局邀请，中国著名企业家——新希望集团总裁，被媒体评为“中国百富之首”的刘永好专程来本区考察投资环境。刘永好对通州区的交通区位优势和卫星城发展潜力予以肯定，并在农业、房地产等项目合作领域表示出浓厚的兴趣。

（卢子山）

【法华工商联合会访问通州】 3月25日下午，法华工商联合会投资考察团访问通州，区外经委和招商局在通州宾馆举行了“法华工商联合会考察团座谈会”。区有关部门和开发区领导到会。法华工商联合会是法国华人华侨工商界人士的民间协会组织，长期致力于推动中法两国的经济贸易和文化交流事业。区有关部门领导详细介绍了本区外经外贸、招商引资、服装、食品行业等方面的发展现状，副区长张树森对来宾们比较关心的政策、服务等方面的问题作了解答。代表团对通州的整体投资环境表示满意，愿意在项目投资、出口贸易等方面发展双边合作，为通州与法国工商界之间的经贸交流搭建桥梁。会后，代表团参观了通州工业开发区、运河文化广场等地。

（卢子山）

【前外交官联谊会到通州区视察指导】 3月29日，由中国前外交官联谊会和通州区人民政府主办，区政府招商局承办的“前外交官通州行”活动在本区举行。区外经委、招商局有关领导介绍了通州区发展情况。前外交官联谊会会长、外交部前副部长田曾佩在会上讲话，表示前外交官联谊会愿充分发挥自身在对外交往方面的优势，为通州区扩大招商引资和发展国际经贸交流提供积极协助。双方在会上共同签署了合作意向协议。下午，来宾参观了运河文化广场、大营旅游度假村和通州工业开发区等地，对通州区的公共设施建设、农村面貌和工业发展给予了较高的评价。本次活动基本议定外交部物资储运中心、高能屏蔽测试室生产项目落户通州事宜，其它另有两个经外交部介绍的项目也进入洽谈阶段。

（卢子山）

【百家民营企业通州行】 4月16日上午，由市经委、市工商联和通州区人民政府主办，区招商局承办的“2002年百家民营企业通州行”活动在北京国际饭店举行启动仪式。本次活动邀请了来自全国各地的百余位知名民营企业家参加，市经委、市工商联和通州区主要领导到会。区有关部门领导分别介绍了通州区经济发展、招商引资和各工业开发区的有关情况。区领导崔君乐、卢晓明向民营企业家代表颁发了本次活动的邀请书。会后，招商局与部分企业家就投资意向进行了交流和接洽。

（卢子山）

【本区加入生物医药产业招商联盟】 年内，通州区正式加入北京市生物医药产业招商联盟。该联盟由北京市科委下属生物技术和新医药产业促进中心发起建立，主要针对跨国医药公司、国内医药企业以及国家重点项目进行统一招商。本区加入联盟后，将进一步促进本区生物医药产业的发展。

（卢子山）

【永顺镇投资项目推介会】 4月28日上午，由通州区经委等有关委局牵头、永顺镇人民政府主办、区招商局具体承办的"2002年永顺镇投资项目推介会"在北京国际饭店举行，市、区有关单位的领导参加了会议，国内外企业家代表、入区投资的企业家代表150余人到会。会上，永顺镇结合全区"环境建设年"要求提出了全新的镇域规划概念，并面向社会推出上营科贸园等七个精心包装的项目隆重招商，并与各界投资商和民营企业家就推出的项目展开接洽。

（卢子山）

【招商局机制创新出新招】 年内，加强企业化管理，进一步提高工作实效，招商局充分发挥自身机制灵活的特点，在成功运营5个下属实体的基础上，又制定了内部业务部门的承包经营协议，将招商、策划、外资三个部门全面推向市场，实行自收自支承包经营，各部门分别与招商局签订承包协议，协议期间自主经营、自负盈亏。

（卢子山）

【通州区招商联盟成立】 为进一步加强全区招商工作的联合与协作，充分发挥整体优势，建立全区招商一体化格局，北京市光机电一体化产业基地管委会和通州区人民政府招商局共同发起成立通州区招商联盟。招商联盟在组织上借鉴行业协会的灵活形式，会员入会遵循自愿、平等、互惠的原则。第一批14个会员单位于5月17日正式加入。

（卢子山）

【举办礼仪知识比赛活动】 由区委宣传部、精神文明办公室和招商局联合举办的"通州区文明公民礼仪知识有奖竞答"活动于5月22日拉开帷幕。本次竞答活动共印制答卷2万份，出题内容涉及商务、社交、政务、外事等方面的礼仪知识，且以日常工作和生活中实际应用的礼仪常识为主。6月5日，由招商局等单位组织的"通州区2002年公务员礼仪知识竞赛暨通州区2002年文明公民礼仪知识有奖竞答抽奖仪式"在东方宾馆举行，区领导杨林、张树森，以及北京礼仪专修学院的领导参加了活动。来自区内的20个代表队参加了角逐，最终劳动局代表队获得了第一名。

（卢子山）

【通州区全力参与北京科博会】 第五届"北京国际科技产业博览会"于5月23日正式开幕。招商局充分利用这一技术展示和商业合作为主题的大型活动的机遇，除设计通州区整体参展方案，组织光机电基地、通州物流园区、通州开发区、永乐开发区设展招商外，同时举办较高规格的"通州区重点工业园区推介会"，并派出专业招商人员参加"国际投资项目洽谈会。"扩大本区投资环境宣传，全面拓展投资信息渠道。

（卢子山）

【延庆县领导到本区进行招商引资经验交流】 6月2日，延庆县委、县政府有关领导到本区考察学习，重点就招商引资经验方面展开交流，座谈会在招商局举行。副区长张树森向延庆县领导介绍了本区大力推进环境建设、加强招商工作的情况，以及本区招商局作为专业化招商机构的经营理念、运行机制、工作方法及成立一年来取得的各项成绩。会后，延庆县领导参观了本区重点建设的工业区。

（卢子山）

【通州区招商联盟召开项目发布会】 6月27日，通州区招商联盟第一次全体会议暨项目交流发布会在通州宾馆举行。各会员单位参加了会议，并新发展了宋庄镇等六个单位作为第二批会员，进一步扩大了招商联盟阵营。联盟会议明确了有关项目转介、信息汇报等方面的制度。会上，各会员单位汇报了上半年招商工作情况，交流了转介项目的信息。招商联盟对各会员单位的招商工作提出指导性建议：要实现由土地招商向项目招商、信息招商和市场招商的转变；要形成详细的土地资源、项目资源等基础资料库；要以文件形式制定明确的招商优惠政策、中介奖励政策；要积极协调办理入驻企业手续，强化服务意识。

（卢子山）

【投资环境推介大会】 7月10日，由通州区人民政府主办、区招商局等单位承办的"北京市扩大对内开放政策发布会暨通州区投资环境推介大会"在通州宾馆举行，60余家外省市驻京办事处的代表以及区内有关单位的领导参加了会议。副区长张树森介绍了本区的投资环境和产业布局，区经委领导重点介绍了北京市对内开放的一系列政策。会后，各乡镇、开发区的人员与外省市驻京办事处代表进行了分组座谈，研讨企业发展、投资合作、扩大交流等方面的事宜。

（卢子山）

【召开第二次招商联盟会议】 7月30日，本区招商联盟会议在于家务乡政府召开，区内各乡镇、开发区主管招商的负责人参加了会议。会上，各会员单位汇报了7月份的招商工作情况，招商局、通州开发区等单位交流了6条转介项目信息，同时推广了于家务软环境建设和永顺镇闲置资产数据库的经验。招商联盟对各会员单位的招商工作提出指导性建议：要实现由土地招商向项目招商、信息招商的转变；要实现坐地招商向有针对性地招商方式转变；要实现个人亲情招商向市场化招商的转变。会后，与会代表参观了聚富苑民族工业园区。本次联盟会议的召开加强了各会员单位之间的沟通。

（卢子山）

【招商局建立驻港招商联络处】 年内，招商局驻香港招商联络处正式成立。8月15日，香港联络处代表来到招商局就深入合作事宜进行了沟通，并表示愿意在提供投资信息、推荐投资项目、宣传推介等方面与本局展开全面合作。香港招商联络处的建立标志着本区招商业务向海外拓展提升到一个新层面。

（卢子山）

【召开招商工作经验交流会】 8月21日，在光机电基地召开了招商工作经验交流会，各乡镇开发区主管招商工作的领导参加了会议，副区长张树森到会。各乡镇的领导围绕软环境建设、招商方式、聚集投资信息、提高项目洽淡成功率等方面进行了经验交流。

（卢子山）

【参加"2002年中国民营科技促进年会"】 8月16至21日，招商局组织各乡镇、开发区有关主管招商工作领导参加了本次年会。会上，招商局业务人员与北京时代集团、大连三仪企业集团等一批优秀的民营企业建立了初步的联系。

（卢子山）

【举行"外交使节通州行"】 8月25日，本区举办了"外交使节通州行"活动，美国、韩国、南非、莱索托等国驻华商务参赞和官员参加了本次活动。与会代表对通州区深厚的历史文化底蕴表现出浓厚的兴趣，先后参观了潞河中学、台湖村第五生产队等地。世界银行驻华首席代表黄育川表示愿意加强与通州政府之间的合作与交流，共同发展。

（卢子山）

【招商局定向招商初见成效】 9月1至8日，招商局派出两支招商小分队赴云贵开展"定向招商"。本次外出招商以《北京市加大对内开放若干规定》为政策依托，与全国工商联、区药监局、区卫生局联手，结合"百家民营企业家通州行"活动，有针对性地走访了贵州神奇集团、贵州益佰制药股份有限公司、云南中生物产业有限公司、昆明珍友缘医药科技有限公司等 30 多家医药企业,直接获取了大量极具价值的投资信息。此外,本局业务人员与贵州省企业联合会、贵阳市工商联、昆明国家高新技术开发区招商局及管委会等签署了招商合作协议。

(卢子山)

【正大集团到本区进行投资考察】 9 月 19 日,泰国正大集团副总裁谢毅,香港富泰有限公司执行总裁杨小平到通州考察投资环境,与副区长张树森进行了投资洽谈。双方就正大集团在通兴建超市项目进行了洽谈,此外,还就房地产、农副产品深加工、物流等领域合作作了进一步探讨。

(卢子山)

【修正药业考察团到通州考察】 9 月 20 日,吉林修正药业集团股份有限公司董事长修涞贵到本区进行投资考察,区长卢晓明、副区长张树森会见了考察团成员,向来访客人详细介绍了通州区整体投资环境和十五发展规划,同时双方就深入合作达成初步意向。

(卢子山)

【本区代表团访问通州市】 10 月 18 至 21 日,区领导邓乃平、张树森率团对友好城市江苏省通州市进行为期 4 天的友好访问。在两地经济交流座谈会上,双方分别详细地介绍了两地的经济和社会发展情况,就双方合作领域达成广泛的共识。本区代表参加了“通州市投资贸易洽谈会”,会后参观考察了南通市第四建筑集团公司、东源电器开关集团有限公司等企业,就企业入京投资置业发展进行了意向性的洽谈,达成了初步的合作意向。此外,访问团还参观了苏州国家高科技产业开发区、苏州工业区(新加坡园区)、托普集团公司、江苏省综艺集团等单位。

(卢子山)

【蒙牛乳业奠基仪式举行】 10 月 22 日,蒙牛乳业(北京)有限责任公司奠基仪式在通州区潞城镇举行。该项目一期投资 2.2 亿元,占地 140 亩,预计年产值 8 亿元。市领导李进山、聂玉藻、张凤福和区领导崔君乐、曹文广、王玉辉、苏文权、刘辉、刘德龙、张少田等出席奠基仪式。

(卢子山)

【完成招商理论书籍编写工作】 本区各有关单位的“诚信、环境、服务、品牌”招商理念初步形成,招商成果显著,同时各单位在招商理论的研究与探索上也取得较大的突破。由区政研室和招商局牵头编写的《招商经验汇编》和《招商实务简明读本》的编写工作于年底前完成,书内收录了本区近几年在招商领域的经验与成就,同时就有关招商的各方面知识进行了详细的论述。

(卢子山)

计划生育

【概　况】 2002 年,以人口与计生法规的学习宣传为重点,以优生优质服务为手段,以控制人口数量、提高人口素质为目标,开展扎实有效的工作,取得显著成绩。

2002 年,通州区全面完成市政府下达的计划生育各项指标,年度出生人口总数 3191 人;计划生育率 98.65%;晚育率 72.27%;人口出生率 5.28‰;年度死亡 3533 人;人口自然增长率 -0.57‰;财政投入总计 360 多万元,人均 6 元以上。3 月上旬全区计划生育工作会议召开,会上表彰了计生标兵单位梨园镇,先进单位 27 个,先进村(居)委会 24 个,先进工作者 41 名;兑现了区政府和乡、镇、街道办事处签订的《2002 年计划生育目标管理责任书》规定的奖励。区长卢晓明与 11 个乡镇、4 个办事处签订了《2003 年计划生育工作目标管理责任书》。

(胥德琪)

【加强计划生育法制建设】 9 月 1 日《中华人民共和国人口与计划生育法》正式实施,为了更好地宣传、贯彻落实,全区各级计划生育部门加大计划生育法制宣传力度,坚持依法行政,规范行政行为,健全执法监督机制,结合学习和宣传,区委、区政府重点抓四落实工作:一是各级行政部门要依法、推行计划生育,不能出现违法现象;二是认真兑现独生子女父母奖励费,解决了少部分村拖欠问题;三是落实农村育龄妇女计生手术免费规定,不准向实行计生手术的群众收费,此费用全部由两级财政负担;四是在全区逐步建立计生社会保障机制,为计生家庭办好事、办事实。

(曹艳玲)

【加大计划生育宣传力度】 年内,以婚育新风进万家活动为主线,以“一法三规”为重点,开展多种形式的宣传教育活动。举办了《人口法》万人答卷活动;组织宣讲团深入全区103个村进行现场宣传、讲解37场,并入户发送各种法制宣传材料15万份,自制宣传品:纸杯10万个、《计生法》宣传折页15万册、中(英)板计生宣传折页3000份、系列展板55套、手帕、毛巾4.5万条、楼门宣传袋1万个、其它自制宣传品1万件。在对全区33个村(居)委会的9575户群众进行调查中表明:群众对计生法的认知率达到96.72%。年内,计生委与区委宣传部、精神文明办、法制办联合在运河文化广场举办大型宣传活动。活动融法律知识有奖竞猜、《人口与计划生育法》万人签名、群众自编自演的文艺节目、独生子女才艺展示等内容为一体,活动中,展出反映独生子女教育成果、获市级以上奖项作品216件,31名在演奏、演唱、舞蹈、特技方面有特长的独生子女先后登台演出,作者家长均参加了宣传展示活动,受教育总人数为1.2万人。

(曹艳玲)

【以优质服务推动计划生育整体工作】 年内,从优质服务入手,抓宣传培训、生殖健康检查。全区为已婚育龄妇女进行生殖健康检查达66493人,查出各类疾病9895例,计划外怀孕42例,已采取了补救措施。对在检查中查出患有疾病的育龄群众,为其联系医院进行治疗,解决了群众的病痛。在宣传服务月活动中,为育龄群众进行避孕节育、优生优育、优质服务、知情选择等科普知识宣传、培训、咨询,活动中共组织培训、咨询73场,受教育群众19万人次,进村入户80296户,发放宣传材料131912份。与此同时,对外来人口进行环情检测及孕情检查,全年,共为外地来京人员提供检查1.6万余人次。

(曹艳玲)

【建立农村计生社会保障制度】 年初区政府提出全区农村到2003年要全部建立不同形式的计生社会保障制度。年内,在梨园镇召开建立计生社会保障现场会,总结梨园镇在全镇各村建立计生社会保障的经验做法,区领导要求各乡镇都要结合本乡镇农村实际,建立不同形式的社会保障制度。至年底,全区已有70%以上的村建立了不同形式的计生社保制度,大部分村将此写入村民自治章程,由群众监督落实。

(曹艳玲)

【扶助计生家庭开展致富工程】 2002年,本区在市计生委和市计生协会大力支持下,积极扶助农村计生家庭开展致富工程,帮助城镇计生家庭创收。农村地区,在上年开展百亩致富工程基础上,2002年又扶助办起三个致富工程,一是利用幸福工程救助款10万元,在永乐店镇带领20户开展淡水养殖;二是利用贴息贷款100万元,在潞城镇蔬菜配送中心带动下,1800多户计生家庭种植绿色蔬菜;三是利用贴息贷款100万元,在永乐店镇建起特种水产养殖;四是利用贴息贷款50万元,在宋庄镇进行爱宕梨种植;五是利用贴息贷款10万元在于家务回族乡帮助10户计生家庭,各自进行家庭奶牛养殖。扶助计生家庭开展致富工程,帮助他们脱贫致富,利用这种利益导向的作用,引导广大农民自觉实行计划生育。

(曹艳玲)

【加大城镇人户分离人员管理力度】 针对近年来本区城镇地区人户分离现象越来越多,给计划生育的日常管理和服务带来许多困难的情况,采取三项措施加强管理工作。一是以户籍地为主,彻底摸清人户分离人员底数,凡是有育龄妇女的计生部门必须与其见面,并建立经常性的联系,不出现管理上的盲区;二是建立户籍地与现居住地共同管理,以现居住地管理为主的制度,详细规定双方的管理职责。并明确,凡是人户分离人员管理上出问题的,现居住地负60%的责任,户籍地负40%的责任;三是争取公安户籍部门的配合,要求凡是育龄妇女户口迁移时,都要与迁出地和迁入地计生部门取得联系,确保育龄妇女及时接受计生部门的管理和服务。

(曹艳玲)

【计生工作重心下移到村】 将计生工作重心下移到村是近两年来全区计生工作的重点,计生委采取一系列措施,有计划、有步骤地推进这项工作。①大力加强村级计生工作机构、队伍及服务阵地建设。各乡、镇、办事处统一要求,村(居)设计生服务室、婚育学校活动室。大力抓好村(居)"三栏"建设,做到村村有计生宣传栏、读报栏和公开栏。②落实乡、镇干部帮扶责任制和村干部包户责任制。③抓基层规范管理,建立健全各项规章制度。建立乡、镇计生政务公开、服务公开,以实行村级计生村务公开为突破口、推行计生村民自治,全区90%的村制订了计划生育村民自治章程,无一例侵害群众利益的问题发生,使基层计生管理和服务水平有了较大提高。

(曹艳玲)

保 密 工 作

【概　况】 2002年,通州区的保密工作努力为经济建设服务、为领导服务、为机关各部门和基层服务,深入贯彻《中共中央关于加强新形势下保密工作的决定》,按照中央保密委员会和市委保密委员会的要求,结合本区工作实际,认真做好《保密法》及相关法规的宣传教育工作;认真做好机构改革中的保密工作;结合新时期保密工作的新特点,进一步完善办公自动化设备保密管理工作;继续做好重点部位、重点人员的保密管理工作;坚持依法行政,加强保密检查;做好日常保密管理及无线电管理工作,夯实保密工作基础,完成全年的各项工作任务。2002年,全区各单位没有泄密事件发生。

(郭立针)

【制定"四五"普法保密法制宣传教育规划】 1月19日,区委保密委员会制定下发《通州区"四五"普法期间保密法制宣传教育规划》,明确了工作目标、任务和要求,为做好全民保密法制教育奠定基础。

(郭立针)

【印刷、复印行业保密年检】 3月1至31日,全区162家印刷、复印企业进行保密年检工作,其中印刷企业136家,复印行业22家,国家秘密载体定点复制企业4家。通过年检,未发现泄密问题。

(郭立针)

【定点单位保密检查】 4月,对4家国家秘密载体定点复制企业、2家销毁企业进行保密检查。进一步规范行业管理。

(郭立针)

【召开区委保密委员会委员会议】 4月11日,召开区委保密委员会全体委员会议。会议分析了2001年本区保密工作现状,确定了2002年全区保密工作重点,区委副书记、区委保密委员会主任石进贤就如何进一步做好新形势下的保密工作做重要讲话。

(郭立针)

【《保密法》宣传形式多样】 5月,采取在电视台播放宣传教育口号、在显著位置张贴宣传挂图、在《通州时讯》刊登保密宣传教育专版、编发8期保密宣传教育专刊的形式宣传《保密法》。

(郭立针)

【举办保密干部培训班】 8月20至22日,区委保密委员会办公室举办保密干部应知应会培训班。49名保密干部通过培训、考核,取得了保密干部上岗证书。

(郭立针)

【加强新形势下保密管理工作】 10月,印发《加强手机使用保密管理,加强涉密光盘、软盘销毁工作》的有关规定,加强对新形势下出现的新问题的保密管理工作。

(郭立针)

【领导干部保密工作责任制得到落实】 10至11月,全区各单位开展了领导干部贯彻落实保密工作责任制情况自查工作，11月12至26日，区委保密委员会办公室对全区各乡、镇及区属部分单位，共28个单位进行保密检查。检查中，发现本区保密工作存在着发展不平衡、办公自动化设备保密管理技术手段滞后的问题。

（郭立针）

【做好保密日常管理及基础性工作】 年内，做好依法确定国家秘密事项及国家秘密事项滚动管理工作；做好为领导提供“分管范围内国家秘密事项”工作；履行无线电归口管理单位职责。

（郭立针）

档 案 工 作

【概　况】 2002年，通州区档案工作充分发挥档案部门的综合优势，强化基础工作，拓展档案工作领域，创新档案服务机制，进一步加大了档案执法力度，调整档案执法联络员队伍，加强对机构改革中档案工作的监督与指导，全面推进社区建档工作。全区69个复查单位全部通过检查验收，保留原有等级。7个单位进行文书立卷归档改革试点工作，取得良好效果。规范档案安全工作，制定《通州区档案安全行政责任追究规定》。

档案馆信息化建设工作快速发展，全年共著录机读目录320204条，建立开放档案案卷目录数据库，在政府信息网上发布。2002年被定为“档案接收年”，对全区103个立档单位的1991—1997年档案及撤并单位档案进行大规模的接收，共接收档案41232卷，同时鉴定档案1900卷；利用档案需求上升，全年接待利用者1239人次，利用档案2865卷。爱国主义教育基地开展了丰富多彩的教育活动，被北京市档案局评为“优秀爱国主义教育基地”，同年获准成为市级爱国主义教育基地。全年各报刊杂志共刊发档案局（馆）稿件85篇。

区政府加大对档案事业的投入，全年财政专项拨款达126万元，并将档案馆新馆建设列为2003年重点工程之一。

（崔淑芬）

【档案执法检查】 年内，分两个阶段对全区各立档单位进行档案执法检查，多数单位的档案管理及档案安全工作有明显进步，资金投入明显增加。检查中发现，有些单位档案室不符合八防要求，档案人员不稳定，档案局对此提出限期整改要求。

（崔淑芬）

【深入开展档案法制宣传活动】 年内，制作档案法制宣传展板，在全区范围内巡展，配合全国“四进社区”活动，把档案宣传深入到社区，在各街道办事处都设立长期的档案宣传栏，定期更换内容。10月16日，开展全区档案法制宣传等活动，有44家单位的200余名专兼职档案员走上街头进行宣传，共散发宣传材料9000余份，接待咨询2000余人次。

（崔淑芬）

【举办业务培训班】 年内共举办两期以文书、会计、基建、设备、声像、实物、编研、计算机软件等8个门类为主的业务培训班。全区专兼职档案员共800余人次参加培训。

（崔淑芬）

【全面推进社区建档工作】 5月19日，区档案局召开全面推进社区居委会建档工作现场会。市、区有关领导及全区63个居委会的负责人共70人参加会议。9月24日，在深入调查的基础上，结合社区档案工作的实际，制定了针对性和可操作性较强的《通州区社区档案暂行管理办法》，社区档案工作逐步规范化、标准化。

（崔淑芬）

【加强基层创建活动中档案管理工作】 区档案局和区委组织部根据基层创建活动实际，共同制定创建工作应归档档案材料的《归档范围》、《保管期限表》、联合下发《关于创建活动中进一步加强镇级和村级档案管理工作的意见》，并分期分批对乡镇档案员及村党支部书记进行了档案业务知识的培训。

（崔淑芬）

【区人大视察档案工作】 9月19日，区人大主任曹文广等领导在主管副区长杜宏谋的陪同下，一行17人视察了区规划局、西集镇、马驹桥镇的档案工作，对今后档案工作的发展提出了建议。

（崔淑芬）

【教育基地活动丰富多彩】 3月，制作《通州名人展》活动展板，分别在社区、街道、乡镇集市、边远地区学校巡回展出；5月，与区教委、关协、团委共同组织“知通州、建通州、爱通州”主题教育活动，有23所中小学校2719名学生到档案馆爱国主义教育基地参观；7月，与关协、教委共同举办了“我爱你大运河”中学生主题夏令营活动，8所中学的80余名优秀学生参加活动。年内，馆内接待各界参观者1.2万人次，馆外接待参观者34万人次。

（崔淑芬）

【档案馆被评为市档案系统优秀教育基地】 6月，北京市档案局与市文博专家组成考评组，对区档案馆爱国主义教育基地各项工作进行考评，经专家组评定，区档案馆被评为北京市国家档案馆优秀爱国主义教育基地。12月，北京市爱国主义教育基地领导小组到档案馆进行考评，经专家组评定，区档案馆被评为市级爱国主义教育基地，成为18个区县档案馆中唯一一家市级教育基地，也是通州区唯一一家市级教育基地。

（崔淑芬）

【档案“接收年”丰富馆藏】 2002年被定为“档案接收年”，对全区各立档单位1991—1997年所形成的档案及撤并单位的档案进行接收进馆，共接收档案41232卷。同时又征集到一批刘绍棠、高占祥、刘白羽、“面人汤”等名人档案。著名书法家张源先生捐赠的105幅书法作品也被收入档案馆。

（崔淑芬）

史志工作

【概　况】 2002年，党史工作取得新进展。在全市18个区县中率先完成为北京党史《文革十年》丛书提供3万余字的《通州文革十年》专稿。落实市党史工作五年规划，组织收集资料，筹备《通州区社会主义建设史》的编写工作，并拟订初步框架结构。地方志工作扎实稳步推进。完成140万字的《通县志》终审稿，并通过市地方志编委会终审。整理出版30万字的《民国通县志稿》；复制《潞河督运图》；为《通州名人录》提供84位通州名人的文字资料。2002年《北京通州年鉴》10月初印刷出版，编辑周期逐年缩短，内容充实，结构优化，版式改进，收到较好的效果；为《北京年鉴》、《北京农村年鉴》通州部分组稿，从完成稿件的时间上、质量上都得到有关部门的好评。

（刘玉兰）

【召开年鉴总结表彰工作会议】 1月24日，区委、区政府召开通州年鉴总结表彰工作会。会上对三年来编辑年鉴工作突出的19个先进集体，45名先进个人，8名重视年鉴工作的领导进行表彰。水利局、民政局、永顺镇三单位代表在会上作了经验介绍，区史志办公室主任张洪林总结了1999—2001年通州年鉴编纂工作，部署了2002年的年鉴编辑工作任务。区委副书记石进贤、市地方志办公室党组成员张俊杰在会上作了重要讲话，市方志办副主任王春柱出席会议。

（刘玉兰）

【《通县“文革”十年》专题资料完成】 《通州文革十年》是为中共北京市委党史研究室编辑的《文革十年》丛书提供的专题文章，也是本室根据全市统一要求正在编写的《通州区社会主义建设史》的内容之一。为了更加客观、完整、准确地反映通县这一段历史，在广泛征求曾在通州工作过的部分老同志意见后，上报北京市委党史研究室。

（刘玉兰）

【《通县志》稿通过市终审】 12月4至5日北京市地方志编委会常务副主编赵庚奇、副主编杜审微、市地方志办公室田玉琢等5位专家对《通县志》（终审稿）进行终审评议，专家们认为，《通县志》结构合理、体例完备、资料丰富、观点正确，基本达到出版要求，同时对记述方法、观点、文句以及交叉重复等方面问题提出近300条意见。会后，编修人员对专家所提意见归类整理进行修改。12月31日，《通县志》稿通过北京市地方志编委会终审，进入出版阶段。

（刘玉兰）

【区地方志编委会召开全体会议】 12月13日，区地方志编委会召开全体委员会议，会议印发了江泽民《在上海市地方志编纂委员会成立大会上的讲话》和《北京市地方志工作2000年至2010年规划纲要（征求意见稿）》、传达了市地方志编委会四届二次全体（扩大）会议精神。区志办主任、《通县志》主编张洪林向与会各位主任和委员汇报了通州区修志工作情况和今后地方志工作简要计划。区委副书记、区志编委会常务副主任石进贤讲话要求，全区各级领导进一步加深对地方志工作重要性的认识，落实"一纳入、五到位"。高质量地完成首届修志任务，开展读志用志活动，做好续修《通州志》的各项准备工作，继续开展旧志整理工作。杜宏谋副区长主持会议并讲话。会后各位领导到史志办进行视察调研、指导工作。

（刘玉兰）

【《民国通县志资料》整理出版】 年内，史志办整理出版30万字的《民国通县志稿》，原名为《通县编纂省志资料》属资料性著作，系统地记载了清末到1932年通县社会各方面的情况，具有重要的史料价值。该书的整理出版，为社会各界了解清末到1932年民国期间的通县历史提供依据。

（刘玉兰）

【收集《潞河督运图》资料】 区史志办据相关线索收集到历史博物馆馆藏《潞河督运图》的照片资料，计13幅，并制作合成《潞河督运图》全景工艺品。原图长690厘米，高48厘米，清晰地反映和再现了通州漕运盛况和当时政治、经济、文化及社会风情等，具有一定的学术价值和艺术价值，是研究通州运河历史文化极为珍贵的史料。

（刘玉兰）

知识产权工作

【概　况】 北京市通州区知识产权局为通州区人民政府直属副处级全额拨款事业单位。2002年6月28日，经区委、区政府研究决定成立通州区知识产权中心（加挂北京市通州区知识产权局牌子），8月27日正式揭牌成立。其主要职责是负责组织研究本区知识产权方面的重大问题；协调建立本区知识产权保护和创新体系；研究制定并组织实施本区专利管理的政策、措施，组织开展《中华人民共和国专利法》及相关法规的宣传普及工作；建立完善本区专利工作体系；以及其他本区的专利管理、专利实施、专利行政执法等各项工作。设立办公室、专利管理科、专利实施科、执法科四个部门，人员编制5人。

2002年，知识产权局本着"团结合作、高效精干、不断创新、追求卓越"的精神，按照区委、区政府的要求，围绕着"打基础、摸情况、搞调研、抓宣传培训和扩大知识产权社会影响力"等方面开展工作，在知识产权管理与利用上取得一定的进展和成绩。一是知识产权管理体系初步形成；二是专利申请和产业化取得成效，年内全区共有83项专利技术产业化，年实施专利技术新增产值26847万元，新增利税4292.1万元；三是自主知识产权拥有量有较大增加，比上年增加11.35%，专利授权量118件。

（宋立杰）

【第一次知识产权工作会议】 8月27日，召开通州区第一次知识产权工作会议，通州区知识产权局正式揭牌成立。北京市知识产权局、区人大、区政府、区政协领导；区知识产权办公会议成员单位和有关委、办、局；各乡镇；各工业开发区、公司；驻通中市属企业；专利工作重点联系企业的有关领导参加了会议。会上，副区长张树森作工作报告，报告对本区今后两年的知识产权工作做出了全面部署，明确提出通州区知识产权工作的指导思想和任务。

（宋立杰）

【制定《关于加强知识产权工作的意见》】 为贯彻落实北京市《关于加强知识产权工作意见》，通过调查研究，结合本区的实际情况，9月10日，制定下发了通州区人民政府《关于加强知识产权工作意见》，《意见》明确了本区知识产权工作的方针、政策和措施。

（宋立杰）

【建立通州区知识产权办公会议制度】 7月23日，经区政府研究，决定建立通州区知识产权办公会议制度，办公会议由分管副区长主持。办公会议主要职责是认真贯彻执行国家、市有关知识产权的法律法规和方针政策、研究制定本区知识产权管理和保护的重大措施，统筹规划、综合协调，全面推动本区知识产权工作。

（宋立杰）

【百家企业专利知识专题讲座】 7月19日，组织了近100家企业参加的专利知识普及讲座。国知局协调管理司领导作了"专利制度、WTO与企业发展"的专题报告，报告结合案例，分析了我国加入WTO后所面临的形势、专利的基本知识、专利制度对企业发展的作用及入世后企业的应对措施。

（宋立杰）

【知识产权现场宣传咨询】 10月12日上午，由区文化委、工商局、知识产权局联合组织，在区体育场门前广场开展主题为"宣传普及知识产权法律知识，提高尊重保护知识产权意识"的现场宣传和咨询活动。据不完全统计，有300多名群众参观了知识产权宣传版展览，向过往群众发放宣传材料1000余份，向100余人提供了咨询服务。

（宋立杰）

【创办《知识产权动态》】 7月2日，《知识产权动态》正式刊印，《动态》刊发本区知识产权工作的情况，介绍知识产权制度、相关法律知识，宣传北京市和本区知识产权有关政策，经验总结交流等。截止年底发行21期。

（宋立杰）

【进行知识产权现状调查】 年内对本区知识产权现状进行了摸底调查，发现本区企业存在着知识产权意识不强的问题。一是企业内部缺少知识产权工作管理制度，没有将专利管理工作纳入企业技术开发的全过程，大部分企业没有专利的专兼职管理人员；二是1985年－2001年9月全区有113家企业曾经申请过专利，且企业目前变化较大，有的已经破产了。三是专利申请量低，全区2001年专利申请量为190件，且发明专利申请量占总申请量的比例低，专利技术的层次和水平不高，现有的专利多数是实用新型和外观设计，缺少高新技术专利项目，与本区经济结构调整、发展高新技术产业的要求也很不相适应。四是专利工作体系不健全，专利保护和中介服务跟不上知识产权发展的形势需要，缺乏具有专利代理资格的专业人员，专利保护力度不够，许多本该申请专利的成果没有及时申请专利；四是专利技术产业化还不尽人意。

（宋立杰）

【通力环电气股份有限公司获专利实施资金支持】 11月15日，根据《北京市专利实施资金管理办法》，经调查、专家评审、审核，通力环电气股份有限公司"TBO系列绿色智能通信开关电源系统"获专利实施资金10万元。

（宋立杰）

【专利申请和产业化成果显著】 截止年底，本区知识产权管理体系初步形成，专利申请和产业化取得成效，2002年，全区共有83项专利技术产业化，年实施专利技术新增产值26847万元，新增利税4292.1万元，其中单项专利实施新增产值超过百万元的有34项，自主知识产权拥有量有较大增加，本区专利申请量206件，比上年增加11.35%，专利授权量118个。

（宋立杰）

运河文化产业带建设工作

【概　况】 2001年3月27日，根据区委、区政府的决定，正式成立通州运河文化产业办公室,具体负责通州运河文化产业带的总体策划、规划、宣传、协调、督促检查各项重点工程的实施等工作。8月29日成立东方文化产业开发有限责任公司,与运河文化产业办公室形成相互衔接、相互配合的运作模式,公司设董事长、总经理各一人,总经理按正处级干部配备,副总经理由董事会聘任。公司下设综合部、财务部、投资部和项目部4个业务部室,2002年产业办公室及公司共有干部、职员12人。2001年5月23至25日举办"北京通州首届运河文化研讨会",收集论文36篇约40万字,汇编成《古运河、新通州》。

(孙文启)

【运河文化重点工程建设进展顺利】 2月,运河文化产业带确定的重点工程全面启动,截止到年底基本完成西海子公园佑圣教寺修复、运河文化广场二期工程的绿化及雕塑、大牌楼建设、月亮河花园一期工程、奥体公园大门雕塑、古运河纪念林、东关码头、潞湾橡胶坝等重点工程。初步形成一道以大运河为依托的运河文化风景线。

(孙文启)

【运河文化产业带总体规划方案完成】 5月,在清华大学和北京市园林局对运河文化产业带初步调研的基础上,正式委托中国规划设计研究院对运河文化产业带进行总体规划。同时,成立由规划、历史、水利、环保等方面的专家组成专家组与中规院一起参与论证和策划。通过组织专家论证会和广泛征求区内各界人士的意见,确定了"以水为灵魂,以绿色为主线,以文化为底蕴,以产业为载体"的指导思想,将运河文化的精髓融于规划之中,规划范围西起八里桥,沿通惠河往东经西海子公园,北关二道闸北运河起点处,沿运潮减河往东到三惠桥东方文化艺术产业园区,再沿运河南下,经通州城、张家湾、西集两镇到榆林庄闸,全长约30.8公里。其中,通惠河段为4.5公里,北运河段为26.3公里。在通惠河南北岸及北运河东西二堤之间外阔200米至7公里不等,规划总面积约125.82平方公里。规划方案大体分4个功能区,即古城文化保护区、现代文化产业区、农业观光产业区、生态产业园区。

(孙文启)

【中国首家外国艺术博物馆落户运河文化产业带】 2月22日由北京东方运河文化产业开发有限责任公司、北京东润投资集团有限公司、北京睿雅轩文化艺术有限公司共同组建的北京东睿国际文化艺术发展有限公司正式成立,该公司将运作建立我国第一家外国艺术博物馆,该项目是运河文化产业办公室引进的第一个大型文化产业项目,该馆规划占地约2000亩,是集博物、拍卖、展览、交流、交易为一体的大型文化场馆。前国家文物局局长张德勤、前文化部艺术局局长姚欣及区领导崔君乐、卢晓明、王玉辉、杨林、刘辉、何凤慈等参加了公司成立的签字仪式。

(孙文启)

【市场运作成效显著】 2002年通过组织中国羽毛球天王挑战赛和中国乒协超霸赛,运河文化武夷花园杯书画大赛等大型文体活动,取得良好的社会效益和经济效益。另外利用市场机制筹集资金1800万元解决了月亮河花园的拆迁和建设问题,北运河起点的环境明显改观。

(孙文启)

中国人民政治协商会议北京市通州区委员会

【概　况】 政协通州区第二届委员会常务委员会坚持以邓小平理论和"三个代表"重要思想为指导,在中共通州区委的正确领导下和市政协的指导下,高举爱国主义和社会主义的旗帜,突出团结和民主两大主题,团结和依靠各界委员,围绕区委确定的"环境建设年"总体要求,认真履行政治协商、民主监督和参政议政职能,各项工作取得新的进步,为推进本区物质文明、政治文明、精神文明建设做出了积极贡献。主要做了以下几方面工作:一是加强学习,提高素质。二是围绕区委、区政府的中心工作积极开展政治协商,加强民主监督,广泛参政议政。三是积极推进规范化、制度化建设。四是进一步做好提案和反映社情民意工作。五是积极发挥统一战线组织作用,促进团结稳定和祖国统一。六是进一步加强机关自身建设,提高干部队伍素质。年内举行全委会议1次,常委会议10次,主席会议16次,专委会议51次。全委会议协商讨论了本区国民经济和社会发展"十五"计划纲要;常委会议先后听取了通州区人民政府领导同志关于运河文化产业带规划建设和房地产业发展的情况通报;主席会议听取了环保工作的通报,讨论了运河文化广场、奥体公园和三个环岛的雕塑方案;各专门委员会分别与中共通州区委、通州区人民政府有关部门就一些重要问题进行对口协商。民主监督力度进一步增强。常委会议听取了通州区人民政府关于环境建设年和2002年上半年工作进展情况的通报,视察了物流产业园区和马驹桥镇建设情况。主席会议和相关专委会一起听取了水资源保护和开发利用情况通报,视察了台湖镇、宋庄镇规划和建设、光机电产业基地建设、农村低压电网改造、"四五"普法规划实施、广播电视事业发展情况。有关专委会对商业改革、医疗改革、社区建设、再生资源市场建设和自来水供应、林业、农业、体育、文物保护、维护社会稳定、提案办理等工作进行了座谈、视察。参政议政更加广泛。完成关于城市社区建设、关于非公经济、关于农村劳动力转移、关于加强教师队伍建设的专题调研。年内共组织各种会议、活动100余次,参加活动委员1300余人次,提出意见、建议530余条。

(王国栋)

【二届四次会议】 1月15至17日在通州宾馆举行。222名委员出席会议。会议听取并审议了常务副主席鲁宗福代表区政协常委会作的工作报告,副主席叶永清代表提案委员会作的提案工作报告;听取了常务副区长苏文权、区发展计划委员会主任张永明、区财政局局长韩振福分别就《政府工作报告》、《关于2001年通州区国民经济、社会发展计划执行情况和2002年计划草案的报告》、《关于通州区2001年财政预算执行情况和2002年财政预算草案的报告》所作的说明,协商讨论了上述三个报告;分别召开了关于工业、农业、教育、体育、卫生、精神文明建设等6个专题座谈会;选举了王玉辉为政协通州区第二届委员会主席,张丽华为政协通州区第二届委员会秘书长,马玉敏、边学锋、肖志刚为政协通州区第二届委员会常务委员会委员;通过了大会政治决议、关于政协常委会工作报告的决议和关于提案工作报告的决议。市政协副主席宋维良,区委书记崔君乐、区长卢晓明、区人大主任曹文广等区级领导出席了大会开幕式和闭幕式,区委、区政府各部、委、办、局、公司和乡镇、办事处党组织的主要负责同志列席了开幕式和闭幕式。市政协副主席宋维良、区委书记崔君乐作了重要讲话。卢晓明等区委、区政府领导及有关部门负责人还分别出席了6个专题座谈会,直接听取委员意见、建议,与委员共商发展大计。会议期间,共提出意见、建议39条。委员们撰写提案159件,经提案委员会审查立案153件。

(王国栋)

【第二十三次常委会议】 1月4日召开。主席朱学民主持会议。会议讨论通过了政协通州区委员会第二届委员会第四次会议主席团成员、召集人和秘书长名单;讨论通过了政协通州区委员会第二届委员会主席、秘书长、常务委员选举办法;讨论通过了政协通州区委员会第二届委员会第四次会议决议起草委员会建议名单;讨论通过了政协通州区委员会第二届委员会常务委员会工作报告;讨论通过了政协通州区委员会关于表彰2001年度优秀提案、优秀提案委员的决定。

(王国栋)

【第二十四次常委会议】 2月7日召开。会议传达了陈广文在政协北京市第九届委员会第五次会议上的讲话。讨论通过了《政协通州区委员会2002年上半年工作要点》。

（王国栋）

【第二十五次常委会议】 3月27日召开。会议听取了通州区运河文化产业发展情况通报；决定增补王玉庆为政协通州区委员会学习指导委员会、科技委员会、农林委员会、教卫体委员会副主任，张强为文化经济联络委员会、商贸委员会、工交城建委员会副主任和政协通州区委员会财政预决算协商监督小组副组长。中共通州区委副书记李章泽，通州区人民政府副区长何凤慈到会听取意见、建议。

（王国栋）

【第二十六次常委会议】 5月9日召开。主席王玉辉主持会议。会议学习了《中共北京市委关于加强人民政协工作的决定》；贾庆林、刘淇在北京市政协工作会议上的讲话；审议通过了《政协通州区委员会关于进一步提高提案质量的工作意见》；讨论了《中共通州区委关于办理民主党派提案的暂行办法》、《中共通州区委、通州区人民政府关于聘请政协委员担任特约工作人员的暂行办法》、《中共通州区委办公室、通州区人民政府办公室关于办理政协建议案的工作程序》、《中共通州区委办公室、通州区人民政府办公室、通州区政协办公室关于办理有争议重点提案的协商办法》；会议还通报了中共通州区委办理区政协关于工业开发区建议案的情况。

（王国栋）

【第二十七次常委会议】 6月6日召开。会议传达贯彻了中共北京市第九次代表大会精神和中共通州区委二届十次全体（扩大）会议精神；讨论了政协通州区委员会城市社区建设调研组提交的《关于通州城市社区建设的调查和建议》的调查报告；通过了关于进一步推进通州城市社区建设的建议案。

（王国栋）

【第二十八次常委会议】 7月4日召开。会议征求了对《中共北京市通州区委关于进一步加强政协工作的决定》（征求意见稿）的意见；讨论通过《政协通州区委员会下半年工作要点》。

（王国栋）

【第二十九次常委会议】 8月8至10日召开。会议听取并讨论了区长卢晓明作的《通州区人民政府关于环境建设年和2002年上半年工作进展情况的报告》。常务副区长苏文权，副区长杜宏谋、张少田到会听取意见、建议。会议讨论通过了有关人事任免事项。决定撤销赵亮（因刑事犯罪被判刑）的政协通州区第二届委员会委员资格，杨克杰、郭海螺为政协委员。任命杨克杰为政协通州区委员会学习指导委员会、科技委员会、农林委员会、教卫体委员会副主任，免去王玉庆政协通州区委员会学习指导委员会、科技委员会、农林委员会、教卫体委员会副主任职务（调区人大任研究室主任）。会议审议通过了《政协通州区委员会关于贯彻区政协工作会议精神的意见》。

（王国栋）

【第三十次常委会议】 11月26日召开。会议学习了《刘淇同志在全市党员领导干部传达十六大精神大会上的讲话》；听取了十六大代表、通州区民政局局长李淑华关于参加十六大、学习十六大报告体会的报告；讨论通过了《政协北京市通州区委员会关于认真学习贯彻党的十六大精神的意见》；通报了通州区人民政府办理政协通州区第二届委员会常委会关于加快我区农村城市化进程的建议案和进一步推进通州城市社区建设的建议案的复函及政协通州区委员会组织部分委员外出考察的情况。

（王国栋）

【第三十一次常委会议】 12月3日召开。视察通州区物流产业园区和马驹桥镇小城镇建设。通州区人民政府区长助理、通州物流产业园区第一副主任袁廷权，马驹桥镇党委书记赵玉影等领导陪同视察。

（王国栋）

【第四十四次主席会议】 2月5日召开。会议听取了通州区环境保护工作情况通报。区环保局局长李冠健重点向主席们通报了2002年本区环境保护工作的具体部署。

（王国栋）

【第四十八次主席（扩大）会议】 6月12日召开。视察了通州区广播电视事业发展情况。通州区广播电视中心主任王振华向主席和委员们介绍了近三年来通州区广播电视事业的发展情况。

（王国栋）

【第四十九次主席（扩大）会议】 6月14日召开。会议听取了通州区房地产业情况通报。中共通州区委常委、副区长刘辉作情况通报。通州区计划发展委员会主任张永明、规划局局长孟广禄、房屋土地管理局局长王平到会听取意见、建议。

（王国栋）

【第五十次主席（扩大）会议】 6月27日召开。会议听取了上半年提案综合分析汇报和提案办理情况通报。提案委员会副主任、政协通州区委员会文史办公室主任张晨声汇报2002年上半年提案工作情况。通州区人民政府办公室主任林殿彪通报政协通州区第二届委员会第四次会议以来提案办理情况。

（王国栋）

【第五十一次主席（扩大）会议】 7月26日召开。会议对区政协学习指导委员会提交的《抓住机遇 改善环境 促进我区非公经济发展的调研报告》进行了认真审议。会议原则同意此报告，并决定以报告内容为建议案，送通州区人民政府研究。会议听取了本区商业改革情况通报。区长助理、商委主任袁廷权作情况通报。

（王国栋）

【第五十二次主席（扩大）会议】 7月31日召开。会议听取了通州区上半年财政工作情况通报。政协通州区委员会财政预决算协商监督小组的委员参加会议。通州区财政局副局长徐思清通报情况。通州区财政局局长韩振福等到会听取意见、建议。

（王国栋）

【第五十三次主席（扩大）会议】 8月20日召开。视察本区光机电一体化产业基地发展情况。政协通州区委员会科技委员会的委员参加会议。通州区人民政府区长助理、经委主任、光机电一体化产业基地管理委员会第一副主任高志禄通报情况。

（王国栋）

【第五十四次主席（扩大）会议】 9月12日召开。视察通州区实施“四五”普法规划情况。政协通州区委员会社会与法制委员会的委员参加会议。通州区司法局局长宁秋君通报了通州区“四五”普法规划启动实施以来普法和依法治理情况。主席和委员们视察了永顺镇、宋庄镇司法所建设情况，观看了《规范铸基石》录像片。

（王国栋）

【第五十五次主席会议】 9月29日召开。会议讨论通过了政协通州区工交城建委员会提交的《关于加快通州区农村富余劳动力转移，多渠道增加农民收入》的调查报告，决定以调查报告内容作为建议案，送请区政府研究。

（王国栋）

【第五十六次主席（扩大）会议】 10月17日召开。视察农村低压电网改造工程。通州区供电局局长王宝华等通报了通州区农村低压电网改造的情况。通州区供电局党委书记周福春，通州区经委、永乐店镇、于家务乡有关领导陪同视察。

（王国栋）

【第五十七次主席（扩大）会议】 10月24日召开。视察水资源保护和开发利用工作。通州区水资源局局长张冠启等通报了本区2002年水资源保护和开发利用工作的情况。通州区人大副主任、水资源局总工程师金建华，潞城镇党委书记于世疆等有关领导陪同视察。

（王国栋）

【第五十八次主席（扩大）会议】 12月31日召开。讨论通州区《政府工作报告》（征求意见稿）。通州区人民政府区长卢晓明到会听取意见、建议。

（王国栋）

【专题调研】　政协通州区委员会各位主席与部分委员一道完成了关于城市社区建设、关于非公经济、关于农村劳动力转移、关于加强教师队伍建设的专题调研。注重调研质量，在知情献策上狠下功夫。加强对调研的组织领导，实行驻会主席分工负责制。不但了解本区的情况，而且到其他区县考察有关情况，学习先进经验；不但广泛听取委员、群众的意见，而且认真征求党政领导的意见。在全面、深入了解情况的基础上反复分析、研究，提出切实可行的建议。关于城市社区建设、关于非公经济、关于农村劳动力转移的专题调研报告分别经政协常委会议、主席会议研究讨论，形成了政协常委会建议案或主席会议建议案报送区政府，为中共通州区委和通州区人民政府科学决策提供了依据。其中关于城市社区建设的调研报告在《北京调研》和《北京市农业职业学院院刊》上刊发。

（王国栋）

【提案工作】　提案委员会共收到提案210件。经审查，立案202件，未予立案按委员来信办理的8件。在立案的提案中，全会期间提案153件，平时提案49件。其中民主党派提案11件，委员个人提案180件，委员联名提案11件。提出提案的委员101人，占委员总数的43.5%。从立案的提案内容分类情况看，经济与城乡建设方面117件，占57.9%；科教文卫体方面40件，占19.8%；政法、统战等方面17件，占8.4%；其它方面28件，占13.9%。对审查立案的提案，提案委员会及时转中共通州区委、通州区人民政府交有关部门办理。其中转中共通州区委办公室交办16件，转通州区人民政府办公室交办186件。截至12月27日，这些提案均得到办复。从办理复文看，提案所提意见、建议被有关部门采纳，已经解决或基本解决的126件，占办复提案的62.4%；已列入计划解决的40件，占19.8%；因条件所限暂时未能解决并已向委员说明情况的36件，占17.8%。

（王国栋）

【文史资料工作】　文史资料委员会以“三亲”史料为重点。全年共征集文史资料23篇，计13.5万字。编辑出版了《文史选刊》第21期。这期《文史选刊》内容丰富，图文并茂，宣传了历史悠久的运河文化，具有较高的史料价值。

（王国栋）

【信息工作】　发挥政协优势，突出政协特色，发挥委员的主体作用，加强反映社情民意工作。全年共收到信息235条，其中通过《委员之声》向中共通州区委、通州区人民政府或有关部门反映124条，通过电话向有关部门反映7条，报送市政协9条。中共通州区委、通州区人民政府领导高度重视《委员之声》，多次做出批示，委员提出的许多意见、建议被采纳。通州区教委、市政管委、林业局、招商局、环保局等部门认真研究解决委员所反映的问题，并及时将有关情况向政协通报。区政协对10个信息先进单位和21名优秀信息员进行了表彰。

（王国栋）

群 众 团 体

通州区工会

【概　况】 通州区工会所属乡镇、局、公司、街道、开发区、行业及直属基层工会73个，基层工会1314个，职工人数7.51万人，会员人数66332人。2002年，通州区工会坚持以“三个代表”重要思想为指针，认真学习、宣传、贯彻《工会法》和《北京市实施〈工会法〉办法》，围绕改革、发展、稳定大局，突出维护职能，各项工作有了新的拓展。。

（屈丽军）

【开展“两节送温暖活动”】 区工会于2001年12月向全区工会系统下发了《关于在2002年元旦、春节期间开展送温暖活动的通知》，1月由区工会主席带队走访慰问特困职工、困难劳模、劳模、先进人物共26户，送去慰问金和慰问品，并将市总工会下拨的4230斤米、面和2115斤油发放到424户困难职工手中。区工会下拨部分局、公司工会慰问款52000元，直接慰问支出22600元，市总工会下拨慰问困难职工、劳模款37000元。两节期间，全区工会系统共筹措慰问金521490元，参加慰问的工会干部279人，走访慰问困难职工、下岗职工、离退休人员等3465人，把党和政府的关怀、工会组织的温暖送到千家万户。

（屈丽军）

【召开一届六次全委会议】 1月14日，区工会召开一届六次全体委员会议。会议审议通过了张慧敏、王志民、张德山、裴文华、张秀明、郤春亭六人替补为区工会第一届委员会委员；审议通过了增补马秋光为区工会第一届委员会委员；选举张慧敏为区工会副主席，王志民、裴文华为区工会第一届委员会常务委员会委员。

（屈丽军）

【召开一届七次委员（扩大）会议】 1月29日，区工会召开一届七次委员（扩大）会议，参加会议的有区委、区人大、区政协及市总工会的领导。大会审议通过了区工会主席张德金作的《突出维护职能，转变作风，真抓实干，努力开创工会工作新局面》的报告。

（屈丽军）

【评选“首都劳动奖章”和“首都劳动奖状”获得者】 3月，2002年“首都劳动奖章”、“首都劳动奖状”评选工作结束。粮食局供应站站长郭同喜、建筑集团公司一处副主任左继祥、西田阳垃圾卫生填埋场副场长杨森、北京橡胶十厂胶丝车间主任刘刚、后南仓小学教师李玛英（女）、畜牧兽医服务中心高级兽医师刘国强、北京海传光盘有限公司总工程师邢宏光7名同志获得“首都劳动奖章”荣誉称号，潞河医院心脏治疗中心荣获“首都劳动奖状”称号。

（屈丽军）

【开展“安康杯”竞赛活动】 3月，区工会与区安全生产委员会办公室决定，继续在全区企业中开展“安康杯”竞赛活动。全区有11个乡镇、局、公司,77个重点企业,385个班组,13531名职工参加了“安康杯”竞赛活动。此次竞赛活动通过自查、互查和抽查。评选出北京特种水泥厂等16个企业参加通州区2002年“安康杯”先进企业比赛。评选华威建筑工程有限公司等5个企业,出席北京市“安康杯”竞赛先进企业比赛。华威建筑工程有限公司被北京市总工会评为出席全国“安康杯”竞赛先进企业比赛。

(屈丽军)

【巾帼建功创新评选活动】 3月,区工会女职工委员会对2001年度通州区女职工“强素质、助申奥、为‘十五’建功创新”活动的先进集体和个人进行了通报表彰。潞河医院等10个单位获巾帼建功先进集体称号,姚永洪等91名同志获巾帼建功创新标兵称号。

(屈丽军)

【新老劳模话通州】 4月28日,区工会与区委组织部联合召开通州区庆“五一”劳模代表座谈会。常务副区长苏文权参加座谈会并向劳模代表通报了通州区一季度经济情况、本年的经济部署及“十五”规划的宏伟蓝图。与会的30余名来自全区各条战线的新老劳模代表纷纷表示,将在各自的岗位上继续发扬劳模精神,为通州区的发展做出应有的贡献。

(屈丽军)

【区工商联会员企业工会联合会成立】 4月29日,通州区召开工商联会员企业工会联合会成立大会。40多家民营企业的工会代表参加了会议,90多家提出建会计划的会员企业代表列席会议。区委副书记李章泽到会讲话。

(屈丽军)

【通州区首家街道工会联合会成立】 5月14日,通州区首家街道工会联合会在中仓街道办事处挂牌成立。来自通州区四个街道办事处主管工会工作的领导及机关工会主席列席会议并进行了观摩学习。街道联合会的成立,为下一步社区建会打下良好的组织基础。

(屈丽军)

【市职工运动会上取得好成绩】 6月,区工会组织121名运动员参加了北京市第八届职工运动会,取得总分第14名,获3枚金牌、2枚银牌、2枚铜牌、2个道德风尚奖,在10个远郊区县排名第二。

(屈丽军)

【市人大法制工委到富豪村调研】 为做好《北京市实施〈工会法〉实施意见》的起草修改工作,6月6日,北京市人大法制工作委员会一行14人,到宋庄镇富豪村工业园区,就村级工会的建设问题进行调研。委员们深入到企业与村干部、村工会干部和企业领导职工中,就村级工会组建的必要性、村工会的职能、活动方式、村工会与村委会的关系、村工会的组织形式及管理方式进行了认真的座谈讨论。富豪村工业园区建会的经验,为此项立法提供了有效的依据。

(屈丽军)

【区成品油零售企业工会联合会成立】 6月14日,通州区召开成品油零售企业工会联合会成立大会。新成立工会的34家民营成品油零售企业的工会主席出席会议。区建会领导小组常务副组长、副区长张树森到会祝贺并对工会联合会今后的工作提出意见。

(屈丽军)

【召开非公企业民主管理现场观摩会】 8月9日,区工会在漷县镇鄂尔多斯羊绒有限公司召开非公企业民主管理现场观摩会。市总工会、区工会领导及通州区实行民主管理试点的9家非公企业的代表参加了观摩会。会上观看和听取了鄂尔多斯羊绒有限公司民主管理的实况录像和经验介绍,对非公企业实施民主管理的问题进行了深入的探讨并形成共识。

(屈丽军)

【举办工会干部培训班】 9月3至5日,区工会采取集中调训的办法,将本区72个局、公司、乡镇的工会干部集中在市总职工大学进行以《北京市实施〈工会法〉办法》为主要内容的业务培训。培训结束后进行严格的考核,并颁发了培训证书。

（屈丽军）

【举办职工歌曲演唱大赛】 9月24至25日，区工会举办“通州职工弘扬爱国情、高唱统一歌”演唱大赛。来自全区31个局、公司、乡镇的110名选手参加了比赛。经过激烈角逐，共有24名选手分别获奖。

（屈丽军）

【举办“通州区职工计算机基础知识、网络知识比赛”】 9月23至24日，区工会举办“通州区职工计算机基础知识、网络知识比赛”。来自全区31个乡镇、局、公司的40多个单位的202名选手参加了比赛。潞河医院工会、教育工会、财政局工会、公安分局工会、市政委工会、交通局工会分获比赛团体总分前六名。

（屈丽军）

【阳安江到区工会调研】 10月31日，市委副书记、市总工会主席阳安江到通州区工会调研。听取了区委书记崔君乐、副书记石进贤、区工会主席张德金的工作汇报后，充分肯定了通州区工会取得的成绩，并对今后工作做了重要指示。

（屈丽军）

【本区评为全国厂务公开先进单位】 10月15日，市农口厂务公开领导小组副组长、市总工会副主席李树发一行3人，对本区贯彻（中办发[2002]13号）文件精神，推行厂务公开工作的情况进行了检查。检查组在听取了区委副书记石进贤关于全区厂务公开情况的全面汇报，并深入粮食局及下属企业如意食品厂，对厂务公开工作进行深入地调查了解。检查组对通州区的厂务公开工作给予充分肯定。通州区被评为出席全国厂务公开先进单位。

（屈丽军）

【劳动关系三方协调机制正式启动】 12月30日，通州区召开劳动关系三方协调机制成立大会。会议成立了由区政府、区工会、区企业家联合会组成的三方协调机制委员会。会议讨论通过了三方协调机制的工作任务与职责、三方协调机制的工作原则和工作制度。三方协调机制的正式启动，对加强政府部门、工会组织和企业三方就涉及劳动关系方面的重大问题进行沟通和协商，共同促进劳动关系长期和谐稳定，确保改革、发展、稳定的大局具有十分重要的意义。

（屈丽军）

【新建企业建会工作取得新进展】 2002年，通州区新建企业组建工会309家，发展会员6210人，完成市总工会下达的全年建会任务的122.5%。至此，通州区新建企业组建工会实有1024家，会员42548人。实现了大多数新建企业组建工会、大多数职工加入工会组织的工作目标，区工会被市建会领导小组评为优秀单位。

（屈丽军）

【通州区职工互助保险】 2002年，通州区参加职工互助保险的会员1846人，累计9800人，保险金额达1900万元，这项活动的开展，进一步延伸了工会送温暖工程。

（屈丽军）

共青团
通州区委员会

【概　况】 2002年，全区各级团组织，深入贯彻落实区委“环境建设年”的总体部署和市第十一次团代会精神，按照团市委2002年重点工作部署，紧密结合通州区共青团工作的实际，坚持“建设、发展、服务、创新”的工作理念，紧扣青年健康成长成才、建功立业的发展主题，服务大局、服务经济、服务青年，抓住纪念建团八十周年、申办奥运和加入WTO等有利契机，继续加强和改进青少年思想政治工作，进一步加强团的建设，开展了一系列具有实际意义的思想教育活动和扎实有效的工作，注重将工作落到实处，推进团的整体事业的发展,进一步加强了团的建设。2002年全区适龄青年人数99582人,团员人数32592人,初、高中学生团员人数19529人,占团员总数的60%。年内新发展的团员人数4712人。基层团组织中团委71个,团总支86个,团支部1112个,全区专职干部81名。

(季 铁)

【开展“送温暖”活动】 1月31日,团区委、希望工程捐助中心通州工作站积极开展“送温暖”活动,为本区品学兼优、家庭困难学生发放“希望之星(1+1)奖学金”和爱心基金款。团区委为永乐店镇、潞城镇部分贫困家庭学生送去学习用品和节日慰问品。据统计,慰问期间全区共有209名学生获得奖励和扶助,共计发放91200元,涉及11个乡镇和城区50多所中小学校。

(季 铁)

【发起“献一份爱心 绿一片天地”倡议】 3月12至16日,团区委、区少工委在全区广大团员青年、少先队员中发起“献一份爱心绿一片天地”的倡议,广泛动员青少年志愿者积极参与“通州区青少年奥运生态环境林”建设,营造优美清新的良好生态环境。倡议发出后,得到全区广大青少年和社会各界的积极响应,短短一周的时间内,就收到基层团员青年、少先队员捐款逾15万元。

(季 铁)

【开展“通州区青少年奥运生态环境林”建造活动】 3月16日,“通州区青少年奥运生态环境林”建造活动在台湖镇开展。来自全区各单位团员青年代表、中小学生代表及部分学生家长1000余人参加了植树活动,共种植树苗10000余棵。青少年志愿者还在亲手种植的树上,挂上志愿者植树纪念卡。团市委副书记曾繁新、郊区部部长程海军、区委副书记石进贤、副区长何凤慈及区教委、区农委等单位领导也来到植树现场,与青少年志愿者一起种植环境树。

(季 铁)

【召开纪念建团八十周年暨首届“十佳杰出青年”颁奖仪式】 4月24日,团区委召开通州区各界青年纪念建团八十周年暨首届“十佳杰出青年”颁奖仪式,来自全区各单位团员青年代表1000余人参加庆祝大会。团市委、区委、区人大、区政府及区委组织部、宣传部、武装部、文明办、人事局等有关部门领导出席大会。

(季 铁)

【荣获“全国团建先进区县”称号】 5月15日,党中央在人民大会堂隆重召开“纪念中国共产主义青年团成立八十周年大会”,江泽民等党和国家主要领导人出席纪念大会。作为2001年度北京市唯一荣获“全国团建先进区县”称号的单位,通州区委副书记石进贤及50名团员青年,代表全区10万名青年参加纪念大会,纪念大会上2001年市“五四奖章”获得者团区委书记肖志刚受到江泽民总书记等中央领导的亲切接见。

(季 铁)

【开展“小小文明工程”行动】 5月30日,团市委、市少工委、团区委、区少工委联合开展“小小文明工程”行动,此次活动主题是“开展小小文明工程 实践公民道德纲要”。团市委副书记王春杰、中学和少年部部长张红,区领导崔君乐、卢晓明、石进贤、杨林、何凤慈等参加了活动,并共同在“实施小小文明工程实现人文奥运”的横幅上签字承诺。区委副书记石进贤在启动仪式上作了重要讲话。

(季 铁)

【“北京市农村青年现代化素质培训工程”推进会在本区召开】 团市委决定在全市农村青年中实施农村青年现代化素质培训工程。9月26日,在通州区西集镇召开“北京市农村青年现代化素质培训工程”推进会,团中央书记处书记赵勇、青农部副部长郭孟谦,市委副书记强卫、团市委书记关成华、市委农工委副书记崔砚青,区领导崔君乐、石进贤等到会。会后,与会领导参观了“北京市农村青年现代化素质培训中心”及培训基地。团区委近年来在农村青年中开展现代化素质培训工作,同时注重把农村青年现代化素质培训与解决农村青年就业相结合,建立并依托“农村青年就业培训指导中心"等有形化阵地，积极探索服务农村青年增收成才和基层团建创新的新模式。

（季　铁）

通州区妇女联合会

【概　况】 2002年，通州区妇联坚持以邓小平理论和"三个代表"重要思想为出发点，牢固树立以经济建设为中心、以促进社会稳定和环境建设年为重点，以"教育、维权、发展"为主线，以贯彻《公民道德建设实施纲要》以及区委实施意见为重点，以提高妇女素质为目标，坚持一手抓维权，一手抓发展的工作方针，着力实施"妇女儿童素质工程"、"家庭文明工程"、"巾帼致富工程"、"三八社区示范工程"。以奥运为契机，紧紧围绕区委、区政府"环境建设年"的中心工作，以家庭为切入点，筹集资金30余万元，制作15万个环保宣传购物提袋。成立"通州区妇女就业服务中心"、"通州区妇联社区服务中心"以及20个基层妇女就业服务站，为10535名妇女解决了就业。利用各种形式对广大妇女进行培训达10万人次；"三八"期间，表彰和宣传各类典型1000人次、全区有2万妇女接受体检、有560个"三八"服务组为孤寡老人、军烈属和残疾人及困难家庭做好事实事2330件；继续深化"三八"绿色工程，年内植树133万株，建"三八"绿色基地126个；协助政府搞好"九五"妇女儿童规划的中期评估和"十五"妇女儿童规划制定、实施工作；以经济建设为中心，继续深化"双学双比"活动，使先富起来的典型带动更多的妇女走上致富路，全区13823名万元收入的妇女扶助21724名妇女共同致富，其中新增户3569户，形成连环致富的格局，被扶助户增收2107元以上；继续开展"女子百元储蓄"活动，储蓄额1252万元。

（倪晓燕）

【市妇联副主席来通州调研】 1月18日，市妇联副主席吴秀萍到通州区梨园镇西总屯村，对"五好文明家庭"、大众读书会会员发展及《公民道德建设实施纲要》贯彻情况进行调研。

（倪晓燕）

【扶贫济困送温暖活动】 春节期间，妇联系统开展形式多样的"扶贫济困送温暖"活动。区妇联看望了北京市"五好文明家庭"标兵户、北京市"三八红旗手"——梨园镇王士英一家；另外还走访和慰问中仓街道办事处辖区内的"好母亲"赵淑敏一家。据不完全统计，通州区妇联系统共走访慰问特困家庭、单亲家庭、社会优抚对象等特困群体2599户，送慰问品和慰问金总计150余万元。

（倪晓燕）

【"三八"节庆祝活动】 3月7日，通州区妇联召开庆"三八"暨妇女就业工作表彰、经验交流、推进大会。会上，程显新、敖淑明、贾钧苹等20名"通州区妇女就业带头人"受到表彰。为进一步合理开发利用城乡劳动力资源，解决通州区妇女的就业问题，区妇联成立两个区级服务中心，会上为11个通州区妇女就业工作站和4个通州区社区工作站授牌。3月8日，区妇联举行庆"三八"女民警、刑侦、巡察干部家属"回娘家"座谈会。

（倪晓燕）

【三八绿色工程】 以"通州环境建设年"为主题，不断深化区妇联系统开展的五个一工程，深入开展"三八绿色工程"活动。3月16日区妇联到张家湾镇大高力庄村，参加六环路的植树造林活动。据统计，全区妇女和家庭年内植树133万株，建"三八"绿色基地126个。

（倪晓燕）

【儿童工作会议】 3月29日，通州区召开2002年儿童工作会议。区妇联主席、儿工委副主任轩淑清对通州区2001年妇女儿童工作进行总结，并对2002年工作进行部署。会上，市妇儿工委副主任周雅荣对通州区妇儿工委工作给予充分肯定，并对与会人员进行培训。副区长、区儿工委主任何凤慈到会并讲话。

（倪晓燕）

【全国妇联副主席沈淑济到通州调研】 4月4日，全国妇联副主席、书记处书记、全国"双学双比"领导小组副组长沈淑济一行四人在市妇联主席李巧云的陪同下，到通州对"巾帼致富工程"进行实地调研和视察。听取了区妇联主席轩淑清就通州区开展"巾帼科技致富工程"活动所做的工作和今后工作思路的汇报，到通州妇女香猪养殖业服务中心和通州区"三八"反季节果品示范基地进行考察和参观。

（倪晓燕）

【庆"六一"文艺汇演】 5月25日，通州区妇儿工委、教委、妇联联合在通州会堂举办《北京市学前教育条例》、家庭教育主题宣传活动暨庆"六一"文艺汇演。来自全区20多所幼儿园的200多名小朋友为大家献上一台精彩节目。在会场外吉祥路两侧同时开展《北京市学前教育条例》颁布一周年宣传教育咨询活动，区教委、妇联、妇幼保健院及20多所幼儿园摆设摊点参加咨询，共摆设各种展板近150块。

（倪晓燕）

【市妇联、市财政局领导到通州慰问】 5月29日，市妇联主席李巧云、市财政局副局长王晓明等一行到通州进行"六一"儿童节慰问。首先听取妇联主席轩淑清关于通州区妇女儿童活动中心建设情况的汇报，并参观了妇女儿童活动中心，对活动中心建成近三年来充分发挥龙头示范作用，成为全国妇联系统的示范中心给予高度评价，并给予一定的资金支持。

（倪晓燕）

【推动妇女、儿童、家庭环保活动】 6月5日，通州区妇联、区环境综合治理领导小组结合世界环境日，在通州区东方小学举行"15万个环保宣传购物提袋发放，推进妇女、儿童、家庭环保"活动推进仪式。发放仪式上，妇女、儿童代表分别向广大妇女、儿童和家庭提出"拒绝塑料袋，领取红布袋"的倡议。市妇联、区委、区人大、区政府、区政协领导参加仪式。

（倪晓燕）

【市妇联主席李巧云到通州调研】 9月24日，市妇联主席李巧云一行3人及10个区县的妇联主席就《中华全国妇女联合会章程》的修改工作到通州进行调研。各区县妇联主席结合本地区的工作实际，围绕妇联组织的性质、任务、作用、组织制度、经费、干部管理等问题提出诚恳的修改意见和完善措施。

（倪晓燕）

【妇女互助创业项目授牌仪式】 12月5日，北京市妇联在通州区于家务回族乡仇庄村举行妇女互助创业项目小组授牌仪式。全国妇联书记处书记赵少华、国际部副部长邹晓巧、市妇联主席李巧云、区委副书记石进贤等领导参加授牌仪式。授牌大会上，在听取区妇联主席轩淑清介绍全区妇女互助创业情况及小额贷款项目活动计划后，全国、市妇联向通州区拨发60万元贷款项目资金，并向仇庄等3个项目小组授牌。

（倪晓燕）

【"双学双比"活动】 区妇联实施"巾帼致富工程"，深化"双学双比"活动，为农村稳定，农民增收服务，全区共建有56个"妇"字号基地，带动8600户妇女发展家庭经济。在全区连续开展的"万元大嫂扶万户"活动中，有13823名万元收入妇女扶助21724名妇女共同致富，新增户3569户，在全区形成连环致富的格局，被扶助户平均收入在2107元以上。

（倪晓燕）

通州区工商业联合会

【概　况】 2002年,区工商联围绕通州区的中心工作,充分发挥工商联组织联系非公有制经济的桥梁、纽带和政府管理非公有制经济的助手作用,本着“以会员办会,以服务立会,以实力兴会”的宗旨,全面履行了工商联的各项职能。在会员中广泛开展“爱国、敬业、诚信、守法”的教育,年内组织非公经济代表人士300余人次,参加市、区有关法律、法规及各项专业、专题讲座培训班等,在学习十六大精神的专题研讨中,有24名企业负责人联合发出倡议,号召全区非公经济,“认真学习十六大,以实际行动当好社会主义事业建设者。”利用工商联“会务动态”、“工商联快报”、“通州非公经济内刊”等形式,向广大会员多角度、多方位的开展宣传教育工作,全年向会员企业及有关部门,发送“会务动态”4期、1000余份,简报、信息30余条,其中被上级各部门采用18条,分别在区委、区政府《工作简讯》、《信息专刊》、市工商联《工商界》杂志转载刊登。全年共参与通州区招商引资活动5次,为通州区引进投资规模在1000万元的企业一家。在“3·15”消费者权益日宣传咨询服务活动中,组织5家会员企业参加此次活动,并发放宣传材料1500余份,咨询服务达500余人次。引导组织非公经济参与光彩事业和社会公益事业活动成绩显著,全年会员企业利用多种形式,参与通州环境建设,扶贫、助教等累计捐款达1052万元。两节期间走访慰问原工商业者及“三小”会员200余人次,送去慰问金和困难补助共计13.5万元。到年底,工商联共有会员339家,其中企业会员243家,团体会员1家,老会员95家,这些会员涉及本区18个行业,其中投资额1000万元以上的18家,占会员总数的5.5%,年纳税在1000万元以上的企业2家,占会员企业总数的0.6%,年内共发展有代表性、有实力的会员24家,其中投资规模在1000万元以上的8家,占发展会员总数的30%。

(李淑平)

【北京方德房地产开发有限公司开展“扶贫济困送温暖”活动】 春节前夕,区工商联换届后新当选的副会长北京方德房地产开发有限公司总经理郭海螺,带领公司全体职工开展“扶贫济困、送温暖”活动,为本区梨园镇、台湖镇、张家湾镇12户贫困家庭送去大米、白面、食用油和慰问金共计人民币1万余元。

(李淑平)

【宝佳制衣公司捐资40万元支持教育】 3月15日,工商联会员企业北京宝佳制衣有限公司,在潞城镇卜落垡小学举行隆重的捐资助学仪式。宝佳公司董事长郭世民及夫人吴惠兰代表公司将首期40万元助学款,捐赠给卜落垡小学,用以改善办学条件,为弘扬宝佳制衣公司捐资助学的奉献精神,该校冠名为宝佳小学。市委统战部、市工商联的领导,区政协、区委统战部、区工商联的主要领导,以及当地政府的主管领导参加捐款仪式,并一同种植了纪念树。

(李淑平)

【王建华当选为区“十佳杰出青年”】 4月24日,在通州区召开的第一届“十佳杰出青年”表彰会上,北京御香苑集团总公司董事长、区工商联副会长、青年企业家王建华,当选为通州区“十佳杰出青年”。为非公经济代表人士树立了榜样。

(李淑平)

【区工商联会员企业工会联合会成立】 4月29日,区工商联会员企业工会联合会成立大会在通州宾馆召开。48名会员企业代表参加了成立大会,大会选举产生工商联工会联合会领导班子13名,主席1名、副主席2名,经费审查委员会主任1名,委员2名,杨克秀当选为工商联工会联合会主席。

(李淑平)

【飞马造纸厂捐资助学献爱心】 “六一”儿童节前夕，工商联会员飞马造纸厂厂长马文彦，为解决学生上学接送问题，将一辆价值6万多元的崭新北京牌面包车，捐赠给台湖镇董村小学。受到了社会各界的好评。

（李淑平）

【开展“情系灾区百姓，携手灾后重建”爱心活动】 8月4日，一场罕见的雹灾，使本区部分乡镇农作物严重损害。8月8日，工商联向全区300多家会员发出倡议，开展“情系灾区百姓，携手灾后重建”爱心活动，工商联不驻会的副会长、执常委及部分会员企业积极响应，纷纷解囊捐款，北京方德房地产公司、东润集团月亮河度假村、运河苑度假村、北京博广达食品公司、强力家具公司、金盾门窗厂、怡达电器公司、梨园亿兆食品厂、大杜社新颖照相馆、天好针织厂等会员单位共计捐款7.9万元。

（李淑平）

【工商联第一家区域性分会成立】 12月26日，通州区工商联第一家区域性分会在马驹桥镇召开分会成立大会暨第一届会员代表大会。40多名会员代表参加了大会，会议选举产生了工商联马驹桥分会领导班子。北京金秋铜装饰公司经理王斌当选为会长。市工商联、区委统战部、区工商联的领导及所在乡镇的主管领导参加了会议。

（李淑平）

通州区科学技术协会

【概　况】 通州区科学技术协会有学会、协会、乡镇科协、街道科协共13个，会员3125人。2002年，区科协遵照区委、区政府的战略部署，做到技术与经济相结合、一般与重点相结合、日常普及与大规模造势相结合，团结广大科技工作者，围绕通州环境建设年这一主题，以经济发展需要为切入点，组织开展了“科普之春”、“科技周”、“绿色科普游园会”、“创建北京市台湖生态科普示范基地”、“科学消费宣传月”和“科技学术交流”及技术培训、专题报告会等活动，逐步提高了公众科学意识和致富增收能力，改善了通州的科普环境、文明环境。先后获得市科协“金桥工程组织工作二等奖”、“京郊农业科技知识竞赛优秀组织奖”、“科技周组织工作奖”、“科普工作先进集体”、“科技学术交流月组织工作二等奖”和区“三下乡活动先进单位”、“文明单位”等。

2002年，区科协系统共组织开展实用技术培训189期，培训6700人次；组织科技报告、讲座15场，参加2560人次；送医、送科技下乡26次，赠送技术资料30种20万份；累计展出科普展板600块；赠送技术手册和科普刊物15000册，赠送科普光盘等4000张，咨询群众9000多人次。

（刘秀琴）

【科普投入大幅度增加】 年内，区科协投入科普经费127万元，同比增长262.8%。主要用于装备科技馆、建设街道办事处的图书室、制作科普展板、建设科普示范基地；开展科技培训、科普报告及送科技下乡等科普活动。

（刘秀琴）

【科普讲座进社区】 7月17日，科协在东方宾馆举办“保健知识与心理健康”社区科普讲座。北京医科大学附属医院内科主任医师齐伯力教授就“健康的重要性、健康与长寿，如何保健、平衡饮食、有氧运动及心理健康”等问题进行了详细阐述。200多位社区群众参加了活动。

（刘秀琴）

【第四届北京市“科普之春”启动仪式在通州区举行】 2月28日，第四届北京市“科普之春”启动仪式在通州区 漷县镇文化广场隆重举行。中国科协、北京市科协和通州区的领导，以及各远郊区县科协领导等出席了开幕式。会上，中国科协、市科协和通州区领导分别向漷县镇赠送了1000张科技光盘、60盘实用技术录象带和2000册科普读物。表彰了5名有突出贡献的北京市农业科技专家。在5个科普活动区中,展出高科技展板36块,发放农村实用技术资料10000多份。200余名蔬菜种植户参加了"特菜技术培训",500名农民群众和中小学生观看影片《宇宙与人》,1500余名青少年和农村群众参与了"科技展品"动手实践活动,20位市区级农业、医药卫生专家在现场义诊咨询,服务群众达850人,现场解答疑难问题600多个。北京市葡萄专家晁无疾、蔬菜专家李辉承分别到漷县村和徐官屯村进行田间指导,发现并解决技术问题12个。市区领导视察了各活动区工作情况、漷县镇工业区以及潞城镇大营科普示范村,对通州区的发展给予了充分肯定。

(刘秀琴)

【举办绿色科普游园会】 5月19日,由区科协、区委宣传部和区精神文明办公室主办,区文化、卫生、教育、农业等科普联席会议各成员单位协办的"绿色科普游园会"在运河文化广场隆重举行。会场分为咨询游艺区、科普展览区、科普电影放映区等十几项活动区。其中有北关中学、后南仓小学、区科协等组织的科学小知识有奖问答;有消协、古船面粉厂等单位识别真假商品的常识讲解活动;有配送中心的绿色食品品尝及科普电影放映等,此项活动取得圆满成功。

(刘秀琴)

【台湖科普示范基地建设通过市级验收】 年内,区科协加大科普经费投入,狠抓西集樱桃科普示范基地和台湖村科普示范基地建设。其中,台湖科普示范基地已被列入市科协重点支持项目,是北京市科协、市农委首批重点支持的10个基地之一。基地总占地2000亩,分科普实践、科研实验、精品观光和生产推广四个园区。一期工程已竣工建成,并通过了市级农村科普示范基地的验收。

(刘秀琴)

【开展学术交流月活动】 年内,通州区科技交流学术月活动于6至9月顺利进行。主题是"机遇、创新、发展",重点围绕"医药卫生、科技文化、农业、畜牧、环境保护"等与百姓密切相关的难点、热点问题开展交流和研讨。期间,共开展大型学术交流活动15次。征集科技论文90篇,申报市科协6篇,其中:获市科协论文二等奖1篇,三等奖3篇。科协获科技交流学术月组织工作二等奖。

(刘秀琴)

【金桥工程】 年内,区科协围绕经济结构调整,狠抓了金桥工程,共上报市科协10项,7项获奖。其中2个项目获一等奖;1个项目获二等奖;1个项目获三等奖;3个项目获鼓励奖。区科协获组织工作二等奖。

(刘秀琴)

通州区残疾人联合会

【概　况】 区残疾人工作坚持树立与时俱进的创新意识和务实精神,以保障残疾人基本生活,加强基层残疾人工作为重点,全心全意为残疾人服务,残疾人康复、教育、就业、扶贫、宣传、文体、生活保障、无障碍设施建设等方面取得新的进展,全面完成年度工作任务。区政府年初制定的为残疾人办的实事中,具体指标及完成情况是:为10名贫困白内障患者免费手术,实际完成47名;向10名重度贫困肢残人赠送轮椅,实际完成36名;为4名贫困肢残人装配假肢,实际完成10名。

(高锦霞)

【残疾人康复工作】 2002年,完成白内障复明手术154例,其中为47名贫困白内障患者免费植入人工晶体;为10名低视力患者配用助视器,确定通州区明明眼睛店为低视力配镜定点单位,新增中医医院眼科为低视力康复机构;系统训练肢体残疾人120名,训练脑瘫儿童6名,为25名贫困残疾人配了矫形器,系统训练聋儿6名,培训家长15人次;对15名智力残疾儿童进行了系统训练。与区卫生局、财政局等7个单位联合制定《北京市通州区康复训练与服务“十五”实施办法》,建立了由专家组成的通州区残疾人康复训练与服务技术指导小组。

(高锦霞)

【扶贫解困工作】 3月,区政府残工委、农委等5个单位制定实施了《关于在全区开展扶助农村贫困残疾人“千人种养、共奔小康”活动的通知》,将扶贫解困任务指标分解到各乡镇。并为全区农村贫困残疾人重新建立了一人一册的“十五”期间扶贫解困工作档案;区残联为132名待业残疾人发放待业困难补助款63360元,为31名特困残疾人发放特困补助款37200元。

(高锦霞)

【残疾人运动员在国内外残运会上成绩喜人】 在北京市第六届残运会上,通州区获团体总分第二名,远郊区县第一名的成绩,同时获得体育道德风尚奖。在市残联首届残疾人工作者运动会上,本区获得拔河比赛第一的成绩。残疾人运动员赵洪波、李岩松、焦兴全先后参加了世界残疾人田径锦标赛和第八届“远南”残运会,共获金牌11枚、银牌2枚。8月,本区有三名残疾人入选“残奥之星”。

(高锦霞)

【无障碍环境建设】 加强本区的无障碍设施建设,抓住新华南北路改造的机遇,对新华南北路两侧的机关、企事业单位进行详细的摸底调查,确定了需要进行无障碍改造的单位,并设计出无障碍改造方案交给新华南北路改造指挥部。在此项工程中,大街两侧铺设了盲道,建立4个低位电话亭,在不能建坡道的21家商店门前安装了不锈钢扶手。

(高锦霞)

【搞好残疾人教育和培训】 区残联和区教委制定了通州区特殊教育事业“十五”发展计划。年内,对全区残疾儿童、少年进行调查摸底,全区残疾儿童入学率达到98%。与区劳动保障局、科协先后对376名残疾人进行了农业种养殖和家电维修培训,其中区个体协会出资对30名待业和下岗的残疾人进行劳动技能培训,为他们就业创造有利条件。

(高锦霞)

【信访工作】 全年共接待来访352件次,电话362次,来信13封,结案率100%,做到事事有回音,件件有着落,维护了社会的稳定。法律援助工作站为残疾人进行法律咨询,共为65人次提供了法律服务,其中为6名残疾人提供了法律援助。区残联被评为区级信访工作先进单位。

(高锦霞)

【信息化建设】 适应经济和社会发展的需要,加快区残联信息化建设,5月,在市残联的帮助下,完成了内部局域网的安装和调试,初步实现了残联系统办公自动化、网络化。为下一步与政府联网,向社会宣传残疾人事业奠定了基础。

(高锦霞)

通州区红十字会

【概　况】 2002年,通州区红十字会继续深入贯彻落实《中华人民共和国红十字会法》,坚持“以人为本”的建会思想,完成各项工作任务。免费发放价值约30万元的“泰诺”感冒特效药;上缴北京市红十字会用于救助其它省市水灾募捐款5万元;争取市会及兄弟区红会捐助本区面粉23.5万斤,解决4700户雹灾贫困户短期用粮问题;全年举办社区健康知识讲座4次,进行老年常见病调查、治疗1次、眼疾义诊1次,总受益2000余人;两节期间“送温暖”吸引总会投入2万元、自筹2.1万元慰问孤、老、病、残户210户。引进北京老字号、百年老店“稻香村”营业部来通落户，完成富河园红十字社区卫生服务站先期建站工作。

（杨有平　董淑玲）

【总会"博爱进万家"首发式在通举行】　1月27日，中国红十字会总会"博爱进万家""送温暖"首发仪式在通州区西集镇举行。中国红十字会、北京市红十字会及区红十字会领导等参加了首发仪式，100箱总价值约2万元的救助物品当场发放到本区100户贫困家庭。

（杨有平　董淑玲）

【开展募捐救助活动】　8月4日，本区普遍遭受大风、冰雹袭击，区红会赴重灾现场察看灾情后，迅速向市红会报自然灾害情况表和具体文字材料。并呼吁兄弟区县关注通州灾情。市红会及丰台、朝阳、东城、崇文区红十字共援助本区红会救灾面粉23.5万斤，分期发放到全区10个镇、3个街道，解决4700户重灾民短期生活用粮问题。区红会另上缴市红会募捐款5万元用于救助其它省市水灾。

（杨有平　董淑玲）

【免费发放药品活动】　10月25日，上海强生制药有限公司通过市红会，向区红会捐赠100箱、每箱240盒，总价为30万元的"泰诺"感冒特效药。27日，区红会在后南仓社区红十字宣传站开展免费发放感冒药社区服务活动。本次活动共发放药品20箱，其余80箱在春节期间"送温暖"活动中分别发放到本区贫困学生、贫困户和基层红十字组织。

（杨有平　董淑玲）

【庆祝世界红十字日曲艺晚会】　为纪念"5·8"世界红十字日，市红十字会、区委宣传部、区文化委、区精神文明办、区红十字会，联合在北京老字号曲艺馆"广德楼"举办曲艺联欢晚会。著名曲艺艺人王谦祥、李增瑞、丁广泉、大山、崔琦等纷纷献上精彩节目，表达对红十字事业的支持。晚会上，区红会还聘请以上五位曲艺名人为此次活动健康形象大使，区领导卢晓明、李章泽、何凤慈向他们颁发了证书。

（杨有平　董淑玲）

【开展社区健康服务活动】　2002年，区红会协调市红会健康促进委员会来本区3次，在社区居民中举办预防流感、心脑血管疾病的防治、足道按摩等健康知识讲座以及开展老年慢性病调查、治疗、义诊活动等，受益2000余人。免费发放社区健康报5000张。10月29、30日，国际志愿工作者——新西兰眼科专家玛丽应邀来本区进行2天眼疾义诊，80名患者接受义诊。

（杨有平　董淑玲）

【访视在押刑事犯罪人员】　为协助公安部门做好在押刑事犯罪人员的思想工作，应区公安局政治处邀请，12月12日，区红会带着480盒"泰诺"感冒药、10袋面粉、2盘现场急救知识光盘、40本《大众用药手册》、30本《自救互救知识手册》共计价值为6700元的物品，随同区公安部门，一起访视了本区看守所在押刑事犯罪人员。使他们在得到人道主义组织帮助的同时，认真反醒自己的过错。

（杨有平　董淑玲）

【总会理事考察本区红十字会工作】　6月21至22日，中国红十字会总会常务副会长王立忠，率领在京部分理事赴通考察红十字会工作，肯定了"通州红会从业务工作到组织建设都有特色"。

（杨有平　董淑玲）

【170位老人办理助老卡】　"助老卡"是市红会为全市60岁以上老年朋友创办的特殊助老项目。凡佩戴"助老卡"的老人，任何情况下突发疾病或走失，随身携带的"助老卡"有本人编码和明显的"999"救助电话，目击人拨打电话"999"后将得到红十字会的救助、医疗并护送回家。区红会共为170位老人办理了"助老卡"。

（杨有平　董淑玲）

【重阳节慰问老人】　重阳节前夕，区红会为北苑街道辖区贫困老人送去面粉50袋，新军被18床，饼干3箱及衣物等，并深入3户慰问。

（杨有平　董淑玲）

【召开理事会暨表彰大会】　4月18日，通州区红十字会召开一届四次理事会暨先进集体、先进个人表彰大会。30个先进集体,97名先进会员受到表彰。区长、新任区红十字会名誉会长卢晓明参加会议并讲话。

(杨有平　董淑玲)

【创建档案室】 2002年,区红会主动与区档案局联系,按档案局统一要求,筹建了二级标准档案室,指定专人负责近两年档案材料的整理、分类、组卷、打印和装订,共立卷162卷。

(杨有平　董淑玲)

政法·军事

政 法

【概　况】 2002年,政法工作按照市九次党代会建设"安全稳定之都"的要求,落实区委"环境建设年"的工作部署,以十六大安全保卫工作为主线,继续深化严打整治斗争,强化基层基础工作,做好法轮功人员的预防巩固和深挖打击,全面加强政法队伍建设,圆满完成安全稳定的各项工作任务。一是确保了十六大的绝对安全。区委先后召开两次动员大会,成立社会治安及反恐防暴等五个小组,动员3.5万名机关干部、治保积极分子、联防队员等上街巡逻,对所有光节点实行24小时监控。对易燃易爆等重点要害场所反复进行安全大检查,有关部门启动护城工程。全年实现了"四个防止两个确保"的工作目标。二是与法轮功邪教组织的斗争取得新的突破。按照"摸排、深挖、巩固、建设"八字方针,一手抓深挖打击,一手抓巩固提高。全区依托村居委会文明学校办班276个,参加进校学习人员5000余人,其中原法轮功练习者近1200余人。在深挖打击工作中,共破获法轮功案件118起,端掉法轮功窝点28个,抓获法轮功人员103名,收缴用于印刷法轮功宣传品的电脑、复印机、打印机等共25台,确保了两个"0"指标的实现。三是严打整治斗争取得显著战果。全年共立年内刑事案件2528起,比去年同期减少746起,下降22.8%。共立刑侦管辖的年内案件2177起,比去年同期减少348起,下降13.8%。共破获各类刑事案件1025起,抓获各类犯罪嫌疑人1380人,抓获上网逃犯187人,先后侦破市局挂牌督办的"1.14"绑架案、"8.15"杀人案等一批性质恶劣、影响严重的案件。四是进一步完善社会治安的长效机制。启动新的巡逻防控体系,全区部署巡逻防控力量823人,安装GPS卫星定位系统的巡逻车辆50辆,实现24小时全方位巡逻。科技防范能力明显增强。共安装电子保安系统106家,卫星城177个居民小区已实行封闭的154个,占87%。其中53个实施了科技防范,达到全部的30%。与此时同,外来人口管理、青少年法制教育、刑释解教人员的安置帮教和禁毒工作都取得新的进展。政法队伍建设明显加强。政法系统开展"讲诚信树形象"活动,普遍进行职业道德和职业形象教育,树立干警的良好公众形象。区公、检、法、司四部门密切配合,妥善处理了马驹桥镇北五村、北神树村、西马庄村等集体上访事件。区检察院共审查批捕383件535人,与多家单位密切合作,开展预防职务犯罪活动。区法院加强民商审判,全年审结民商案件6423件,执结案件标的额3.45亿元。

（刘春丽）

政 法 工 作

【走访津冀五县市区加固护城河工程】 2月5日，蒋洪昉带领有关人员赴与本区接壤的河北省廊坊市安次区、三河市、香河县、大厂回族自治县和天津市武清区，与五县市区委政法委、综治办、“610”办公室领导就进一步加固护城河工程，共同维护首都稳定进行交流和探讨。并对他们在过去几年来与本区共筑护城河工程、维护首都稳定所做出的贡献表示感谢。

(刘春丽)

【召开公捕公判大会】 4月4日，在八里桥市场召开公捕公判大会。区公安分局对涉嫌纠集多人持械聚众斗殴的6名犯罪嫌疑人宣布公开逮捕。区法院对犯有放火罪、盗窃罪、贩卖毒品罪的5案9名罪犯进行公开宣判。苏文权、石进贤、解崑、刘德龙等区领导及干部、群众4000余人参加大会。

(刘春丽)

【开展“6.26”国际禁毒日宣传活动】 6月26日，根据市禁毒委的工作部署，区委政法委组织禁毒委27个成员单位在区新华大街主宣传点和11个乡镇宣传点开展禁毒宣传活动。共出动宣传员173人，张贴横幅37条、挂图48张、标语48条、展板24块，发放宣传材料5万余份，12个现场同时播放2个专题片，群众受教育面达40余万人次。

(刘春丽)

【开展法轮功一般练习者专项摸排工作】 5—7月，区委610办公室组织20余名小教员骨干力量，对全区1300余名原法轮功练习者逐一见面、座谈、甄别，按照“三类人”的标准进行分类。

(李文凤)

【全面展开校园预防邪教工作】 7月4日上午，召开校园预防邪教功法工程启动仪式暨专题讲座大会。区领导石进贤、杨林、何凤慈等，市有关部门领导、区有关部门的主管领导以及全区中小学校主管德育工作的副校长、政治课教师、团委书记及法制副校长250余人参加会议。原国家宗教局政策法规司司长，现任反邪教协会理事段启明教授为与会人员做了《关于青少年科学无神论教育的几个问题》的专题讲座。

(李文凤)

【举办《珍爱生命　反对邪教》专题文艺演出】 7月12日下午，区委610办公室主办的《珍爱生命　反对邪教》专题文艺演出在通州会堂举行。区委副书记李章泽，区委常委、办公室主任刘德龙以及区委宣传部、区教委、文化委、残疾人联合会、广电中心等单位领导同全区中小学1200余名教师、学生代表一起观看演出。在演出现场同时举行《反对邪教　崇尚文明》图片展览。

(李文凤)

【强卫在通州区调研严打整治工作】 7月16日，市委副书记、首都综治委主任强卫到本区调研严打整治工作，听取了通州区严打整治斗争情况的汇报。市委常委、政法委书记吉林、市委副秘书长韩秀峰和市委政法委、首都综治办、市公安局相关部门的领导陪同调研。

(刘春丽)

【市领导到通州区调研严打整治工作】 8月30日，市委常委、政法委书记吉林、市委政法委常务副书记慕平、市委政法委副书记、首都综治办主任刘大为等领导来本区调研严打整治自查督查工作。市领导听取了关于公安机关构建本区打防控体系的汇报和关于本区社会治安综合治理工作的全面汇报，并视察了巡察支队GPS指挥中心、如意社区警务工作站、刑警支队预审大队和焦王庄废品回收市场。

(刘春丽)

【依托文明市民学校进行法制教育】 9月10日下午，在通州宾馆召开了“依托文明市民学校，开展教育预防巩固提高活动”动员会。会议由区委常委宣传部长杨林主持，市委610办公室副主任徐永利、区委副书记石进贤到会并作重要讲话，西集镇、玉桥街道办事处、新华街道办事处三个试点单位作了典型发言。会后，各乡镇、街道办事处积极行动起来，充分发挥基层党组织的作用，组织包括原法轮功练习者在内的辖区居民到文明市民学校参加学习。学习的内容包括法律法规、科普知识、科学健身、民族宗教信仰等，通过观看、座谈、答卷等形式实现在学习中摸排，在摸排中教育，受教育群众达5000余人，其中原法轮功练习者1200余人。

（李文凤）

【召开法轮功解教人员安置帮教工作座谈会】 10月16日，区委610办公室召开全区法轮功解教人员安置帮教工作座谈会。有关领导、工作人员和解教人员交流思想、沟通感情，帮助他们解决日常工作、生活中存在的问题，坚定思想转化成果，并通过问卷调查，对他们的思想状况进行甄别。

（李文凤）

【集中清理和安全大检查工作】 6－11月，在区综治办的组织协调下，经过区文化、公安、工商、经委、教委、建委、商委、卫生、技监等有关部门的共同努力，开展了集中清理和安全大检查工作。在清理和检查中，共对全区260家"网吧"进行了清理，责令30家证照不齐的"网吧"停业整顿，取缔擅自设立的"网吧"230家。检查公共娱乐场所642家，拆除铁栅栏10家。检查并复查歌厅42家，洗浴65家，美容美发439家，责令停业75家。共检查企业1750家，下发整改通知书219份、停产整顿通知书6份，罚款4.55万元。对在建的300多个工地进行了检查，对26个施工现场混乱的工地责令限期整改。检查学校58所，商场24家，农贸市场10家，餐馆店150家，食堂132家，加工点20家，查抄黑作坊、无照摊点12家，对存在食品卫生有严重问题的5家单位进行了处罚。

（刘春丽）

公 安 工 作

【概　况】 2002年，通州公安分局以确保党的十六大绝对安全为中心，突出反恐防暴、严打整治、社区警务和队伍建设四个重点，带动全局工作。年内，不断推进"严打"整治斗争，先后开展了打击"骑抢"专项行动，针对"爬楼"入室盗窃的线索会战，针对盗窃机动车案件的联勤围堵行动，打击"两抢"专项斗争和破案攻坚专项行动等。全年共立刑事案件2528起，比上年同期减少746起，下降22.8%。全年共破获各类刑事案件1025起，抓获犯罪嫌疑人1380人，抓获上网逃犯187人，破获市局挂帐督办案件21起，打掉犯罪团伙69个。年内，通过加大治安案件查处力度，共查破治安案件9267起，抓获违法人员10663人。查破卖淫嫖娼35起128人；查破介绍容留妇女卖淫19起32人；查破赌博案件142起708人；收缴各种枪支93支。分局集中开展了治安乱点整治工作，2个市级、23个区级重点整治地区治安状况好转，全部通过市局验收。分局建立起新的防控体系，严密巡逻防控网络，成立9支110人的专职巡逻队，配备安装GPS卫星定位系统的巡逻车50辆，把警力最大限度地摆在街面上，发挥震慑与打击现行的双重责任。分局推进了社区警务战略，建立社区警务站62个，占应建站总数的100%，每个警务站配备1名民警。进一步加强了居民小区的防范工作，城区177个居民小区已封闭154个，建立了300人的社区保安队伍，以保安为主开展群众性的社区巡逻工作，十六大期间，共组织发动各种巡逻力量28294人。全年发生入室"三类"案件227起，比2000年减少152起，下降率为40.1%。加强对流动人口和出租房屋的管理，开展出租房屋专项调查和重点地区外来人口调查，全年共登记外来人口145980人，登记各类出租房屋12064户33009间，处罚违法外来人员5648人，处罚违法房主72人，收容"三无"人员4591人。通过光盘比对抓获逃犯2人，抓获外来人口犯罪人数占抓获总数的51.9%。加强国保工作，深化与法轮功的斗争。开展国保基础对象调查工作，摸清了国保工作对象的底数，对认定的国保重点人分层次进行控制。搜集各类情报信息

1717件，上报市局、区委626件，被采用94件。破获法轮功案件118起，端掉法轮功窝点28个，抓获法轮功人员103名。加强内部单位保卫工作和消防监督工作，全年发生火灾312起，死2人，伤5人，经济损失19万元。区保安分公司为179家客户提供保安员1746名，协助公安机关破案21起，查获违法犯罪人员47名。分局加快了科技强警步伐，投资1000余万元建成新的指挥中心，在通州城区各繁华地区重要部位安装40个监控点，实行24小时监控。完成三级网络中心、网管中心和城区派出所光纤千兆网工程的建设。坚持政治建警，开展“三项治理”和遵纪守法教育，保证队伍不出问题。加大民警培训力度，举办各类培训班9期，培训民警480人。举办短期培训班13次，培训民警910人次。继续进行学历教育，114名民警如期拿到专、本科毕业证书。进一步深化机构和人事制度改革，建立预审大队和人口管理综合执法队，22名民警通过竞聘走上领导岗位，调整90名民警到高发案地区工作。加强宣传工作，年内在各大新闻媒体发表稿件833篇。从优待警，组织300名民警疗养休息，为全体民警进行体检。改善办公环境，为全局民警购置统一的办公桌椅，对分局办公楼房和食堂进行了装修。

（李明玺　张新伟）

【加大对法轮功违法犯罪活动的打击力度】年内，通州分局加大对法轮功违法犯罪活动的打击力度，共破获法轮功案件118起，端掉法轮功窝点28个，抓获法轮功人员103人（其中通州区55人，其他区县32人，外省市16人），共审查市局分流法轮功人员8批35人，收缴用于上网、印刷法轮功宣传品的电脑、复印机、打印机、刻录机等25台，收缴法轮功书籍770本、光盘5000余张、其他宣传材料1.8万余份。

（李明玺）

【妥善处置群体性上访事件】　年内，通州分局完善了处置群体性事件的各项工作预案，坚持早发现、早报告、早控制的原则，共出动警力2000余人次，处置集体上访138批2852人次，其中到北京市和中央上访的24批1036人次。

（李明玺）

【建立新的巡逻防控体系】　年内，通州分局建立了以警务指挥中心为中枢，派出所为基础，巡察支队为龙头并有效整合武警、交警和其他社会治安辅助力量的新的巡逻防控体系。在同一时间内有70名民警、50名武警、50名交警和330名保安、270名联防队员及50辆巡逻车在街面上巡逻。

（李明玺）

【推进社区警务战略】　年内，通州分局在社区建设中全面实施社区警务战略；建立和完善新的社区警务工作运行机制，落实社区治安综合治理措施，下发了《关于进一步改革和加强派出所工作的实施意见》、《通州分局社区警务工作具体实施意见》等加强社区警务具有指导性的文件。城区6个派出所建成社区警务站62个，占应建站总数的100%。同时，按一区一警配备民警62名，并逐步给每个社区警务站配置保安员。

（李明玺）

【开展警校共建工作】　年内，通州分局24个派出所与辖区121所学校建立警校共建关系，有28名现职领导干部被聘为法制副校长。共为中小学生讲法制安全课480余次，受教育学生28万人次。

（李明玺）

【加强网络监察】　年内，通州分局对全区“网吧”进行调查摸底，建立260余家“网吧”台帐。对120余家企事业单位的联网情况进行“病毒疫情情况调查”，对存在问题的“网吧”暂扣电脑38台、交换机和上网设备13台，对6家登陆淫秽、色情网站的“网吧”给予警告或罚款处罚。对145家“网吧”进行专项治理，94家“网吧”安装了监控管理软件，处警达156次。

（李明玺）

【多项执法制度、办法出台】　年内，通州分局召开“法制办案工作会”，并制定了《通州分局执法责任制》、《通州分局执法质量考核实施细则》、《通州分局内部执法监督实施办法》、《通州分局执法过错责任追究实施办法》等文件，规范了执法行为，保证了案件质量。

（李明玺）

【开展监所内政治攻势】 年内，通州分局配合严打斗争，在监所内对在押人员开展政治攻势，敦促在押人员坦白检举各类犯罪线索，全年在押人员共坦白、检举犯罪线索225件，从中破案45起（其中重大案件30起，一般案件15起），抓获犯罪嫌疑人24人。其中破获了有较大影响的包前猛绑架杀人案、李国等人骑车抢劫案和名鸽、名犬被盗案等。

（李明玺　吴文娟）

【信访结办率92%】 年内，通州分局共受理群众来信、来访、来电和“110”投诉共710件，其中来信346件（初信271件、重信75件），来访208批（初访173批、重访35批），监督电话99次，“110”投诉57件。结办653件，结办率为92%。

（李明玺）

【查获重大赌博团伙】 2月6日，通州分局治安处会同次渠派出所在台湖镇董村南“天意通工贸有限公司”查获重大赌博团伙，抓获赌博人员16人，收缴赌资12万余元。

（李明玺）

【开展集中统一清查行动】 为确保春节期间有一个良好的社会秩序，2月7日、8日晚18时至24时，开展了集中统一清查行动。共出动警力1330人次，清查出租房屋1538户3337间，门店369间，施工单位41处，各种复杂场所38处，审查外来人口2824人，收容遣送“三无”人员45人，处罚27人，查处一个制假酒窝点，收缴假酒660瓶。

（李明玺）

【举办消防安全培训班】 5月20日至6月1日，通州分局举办宣传贯彻《机关、团体、企业、事业单位消防安全规定》培训班，439家消防安全重点单位的法定代表人和主要负责人参加培训，培训班邀请消防专家进行授课。

（李明玺）

【增加永顺派出所的警力】 5月27日，通州分局从机关业务处、室、队和18个农村派出所抽调30名警力到高发案的城乡结合部永顺地区（1－5月该地区共立案305起，占全区立案总数的25.2%，占卫星城地区立案数的38.6%），加强永顺派出所的治安巡逻及社区民警力量。同时争取永顺镇党委政府的支持，配备了60名保安作为辅助力量。

（李明玺）

【调整巡逻体制】 6月11日，通州分局从巡察支队抽调60名警力充实到城区及其周边派出所，在永顺、北苑、中仓、新华、玉桥、梨园6个派出所成立巡逻队，其编制属派出所，在业务上受派出所和巡察支队双重领导。

（李明玺）

【娱乐、服务场所大规模集中统一清查】 6月16日，海淀“蓝极速”网吧重大火灾事故发生后，通州分局于6月16日至19日对全区歌舞厅、发廊、网吧及重点防火单位进行大规模地毯式集中清查，共出动警力2100余人次，联防、保安1000余人次。共清查歌舞厅50家，取缔2家，停业整顿1家；清查洗浴中心61家，取缔7家；清查发廊332家，取缔40家；清查游戏厅29家，取缔25家；清查录像厅3家，取缔1家。没收游戏机（赌博机）61台。对全区230家网吧进行多次检查，均已关闭。收容“三无”人员89人。另外，检查重点防火部位、单位33个，发现隐患29处，停业1家，处罚1家，填发限期整改通知书13份，填发当场整改通知书6份。

（李明玺）

【打掉一制贩假证章窝点】 6月19日，通州分局刑侦支队打掉一制贩假证章窝点，抓获犯罪嫌疑人李春梅（女，23岁，通州人）、李健（男，26岁，江苏人）。在其租住地——北苑地区农印厂2号宿舍楼101号，起获伪造的“中华人民共和国财政部”行政章、“北京市工商行政管理局”行政章、“山西省公安厅户口专用章”以及“北京理工大学”、“白求恩医科大学”等行政章400余枚，并起获用于制假的作案工具微机、压膜机等。2人被刑事拘留。

（李明玺）

【打掉一强迫、组织妇女卖淫团伙】 6月24日，通州分局在通州区新华北街将强迫、组织、介绍妇女卖淫的陈华（女，31岁，湖南省人）、邹格平（女，35岁，湖南省人）、陈高奇（男，36岁，江西省人）等6名犯罪嫌疑人及3名卖淫女抓获。经查：陈华及其夫陈春旗（男，35岁，江西省人）等人以找工作为名，在其原籍拐骗妇女到北京，以恐吓威胁等手段，让这些妇女假冒处女，向嫖客卖淫，每次收取赃款1500－3000元不等，共收赃款30余万元。陈华、陈春旗7人被刑事拘留。

（李明玺）

【开展一周冲刺行动】 为遏止刑事案件上升势头，通州分局于6月24至28日开展了为期一周的冲刺行动。共出动巡逻力量1375人次（其中民警784人次，联防、保安591人次），破获各类案件28起，抓获刑事犯罪嫌疑人22名，其中上网逃犯1名。治安拘留8人，收容遣送101人，处罚135人，罚款6750元。

（李明玺）

【铲除一赌博窝点】 8月6日，通州分局治安处在巡察支队、胡各庄派出所以及联勤堵卡民警的配合下，在潞城镇后屯村一废弃工厂内铲除一利用“百家乐”赌博窝点。抓获17名涉嫌赌博人员，收缴赌资10万余元。

（李明玺）

【成立预审大队】 为提高打击破案整体水平，规范办案程序，提高办案质量，通州分局党委决定增加刑侦支队机构和人员编制。成立由35人组成的刑侦支队预审大队，8月8日，召开了成立大会。

（李明玺）

【贾庆林等领导视察如意社区警务工作站】 8月13日，市委书记贾庆林、副书记强卫、副市长刘志华等领导到通州区工作调研，视察了通州分局新华派出所如意社区警务工作站。贾庆林对通州分局推进社区警务工作战略、设立社区警务工作站的工作给予充分肯定。在如意社区警务站里，询问了有关社区警务站、社区治安状况等情况，并对社区警务工作提出要求。市领导还与治安巡逻员、居委会工作人员进行了交谈。

（李明玺）

【五天集中统一行动】 为确保十六大的绝对安全，按照市局的工作部署，通州分局于10月27日至31日开展了五天集中统一行动，取得明显成效。全区共出动各种力量8784人次，出动车辆1164辆次，破获各类刑事案件106起，抓获违法犯罪嫌疑人107人（其中刑事拘留79人，治安拘留28人）。共检查重点大街8处，清理出租房屋28191间，集贸市场43处，繁华商区2个，饭店旅店87家，娱乐服务场所253家，其他场所36家。收容盲流乞讨人员85人，收容遣送“三无”人员433人。共检查防火重点单位处所302处，发现隐患227处，整改227处。

（李明玺）

【指挥中心落成】 11月8日，通州分局新建的指挥中心大厅落成并投入试运行。该指挥中心大厅建筑面积480平方米，分为指挥中心和监控（室）中心。该指挥中心大厅装配有道路监控系统、大屏幕显示系统、110接报警系统、计算机网络系统。均使用了目前最先进的设备和软件。

（李明玺）

【开展“冬季攻势”一周会战】 12月9日至16日，通州分局开展为期一周的严打整治“冬季攻势”会战统一行动，取得明显效果。共破获刑事案件49起，抓获各类违法犯罪嫌疑人21人（刑事拘留18人，治安拘留3人）。清理整顿机修业186家，旅店38家，文化娱乐场所68家，废品收购点35家，市场门店162家。收容遣送“三无”人员198人，治安罚款5500元。

（李明玺）

【圆满完成“十六大”保卫任务】 通州分局为做好“十六大”的安全保卫工作，成立“十六大”安全保卫工作领导小组，制定了《十六大安全保卫工作方案》。严厉打击各种刑事犯罪、有效控制刑事发案。1—10月，破案144

起，比上年同期增加28起，立案1670起，比上年同期减少569起。强化了治安检查和清理整顿，对娱乐场所、出租房屋、旅店、饭店、集贸市场等进行反复的“拉网”式的大检查，实施处罚110起，依法停业32家，消除隐患573处。对使用、储存危险物品的82家单位签订了安全责任书，从内部单位中排出二、三类要害部位42个，实行重点控制。加强了情报信息收集，对各类重点人员进行严密控制，妥善处置群体性上访，严密了社会面控制，科学整合各种辅警力量30000余人进行巡逻、设卡。圆满完成了“十六大”保卫任务。

（李明玺）

【打掉重大骑抢、盗窃犯罪团伙】 4月5至22日，通州分局刑侦支队在梨园派出所的配合下，打掉一个长期在通州地区以骑抢、盗窃机动车为主的外地来京人员组成的犯罪团伙，抓获李大鹏、张海中、张建党（均为河南省人）等犯罪嫌疑人15名。该团伙自2001年以来，在通州区作案88起，其中骑摩托车抢夺26起，盗窃摩托车59起，其他盗窃3起。

（李明玺）

【破获系列盗窃汽车案】 5月8日，通州分局刑侦支队经工作获悉，暂住在通州区宋庄镇小邓各庄村105号的魏新毫（朝阳区人）的住处有不少机动车牌照来历不明，经工作确认这些牌照均为被盗汽车牌照。5月11日，将魏新毫抓获。经讯问，魏交待自1996年以来，连续在通州区、朝阳区等地利用换钥匙门、对火搭线等手段作案29起，盗窃桑塔纳轿车、丰田面包车、2020型吉普车等牌号汽车29辆，总价值140余万元。

（李明玺）

【破获特大入室抢劫案】 8月20日，通州分局刑侦支队接连胜珍、吴启荣（均为河南省人）报案称：8月19日21时许，2人在其暂住地——玉桥地区葛布店南里4号楼231室被两名陌生男子持刀威胁绑架后，抢走现金、手机、存折等物。通州分局刑侦支队接报后，立即开展工作，于次日将犯罪嫌疑人张洪伟（黑龙江省人）抓获。经讯问张交待：8月19日21时许，其伙同郭军健（河南省人，在逃）窜至玉桥地区葛布店南里钻窗入室进入事主家中，待事主连胜珍、吴启荣回家后将其2人捆绑，在其家中搜出现金、存折、手机、项链等钱物，并持刀威胁，逼事主说出存折密码，于第二天上午由郭军健看押连、吴，张洪伟到通州区、朝阳区的3个银行储蓄所取走现金55000元，共计抢走6万余元财物后逃跑。

（李明玺）

【破获“8.21”系列抢劫杀人案】 8月21日，通州分局巡逻民警抓获一名可疑男子，经初步审查，该人（宋春旺，台湖镇人）供述，自5月以来，伙同李伟、杨文斌、秦宝福、赵小宝等人以打车为名，将司机从市区骗至通州区台湖镇西下营工业园区附近，将司机杀害，抢劫出租车。分局成立“8.21”系列抢劫杀人专案组，经工作，打掉两个杀人抢劫犯罪团伙，抓获涉案犯罪嫌疑人11人，破获刑事案件12起，其中杀人9起（杀死8人，未遂1起）抢劫、强奸、绑架各1起。收缴红旗、桑塔纳、捷达等牌号轿车8辆，总价值100余万元。

（李明玺）

【破获“6.22”重大抢劫案】 10月26日，通州分局刑侦支队破获“6.22”重大抢劫案，将犯罪嫌疑人孙海威（黑龙江省人）抓获。孙海威于6月22日伙同同乡孙鹏、张昆、王迪（在逃）持刀窜入中仓地区常家胡同徐秀亮家，将徐妻殷亚民和儿子徐宁捆绑，抢走手机、邮票、现金等7万余元财物。经进一步审查；孙还交待自2001年以来伙同孙鹏、张昆、王迪等人在通州区抢劫、敲诈、盗窃作案20余起的犯罪事实。

（李明玺）

检察工作

【概　况】 2002年，通州区检察院按照中央、市委和高检院的部署，把继续深入开展“严打”整治斗争和确保党的十六大顺利召开作为各项工作的中心任务。全年共受理公安机关及本院自侦部门提请逮捕案件434件

607人，经审查做出批准逮捕决定383件535人，其中三类重点案件234件344人，对涉嫌聚众斗殴犯罪的4人公开逮捕；受理移送审查起诉案件517件749人，经审查提起公诉487件701人，其中法轮功案件6件14人。共受理贪污贿赂犯罪线索29件，立案侦查5件，其中贪污受贿5万元以上大案3件，最高涉案金额45万余元。受理渎职案件线索3件；通过办案为国家和集体挽回经济损失34万元。

全面履行法律监督职责，促进"严打"整治斗争的深入开展。共发现和受理立案监督线索4件，经审查后，要求公安机关说明不立案理由的1件。通过采取提前介入、参加公安机关重大案件讨论、提出侦查提纲等方式引导侦查，同时对公安机关出现的违法办案等问题提出纠正意见，全年口头提出纠正违法意见10次，发出《纠正违法通知书》2份，依法不批准逮捕13人，依法追捕、追诉犯罪嫌疑人8人。依法对区法院的刑事判决进行审查，针对认定事实有误等情况，提起抗诉2件2人，上级检察院支持抗诉1件1人。监所检察取得实效，驻所检察216天，开展法律手续检察221次，法律时限检察197次，留所服刑检察72次，安全防范检察52次，清监6次，对二审超期羁押的3次4人提出纠正意见，深入公安派出所组织调查摸底，进行监外执行检察15次。民事行政检察工作不断深化，全年共受理民事行政申诉案件34件，立案13件，结案29件，其中建议抗诉1件；对法院的正确判决、裁定予以支持，做好息诉工作，全年驳回申诉12件，不予立案14件。控申举报部门受理群众来信155件，接待群众来访174件，检察长接待20人次，对反映的问题及时妥善加以处理。

（于光伟）

【中编办、高检及市院领导来院进行调研】 1月16日，中央编制办、最高人民检察院、北京市人民检察院的领导来院进行检察改革调研，听取了本院在2000年底进行的检察改革情况、新机制运行一年的成效，需要进一步明确职责、理顺关系等实际问题的汇报。中编办及高检政治部领导对改革工作给予了肯定，同时指出今后需要研究解决的问题。

（李永红）

【高检、市院及江西省院领导来院调研】 3月22日，北京市人民检察院许海峰检察长陪同最高人民检察院政治部干部部部长尹晋华及江西省检察院检察长丁鑫发到通州区院就机构改革问题进行调研。座谈会上，通州区院东晓钟检察长从改革的初衷、内容、成效及改革运行过程中存在的问题等几个方面进行了全面介绍。与会者就检察院机构改革，加大检察官的职责，突出检察官的地位和作用，提高自身素质，实现公正执法等问题进行了探讨。

（李永红）

【起诉通州区首例非法行医案】 5月17日，通州区检察院将北京市公安局通州分局移送审查起诉的被告人彭国发涉嫌非法行医一案提起公诉，该案在通州区尚属首例。被告人彭国发，男，45岁，原北京市古为今医疗研究所副所长。2001年3月14日，通州区胡各庄卫生院中医师马敬受被害人廖××（女，32岁）所托，找到彭国发为廖及其夫洪××治疗性病。彭国发在未取得执业医师资格也没为他人看过病的情况下诊断廖、洪二人患有支原体感染型性病，并从私人手中购买药品，由马敬按照彭国发的医嘱为廖、洪二人静脉滴注和肌肉注射，后在再次输液过程中廖出现恶心、疼痛等症状，被送往潞河医院治疗，抢救无效死亡。法医鉴定廖××系肝损害并发休克病变死亡。区法院以非法行医罪判处彭国发有期徒刑4年。

（贾志兵）

【开展执法大检查活动】 根据北京市人民检察院执法大检查工作会议精神，通州区院成立了以检察长为组长的执法大检查领导工作小组及工作办公室，在自查阶段，该院将执法大检查工作与通州区政法系统开展的"讲诚信、树形象"活动结合起来，制定具体的活动安排，以对干警进行理想信念教育和素质教育为主线，进一步提高干警依法办案的能力，使干警增强群众观念，解决执法中存在的问题，确保公正执法。在查摆阶段，全院干警对自身存在的问题进行了认真的查摆，并制定了整改措施。

（李永红）

【多种形式答复署名举报人效果显著】 控申部门实行首办责任制以后，本院对所管辖的署名举报及时分流，7 天内将分流去向答复举报人；对非本院管辖的署名举报线索，同样做到件件有答复。用多种形式认真做好对署名举报人答复工作，实现了息诉的目的，取得了较好的社会效益。一、直接答复，主要针对来院法律咨询或举报内容非本院管辖的举报。二、共同答复，即对本院受理或承办的案件的答复，采取案件承办人与控申部门共同答复的方式，可直接涉及问题的实质，问题的解决与息诉工作同步进行。三、上门答复，主要适用于两种情况，一是举报人来信中留下了联系地址，二是对集体访的答复。四、预约答复，对于前次答复不满意，要求见案件承办人或检察长亲自接待的群众，采取预约方式。

（叶秀川）

【“检务公开”进村入户】 为切实把“检务公开”工作落到实处，在总结以往工作的基础上，本院重新修订了“检务公开”工作方案，进一步加大宣传力度，使“检务公开”进村入户，深入人心。一是根据本院的机构变化情况，印制了宣传材料，重点介绍本院基本情况和机构设置及职责；二是结合“社会治安综合治理宣传”、“举报宣传周”和“禁毒日宣传”等活动，向广大群众发放宣传材料和《检务公开手册》；三是走出机关，主动和各单位联系、沟通，给全区 84 个委、办、局、公司，11 个乡镇、4 个街道办事处、470 多个行政村、50 余个居委会及乡镇、办事处的内设科室送去了《检务公开手册》和宣传材料。共发放《检务公开手册》2000 余本，宣传材料 1850 多份，受到群众的欢迎，检务公开工作收到良好的效果。

（王向明）

【综合信息技能竞赛获第一名】 8 月 26 日，在全市检察机关综合信息技能比武决赛中，本院代表队在参加决赛的七支队伍中表现出色，名列第一名，获单项比武一等奖。

（李洪欣）

【两人分获“十佳”和优秀公诉人称号】 在市检察系统“十佳”暨优秀公诉人评选活动中，通州区院审查起诉处李智慧获得“十佳”公诉人称号，其撰写的论文《对统筹设计监督体系的思考》被评为优秀论文（单项奖），王洪波获得优秀公诉人称号。这是通州区院在“十佳”公诉人评选活动中连续四次获此荣誉。

（马　璐）

【通州区预防职务犯罪网络成立】 8 月 6 日召开通州区预防职务犯罪网络成立大会。区属各委、办、局、公司、各乡镇、街道办事处，经济开发区以及驻区中、市属单位等 100 多个网络成员单位的主管领导参加了会议。会上，通州区预防职务犯罪网络领导小组副组长、通州院检察长东晓钟代表预防职务犯罪网络领导小组做了题为“统一思想，明确任务，开拓预防职务犯罪工作新局面”的讲话。市检察院副检察长孙力到会讲话。

（甄国清）

【制定五项措施实现司法公正】 通州区检察院深刻理解检察机关公正执法、严格监督的工作内涵，努力在实现司法公正、提高司法效率、弘扬司法文明、改进司法作风、深化司法改革、改善司法环境等方面争取新的突破和发展，制定五项措施：加强执法作风教育，加强制度建设，加大管理力度，抓紧抓好检察环节维护稳定的各项工作，结合学习方工同志严格执法一心为民精神，树立现代执法理念转变工作作风。

（王向玲）

【被授予优秀“青少年维权岗”称号】 10 月 16 日，通州区检察院被共青团北京市委员会和北京市人民检察院联合授予优秀“青少年维权岗”荣誉称号。在创建“青少年维权岗”活动中，通州区院针对近年来青少年犯罪中团伙犯罪案件较为突出等新特点，认真分析犯罪产生的原因，坚持教育、感化、挽救的方针,贯彻《未成年人保护法》、《未成年人保护条例》和《预防青少年犯罪法》,并制定了《关于开展未成年人保护工作的暂行规定》,坚持把保护未成年人的合法权益贯穿于办案的全过程。

(于光伟)

【信息工作取得突破】 全年共编发各类信息152期,被上级有关部门转发数首次突破50篇,达到124篇,转发数比2001年增长181%,其中有4篇信息被评为优秀信息,1篇被市人大采用,1篇引起区委领导的关注并做了批示,全年信息编发数、转发数、转发率、优秀信息数、转发刊物数量等各项指标均大幅度超过了本院历史上的最好水平。

(王向明)

【开展"检察官讲英语"活动】 自6月21日开始,通州区检察院正式启动"检察官讲英语"活动。根据现有英语水平,将全院干警分为普通班和高级班,每周五下午在院多功能厅和二楼会议室分别上课,由院里有六级英语水平的青年干警执教。普通班安排学习英文字母和简单生活会话等内容,并配以声情并茂的教学软件《从零开始》辅导学习;高级班以《公务员讲英语》为教程,学习日常生活用语和检察工作用语。

(李永红)

审判工作

【概　况】 2002年,通州区人民法院围绕"公正与效率"主题,全面加强审判工作,深化各项改革,努力提高队伍素质,加强物质基础建设,完成审判和其他各项工作任务。全年共受理各类案件10170件,办结10079件,收、结案双破万件大关;解决诉讼标的9.2亿元;结案率99.1%;连续5年保持无超审限案件纪录。全年共受理刑事案件524件,审结521件;受理民商案件6461件,审结6423件,其中企业破产案件26件,涉及标的金额4.4亿元;受理行政诉讼案件7件,审结7件;受理执行案件3045件,结案2995件,执结标的金额3.45亿元,结案率98.4%。积极开展社会治安综合治理,成绩突出,区法院被评为"通州区社会治安综合治理先进集体"和"通州区法制宣传教育工作先进单位"。自觉接受区人大及社会各界群众的监督,围绕大家关注的热点和难点问题,主动向区人大常委会和各界群众汇报工作,推动了审判、执行工作的顺利开展。以法官职业道德教育为主线,开展"立党为公,执政为民"、"讲诚信,树形象"、"执行队伍集中教育整顿"等系列教育培训活动,队伍建设得到进一步加强,涌现一大批荣获区级以上荣誉称号的先进集体和先进个人。年内,区法院共收到锦旗25面,表扬信15封,干警拒收钱物折合人民币5.5万元,反映审判作风问题的来信来访同比下降57%。基层人民法庭建设实现全部达标,人民法庭宽带网于3月1日在全市法院系统率先建成。

(王　华)

【率先建成人民法庭宽带网】 3月1日,通州区人民法院4个人民法庭宽带网正式开通,在本市法院系统率先实现审判信息、专线电话和电视电话会议系统的四级三网合一,大大提升了法院整体办公自动化水平。该网的建成,保障了派出法庭"司法文书电子签章"系统的可靠使用,提高了审判工作效率,降低了诉讼成本。5月30日,"北京法院人民法庭宽带网建设现场会"在宋庄人民法庭召开。区法院宽带网建设的模式和效果受到最高法院装备管理部门领导的高度评价。

(王　华)

【与南通州市法院结成"友好法院"】 4月17日,通州区法院与江苏省通州市法院签订协议,结为对子,加强交流和协作,互促共进,共同弘扬"公正与效率"的世纪主题。双方决定在审判工作、队伍建设和司法改革方面进行经常性、多领域、多层次的沟通与合作,包括人员交流、经验交流、信息资料交流和跨地域司法协作等。

(王　华)

【连续三年被评为区精神文明建设先进单位】

5月15日,通州区人民法院在区精神文明建设工作会议上获通州区2001年度精神文明建设综合百分考核评比先进单位称号。这是本院连续三年被评为区精神文明建设先进单位,按规定,所颁流动奖杯将由本院永久保存。

(王 华)

【严厉打击交通肇事逃逸犯罪】 打击交通肇事犯罪,为十六大胜利召开创造良好交通环境,8月27日区法院召开通州区严厉打击交通肇事逃逸犯罪公判大会,对5起交通肇事逃逸犯罪案件进行公开宣判。全区各单位、街道、乡镇村主管交通安全的领导以及交通运输从业人员代表近千人参加公判大会。

(王 华)

【人民法庭实现全部达标】 区法院以市高级法院开展人民法庭达标活动为契机,高度重视并大力加强以人民法庭建设为重点的基层基础工作。加大投入,改善法庭的硬件设施,并注重调整充实法庭干部,加强法庭队伍和业务建设,促进人民法庭工作的健康发展。在2001年宋庄、张家湾、漷县3个人民法庭被评为达标法庭的基础上,11月11日,本院马驹桥人民法庭通过市高级法院人民法庭工作指导小组办公室的检查验收。至此,本院人民法庭实现全部达标。

(王 华)

【人大代表现场监督执行】 12月14日,通州区人民法院邀请区人大代表、特邀监督员、新闻记者现场监督,并在随队医护人员的配合下,顺利执行一起因被执行人患有"癔症"而长期未能执结的房屋腾退案。法院主动接受监督,增强案件执行透明度的做法,以及在具体执行中采取的人道主义措施,受到区人大和社会舆论的高度评价,实现了严肃执法与文明执法的有机统一。

(王 华)

【优化队伍整体结构】 2002年完成机构改革和精简分流任务,经过这次调整,一线审判力量得以加强,审判一线与行政后勤的人员比例由此前的4:1变为5:1;队伍更加年轻化:精简分流25人后,全院现有干警149名,平均年龄由41.2岁下降为38.2岁,降低3岁,中层干部平均年龄由45.7岁下降为40.8岁,降低近5岁;队伍更加知识化:全院现有干警中,具有法律大专以上学历107人,其中具有本科学历91人,还有5人取得研究生学历,中层干部中大学本科以上学历比例达到88%。

(王 华)

【社会治安综合治理工作获表彰】 在综治工作和法制宣传工作中,区法院全年共排处影响社会稳定因素案件403件;向有关单位发出司法建议21件;接纳公开审理案件旁听群众1万余名;召开公判大会4场,到会群众近万人;各级各类新闻媒体编播、编发有关通州区法院的电视、广播法制新闻、专题节目66条(期),文字稿件209篇;组织到校园开庭2次,到案发学校公开宣判以案讲法1次,法制副校长讲法制课13次,法院干警进社区、企事业单位和行政机关讲法制课11次。2002年本院被评为"通州区社会治安综合治理先进集体"和"通州区法制宣传教育工作先进单位"。

(王 华)

司法行政

【概 况】 2002年通州区司法局设有机构七科一室,即政工科、纪检监察科、法制宣传科、基层工作科、法制科、法律援助指导科、文审科、办公室;所属律师事务所3个(均属合伙所);下属基层司法所15个、法律事务所16个。全局共有在编人员104名,其中公务员93名、工勤人员11名。专兼职律师30名。

年内,律师共办理经济、民事、刑事案件530件,代写法律文书1163份,解答法律咨询3626人次,应聘担任常年法律顾问55家,为企事业单位挽回和避免经济损失874.4万元。全年办理经济、民事、涉外公证2988件,义务解答法律咨询3680人次。基层法律服务所共代理各类案件614件,协办公证40

件，解答法律咨询4769件，代写法律文书957件，担任常年法律顾问756家，为企事业挽回和避免经济损失2166.8万元。全区人民调解组织共调节各类纠纷1601件，防止民转刑117件164人，防止自杀13件14人。2002年全区刑事解教人员累计174人，全部做了安置，并为26名特困释解人员，解决了最低生活保障金。有针对性地进行法制教育。在全区121个单位837名处级领导干部中开展法律知识测试活动；与区委宣传部、区人事局联合下发了《关于在全区公务员中开展学法用法工作意见》，启动公务员学法用法培训计划；在全区中小学生中开展“争做遵纪守法小市民”征文比赛活动；继续编辑《外来人员法制教育资料》，加强对外来人口的法制宣传教育。举办《崇尚科学，反对邪教》的大型展览。开展“全区法制宣传品大赛”活动。全年共开展法制宣传教育1464场次，受教育人数达687328人次，宣讲法制课672场次，发放宣传材料1093167份，出法制宣传橱窗646期，板报3934块。2002年，区法院被评为“首都精神文明先进单位”、“综合百分考评先进单位”、“北京法律援助工作优秀单位”。

（王晓民）

【举办《反对邪教，崇尚文明》巡回展】　1月23至25日，在运河文化广场举办北京市《反对邪教，崇尚文明》区县巡回展，共展出展板240余块，共有12000余人参观展览。

（王晓民）

【区编办批准本局调整司法所方案】　2月6日通编办[2002]8号批复本局调整司法所方案，由原来的23个调整为15个，核定专项编制64名，科级职数26名。

（王晓民）

【“司法所形象工程建设”评比验收】　6月4至14日，局检查验收组对基层司法所开展的“司法所形象工程建设”进行检查验收。区人大、区政协、区政法委、市局基层处、市局外宣办等领导参加了验收启动仪式。经过评比，宋庄司法所、潞城司法所、梨园司法所、张家湾司法所获得优秀司法所称号，永乐店司法所获基础工作奖、永顺司法所获调解庭建设奖、北苑司法所获法制宣传奖、新华司法所获调解室建设奖。

（王晓民）

【区人大领导检查依法治理工作】　7月23日，区人大领导及驻会委员在司法局召开第二十次主任会议。会议听取了由依法治区办公室主任、司法局局长宁秋君作的题为《关于我区“四五”普法规划启动实施以来普法和依法治理情况的汇报》，视察了潞城镇常屯村的依法治村工作。

（王晓民）

【开展法律援助活动】　9月7日、14日，在全区15个行政区域开展了大规模的法律援助宣传。9月7日市司法局领导为通州区潞城镇法律援助工作站揭牌，并向残疾人、低保对象发放法律援助服务卡。

（王晓民）

【召开依法治理经验交流会】　9月19日，通州区依法治区领导小组在潞城镇常屯村召开“通州区依法治理经验交流现场会”。市司法局领导、区领导及依法治区领导小组成员参加了会议。

（王晓民）

【法轮功练习者帮教座谈会】　10月16日，区安置帮教领导小组办公室组织各成员单位与区委“610”办公室共同组织召开被解除劳动教养的原法轮功练习者安置帮教座谈会，接受此次帮教活动的原法轮功练习者共37人。

（王晓民）

【送法下乡】　12月4日，依法治区办公室在潞城镇组织了有律师、公证、法援、“148”办公室等部门人员共15人参加的大型“送法下乡”活动。中央电视台（7套）在农村新闻栏目播放了此次宣传活动。

（王晓民）

社会治安综合治理

【概　况】　2002年，区社会治安综合治理工作，以做好十六大安全保卫工作为中心，以提高治安防范能力为目标，加强基层安全创建工作，建立综合治理长效机制，紧紧围绕“环境建设年”这一主题，严格落实“打防结合，以防为主”的工作思路，通过“加强基层，夯实基础，健全机制”，推动社会治安综合治理各项措施的有效落实，圆满完成十六大安全保卫工作任务，严打整治斗争成效显著。层层签订责任书共计2800多份，全年共组织清理整顿行动670余次，出动各种力量9.2万人次，共审查外来人口14万余人，从中查获外地刑事犯罪嫌疑人504人，收容遣送“三无”人员4591人，查处违法房主34人，处罚违法外来人口5648人，罚款290510元。集中开展专项整治斗争和收戒吸毒人员统一行动，全年共打掉吸贩毒团伙5个，破获涉毒案件17件32起，抓获毒品犯罪嫌疑人18名，收缴毒品海洛因31.94克，抓获吸毒人员45名，强制戒毒42名，劳教戒毒3名。为确保十六大保卫工作的绝对安全，最大限度的净化治安环境，共清查饭店144家，重点单位部门285处，重点大街12处，集贸市场85处，出租房屋39769间，端掉卖淫嫖娼窝点2处，抓获卖淫嫖娼人员11人，收缴赌博机15台，消除隐患573处。启动社区创安工程，区综治委制定了《非公企业安全防范工作实施意见》。

（刘春丽）

【召开保稳定工作会】 2月27日，召开保稳定工作会，会议总结了2001年的保稳定工作情况，研究和部署了2002年的保稳定工作，对2001年在区保稳定战线做出突出成绩的25个先进集体、30个先进帮教小组和82名先进个人进行了表彰。区领导与乡镇、街道办事处代表签订了2002年社会治安综合治理领导责任书。区委、区人大、区政府、区政协主要领导和主管领导，各乡镇、街道办事处、各委、办、局、公司、驻通中市属单位、部队官兵、区政法各单位及受表彰单位和个人共1200余人参加会议。

（刘春丽）

【开展加强社会治安防范宣传日活动】 6月8日，按照首都综治委的统一部署，区综治办组织区政法各单位及乡镇、街道办事处在全区20个繁华地段共设立20个宣传点，在乡镇、街道办事处及社区设立19个宣传点开展加强治安防范宣传活动。区委副书记石进贤及公、检、法、司主要领导参加了宣传活动。

（刘春丽）

【中央综治委检查组来本区检查工作】 6月12日，中央综治委检查组到通州区检查社会治安综合治理工作。石进贤和区公安分局、检察院、法院、司法局、纪委、组织部、监察局、人事局、商委等部门的领导一同出席了汇报会。会上，综治办领导围绕检查组所要检查的主要问题，从五个方面汇报了社会治安综合治理工作情况。

（刘春丽）

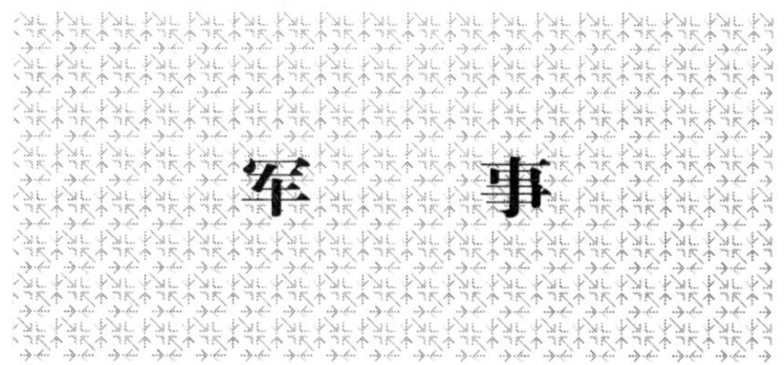

人民武装

【概　况】 中国人民解放军北京市通州区人民武装部隶属北京卫戍区并受通州区委、区政府双重领导，是区委的军事部、区政府的兵役机关，下辖15个乡镇、街道办事处武装部，32个中市属和区属企业武装部，共有专兼职武装干部51人。年内，圆满完成专武干部配备、民兵组织整顿、军事训练、政治教育、全民国防教育、国防工程维护和征兵等各项任务。年底被北京军区评为民兵武器装备仓库正规化建设先进单位，被北京市政府、北京卫戍区评为先进武装部，被国防报社评为国防教育二等奖，被北京军区政治部评为《华北民兵》订刊用刊先进单位，被北京卫戍区政治部评为新闻报道第一名。

（杨　利）

【民兵整组】 3月开始，进行了民兵组织整顿工作，部领导及机关人员深入各乡镇进行数量与质量核查，着重抓了民兵应急分队和专业技术分队建设，从未来首都防空作战实际出发，按照军区、卫戍区的要求，组建了民兵高炮团。在抓好民兵组织建设的同时，完成3300人的退伍军人预备役核对工作，妥善安置146名退伍兵。

（杨　利）

【民兵军事训练】 按照卫戍区的部署，依据《训练大纲》的要求，3月31日至4月15日，完成了卫戍区赋予本部100人的民兵应急分队训练试点任务。卫戍区在本部召开了现场观摩会，部长邵明星作了经验介绍，卫戍区齐副司令给予了高度肯定。4月中旬至月底各基层武装部完成420名民兵应急分队和185名专业分队训练任务。5月25日至7月初，本部民兵高炮分队赴河北昌黎参加了军区组织的实弹射击考核和比武竞赛，取得优良成绩。

（杨　利）

【民兵政治教育】 民兵政治教育按照总部、军区、卫戍区要求，采取集中授课与刊授教育相结合的方法，落实了教育制度和教育内容，参加受教育民兵达到87%。一是利用民兵入队整组、民兵专业集训期间搞好集中教育，增强民兵的光荣感、责任感和使命感，激发民兵的参训热情和吃苦耐劳的精神。二是搞好民兵的刊授教育，本部连续四年被《中国民兵》、《华北民兵》评为刊授教育二等奖。被《中国国防报》评为国防教育二等奖。

（杨　利）

【国防教育】 在普及国防知识、深化全民国防教育上，按上级部署的国防教育“八个一”工程的要求，主要抓了以下几点：一是与新华街道办事处合作在吉祥路上投资30万元创建了“国防教育街”。二是组织地方干部群众共56批近万人次参加“军营一日”活动。三是开办了国防教育学校和少年军校，全区共建立校园国防教育书架57个，校园国防教育覆盖率达到100%。四是开展国防征文、国防知识竞赛，举办国防教育宣传周活动。利用电视台、广播电台、通州时讯等媒体开辟“我为国防献真情”、“国防知识问答”等栏目。9月21日至28日举办国防教育宣传周活动，动员各乡镇、街道，采取多种形式进行宣传。参加宣传人员500人次，发放宣传材料2万余份，制作宣传展版200块，张贴宣传标语、宣传画3000张，有效地增强了全区人民的国防观念。另外，突出抓了以先进典型报道为重点的对外宣传工作。在发现并成功报道典型优秀退伍兵、一等功臣、修鞋匠孟宪峰事迹的基础上加大后续报道，孟宪峰先后被通州区和北京市评为精神文明建设先进个人，并出席了国防部举行的“八一”节招待会。“八一”前夕，重点推出了通州区军粮供应站“当好部队流动大粮仓”的感人事迹。

（杨　利）

【创建“国防教育街”】 7月，由区武装部牵头、组织，与新华街道办事处合作，在区委、区政府及社会各界大力支持下，在吉祥路成功创建了全市第一条“国防教育街”。7月29日，举行开街仪式，中央军委副主席、国务委员兼国防部长迟浩田上将为吉祥路题词“国防教育街”，卫戍区齐副司令、通州区委、区政府领导及各界群众参加了仪式，首都各媒体对此进行了全方位的报道。“国防教育街”设置了标志性建筑、元帅墙、20个国防教育橱窗、20个英模人物灯箱、16个国防教育报架、30个国防宣传条幅、10个双拥共建展板、8个普法园地展板。为六个社区配备了国防教育书柜（各300本图书），并改造了线路、更换了电杆、铺设了路面，国防街成为对民众宣传国防知识的窗口。

（杨　利）

【完成征兵工作】 2002年按照北京市人民政府、北京卫戍区的征兵命令，完成了上级赋予的征兵任务，没有退兵，数量、质量均好于往年。一是加大组织领导力度。各乡（镇）、街道办事处和中市属企业都成立了由主要领导负责的征兵机构。按照市征兵办的要求，对政审、体检工作人员专门进行了业务培训，建立了征兵工作责任制，狠抓了各项工作的落实。二是加大宣传教育工作的力度。召开宣传工作会议，部署征兵宣传要点，10月下旬开展征兵宣传周活动。全区共设立宣传站24个，发放各种宣传材料3万余份，区广播电台、电视台开办了专题节目，大力宣传《兵役法》和《征兵工作条例》，报道本区征兵工作情况和在部队及退伍后成才的先进典型，调动了广大适龄青年报名参军的积极性。三是加大依法征兵工作的力度。在深入宣传《国防法》、《兵役法》和《征兵工作条例》的基础上，制定依法征兵的具体措施办法，增强了适龄青年依法服兵役的意识。四是加大优抚安置工作的力度。在征兵工作开始之前，要求各单位对优抚情况进行全面的检查，区财政拨专款用于优抚和安置，各乡镇拨出专项资金，保证农业户口的义务兵每年优抚金不低于人均年收入的70%。圆满完成了235名新兵的征集任务，做到接兵部队、走兵单位、家长和新兵三满意。

（杨　利）

人民防空

【概　况】 通州区人民防空办公室是区属正处级行政机构，为政府序列。是区政府和区人武部领导下的准军事机关。年内，完成了人民防空工程建设，地下空间安全管理，人民防空知识教育，人民防空法规宣传等各项工作任务。年底，被北京人民防空办公室评为全市人防系统全面达标先进单位，被北京市档案局评为北京市区（县）级机关档案工作目标管理市级先进单位。

（程玉录）

【人民防空工程建设】 年内，有32个建设单位的110个人防工程（建设面积17.19万平方米）通过规划。到年底，已有11个建设单位的19个人防工程（建筑面积3.5万平方米）竣工并通过验收。

（程玉录）

【地下空间安全管理】 年内，根据市政府的要求成立以区综治办、区人防办、区计委、区公安分局、区工商分局、区国土房管局等单位为主体的通州区地下空间安全管理办公室。4个街道办事处、11个乡镇均成立了管理组织，由专人负责此项工作。对全区地下空间实行地下空间标牌管理。有26处地下空间出入口统一安装了标示牌。建立了通州区地下空间计算机管理系统，完成数据的录入，实现全区现有地下空间基本情况检索查询。组织开展了地下空间安全专项整治行动。结合防火和十六大安全保卫工作，分两个阶段在全区范围内统一开展地下空间安全清查治理工作，清查地下空间170余处，取得明显成效。

（程玉录）

【人民防空知识教育】 开展以初中学生为主要对象的人民防空知识教育，在本地区城镇中学已经普及。2002年教育工作有计划地向农村中学拓展，到年底，本区开展人民防空知识教育的学校已达到14所，有33216人接受了人民防空知识教育。

（程玉录）

【人民防空法规宣传】 年内，结合《北京市人民防空条例》的实施，于4月18至26日，在全区范围内开展“人民防空法规系统宣传活动”。期间组织了全区63个单位的94名领导干部，参加了4月18日市政府在北京会议中心召开的《北京人民防空条例》宣传贯彻大会；《通州时讯》第29期开设两个专版，刊登《北京市人民防空条例》全文，及由机关干部撰写的11篇有关人民防空知识的文章；4月26日在车站路设立宣传咨询站，发放宣传材料1.89万份，出板报14期，书写标语120余条，张挂过街横幅6幅，气球悬挂巨型彩色标语2幅，出动宣传车3台次；利用区广播电台、电视台宣传4次。

（程玉录）

【人民防空档案管理】 年内，区人防办组织专业人员，历时3个月，对区人防办自成立以来形成的文书资料、工程图表、财务帐簿凭证等进行了认真整理、立卷、归档。成立综合档案室，添置了设备，由专人保管。现室藏档案782卷。年底经市、区机关档案工作目标管理考评组考评，晋升为市二级先进单位。

(程玉录)

【编制《通州区人民防空袭方案》】 年内，结合本地区实际，开展了《通州区人民防空袭方案》的编制工作任务。经过进行实地勘察，确定重点目标，人防专业队伍配置地域，人员疏散地域，疏散线路划分等项工作。到年底，134页8万余字的《通州区人民防空袭方案》主方案及15个保障计划已经完成。

(程玉录)

【宣传报道信息工作】 年内，在省市级报刊，上级领导机关信息专刊，电台、电视台发表关于人防工程“结建”、人防工程开发利用、人防知识教育等方面的内容的信息稿件61篇，有19篇在《中国人民防空》、《华北人防》等省市级以上报刊刊发。其中反映通州区人防办档案管理的信息稿件，被北京市人防办加编者按，在全市人防系统推广。

(程玉录)

经 济 管 理

计 划

【概　况】 通州区计委坚持以为通州区经济和社会发展做好服务为中心,进一步解放思想,更新观念,改进作风,团结奋进,开拓创新,与时俱进,不断提高人员素质,努力强化自身建设,通过工作方式、方法的创新,狠抓各项工作的落实,提高了办事效率和服务水平,完成全年的各项任务。在社会评议政府部门活动中,名列第二,并被评为政府部门工作效能十佳单位之一。

(齐玉兴)

【编制并协调落实年度计划】 按照区委、区政府的部署,完成了年度计划的编制工作,并报区二届人大四次会议通过。2002年全区经济和社会发展,以环境建设年为主题,以体制创新、机制创新和科技创新为动力,以发展龙头企业带动农业结构调整,以园区建设推动工业总量和质量同步提高,以实施“引进、退出”战略促进第三产业发展,经济质量明显提高,综合实力继续增强。全区国内生产总值达到90亿元,比上年增长17.6%,三次产业构成为14.6:43.8:41.6。全口径财政收入比上年增长56.5%,达到18.9亿元,实现两年翻一番;地方财政收入比上年增长46.1%,达到6.9亿元。固定资产投资完成额比上年增长14.2%,达到42.3亿元。全面完成或超额完成了年度计划。

(刘德全)

【完成调查研究和各季度经济分析】 年内,完成《谋全局、重服务、转职能、促发展——对新形势下计委职能的初步思考与探索》和《深化环境建设,打造特色品牌,努力提升区级工业区核心竞争力》等五篇调研报告。围绕“环境建设年”的要求,以“总结成绩归纳发展亮点,分析差距找准制约瓶颈,制定措施坚持具体可行”为标准,完成对全区各季度经济、社会发展的分析,为领导科学决策提供依据。

(刘德全)

【投资项目审(报)批工作取得新突破】 年内,制定《通州区发展计划委员会行政审批程序性规定》和《通州区发展计划委员会关于违反行政审批程序性规定的责任追究暂行办法》,提高了依法行政和勤政为民的服务水平。全年累计审批(报批)固定资产投资项目513项,其中生产性项目101项,总投资10.4亿元,非生产性项目412项,安排年度投资27亿元,建筑面积350万平方米。

(林旭平)

【银政合作】 4月4日,通州区人民政府与北京市商业银行、中国经济技术投资担保有限公司、北京首创集团合作,签订了银政合作协议,合作方向通州区人民政府承诺提供8亿元人民币授信额度(其中3亿元人民币用于中小企业担保)。4月10日,通州区人民政府与北京市建设银行签订了银政合作协议，北京市建设银行向通州区人民政府承诺提供10亿元人民币的授信额度。两次共签约18亿元人民币授信额度。双方本着“平等互利、相互支持、诚实信用”的原则，承诺严格遵守本协议中的各项条款，履行各自义务。

(王河清)

【银政合作支持重点项目建设】 2002年北京市建设银行、北京市商业银行、中国光大银行总行营业部、中国经济技术投资担保有限公司、北京首创集团向通州区人民政府提供信贷资金8.3亿元，有力地支持了光机电一体化产业基地、八通轻轨铁路、土地储备中心、区工业开发区等重大项目的基础设施建设和中小企业的发展。

(王河清)

【编制完成防空袭物资保障计划】 根据市人防办的部署，区人防指挥部统一组织全区物资保障力量，做好战前人民生活的各种物资储备，建立战时物资供应体制。战时将安排北苑等四处物资发放点，储备一定数量的粮食、食用油、食用盐以及日常生活用品。

(刘景山)

【完成国防潜力调查】 7月，本区全面展开国防潜力调查工作。此项调查涉及到全辖区国民经济领域内30多个部门，近300项内容3万余数据。按照要求做到条理清楚、数据准确无误、分析整理、汇总、录入微机。

(刘景山)

【京津风沙源治理工程启动】 为不断优化生态环境，经过努力争取，京津风沙源治理工程在本区开始启动，项目总投资773万元，其中国家和北京市支持508万元，项目建设范围包括潞城、西集、漷县、永乐店和于家务五个乡镇，完成2.5万亩的农田林网建设。

(杨淑琴)

【区污水处理厂主体工程采取BOT形式建设】 通州区污水处理厂是北京市郊区县第一个采用BOT形式进行建设的污水处理厂。它位于张家湾镇土桥村，总投资1.7亿元，其中：污水处理厂主厂区投资1亿元，采取BOT形式投资建设；管网工程7000万元，其中市计委补助2500万元，其余由区政府投资，该项目于本年开工建设。

(林旭平)

统　计

【概　况】 2002年通州区统计局围绕全区经济建设和社会发展这个中心，以强化依法统计为重点，以提高统计数据质量为目的，全面发展统计的整体功能。年内在完成国家统计局和北京市统计局各项月、季、年报工作的同时，完成第二次全国基本单位普查、工业固定资产更新改造调查、物流业现状调查、投入产出调查、国家机关和企事业单位人员需求调查、六种农业调查及各项专业调查等多项调查任务。组织全区统计人员进行岗位培训和继续教育，并针对区国民经济和社会发展中的热点、难点问题，开展调查研究，撰写统计分析，提供统计信息，充分发挥统计的信息、咨询、监督功能，为各级政府和社会各界提供优质统计服务。

(张大鹏)

【第二次基本单位普查圆满结束】 国务院决定，2001年12月31日在全国进行第二次基本单位普查。国家统计局、中央机构编制委员会办公室、民政部、财政部、国家税务总局、国家工商行政管理总局、国家质量监督检验检疫总局七个部门联合下达《关于开展第二次全国基本单位普查的通知》。这次基本单位普查是我国在新世纪进行的一项重大的国情国力调查，其目的是摸清各类基本单位的数量、组织形式、经济成分构成、规模结构以及生产要素的配置和地区分布、行业分布等情况，至2002年上半年普查工作圆满结束，通州区普查结果如下：法人单位8718个，产业活动单位606个。在法人单位中,农业企业181个,占2.1%;工业企业3542个,占40.6%;建筑业573个,占6.6%;运输企业99个,占1.1%;商饮业1906个,占21.9%;服务业1288个,占14.8%;行政事业单位1129个,占12.9%。

(张大鹏)

【六种农业调查】 为全面反映农业结构调整状况,开展了观光、精品、加工、籽种、创汇、设施六种农业调查,调查结果显示,六种农业发展势头良好,占本区总体农业的比重上升,对提高农业经济效益、增加农民收入起到极大的促进作用。

(张大鹏)

【开展国家机关、企事业单位人员需求与减员情况调查】 根据北京市统计局、北京市劳动和社会保障局、北京市人事局《关于认真做好国家机关、企事业单位人员需求与减员情况调查工作的通知》精神,对通州区辖区范围内的1132家国家机关、企事业单位2003年人员需求与减员情况进行调查。调查结果为:2003年全区十六大行业拟招用18630人,其中,女性5006人,占26.9%。第一产业拟招用277人,占1.5%;第二产业拟招用12111人,占65.0%;第三产业拟招用6242人,占33.5%。全区十六大行业拟减员18226人。其中,工业减员7418人,占40.7%;建筑业减员4335人,占23.8%;商业减员1665人,占9.1%;教育文化及广播业减员1004人,占5.5%;机关减员1136人,占6.2%;其他行业减员2668人,占14.6%。

(金祥琴)

【统计局网上直报系统建设完成】 年底,区统计局安装一套由万云软件公司开发的网上直报系统。企业不用安装任何程序就能够上网填报数据,数据通过网络直接传到统计局,使数据更加及时准确。

(耿士中)

【通州区统计信息网】 通州区统计信息网是本局独立设计编写的网页,包括通州简介、统计法规、统计分析等内容,介绍了统计局人员及科室情况,是及时展示本区经济情况和统计工作面貌的窗口。

(耿士中)

物价管理

【概　况】 通州区物价局坚持抓队伍促工作,积极搞好价格管理和监督检查,确保市场稳定,人心稳定。贯彻落实中央及北京市经济工作会议精神,围绕社会稳定、政治安定、经济发展这个主题,抓好清费、减负、治乱工作。围绕价格方面出现的新情况、新问题,开展价格法律、法规、规章宣传,开展行业、部门的价格检查。以群众反映的热点、难点为线索,抓好专项治理检查。严格依法行政、依法处罚,严格执法程序,加大执法力度,维护市场秩序。在价格管理、监督检查、清费减负治乱、市场监测、成本调查、赃物评估、车损评估、咨询服务、建立公示制度等工作中,取得较大成绩。全年共检查1242户,查出违法违纪单位7户,违法违纪总金额234.76万元,罚款1800元。受理群众举报案件215件,结案213件,查处违法违纪案件18件,监督退款28.3万元。

(王长松)

【价格监督检查】 年内,先后进行了国家行政机关行政性事业性收费检查,经营性服务性收费检查,药品价格检查,电价检查,农村电网改造收费检查,住房和土地建设收费检查,工商和集贸市场收费检查,成品油价格检查等,共检查1242户,查出违法违纪单位7户,违法违纪总金额234.76万元,其中退款217.03万元,没收款17.73万元。罚款1800元。

(王长松)

【调整自来水价格】 自2月1日起调整自来水价格和污水处理费标准。居民生活用水每立方米由1.60元,调为2.00元;旅游饭店、旅店、招待所、餐饮、娱乐业等用水每立方米由3.80元和2.80元统一调为3.80元;特殊行业用水价格:洗车业用水每立方米由10元调为16元;高档洗澡业用水,单洗价格每人次在10元以下的用户每立方米8元;单洗价格每人次在10元至20元的用户每立方米为25元;单洗价格每人次在20元以上的用户每立方米为50元。工商业等其它用水每立方米由2.40元调为2.90元。污水处理费按用水量征收,居民污水处理费每立方米由0.40元调为0.50元,其他每立方米由0.80元调为1.00元。

(王长松)

【价格改革】 本区自3月6日起,机动车驾驶员培训收费由政府定价改为市场调节价;自4月1日起,旅店价格由政府指导价格改为实行市场调节价。

(王长松)

【《收费许可证》年审换证】 自4月18日至6月30日对行政性事业性《收费许可证》进行年审换证,对各单位的收费项目和收费标准进行审核检查,纠正违法违纪收费行为17件。对376个《收费许可证》进行年审换证。根据有关规定取消《收费许可证》110个。

(王长松)

【城乡居民用电实现同价】 本区城乡居民用电实现同价。同价标准为供电电压不满千伏的为0.44元/千瓦时。进入北京供电公司卡表购售电管理系统的卡表用户,自5月25日起,用卡新购电量按新价执行。除卡表以外的城乡居民生活用电,自6月25日抄见电量按新价执行。

(王长松)

【机动车停车场收费标准调整】 本区自6月6日起,调整机动车停车场收费标准:普通露天停车场,小型车每小时1元,大型车每小时2元。居住小区内设置的露天停车场,小型车每两小时1元,大型车每两小时2元。大型公共建筑配建地下停车库、停车楼、小型车每小时5元,大型车每小时10元。居住小区配建地下停车库、停车楼,小型车每小时2元,大型车每小时4元。上述停车库、停车楼经营者可在规定的收费标准范围内下浮,下浮幅度不限。独立经营的地下停车库、停车楼停车收费实行市场调节价。露天停车场按月租用停车位,小型车每月150元,大型车每月210元;按年租用停车位,小型车每年1600元,大型车每年2300元。居住小区地下停车库、停车楼按月、按年租用停车位实行市场调节价。经公安交通管理部门指定的机动车停车场停放交通肇事、违章车辆,按每24小时不超过20元(不足24小时按24小时计)收取停车费。经有关执法部门指定的停车场停放按照法律法规查扣的非法运营车辆,按照每车每天100元执行。

(王长松)

【公布价格听证目录】 根据《中华人民共和国价格法》、《北京市实施价格听证会制度的规定》、国家计委关于《政府价格决策听证暂行办法》、《北京市价格听证目录》的要求,经区政府领导研究批准,公布通州区价格听证目录:一、街巷、居住小区保洁费;二、非机动车存车费;三、市物价局委托和区政府安排听证的其它调价项目。

(王长松)

【民用煤价格调整】 自9月5日起调整民用煤价格。民用煤价格仍实行政府指导价管理,零售中准价格由每吨200元调整为240元,市场零售价格最高允许向上浮动20%,下浮不限。

(王长松)

【调整食盐价格】 自12月2日起调整食盐价格:500克复合膜装精制盐(一级)零售价格由0.90元调为1.00元;批发价格每吨由1500元调为1680元。1000克复合膜装精制盐(一级)零售价格由1.70元调整为1.90元;批发价格每吨由1417元调整为1600元。

(王长松)

【管道液化气审核定价】 先后审定天赐良园

小区、富河园小区管道液化石油气按每立方米9元收费。武夷花园管道液化气(混合气)按每立方米4.50元收费。

(王长松)

【旅游景点门票审核定价】 先后审定通州赛马场赛马表演门票每场10元,全程套票50元(可观看6场以上表演)。北京市世外桃源旅游度假村门票每张20元。

(王长松)

【建立涉农价格和收费公示制度】 为切实减轻农民负担,规范涉农价格和收费行为,年内全区11个乡镇和400多个行政村全部实行涉农价格和收费公示制度,使涉农价格和收费步入制度化、规范化的轨道。

(王长松)

【建立行政性事业性收费公示制度】 年内,本区有收费项目的局、所、公司和学校、医院400余个单位建立了公示栏、公示牌,将收费项目、收费标准、收费依据(批准机关及文号)、收费范围、计价或计费单位、收费票据版样、投拆电话等向社会公示。为减轻企业、群众负担,规范收费行为,发挥群众监督举报作用。

(王长松)

【清理整顿机动车停车场】 区物价局会同区市政管委、交通支队、地税局、工商局等部门,对全区机动车停车场进行清理整顿,摸清本区共有机动车停车场57家(其中小区内机动车停车场35家),纠正不规范收费行为30余起。

(王长松)

【居住小区物业管理收费监督】 年内,对全区30余家物业管理公司的收费项目、收费标准、明码标价进行治理整顿,提高物业管理公司的管理水平和服务水平。

(王长松)

【农副产品成本调查】 年内,深入农村,深入一线,定期对3个猪场、2个渔场、9个农户进行成本监测调查,上报成本数据7200余条。完成《农产品成本材料汇总》、《农户存粮情况调查》、《农资购买情况调查》、《农户收支情况调查》等20个专项调查。

(王长松)

【价格评估鉴定】 物价局坚持公开、公正、公平原则,快速准确做好价格评估鉴定工作。年内,共为公、检、法进行赃物价格评估鉴定550件,评估总金额900余万元。

(王长松)

【车物损失价格评估】 年内共为交通事故车辆、物品损失进行价格评估213件,评估总金额84万元。

(王长松)

【明码标价】 以贯彻落实国家计委关于《禁止价格欺诈行为的规定》为重点,组织专门人员和力量,对市场明码标价进行专项治理和反复检查,促使企业合理定价,规范标价。对集贸市场和加油站的明码标价进行统一整顿,使全区加油站的明码标价达到百分之百,集贸市场的明码标价有了新的提高,市场价格秩序更加稳定。

(王长松)

工商行政管理

【概　况】 通州工商分局继续深入开展整顿和规范市场经济秩序的工作,实现职能到位,强化对辖区内市场经济主体经营行为的监管力度。年内,全局共查处各类经济违法案件791件,其中以分局名义作出的一般程序行政处罚案件227件,以工商所名义作出一般程序行政处罚案件315件,简易程序案件249件,成批吊销营业执照案件3664件,罚没款156.79万元。全年,开业登记2915户,其中办理登记注册100万元以上的入区企业507户,同比增加22.2%,100万元以上的入区企业总数达2728户。新批“重合同守信用”企业12户,“重守”企业合计达88户。办理动产抵押登记20件,抵押物总金额16741.36万元,为企业解决贷款9773万元,发放合同示范文本17163本。年内,220余名50岁以下的公务员参加并通过岗位资格考试和电子政务考试。

(周宝德)

【信用联社全部领取营业执照】 1月,在市工商局的指导下,经与区信用合作社的共同努力,各乡镇17个信用联社领取企业法人营业执照,结束了历史原因造成的50年“无照经营”的历史。

(周宝德)

【查处“雪莲”商标侵权案】 位于次渠镇的市级企业北京乳胶厂,其产品使用的“雪莲”牌注册商标是1999年北京市著名商标,一年来,因商标被假冒,经营额急剧下降。4月,分局商广科执法人员应该厂请求随同企业到江苏张家港市协助打假维权,在当地工商机关的配合下,查清被假冒商标商品的非法经营额达750万元并成功地追回经济损失26.8万元。

(周宝德)

【何鲁丽视察八里桥市场】 4月19日,全国人大常委会副委员长何鲁丽和部分委员视察八里桥市场,何鲁丽一行听取了主办单位关于市场食品卫生等工作的汇报,视察市场,询问商品的进货渠道,检查经营者的健康证等。何鲁丽强调要高度重视食品卫生工作,执法部门要加大对水产、肉制品源头的检查力度。

(周宝德)

【查处一批重大经济案件】 4月,马驹桥工商所查扣非法印制“古船”牌面粉包装袋1.71万个、“清水”大米包装袋800个及印刷机、缝纫机10台;8月,宋庄工商所查扣假冒涂料4727公斤;11月,执法检查队查处2起制售“地沟油”的黑窝点,暂扣“地沟油”2300公斤;某印刷厂非法印刷价值3.57万元的出版物计1.11万册,获利3960元,被分局给予罚没款2.396万元的处罚;没收北京博理诺商贸有限责任公司销售无合法进口手续的价值22万元的意大利产吸脂机1台,并罚款2万元。

(周宝德)

【清理整顿成品油市场】 4月,对区内20户成品油经销企业进行抽样检查,其中,通华龙、华都、京榆路等3家加油站的90号和93号汽油的化验结果不合格。共被罚款33.89万元,没收违法所得16.17万元,合计50.06万元。

(周宝德)

【做好大气污染控制工作】 4至12月是本市控制大气污染的第八阶段,本局共检查油品质量432户次,其中警告2户,取缔无照6户,罚没款5.12万元;检查煤炭、型煤经营单位684户次,其中警告26户,限期改正18户,取缔无照66户;取缔露天烧烤98户,罚没款2600元。

(周宝德)

【净化校园周边环境】 5至6月,永顺工商所在辖区17所学校的周边取缔无照摊点36个,责令改正12个;梨园工商所整顿学校周边地区15个,检查企业个体户62户,取缔无照网吧5户,暂扣盗版光盘584张,罚没款2300元。永乐店工商所对辖区校园周边3家电子游戏场所予以取缔。

(周宝德)

【整治“网吧”】 6月16日始,对全区互联网上网服务等娱乐服务场所进行整治。208户无照“网吧”被责令关闭并拆除电脑。取缔“黑网吧”21户,暂扣电脑主机313台、显示器236台。取缔游艺厅2户,暂扣游戏机60台、主板5个,40台赌博机被移交公安部门处理。

(周宝德)

【清理整治无照经营】 8月底开始进行清理无照经营工作,共检查市场主体5441户,取缔828户,责令改正922户,立案查处118起、罚没款3.61万元,657户无照经营者领取了营业执照。

(周宝德)

【互联审批联网单位增至20家】 年内,烟草专卖局等9家单位成为企业登记互联审批联网单位,累计达20家。包括:工商、卫生、建委、房地、文化、技术监督、交通、环保、公安、经委、商委、药监、市政管委、劳动、规划、科委、消防、计委、供电、烟草专卖。截止年底,办理后置审批项目903件。

(周宝德)

【整顿和规范集贸市场】 取缔无证市场4个,撤销中山街、新仓路等3个马路市场。40余个有形市场设立了包括经营者姓名、摊位号、违法事实等内容的警示曝光牌。举办"落实国家新建材'十项标准'培训班"并规定凡是建材类商品的经营者必须经过培训取得证书后才能上岗。年内,潞州商城被评定为首都"文明市场",本区首都"文明市场"数量达到3个,居远郊区县第1名。10月10日,市工商局验收小组对集贸市场整治情况进行检查验收,肯定了整治工作。

(周宝德)

【整治"十六大"期间市场经济秩序】 出动1201人次,434车次,检查各类市场经营主体4737户、有形市场30个,查处无照经营324户,罚没款64678元。抽调20人次5台车辆参加十六大期间的夜间巡查工作。对区内22个人防工程进行重点检查。与42个市场主办单位签订责任书。

(周宝德)

【放心食品展示交易中心揭牌】 12月23日,由北京市食品放心工程协调小组筹划的"放心食品展示交易中心"在八里桥市场举行揭牌仪式。中心设182个摊位,展示面积6000多平方米,是北京乃至全国批发市场中第一家经政府确认的进京放心食品展示交易中心,为全国各地的绿色安全食品进京提供一个交易窗口。仪式后,"山东潍坊放心食品进京产销对接会"开幕,期间对全国22个省市进京食品生产基地、工厂的300多名人员进行了培训。

(周宝德)

【完成年度企业年检】 年内,本区9132户内资企业、257户外商投资企业、10051户个体工商户通过年检(验照),年检率分别为84.5%、84.5%和82.8%。根据免审制度,辖区2511户企业给予免审。共有1118户企业参加网上年检,比上年增加1101户并全部通过初审。未参加年检验照的3812户企业、个体工商户被吊销3705户,清理率97.2%。

(周宝德)

【内资企业继续增长】 年内,区内资企业累计达12096户,同比增长12.6%。注册资本(金)164.7亿元,同比增长15.1%。其中国有企业972户,同比下降14.1%,集体企业1890户,同比下降21.3%,股份合作制企业2115户,同比增长29.6%,有限责任公司企业7048户,同比增长28.2%。重组改制登记135户,累计达699户。办理名称登记查询8736户。

(周宝德)

【外商投资企业继续增长】 年内,新设立外商(港澳台)投资企业62户,比去年同期增长30%,投资总额9867万美元。截止到年底,全区共有外商(港澳台)投资企业333户,其中合资112户、合作22户、独资75户、股份2户、合资(港澳台)70户、独资(港澳台)38户、合作(港奥台)14户。总注册资本56000万美元、投资总额91660万美元,其中外方投资总额39695万美元,中方投资总额51965万美元。主要投资国别(地区)为中国香港、韩国、日本、中国台湾和美国。主要行业集中在服装加工制造、计算机应用、房地产、纺织等。

(周宝德)

【检查外来市场经营主体3109户次】 年内,共检查外来市场经营主体3109户次,查处无照经营242户,制售假冒伪劣商品31户,超范围经营的21户,责令停业18户。没收非法所得5.7万元、罚款11.4万元、暂扣物品价值12.5万元。

(周宝德)

【扶持下岗职工再就业】 年内,共为2040名下岗职工发放《营业执照》,在集贸市场为他们安排经营摊位1950个。依据规定,为下岗职工减免个体管理费87600元。

(周宝德)

【打击非法中介】 年内,查处非法中介,规范公司出资行为。通汇点文化艺术有限公司、保通伟业信息咨询有限公司等4家非法中介共代办执照180户并为其中70余户垫付5000余万元注册资金,分局对其罚款13.46万元,3户被吊销营业执照。“保通伟业”公司为38户企业垫付注册资金达3300余万元,被本局吊销企业法人营业执照并处罚款10万元。此案由北京娱乐信报以“3300万,一个垫资魔术?!”为题进行了报道。

(周宝德)

【整顿房地产建筑市场竞争秩序】 年内,对129户建筑企业、204户房地产开发企业、166户房地产咨询企业、15户经纪公司中存在的无证照、虚假宣传及建筑中使用劣质、假冒产品等违法行为进行整顿。对“万佳”、“新华联”等房地产公司的虚假宣传、擅自发布广告行为等11起案件立案调查,罚没款3万余元。

(周宝德)

【多种形式打击传销】 8个工商所与103户企业签订杜绝传销责任书、与116个村(居家)委会建立协作关系,形成了遍布城乡的“打传”网络,对涉嫌传销的申齐实业(上海)有限公司通州分公司进行重点监控并责令其停业。

(周宝德)

【加强商标广告管理】 共审批登记户外广告608份,查处违法广告、商标案件3件。没收非法小广告2.82万张、违法印刷的广告品19.6万张(册),罚没款1万元,销毁侵权商标标识11.34万张,罚没款3.2万元。查获价值2万余元的假冒“双鹿”牌毛线200公斤。拆除包括含有“奥林匹克”标志的违法设置的广告牌60余块。指导区内14户企业注册了农副产品商标。

(周宝德)

【执法检查】 年内,执法检查队发挥职能作用,共查处案件59件,取缔“黑窝点”22个,罚没款61.11万元。查扣假酒2.1万瓶、散装白酒2223公斤、商标标识15.7万个、注水肉1235公斤、劣质熟食900余公斤、盗版光盘8355张、游戏光盘4400张、冒牌服装45件、游戏机60台。并与椰树集团等在内的32家知名企业建立了联合打假协作机制,共联合执法45次,被称为“打假卫士”。

(周宝德)

【两节期间端掉20个制假黑窝点】 两节期间端掉20个制假黑窝点,其中15个从事制造假酒,查扣假冒“红星”、“浏阳河”等品牌的假酒1.8万瓶、商标标识14.4万张、假条形码合格证7.1万张,空瓶9590个,包装箱5646个;注水肉765公斤;假冒及过期食品1450公斤;运输工具6台。

(周宝德)

【消费品市场交易量稳中有升】 年内,各类消费品市场成交额146197万元,成交量51.82万吨,成交量增长8.7%,成交额与上年持平。其中粮食类成交额为9791万元,成交量51475吨;蔬菜类成交额为39226万元,成交量340843吨;干鲜果类成交额为12546万元,成交量82750吨;工业品类成交额为30483万元;肉类和水产类成交额为33376万元,成交量35065吨。

(周宝德)

【开展专项整治工作】 与区职能部门对体育市场、娱乐场所、非煤矿山、地下空间、洗车汽修行业、丧葬品市场、煤炭经营单位、燃气储罐企业、福利企业、盲人按摩、食品、手机市场等行业进行专项整治。查扣集线器、游戏机、电脑主机96台、洗车工具6件、冥币8万张、液化气罐311个、手机113部(其中走私手机28部)、假冒手机电池117块、充电器60个、双卡通134个、价值6533.1元各类假冒食品。罚没款15434.6元。

(周宝德)

私营个体经济

【概　况】 区私营个体经济协会以贯彻《北京市促进私营个体经济发展条例》为重点，在会员中开展"自我教育、自我管理、自我服务"的教育活动。在5个市场内成立了自管自律组织(自管会)，建立了化工行业分会和市场分会。全区私营个体经济快速发展，至年底，个体工商户累计达21278户，从业人员27301人，注册资金34357万元，分别比上年同期增长46.6%、32.4%和40.4%。其中：农牧渔业279户，制造业1834户，建筑业87户，交通运输业725户，批发零售贸易餐饮业14486户，社会服务业3157户。共有私营企业，自然人投资的有限责任公司6069家，比上年增加2254户，增长59%。制定"四五"普法教育计划，全年共举办学习班11次，受教育的私营个体负责人2700余人。接待会员来信来访378次，做到件件有回音。

(周宝德)

【参加全国糖酒洽谈会】 10月16日，协会组织4户企业参加了在长沙市召开的糖酒洽谈会，共签订合同1670万元，仅新华商贸有限公司就签订合同1000万元。

(周宝德)

【私营个体经济工作首次联席会召开】 会议就私营个体经济发展中遇到的融资难、担保难、贷款难等问题进行研究协调，并就诚实、守信、以德经营理念等问题进行探讨。常务副区长苏文权到会并要求各部门要创造宽松环境，落实促进私营个体经济发展的政策，履行联席会职责，促进私营个体经济发展。全区31个委、办、局成员单位的主管领导和部分私营个体代表参加了会议。

(周宝德)

【开展"户户讲道德，店店无假货"活动】 年内，在区建立12条文明一条街和320户文明示范户及诚信店，作为样板。西集分会和100家私企个体会员签订了质量、计量、诚信协议书。先后推荐首都精神文明奖章获得者孟宪峰，市级光彩之星彭峰茹、刘振荣、刘长兴、马文彦等一批有影响的先进典型。

(周宝德)

【强化担保公司运作】 担保公司为52家企业贷款担保1278万元，待批的有8户230万元。到期还款的有16户430万元，还款率达到100%。担保公司深受广大会员的认可和欢迎。

(周宝德)

【为会员提供法律咨询服务】 全年，"北京天安律师事务所"律师共为会员提供法律咨询179起，代理撰写法律文书53件，协助调解各种纠纷16起，代理诉讼10起，其中胜诉10起，为会员挽回经济损失85万元。

(周宝德)

【成立商品配送服务站】 年内，成立商品配送服务站，与明伟通饮料经营部、八里桥汇利源经销中心签订合作协议，为45户会员配送各种商品价值875万元，配送商品均为出厂价格，深受会员欢迎，从源头上把住了进货渠道。

(周宝德)

【与服务企业签订合作协议】 2002年区私个协分别与沃通服务公司、北京新时代质量认证服务有限公司、北京中联捷通服务有限公司签订了合作协议。为会员企业提供在国际贸易名录网站上发布企业的产品、供求信息、技术与人员的引进、劳动用工、为企业ISO9000质量管理体系认证、ISO14000环境管理体系认证、ISO18000职业安全与健康认证等内容。价格优惠10%—20%。

(周宝德)

【开展拥军帮困活动】 年内，区私个协慰问特困会员12家，送去慰问品(金)计5660元。为官兵理发100余人次、修理家电50余件、修鞋44双、赠送价值5千元的慰问品174

箱。八里桥市场个体会员汪金凤的儿子得白血病后,在协会的倡议下,7天内668名会员捐款13074.8元。

(周宝德)

【开展光彩服务月系列活动】 私个协组织会员,走进军营、社区、敬老院,免费为下岗职工、残疾人举办家电修理、美发、服装裁剪培训班;免费为100名离退休老干部提供爱心服务卡,义务干洗衣服2件套;为解放军官兵义务理发,给区百岁老人义务照全家福,为荣获全国女劳动模范免费美容,进敬老院光荣院给老人送去慰问品(金)。年内,全区会员为社会公益事业捐款捐物达240多万元。

(周宝德)

消费保护

【概　况】 通州区消费者协会和通州工商分局消费保护部门(消费者权益保护科)以保护消费者合法权益为核心,以增进全心全意为广大消费者服务为契机,充分发挥消费保护的职能作用。年内,共受理各类投诉810件,调解解决797件,调解完结率98.4%,为消费者挽回经济损失124.6万元,其中涉及商品房的为64.1万元,占51.4%。全年共接待咨询3.5万人次。订阅杂志800份、报纸23份,向消费者提供信息和服务。在"3.15国际消费者权益日"活动中,共设活动场所12个,区农委、区科协等单位952人次参与;布置宣传展板86块、条幅46条,发放宣传材料16.8万份;接待咨询1.8万人次,其中向农民发放材料11.6万份,接待农民咨询7500余人次;受理投诉116件,当场解决92件;在主会场八里桥市场,25家名优商品厂家、13家质检部门开展了辨别真假、有奖竞猜等系列活动,集中销毁了价值5万元的假冒伪劣商品。与药品监督局共同查处了一起非法销售药品的案件,暂扣价值84694.6元的药品18950盒(瓶)。

(周宝德)

【区消协换届选举】 4月12日,区消费者协会召开第三届理事会,常务副区长苏文权被聘请为协会名誉会长,工商分局副局长冯德利当选为通州区消费者协会会长。

(周宝德)

【开通残疾消费者投诉"绿色通道"】 5月30日,本市西城区残疾消费者杨春元就寻呼机质量问题与某寻呼店发生纠纷,消协了解情况后,开通了"绿色通道",亲自帮助他整理投诉书、复印证据材料并由工作人员驾车带其去寻呼店进行调解,消费者对结果非常满意。

(周宝德)

【严查存在问题的奶粉】 7月17日,北京晨报披露"多美滋"奶粉存在质量问题的消息后,分局消费者权益保护科的执法干部立即对60余家超市商场进行集中检查。责令商场、超市停止销售由丹麦营养品有限公司授权生产的"多美滋"系列奶粉并一律下架,待其质量检验结果出来后方可销售。在获悉美国惠氏费蒙特工厂生产的婴儿配方奶粉部分批号中有微量坂歧肠杆菌的消息后,组织人员对近20余家超市进行检查,未发现有受污染的奶粉。

(周宝德)

【农资打假维权】 8月12日,西集工商所在分局执法检查队的协助下,捣毁8个非法倒卖化肥的窝点,依法暂扣化肥6.23吨。12月1日,与市农业局、区农委等部门联合在漷县镇开展《北京市农作物种子条例》咨询活动,现场发放有关知识材料1万余份,接受咨询1420余人次、申诉20余人次。

(周宝德)

【开展"健康食品进社区"活动】 9月,出动70车次、227人次在武夷花园、乔庄小区等地开展"健康食品进社区"活动。布置展板33块、横幅40条、发放宣传材料3005份。28家食品生产企业向消费者展示105个知名品牌或老字号品牌,涉及500多种产品种类,成交金额10万余元。

(周宝德)

【调解一起群体投诉案】 10月30日,群芳三园小区住户投诉"通州燎原工贸有限责任公司"借发放"购电卡"之机收取工本费1380元并要求退还钱款。梨园工商所在接到群体投诉后,经多次调查、调解,公司法定代表人将多收的8280元送到工商所并转交到投诉人手中。

(周宝德)

【解决手机投诉26件】 至11月,区消协解决手机投诉26件,涉及金额30730元,为消费者挽回经济损失27835元,投诉的主要问题是手机质量,占案例数的62%。

(周宝德)

【调解退房纠纷消费者获赔20万元】 消费者赵某购买一套价值19.2万元的房产准备入住时,发现房子已被水浸泡多日,墙灰全部脱落,露出地基,电线短路,强烈要求退房并予以赔偿。区消协受理后经多次调查取证、协商调解,消费者获赔本息及所交的各项费用合计203596.62元。此案为通州区消协有史以来调解金额最高的一起纠纷案。

(周宝德)

质量技术监督

【概　况】 2002年区质量技术监督局围绕加快地区经济发展和通州区"环境建设年"的总体要求,充分发挥质量技术监督职能作用,强化质量监督管理,深入开展打假和整顿规范市场经济秩序,落实专项任务,加强特种设备安全监察,打牢标准化、计量基础工作,积极稳妥开展技术机构和事业单位人事制度改革以及队伍建设、党风廉政建设,扎实有效的做好各项工作。在打假、整顿规范市场经济秩序中,围绕国家质检总局"八大战役"和两个专项整治,及市局提出的四个"重点战役"。组织开展"百日打假"、农资、汽配、食品、棉制品、化工建材产品、八类电工产品、弹簧软床垫等专项打假和整治活动。全局出动执法人员4898人次,端掉制假、售假窝点8个,查获假冒伪劣商品货值17.3万元,立案查处案件113起,现场处罚838起,罚没款172.6万元,受理群众投诉126起,为消费者挽回经济损失11.7万元。特种设备安全监察到位,全年没有发生锅炉、压力容器、压力管道爆炸事故,其他类特种设备未发生重大人员伤亡事故。

(韩　文)

【七类食品专项整治规范】 完成了对全区小麦粉、大米、食用油、酱油、食醋、腐竹、肉食制品七类食品的专项调查。并以八里桥市场为重点对小麦粉、大米、食用油进行监督抽查,并检查生产企业31家,销售商店、摊位1000余家,清理小麦粉、大米、食用油等产品1876.7吨,取缔3家质量低劣的作坊式的生产企业,纠正了生产、销售环节的不良行为。综合合格率为88%,其中食用油合格率为100%;对生产酱油、食醋的企业进行监督抽查,抽查合格率为75%。

(韩　文)

【果蔬农残量监督抽查】 对全区果蔬生产基地及大型商场超市生产、销售的40种果蔬农残量进行监督抽查,综合合格率为93.3%。

(韩　文)

【燃煤、燃油整治工作】 制定了2002年《关于加强煤炭质量管理工作计划》,组织召开3次煤炭质量工作大会,与98家售煤和用煤单位签订《煤炭质量保证责任书》。对全区60家重点用煤单位的35840吨煤炭质量进行抽查,抽查合格率为71%。入冬前与经委、环保、工商等部门联合对用煤单位进行检查。同时对成品油市场进行3次油品质量监督抽查,综合合格率为93%。

(韩　文)

【农资产品专项打假】 对全区100余家生产、销售农资产品的单位进行调查、摸底。并根据地区特点以永乐店、台湖、张家湾为重点进行检查。检查销售单位45家,对12种涉嫌质量问题的产品进行监督抽样,对不合格的进行查处。

(韩　文)

【建材类产品专项执法检查】 对35个建筑工地15个批发单位,使用、销售的钢材进行监督检查。结合家装建材有毒有害物质国家强制性标准的实施,对北京市农产品中心批发市场、运乔建材市场和4个家具生产单位销售、使用的板材进行抽样检测,抽查合格率为48%。依法取缔两个私炼地条钢的窝点。现场拆除炼钢用的设备,查封6台炼钢炉及20余台其他设备。

(韩　文)

【汽车配件产品专项打假】 与上海大众等厂家联合,检查汽配修理厂、汽配商店50家,生产单位1家,没收假冒产品2000件。

(韩　文)

【一次性发泡塑料餐具专项执法检查】 对区域内生产、销售、使用淘汰一次性发泡塑料餐具的单位进行专项执法检查。共检查96个单位近9000件一次性发泡餐具,查获淘汰一次性发泡塑料餐具6410个。

(韩　文)

【旅游市场专项打假】 在节假日和旅游旺季,对辖区内4个旅游度假场所、20家中高档宾馆饭店、学校、食品生产企业的商品质量、游乐设施、特种设备安全运行情况和计量器具的准确度等进行检查。共出动执法人员300余人次,对5家销售假名酒的单位进行立案查处。

(韩　文)

【"黑心棉"制品专项执法检查】 对北京农产品中心批发市场、学校、宾馆销售和使用的棉制品进行检查,查抄黑心棉制品50多件,对涉案单位依法进行查处。

(韩　文)

【儿童用品专项执法检查】 继续实施青少年维权活动。检查42所大、中、小学校周边地区的商店、小卖部及内部百货店160个,商品近万种,查封没收假冒伪劣产品1700多件。

(韩　文)

【弹簧软床垫专项整治】 举办全区94家家具生产和销售单位参加的培训班,制定一系列整治规范措施。对12家生产企业和6家生产、销售的弹簧软床垫单位进行质量抽查,查获用劣质毛毡等加工制成的床垫1000余张,对6家单位进行立案查处。

(韩　文)

【加油站计量专项整治】 年内,开展加油站计量专项整治工作,经过整治,82家从事汽油、柴油零售的加油站都建立健全了各项计量管理制度,并通过了计量合格确认。各加油站所配备的384台加油机周检合格率为100%,并全部安装了税控装置,在显著位置悬挂计量投诉电话牌。

(韩　文)

【集贸市场计量专项整治】 与工商局联合召开28个集市管委会人员、主办者和计量管理员会议,学习和贯彻《集贸市场计量监督管理办法》,强化法制计量意识,规范计量行为。分期对集贸市场进行抽查,各集贸市场在显著位置设置了公平秤和计量投诉电话标牌。

(韩　文)

【落实质量工作与打假工作责任制】 积极推动质量与打假工作责任制的落实。召开了全区质量工作会议,区政府重新修订《通州区人民政府关于进一步加强产品质量工作若干问题的意见》。与区监察局联合按质量与打假工作责任制考核验收细则,深入到11个乡镇和22家企业,对质量与打假工作责任制落实情况进行检查。通过听取汇报和实地检查,各乡镇政府加强了对此项工作的领导,成立以镇长或主管镇长为组长的质量与打假工作领导小组,采取多种形式召开专题会议并列入政府工作议事日程。普遍把《责任制》延伸到村委会、重点企业,层层签订责任书。乡镇领导的质量意识和打假意识明显增强。

（韩 文）

【推进名牌战略实施】 区政府拨款50万元对2001年度荣获“北京市质量管理优秀企业”的宋庄铸造厂、10家“通州区质量管理先进奖企业”、4个“质量工作先进乡镇”和33家通过ISO9000质量认证的企业进行了奖励和表彰。帮助企业建立自律机制，强化质量、法律、管理、品牌意识，促进名牌产品上规模、上水平、增效益。本区强力家具有限公司生产的“强力牌软家具”、“强力牌木家具”、北京东亚铝业有限公司生产的“东亚牌建筑铝合金型材”被评为2002年度“北京市名牌产品”。

（韩 文）

【质量状况普查】 建立“企业质量户口”，为实行新的市场准入制度、开业审查制度、产品强制检验制度做好先期准备，为全区近300家企业建立质量档案。初步掌握了企业的产品状况、生产能力、质量保证能力及企业的质量管理状况。

（韩 文）

【新五类食品专项调查】 按照市局的统一部署开展了茶叶、肉制品、乳制品、饮料、调味品新五类食品的专项调查活动。调查企业62家，经过调查核实，确定本区共有四类食品生产企业20家。为专项抽查、专项整顿发证工作奠定了基础。

（韩 文）

【建立标准、计量、质量体系】 对700余家企业的标准、计量体系运行情况进行监督检查。对46家中小企业进行计量合格确认。有56家企业通过ISO9000质量认证。帮助142家中小企业健全质量管理，完善质量体系，并取得了产品质量认可证书。

（韩 文）

【评选“购物放心单位”】 年内，开展争创“购物放心单位”活动，又有福兰德超市、小白杨超市、艺美副食品批发等3家商业企业被列为区级“购物放心店”。

（韩 文）

【农业标准化】 围绕食用农产品安全生产体系建设，全面推进农业标准化生产示范基地的各项工作。与农委等部门配合，确定10个单位为北京市农业标准化示范基地，其中种植基地5个，养殖基地5个。对基地的环境、产品、质量、管理等情况进行搜集并制订相应标准，完善了基地的标准体系，并组织农委及种植中心、养殖中心的专家按市局的评分标准对示范基地进行检查验收，10个基地总体情况较好，全部通过验收。配合农业标准化示范基地建设，以张家湾葡萄生产基地为试点，开展了葡萄种植综合标准化工作，建立以技术标准为主，包括管理标准和工作标准的标准化体系，并根据环境、土壤、栽培的实际情况，制定《无公害葡萄种植标准》。9月底，坐落在张家湾镇的北京葡香苑园艺场通过了北京市质量技术监督局的验收，成为全市首家建立农业标准化体系的单位。

（韩 文）

【标准化监督检查】 对17家食品生产企业的52种产品贯彻《食品标签通用标准》情况和84家企业、151种产品执行标准情况进行监督检查，对2家企业的违法行为进行处理。

（韩 文）

【标准化技术服务】 全年为企业查找国家标准、行业标准413份(次)。帮助企业制、修订标准203份，指导帮助46家企业设计了食品标签。为324家企业140种产品办理了产品标准登记注册证，为299家企业267种产品办理了产品标准备案，协助32家企业办理了45个商品条码。

（韩 文）

【计量管理】 全年共为133家企业办理《计量手册》，强检计量器具受检率达到96.1%，非强检计量器具受检率达到90.8%，并实现了计算机动态管理。对51家工业企业，8家餐饮单位，4家地中衡和5家二级医院、6家小型医院进行计量确认及换证工作。为2家企业办理了制造计量器具许可证，对9家已取得制造计量器具许可证的单位进行跟踪审核。有6家定量包装产品生产企业通过了验收，对11家企业进行了复查。并在全区11个乡镇开展定量包装企业调查和登记造册工作。通过规范化管理，使企业共产生间接效益182.3万元，直接效益75.9万元，节煤45.4万元，节电11.5万元。

（韩　文）

【计量监督执法】　对制造、修理计量器具的生产企业和17家药店及个体行医户进行监督执法检查。对3家无证制造、修理计量器具的单位和17家使用未检定戥秤的违法行为进行处罚。

（韩　文）

【特种设备普查整治】　年内，共发放各类统计表2.21万份，下发文件4000份，与1154个单位签订了安全生产责任书。普查设备5862台，其中锅炉1308台，压力容器2831台，特种设备1723台。普查期间，发出监察意见通知书432份，停用设备517台，报废拆除132台。通过普查整治工作实现"查清设备状况，消除事故隐患"的工作目标和计算机动态管理的模式，普查率、微机录入率、发证率、设备隐患查处率和普查准确率达到100%。通过了北京市质量技术监督局组织的验收。

（韩　文）

【特种设备执法检查】　全年组织安全检查、专项检查、特殊时期的夜查216次，签发安全监察意见通知书500余份，消除安全隐患167起，有效地遏止了事故的发生。

（韩　文）

【特种设备规范化管理】　在完成50家锅炉房规范化管理达标工作的基础上，又在全区200家锅炉房中全面开展规范化管理达标工作；对17家已获资质的锅炉安装队进行业务培训，规范了安装行为；对6家锅炉清洗单位进行资质评审初审；对50余家气瓶站点进行专项整治，对17家液化石油气充装站、检验站进行资质评估工作，规范充装技术要求，为全面开展液化石油气瓶检验工作奠定基础。此项工作走在全市的前列，受到市局有关领导的关注；对电梯安装、维修单位进行规范化管理，推行持证上岗，佩戴胸卡作业的管理制度；加强对游艺机和游乐设施的安全监察管理工作，帮助西海子公园建立健全了各项管理制度，制订防患措施，并委托市特检中心对其7类17台件重点设备进行检验，完成多年未检验的公园游乐设施的检验工作。

（韩　文）

【计量检定测试】　29项计量标准器通过计量、标准认证，全年检定计量器具5万余件。水表检定项目被北京市局授权为北京市水表检定一站，承担起通州、平谷、朝阳三个区的水表首次检定工作。

（韩　文）

【节能监测】　节能监测站通过CMA认证，成为北京市18个区县中第一家通过CMA计量认证的节能监测机构，承担通州、大兴两个区的节能监测任务。全年共监测锅炉225台，电机196台，变压器134台，锅炉节能技术改造5台。

（韩　文）

【产品质量监督检验】　区内各企业现有29类180个产品获得了认证。2002年新扩项目涉及到调味品、饲料、熟肉制品、糖果、白酒、食用油、茶叶、纯净水、粮油及制品、水果制品、速冻面米食品（制品）、轻柴油、印刷及装订品共13类，108个产品。2002年质检所被国家质检总局确定为"承担小麦粉等五类食品质量安全检验机构"。圆满完成了蔬菜农残量、食用油、面粉、调味品、燃油、燃煤的监督检验任务。并承担了防冻液、刹车液、低硫煤、型煤、白酒部分企业的市级监督抽查任务和糕点、面包的市级定期检验工作。全年对1231个企业的35种产品的1787个样品进行了质量检验，综合合格率为84.5%。

（韩　文）

【特种设备检验】　全年共检验锅炉1053台，检验安全阀2010只，进行800台/次锅炉的水质化验，检验压力容器610台，起重机械411台，电梯251部，厂内机动车489部，液化气罐车8部，液化气钢瓶2058只，天然气管道3000米，锅炉探伤30台次，锅炉出厂监检

124台,压力容器出厂监检840台,锅炉安装、修理监督检验167台,旧炉移装检验54台。

（韩　文）

【“3·15”、质量月宣传服务活动】 以八里桥市场为中心,辐射全区11个乡镇、4个街道开展了大型宣传咨询服务活动。出动180人次,发放宣传材料71400份,展示宣传展板120块,悬挂横幅50余条。开展咨询服务和优劣产品对比活动,现场邀请20余家名优企业参加,向过往群众展示名优产品200余种,受到群众欢迎,收到良好的社会效果。

（韩　文）

财政·金融·审计

财 政

【概 况】 2002年通州区财政局坚持以经济建设为中心,深化财税体制改革,充分发挥财政的宏观调控职能,创新财源建设,加大组织收入力度,促进经济快速增长,财政收入大幅增加,为完成全年财政工作任务奠定坚实的基础。同时本着"量力而行、量入为出"的原则,强化预算管理、硬化预算约束、优化支出结构,有力地促进了全区经济及各项事业的发展。

(宋 兵)

【财政收入支出稳步增长】 2002年财政收入实现69424万元,完成年初预算的127%,比上年同期增加21888万元,增长46.05%。其中:市区共享收入完成51616万元;区固定收入完成9663万元;非税收入完成4861万元;基金收入完成3284万元。财力完成181143万元,比上年增加52108万元,增长40.38%,分项完成情况是:地方财政收入69424万元;市返还资金59049万元;市追专项31336万元;市转移支付3127万元;上年结转18207万元。2002年财政支出本着保政权、保稳定、促发展的原则,不断加大宏观调控力度,逐步建立起公共财政框架。重点支持教育事业发展、城市基础设施建设及重点工程建设,支持工农业发展及深化农业结构调整、保证党政机关经费正常需求。2002年财政支出完成146495万元,比上年增加33334万元,增长29.46%。财政收入和支出的增长为本区经济发展和社会稳定提供资金保障。

(宋 兵)

【建立新国库管理制度】 按照财政部发布的有关方案和市财政局的要求,积极推进国库制度改革,实现了预算编制、执行、监督三权分离,初步建立了以国库单一帐户体系为基础,资金缴拨以国库集中收付为主要形式的新国库管理制度,财政性资金的使用更加规范,从制度上保证财政资金安全运行,严格的控制腐败现象的滋生。

(宋 兵)

【创新完善乡财政管理体制】 为充分调动各级政府部门发展经济、增收节支的积极性,促进区与乡镇经济的共同发展,区政府出台并实施《进一步完善乡镇财政管理体制方案》、《支持通州工业区、永乐经济开发区发展的意见》和《对纳税大户及企业领导班子的奖励办法》等一系列政策,极大的调动了各乡镇招商引资、扩大税源、增加收入的积极性。2002年乡镇税收实现110058万元,占全区税收总额的58%,同比增长49.9%。11个乡镇全部实现正增长,超五千万的乡镇9个,其中突破亿元的乡镇5个。乡镇收入实现区财力40877万元,同比增长56%,乡镇可支配资金大幅度增加。

（宋　兵）

【支持农业产业调整】 2002年支农总支出21381万元，同比增长15%，完成预算的100%。重点支持农业深化调整，进行主导产业项目投资4750万元，以农村民俗文化、风情为重点，支持占地400亩的台湖第五生产队民俗旅游观光园建设；扶持和完善蔬菜食品生产基地和冷藏加工设施的建设，建成500立方米冷库，500立方米保鲜库和6000平方米的主体车间，日配送量1万公斤；重点支持市级11个标准养殖小区建设，投资1000万元支持蒙牛乳业基础设施和动物安全防范体系建设；继续保持全区3:7的粮经比例，农民致富步伐明显加快。2002年，财政投资2415万元重点支持了台湖观光园、新世纪园艺等5个高效园区和蒙牛乳业、通济达农业发展有限公司、大运河蔬菜配送中心等6家农产品龙头企业。

（宋　兵）

【支援受灾地区恢复生产】 8月4日，通州区遭受了多年不遇的雹灾。灾后，市财政局主要领导来到受灾严重的乡镇实地查看灾情，走访受灾农户，并迅速落实救灾资金。共紧急筹措救灾资金895万元，及时拨付给受灾乡镇，受灾户在灾情发生十日内全部领到救灾款。

（宋　兵）

【教育经费实现“三个增长”】 2002年，教育投入32626万元，同比增长27%。其中财政用于普教事业费支出21658万元，同比增长21%，高于财政经常性收入增长15.1%的5.9个百分点。公用经费同比增长2%。小学生年均教育事业费1917元，比上年增加483元，中学生年均教育事业费2336元，比上年增加222元，达到教育法规定“三个增长”。用于改善办学条件投入7346.79万元，其中房屋综合维修127866万平方米。改造36所中小学的危电，支持10所中学通过北京市中学规范化验收，改造经济落后地区30所中小学的取暖设施；为推进素质教育，普及计算机知识，财政对于建设校园网和计算机教室给予大力支持，为推进办学体制改革，扩大普高招生比例，在6所高中校新建综合实验电教楼3.8万平方米。

（宋　兵）

【加大医疗卫生和社会保障事业投入】 2002年，已有697家单位实行医疗保险改革，总计8.3万人参加医疗保险，收缴医疗保险基金8210万元；用于社会保障事业投入20397.13万元，比上年增加4885.13万元，增长31.49%．对7781名城镇和农村享受最低生活保障人员拨付最低生活保障金741.73万元；启动廉租住房政策，截至12月底，本区城镇共有26户居民通过审批，区财政为符合条件的24户家庭发放廉租住房补贴，累计补贴45652元。医疗保险改革和社会保障事业的稳步发展，为通州区社会稳定打下坚实的基础。

（宋　兵）

【支持重点工程建设、基础设施建设和社会公益事业】 2002年区财政用于支持全区重点工程建设、各项基础设施建设和社会公益事业的专项资金21563万元。其中新华南北路改造投资3500万元，道路施工147435平方米，绿化31400平方米。内环路工程财政已拨付专款2750万元，主要完成玉桥东路铜材厂至滨河路小圣庙变电站。全长1.8公里，架桥一座，绿化7.5公里。两条道路的建成打通制约通州城内交通瓶颈路段。支持社会公益事业的发展，继续加大社区服务中心的建设力度，已建成新华、中仓、玉桥、北苑、梨园、永顺六个社区服务中心，基本满足了社会对福利服务的需要。

（宋　兵）

【建设“两河一路”绿色通道等林业五大工程】 2002年，财政投资3965万元，完成“两河一路”绿色通道工程及四环林建设工程；建设以“古运河纪念林”为主的“运河生态公园”工程；实施农田林网建设工程及播草盖沙工程。五大工程的建设，共动土方164万方，拆迁4.7万平方米，绿化面积5.3万亩，植树537万株，河岸绿化23.8公里，公路绿化45条，长度97.2公里，防沙治沙绿化500亩，播草覆沙6000亩。

（宋　兵）

【科学合理地编制部门预算】　在全区各单位的支持和配合下，全面开展2003年部门预算编制工作。财政部门成立“预算编制工作领导小组”和“预算编审委员会”，制定并实施了《预算工作规范》，同时，财政部门还调派45名机关业务骨干，分成15个小组，深入到全区近400个单位进行摸底调查，按照检查与调查相结合的原则，取得行政事业单位机构改革后的第一手资料，为编制部门预算建议草案奠定了基础。部门预算的编制与执行有效地规范支出行为，增加支出的计划性，提高资金使用的透明度。

（宋　兵）

【进一步规范会计管理】　对会计人员继续教育，全年共组织电算化培训班24期，培训人员10357人；对全区938名公务员开展电子政务培训，组织22场网上考试，并被北京市电子政务考试办公室作为优秀办学点在各培训单位进行经验推广，中华函授学校也被评为通州区文明行业示范点。组织会计从业资格和初级职称考试，以提高素质水平为宗旨坚决把好“入门关”。从业资格考试937人，考试合格527人，合格率56.24%，职称考试937人，合格163人。继续稳妥地推行《会计委派制》，加强对试点单位的管理与监督。对本区现执行《企业会计制度》的股份公司、外资企业、国有企业等16个单位开展调研，并针对执行情况和存在的问题写出调研报告上报到市财政局，并结合在调研中发现的问题编写本区2002年会计人员继续教育培训纲要。

（宋　兵）

【严格规范政府采购工作】　加大政府采购力度，严格执行“公开、公平、公正”的原则。以招标采购、委托采购和询价采购方式对143个项目进行采购。采购预算金额8352.51万元，实际采购金额7605.82万元，比上年增加4795.32万元，通过政府采购节约资金746.69万元。采购物品包括汽车、计算机、办公家具、房屋修缮工程及“两河一路”绿色通道工程。

（宋　兵）

【编制《通州区经济和社会发展项目库》】　2002年，区财政局编制《通州区经济和社会发展项目库》。该项目库涉及工业、农业、教育、社保、卫生、基本建设等各个行业和领域共366个项目，涉及总投资额532174万元。项目库的编制得到市财政局领导的充分肯定，在2002年北京市财政工作会议上提出在2003年全市财政系统内推广编制项目库工作。

（宋　兵）

【继续做好监督检查工作】　制定本局《财政监督检查实施办法》、《行政审批程序性规定》和《违反行政审批程序性规定的责任追究办法》，加强对业务科室财政资金执行情况检查。配合市局对本区2001年市级专项资金的拨付情况进行检查及对项目单位资金使用情况进行重点抽查工作。

（宋　兵）

【党风廉政建设成果显著】　为使本局干部牢固树立正确的权力观、地位观、利益观，制定《党风廉政建设责任制度》并举行签字仪式；《科级干部交流活动自律规定》、《重申关于改进党的作风加强财政纪律的规定》和《关于机关管理工作上的几项规定》，使全体干部职工牢固树立为人民服务的思想，增强公仆意识，树立清正廉洁、勤政为民的财政干部形象。2002年区财政局的党风廉政建设受到区纪委的好评。

（宋　兵）

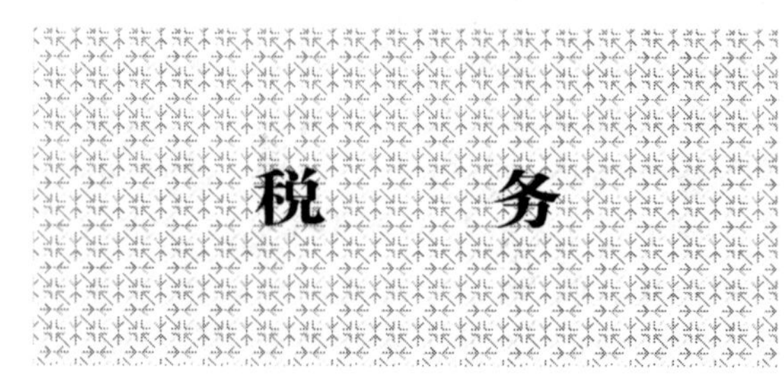

税　务

国家税务

【概　况】 2002年，区国税局着力做好“依法治税、从严治队和科技加管理”，围绕组织收入工作，强化各税管理，加大稽查检查力度，深入整顿和规范税收秩序，不断提高“金税工程”运行质量，加快税收信息化建设步伐，加强党风廉政和干部队伍建设，各项税收工作取得明显成果。截止到12月31日，共计组织工商各税74403.1万元，完成年度计划的112.73%，比上年同期增加13964.1万元，增长23.1%。其中，“两税”入库62847.1万元，完成年度计划的112.03%；其他各税入库11556万元，完成年度计划的116.73%，连续两年实现税收收入增长逾亿元。

（孟祥胜）

【加强重点税源跟踪管理】 按照“逐级负责、跟踪管理、加大日常监控力度”的思路，加强对95户国家级、市级和区级重点税源企业的管理。由管理人员入户了解企业的生产经营、市场前景等情况，逐户分析税收增减变化原因，定期与各税务所勾通反馈情况，预测收入进度，调整组收计划，牢牢把握组收主动权。截止到12月31日，全局95户重点税源企业共计入库各税30890万元，比上年同期增加3599万元，增长13.2%，占整体税收收入的41.5%。

（孟祥胜）

【完善稽查检查操作规程】 年内，以努力提高稽查工作质量为原则，利用信息化优势，加强与税政、征管、法制等业务部门的协调，强化稽查选案、实施、审理、执行四环节管理，严格执行稽查检查工作规程，规范各种执法文书的使用，以异地经营商贸企业、福利企业、房地产企业和资源综合利用企业为重点，加大日常稽查检查和处罚力度。截止到12月31日，共计检查私营以上企业657户，其中有问题的259户，查补税款和滞罚款1570.8万元。

（孟祥胜）

【全面落实所得税分享改革政策】 3月6日，市国税局转发《国家税务总局关于所得税收入分享体制改革的通知》，规定“2002年1月1日后的新办缴纳所得税的企业（除原由地税局负责征管的所得税企业合并、分立成一个新企业、事业单位改制为企业三种情况以外）应到国税机关进行纳税申报”，归属国税部门管辖。按照这一规定，本局相应建立国、地税《所得税征收管理户数衔接反馈制度》，定期相互通报税源户数及缴纳税款情况，确保基础税源信息准确无误，通过税务所发放宣传材料、电视台公告所得税分享改革政策等形式，加大宣传力度。所得税管理所撤“所”为“科”，新增所得税管理岗位，健全内部管理制度。坚持落实加强所得税基础管理的思路，完善所得税征收管理制度，认真抓好税务登记管理，摸清新增税源情况，以亏损企业和事业单位为重点，强化所得税稽查检查，严格执行所得税汇算清缴工作规程，加强内外部培训。截止到12月底，累计入库企业所得税税款2228.1万元，完成全年计划任务145.6%，比上年同期增加1124.1万元，增长101.8%。

（孟祥胜）

【加强一般纳税人年审和福利企业年检】 年内，将一般纳税人年审工作分三个阶段进行，即宣传培训和自查，审核审批和统计报表，分析总结上报。重点审核低税负、零申报、收入明显偏低和核算不健全的企业，共取消195户企业的增值税一般纳税人资格，8户企业暂缓通过年审，查补入库税款62.5万元。与区民政局、地税局密切配合，对全区65户福利企业的“四残”人员比例、企业财务核算等情况进行了实地检查，取消福利企业资格1户。

（孟祥胜）

【加大涉外税收管理力度】 加强宣传培训新修订的《外商投资企业和外国企业所得税申报表和管理办法、管理规程》，严把审计报告审核关，将深度不够、内容不全、缺少税务调整事项的审计报告作为审核重点，切实做好外商投资企业所得税汇算清缴工作。重点开展“服装及其它纤维制造业”审核评税工作，共审核企业42户，其中有问题的29户，查补入库各税40.7万元。审计企业65户，18户存在问题，查补税款与加收滞纳金共计141.50万元。加大案头分析力度，将1户企业作为反避税重点，跟踪管理关联企业，切实做好反避税工作。

（孟祥胜）

【大力整顿和规范税收秩序】 本着“查深、查细、查透”的原则，开展以商贸企业、加油站、大型集贸市场和以所得税连续亏损、消费税生产及销售行业为重点的税收专项检查。截止到12月31日，共计检查各类企业129户，其中有问题的18户，查补税款和滞罚款249.75万元。同时，完成“台州5·10案”、“宣武5·28案”和“海淀6·15案”等十二个案件的专案查处工作，共计检查企业35户次，查补税款和滞罚款152.6万元，并与区公安分局密切配合查处“北京永盛兴达商贸有限公司”虚开增值税专用发票、购买伪造增值税专用发票虚开案，并将该公司法人移送公安机关做进一步查处。开展集贸市场专项整治工作。通过进行宣传辅导，开展个体工商户的自查检查工作，共检查出110户个体工商户存在问题，补缴税款60250元。出动车辆130辆次，人员288人次，对1563户个体工商户集中进行重点检查，其中存在问题的260户，补缴税款153240元，调整月定额1267户，月增加税款28920元，查出漏征漏管户265户，补办税务登记237户，注销违规登记10户。

（孟祥胜）

【加快税收信息化建设】 以“突出应用，服务为本，知识更新”为基本原则，成立税收征管应用软件开发管理小组和网络管理小组，主要解决税收征管系统的税务登记、发票鉴定、通讯等8大类的23个问题，开发完善税务档案和发票库管理系统，推广应用会计消号系统，编制所级记账软件，建立“金税工程”自动备份和数据检查机制，建立健全区国税局电子邮件传输网络。同时，加大征期催报催缴力度，确保安装防伪税控系统的企业报税率、增值税专用发票数据采集率及协查率均达到100%，层层把关，保证企业数据上传及时准确，提高“金税工程”运行质量。

（孟祥胜）

【推行个体银行网点纳税申报系统】 建立个体工商户由农口所集中到个体专业所进行统一管理的征管模式，自10月1日起在全区所有个体工商户中推广应用“个体银行网点纳税申报系统”，个体工商户只需在就近的农信社开设帐户，告知税务机关开户情况，并按月及时存足税款，农信社按期（征期）将所存税款划入国库，相应地简化了办税程序，提高办事效率，“个体银行网点纳税申报系统”受到3500余户个体工商户的普遍欢迎，征期申报率显著提高，达到95.51%。

（孟祥胜）

【深入开展党风廉政建设】 坚持把依法治税作为税收工作的灵魂，修改完善《党支部工作达标创优考核暂行办法》，加大支部考核力度，以支部为单位定期组织党员和入党积极分子进行学习，开展“争做通州文明国税人”、“新时代的道德楷模——孟宪峰”读书学习等活动，切实全面提高干部队伍的思想政治水平。在继续坚持上年廉政建设各项成功做法的基础上，提出“设立三道防线、坚持两个根本”等新要求，即设立道德防线、违纪防线和犯罪防线；坚持以人为本、以领导干部为本，开展多种形式的廉政教育活动，在全区行风评议中，位列36家被评单位中的第三名。

（孟祥胜）

【强化干部教育培训】 年内，组织参加全国税务系统首次执法资格考试。分期分批地开办了以新《企业会计制度》和所得税业务知识为主要内容的脱产培训班。着重对所得税管理岗位人员进行所得税业务知识和微机操作的培训，深入基层所，邀请专业教师进行巡回辅导培训，以所得税会计处理与税法的差异和帐务调整为主要内容，对基层干部和企业办税人员进行培训。为适应政府部门网上办公趋势的需要，组织开展了电子政务知识培训和测评活动。另外,组织4名处级干部和17名科级干部参加市国税局组织的更新知识培训。

(孟祥胜)

地方税务

【概　况】 区地税局位于通州北大街73号。全局共有干部职工270人,机构28个,包括14所12科1室1中心。截止年末,全区税务登记户合计15121户。其中国有企业720户,集体企业1849户,股份合作企业1924户,联营企业43户,有限责任公司768户,股份有限公司21户,私营企业7023户,个体工商户1549户,港澳台投资企业162户,外商投资企业243户,其它企业819户。年内区地税局认真贯彻落实市地税局提出“六、二、三”方略,推进征管改革,强化制度建设,加大稽查检查力度,逐步完善提高税收分析预测水平,本着“规范、高效、便捷、创新”的工作标准,为纳税人提供全方位的纳税服务。年内,区地税局在组织收入、党风廉政、队伍建设、纳税服务以及信息化管理等方面取得显著的成绩,圆满完成各项工作任务。

(刘　震)

【地方税收持续快速增长】 2002年区地税局共计组织各项收入108490万元,比上年同期增收36697万元,增长51.12%,完成年度计划的135.56%。其中税收收入为105776万元,比上年同期增收36013万元,增长51.62%,占年度计划的135.61%,其它收入2714万元,比上年同期增收684万元,增长33.69%。在全部税收收入中,营业税收入占55.57%,是区局的支柱税种。在非税收收入中,教育费附加所占比重最大达到72.81%。随着通州区城镇面积的不断扩大,耕地占用税成为本年增长最快的税种,较上年入库的207万元增长478.74%。根据缴纳税款所属行业的区分,房地产业和建筑业依次成为上缴的税款最多的行业,分别占到全部税收收入的31.38%和15.96%。

(刘　震)

【强化纳税服务】 年内,利用举办税收知识讲座,业务培训,以及组织税法知识、计算机大系统业务考试等多种手段,全面提高纳税服务岗位工作人员的综合素质。通过报刊、电视、广播等媒体加大对税收法规的宣传力度,在各纳税场所散发宣传材料,义务解答纳税人的咨询。另外,本年开通区地税局网站,将各种税收法律法规和最新的税收动态发布在网页上,供纳税人阅读了解。在对纳税人员的培训中,本局继续坚持和完善办税人员辅导制度,开展办税人员学习教育工作。围绕不同时期的税收重点,举办发票改革、个人所得税网上申报等多场培训班。针对一些纳税人多次反映有个别单位和个人以通州区地税局的名义或冒充区局某名干部的身份,向企业推销书籍、索要钱财等大肆进行诈骗活动的事实。区局为维护地税形象,避免更多的企业遭受损失,利用各种场所进行宣传解释,并根据纳税人提供的线索,与司法机关配合,先后两次行动一举抓获五名犯罪嫌疑人,保护了纳税人的合法利益。年内各税务所相继开展以“增强服务意识,规范服务行为,提高服务效率和水平”为目的的各种服务活动。如:中仓税务所开展的“做纳税人满意的公务员”,漷县税务所制订的“违诺赔偿制度”,西集税务所实行的“办税提示制度”等均受到纳税人的好评。

(刘　震)

【强化税务稽查检查工作】 一是从提高检查人员专业素质入手,区地税局从年初开始对全局50名检查人员举办为期一周的业务培训班,并组织召开全局检查人员大会。二是根据市局的工作部署重点开展了对建筑安装业、房地产业、加油站和出租车业的专项检查。三是各征收税务所和稽查税务所根据案头稽核提供的案源和日常工作的安排有针对性的开展日常检查工作。四是随着举报案件的日益增多,局举报中心加强对举报案件的立案检查管理工作,对检查的各个环节进行了规范,同时抓好保密和奖励措施。五是规范检查执法程序，严格执行三级审理制。对检查程序不合法，文书使用不当，不加收滞纳金和罚款的案件一律退回修改。六是加强与司法部门的联系，利用法律手段成功办理了北京地区首例抗农业税案件，保证税款足额入库。七是局检查科会同相关部门分别于8月和11月对征收税务所和稽查税务所进行税务稽查基础情况的检查和结案案件的复查工作，对检查中发现的问题及时进行改正。年内区地税局共检查纳税企业958户，有问题户857户，查补税款1522万元，滞纳金罚款合计273万元。

（刘　震）

【抓好廉政勤政建设】　2002年区地税局利用党风廉政建设教育月的契机，面向全局干部职工举办《树通州地税形象，谱勤政廉政新篇》的征文活动，并编印成书。开展“面对纳税人的投诉，我们应该做什么”的大讨论和本年区局在处理一名干部的违纪行为中所总结的经验教训向全局干部做了通报，再次敲响警钟。年初面对各税务所在财务管理中存在的漏洞，经局党组研究出台了《关于财务开支标准和审批权限的补充规定》对各所的财务管理制度做了更细致的规范。区局还聘请6名社会特邀监察员，负责对区地税局的廉政勤政情况进行调查监督，及时反馈意见，协助各部门不断改进工作。同时为进一步制约和监督税务检查岗位的工作人员，年初实行税务检查执行情况监督反馈单制度。截止到12月底共收回反馈单408份，对反映的问题都做了核实处理。

（刘　震）

【全面提高法制化工作水平】　一是积极开展税收法制检查。2002年新成立的局法制科针对办理开业税务登记和个体工商业户的申报征收情况分别到纳税服务税务所和各征收税务所进行执法检查。另外还对各税务所开具的税务行政处罚文书的规范使用情况和涉外税务所是否严格执行涉外税收法律法规政策进行专项检查。在以上执法中，将检查的重点放在了各税务所是否按规定的程序，使用特定的文书，引用正确的条款上。对工作中发现的问题均按要求限期整改。二是做好涉税证明的审批管理工作。由局法制科选派专人负责，对索要开具涉税证明的单位，根据工作规程逐一进行检查核实，严格把关，按步审批。2002年共开具涉税证明15份无一纰漏。三是做好税收法律法规的培训工作。区地税局先后利用新的《中华人民共和国税收征收管理法实施细则》颁布实施和国家税务总局组织的“税收执法资格”考试的机会，采取各种措施对全局干部进行依法行政方面的培训，进一步提高执法水平，逐步杜绝执法随意性。

（刘　震）

金　融

工商银行通州支行

【概　况】　中国工商银行北京市通州支行位于通州新华大街155号，注册资本9340万元。2002年，拥有正式职工297人，共设机构38个，包括11科2室1个中心6个对公分理处18个储蓄所。年末，人民币总资产68.2亿元，比上年增加14.3亿元，增长26.5%；各类人民币存款66.3亿元，比上年增加14.1亿元，增长27.0%，其中对公存款24.5亿元，增加6.4亿元，储蓄存款41.7亿元，增加7.7亿元；人民币贷款16.7亿元，比年初增加0.7亿元；实现利润4541万元。

（郭影皎）

【住房贷款继续增长】　2002年末住房贷款余额达10.4亿元，比年初增加3.5亿元，占全部贷款62.9%，住房贷款的大幅度增长，优化了贷款结构，提高了收息水平。

（郭影皎）

【多种手段清收转化不良资产】 通过破产核销、执行终结核销、依法收贷、参与企业改制等多种手段清收转化不良资产。2002年，按贷款五级分类不良贷款减少2.3亿元，进一步调整贷款结构。

（郭影皎）

【拓展中间业务新领域】 2002年，积极调整经营结构，大力拓展业务发展空间。加大对电子银行、信用卡、代理保险、代理基金、个人消费贷款等业务的营销力度，实现中间业务收入543万元。

（郭影皎）

【树立精品服务网点形象】 以"业务品种综合多样、营业环境舒适幽雅、员工举止标准规范、客户享受优质服务"为标准，经过动员、培训、实施、验收四个阶段的推广工作，使新华分理处、西门储蓄所的服务环境、服务态度、服务举止、服务形象大有改观，树立了精品网点形象，为提高支行的服务水平起到了积极作用。

（郭影皎）

建设银行通州区支行

【概　况】 2002年，建行通州区支行按照总、分行指导方针，积极改革，以效益为中心，促进各项业务健康发展。抓住市分行与通州区政府签订《银政合作协议》主办行的机遇，努力开拓客户市场和业务领域，综合实力显著提高。狠抓管理工作，会计工作升二级，鱼市口储蓄专柜升为二级所，安全保卫工作连续十五年无事故。2002年，实现利润创历史最好水平，主要业务指标完成良好。全年实现利润4056万元，比上年增长1547万元，增长62%，人均创利27万元。到年末，全口径存款余额22.71亿元，当年新增3.75亿元，完成分行核定新增计划的153%。各项贷款17.84亿元，比上年新增6.46亿元。存款增速和贷款新增位居本地区同业当年第一。

（张　毅）

【提高信贷资产质量消化不良资产】 支行加强与区内各园区、房地产开发、公路、电信等企业的密切协作，提高存款的增量和稳定性；在把好投向控制风险的基础上，注重个人住房贷款的投量，全年共发放个人住房贷款2049人，金额4.2亿元；政府协助，支行强力催收，全年退出不良贷款户14户，回收不良贷款本息634.4万元，不良资产下降2.75个百分点。

（张　毅）

【加强队伍培训，积极推进改革】 2002年，支行进行系列的服务、技能、法制等培训与教育，使员工的服务意识和业务操作能力明显提高；适应改革需要，支行将原有的16个部室改为8个，中层干部正职数减少一半，提高了办公效率，竞争意识和市场观念明显增强。

（张　毅）

【加大管理力度，增强内控机制】 2002年，按照"择优上岗、竞聘上岗"的原则，支行加大对科级以上干部的考核力度，实现科级干部能上能下。强化对业务岗位人员的轮换与交流，促进了人人钻业务的局面。为保持和巩固安全保卫工作先进单位的成果，进一步细化安全承包责任制的内容，将安全保卫工作纳入"大安全"范畴。年内支行安全保卫工作先进经验在总行安保会上作了介绍。保证了国家资金安全，实现了无案件、无重大事故"十五连冠"。

（张　毅）

农业银行通州区支行

【概　况】 2002年，中国农业银行北京市通州区支行以提高经营效益为主线，以增强资金实力为基础，以调整信贷结构、提高资产质量为目的，加大改革力度，完善内控管理，强化风险控制，求真务实，开拓创新，各项工作取得突破性进展。全行共设29个机构，包括10部1室，14个分理处，4个储蓄所，有员工308人。年末，人民币各项存款余额为

320392万元,同比增加62319万元,完成分行下达任务的138.5%,其中对公存款余额165115万元,同比增加37994万元,完成分行下达任务的119.9%;储蓄存款余额155277万元,同比增加24325万元,完成分行下达任务的182.9%;外币存款余额达476万美元,同比增加127万美元,完成分行下达任务的129.4%,人民币各项贷款余额为182641万元,同比增加58373万元。

(徐凤宝)

【房地产金融业务发展迅猛】 2002年,支行成立了房地产信贷管理部,先后与12家房地产开发企业达成合作协议,对其中3家规模大、销售远景好、竞争力强的房地产开发公司发放开发贷款,对15个项目发放了按揭贷款。全年累计发放房地产类贷款42399万元,占全行增量贷款的53.6%。其中:个人住房按揭贷款34399万元,到年末房地产类贷款余额达52092万元。此项业务的开展,有效地促进了组织存款、清收盘活不良资产、中间业务等各项工作的开展。

(徐凤宝)

【信贷结构调整成效显著】 支行在信贷管理上突出坚持有效发展原则,使支行信贷结构战略调整收到显著成效,既发展和巩固了一批"双优"客户、"成长"客户,又淘汰一批劣质客户和夕阳客户。到年末,支行各项贷款587户,余额182641万元,其中:优良客户(39户)贷款余额83697万元,占45.8%,比年初上升26.6个百分点,完成分行下达任务(提高10个百分点)的266%;一般客户(82户)贷款余额37820万元,占20.7%,比年初下降17.1个百分点,完成分行下达任务(下降5个百分点)的342%;限制客户(57户)贷款余额11295万元,占6.2%,比年初下降1.3个百分点,完成分行下达任务(下降2个百分点)的65%;淘汰客户(409户)贷款余额49829万元,占27.3%,比年初下降8.1个百分点,完成分行下达任务(下降3个百分点)的270%。

(徐凤宝)

【新增贷款全部投向优良客户】 年内,支行实施"两大一高"经营战略,即:大项目、大客户和高新技术产业,严格执行信贷新规则,在信贷投向上,优选一批自己培植起来的黄金客户,加大信贷支持力度,全年发放的26户增量贷款企业中,除一家B级企业采用100%存单质押外,其余25户企业均为AA级信用企业,并对其中7户贷款企业进行重点支持,额度达14200万元。

(徐凤宝)

【清收转化不良资产】 2002年,支行在清收范围缩小,清收难度加大的情况下,正视困难,狠抓四个落实,积极探索清收新途径,以土地使用权转让,实现以资抵债贷款4603.3万元,有效降低不良贷款的存量,到年末,全行共清收不良贷款1742.5万元,完成分行下达任务的110.3%;盘活不良贷款2960万元,完成任务的138.1%;保全信贷资产3500万元,完成任务的103.4%;年末不良贷款余额47814万元,控制在分行下达的49317万元以内。

(徐凤宝)

【加强网点安全设施建设】 2002年,支行投入资金300余万元,用于安全保卫,对11个网点进行了改造,为全行19个网点中的18个网点安装了防弹玻璃,安装率达94.7%,为5部运钞车安装了GPS卫星定位系统,并安装了一部GPS分控系统,从而使技物防设施更加完备。

(徐凤宝)

【实行客户经理、中层干部公开竞聘】 9月,在支行范围内实行客户经理竞聘上岗,经过知识测试、演讲,最后综合成绩较好的36人聘任为客户经理;10月,进一步深化人事制度改革,提高中层干部素质,实行中层干部缺位公开竞聘,经个人申报、组织审核,共49人参加了竞聘演讲。

(徐凤宝)

【改革分配制度】 2002年,支行根据分行《岗位工资分配办法》,结合支行实际情况,制定《通州区农行员工岗位工资分配办法》,经职代会通过，实行固定工资、效益工资分开，以“公开、公正、公平”为原则，核定每一位员工的工资系数，以系数差别拉开收入档次，增强员工的竞争意识。

（徐凤宝）

中国银行通州区支行

【概　况】 2002年，中国银行通州区支行进一步加快建立和完善良好公司治理机制，按照统一思想、更新观念、与时俱进、求真务实、真抓实干，再上台阶的工作思路，以加大营销力度、积极拓展业务、加强内部管理、加大清收不良力度为重点，努力实现以效益、质量、风险控制为目标的跨跃式发展。截止2002年12月末，支行人民币存款余额为138781万元，比年初净增29824万元，完成年计划22640万元的131.73%，增幅为27.37%。其中对公存款余额为66569万元，比年初净增15368万元，完成年计划13640万元的112.7%，增幅为30.02%；储蓄存款余额为72212万元，比年初净增14456万元，完成年计划9000万元的160.62%，增幅为25.03%。外币存款余额6079万美元，比年初净增852万美元，完成年计划350万美元的243.43%。人民币授信总额148265万元，比年初净增47592万元，增幅为47.27%。不良资产现金净收回563万元。长城信用卡发卡371张，长城电子借计卡发卡6576张，长城国际卡发卡40张。实现经营利润2599万元，人均利润25万元。

（陈秋荣）

【拓展业务空间，推进零售业务】 继续以房地产业为龙头，支持通州区经济发展的同时，带动零售业务全面发展，2002年与支行合作的房地产开发公司由过去的19家发展到26家。自2002年5月汽车消费信贷业务快速发展，到12月末汽车消费贷款1261笔，贷款金额41775万元，不仅为消费信贷实现倍增提供保证，而且有效调整消费信贷的资产结构，在规避消费信贷风险上有了新的突破。支行充分发挥柜台营销的前沿优势，在做好传统代收代付业务的同时，积极拓展中间业务，成功推出代理保险、代卖旅行支票、代卖印花税、代销基金等多种中间业务，贴现业务实现零的突破，个人实盘外汇买卖业务继续独领风骚。

（陈秋荣）

【加大清收力度】 2002年支行以“先大后小、先易后难、重点突破、以点带面、以求实效”的原则，加大清收力度，逐户分解，采取一户一策的措施，责任到人，逐笔监控，力争盘活。12月末核销呆帐1969万元，现金净收回563万元，不良资产余额为7670万元，比年初8785万元净减1115万元。

（陈秋荣）

【科级干部全员竞聘】 围绕建立良好的公司治理机制，支行积极进行改革，充分挖掘人力资源，激发企业内部活力，做到人尽其才、才尽其用。3月初，本着公平、公正、公开的原则，进行了科级干部全员竞聘，94名员工有55人报名参加竞聘，竞聘上岗18名科级干部，为各项业务发展增添了新的活力。

（陈秋荣）

【加强培训，创优服务】 支行以创建“严格、规范、谨慎、诚信、创新”的十字行风为契机，以创建首都金融业规范化服务达标为目标，继续深化服务内涵，开展“生存、发展、效益靠客户，以客户为中心、以市场为导向”的服务理念教育。开展丰富多彩的服务达标活动，为全面提升员工素质，全行105人参加了全方位、多层次的各种培训，真正提高服务质量。7月25日，代表中国银行北京分行接受市金融工委首都金融业创建文明行业规范化服务达标验收检查，并以“硬件精、质量优、功能全、管理严”的服务特色，赢得检查组的一致认可，打造了自己的服务品牌。

（陈秋荣）

农业发展银行通州支行

【概　况】 2002年，通州区农发行围绕总、分行的总体工作部署,以进一步加强领导班子建设和职工思想政治工作为基础,以严格岗位责任考核为切入点,狠抓规章制度的落实,促进全行各项工作再上新台阶,为通州区农业和农村经济的持续稳定和健康发展做出新的贡献。截止到年末,当期新放粮棉油购销贷款比率100%,贷款收回率100%,贷款利息收回率433.08%,信贷资金运用率103.62%,不良贷款下降率10.69%,全面超额完成分行下达的指标,全年未突破分行费用指标限额,无经济刑事案件,实现了封闭管理、风险管理、经营管理并重;努力完成总行规范化管理试点行的任务,狠抓基础工作整改,基本做到制度建设系统化、岗位设置科学化、业务操作程序化、管理手段现代化、数据资料档案化、考核评价标准化,实现了工作质量提高和人员素质提高并举;着力加强党的思想建设、组织建设和作风建设,认真学习和实践"三个代表"重要思想,围绕业务抓党建,抓好党建促业务,推动党的建设和精神文明建设再上新台阶,努力向"精品"支行迈进。

(胡振华)

【实现收购资金封闭管理】 年内,支行在贷款投放上,坚持集体研究,统一安排、合理使用、据实放款。截止到年末,发放收购贷款1143万元,收购值1143万元,收购数量1107万公斤。既保证不给农民"打白条",也保证贷款和粮食入库值的一致。在库存监管上,以实行仓单的动态管理为重点,加大监管力度。年末全区存粮2.8亿斤,银行台帐与企业保管帐、统计帐、会计帐及库存实物相符。在收贷收息上,明确主攻方向,做好收息预测,实行分级负责制,确保贷款本息应收尽收,2002年综合收息率超额完成81.08个百分点。从转变观念入手,积极稳妥支持企业开展调销业务。发放调销贷款2100万元,做到当年发放当年收回,帮助企业增加赢利136万元,收回不良贷款87万元,实现"购得进,销的出,有效益"的信贷原则。

(胡振华)

【切实防范经营风险】 为防止储备粮超期陈化,积极督促企业将10220万元的超期储备和陈化粮全部清理收回和轮换,有效防止信贷资金的潜在风险。狠抓不良贷款的收回,全年共收回附营停息挂账贷款和陈欠建仓贷款566万元。

(胡振华)

【促进经营管理上水平】 加强结算管理,认真配合审计部门的全面审计,逐步把财会工作纳入标准化、规范化、责任化、程序化和科学化的轨道。全年办理结算业务21254笔,收付现金2542笔17873万元,无资金损失和定型差错。坚持勤俭办行,优化费用结构,严格财务管理,谨慎理财,各项费用控制在分行下达的指标之内,全年共实现利润758万元。

(胡振华)

通州区农村信用合作社联合社

【概　况】 2002年末,通州区农村信用社有员工461人,设有营业机构58个,其中:10个信用社、1个联社营业部、44个分社、3个储蓄所。年末各项存款余额513358万元,比年初净增加57246万元。各项贷款余额306394万元,比年初增加5868万元。

2002年,通州区农村信用社坚持以经营为中心、以效益为目标的原则,以规范管理、夯实基础、求真务实、提高效益为指导思想,努力朝着经营目标利润化、组织管理规范化、激励机制市场化、人员选聘竞争化、资产管理商业化方向迈进,各项工作得到有效加强和提高。通过加强财务核算,深人开展增收节支活动,经营效益再上新台阶,利润比上年增加100万元;通过采取依法收贷、落实债务等措施,信贷资产质量进一步提高;按照市联社的统一部署,认真开展了"三查、三整顿、三纠正"活动,内控管理、制度建设得到进一步规范;通过组织"三个代表"重要思想和十六大精神的学习,干部职工的工作作风、思想作风有了质的提高;结合部分信用社合并,对基层党组织进行调整和充实;通过开展业务技术比赛、岗位培训、学历教育和社会自学,员工队伍素质进一步提高。

（王向东）

【7个信用社降格合并】 根据通州区部分乡镇合并、行政区划调整的情况，经联社理事会研究并报上级批准，于4月将徐辛庄等7个法人信用社降格为分社，并按行政区划进行相应合并，即：原徐辛庄信用社并入宋庄信用社、原甘棠信用社并入潞城信用社、原郎府信用社并入西集信用社、原觅子店信用社并入漷县信用社、原牛堡屯信用社并入张家湾信用社、原大杜社信用社并入马驹桥信用社、原次渠信用社并入台湖信用社。7个降格信用社的人员、财产、帐务同时并入接收信用社，并做为接收信用社的分社进行管理。

（王向东）

【举办专场文艺演出】 为扩大农村信用社的知名度，加强对外宣传，3月25日，在通州会堂邀请专业演出团体，举办了以“庆祝通州区农村信用社存款超46亿元”为主题的专场文艺演出，通州区各界1200人观看了演出。

（王向东）

【中间业务范围扩大】 借助全市综合业务网络系统联网和业务功能的不断完善，通州区农村信用社的业务范围不断扩大，年内相继开办了代理北京市商业银行医疗保险、鸿泰两全保险；代收寻呼机、移动电话费；代收代缴个体工商税；代理供电局售电业务；代售神州行、如意通移动电话卡等业务，部分信用社还开办了代发工资、代收水电费等业务，全年中间业务量达到60万笔。

（王向东）

【增扩股金】 年内，全区信用社共吸收股金1823万元，年末余额为3805万元，吸收股金主要包括职工个人股、社员股和集体股，入股面较上年有所扩大。

（王向东）

【与区计生委签订信贷支农协议】 通州区农村信用社为做好信贷支农工作，在去年与区政府、区个协诚信担保服务公司签订“银政协议”、“诚信担保协议”的基础上，年内又与区计划生育委员会签订“担保合作协议”，主要向计划生育低收入农户提供信贷支持。全年净投放各类合作支农贷款2830万元，年末余额为4685万元，比上年增加1585万元。

（王向东）

【清收不良贷款成效显著】 2002年，通州区联社有效发挥了资产管理科的职能作用，实行双重考核措施，狠抓不良贷款清收，取得显著成效。不良贷款余额比上年末下降10295万元，同比下降了4个百分点，其中纯收回两呆贷款1677万元。

（王向东）

【加大安全设施改造资金投入】 全年共投入安全设施建设资金300余万元，为联社和城关、梨园信用社购置3辆防弹运钞车，对7个营业网点的电视监控设备进行数字化改造，为8辆专用运钞车及代用运钞车安装GPS卫星定位系统，同时为所有营业网点统一更换灭火器150个。

（王向东）

【召开第二届工会代表大会】 8月9日召开“通州区信用联社第二届工会会员代表大会”，选举产生了通州区信用联社第二届工会委员会和工会经费审查委员会。

（王向东）

中国人民保险公司通州区支公司

【概　况】 通州人保公司围绕“以市场为导向，拓展业务规模；以提升服务水平为重点，创人保品牌形象；以加强管理为手段，促进经济效益稳步增长”的工作总要求，大胆实践，开拓进取，于10月底提前两个月完成全年业务收入计划。全年共完成保费收入7656万元，完成年计划指标的101.27%，立案11555件，结案11091件，结案率89.75%，支付赔款3565万元，上缴营业税490万元，有效地支持了通州区的经济建设。

（果海英）

【雹灾理赔及捐款】 8月4日晚，通州区遭受特大暴雨夹带冰雹的袭击，致使人民群众财产损失惨重。灾情发生后，本公司于第二天通过区委、区政府向灾区人民捐赠人民币12万元。为支持群众尽快恢复生产，充分体现保险公司的经济补偿职能，公司当即成立了特案指挥小组，迅速对受灾企业、灾情严重地区进行走访调查，理赔科外勤人员即刻开展了深入、细致的核损工作。此次雹灾，本公司共立案519件，其中：企财险34件，机动车393件，家财险92件。对于一些生产技术含量高的企业，为保证核损工作的准确性，请来深圳民太安保险公估有限公司和北京失效分析协会的专家分别对北京印刷厂和东亚铝业有限公司的受损程度进行论证和鉴定，通过大量深入细致的工作，为准确合理赔付提供了依据。截止10月底，全部立案基本结案，共支付赔款500余万元。其中灾情最为严重的张家湾皇木厂村，在灾后仅7天，本公司便对73户受损家财兑现赔款11.9万元。

（果海英）

【“金牛”家财保险畅销】　“金牛”家财保险自2001年底推出以来，以其独特的承保方式、宽泛的条款内容呈现良好的发展势头。仅5—6月间，公司便集保险投资金323.2万元，其中购买5份、10份的家庭占大多数，全年共收取投资金近800万元。

（果海英）

中国人寿保险公司通州区支公司

【概　况】　中国人寿保险公司北京市通州区支公司2002年进一步深化经营机制改革，采取“直销与营销剥离”和“管理与展业剥离”、“全面预算制管理”等强有力的改革措施，取得全面成功。公司领导班子本着“三位一体共同发展”的工作方针，带领全体员工同心同德、加强管理、完善制度、克服困难、开拓市场。2002年完成保费收入12252万元，比去年增加7062万元，增长136%，其中营销业务9520万元，直销业务3109万元。共处理团险赔案5000余件，支付赔款550余万元；营销赔案2000余件。2002年公司业务发展迈上新台阶。

（袁　勃）

太平洋保险公司通州支公司

【概　况】　中国太平洋财产保险股份有限公司北京分公司通州支公司2002年紧紧围绕着“以效益为中心”，树立市场意识，积极参与市场竞争，稳健发展，在公司员工的共同努力下，实现业务跨越式增长。2002年完成保费收入4000万元，同比增长76.48%，完成年计划的142.08%，赔款支出2109万元，为通州区经济繁荣与发展，提供了保障，做出了贡献。

（王春华）

通政国有资产经营公司

【概　况】　7月11日，北京通政国有资产经营公司（管理中心）成立，列入正处级全额拨款事业单位编制，公司下设四部一室：即资产管理部、投融资部、托管部、债权债务部、办公室。人员编制为28人，其中董事长1人，总经理1人，副总经理3人。其职能，对国有资产及集体资产实行市场化经营和管理，实现国有资产及区政府所属集体资产的保值增值；公司进行投资、参股或控股；对区域内中小企业及重点工业园区建设融资担保；为区内重大工程建设项目向银行申请贷款担保或寻找投资者，对资金使用情况进行监管等。

公司组建以来，以积极探索国有资产管理方式，摸清“家底”，夯实国有资产管理基础为目标，加强国有资产管理制度的建立和完善，充分发挥融资担保职能作用，为中小企业担保贷款，年内融资担保到位金额为1700万元，配合财政局做好财政周转金的收尾工作，与时俱进，解放思想，规范公司内部管理制度。

（王　艳）

【区属国有及集体资产调查】　依据区政府授权，通政公司对9家下属子公司进行了区属国有及集体资产的清理调查。经调查核实，9

家子公司及下属企业共 73 户，资产总额 147851 万元，其中闲置资产 1401 万元，固定资产中房屋 19695 万元。企业使用国家划拨 401239.68 平方米，征占土地 55268.37 平方米，其中有土地使用证的企业 13 户，土地面积 296184.55 平方米。有 21 户企业向外出租房屋，出租面积 6649.25 平方米。被托管的 6 家单位共有下属企业 63 户，资产总额 142161.06 万元，其中待核销资产 16171.77 万元，固定资产中房屋 9300.83 万元。划拨土地面积共 900 万平方米，有土地证的企业 20 户，土地面积 872 万平方米，有房屋所有权证的企业 11 户，建筑面积 9 万平方米。

（王 艳）

【制定国有资产管理办法】 为了维护国有出资人的合法权益，完善国有资产监管体系，起草了《通政公司资产经营管理暂行办法》、《国有资产收益管理办法》、《国有资产保值增值考核管理办法》，设计制定出一套企业国有资产登记台帐。

（王 艳）

【做好中小企业融资担保工作】 通政公司融资担保工作涉及到制造、贸易、食品工业、服装加工、印刷业等多个行业和领域，9 月到 12 月，各乡镇推荐融资项目 42 个，公司投融资部正式受理 23 个，涉及金额 6150 万元，其中 16 个项目中投保已发担保函，涉及金额 2350 万元，截止年底，10 个融资项目的资金已到位，融资额度 1700 万元。

（王 艳）

【加大对外宣传力度】 在《通州时讯》上刊登了融资担保的办法及操作程序，并在通州电视台作了广告。为了加强国有资产的管理力度，公司在《通州时讯》刊登了题为《当好出资人完善产权管理体制》的简讯。

（王 艳）

【区中小企业融资担保工作会议召开】 8 月 28 日，通州区融资担保工作会议在财政局阶梯会议室召开。区有关领导、首创集团、北京市商业银行八里庄支行、建行通州支行、通政国有资产经营公司董事长、总经理，以及其他相关委办局行政正职参加会议，参加会议的还有各开发区、各乡镇及其重点企业、驻通中央、市属企业的领导等。副区长苏文权、张树森到会讲话。

（王 艳）

【银农合作取得进展】 10 月 8 日，北京通政国有资产经营公司与北京市商业银行股份有限公司八里庄支行签订《银政合作协议书》，开创了本区银农合作的新局面。此次签约，加强了本区银农合作财政资金的管理，进一步推动银农合作的发展。

（王 艳）

【区政府授予通政公司经营和管理权】 通政公司接受《北京市通州区人民政府关于授权北京通政国有资产经营公司经营与管理区属国有及集体资产的通知》（[2002]65 号），授予通政国有资产经营公司对区属国有及集体资产的监管权、所有权、收益权、经营权、投融资权、制约权、风险收益权和附加权。11 月 13 日通政公司召开所属九大子公司及六个资产托管单位会议。传达区委、区政府的授权文件，布置通政公司对各国有企业调查摸底表，同时就与会者提出的有关问题进行讲解。

（王 艳）

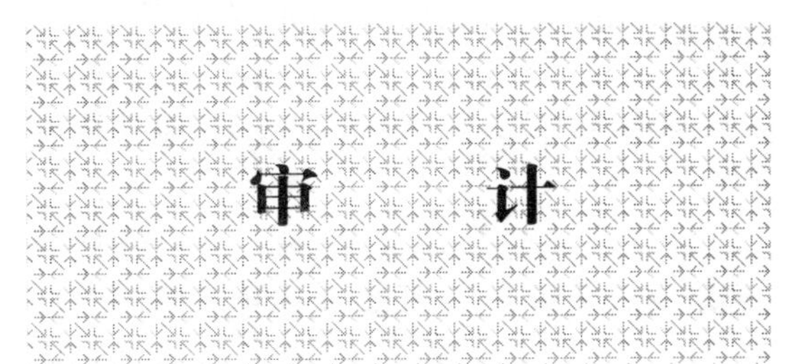

审 计

【概 况】 2002 年，通州区审计局按照"围绕中心，突出重点，依法审计，着眼管理，服务大局"的工作思路开展工作。针对财政体制改革，突出财政管理和资金效益审计，规范财政经济秩序；结合干部队伍建设，加大经济责任审计力度，完善经济责任审计监督制度；规范地区经济秩序，突出财政财务收支真实性审计，规范财政财务管理；保持地区经济稳定发展，深化审计调研，拓展审计成果，为区委、区政府决策服务。截止12月底，完成审计项目46个。查处违规金额317万元，上缴财政297万元，归还原资金渠道20万元，纠正金额36393万元，百万元以上违规单位1个。上报审计信息97篇，市、区采纳62篇，区级领导批示5篇。

（李静岭）

【预算执行审计】 继续坚持“以真实性为基础，以规范预算管理为重点，以提高财政资金的使用效益为目标”和“全面审计、突出重点”的工作思路。重点检查了区财政局、地税局、金库等预算执行单位的预算执行情况，市拨教育资金、支农专项资金、区级工业发展基金及预算外资金的管理使用情况。跟踪审计2000年度预算执行审计决定、审计意见落实情况和审计成果的利用情况。全局共分成5个审计小组，承担5个项目，33个重点审计内容。延伸审计69个单位，抽查5265笔缴款书的填制情况。审计结果表明，2001年通州区财政、税务等预算执行单位围绕区委、区政府中心工作，不断推进预算管理改革，完善区、乡财政税收分成体制，实施“鼓励发展、依法理财”的措施，调动了乡镇招商引资，增加税收的积极性。财政有力支持了全区农业、工业产业结构调整及重点工程的顺利进行。财政支出依据经济和社会发展计划，贯彻了量入为出、收支平衡、略有节余、结构合理的原则。

（李静岭）

【经济责任审计】 4月2日召开区经济责任审计联席会议第二次会议。按照联席会的精神，完成23个处级单位、27名处级党政一把手经济责任审计，提出审计建议50多条。促使财政部门出台了《加强乡镇固定资产及财务收支管理办法》，深化村级财务管理，加强专项资金的监管，明确重大投资决策的程序、方法，促进各级领导干部特别是党政一把手驾驭经济工作的能力，进一步规范财政财经秩序。

（李静岭）

【举办内审干部培训班】 以经济责任审计为主题，以座谈会的形式，按行业划分举办3期80余人参加的内审干部培训班。在培训班上区公安分局、教委、地税局等10个单位介绍了经济责任审计的制度、做法及经验；现场观摩了区公安分局内部审计档案；本局的职能科室讲解了经济责任审计的作业准则。

（李静岭）

【召开撤乡并镇清产核资工作会议】 2月26日，常务副区长苏文权主持召开了由审计局牵头，有关单位参加的撤乡并镇清产核资工作会议。会议明确指出撤乡并镇中发现的主要问题，提出改进和管理措施。要求各乡镇做到：有乡镇长参加的资产、财务领导小组；建立“三套”帐（镇财政所帐簿、镇政府机关财务帐簿和隶属于镇政府的集体资产帐簿）；建立健全资产管理、财务规范以及内部控制制度。

（李静岭）

【通州区内部审计协会成立】 12月18日成立北京市通州区内部审计协会（即北京市第一家内部审计协会）。区长卢晓明、市审计局局长杨晓超参加成立大会，并为北京市通州区内部审计协会揭牌。

（李静岭）

【专项审计】 2002年完成市局计划和区领导交办的专项审计项目有17个，主要包括：国际金融组织贷援款项目审计、通州区城乡建设委员会2001年度财务收支审计、中国农业发展银行北京市分行通州支行审计、民政局优待统筹金审计、商品房结利的审计调查、通州区大百集团通州百货商场和通州糖业烟酒公司等5家国有资产损失审计、北京金虎汽车电器公司等3家市属企业转地方的资产负债所有者权益审计、绿化资金（五河十路）审计、通州区财政局机关财务收支审计。参与区政府采购办的招、投标工作，配合区纪委对梨园镇半壁店村部分村民上访进行调查工作。

（李静岭）

【审计调研】 审计局对全区内审工作进行广

泛深入地调查研究。课题小组发出68份调查表,走访40多个单位。通过调查研究,发现全区内审工作存在的问题,推广了10个单位内审工作经验,提出了加强和改进内审工作的主要措施,形成《我区内审工作现状及加强改进措施》的调查报告。利用两个多月时间,围绕土地出让金管理进行审计调研,列为“一把手工程”。深入财政局、国土资源和房屋管理局、乡镇等19个单位进行调查,在肯定本区土地出让金管理较完善的前提下,提出值得注意的几个问题:土地出让的价格过低(评估价格低、审批价格低),土地出让金应收与实收差额较大,土地出让金支出较分散,土地出让程序还须规范。《通州区国有土地出让金收缴使用情况浅析》被区委调研室转发各主要领导和相关单位。组织全体干部开展为期两个半月,分6个阶段进行的“审计如何为区域经济发展服务’的研讨活动,并形成书面研讨材料。上报市审计局4篇,其中:《审计机关如何为区域经济发展服务》获一等奖,区审计局荣获此次活动组织奖。

(李静岭)

【党风廉政建设】 党风廉政建设以防范审计监督权异化为中心,覆盖审计工作四个阶段,健全《党风廉政责任制》,签订《党风廉政责任书》,召开专题民主生活会,聘请区政协副主席张晓燕等4名党外人士为特约审计员,并召开以预算执行审计和土地出让金管理为主题的两次专题座谈会。

(李静岭)

农　　业

综　述

2002年,全区农业工作以富裕农民为中心,以环境年建设为契机,与时俱进、开拓创新、奋发进取、不懈努力,推进农业结构调整向纵深发展,加速农业市场化、社会化进程,提高产业化水平,基本实现从粗放式向集约化、低质低效向高质高效的转变,农业经济运行保持健康、快速的发展。农业增加值达13.2亿元,农民人均可支配收入达到5830元,分别比上年增长14.9%和10.6%。

随着结构调整向纵深发展,形成蔬菜、林果花卉、养殖三大主导产业。蔬菜业稳中有升。全区新增蔬菜面积2.19万亩,累计达到18.19万亩,全年蔬菜总产量达10亿公斤,形成宋庄、潞城蔬菜专业镇及徐官屯生菜、大杜社、小杜社绿芦笋、双埠头出口菜等蔬菜专业村。林果花卉业快速发展。年内新造林6.2万亩,植树630.9万株,为计划的176%。其中,新发展经济林2.2万亩,植树216万株;种植月季、玫瑰等花灌木6000亩,栽植草坪7000亩;种植大樱桃、精品梨等优新品种2.5万亩,全区果树累计达到10万亩。形成张家湾葡萄、永乐店速生林专业镇及沙古堆大樱桃、和合站优质桃等果品专业村。养殖业成效显著。生猪出栏50.6万头,肉牛出栏2.59万头,肉羊出栏16.8万只,商品肉鸡519万只,乌鸡700万只,肉鸭447万只,商品鱼上市1550万公斤,出口观赏鱼5300万尾。形成毛庄奶牛、王庄观赏鱼、大辛庄乌鸡等专业村。

实施了林业重点工程。一是高标准、高质量完成“两河一路”绿色通道工程。共动土方163.8万方,拆迁4.66万平方米,绿化总面积4.4万亩,植树301万株。其中永久性绿化带8744亩,植树59.65万株;速生丰产林6438亩,植树63.1万株;经济林20401亩,植树136.3万株;新发展苗圃8480亩。整体工程形成高低错落有致,乔灌木搭配有序,彩绿相互衬托,果、树、圃浑然一体的格局。二是建设以“古运河纪念林”为主体的“运河生态公园”工程。根据运河文化产业带的总体规划,从京秦铁路至六环路以“运河纪念林”为主体的“运河生态公园”建设工程已完成一期绿化工程,绿化长度2公里,绿化面积500亩,植树12.8万株。三是实施农田林网建设工程。采用永久性绿化带与速生林相结合,以张家湾、马驹桥、漷县、永乐店四镇三万亩中低产田改造农田林网建设工程为重点,全区共完善更新农田林网155公里,植树7.54万株,新植农田林网55公里,植树11.7万株。四是四环林建设工程。本区环村林、环镇林、环城林、环厂林建设成效显著,绿化总面积超过1万亩。全区完成环村林建设233个村,植树110.53万株;结合绿色通道建设和速生林建设完成环镇林6000亩;环城林建设面积4000亩;以北京东方化工厂为重点的环厂林建设面积360亩,种植地槿2万株,植树6800株。四环林建设改善了城镇村厂的周边环境,提高了环境质量。五是防沙治沙工程。完成潮白河治沙造林6000亩,植树70万株;完成温榆河、潮白河、北运河播草盖沙工程6000亩;完成三北防护林四期工程1万亩。防沙治沙工程的实施,有效改善了通州区生态环境。

水系环境治理工程。一是完成北运河二期治理工程。完成护砌、人行道、绿化及河道清淤、清除河道垃圾等工作。重点建成潞湾橡胶坝,整治潞湾和东关码头河道6.5公里。实现坝前蓄水量400万立方米,蓄水面积达到142万平方米,涵养回补地下水源,改善了生态环境。二是完成中低产田节水改造配套工程。主要完成沟渠疏挖39公里,配套建筑109座,更新机井166眼,发展喷灌3000亩,铺设管灌109公里,配套修路26.3公里。三是完成小城镇及工业区集中供水工程。在觅子店水厂和胡各庄三元水厂建设基本完成并投入运行的基础上,重点实施宋庄工业区水厂工程,该水厂日供水5000立方米。小城镇集中供水工程的建设,提高水资源的有效利用率,保证供水质量和标准,避免乱开滥采地下水,改善生态环境。四是完成塘改湖一期工程。西起七级东桥,东到大沙坑东坝,从2001年11月开始建设,完成长度802米,宽80—120米,动土16万立方米,已蓄水15万立方米;新建完成护砌1500米,新建沿湖人行步道3000平方米,五种类型桥6座;绿化植树3000株,新铺草坪4000平方米;湖中心建成欧式小岛一座;相关配套设施已全部到位,具备水上观光和旅游的条件。

养殖业环境治理工程。一是绿化美化养殖小区。重点对养殖小区周围、道路两侧、栋宿之间进行环境改造,完成50个规模猪场、15个畜禽场、20个肉牛场、10个奶牛场的绿化美化,改善养殖小区环境。二是实施粪便无害化处理。采用高温堆积及干法清粪等处理方式,对11个养殖小区进行粪便无害化改造,并进行沼气池改造实现综合利用。

加大农产品加工企业建设力度,营造环境,拓宽农业招商引资途径。以规模大、起点高、实力强、技术新为原则,全方位引进资金、技术,重点引进社会资金和民营企业投资农业综合开发、农产品精深加工等项目。9月成功举办通州区第一届“农业环境推介暨项目招商洽谈会”,近200名国内外知名企业代表到会。内蒙古蒙牛乳业股份有限公司、北京益发食品有限公司、北京市水产总公司、中国绿色食品总公司、中美合资北京市京蜂果蔬饮品有限公司五家企业分别与潞城、西集等乡镇签订投资建厂协议,总投资额近2.5亿元。年内以股份制、合作等形式引进胡萝卜深加工、玉米超微粉、淡水鱼加工等12个农产品加工项目。扶持和培育龙头企业。年内整合京东大运河、沃茵农产品配送中心、绿园伟业等8家农产品加工企业资源,扩张通济达农业发展有限公司规模及实力,实现集团化经营,年配送菜、肉、蛋、禽等农产品10万吨,年销售收入达到1.2亿元。扶持雨润食品、御香苑、绿友等6家农产品加工企业,帮助企业进行扩大生产规模,引进技术设备,配套基础设施等工作。

加强绿色安全食品体系建设,全力推行标准化生产。改变农产品无标准生产、无标准上市的局面。年内全区申报市级标准化示范基地49家,其中种植业28家(蔬菜18家6.5万亩、果树10家3.6万亩),养殖业21家。有10家被定为市级标准化生产示范基地,39家定为区级标准化生产示范基地。同时进行企业与基地的标准化知识培训,建立区、乡镇、基地的推广网络。积极开展绿色认证。年内全区通过市级食用农产品安全生产认证等76家,其中蔬菜基地24家,果品基地17家,畜禽产品30家,水产品5家。同时,开展食用农产品安全生产体系培训工作,培训相关企业基地达100余家。加强检测机构建设,完善检测手段。年内投资500万元开始建设农产品检测中心,基础设施建设基本完成。

规范发展合作经济组织。全区新发展农民合作经济组织30家，累计达到200家以上，带动种养农户近3万户，带动种植面积15万亩。从抓完善、抓管理入手，从协会的注册、办公场所、技术人员、必备资产、章程、责任等方面规范了宋庄镇绿美佳协会、张家湾镇葡萄协会、梨园乌鸡养殖合作社等30个农民专业合作经济组织。

旅游观光农业是农业发展新的亮点。已有张家湾、宋庄、西集、潞城、台湖等五个镇具体实施农业观光旅游项目。完成台湖第五生产队农村实践园一期工程。占地4000亩，集住宿、娱乐、民俗和农事体验等于一体。捉蟹节、种植珍稀名贵树种的纪念树林、欣赏农家田园风光、特色养殖喂养、品味观赏鱼、自然垂钓、游泳健身等项目开始接待游客。张家湾镇葡萄采摘及千亩荷花塘初具规模。利用双万亩葡萄资源，修建5公里的葡萄长廊，新建葡萄采摘点2个。逐步建成绿色生态旅游路线，皇木场——张家湾古镇——西定假山——葡萄采摘。潞城镇生态旅游建设。一是基本完成塘改湖一期工程，相关配套设施已全部到位，具备水上观光和旅游的条件。二是大营生态旅游休闲度假村。度假村内新建“新奇百亩特果园”、“百亩银杏园”、“百亩杜仲园”、“百亩玉兰园”、“百亩梅花园”。创建“一户一园”工程，建成各种风格的别墅。三是大运河农产品配送中心休闲旅游采摘园。新建大运河配送中心采摘观光园300余亩，主要有花卉、蔬菜、垂钓，温室大棚100栋，观光休闲凉亭4个，拱桥、铁索桥各一座，已对外开放。

(王岩军)

种　植　业

粮食生产

【概　况】　全年粮食耕地面积24.58万亩，比上年减少2.95万亩，减少10.7%；亩产550.96公斤，比上年减少49.79公斤，减少8.3%；总产13543万公斤比上年减少2995.8万公斤，减少18.1%。

夏粮小麦面积14.44万亩，比上年减少6.2万亩，减少30%，因播种面积减少，夏粮总产下降，年夏粮总产5402.6万公斤，比上年减少28.4%，由于选种优良品种，加强科学管理，措施得力，年夏粮亩产374.11公斤，比上年单产提高2.3%。

秋粮播种面积、亩产、总产均呈下降趋势，全区秋粮总播种面积24.36万亩，比上年减少2.24万亩，减少8.4%，亩产334.11公斤比上年减少3.69公斤，减少1.1%。总产8140.4万公斤比上年减少847.9万公斤减少9.4%。其中玉米播种面积15.44万亩，比上年减少3.3%。亩产363.73公斤比上年减少3.8%。总产5616.5万公斤比上年减少7%。水稻播种面积3.43万亩比上年减少15.4%。亩产421.61公斤，比上年增长2%。大豆播种面积4.76万亩，比上年减少13.6%。

通州区农业局于2001年10月22日撤销。2002年1月18日，经北京市机构编制委员会批复成立“北京市通州区种植业服务中心”，中心承担全区种植业新技术、新品种引进、试验和推广工作；承担全区农作物病虫草害的预报和防治工作，籽种繁育、引进、供种，开展种植业技术培训，为全区种植户提供产、供、销市场信息。

2002年种植业服务中心利用多种形式深入到农村，为农民解决实际问题。举办各类技术培训班15次，培训人数3万人次，出简报50期，电视宣传32次，各种科技资料5万余份，提供各类致富信息1000余条，全年共承担部、市、区级试验、示范、推广项目73项，植保项目22项，种业中心项目17项。

(张文泉)

【提供农业信息服务】 2002年区种植业服务中心配合区农委，投资60万元，成立通州区农业信息中心，并自办信息参考21期和“农贸快讯”、“农贸行情分析”等刊物，利用光彩信息网远程教育网向全区广大农户发送有价值的信息146条，为全市8大农贸市场提供当天的农副产品最低价格和行情动态，收到较好的效果，深受广大农民欢迎。

（张文泉）

【标准化生产基地建设】 2002年市农委、市农业局、市技术监督局在本区建立10个农产品标准化生产基地，其中种植基地5个，养殖基地5个。种植业服务中心组织植保、栽培、土肥等技术人员16名，深入基地制定实施方案，落实标准化技术规程，推广使用生物农药，实行配方施肥，使用无公害技术及肥水管理，取得明显的效果，年终验收合格并被评为优秀基地。大运河农产品配送中心、建华标准化出口菜基地、欣鑫绿茵农场4万亩基地带动农户800户，取得较好经济效益，亩效益3833元。

（张文泉）

【完成裸露农田治理面积15万亩】 2002年全区完成裸露农田治理面积15万亩，将任务层层落实到各乡镇、村、人头，制定治理方案和技术措施。一是推广多年生牧草，增加越冬复盖作物面积，新增牧草2200亩，小黑麦260亩。二是落实农田免耕措施，防止表土扬尘。三是秋收秸秆禁烧。四是进行裸露农田技术攻关，搞好免耕播种技术、秸秆残茬处理技术、控制杂草技术、深松土技术试验示范开发等项技术。为本区的生态环境建设做出贡献。

（张文泉）

【引进发展籽种名、特、优、新品种】 2002年种业中心共引进各类籽种300万公斤，其中优质麦品种10个85万公斤，蔬菜品种260个9.5万公斤，大豆品种19个19万公斤，杂粮品种17个4.5万公斤。优质玉米和青饲玉米品种26个82万公斤。新品种试验、示范项目26项，包括小麦、玉米、水稻、西瓜、苜蓿、大豆、蔬菜、中草药等240个品种，试验、示范面积500多亩，建立繁育基地7000亩。

（张文泉）

【规范种子市场，开展连锁经营】 全年在各乡镇建农作物种子连锁经营单位28个，蔬菜品种连锁经营单位50个，共抽查样品1500个，代表种子数量450万公斤。全年共组织种子执法检查20次，查处违法经营种子案件2起，查扣种子12350公斤，对于经营不规范单位和个人责令限期改正15起，提出警告5起。

（张文泉）

【解决农民投诉案件】 2002年共接受农民投诉案件28起，涉及到农作物20多个品种，出现场40余次，全部得到圆满解决，保护了农民的利益。

（张文泉）

【扩大种子经销市场】 “亿兆”商标是种业中心在工商局注册的商标，在广大农民心中有极高的信誉。2002年除在本地区销售外，积极向全国推进，扩大开拓外地市场，召开全国小麦良种观摩洽谈会，有60多家客商签订购销协议，销售种子287万公斤。

（张文泉）

【准确预测预报防治病虫草鼠害】 2002年植保站共承担32种作物113项病虫预测预报任务，及时准确发出病虫简报45期，下发宣传资料6500余份，下乡2000人次，提供各种病虫草鼠害信息1000余次。通过电视台等媒体进行病虫害防治宣传12次，电话咨询300人次，组织技术培训10次，培训人员600余人。推动防治面积177.5万亩，挽回产量损失10万吨，增收0.6—0.8亿元。

（张文泉）

【开展植保新技术试验、示范、推广】 随着种植结构的调整，病虫害的种类也在增加，植保工作中不断出现新情况、新问题。2002年植保站与市农科院植保所、中国农科院植保所、市植保站及有关部门协作开展19项新技术试验、示范、推广工作，其中粮食作物5项、蔬菜7项、牧草2项、药材2项、果树2项，增加了技术储备,提高了解决农业生产实际问题的能力。

(张文泉)

【落实"农药管理条例",加大执法力度】 2002年通过执法检查、科普赶集、电视宣传、专题会议培训班等多种形式进一步宣传、贯彻落实"农药管理条例"。全年执法检查20次,被查农药经营部门97个,乡镇农业部门11个,集贸市场35个。共查扣违规药品14个品种,63袋590克和125瓶1135毫升,对当事人进行了处罚,违规药品上交市农药检定所进行统一销毁。全年对108个经营销售部门进行资格认证,对符合条件的85个农药部门办理农药经营许可证。区农药管理站与40家农药经销门市部签订高毒农药委托连锁经营协议书,确保人民生命财产安全,保证农产品农药低残留,保护人民生活环境。全年农药管理站共组织农药174种200余吨,为全区农业经济的发展起到了保驾护航的作用。

(张文泉)

【抓好植物检疫】 2002年依据"植物检疫条例"对本区6个种子经营门市部31个蔬菜品种进行检查,未发现有违规现象。全年共检查种子调运检疫:种苗12批,西瓜种子1批,蔬菜种子1批,玉米种子1批,小麦种子4批,药材4批,芦荟苗1批。种子产地检疫:小麦种子田9个品种,面积5128亩,蔬菜种子产地检疫共14块地6个品种311亩。通过检疫未发现检疫对象,保证本区调入与调出的种子、种苗不带任何病虫害。

(张文泉)

【农业技术试验、示范、推广实用化】 2002年农业技术推广站共开展种植技术试验项目53项,示范项目18项,推广项目5项,完成优质麦不同拌种、不同播期、密度不同药剂治蚜试验,不同栽培措施对小麦产品质量的影响。推广优质大豆科新3号2000亩,平均亩产260公斤,筛选出鲜食大豆品种春绿60。完成蔬菜、粮饲两用玉米的需肥规律,完成苜蓿、药材栽培技术的组装最佳施肥方案;完成反季节果品生产中采用二氧化碳施肥技术,使果品含糖量提高2度,产量提高15%,采摘期可提前7—10天。

(张文泉)

【发展优质粮生产订单农业】 2002年发展优质粮生产订单农业,推广站从种到管理到收获到粮食销售为农民提供全程服务。2002年,市农业技术推广站、市粮食局、市农业发展银行在本区收购订单优质小麦200万公斤,每公斤小麦比普通小麦加价0.1元,使农民得到实惠,解决卖粮难的问题。

(张文泉)

【开展多种形式技术服务】 2002年全站科技人员深入到田间、地头、温室大棚为农民解答技术咨询3000多人次,办各类的专题讲座、电视新闻8次,与全区100多个村,上千户农民保持长期的联系,提供廉价、优质的生产资料。全年送货上门优良农作物种子5万多公斤、农膜30余吨,20多个农药品种,提高农民的种田水平,降低成本,增加收入。

(张文泉)

【完成农田土壤质量调查和区划土壤肥力重新分级工作】 2002年有80个自然村,有代表性的土壤类型被作为普查基点,共取农化样300个,剖面15个,采用GPS卫星定位系统,使基点确定科学、精准。对本区的土壤物理性状、土体构造、土壤有机质、土壤肥力进行全面的质量诊断,以发展的眼光,切合实际的评估土地的现状和未来,对本区农业可持续发展,争创名优农产品,适应高水平的国际竞争提供可靠的数据。

(张文泉)

蔬菜生产

【概　况】 2002年,全区蔬菜面积发展到18.19万亩,比上年增加2.19万亩。设施面积稳步发展,保护地面积发展到4.66万亩,比上年增加2000亩,其中日光温室1.35万亩,塑料大棚1.59万亩,中小棚7588亩,改良阳畦9696亩,蔬菜总产量10亿公斤。经过发展，蔬菜区域化布局更加突出，品种结构更趋合理，菜田灌溉设施齐全，滴灌、微喷面积800亩，暗灌5.6万亩，机井1500眼；蔬菜出口、配送、加工效益显著；蔬菜销售服务组织健全，通过找市场等多种渠道售菜4亿公斤；年内蔬菜采摘、观光、旅游 收入400万元，成为新的经济增长点。2002年种植业服务中心及时调整工作重心，以菜农增收、服务好菜农为主线，实施科技下乡、科技赶集等活动，受到菜农的欢迎。组织多形式、多层次的实用技术培训，规范蔬菜标准化基地建设标准，加强病虫害的预测、预报，全年发放病虫防治预报和技术资料1500余份。

（王艳青）

【优化蔬菜品种结构】 全区在抓好常规蔬菜品种种植的同时，狠抓了樱桃番茄、西兰花、紫甘兰等名、特、优、新蔬菜品种的种植，到年底，品种已达30多个，种植面积达到2.75万亩，进一步优化了蔬菜品种结构。年内发展籽芽菜和食疗保健菜的种植，种植面积442亩，两类菜比保护地增值3—4倍，比露地菜增值8倍左右，是蔬菜发展的新方向。

（王艳青）

【蔬菜种植呈区域化布局】 利用区位优势，采取区域化、规模化种植，如漷县镇徐官屯的生菜、番茄面积1400亩，生菜长期供货于麦当劳；马驹桥镇的小油菜、小茴香、小菠菜以其生长时间短、上市早著称；马驹桥、大松垡、小松垡村的绿芦笋种植面积达2000亩，于家务乡小海子村、刘庄、吴寺村的西兰花种植面积达1100亩；梨园、牛堡屯水生蔬菜的种植、郎府万亩大葱的种植都起到了以点带面的效应，取得较好的经济效益。

（王艳青）

【推进绿色安全食品进程，加快蔬菜标准化建设】 蔬菜顺利进入市场，必须达到食用农产品安全生产标准，本区在蔬菜病虫防治上基本杜绝了高毒、高残留农药的使用。2002年本区加强了蔬菜标准化基地的建设，聘请部、市级有关方面的专家，对基地负责人、技术骨干进行蔬菜标准化基地建设标准的培训，培训达400人次，标准化生产深入人心。到2002年底，全区通过北京市认证的安全蔬菜生产基地已达20家，基地面积达6.5万亩。北京市京东大运河农产品配送中心、宋庄镇建华出口菜基地、北京市欣鑫绿荫农场获市级蔬菜标准化生产示范基地称号。

（王艳青）

【蔬菜出口与配送】 蔬菜出口、配送量快速增长，出现了大运河农产品配送中心、绿友基地、马驹桥冠荣养菌有限公司等蔬菜出口与配送单位，全年蔬菜出口量3万吨，出口供货额5505万元；蔬菜配送量达15万吨，出口的蔬菜品种有甘兰、西兰花、芥兰菜心、白灵菇等，主要出口日本、韩国、台湾、东南亚等国家和地区。

（王艳青）

【加强蔬菜病虫预测预报】 由于蔬菜品种的增加，蔬菜病虫复杂，2002年蔬菜主要病虫害80多种，在通过对全区蔬菜病虫系统调查和普查的基础上，准确发布预报，使病虫害得到有效控制，全年共发布病虫预报10期1460份，技术资料1期150多份，进行电视预测、预报3期，下乡720人次。全年蔬菜病虫发生面积36.5万亩，防治面积46万亩，挽回产量损失12.03万吨，挽回经济损失1.32亿元。

（王艳青）

【新技术推广应用】 全区试验、示范蔬菜新品种40个，推广新技术9项；在病虫防治上优先采用农业防治、物理防治和生物防治，利用赤眼蜂防治露地番茄二代棉铃虫；利用黄板灯光、性诱剂等物理、生物防治措施防治蔬菜害虫；高效、低毒、低残留新农药、新剂型防治病虫试验、示范等都取得良好效果。同时在露地黄瓜、大椒、茄子、番茄等蔬菜上示范应用可降解膜，能解决农膜残留造成的白色污染问题；先进适用器械引进、示范与推广应用等。

（王艳青）

养殖业

【概 况】 2002年区养殖业中心结合本区产业结构的特点,初步形成了生猪、肉牛、奶牛、肉鸭、乌鸡、肉鸡、肉羊、观赏鱼、稻田综合养殖等产业化格局。养殖小区标准化生产基地,农民专业合作组织及农民家庭养殖,都取得长足发展。本年,全区有规模猪场132个、205个百头成母规模,二万只以上规模鸡场13个、奶牛养殖场22个、千头肉牛养殖场(区)42个,肉鸡养殖场11个、乌鸡养殖场13个,肉鸭养殖场10个,肉羊繁育基地4个,肉兔养殖场(区)3个,驼鸟养殖场3个。到年底,生猪出栏50.6万头,为上年同期的102.7%;肉牛出栏2.59万头,为上年的108.4%;肉羊出栏16.8万只,为上年的108.8%;商品肉鸡519万只,为上年的96.9%;乌鸡700万只,肉鸭447万只,为上年的101.7%;肉兔出售16.52万只,为上年的71.6%;奶牛存栏10725头,为上年的105.2%。本年养殖业专业户达到5.3万户,占全区15万农业户的35.3%。全区养殖业产值达到17.2亿元,占农业总产值的59%,养殖业人均收入达到1300元,比上年增加200元。

2002年,区水产养殖业,依托区位优势,市场优势和技术优势,以市场为导向,以富裕农民为主线,以“六种渔业”为突破口,大力进行渔业战略性结构调整,实现了通州区渔业的产业升级,促进了水产养殖业的健康、稳定发展,取得可喜成绩。全区共有养鱼水面24812亩,其中成鱼养殖水面13812亩,鱼种养殖水面4000亩,观赏鱼养殖水面7000亩。上半年引进和自孵食用鱼水花2.8亿尾,观赏鱼自孵化1.2亿尾,引进6000万尾,共计4.6亿尾。

(李秀娟)

【加大养殖主导产业扶持力度】 经过几年的结构调整,养殖业内部结构趋于优化,年内本区加大对养殖主导产业的扶持力度,形成以“敖凤”“恒利”乌鸡养殖场为龙头的乌鸡产业;以“益民”“吉京旭阳”肉鸭养殖场为龙头的肉鸭产业:以“御香苑”隆昊肉牛有限公司为龙头的肉牛产业:以“雨润”、“第二肉联”及永顺、次渠生猪屠宰加工厂为龙头的生猪产业:以旭源、宝中、振宇、里二泗肉羊养殖基地和于家务肉羊屠宰加工场为龙头的肉羊产业。

(李秀娟)

【养殖小区建设】 本年,全区共建养殖小区240个。年内本区对11个生产企业开展规范化养殖小区认定工作,其中标准化生产示范基地5个,规范化养殖小区6个,通过一年的努力,5个标准化生产基地经区农委、区养殖中心、区技术监督局等部门的联合验收,达到北京市标准化生产示范基地的验收标准,且全部为优秀,完成6个规范化养殖小区的建设工作。除西集、振宇养殖小区外,10个小区添置了电脑设备,实现了生产日志,防治药品,饲料投入和产品销售等电脑化管理。同时各养殖小区的环境面貌发生根本改观,过去污粪乱放,臭水横流,杂草丛生的脏乱状况,被绿地草坪、灌木花丛,井然有序的办公区和 粉刷一新的生产车间所取代,初步形成花园式养殖小区雏形。

(李秀娟)

【农民专业合作组织建设】 2002年全区奶牛合作社发展势头强劲,农民自发组织奶牛合作社45个,比上年同期增加5个,农民投资达1000多万元,入区、入社农户1940户,奶牛出栏10725头,其中成乳牛7794头,年产奶可达4.05万吨。

(李秀娟)

【科技推广】 年内,开展各种类型的技术培训、咨询活动。配合本区标准化示范基地建设,对标准化基地全体成员轮训两次,共8

期，分别对畜禽场基础设施规范化标准，饲料与饲料添加剂标准要求，畜禽养殖管理技术，畜禽防疫与兽药使用及畜禽产品标准进行培训，收到较好效果。针对本区推广南美白对虾养殖，养殖中心在海宁通公司采用现场会和讲授相结合方式开展技术培训，培训人数百余人。配合区科委、区科协开展的“科普月”、“科普周”以及科普赶集活动，选派技术人员送科技知识下乡，为农民提供市场及养殖信息咨询服务160余人次，现场解答和指导各类技术咨询70余人次，全年发放名优新品种养殖技术，病害防治技术资料万余份。

（李秀娟）

【开展鱼病防治大棚车送医送药技术服务】 养殖业服务中心专门配备一辆鱼病防治技术服务车，配备水产工程师为全区广大水产养殖户开展送医送药上门服务，减少了滥用药、用错药现象，加大了鱼药市场规范力度，有利于绿色养殖业发展。

（李秀娟）

【加大执法力度】 养殖业服务中心加大执法力度，从产地检疫、路口检疫屠宰企业检疫等重要关口严把监督质量关。共查出病害猪138头，病害牛13头，病害肉5吨。针对生猪养殖存在非法饲喂盐酸克伦特罗现象，区养殖业服务中心制定了定点屠宰企业张贴“两高”通告，实施厂（场）挂购生猪上市制度，对驻厂执法人员开展法律、法规培训，签订协议，建立屠宰档案等四项措施，并对生产企业实行饲料加工，养殖过程登记追踪制度，有效地控制了饲喂盐酸克伦特罗。

（李秀娟）

【鑫淼观赏鱼养殖中心成立】 4月16日区养殖中心直属北京市鑫淼观赏鱼养殖中心正式成立，中心自4月27日动工到6月3日正式投产养鱼。共建水泥小池264个，4752平方米，池塘水面60亩，新建出口分装车间5000平方米，越冬大棚4栋2400平方米，畜晒池350平方米，打机井2眼，新建办公用房25间，建筑面积450平方米。至年末，观赏鱼养殖品种有宫廷金鱼、优质锦鲤、花鲫、草金鱼等名贵优良观赏鱼品种达30多个，该中心建成投产后，通过引进优质观赏鱼苗种，抓好品种选育，提高观赏鱼品质。

（李秀娟）

【观赏鱼养殖专业村建设】 通州区现有观赏鱼养殖专业村3个，观赏鱼养殖水面1200亩，由农民自发成立的观赏鱼养殖协会，发挥了应有的作用。唐大庄村是北京市有名的“金鱼村”，该村以宋宝泉为代表的40个观赏鱼养殖户与周边100多户建立了契约型的专业合作组织，全村养殖水面600亩，主要养殖品种有金鱼、草金鱼、锦鲤等近20多个品种，养殖业产值占农业产值70%以上，平均户收入达到1.5万元，最高纯收入10万元以上。台湖镇桂家坟村53户农民自1999年联合起来发展观赏鱼养殖400亩，实行统一品种，统一孵化，统一销售，统一进料，取得很好经济效益，成为远近闻名的观赏鱼养殖专业村。西集镇王庄观赏鱼养殖水面200亩，狠抓品种选育，自孵自养，被市动检局监测为合格单位，大部分观赏鱼出口创汇。

（李秀娟）

【推广庭园小池养殖观赏鱼】 为了提高观赏鱼品质，增加出口创汇，本区重点推广发展庭园小池养殖观赏鱼，取得较好成效。全区已发展小池养殖3万平方米。漷县镇黄厂铺佳丽金鱼养殖场自2000年5月建场，现有水泥小池256个，面积4096平方米，主要养殖高档宫廷金鱼，蓝寿、珍珠、虎头、蝶尾、水泡、狮子头等，带动漷县、永乐店、大杜社地区农户50户养殖致富。2002年利用16平方米小池，放养金鱼种鱼越冬孵化，养殖销售试验成功，每平方米养金鱼利润达150元，发展小池养殖前景广阔。

（李秀娟）

林　业

【概　况】 2002年全区共完成造林6.17万亩,植树630.93万株,比计划350万株的任务超出80个百分点,创本区造林史新高。其中:农田林网完善更新155公里,植树7.54万株;新植林网55公里,459亩,植树11.7万株;公路、河岸绿化246.4公里,绿化面积10044亩,植树100.02万株;村镇片林、治沙片林2.75万亩,植树179.6万株;新发展经济林2.23万亩,植树216.26万株;全区所属机关、企事业单位完成绿化重点184个,植树18.25万株;四旁植树91.67万株;其它绿化1750亩,植树5.89万株。

(梁龙跃)

【"两河一路"绿色通道工程】 2002年春季高标准、高质量地完成温榆河、潮白河、六环路的绿化任务。"两河一路"绿化工程共动土方163.8万方,拆迁4.66万平方米,绿化总面积3.45万亩,植树268.99万株。其中永久性绿化带8293亩,植树92.29万株;速生丰产林5834亩,植树54.25万株;经济林13441.2亩,植树122.45万株;新发展苗圃6932.5亩。该项工程的实施,为本区社会经济发展营造良好的生态环境,同时也成为展示本区社会经济、环境与资源协调发展的重要窗口。

(梁龙跃)

【"运河生态景区"初具规模】 "运河生态景区"规划面积2000亩,以油松、桧柏、毛白杨、金枝垂柳、银杏为主栽树种,中间点缀一些花灌木和彩叶树种,形成"因景植树"、"以林构景"、水、草、花、树相结合的完整景区绿化系统,突出多林种、多树种、多色彩、多植物、多层次效果。其中"古运河纪念林"占地100亩,以植翠柏、苍松、国槐、银杏等纪念名木为主。至年底完成一期绿化工程,绿化长度2公里,绿化面积800亩,植树12.8万株。

(梁龙跃)

【农田林网建设再上新水平】 年内农田林网建设,采用永久性绿化带与速生丰产林带相结合的种植模式,加宽加厚林带,使农民在种植农田林网的同时尽快得到经济效益。全区完善更新农田林网155公里,植树7.54万株;新植农田林网55公里,植树11.7万株。以张家湾、马驹桥、漷县、永乐店四镇三万亩中低产田改造农田林网建设工程为重点,使本区特色平原林业再上新台阶。

(梁龙跃)

【"四环林"建设】 "四环林"建设是指环城林、环镇林、环村林、环厂林建设工程。全区"四环林"建设效果显著,绿化面积超过1万亩。全区11个乡镇,完成环村林建设233个村,植树110.53万株;北京东方化工厂环厂林建设面积360亩,种植地槿、乔木等2.68万株;各乡镇结合绿色通道工程建设和速生丰产林建设工程,完成环镇林建设6000亩;环城林建设面积4000亩。11个镇域行政中心绿化总面积152亩,植树16.55万株。"四环林"的建设,大大改善了城、镇、村、厂的周边环境,提高了人居环境质量。

(梁龙跃)

【小城镇绿化美化创造招商环境】 年内,通州区重点抓了漷县、宋庄、永乐店、马驹桥四个小城镇绿化美化工作,绿化面积1568亩,植树22.9万株,进一步提升小城镇环境建设和基础设施建设水平,增强了吸引力,为招商引资创造良好的环境条件。全区共创建首都绿化美化花园式单位25个,截止2002年底,全区累计创建花园式单位180个。

(梁龙跃)

【提升公路、河岸绿化档次】 为提高公路、河岸的绿化水平,丰富植物色彩,年内调整了一些绿化树种,增加了火炬、元宝枫、栾树、黄栌等彩叶树种,通过绿色植物衬托,植物的季相变化,极大地丰富了公路河岸绿化景观,公路河岸绿化使用彩叶树13万株,使绿化效果明显上档次、上水平。

(梁龙跃)

【防沙治沙工作见成效】 河滩地治沙造林和播草盖沙工程是2002年全区造林的一项重要工程。年内,完成潮白河治沙造林6000亩,植树70.1万株;完成温榆河、潮白河、北运河播草盖沙工程6000亩;完成三北防护林四期工程1万亩。

(梁龙跃)

【速生丰产林建设】 年内,全区新发展速生丰产林2.75万亩,其中永乐店一个镇就新发展2万亩。至年底全区速生丰产林面积已达6万亩。积极与国内外木材加工企业进行协商合作,开拓本区发展速生丰产林走林、工、贸一体化之路的新领域。

(梁龙跃)

【果品产业发展实现新突破】 本区果品产业化发展实现"五个突破":一是果树发展面积的新突破,年内,全区共栽植果树1.66万亩,全区果树面积累计达10万亩。二是优新品种的引进和推广上有新突破。年内,在果树种植上大力引进、推广精品梨、葡萄、樱桃、枣、李等优新品种8个树种25个品种,引进优新品种的数量和力度创历史之最。三是特色果品工程的新突破。张家湾"双万亩葡萄工程"已基本完成;西集镇"万亩樱桃工程"已完成6000亩;潞城镇启动了"精品梨工程",已完成1000亩,使本区特色果品的发展步入区域化种植、科学化管理的良性轨道。四是示范园区建设有新突破。年内,结合本区果品栽植情况,共确定14个示范园区,总面积达5665亩;150户示范户,示范面积2000亩。示范园区和示范户的建设,有力推动本区果品的快速发展。五是果品标准化生产有新突破。2002年,与质量技术监督局合作在张家湾镇进行双万亩葡萄标准化栽培基地建设(计划三年内完成),成为北京市首家种植业建立标准化体系的单位,为通州果品出精品、创名优、抢占市场打下了坚实的基础。

(梁龙跃)

【苗木、花卉产业发展势头良好】 以"绿色奥运"为契机,瞄准市场,运用科学技术,大力发展苗木花卉产业。2002年,全区累计育苗面积已达5万亩,与上年同期相比,增加近5000亩,同比增长10.8%,基本实现了苗木品种优良化、生产基地化、管理科学化。花卉、草坪产业作为本区的一项朝阳产业,一直保持良好的发展势头。到年末,全区拥有花卉生产基地23个,面积0.6万亩;草坪生产基地15个,面积0.7万亩。花卉品种主要有:月季、玫瑰、非洲菊、君子兰、牡丹、蝴蝶兰、草花、花灌木等,销往北京各大花卉市场。大型花卉市场——"北京东方嘉汇"花卉展示交流中心,于3月19日在本区破土动工,至年底,一期开发400亩已完成。

(梁龙跃)

【加大森林病虫害综合防治力度】 2002年,对全区重点河道、公路、林网、片林实行飞防与地面防治相结合,飞防36架次,飞防面积5万余亩,地面防治面积0.3万亩,防治率100%;森林病虫监测覆盖面积26.73万亩,监测率为100%。实现三个转变:即由被动防治向主动预防的转变;由使用化学农药向使用生物制剂及仿生物制剂的转变;由以防治病虫害为目的向保护生态环境的转变。

(梁龙跃)

【提高林政资源管理水平】 2002年,本区林政资源管理工作得到进一步提高。主要是从五方面入手:一是加强制度建设,制定采伐(移植)林木审批、审核程序、集体林权登记发证程序、因工程建设需避让古树名木程序等,保证审核审批工作的规范化、制度化、程序化、公示化;二是加强木材经营加工单位的管理,对全区木材经营加工单位进行清理整顿,使全区木材经营加工市场不断走向规范化、制度化;三是加强迹地更新的监督检查力度,使全区迹地更新完成率达100%;四是加强古树名木的保护工作,对全区48株古树名木全部实行目标责任制管理,定期进行检查。五是做好林权登记发证工作,完成林权登记6026份,发放林权证1608本。开展枯死树清理工作，共清除枯死树2.08万株，0.75万立方米。

（梁龙跃）

【广泛开展义务植树活动】 2002年，全区有30.52万人次参加义务植树活动，植树152.6万株，其中：驻通中市属单位和区直机关领导干部4.72万人次，植树23.6万株；驻通部队官兵0.63万人次，植树3.15万株；农村和社会群众25.17万人次，植树125.85万株。成为本区近几年来义务植树人数最多、范围最广的一次。

（梁龙跃）

农　机

【概　况】 2002年，通州区农机服务中心发挥自身职能，不断增强服务意识，提高服务水平、在农机化新技术、新产品的引进、研制和推广以及农机作业技术服务、农机专业技术人员培训等方面做了大量工作，促进了全区农业机械化持续、快速、健康发展。

农机服务中心适应全区农业结构调整新形势，重点引进、研发和推广蔬菜、林果及农产品深加工机械，全面提升全区农业机械装备水平。在做好新技术、新机械研制与推广的同时，注意加强农机监理执法工作力度，围绕"环境建设年"开展一系列农机执法检查，进一步规范本区农机市场秩序。

到年底，全区拥有农机总动力34.07万千瓦，比上年减少1.42万千瓦。拖拉机保有量1841台，总动力8.66万千瓦，大中型配套农机具达3972部。农机总值达26626万元，比上年增加981万元。新增加的农业机械主要包括：大中型秸秆青贮还田机械、运输机械、农产品深加工机械、畜牧业生产机械以及蔬菜、林果等方面机械。

（王泽宇）

【连续5年获禁烧先进区县称号】 2002年农机服务中心在麦秸禁烧工作中加强宣传、落实责任制，充分做好各种机械作业的准备。全区三夏期间共投入1411台大中型拖拉机、1332台小型拖拉机和536台联合收割机、并配套投入437台配装粉碎机、256台专用粉碎机及600多台播种、除草等共计8000多台件机械，实现了本区137280亩小麦的全面禁烧，而且2万多亩麦秸实现综合利用，圆满完成年初预定的计划。本区连续5年保持全市禁烧先进区县的荣誉。

（王泽宇）

【保护性耕作项目启动】 2002年区农机服务中心开始实施保护性耕作项目，根据本区实际情况，选择漷县镇和永乐店镇作为试点，安排两个面积为1万亩的项目区。保护性耕作主要技术内容：在保护性耕作范围内采取不翻耕土壤，用大量秸秆及残茬覆盖地表，并通过深松免耕播种、施肥和安全农药控制杂草病虫害的机械配套作业技术，实现对传统的耕作方法的革新。

（王泽宇）

【林果机械配套作业技术科研开发】 全区林果、花卉面积已突破22万亩。其中林果面积占比重较大，为提高林果业生产机械化水平，在去年已开发引进挖坑机、起苗机的基础上，年内通过种植200亩爱宕梨试验田，对引进开发的挖坑机进行连续挖4万多个坑的试验，掌握了技术参数。按照这些技术资料，农机服务中心已经能够进行自行生产这种机型。同时还试验了果树培土、植保等作业机械，并进行了果品套装工艺试验。

（王泽宇）

【微量播种机研制及西米草引种成功】 2002年，农机科研推广部门研制开发的微量播种机可适用播量50克/亩作业要求。农研所利用这种播种机，播种了引自美国的西米草500亩，获得成功。西米草是营养、饲用价值很高的新型作物，是畜禽养殖的优质饲料。

此项播种技术和饲草新品种将对本区畜禽业的发展,尤其是奶牛养殖的大发展起到一定的作用,具有广阔的生产前景。

(王泽宇)

【现代农业高效农机科技园建设】 2000年中心在宋庄镇双埠头村开始建设一个占地面积约360亩的高效农机试验示范园,建设本区现代化生态农业的窗口和设施农业的孵化器。2002年园区以北京旭原农场为承担单位,进入全面起步建设阶段。投资400万元进行基础设施建设,基本完成水、电、暖、路工程;投资200万元续建了连栋温室有关设施及工程项目;进行园区绿化美化工程,完成环境建设、标识建设等,开始向观光旅游方向发展;连栋温室建蔬菜育苗中心开始实施,微型机开始示范性作业;上马畜禽烘污处理及有机肥生产建设项目,部分土木工程建设全面展开。

(王泽宇)

【加大农机监理力度】 机构改革后,区农委委托本中心继续代管农机监理全面工作。2002年农机监理工作以加强农机手培训、打击假冒伪劣农机产品、治理农机尾气及清理"黑车非驾"为重点,努力规范全区农机市场秩序。加强农机尾气治理工作,净化生态环境。一是做好农用车年检工作,对尾气检测不合格的坚决不予办理年检手续;二是严把新车入户关。凡办理入户上牌的新车,尾气检测不合格的坚决不予核发牌照。清理拖拉机及农用车"黑车非驾"及各种违章行为。同时,组织实施了"农机质量年"、监督检查麦秸禁烧、三夏三秋作业机具签发合格证等活动,进一步改善农机生产运营环境。

(王泽宇)

【农机供应销售走出低谷】 2002年,农机公司深入市场调查研究,根据农村农业新形势,确定工作思路。在立足本区的同时,开拓外埠市场,扩大销售网络。截止年底,完成销售收入1300万元,同比增长150万元。年内农机公司调整了货源和商品库存结构,植树挖坑机、农用运输车、中小型农副产品加工等新机械及农用新设备成了销售新亮点。

(王泽宇)

【牧草机械及配件销售增长】 由区农机服务中心与美国凯斯公司共同建立的"凯斯公司北京地区牧草机械配件维修中心",根据市场形势,从美国及时引进牧草收割机、晒割机、打捆机及所需机械配件。截止10月底,共完成销售额36万元,同比增长15%,其中外销各省、市、区、县占75%,满足了农民对牧草机械的需求,促进了牧草机械的推广应用。

(王泽宇)

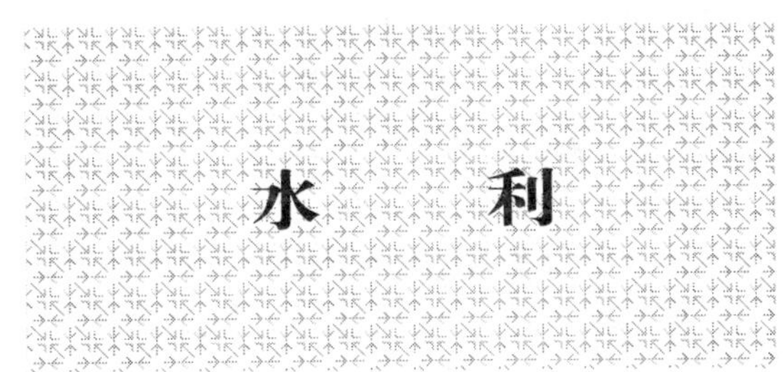

水　利

【概　况】 2002年通州水利围绕区环境年建设,坚持开源、节流、保护、利用并重和节水为先、治污为本、多方开源、统一调度的治水思路,取得了良好成效。年内完成潞湾橡胶坝、潞湾和东关码头工程建设,实现河道蓄水量400万立方米,蓄水面积142万平方米;完成凉水河大桥等5座桥梁建设,为促进全区经济发展,创造了良好条件;完成3万亩中低产田水利工程配套;新打、更新机井295眼,新建饮水工程4处、节流工程2处,发展节水灌溉面积1.2万亩,新建、改建小型水利配套建筑物40座,疏挖斗级以上沟渠58.2公里;完成潞城镇塘改湖一期示范工程建设,为发展旅游农业、招商引资及河东新城开发建设奠定了良好基础;完成宋庄第一水厂和小堡村污水处理厂建设;完成北运河、凉水河1800米险工护坡及运潮减河京哈公路水毁工程的修复;实施了永乐店地区防汛强排站维修改造工程,使永乐店地区12个村30.3平方公里的汛期排水问题得到基本解决。完成以上工程,全区总投工106万工,总上机械台班8475台班，总动土140万立方米，总改善灌溉面积7.48万亩、除涝面积4.8万亩。年内围绕环境治理、绿化美化，重点实施温榆河等堤防绿化工程，完成河道植树4.4万株；在“四河两道”环境整治工作中，清除违建房屋、围墙497平方米，违章堆放垃圾222吨；清理关闭潮白河采砂点32户，清除违章临建房屋160平方米；加大北运河的环境整治力度，共清理河道捕捞“迷魂阵”6处、制止乱捕乱捞70余人次；采取突击清理与日常清理相结合的方法，重点对北运河水面及沿岸进行了清理整治，共投入人力1000余人次，车辆80余台次，共清除沿河垃圾、废弃物及白色漂浮物等320立方米。为强化水资源管理，年内起草、制定并经区政府批准、转发了《关于加强供水工程建设和管理规定》、《关于征收地下水资源费规定》；加强对乡镇集中供水工程建设的审批手续和地下水资源的管理、审批工作，共完成各类凿井审批108件；结合“世界水日”、“中国水周”和新《水法》的出台，大力开展水法规系列宣传活动；坚持依法行政、依法治水，共查处水事违法案件462起；大力推进城乡节水工作，在区镇两级配备了水资源专兼职管理人员；完成各类水源井的调查摸底；重点抓了5个用水单位、3个居民小区、3个节水示范村的达标创建工作；完成节水技术改造5项，进行水平衡测试8户，推广节水器具2000多件，实施节水执法检查近600户，开展大型节水宣传4次，并依照市、区有关规定，全面开展水费征缴工作，年内共完成水费征收1684万元，并全部上缴了财政。由于成绩显著、效果突出，2002年通州区在全市农田水利基本建设综合评比中，再次获得平原区县第一名的好成绩。

（张冠启）

【北运河潞湾橡胶坝建成蓄水】　潞湾橡胶坝坝址位于甘棠桥上游160米处，设计防洪标准二十年一遇洪水设计、五十年一遇洪水校核，建设坝长181.6米，坝高4.0米，蓄水量400万立方米，回水面积142万平方米，工程总投资1312万元，由市、区两级投资，由区水资源局组织施工。潞湾橡胶坝工程于3月初进场开工，于大汛前完成主体工程并投入试运行。该工程的建成使用，为涵养回补地下水源、改善生态环境、促进经济和旅游事业发展起到重要作用。

（王振成）

【凉水河大桥建成】　凉水河大桥工程位于马驹桥闸上游570米处，其功能是连接北京市亦庄开发区和马驹桥镇的交通，打通开发区至六环路通道，促进当地经济发展。该桥为钢筋混凝土T型梁桥，设计承载标准汽—20、挂—100，地震设防烈度为8度，建设主桥长111.8米，宽27米，工程总投资900万元。该工程由市水利规划设计院负责设计，由水利专业队负责施工，3月初开工，11月底建成。

（曹　岳）

【东鲁桥建成投入使用】　凤港减河东鲁桥重建工程为区人大代表建议、区政府为民办实事工程。新建东鲁桥设计承载标准汽—20、挂—100，建设桥长60米，宽8米，工程总投资120万元。该工程3月10日开工，6月底完成。重建后的东鲁桥，可为漷县镇4个村近6000人的出行带来方便，促进该地区的经济发展。

（刘铭琴）

【九德路萧太后河桥竣工】　九德路萧太后河桥工程系九德路配套工程，该桥为钢筋混凝土预应力空心板桥，设计桥长52米，宽30米，承载标准超汽－20、挂—120，工程总投资342万元。该工程由水利专业队施工，9月10日开工，11月底竣工并投入运行。

（刘铭琴）

【中低产田水利配套取得进展】　全年共完成中低产田水利工程配套3万亩。其主要实施内容包括：疏挖沟渠2.62万米，修田间路2.35万米，配套建筑物113座，更新机井158眼，建成管灌10.93万米。整个水利配套工程于5月底竣工，并于6月中、下旬通过了由区财政局、水资源局组织的联合验收。

（万凤兰）

【潞城镇塘改湖工程初具规模】　该湖西起七

级东桥,东到大沙坑东坝,长 802 米,宽 80—120 米,总动土 16 万立方米,总蓄水量 15 万立方米。工程遵循“以水为魂、以势造景、改善环境、提高品位”的思路,与引水、蓄水及环境治理相结合,集旅游观光、休闲度假、健身娱乐和文化设施配套为一体,在去冬完成土方工程的基础上,年内进行了深度开发和建设,完成了湖壁护砌、人行步道铺设、绿化美化、配套工程、科技文化设施配套及在湖中配备了游船等。塘改湖工程及水上游项目已初具规模,成为全区旅游农业的亮点。

(翁　琳)

【实施潞城镇高效节水示范区建设】 潞城镇高效节水示范区经北京市发展计划委员会批复立项后,2002 年 6 月正式实施。主要内容是:建设节水灌溉面积 3150 亩,其中温室滴灌 70 亩;露地菜田管灌 1400 亩;果树小管出流 640 亩;更新改造保护地菜田灌溉系统 1040 亩。建设 100 平方米管理中心;建设大营节水示范村,实现全方位节水和分层次用水管理;完成示范区用水计量设施安装及配套措施建设。工程总投资 602.4 万元,截至年底,已完成投资 550 万元。

(万凤兰)

【宋庄供水一厂建成供水】 宋庄供水一厂于 5 月开工,11 月建成并进行调试运行、试供水。该厂占地面积 10 亩,供水规模 5000 吨/日,工程分二期实施,近期供水规模 3000 吨/日,供水范围约 2.5 万人,供水面积约 18 平方公里。一期工程新建机井 3 眼,井深 200 米以上,配套水泵 3 套,加压泵 5 台,配电柜 5 个,安装自动化控制系统一套,修建清水池两座,管理用房及泵房 683.5 平方米,铺设管道 3500 米,其中输水管线 500 米,配水管线 3000 米。一期工程投资 700 万元。

(万凤兰)

【小堡村水环境治理取得成效】 2002 年小堡村继续实施水环境治理工程,建成小型污水处理厂 1 座,日处理能力 150 立方米,改造农户厕所 40 间,铺设集污管道 2200 米,工程投资 157 万元,年利用再生水 5 万立方米。

(万凤兰)

【永乐店强排站改造工程完成】 该工程主要包括对马坊、兴隆庄、三垡等 4 座强排站的维修改造。工程投资 100 万元,5 月开工,大汛前完成。通过对以上强排站的维修改造,使永乐店地区 12 个村 30.3 平方公里的排水问题得到基本解决。

(赵学志)

【通州区雨量遥测系统建成】 通州区短信息雨量遥测系统是由北京市防汛指挥部办公室设计、投资 40 万元修建。该系统采用先进的通讯、计算机技术,自动测量雨量站的降雨量,进行现场存储,并将雨情数据传送到中心站,完成雨量分析、统计、计算等任务,达到实时监测本地区降雨量,确定暴雨中心和降雨分布范围的目的。

(曹亚民)

【地下水自动监测系统建成】 根据北京市水利局统一规划,本区于 2002 年 6 月建立了地下水自动监测系统。该系统在区水资源局设立一个监测分中心,与市中心站联网,在徐辛庄、台湖、永乐店等镇建自动监测井 14 眼,与分中心联网,形成地下水自动监测网络,从根本上改变地下水监测站网的落后状况,及时、准确、系统地掌握全区地下水动态信息;为全区地下水、地表水的联合调度运用及合理开发提供科学依据;该系统目前处于试运行阶段。

(高淑红)

【开展新《水法》宣传活动】 修订后的《中华人民共和国水法》于 10 月 1 日正式施行。为加大宣传力度,推进依法治水工作,区水资源局在全区范围内举办了为期一周的新《水法》宣传活动。宣传周内共设宣传站 48 个,发放宣传材料 1 万余份,出动宣传车 126 次,张贴宣传画 1000 余张,发放宣传袋 2000 余份,书写刷新永久性和临时性标语 1537 条。通过宣传进一步推动了新《水法》的贯彻实施。

(詹立强)

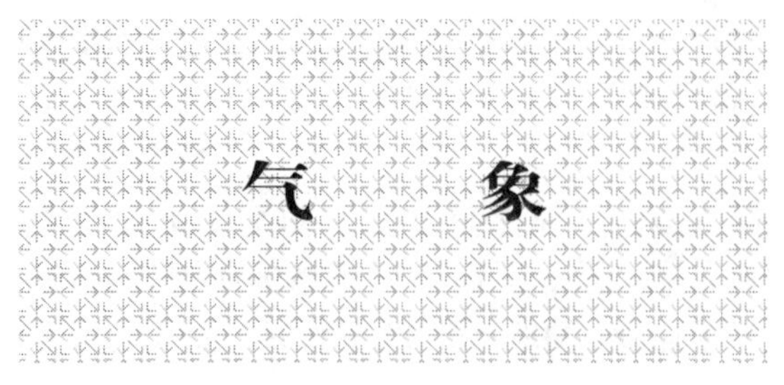

【概　况】 2002年通州区气象局围绕区委“环境建设年”的总体部署，努力提高气象服务水平，不断拓宽服务领域，搞好“汛期”、“三夏”气象服务保障工作和重大活动以及农时的气象服务保障工作。利用广播、电视和政府信息网及时发布长、中、短期天气预报和适时气象服务产品和气象服务信息。2002年通州区气象局被区精神文明建设委员会授予文明单位称号。

（张沛刚）

【气候评价】 本年度气候特点是：冬季出现历史上罕见的暖冬天气，春夏两季气温偏高，秋季气温前期偏高，中、后期偏低；降水春秋两季偏多，冬夏两季偏少；日照也是春秋两季偏多，冬夏两季偏少。年度平均气温为14.3℃，比常年同期偏高2.4℃，比上年同期偏高0.7℃，创历史同期（1955—2001下同）最高值。全年12个月当中，除6月、10月和11月比常年同期偏低以外，其余9个月均比常年同期偏高。其中，1月、2月和3月分别比常年同期偏高5.6℃、5.6℃和4.7℃，同创历史同期最高值。初冬时节冷空气活动频繁，势力较强，气温下降较快，12月上、中两旬旬平均气温接近常年，成为本年冬季最冷的时期。12月下旬以后气温迅速回升，直到4月中旬各旬平均气温均高于常年，整个冬季没有出现低于-10℃的最低气温。7月14日日最高气温高达41.0℃，是年内的最高气温，仅次于1999年7月24日的41.9℃，成为历史同期次高值。在偏低的数旬中，偏低幅度最大的是6月下旬和10月下旬，均比常年同期偏低4.3℃，创历史同期最低纪录。

年度总降水量409.9毫米，比常年同期偏少151.7毫米，比去年同期偏少3毫米，属于枯水年份。全年12个月中，除4月、6月和9月降水比常年同期偏多以外，其余各月都比常年同期偏少。其中，1月、2月和11月份无降水。在剩下的几个月中，偏少幅度最大的是7月份，7月份降水量比常年同期偏少近七成，仅次于1980年和1999年，在历史同期排在第三位。6月21日至7月4日本区出现连阴雨天气。连续降水日数达到14天之多，总降水量为43.4毫米，这在历史上是绝无仅有的。

年度总日照时数为2584.6小时，比常年同期偏少26.9小时，比上年同期偏多235.1小时。全年12个月中，除2月、3月、5月、7月、8月和11月份比常年同期偏多以外，其余6个月均比常年同期偏少。其中偏少幅度最大的是6月份，比常年同期偏少71.9小时，历史上仅次于1956年，成为历史同期次少值。全年36个旬当中，12月上旬日照时数比常年同期偏少50%。6月下旬受连阴雨的影响，旬日照时数只有6.3小时，比常年同期偏少92%，成为历史同期日照时数最少的一旬。

气温高，降水少，蒸发量大，土壤失墒快，形成严重的冬季干旱。全区麦田平均干土层厚度为3.0厘米，最多达到4.5厘米。对小麦返青十分不利。但由于冬季气温高，小麦带绿越冬，没有发现越冬死苗。受春季高温影响，小麦提前灌浆，延长灌浆时间有利提高粒重，但是，在5月下旬和6月上旬小麦灌浆过程当中，出现了不利于灌浆的气象条件，对粒重的增加产生了一定的影响。6月中旬，天气晴好，日照充足，对小麦收获和晾晒非常有利。对夏玉米的影响：6月9—10日降水30.7毫米，缓解了前期的旱情，对夏玉米的播种出苗十分有利。6月下旬降水频繁，日照严重不足，夏玉米出苗后生长缓慢，8月上旬降水111.9毫米，比常年同期偏多五成多。对玉米抽雄、吐丝非常有利。并且这段时间气温高，日照充足，对玉米开花受粉也是十分有利。9月份，气温比常年同期偏高1.5℃，降水比常年同期偏多三成，对夏玉米灌浆非常有利。

本年度气象灾害主要是风灾和雹灾。

4月7日，本区出现大风天气过程。极端最大风速达23.8米/秒。潞城镇有100亩蔬菜大棚的塑料布、草帘被刮飞。5月10日下午17点50分—18点52分，本区出现雷阵雨天气过程，并伴有大风和冰雹等强对流天气出现。极端最大风速达17.7米/秒。冰雹持续8分钟，直径15毫米。受灾范围为永乐店、张家湾和潞城镇。以永乐店为最重。8月4日22时25分，受低空切变线和冷空气共同影响，本区出现大风冰雹天气，降雹过程持续时间5分钟左右，冰雹直径达12毫米，瞬间风速达24米/秒，全区平均降雨量34.5毫米。由于突降暴雨冰雹，风大雨急，北部宋庄镇、永顺镇、东部潞城镇、西集镇，南部张家湾镇、漷县镇、梨园镇，西部马驹桥镇、台湖镇、永乐店镇等地区均受到不同程度的风雹灾害。其中重灾区张家湾镇1.6万亩葡萄受灾，潞城镇1.5万亩蔬菜受灾，全区农业受灾总面积23.3万亩。

（张沛刚）

【开展《气象专报》服务工作】 为了进一步做好气象服务保障工作，本局适时开展《气象专报》服务工作。全年共发布有针对性的《气象专报》10余篇，及时将《气象专报》报送区委、区政府主要领导和主管领导以及农委、种植中心和养殖中心等有关部门，收到较好的效果。

（张沛刚）

【开展网络气象服务】 为了准确及时将气象服务产品送到用户手中，本局与政府信息网合作，利用网络优势将24小时、48小时天气预报及滚动周报、农业气象专题服务信息及时发布，充分利用网络方便快捷的优势，提高气象服务的及时性和准确性。

（张沛刚）

【机构改革】 1至6月本局进行了机构改革，设置了办公室、业务科、综合科，精简机构，优化人员配置，从领导到职工采用公开答辩、竞争上岗的用人机制为气象事业的快速发展打下基础。

（张沛刚）

【做好重大活动保障工作】 2002年积极做好重大活动的气象服务保障工作，9月20日"永乐绿色之行大型焰火晚会"在永乐店镇举行，为了搞好服务工作，本局专门成立服务领导小组，提前向组委会提供一周天气预报、三天天气预报和当天的天气预报，并施放大型宣传气球12个，放飞小气球2000余个。预报准确服务及时，得到了区委和区政府的肯定。

（张沛刚）

【防雷减灾工作获市表彰】 年内认真完成各项防雷减灾各项工作，做好汛前防雷检测。9月1日《北京市防御雷电灾害若干规定》公布执行，为了搞好本区的防御雷电减灾工作，经过区委、区政府的批准，《通州区防雷减灾管理办法》于10月12日开始施行。2002年通州区气象局避雷安全检测站被北京市防雷检测中心授予先进集体称号。

（张沛刚）

农村经济管理

【概　况】 农村合作经济经营管理站是对全区农村经济发展实施行政管理的机构，具有经济管理职能和行政执法职能。经管站内设6个业务科室和行政办公室共7个科室，对全区11个乡镇483个村的农村经济进行管理、监督和服务，同时还肩负着向广大农民宣传农村政策，为上级领导决策当好参谋等重任。2002年区经管站认真贯彻落实党的农村经济政策，充分发挥对农村经济的行政管理、行政监督、行政执法职能，不断深化农村经济管理,加强法制化、制度化建设,进一步提高了农村经营的水平。

(毕小京)

【拓展农村经济管理工作】 2002年,完成乡、镇、村经管队伍的建设,全区11个乡镇建立经管站、成立“农村财务服务中心”;明确乡、镇审计科的性质、职能;建立483个共计2778人的村民理财小组,保证每村有5-7人;明确50余名村级审计员和483名村级财务专管员的职责。

(毕小京)

【财会、审计培训】 2002年,经管站分期、分批对全区100余名中心管理员、483名村级财务专管员、2778名村民理财小组成员、50余名乡镇审计员、500余名村及村级企业审计人员分别进行法律、法规、专业知识的培训。

(杨连君 安克勤)

【推行双层审计、村帐托管、电算管理】 2002年,本站进行农村财务改革,积极推进农村财务“双层审计、村帐托管、电算管理”的工作进程。起草了《通州区村级“双层审计、村帐托管、电算管理”的工作意见》,成立以区纪委书记邓乃平为组长、各主管局领导组成的通州区村级财务管理领导小组和以乡镇长为组长的乡镇级领导小组。同时,为了进一步规范“托管”行为,先后起草和制定《村级财务预决算制度》、《村级财务开支审计制度》、《村级财务公开制度》等九项与“托管”相关的制度及办法。全区11个乡、镇的村级财务管理中心均于7月1日正式运作。到年底,全区已有459个村实行了托管,托管率达到95%。仅取消村级财会人员一项按每人每年5000元计算,全区各乡、镇、村可节约开支250万元。2002年全区483个村无一起由于村级财务问题集体上访事件发生。

(杨连君)

【统计工作实现超级汇总】 随着现代化办公进程的加快,为提高统计数字的质量和效率,对所有统计报表实行“超级汇总”。对全区11个乡镇的统计员进行业务培训。同时,在各乡镇大力支持下,11个乡镇全部实现计算机管理,完成信息网络基础设施建设。按时按质完成了2001年度农村收益分配统计汇总及区属9个乡镇、95个村的卫星城中心镇区域集体经营状况调查工作。

(杨桂宏)

【建立家庭台帐】 随着农业产业结构的调整,家庭收入的不断增加,在继续实行“抽统法”的同时,大胆创新,积极推进“家庭经营台帐法”的试点工作,在全区按村级人均劳动所得抽样,各乡镇均衡调整的条件下进行,全区抽取124户作为试点,并取得初步经验,为进一步提高统计工作质量奠定基础。

(杨桂宏)

【减轻农民负担】 年内,实现减负工作“四到位”即执法公示栏到乡镇,涉农收费栏(卡)到村,减负监督卡到户,接受举报调解到人。先后完成11个乡镇执法公示栏,483个村的涉农收费栏的建立工作,完成483个村的村级报刊订阅费用监督卡及14.2万份农民负担监督卡的发放工作,比1999年多1.2万份,占全区农户总数的98%,占应发卡农户的100%。2002年全区农村报刊订阅费较上年节省38.67万元,机构改革减少630.71万元,低改减少188.92万元,建房收费减少2.2万元,中小学收费减少330万元,其它减少8.5万元。全区共减轻农民负担1199万元。

(裴金凤)

【推行贯彻责任追究制】 年内,在11个乡镇推行《关于对涉及农民负担案(事)件实行责任追究的暂行办法》,加大责任追究力度,及时发现和解决涉及农民负担的问题。11月,市减负小组来区检查工作,对本区减负工作给予充分肯定,并在全市减负工作会上对本区经验做了介绍。

(裴金凤)

【强化农村审计工作】 根据《北京市农村经济审计条例》,依法强化农村审计工作,规范农村审计程序。年内,严格依照“下发审计通知书、集中审计、写出审计报告”等工作程序,先后完成于家务、宋庄等四个乡、镇的财务收支和镇办集体企业拍卖收入的收取、使用情况的专项审计工作。同时,协助各乡镇完成本年度的日常审计工作。从而为化解干群矛盾、保护农村集体经济和广大农民的合法权益,促进农村经济健康有序发展。

（安克勤）

【落实土地承包政策】 2002年,为了更有效地优化区农业土地资源的合理配置,妥善处理和解决土地流转与三十年不变的关系,遏制不稳定因素的发生,完成《通州区农业土地流转工作意见》的起草工作,在明确所有权、稳定承包权、搞活经营权基础上,完善和规范本区农业土地流转的配套管理制度及流转合同文本。年内,依法对全区农业合同管理情况进行检查,全区共有农村土地承包合同78434份,其中规范化合同75280份,规范率为96%。

（宋福胜）

【农民专业合作经济组织规范管理】 2002年对全区239个农民专业合作经济组织进行了调查摸底,完成对30个专业合作经济组织的培植和规范,制定相关制度、指标、监测办法,强化内部管理,促进经济发展,使其更具龙头作用和代表性,影响和带动其他专业合作经济组织共同发展,达到共同富裕。

（李国蕾）

【监测工作】 年内,完成对全区15个监测点,经济作物的成本监测。完成对全区45个乡镇企业的经济运行状况的动态监测。协助科委完成6个星火科技先导示范企业的报表监测。完成农业部抽取的潞城镇大营村全国农村经济固定观察点的监测,抽取40户农村家庭经济收支调查户,对农户的家庭收支状况,经济来源情况实施跟踪调查,并对全村的总体经济状况进行统计。为农业部制定相关农业政策提供基础数据。

（李国蕾）

【坚持“首问”制度,提高上访调处率】 年初,制定《通州区经管站接待上访首问制度》。至年底,共接待来电、来信、来访79起,其中因农民负担24起,占总访数的30.4%,合同纠纷55起,占总来访数的69.6%。在工作中,做到了热情接待、深入调查、依法办事、积极处理,调处率达到100%。

（裴金凤　宋福胜）

工　业

综　述

【概　况】 年内，通州区域工业共有企业1600余家，完成工业增加值30亿元，比上年增长34.6%；完成现价工业总产值127亿元，比上年增长26.8%；完成销售收入132亿元，比上年增长27.8%；实现利润6.4亿元，比上年增长59.7%；工业上缴税金共计7.8亿元，比上年增长38.3%。工业运行各项指标均创历史最好水平，第二产业增加值在国内生产总值所占比重增加4.4个百分点，首次超出第三产业。

招商引资取得新突破。各级工业园区投入基础设施建设资金5亿元，提高了规划标准和建设标准，投资环境明显改善。年内，全区共引进投资规模在1000万元以上的企业147家，协议金额115亿元，到位资金达到10亿元。企业平均单体投资规模达到7900万元。其中引进投资总额在亿元以上的企业24家；投资总额超过3亿元的企业5家。中美CMI控股公司、中科镓英有限公司等一批科技含量高、市场前景好的企业落户通州。光机电一体化产业基地一期起步区市政配套设施实现“十通一平”，实现了一年一变样的目标。加强服务与协作，中市属企业纳入区域经济发展的大框架。

国有和城镇集体企业改革工作稳步推进。以实现投资主体多元化和建立规范的法人治理结构为重点，继续推进国有和集体企业改革，全区共完成转制企业237家，完成股份制改造企业10家，依法破产企业42家，核销转移债务9.7亿元，妥善转换职工身份5532名。规范的股份有限公司组建取得突破，初步形成投资主体多元化，多种所有制并存，共同发展的格局。

科技对经济增长的贡献进一步增强。新发展民营科技企业16家，新认定高科技企业5家，申报科技项目6项。加快科技成果的引进与转化，实施星火计划6项。重视科技人才的引进与培养，引进各类具有中高级技术职称的专业人才354人。以电子政务建设为突破口，全面推进政府、企业、社区和村镇信息化建设，全区公共信息平台初具规模。

积极开展对外友好交往与合作，全年接待来访的各国使节与商社6批次，与日本伊那市，韩国九老区的友好关系得到加强。外向型经济稳步发展，全年引进外商投资企业40家，协议资金总额8600万美元，实际利用外资6573万美元，比上年分别增长25%、5%和6.7%。申办自营进出口权企业达到63家，出口创汇1.12亿美元，增长37.3%。

就业服务体系进一步完善。多渠道开发就业岗位，高度重视并做好再就业工作，实现下岗向失业的并轨，下岗职工100%出中心，7609名失业人员实现就业，再就业率达到65%，城镇登记失业率为1.6%。

安全生产取得新的成绩。加大考核力度,建立安全生产三级管理体系,层层签订责任书,逐级考核,逐级落实,责任到人。抓住全国第十二次安全生产周活动的机遇,重点开展8项全区大型宣传教育活动。采取多种形式,共组织5次全区安全大检查。总计检查企业1341个,查处各类事故隐患1720多项,各类经济罚款74500元,防止了各类安全事故的发生,为经济发展创造了良好的安全环境。

(刘景泉)

区属工业

【概　况】 2002年区属工业系统围绕区委、区政府关于"富民强区,跨越发展"的总目标和"彻底、规范、配套"的总要求,不断调整和优化所有制结构,突出企业改革攻坚,全面推进企业的市场化进程。产权制度改革和企业制度创新取得重大进展。

经济运行良好,总量增幅较大。坚持总量增长和结构优化相统一,2002年区属工业共上缴税金11110.7万元,同比增长47.9%;完成销售收入79884万元,同比增长12.2%;实现利润2899.7万元,同比增长70.9%;完成工业增加值21425.4万元,同比增长6.5%。首次实现销售收入和利润的同步增长,且增幅较大,并呈现出良好的发展态势。

以实现投资主体多元化和建立劣质企业退出机制为目标的企业改革和发展取得重大进展。2002年产权制度改革工作,以建立现代企业制度为核心,大力推进国有、集体企业重组转制为重点,加快国有集体企业退出一般竞争主体的步伐,资源配置市场化格局初步形成。2002年完成各类改制企业15家,其中兼并企业6家,破产企业1家,改造有限责任公司4家,组建股份有限公司2家,成立股份合作制企业1家,累计完成企业改制39家,改制面达74%。另有13家企业进入改制程序。经过大范围的重组转制,核销不良资产1.1亿元,转移债务近1.5亿元。共有1500名国有和城镇集体企业职工进行了"身份置换"。改革促进了企业体制转轨和经营方式创新。

结构调整显著,经济市场化程度进一步提高。在深化经济体制改革的基础上,坚持有进有退、有所为、有所不为,继续加大国企改革力度,并以产权制度改革为中心,以国有资本退到不控股为基本要求,以组建私营股份有限公司为主要形式,以并轨分流为契机,通过出售、兼并、破产等多种形式,加速国有资本退出进程和有效资产与不良资产分立重组,区属工业企业所有制结构得到战略性调整。全区改制企业中,涉及总资产6000多万元的大型企业变压器二厂完成股份有限公司改造,总资产8000多万元的橡胶十厂和总资产超过1亿元的水泥厂已进入改制程序,首家福利性质企业旭光吸气剂厂完成了资产评估,投资4000多万元的市属大型企业北京京城重工机械有限公司落户本区,投资达6000余万元的国彩印刷有限公司完成技术改造。

党的建设和精神文明建设取得显著成效。广大干部职工学习和实践"三个代表"重要思想的自觉性明显增强。全年共举办各类培训班5期,培训学习教育对象300人(次),一大批事关群众切身利益的问题得到妥善解决。加大扶贫帮困工作力度,处理了一些陈年积案,化解了大批矛盾纠纷。企业内部领导体制进一步完善,班子建设不断加强,特别是对停产关闭破产和生产经营困难企业,努力做到党组织不散,党的工作不断,党员作用不减。非公有制企业党建工作取得新的进展。全年在非公有制经济组织中建立党组织3个。许多企业党组织积极探索符合非公企业特点的工作内容和活动方式。

(唐顺荣)

【90%国有资本退出竞争领域】 2002年区属工业共有42家国有及集体企业的公有资本退出建筑、纺织、轻工和商业服务等一般性竞争行业，退出面达到90%，实现并轨、分流及破产安置2100人，实现主辅业分离5个单位，有6家企业建立了现代企业制度。加大推进现代企业制度的建立与完善，推进主辅分离，促进企业从体制上、机制上放开搞活。

（唐顺荣）

【国有和集体企业改制】 全年完成16家国有和集体破产终结程序，核销不良资产近4.1亿元，转移债务近6亿元，共有1032名国有和城镇集体企业职工进行了“身份置换”。对5家效益低下、管理混乱的外商投资企业进行了特别清算，挽回经济损失7550万元。

（唐顺荣）

【区属工业利润总额首次实现正增长】 实现利润总额2900万元，同比增长70.9%，为多年以来区属工业的首次正增长，其中盈利企业盈利额为5689万元，同比增长50.5%，亏损企业亏损额出现多年以来的首次下降，下降幅度为13.5%。工业经济效益综合指数为128.2%，同比提高6.6个百分点。

（唐顺荣）

【招商引资取得成效】 在加强硬环境建设的同时，突出软环境建设，通过建立和完善责任制，总投资4000万元的市属重点企业北京京城重工机械有限公司落户本区，北京佩特来电器有限公司引进外资1000余万元进一步扩大规模。

（唐顺荣）

【拓宽企业富余人员就业渠道】 通过建立和完善失业保险制度，创新企业用人和分配机制，帮助和引导富余人员加入社会服务行业以及帮助解决民营企业发展中的问题，促进民营企业发展壮大，利用外资改组改造国有集体企业等措施，国有集体企业富余人员就业渠道进一步拓宽。全年又有800名富余职工实现再就业。

（唐顺荣）

【现代企业制度建立进程加快】 通过对股份制及股份合作制的“二次改造”，区属工业企业建立现代企业制度的进程加快。全年又完成有限责任公司改造4家，组建股份有限公司2家，截止到2002年底，区属工业有股份有限公司12家，有限责任公司9家，占改制企业总数的51%。

（唐顺荣）

【现代制造业发展前景看好】 据统计数字分析，全区制造业平均业绩正处稳步上升的良好势头，全区32家各类制造业实现主营收入6.8亿元，完成利润总额2100万元，分别比上年同期增长20.5%和65%。

（唐顺荣）

乡镇工业

【概　况】 2002年，全区乡镇企业充分利用中国入世、北京筹办奥运的有利形势，紧紧围绕通州区“环境建设年”的各项任务，坚持以发展为主题，以提高经济效益为中心，以富裕农民为主线，大力推进乡镇企业二次创业，全区乡镇企业继续保持良好的发展趋势。全区乡镇工业企业2711家，职工82582人，完成总产值91.27亿元、营业收入81.07亿元、利润总额4.44亿元、工业增加值20.02亿元，分别比上年增长28.3%、28.3%、32%和34%。乡镇工业企业上交税金3.99亿元，比上年增长24.8%、乡镇企业营业收入5亿元以上的乡镇9个，营业收入1亿元以上的村7个，营业收入500—1000万元的企业111家、1000—5000万元的企业116家、5000万元—1亿元的企业20家、1亿元以上的企业12家。年出口交货额500万元以上的企业22家。乡镇工业经济运行的主要特点：各项经济指标保持了稳步增长，经济运行质量进一步提高，重组引进大项目的拉动作用更加明显，技术改造使企业生产能力进一步提高，个体私营企业对经济增长的贡献继续加大，工业重点乡镇和重点企业的拉动作用更加显著。

（金绍光）

【乡镇工业园区建设水平继续提高】 全区现有乡镇工业园区 14 个，入区企业 171 家，从业人员 14394 人，全年实现总产值 15.05 亿元、营业收入 13.4 亿元、利润 7871 万元、税金 6838 万元。各乡镇全年投入工业园区基础设施建设资金为 2.4 亿元，其中用于园区标志物建设 1200 万元、道路 4620 万元、绿化 300 万元、污水处理 2150 万元、水厂 600 万元、供热 800 万元、通讯 1700 万元。各乡镇对工业园区的规划意识不断增强，逐步由原来自己设计简单的规划转变为聘请专业部门进行科学合理的规划。按照市场化运作和管理，有 7 个工业园区建立独立运营的开发公司和物业管理公司。按照“完善为主，新建为辅”的工作思路，村级工业园区进一步规范和完善，宋庄镇小堡工业园区年内被晋升为镇级工业园区。

（金绍光）

【招商引资、资产重组工作取得新成果】 5 月 17 日，区政府举办重组引进项目签约仪式暨投资环境推介会，21 个大项目进行了集体签约。永顺、宋庄、永乐店、于家务等乡镇分别举办不同形式的投资环境、投资项目推介会和新闻发布会。各乡镇招商引资工作呈现出专业化、市场化、代理化等特点，普遍采用网上招商等手段，宋庄、西集等乡镇还在北京等地建立招商办事处。一批投资规模大、科技含量高的项目入区，使本区工业的产业、产品结构不断优化升级。各乡镇重组引进投资在 100 万元以上的项目共计 362 项，其中 500—1000 万元的 33 项、1000—5000 万元的 57 项。5000 万元—1 亿元的 7 项、1 亿元以上的 12 项。项目投资总额为 42.9 亿元，其中对方投资 42.6 亿元，已到位资金 11.2 亿元，资金到位率为 26.1%。这些项目中，已投产的 44 项、试生产的 9 项、正在基建的 155 项、正在筹建的 64 项、已签协议的 90 项。

（金绍光）

【农村劳动力安置工作成效显著】 年初，根据部分乡镇合并的新情况，本局协助区劳动部门重新组建乡镇劳动就业服务所。区政府为 11 个服务所统一授牌，为每个服务所拨付启动资金 2 万元。各乡镇为服务所提供了不低于 50 平方米的办公场所，并按人均每年 1.5 万元的标准拨付办公经费。年内，区政府又投资 100 万元用于服务所的信息网络建设，投资 55 万元为服务所配备了交通工具。5 月和 10 月，本局协助区劳动部门举办了 2002 年夏季和秋季城乡劳动力招聘会，宋庄等 9 个乡镇也分别于“5.1”劳动节前后举办农村劳动力招聘洽谈会。全年共安置农村剩余劳动力 9322 人，完成年计划的 109.7%，乡镇企业提供给农民的人均收入为 3680 元，比上年增长 12.4%，占农民人均总收入的 65% 左右。大稿村、白庙村、里二泗村、上马头村、靛庄村、苏庄村、大香仪村、马头村、李辛庄村人均纯收入超过 1 万元。

（金绍光）

【村级二三产业取得长足进展】 随着乡镇企业二次创业的不断深入，村级二三产业发展迅速，村级工业总量占乡镇工业总量的 60% 以上。全区税收超过 100 万元的村已达 50 多个，其中上营村、大稿村、新建村、杨庄村、永顺村税收超过了 1000 万元。全区已发展二三产业专业村 51 个，51 个村中从事二三产业的农户 17000 户，占专业村总农户数的 73%；从事二三产业的劳动力 17360 人，占专业村劳动力总数的 87%；二三产业的经济收入 17 亿元，占专业村经济收入的 92%；二三产业专业村从事的主导行业包括旅游、工艺品、商饮、运输、建材、机电等。全区有带动 30 个以上农户的龙头大户 37 个，共带动 2000 多农户从事家庭二三产业，全年实现销售收入 12000 万元、利润 1700 万元、人均收入 4200 元。本局协助区委宣传部等部门评选出 50 名农民就业带头人，在区电视台、通州时讯报刊广泛宣传，并于7月5日召开新闻发布会，对50名就业带头人进行表彰。

（金绍光）

【农产品加工业进一步发展】 全区已发展农产品加工企业57家，主要集中在果品加工、饲料加工、蔬菜加工、畜禽加工、食品加工、药材加工、酿造等行业，从业人员4763人。全年完成总产值54061万元、营业收入44601万元、利润总额1435万元、增加值12642万元、上缴税金2020万元、出口交货额5186万元。57家企业资产总额59876万元，其中固定资产净值33988万元。

（金绍光）

【科技进步促进企业整体素质提高】 本局与区人事局共同组织了乡镇企业申报专业技术职称人员的培圳工作，有782人参加各类水平考试，组织会计专业人员277人参加财政局举办的知识更新培训班。“北京通州乡镇企业信息网”于12月与互联网正式接通。全区实施“一镇一校，一厂一所工程”以来，先后与20多所大学和科研单位建立紧密型合作。参加市乡镇企业局组织的“彩虹工程”，北京五木服装有限公司与北京服装学院结对挂钩。北京工业大学在本区投资建立起集生产、研制和开发为一体的综合基地。全年引进、开发新产品33项，有81家企业通过ISO9000质量体系认证。

（金绍光）

【外向型经济平稳发展】 克服全球经济增长趋缓，美国和西欧国家经济下滑的不利影响，全区新发展三资企业29家，协议总金额6415万美元，其中外商实际到位资金3100万美元。有2家企业获得了自营进出口权。81家出口企业完成出口供货额10亿元，同比增长7.8%。其中，服装、机电、轻工三个重点出口行业完成出口供货额6.5亿元。

（金绍光）

【乡镇企业局职能进一步转变】 为了对区域内引进的企业做好服务工作，区委、区政府于4月24日批准本局对外加挂“通州区工业投资促进发展局”的牌子。为了促进全区服装行业的发展，按照市场发展规律，本局积极运作成立通州区服装协会。加强对重组引进大项目的跟踪服务，建立了3000万元以上大项目的责任制，促进项目早投产、早见效。

（金绍光）

【表彰发展乡镇工业先进单位】 2002年评选出区招商引资优胜单位：漷县镇、马驹桥镇、潞城镇、张家湾镇、于家务乡、台湖镇、小堡村、高辛庄村、马头村、大稿村、张辛庄村、安定营村、乔庄村、小周易村；区科技进步先进企业：北京东亚铝业有限公司、北京首发高新建材有限公司、北京恒聚油田化学剂有限公司、北京佐田雷蒙服装有限公司、清华紫光泰和通环保技术有限公司、北京通州开关厂、北京市北泡轻钢建材有限公司、北京市东方叶杨纺织有限公司、北京聚龙科技发展有限公司、北京嘉华天润有限公司、北京邢钢焊网科技发展有限责任公司；区科学管理先进企业：北京豆制食品工业公司、北京通州宋庄铸造厂、北京强力家具有限公司、北京市京通集团公司、北京东亚铝业有限公司、北京新大西电器有限公司、北京鄂尔多斯羊绒有限公司、北京三佳时装有限公司、北京雨润食品有限公司、北京潘瑞克食品加工中心、北京富新制冷设备公司、北京好利来工贸有限公司、北京市通豪塑料制品有限责任公司、北京宝佳制衣有限公司；区级优秀工业区：马驹桥镇星火密集区、潞城食品工业园区、漷县镇工业区、西集轻纺服装服饰园区、于家务聚富苑民族工业区、小堡佰富苑工业区；区域工业企业出口创汇二十强：北京菲美特协立铸造有限公司、北京三佳时装有限公司、北京美采机电设备有限公司、北京宜通家具制造有限公司、北京东方叶杨纺织有限公司、北京奔驰衬衫有限公司、北京通州宋庄铸造厂、北京金鑫木业有限公司、北京新城服装有限公司、北京中恒复印材料技术有限公司、北京信盛皮衣制品有限公司、北京市通州鑫利华镁粉有限公司、北京英特食品发展有限公司、北京汉将木业制作有限公司；区域工业企业税收二十强：北京恒聚油田化学剂有限公司、北京东亚铝业有限公司,北京通州宋庄铸造厂、北京雨润食品有限公司、北京鄂尔多斯羊绒有限公司、北京市北泡轻钢建材有限公司、北京市京通集团公司;区域工业企业利润二十强:北京恒聚油田化学剂有限公司、北京通州宋庄铸造厂、北京东亚铝业有限公司、北京奔驰服装集团公司、北京宜通家具制造有限公司、北京天龙太达保健茶销售有限公司、北京鄂尔多斯羊绒有限公司、北京雨润食品有限公司、北京村上丝网有限公司、北京市北泡轻钢建材有限公司、北京市科益丰生物技术发展有限公司;区劳动就业先进单位:潞城镇、漷县镇、马驹桥镇、梨园镇、台湖镇、于家务乡劳动就业服务所;区先进村级工业园:高辛庄村、富豪村、召里村、曹元村、张辛庄村、安定营村、东下营村、小周易村、马头村、靛庄村工业园;区二三产业税收十强村:上营村、大稿村、新建村、杨庄村、永顺村、邓家窑村、龙旺庄村、乔庄村、张辛庄村、靛庄村;区二三产业先进专业村:台湖村、张家湾村、双埠头村、草寺村、仇庄村、新西庄村、三街村、里二泗村、大营村、上店村;区安置农民就业先进企业:北京牛堡屯建筑集团公司、北京东亚铝业有限公司、北京旌丽荣塑料制品有限公司、次渠建筑公司、北京宋庄铸造厂、北京奔驰衬衫有限公司、北京三佳时装有限公司、北京佐田雷蒙服装有限公司、北京市通州靛庄花丝厂、北京通州开关厂。

(金绍光)

【表彰发展乡镇工业先进个人】 2002年评选出区优秀企业经营管理者:郭文礼、殷宝海、徐同举、胡宝宏、张原飞、张振山、刘玉山、刑宝安、孔繁仪、张福才、纪荣忠、张根才;区优秀科技工作者:孔俊其、许国华、郭文礼、仁艺、刘良贵、夏曲、杜中义、王树森、王立英、邓友华;区先进二三产业龙头大户:王翠萍、刘建强、李思民、高保文、尚春茹、常振合、王强、赵永生、张民、刘长兴;区二次创业先进工作者:马文建、李艳梅、喜余杰、陶艳红、石玉祥、冯宝熙、潘玉霞、石岩、刘殿禄、齐春秀、贾长友、李勇、马卫、李金松、满颖。

(金绍光)

【33家乡镇企业进入市乡镇企业百强行列】 进入市乡镇企业营业收入百强行列的有:北京东亚铝业有限公司、北京市恒聚油田化学剂有限公司等10家企业,进入市乡镇企业利税总额百强行列的有:北京市恒聚油田化学剂有限公司、北京首发高新建材有限公司、北京通州宋庄铸造厂等11家企业,进入市乡镇企业出口供货额百强行列的有:北京市东方叶杨纺织有限公司、北京奔驰服装集团公司、北京通州宋庄铸造厂等12家企业。

(金绍光)

【市领导到通州工业企业调研】 12月28日,市委副书记、常务副市长孟学农、副市长刘海燕先后察看了位于木区的铜牛集团新厂区、恒聚油田化学剂有限公司、通力环电气公司等企业,听取了区委书记崔君乐、区长卢晓明的工作汇报。孟学农、刘海燕对通州工业发展提出了要求。

(金绍光)

【张茅到聚富苑民族工业区调研】 12月3日,副市长张茅在市农委副主任张凤福、市民委副主任马中镁,区委书记崔君乐、区长卢晓明等陪同下,察看了于家务聚富苑民族工业区,并对工业区发展提出了要求。

(金绍光)

【卢松华考察漷县小城镇】 6月20日,市政协副主席卢松华到漷县小城镇考察,在听取了有关情况介绍后,对该镇制定的“以工兴镇,以工富民”的发展思路给予了充分肯定。卢松华还参观了东方叶杨羊绒有限公司,询问了产品的生产、销售情况,并鼓励企业要进一步增强实力,扩大规模,积极参与新形势下的国际市场竞争。

(金绍光)

通运达投资发展有限公司

【概　况】 2001 年 7 月,北京通运达投资发展有限公司正式成立。截止 2002 年底,公司总资产突破 2 亿元,下属企业 20 个,职工总数达 2000 多人,完成区委、区政府布置的各项任务,经济效益明显增加,内部管理得到加强,整体实力进一步扩大。

(王荣莉)

【企业运行质量良好】 2002 年所属企业实现工业总产值 12905.8 万元,完成年计划的 368.7%,同比增长 380%,工业增加值 3376.9 万元,完成年计划的 498%,同比增长 549.3%;实现销售收入 13250 万元,完成年计划的 424%,同比增长 448.7%;实现利润 365 万元,完成年计划的 802%;上缴国家税金 560 万元,完成年计划的 425.2%,同比增长 452.8%。所属企业资产总额 19064 万元,负债总额 14138 万元,资产负债率为 74.2%。同比下降了 5.4 个百分点,资本保值增值率超过 100%。

(王荣莉)

【稳妥落实企业接收工作】 2002 年,公司先后接 收了北京通州科技开发中心、北京铝材厂、北京不锈钢燃气设备厂、通州华亚商贸服务公司、通州裕华商贸中心、三星二驾校等 6 家企业,各项接收工作组织到位,责任明确,进展稳妥有序,出色的完成区委、区政府下达的任务。

(王荣莉)

【机制转换取得新进展】 在工作中依据有关政策法律、法规,针对企业实际情况,逐个企业进行认真研究、分析,积极建立符合企业发展的新的经营机制。对相关企业占有的各类资产和各种负债进行全面清理、登记、核对、查实。对资不抵债、连续亏损数额较大、不能偿还到期债务的,符合破产条件的,帮助企业依法进行破产。对效益不佳,不能正常运转的企业,查找原因,采取措施,整合重组,使企业尽快走出困境。2002 年公司完成北京利源化工厂和北京艺海实业公司等 2 家企业的破产工作,北京铝材厂进入破产程序。企业通过破产,卸掉了包袱,资产得到有效利用。另外,对 2 家企业进行了转制,转制后的企业显示出适应市场经济的活力。其中,北京方瑞铸造有限公司 2002 年产值完成 3324.5 万元,实现增加值 1315.9 万元,完成销售收入 3224.2 万元,全年实现利润 147.8 万元,税金 156.9 万元;北京轻型汽车配件公司通过资产重组,理清了债务关系,成立了新北京现代京华汽车配件有限公司,正在进行新产品开发(组装、生产汽车发动机器配套产品)。

(王荣莉)

【履行投融资主体职能任务】 全年公司成功融资 2000 万元,这些资金已投入到公司的房地产开发等项目中,推进了企业发展。2002 年新组建的物业公司接管了北京水泵厂、北京冷冻机厂、北京第二毛线厂、北京化工六厂等四个家属小区约 6 万多平方米的 25 栋楼,新接收靓雅家园、鸿州家园小区近 15 万平方米,理顺关系,加强了服务,居民普遍反映良好。9 月成立的泰鑫琪商贸有限公司投入运营。出资 500 万元购买的觅康加油站运营后初见成效。2002 年还引进注册企业 11 家,引进税收 300 多万元。

(王荣莉)

【提高企业管理水平】 2002 年,从 3 个方面着手提升企业的管理水平。一是以财务管理为重点,认真执行党的财经政策、法律、法规、健全完善财务管理制度。通过以会代培,走出去,请进来等多种形式,加强财会人员的培训,使之适应企业发展需要。同时,加大审计监督力度,采取专项审计与重点审计相结合等办法,防止经济管理上的漏洞,逐步规范企业的财务行为。二是以成本管理为重点,加强产品成本核算,控制成品费用消耗,控制非生产性开支,加快资金周转,向成本管理要效益。三是以提高领导者决策水平和质量管理水平为重点,企业建设了不同形式的岗位责任制从而推进了质量管理工作深入开展。

(王荣莉)

【注重安全生产管理】 一是加强企业安全生产管理,落实安全生产责任制及安全生产的各项制度。二是对企业经营者、管理者和职工的安全教育培训,并将其作为一项经常性工作,常抓不懈。三是利用班子会、车间会、职工大会等多种形式开展安全生产舆论宣传工作,普及安全知识。四是进行企业每月安全生产自查,每季度公司对所属企业进行安全生产大检查,以及抽查、突查等工作,严格监督管理。五是建立企业自我约束机制,努力提高职工,特别是重点行业、重点部位职工安全意识和自我保护意识。

(王荣莉)

商业服务·旅游

商业服务

【概　况】 2002年商委全系统按照通州区经济发展“十五”规划的总体要求，结合商业系统企业实际，紧紧抓住改革与发展两大主题，解放思想、开拓进取，在商业经济体制改革、整合资源、引进盘活、减员增效，以及整顿经济秩序、规范市场行为等方面取得较好的成效，完成了全年各项工作任务。全区社会商品零售额完成41.5亿元，同比增长8.3%，全区商业税收完成1.36亿元，同比增长43%。

（滕高生）

【通州商业资产运营公司成立】 年内，为进一步优化资源配置，实现由行政管理向资产管理过渡，经区委、区政府批准，撤销合并了部分商委所属的二级公司，组建商业资产运营公司，全系统基本上形成了商、粮、供三条线。公司成立后机关工作人员由原来的98人减少到47人，解决了二级公司人员众多和基层企业上缴管理费的负担，并为提高整个商委系统的经济效益奠定了基础。全年公司社会商品零售额完成5.24亿元，比去年同期增长19%；上缴全税2212万元，同比增长22%。

（滕高生）

【大百集团三大商场实行“四自”】 年内，大百集团三大商场推行企业“四自”，即将集团所属四个单位资产分离，实施“自主经营、自负盈亏、自我约束、自我发展”。五金交电大楼已经破产完毕；通百商场对其资产进行调整，完成了内部经营股份制的改造，由职工入股，注册成立“北京市通百百信商贸有限公司”和“北京市通百京华伟业商贸有限公司”效益有所回升，年内零售额完成9857万元，同比增长21%。在此基础上积极运作通百破产工作，人民商场、银地大厦也正在加紧内部改制工作。

（滕高生）

【区供销总社加大改革力度】 2002年区供销总社进一步加大改革力度，18个基层社已有16个进行转制，对已破产企业利用其无债无人的优势，与区社效益较好的基层企业进行整合，对资产进行重组和配置，本着成熟一个吸收一个的原则，组建供合资产运营公司，取得了一定的成效。同时，运作医药连锁店，将区社所属15家药店与北京医药公司组建医药连锁业态。

（滕高生）

【通糖连锁与物美正式合作】 通糖连锁与大型企业物美集团组成通糖物美有限责任公司，原通糖65家连锁店和600多名员工全部进入新公司，经过调整期后已经步入正轨。全年上缴全税832万元，同比增长81%。

（滕高生）

【新华市场与国美合作效益明显】 新华市场

与大型企业国美电器进行合作，2月组成新华国美电器连锁店，销售大幅度增长，效益明显提高，全年销售7866万元，上缴全税87万元，同比分别增长107%和6.8%。

（滕高生）

【产业置换盘活资产】 按照“跳出商业搞商业”的基本思路，对商业系统所属具备较好区位优势且经营不善的商业用地，通过产业置换的方式进行房地产开发。全年共盘活场地174亩（11.6万平方米），盘活资金5980万元，主要项目有：粮食局方便面厂、徐辛庄粮库、马驹桥粮库、区社商机厂。另外，区社房地产开发公司年竣工商品房2栋，1.5万平方米。粮食局所属油脂公司利用院内23亩地与北京市宏远置业房地产开发有限公司合作开发“东方豪景”配套商业、商品住宅项目正在建设当中，通过合作开发可获得收益2000余万元。新华大街的赛伊特、锦华、利园明等合作开发项目已经立项。

（滕高生）

【破产减债，减员增效】 2002年全系统完成企业破产11家，已经立案正在运作当中的4家，核销贷款1.4亿元，减员1450人，占全系统职工总数的23%。从2000年开始运作企业破产以来，共完成33家企业的破产工作，另外正在运作的有4家。2002年比1999年，负债总额减少2.9亿元，净资产增加2.58亿元，资产负债率减少19个百分点，通过依法破产和与金融部门协商等方式，全系统3年累计减债5.01亿元。截止年底，全系统有职工5500人，三年来以工龄补偿、职工入股、重新就业等方式，置换职工身份4500人。

（滕高生）

【开展流通领域大检查】 在区政府的统一部署下，从6月开始对全区商业服务业企业进行了以安全生产、食品安全为重点的流通领域大检查。共检查了45个单位，发现62处问题，都逐一令其限期改正，并进行了复查验收。目前全区商业服务业各类商场、市场治安秩序明显改观，假冒伪劣、欺行霸市、影响食品安全等问题逐渐减少，火灾等不安全隐患基本消除，初步建立起长效机制。

（滕高生）

【清理整顿各类市场】 全年清理拆除了北机老市场、中山街、新仓路马路市场，共拆除违章临建面积5000多平方米，清理面积4万平方米，出动执法人员近5000人次，动用车辆1200车次，清理渣土12000立方米。在拆除马路市场的同时，又投资550万元，建了北机新市场；投资70多万元，建了北潞州封闭市场；并在新城南街、中山街建了两个临时菜市场。

（滕高生）

【无公害农产品市场建成开业】 9月，位于西门的无公害农产品市场—世纪东方绿舟绿色农产品超市建成开业，建筑面积1700平方米，投资500万元进行了装修，专营无公害绿色农产品，运营良好。

（滕高生）

【再生资源市场建成营业】 3月，按照区政府“环境建设年”的统一部署，对卫星城范围内的322个废品收购站点，全部进行拆除清理，同时在西杨庄、焦王庄、郝家府建了三个再生资源交易市场，三个市场总投资500万元，总占地170亩，总摊位190个，三个市场在治安、防火、外来人员收购管理方面都实行一整套规章制度，秩序井然。流动收购人员实行服装、车辆、标识、价格、品种、计量工具六统一，极大的提高了卫星城的整体形象。

（滕高生）

【商业执法成效显著】 全年共出动行政执法1000余人次，查获各类违法案件146起，查没私盐41吨，罚款42600元，取缔生猪注水窝点3个，配合市商委执法办截获外地进京私盐204吨，注水生猪48头，使本区盐业、肉类市场有了明显好转。区盐业公司全年销盐5000吨，超出计划20%。三个定点屠宰厂屠宰生猪50万头，同比增长20%。

（滕高生）

【粮食局解决冗员问题见成效】 在调整购销企业布局中，为解决冗员问题推行职工竞争上岗。企业保粮人员、财会人员参加全局统一考试，统一竞聘，择优录取。对落聘人员给予宽松政策：一是出台鼓励职工自谋职业政策，对自愿申请自谋职业的，企业与其解除劳动合同后按职工工龄给予经济补偿；二是由企业分流安置，执行北京市最低工资标准；三是执行1—3年下岗待工期。年内，全局申请自谋职业职工261人。其中：购销企业193人，附营企业68人。

（居庆祥）

【粮食局加大盘活闲置资产工作力度】 随着储备粮的减少和库点的集并，把盘活企业闲置资产作为全局的重点工作和战略性任务。年内盘活闲置场地5处，占地面积163.7亩。其中，以土地使用权转让方式盘活了徐辛庄西库，占地面积37.5亩；以固定资产租赁方式盘活了甘棠饲料站、马头饲料站、徐辛庄饲料站和垡头分库，占地面积126.2亩。

（居庆祥）

【通州商业资产运营公司概况】 2002年在原区工业品公司、副食品公司和饮食服务公司基础上组建北京市通州商业资产运营公司，于3月15日正式挂牌对外办公。新公司的工作目标是：大力推进商业改革，充分挖掘商业资产的潜力，创造新的经济增长点，实现商业国有资产的保值增值。新公司成立后，首要的工作是进行公司机关的精简与改革，初步定编44人，内退及分流25人。机关各部门及时制订并实施了岗位责任制，保证了各项工作顺利衔接，平稳进行，提高了工作效率。新公司机关4—12月总费用为355.46万元，按同口径相比，比上年同期下降30.3%。

5月，通糖物美便利超市有限公司正式注册成立，注册资金1000万元，其中通州商业资产运营公司占股份40%，北京物美综合超市有限公司占股份60%，原通糖连锁店的62家门店和600多名员工全部进入新公司。5—12月实现销售8434万元，利润121.8万元，税收547.2万元。

年内完成通州商业资产运营公司下属的原金响集团、大顺斋二厂、东海食品有限公司、东远食品有限公司和通州商业大厦的破产工作。经过法定程序，共计核销历史债务9700万元，五单位的381名职工都得到妥善安置。

精简管理层次，进行小企业合并重组。12月，通州商业资产运营公司下属的新城五金商店、西门交电商场、钟表眼镜公司和运源汽配商店，四单位合并为一家企业，保留新城五金商店的名称。

（刘康和）

【粮食局概况】 2002年，通州区粮食局根据粮食形势的发展变化不断加大企业自身改革力度；一是调整储粮布局，将9个购销企业合并组建成5个购销企业；二是根据储备粮库存的大幅度减少，在企业内部推行职工竞争上岗改革，并出台鼓励职工自谋职业政策，以解决冗员问题；三是认真落实《北京市储备粮管理办法》，按照规范化要求，加快购销企业硬件建设；四是进一步加大了盘活闲置资产工作力度。年内收购粮食1145万公斤，比上年减少18.6%。其中：定购玉米1057万元，定单小麦49万公斤，贸易粮39万公斤。销售粮食22231.4万公斤，比上年增长79.4%；食油10.2万公斤，比上年减少83.8%；饲料52.1万公斤，比上年减少54.7%。生产食品322.4万公斤，比上年减少6.4%。实现现价工业产值1430.4万元，比上年减少39.9%；社会商品零售额725万元，比上年减少47%。上缴全税530万元，比上年增长41.7%。年底帐面盈利442万元，比上年减少12.3%。

（居庆祥）

【煤炭公司概况】 通州区煤炭公司下设业务科、型煤供应公司、汽车运输队、煤气站、节能技术推广站、物业中心和宏运经贸公司7个基层单位，现有职工139人，其中在岗人员131人，公司总资产4636万元，固定资产2448万元。公司总占地面积99336.99平方米，其中租用土地76590平方米，全年实现收入9401.2万元，比上年同期下降8.6%，完成税金871.6万元，实现利润558.1万元，分别比上年同期增长85.13%、272.07%，煤炭销售

22.65万吨,同比下降2%。年内,圆满完成了公司土地转让和搬迁工作。

加大力度做好宣传工作,以召开座谈会、业务会等不同方式,与用户进行沟通,积极组织货源,使煤炭进货比上年同期增长15%,库存同比增长390%,为本区的保供工作打下了坚实的基础。在进货和出库时严把质量关,加强质检力度,做到每天抽样化验,并有检测报告,使煤炭质量合格率达100%,让百姓烧放心煤,型煤生产均按北京市地方标准,实行电话订货,服务上门,服务质量又提高到一个新的水平。

加快企业改革,年底公司与下属6个基层单位,签订了2003年经济承包合同书,推动企业改革向前发展。

(张殿荣)

【供销合作总社概况】 2002年,通州区供销合作总社继续坚持“改革、转制、效益、发展”方针,艰苦努力,不断调整和完善各项工作,开创了供销社新的工作局面,供销合作总社现有16个独立核算企业,全系统共有职工536人。资产总额10523万元;全年销售总额16768万元;工业产值3025万元;上缴税收623万元。年内在继续抓好转制、破产、减债工作的同时,狠抓了企业自身的发展,久久房地产几年累计竣工面积已达14万平方米,取得显著效益。区社对12个破产企业进行了资产重组,组建北京京东环城商贸有限公司,以新的形式、新的理念进行经营活动,2002年该公司进入良性运转,公司以发展为宗旨,与北京医药总公司医保全新大药房合作,将自营的15个乡镇药店办成了医保全新大药房连锁店,以“统一标识、统一质量、统一进货、统一价格”的全新经营机制,服务于通州区每个乡镇,使40万农村人口吃上了“放心药”,全天24小时的优质服务及优惠的价格很受农村群众的欢迎,取得了很好的经济效益和社会效益。为推进改革进程,区社社企分开改革程序启动,年底前改革了区社机关,由三部一室一科改为一室二部。年内供销社的工作再创新高。

(周广礼)

【大百商贸集团概况】 北京大百商贸集团成立于1998年4月,是由通州区副食品公司、通州区工业品公司和通州区供销合作总社出资成立的股份合作制企业,注册资金1800万元。集团下辖通州人民商场、通州百货商场、通州五金交电大楼和银地大厦四个商场,总建筑面积7万平方米,营业面积3万平方米,经营18大类5万余种商品,是京郊规模最大的大型综合零售企业。2002年,集团共完成商品销售额2.5亿元,实现毛利额3860万元,上缴税金545万元。2002年集团加大企业转制力度,7月25日,通州五金交电大楼依法破产,集团将破产企业人员妥善安置到各商场工作,通州百货商场的破产也已立项,进入破产程序。集团机关精简机构组建精干的管理班子,负责对所属商场的经营管理进行指导、协调和服务,目前集团只保留办公室和财务部两个部门。各商场设总经理1名,副总经理1名,并根据自身管理的需要,设立综合办公室、财务科、行政科等职能部门。在经营上,各商场将按照“市场化经营、商场化管理”的原则,加快抽资经营,将商品经营权置换成品牌拥有者、品牌代表者和有实力的厂家、商户,商场负责商品类别设置、经营分工、品牌控制、质量管理、现场管理、营销策划等工作,以缓解资金紧张的局面,减少经营风险。

(田 忠)

【物资总公司概况】 通州区物资总公司围绕改革与发展的主题,加速产权制度改革,实施两个置换,实现投资主体多元化,逐步建立规范的现代企业制度;加快主业经营、资本运营和开发力度,强化企业管理,全面提高经济效益,增强企业内在生机活力;确立有利于企业可持续发展,有利于提升企业核心竞争力,有利于提高职工生活水平的发展方向。经过努力实践,企业在改革和经营、开发上取得较好成果。在生产资料市场供大于求进一步凸现,价格波动变化大,盈利空间进一步缩小的形势下,年内总体商品销售额完成1.71亿元,超额完成全年责任计划指标的55.67%,比上年同期增长20.71%;上交税金422.4万元,超额完成全年责任计划指标的181.6%,比上年同期增长17.33%;实现利润持平,资产保值增值率达100%;资产负债率80%。生资公司和金属公司在经营总量中仍占主导位置。生资公司和金属公司销售额分别完成1.24亿元和3560万元,分别占总体销售额的72.5%和20.8%。总公司机关自身经营实现销售额570万元,利润11万余元,取得了创效增收可喜成果。

推进产权制度改革上,先后制定了《总公司改革实施方案》和《关于推行〈改革实施方案〉的实施细则》。4月30日起通州生产资料服务公司和通州金属材料公司分别进行有限责任公司的改制工作。按照规定程序,分别进行并完成了财务审计、资产评估、确权、不良资产核销、资产交割及制定和通过《公司章程》、股东认缴出资等规范性工作。12月18日举行了“总公司权属生资公司、金属公司改制揭牌仪式”。通州生产资料服务公司改建为北京市京潞恒生产资料有限公司,注册资本325万元,股东出资占百分之百;通州金属材料公司改建为北京市众联诚金属材料有限公司,注册资本138万元,股东出资占百分之百。实现了投资主体多元化和企业性质、职工身份两个置换的改革目标。通州建筑材料配套供应公司于3月被整体拆除。结合企业实际情况,采取职工身份置换给予一次性经济补偿的办法,较为妥善地解决了人员分流安置问题;对于有意继续从事经营的职工,采取自愿组织、自愿入股的股份合作制模式。运河明珠家园住宅小区开发建设步伐加快,通过招投标的方式选择设计单位。其规划设计整体方案和多方位效果图,先后经区区域资源领导小组和市规划管理部门审定批准。组建了潞运兴物业管理公司,将履行运河明珠家园住宅小区和总公司系统非经营性资产管理职能。招商引税工作取得新进展,年内已有二家企业办理注册登记,在总公司住所地落户。进一步强化企业财务、效益、资产的管理和审计监督,为总公司制定改革方案、调整经营策略、确立发展目标提供真实可靠依据和信息,保证了企业改革改制规范进行,主业经营健康快速发展。加强经济合同手续管理和加大中短期外部拖欠货款的清理力度,年内清理回笼外部欠款362.5万元,规避了经营风险损失。

（张　诚）

旅　游

【概　况】 2002年区旅游局以机构改革为动力,不断强化“指导、协调、监督、服务”的管理职能,加强调查研究,运用调研成果,坚持工作创新,使全区旅游设施建设、服务质量、市场开发、依法行政、综合治理等方面工作取得新成效,旅游经济形势再度出现喜人局面。全区纳入区政府统计序列的39家旅游企业共接待游人205.3万人,实现旅游综合收入2.18亿元,上缴税费988.98万元。其中,旅游综合收入首次突破2亿元大关,比上年同期增长33.73%;上缴税费比上年同期增长15%。

（王会文）

【皇家新村民俗旅游接待户培训班】 1月10至11日,区旅游局会同区公安、工商、卫生、地税等8家主管单位,为皇家新村50家旅游接待户负责人举办了岗前培训班。进行了工商注册、治安、食品卫生、税务、物价、消防安全、旅游管理等方面的法律法规和办理证照手续等常识的培训,并统一组织考试,向50名考试合格的旅游接待户负责人颁发了资格证书,做到持证上岗。

（王会文）

【东方宾馆评定为三星级旅游涉外饭店】 1

月9日，北京市旅游局、通州区旅游局在东方宾馆阳光大厅，为东方宾馆举行三星级旅游涉外饭店授牌仪式。东方宾馆在创建三星级饭店工作中，坚持“改革、创新、发展”的方针，投资1000万元对软、硬件设施进行了更新改造，对员工队伍进行素质培训。宾馆的整体形象和接待档次得到了进一步提升。东方宾馆为本区城区第一家被市旅游局审核批准的三星级旅游涉外饭店。

（王会文）

【迎新春烟花爆竹燃放活动】　为活跃节日气氛，区委、区政府在奥体公园广场设立烟花爆竹燃放点，举办2002年通州区迎新春烟花爆竹燃放活动。从农历腊月三十晚19点至正月初一凌晨2点，共接待区内和来自京城的百姓3万余人，各种车辆2000余辆，燃放的烟花爆竹百余种，销售烟花爆竹10万余元。燃放活动隆重热烈，安全有序。

（王会文）

【春节“黄金周”旅游接待量上升】　春节“黄金周”，在奥体公园、大营旅游度假村、月亮河度假村、运河苑度假村设立燃放点，开展“通州区迎新春烟花爆竹燃放活动”；在大营旅游度假村、张家湾皇家新村开展“民俗旅游过大年”活动；在各旅游企业开展“欢度传统佳节，喜迎新春游人”活动。据不完全统计，全区19家旅游企业共接待游人5.39万人，获旅游综合收入359.72万元，分别比上年同期增长31.14%和18%。特别是月亮河度假村，黄金周期间共接待游人7822人，旅游综合收入123.1万元，客房出租率达63.44%，在全区旅游企业中独占鳌头。

（王会文）

【召开旅游发展工作研讨会】　2月24日，通州区旅游发展工作研讨会在运河苑度假村召开，区委书记崔君乐、区长卢晓明、市旅游局局长于长江等领导出席了座谈会。研讨会上，副区长刘辉、何凤慈分别就通州区的旅游资源、旅游业发展现状和运河文化产业带的开发建设及规划情况进行了介绍。市旅游局局长于长江对通州区旅游业所取得的成绩给予了肯定，并提出了三点建设性意见。与会者从通州区的现实利益与长远利益、历史文化与现代文化相结合的角度，各抒己见，务实独到。会议决定对运河文化产业带发展规划，从高起点、高质量和可持续性发展的要求出发加以完善，使之成为平原旅游开发建设规划的典范，促进通州区旅游业的新发展。

（王会文）

【参加北京第四届旅游咨询展】　4月13至15日，区旅游局组织中国民兵武器装备陈列馆、东方宾馆、大营旅游度假村、张家湾文化旅游度假中心等旅游企业参加了由北京《旅游》杂志社在中山公园举办的“北京第四届旅游咨询展”。展示会上，本区展台以高雅的格调、纯朴的民俗受到众多游人青睐。在宣传本区旅游资源和旅游产品的同时，还向社会推出了以东亚铝业和通州区经济技术开发区为代表的新兴工业观光项目。展示会上本区共发放宣传材料5万余份，向各界游人推介、宣传了通州的旅游资源，扩大本区旅游业的知名度。

（王会文）

【第四届旅游资源展示会】　5月1至2日区旅游局组织区内旅行社、景区(点)和宾馆饭店等20家旅游接待团体，在运河文化广场设置展台，隆重举办了“通州区第四届旅游资源展示会”，吸引了众多通州人和外来宾客前来咨询。本届旅游资源展示会共接待区内外游人1.5万人次，发放各种宣传材料2.4万份，赠送《通州区旅游交通图》、旅游帽、雨伞、电子台历等旅游纪念品6000余件，为各界群众观光旅游提供了指南。

（王会文）

【皇家新村发展旅游下重笔】　皇家新村自春节前被市、区旅游局向社会推出以来，以其纯情质朴的民风民俗、优雅整洁的村政环境和古运河故道、千斤石权、六百年古槐等文物古迹及丰富感人的历史传说，受到各界游人的青睐。该村计划从2002年始再投资4000万元，兴建近千米长的仿古一条街、占地50亩的水上公园、占地200亩的跑马场和街心花园、文化广场、保龄球馆、游泳馆等，为各界游人了解古运河、新通州，领略传统与现代特色相结合的运河风情、民俗文化、打造更加和谐、温馨的环境。

（王会文）

【旅游服务礼仪展示大赛】 6月4日，区旅游局在东方宾馆举办"通州区旅游服务礼仪展示大赛"，区属有关委、办、局领导和旅游企业干部员工300余人观看了大赛。展示大赛通过《公民道德建设实施纲要》、旅游行业应知应会文明用语、正确接听电话、国内外民俗忌语及文明礼节等知识竞答和旅游企业员工仪容仪表工服表演，充分展示了旅游企业服务礼仪的最佳形象。区领导观看了大赛，并为月亮河度假村、运河苑度假村和东方饭馆等获奖单位颁奖。

（王会文）

【区首家地热保健娱乐设施"御泉"开业】 6月6日，在运河苑度假村隆重举行通州区"弘扬运河文化'御泉'开业典礼揭幕仪式"。市、区有关部门的领导、社会团体负责人及有关专家学者、新闻媒体记者200余人参加了揭幕式。总投资2000多万元的"御泉"，内设30余项保健、娱乐、药浴泉池和体现时尚特色与江南水乡风格的配套设施。填补了通州区和京东地区没有温泉保健娱乐设施的空白，为通州区旅游业又增添了一个新亮点。

（王会文）

【北京欢乐旅行社通过国际质量管理体系认证】 区北京欢乐旅行社通过了国标ISO9001:2000质量管理体系认证。7月5日在东方宾馆举行了有市、区旅游主管部门、旅行社同行和北京日报、北京晚报、中国旅游报等9家新闻单位参加的颁证仪式暨新闻发布会。北京欢乐旅行社是本区首家通过国家质量管理体系认证的国内旅行社，标志着区旅游业向国际化管理标准迈出了可喜一步。

（王会文）

【台湖村民俗旅游接待户岗前培训】 7月10至11日，区旅游局会同区公安、工商、消防、卫生、税务、物价等部门对台湖镇台湖村的80名村民进行了民俗旅游接待户岗前培训。台湖镇作为北京市观赏鱼养殖基地、稻田养蟹、养黄鳝等综合养殖基地和料器文化之乡，为区内居民和京城百姓农业生态观光旅游又提供一处新景点。通过各项法规和业务培训，经考试80名村民取得合格证书，实现了持证上岗。

（王会文）

【通州区第四届葡萄采摘节】 8月3日，由北京市旅游局、通州区人民政府主办，区旅游局和张家湾镇政府承办的"通州区第四届葡萄采摘节"在张家湾镇隆重开幕。采摘节从8月3日至11月3日历时三个月，以采摘、参观、游览、演出、招商为主线，共推出20个精品优质葡萄采摘点，游人至此在采摘的同时，体验住农家院、吃农家饭、观古迹、赏新村等各项民俗活动，尽情享受丰收的喜悦和采摘的乐趣。

（王会文）

【区旅游系统开展救灾扶困募捐活动】 第四届葡萄采摘节期间8月4日晚，一场多年罕见的暴风冰雹袭击了张家湾1.5万亩葡萄园，果木、农作物严重受损，经济损失达1.5亿元。区旅游局立即向全区旅游企业发出了救灾扶困募捐的倡议。区旅游系统的16家旅游企业共募捐救灾款11.22万元，及时送到了受灾农户手中。

（王会文）

【运河苑度假村成为四星级饭店】 8月10日，北京市旅游局和通州区人民政府，为运河苑度假村荣膺四星级饭店举行了授牌仪式。运河苑度假村是本区继月亮河度假村成为京郊首家四星级饭店以来第二家四星级旅游饭店。市旅游局、区领导、区旅游局、各旅游企业负责人和参加市旅游局组织召开的记者联谊会的20多家新闻媒体近50名记者出席了授牌仪式。运河苑度假村自1998年开业以来，以其优美、怡人的运河风光，丰富多彩的娱乐设施和热情周到的优质服务，赢得各界游人的青睐。为进一步提高接待档次，扩大服务内容，创新发展特色项目，该度假村又新投资2000多万元,成功开发了京东地区首家温泉保健娱乐设施—御泉。

(王会文)

【民俗旅游新景点农村生活实践园】 台湖第五生产队农村生活实践园,是区旅游局与台湖镇政府向社会推出的又一民俗旅游新景点。该实践园内设农业科技馆、香油坊、豆腐坊、棋艺茶社、民间编织、沙滩冲浪池、驴车观光等多种观光娱乐项目,可为游人提供吃农家饭、住农家屋、进行时令水果采摘、捉蟹、钓蟹、观赏文艺节目等。是本区观光农业民俗旅游的又一新亮点。

(王会文)

【北京比福御香苑餐饮娱乐有限公司评为旅游定点餐馆】 8月,本区比福御香苑餐饮娱乐有限公司,被北京市旅游局评定为旅游涉外定点餐馆。比福御香苑餐饮娱乐有限公司成立于2000年3月,是一家经区伊斯兰教协会认可的清真餐厅。主要经营肥牛火锅和韩国烧烤,所用的牛肉全部来自公司自己生产的肥牛产品。并拥有精良的商务会议和宴会服务设施,还可为顾客提供住宿、美容美发、桑拿、游泳、健身等服务。

(王会文)

【区首家四星级旅游厕所落成并投入使用】 9月19日,张家湾镇世外桃源旅游度假村在古运河水道遗址东侧新建的四星级旅游厕所,经北京市旅游局验收合格正式投入使用。这座四星级旅游厕所采用欧式建筑风格,建筑面积126平方米,内部装修全部采用高档装饰材料,各类配套设施齐全,建造历时2个月共投资86万元,是本区首家四星级旅游厕所。

(王会文)

【第二届金秋田园捉蟹节】 9月26日,通州区第二届金秋田园捉蟹节在台湖第五生产队农村生活实践园开幕,市、区有关部门领导、新闻媒体和各界群众近千人参加了开幕式。开幕式向社会各界推出了台湖镇万亩稻田捉蟹项目,进行了捉蟹、钓蟹比赛,举办了民俗摄影、农业编织、婚庆表演、葫芦艺术、料器制作、杂技表演、抓鸡比赛和北方农具展等精彩的村落文化活动。此次捉蟹节历时一个月,为区内居民和京城百姓观赏乡村风光、领略民俗文化、享受捕捉乐趣、体验农家生活,提供了新颖别致、愉悦人心的良好场所。

(王会文)

【再创游客接待量历史新高】 据不完全统计,“十一”期间旅游市场本区24家旅游企业1—7日共接待游客15.77万人,比上年同期提高12.08%;实现旅游综合收入446.26万元,比上年同期提高102.67%;8家景区点日均接待游客2.01万人,特别是台湖第五生产队农村生活实践园开展的捉蟹及葡萄采摘活动,日均接待游客3700人,旅游综合收入共计35万元。

(王会文)

对外经济贸易

外经外贸

【概　况】 2002年，区外经贸工作贯彻执行区委、区政府提出的“环境建设年”的总体思路要求，坚持“大经贸”战略，以广泛吸引外资为基础，以扩大外贸出口为重点，全面提升外经贸工作水平，形成了快速、健康发展的良好局面，对全区经济发展起到重要拉动作用，外经贸工作取得可喜成绩，全年各项经济指标实现较大幅度同比增长，协议利用外资同比增长40.8%，出口创汇同比增长37%，税收2.1亿元，同比增长40%。

(张振宇)

【新批外商投资企业40家】 2002年，新发展外商投资企业40家，其中合资企业19家，合作企业4家，独资企业17家。协议总投资8631.5万美元，同比增长15.8%；协议利用外资3956.68万美元，同比增长40.8%；外商实际到位资金6573万美元，同比增长6.5%。

(张振宇)

【外贸出口创历史新高】 2002年通州区外贸出口继续保持持续增长态势，全年出口创汇额突破1亿美元大关，实现出口创汇1.12亿美元。增长幅度和创汇总额均创造了历史新高。

(张振宇)

【13个国家和地区在通投资】 2002年，来通州区投资的有美国、加拿大、韩国、新加坡、香港等十三个国家和地区。其中投资项目最多的是韩国，共办三资企业8家；其次是美国，共办三资企业7家；位居第三的是香港，共办三资企业6家。

(张振宇)

【引进高新技术企业11家】 2002年，本区新引进外商投资企业主要分布于电子、机械制造、服务业、房地产等行业领域。投资额在100万美元以上的项目有15个，其中规模较大的有比泽尔压缩机(北京)有限公司、北京佩特来电器有限公司、北京津华通达房地产开发有限公司、北京盈通房地产开发有限公司、北京泰禾房地产开发有限公司等企业。在本年引进的40个外商投资企业，属高新技术企业的有11家。

(张振宇)

【三资企业经济贡献显著】 2002年，全区出口创汇第一名为独资企业北京通美晶体有限公司，创汇额达5161.2万美元；税收第一名是合资企业北京新世界房地产开发有限公司，纳税额达2522万元；利润第一名为合资企业北京佩特来电器有限公司，利润额3333.7万元。再次展现了三资企业在本区经济发展中的重要地位和作用。

(张振宇)

【25家外贸企业获自营进出口权】 2002年，区外经委积极努力工作，25家外贸出口企业获得自营进出口权。全区共有自营进出口企

业 63 家。

（张振宇）

【通州区进出口企业协会成立】 5 月 27 日，通州区进出口企业协会成立。协会不断完善章程，正常有序地开展活动，充分发挥行业协会对本区外贸出口工作的积极促进作用。

（张振宇）

【227 家企业参加年检】 2002 年参加年检的三资企业有 227 家，其中已投产的企业 180 家，筹建企业 47 家。在三资企业年检工作中，区外经委坚持依法办事，不徇私情，对长期不能正常经营的企业给予吊销营业执照，同时对两家经营存在严重问题的企业开展特别清算工作。

（张振宇）

【做好 WTO 知识培训】 做好 WTO 知识培训是 2002 年外经贸工作的一项重要工作任务，区外经委坚持自办发行了《WTO 信息》专刊，发送给各级领导、企事业单位，普及 WTO 知识，收到较好的学习效果。组织 7 次较大规模的 WTO 知识培训讲座，有针对性地对不同层次的相关管理人员进行培训，提高各级领导干部及各类企业经营者的适应能力。

（张振宇）

【通州区贸促支会正式对外办公】 适应转变政府职能的需要，为企业提供优质的服务，年内，通州区贸促支会转为事业单位正式运行，在对外贸易服务、招商引资工作中，开展为企业提供咨询、代办海关、商检手续，办理执照手续、财会审计等全方位服务。

（张振宇）

工业开发区

北京通州工业开发区

【概　况】 2002 年，通州工业开发区按照区委、区政府环境建设年的总体要求，牢牢抓住招商引资这条工作主线，坚持营造投资环境，打造品牌，开发区的经济取得历史性的突破，党的建设和精神文明建设工作也有了新的进展。树立市级开发区形象，进一步完善基础设施建设，营造良好投资环境，吸引众多投资商前来投资考察，已入区企业纷纷进行增资建设，扩大生产规模。开发区各项经济指标均快速增长，全年共引进实际投资项目 12 个，协议资金总额近 13 亿元，总计占地 490 亩。开发区的健康发展受到市区领导的高度重视。

（丁　萌）

【市领导视察开发区】 6 月 28 日，市委副书记强卫在区委书记崔君乐、副区长张少田、张树森等领导的陪同下，视察了开发区的区容、区貌以及北京通美晶体技术有限公司。8 月 13 日，市委书记贾庆林在市区有关领导的陪同下到北京通美晶体技术有限公司进行了调研。8 月 15 日，市政协主席陈广文在区有关领导的陪同下参观了北京通美晶体技术有限公司，先后视察了切片车间和抛光车间。

（丁　萌）

【项目引进成效显著】 1 月 24 日，北京通州工业开发区与北京巨星物资有限公司举行签字仪式。建设北方地区最大的电子产业生产基地。该项目占地近 30 亩，投资 4000 万元，建设办公用房 3000 平方米，厂房 1.5 万平方米，重点发展电子产品及材料的表面处理业务。2 月 8 日，通州工业开发区与北京农业集团有限公司举行签字仪式。该集团投资 1.5 亿元在开发区建设高醇紫杉醇生产线项目，注册公司北京怡禾生物工程有限公司于 7 月 16 日开工建设，该项目占地 32.19 亩。4 月 16 日，通州工业开发区与河北邢台晶牛玻璃股份有限公司签订土地使用权出让协议。该集团项目占地 12 亩，投资总额 5000 万元，在开发区投资的半导体硅外延单晶材料项目是国家“十五”规划鼓励发展的高科技项目。4月18日，北京集惠印刷有限公司落户通州工业开发区，该项目占地10亩，总投资2000万元，建筑面积4000平方米。6月16日，通州工业开发区与北京鸟取爱服王服装有限公司举行合作签字仪式。该公司是日本大型服装制造业排名第一的日本GOOD HILL株式会社在中国投资的五家企业之一，该企业主要以生产高档男式服装为主。项目占地13亩，注册资金360万美元，设计年产量10万套件。6月18日，北京富田电脑绣花机有限公司和北京三韩万方科技发展有限公司落户通州工业开发区，富田公司占地20亩，总投资3500万元，三韩万方科技公司占地5亩，总投资1000万元。8月1日，日本丸一商事株式会社落户通州工业开发区。该公司主要经营高档西服辅料，项目注册资金50万美元。8月7日，全球五大厨具制造商之一的韩国汉森集团与通州工业开发区签订土地使用权出让协议。该公司主要生产各类厨房设备，项目占地40亩，总投资1000万美元。8月8日，北京建工集团下属的国家一级建筑施工企业——北京市机械施工公司和开发区举行合作签约仪式，该公司主要生产钢结构厂房和建筑机械设备等，在开发区占地150亩，投资总额2.5亿元，一期投资1.3亿元，建设华北地区最大的现代新型钢结构生产基地。该项目已经与摩根大厦签约，提供3万吨钢结构。11月8日，华新集团下属的上海华展门窗有限公司与开发区签订土地使用权出让协议，正式落户开发区。该公司项目占地73亩，总投资6000万元，主要从事高档门窗、幕墙制作及安装。12月28日，北京绿竹生物技术有限公司与通州工业开发区签订土地出让合作协议，项目占地34亩，一期投资7000万元，主要进行开发生物制药技术及国内申报创新性新药。

（丁　萌）

【比泽尔压缩机（北京）有限公司举行开业典礼】　9月23日，比泽尔压缩机（北京）有限公司在通州工业开发区举行开业典礼，中国制冷协会秘书长潘秋生、通州区有关领导以及德国大使馆贸促会主任贺德满等到场祝贺，还有来自德国、美国、澳大利亚等国家和地区的各界人士共200余人参加了开业典礼。

（丁　萌）

【北京阿托菲纳化学有限公司举行开业典礼】　9月9日，北京阿托菲纳化学有限公司开业典礼在开发区内的北京阿托工业园内举行。副市长刘海燕、区委书记崔君乐、区长卢晓明等领导参加了典礼和剪彩仪式，来自欧洲、亚太地区以及美国等地的有关人士300余人参加。

（丁　萌）

【重点企业快速发展】　3月，通美晶体公司新厂房建设工程开工，新建的生产车间建筑面积为4982平方米，此项工程于11月竣工，这是该公司在开发区落户四年中的第四次扩资，四期增资2000万美元。累积投资额达4000多万美元。7月，北京北玻安全玻璃有限公司从奥地利引进一套全自动中空玻璃生产线，设备造价600万元，年生产能力为50万片，同时北玻公司完成第三次增资，注册资本由100万美元增至173.22万美元。8月，吉林森林工业股份有限公司北京公司投资250万元启动敞开式仓库建设工程，总建筑面积5000平方米，该工程于12月竣工。同月，北京阿托菲纳化学有限公司有机锡项目建成投产，主要生产用于PVC工业的有机锡稳定剂。生产规模为年产3500吨甲基锡/丁基锡/辛基锡产品，该工程总投资687万美元，占地28823平方米，建筑面积5600多平方米。9月，森工第四次扩建，进行居室复合门和橱柜复合门项目的建设。该项目采用当今国际先进工艺技术，引进国外先进生产设备，总投资5000万元，设计年产复合门10万套。11月，比泽尔公司从日本和韩国购进6台新设备，完成200万欧元增资，2002年比泽尔公司年产压缩机5000台。

（丁　萌）

【环境建设】 3月15日至7月12日完成开发区广通街排水工程,该工程投资600万元,为雨、污分流管线,全长1700米。彻底解决了开发区多年来雨污水排放难的问题。年内开发区投资300万元,铺设长1.5公里,2.03万平方米主路面,为开发区向南扩区奠定了基础。投资600万元对供热中心锅炉房进行改造扩建,新增3台10吨蒸汽锅炉,确保入区企业冬季采暖和工业用汽,年底完成主体工程。绿化美化工程完成开发区标志物广场形象工程建设,同时全部配齐了路灯及广告灯箱、标志牌,新增绿化彩带及高档树种,达到了四季常绿、三季有花。截止到10月底,开发区共完成绿化面积2.6万平方米,总投资22.5万元。

(丁　萌)

【加大对外宣传力度】 5月,在北京举行的第五届中国北方国际科技产业博览会上通州工业开发区获国际科博会最佳展示奖。8月,开发区招商部人员参加"2002年中国民营科技促进会年会暨WTO与企业竞争力高峰论坛会",期间与一些企业家进行了洽谈,并通过发放宣传资料,让更多的企业了解通州工业开发区。

(丁　萌)

【北京通州工业开发区劳动就业所成立】 8月27日,经区机构编制委员会批准,北京市通州工业开发区劳动就业所成立,主要负责辖区内退休人员、失业人员和享受工伤待遇人员社会保险的社会化管理与服务工作,负责辖区内劳动力就业与再就业的各项服务工作,负责辖区内开发置换就业岗位、代办社会保险、最低生活保障等事务性工作。满足入区企业对专业技术人才和劳动用工的需求。

(丁　萌)

【开发区总公司命名为重合同守信用单位】 开发区一贯把合同的签订、管理、执行当作完善自身工作的重点,对承诺给企业方的条件负责,保证按时按质完成合同中的各项规定工作。11月29日,经北京市工商行政管理局认定,通州工业开发区总公司符合《重合同守信用标准》,被命名为重合同守信用单位。

(丁　萌)

【通州工业开发区确定为通州新技术新材料产业园区】 2月21日,鉴于通州工业开发区的区位优势、完善的基础设施和市级开发区所具有的配套政策以及现有企业的优势状况。区政府同意将北京通州工业开发区确定为北京通州新技术新材料产业园区。

(丁　萌)

【开发区成立党的工作委员会】 7月31日,"中共北京市通州区委北京通州工业开发区工作委员会成立大会"在开发区召开,张树森副区长和区委组织部常务副部长刘瑞祥出席了大会。陈国增任北京通州工业开发区工作委员会书记。

(丁　萌)

北京市光机电一体化产业基地

【概　况】 2002年光机电产业基地以基础设施建设和招商引资为重点,坚持"高起点、规范化、市场化"的原则。各项工作取得较好成绩:一期起步区的基础设施建设实现"十通一平";招商引资取得实质进展,签约项目11个,协议总投资额达到50亿元人民币,占地面积2470.23亩;光谷公司规范运作和市场融资取得较大突破;打造光机电品牌,对外宣传初见成效;机关建设步入正轨。被区委、区政府授予优秀工业区和招商引资优胜单位的称号。

(王　波)

【统一规划设计,加大基础设施建设】 基地控制性详细规划于6月14日获得市规委正式批复。规划总用地7.5平方公里,其中2.0平方公里为原次渠工业区用地,本次控规范围为其余的5.5平方公里。其中规划工业用地439.94公顷,公共设施用地6.23公顷,道路广场用地155.16公顷,市政公用设施用地3.36公顷,公共绿地77.58公顷,生产防护绿地69.25公顷。工业用地以一类工业用地为主,安排高新技术产业的研发和生产加工。

基地一期起步区共修建四条道路,改建一条道路,包括各种市政管线的施工。五条道路规划总长度7.6公里,红线宽度10－60米,道路和市政综合管线工程投资总概算为16817万元,5月底工程陆续开工,10月完工。基本实现“十通一平”(“十通”为雨污水分流排水系统、上水、中水、电力、电信、宽带、天然气、热力、有线电视、市政道路通畅;“一平”为土地自然平整)。完成绿化总面积6.43万平方米。采取BOT方式由北京焦化厂分别投资3100万元和3600万元建设的供热中心和污水处理厂两项工程进展顺利,11月8日供热中心全部完工。

(王　波)

【开创土地征用开发新方式】 基地在土地有偿使用方式上大胆创新,按照“依法、自愿、有偿”的原则,在一期征用农民土地工作中制定了以土地补偿金作价入股的方案。这种征地开发方式既保护了农民利益,又降低了土地开发成本,加快园区的建设和发展。基地与五个村(北神树、东石、丁庄、白庄、次二)的村民委员会签订了土地合作开发协议,共征地4335.5亩。征地和地上物补偿金额共计2133万元。

(王　波)

【光机电基地与10家企业举行入区签约仪式】 4月4日,北京民族印刷厂在基地举行入区签约仪式。该项目总投资1.3亿元人民币,占地86亩,是国家级定点书刊印刷、包装企业。5月17日,北京一轻控股有限责任公司下属的四家企业在通州宾馆举行入区签约仪式。该项目总投资6亿元人民币,占地870.7亩。其中星海集团占地379亩,投资3亿元;玻璃集团公司占地298亩,投资2亿元,丽源公司占地143.7亩,投资6000万元;亚光公司占地50亩,投资2000万元。8月6日,北京合讯微电子有限公司在北京市经济委员会举行入驻北京市光机电一体化产业基地签约仪式,该项目总投资2亿美元,占地180亩,主要采用六英寸砷化镓晶片生产半导体功率放大集成电路芯片。8月28日,中国电子科技集团公司“北京信息产业园”在基地举行签约仪式。该项目首期投资20亿元人民币,总占地面积1240亩,主要生产六英寸0.25微米砷化镓。10月,北京国音波瑞姆数码科技有限公司在基地举行入区签约仪式。该项目总投资1000万元人民币,占地10.4亩,主要生产软件。12月13日,北京奥林匹亚锅炉有限公司在基地举行签约仪式,该项目总投资3000万元人民币,占地25亩。主要生产家用锅炉、燃烧器等。12月19日,北京南亚气体有限公司在基地举行入区签约仪式,该项目总投资3000万元人民币,占地32.24亩。主要生产特种气体。

(王　波)

【市场融资取得突破】 基地京东开公司与北京市国有资产经营有限责任公司共同组建北京光谷科技园开发建设有限公司,作为基地开发建设实体公司,积极推进其规范管理和运作。7月,基地召开股东大会、董事会和监事会,确定了市国资公司和基地京东开公司的股权关系和资产构成,成功地争取到市国资公司追加8000万元投资,完成了公司二期增资及相关的工商变更手续。利用银政合作平台成功向中国建设银行北京市通州支行贷款2000万元,市分行贷款8000万元,总计向银行融通资金1亿元。向建设银行总行贷款的3亿元已获审批通过,到账1亿元。另外,基地还采用BOT方式,就燃气、供热、污水处理等基础设施建设与多家单位进行合作,缓解了前期资金投入大、建设资金不足的矛盾,仅此一项就节约资金近1.2亿元。

(王　波)

【中科院6英寸半导体砷化镓项目举行奠基仪式】 4月28日,中科院6英寸半导体砷化镓项目在北京市光机电一体化产业基地举行隆重的奠基仪式。该项目主要生产砷化稼晶片,占地面积为40亩,投资总额5.4亿元人民币,一期建筑面积2.5万平方米。中国科学院院长路甬祥、北京市市长刘淇、中国有色金属工业协会会长康毅、中国科学院副院长江绵恒、北京市副市长刘海燕、区领导崔君乐、卢晓明及中市属各部委办有关领导、光机电基地、台湖镇政府的工作人员等260余人参加了奠基仪式。

（王　波）

【北京市光机电一体化产业基地工作委员会正式成立】 7月8日，区委批准成立中共北京市通州区委北京市光机电一体化产业基地工作委员会，并赋予其党委职能。7月23日，高志禄兼任中共北京市通州区委北京市光机电一体化产业基地工作委员会委员、书记。

（王　波）

北京市永乐经济开发区

【概　况】 2002年永乐开发区以招商引资为工作重点，通过解放思想、加大招商力度、丰富招商手段、扩大宣传影响、提高服务水平、加快基础设施建设等措施，取得良好的工作业绩，被评为“2002年度通州区工业系统招商引资优胜单位”。

全年完成工业总产值853.7万元，销售产值796.7万元，销售收入796.7万元，分别同比增长99.46%、279.38%和200.64%；完成税收501万元，同比增长231.8%；引进入区企业7家，共出让土地284亩，是上年的3倍；项目总投资1.5亿元，到位资金5300万元，新批土地回收资金723万元，分别同比增长211%、41.3%和122.5%。2002年永乐开发区引进注册企业176家，注册资金4.1亿元，累计注册企业236家，注册资金6.18亿元。

（吴起茹　郇存松）

【基础设施建设】 年内完成起步区1.5平方公里集中供暖、供水管道铺设工程的扫尾工作；结合永乐店镇基础设施改造工程和绿色生态工程建设，完成了永乐开发区A区至B区照明路灯的新装和更换工程；开始进行永乐三街东段和小甸屯西路的修建工作。基础设施建设投资235万元，累计投资超过2000万元，主要集中在1.5平方公里起步区内，起步区的基础设施基本达到“六通一平”。

（吴起茹　郇存松）

【开发区规模扩大】 4月5日，经通州区人民政府批准，将永乐店镇工业区并入北京永乐经济开发区，对外统一称北京市永乐经济开发区；原北京市永乐经济开发区所属区域称北京市永乐经济开发区A区，原永乐店镇工业区所属区域称北京市永乐经济开发区B区。调整后的北京市永乐经济开发区享受市、区政府给予的原北京市永乐经济开发区和永乐店镇中心镇的政策。

（吴起茹　郇存松）

【加大招商引资力度】 加强对外宣传，首先是利用各种展会扩大影响。在北京国际周和廊坊“5.18河北经贸洽谈会”上，布置了展位，拍摄了专题片和广告片，在廊坊电视台和两会期间进行播放；其次，两区合并后重新设计、印刷了招商手册，对外宣传实现了两区同步、协调一致；第三，在联结A、B区道路的照明灯杆上悬挂宣传牌，有效扩大了宣传面积和效果。开发区在招商手段多样化、提高招商队伍素质等方面进行有益的探索。在招商手段方面，重点尝试“浓情招商、网络招商”等方式，通过聘请有专长的招商人员等手段有效扩大信息来源。组织有关人员加强学习专业知识，注重礼仪和专业洽谈等知识的培训，服务档次明显提高；定期召开工作汇报会议，加强工作人员的工作紧迫性和竞争意识，同时使领导能够及时得到项目进展的最新信息，及时做出准确的判断和决策。

（吴起茹　郇存松）

【机构改革】 12月，永乐开发区对机构进行了调整：为提高对入区企业的服务水平，恢复规划工程部，增设物业管理公司；为适应市场需求、方便注册企业办理各项手续，9月9日开发区在通州中心城区设立“驻通州办事处”。

（吴起茹　郇存松）

交通·邮电

公 路

【概 况】 2002年,通州公路分局围绕事企分开、管养分开、职能转变和加强项目管理的新形式,于9月顺利完成了分局基层经营性单位沥青厂、无机料拌合场、养护工程总段的人、财、物划转工作,共划转人员133人,划转固定资产净值4151万元,事企分离工作完成。分局机关设立四科一室:办公室、政工科、财务科、规划建设科、养护管理科。

分局逐步实现职能转变,依据北京市公路局《北京市公路局建设项目管理考评办法》对新改建大中修工程实行了项目管理。全面完成了公路建设、养护、绿化、养路费征收等任务,全年完成工程工作量11019万元。年内,通州公路分局续上年度北京市六环路214B标工程,完成投资744万元。

(张华斌)

【新改建大中修工程】 2002年完成各项新改建大中修工程任务。2001年12月5日至2002年7月31日,完成张凤路改建工程,起点牛堡屯村北口,终点至张家湾机场北营门,改建长度6.4公里。工程投资2049万元。9月1日至10月31日,完成任李路改建工程,工程投资1124万元。9月15日至10月31日,完成宋郎路大修工程,大修路段长度6公里,工程投资327万元。8月5日至11月25日,完成京塘路旧线大修工程,大修路段长度5公里,工程投资986.6万元。

(张华斌)

【计划外工程】 年内,通州公路分局完成徐宋路工程、永乐店大街建造工程、张家湾光华路罩面工程、宋郎路工程、潞城镇甘胡路罩面工程、鲁城扶贫路等六项计划外工程,共完成投资1223万元。

(张华斌)

【公路养护】 2002年,通州公路分局养护工程总段共管养路线35条,总里程447.1公里,其中:国道2条36.65公里、市道9条160.4公里、县级公路24条249.96公里。道班10个,泵站6个,苗圃1处。根据养护工作点多、面广、线长的特点,通州公路分局养护工程总段重合同、守信誉,以优质、高效、低消耗的服务取信于民,保证了公路的畅通,圆满完成全年的养护任务。补坑19076万平方米,处理翻浆4363平方米,处理其它病害31625平方米,路面保洁183.39公里,疏通排水系统110.36公里,标准化修整路基1240.7公里,填补狼窝4936立方米/178公里,桥梁维护559米/27座。全年公路好路率82.27%,其中:国道88.59%,市道83.22%,县道80.63%,综合值84.98%,全年完成养护投资1314.98万元。

(张华斌)

【创建文明样板路】 文明样板路、文明道班建设是公路系统提高社会服务水平、规范行业服务标准的重要举措。2002年度永觅路被市公路局列为创建市级文明样板路。永觅路是连接永乐店镇至觅子店的市级干线路，西与市级漷小路相连，东接京塘旧线103国道，全长8.7公里(其中创建里程为5.6公里)，穿越2个乡镇、5个村庄，为平原二级公路。通州公路分局养护工程总段根据该路特点，严格按照部颁《国家干线公路建设文明路实施细则》，对路面、路基养护及沿线主要设施采取以专业班组巡回检查、修补的方式，对破损路面及时修复。日常处理坑槽40平方米，做硬路肩4.2公里，填狼窝670立方米，增加边沟盖板350米，在沿线主要路段设置标志牌12面，里程碑百米桩87个。通过一系列标准化作业的实施，该路整体路容、路貌有了很大改观，10月23日，经检查，总评为930分，通过市局验收。

(张华斌)

【公路绿化】 2002年通州公路分局管养绿化里程400公里。全年新植路树6436棵/15.22公里；补植564株/11.6公里。移植通黄路国槐1530株、桧柏5500株、金叶女贞4400株、丰花月季4400株、京塘路国槐610株、桧柏160株。绿化成活绿95%、保存率96%。苗圃各类苗木全年出圃3000余棵。对80亩的10余种品种的苗木抚育，采取了科学的管理方法，适时的进行了除草、浇水、施肥、修剪、打药、防寒等作业，保证了苗木的生长。在此基础上，还进行了苗木的繁植、扦插，先后扦插金叶女贞、沙地柏等2万余株，移植国槐3万余株。同时完成通顺路绿篱、草皮，北关环岛绿地的养护管理，基本达到了公路畅、洁、绿、美的要求。

(张华斌)

【养路费征收超额完成全年计划】 8月，通州公路分局征稽所开展“做交通文明之窗、创行业优质标兵”百日竞赛活动，提高服务水平。经评比，北京市公路局通州分局养路费征稽所在市公路局获得“先进单位”称号。2002年度，养路费征收计划11500万元，实际征收12713万元，超额完成全年征收养路费任务的10.5%。

(张华斌)

【乡村公路建设】 通州公路分局管辖的乡镇道班10个(乡、镇合并后)。乡公路养护总里程1637.24公里，桥梁265座。2002年，乡公路新改建工程八项，实际完成北门口桥改建工程、胡村桥改建工程、马黄路改建工程、罗梁路大修工程四项，投资396.65万元。

(张华斌)

运　输

【概　况】 交通局为政府职能部门，担负着全区客货运输、水路运输、汽车维修行业的规划、审批和管理任务。局下属有9个企、事业单位，全局系统有干部职工763人。2002年底，全区纳入管理的货运业户总数达7500户(含38个专业运输场)，车辆11000余部，比上年增加4232余部，其中社会车辆10433部，占总数的95%，专业运输场567部车，占总数的5%，总吨位为30000吨，比上年增加5000吨，占总数的17%。年完成货运总量1261万吨，总周转量49150万吨公里，其中专业运输场完成货运量83万吨，周转量4850万吨公里，分别占总量的6.6%、9.8%。辖区内共有市属出租车2043辆，市属小公共汽车149辆，境内长途客运车辆135辆，旅游汽车11辆，人力客运三轮车673辆。各类客运总计年运送2539.51万人次，营运里程12870.66万公里，利润总额1764.46万元，上缴税金845.54万元。与汽车运输业相关的汽车维修业具有一定的规模，有387家维修企业，其中一类9家、二类124家、三类254家，从业人员3000余人。年完成维修96117辆次，其中大修36辆次，总成大修177辆次，小修保养81802辆次，二级维护14102辆次，总营业额5.4亿元，固定资产总额4122.8万元，上缴利税94.4万元。2002年局属企业完成收入2760.39万元，固定资产折旧482.57万元，税费211.25万元，行管部门完成代征代缴税费980万元，全局系统上缴的各项税费总计1200万元。年内，本区的客货运输、汽车维修业依法得到全面整顿，市场逐步规范，行业管理人员文明执法、严格执法。通州区交通运输事业走上健康、快速的发展轨道。

年内，完成局机关机构改革，重新组建新的职能科室：客运管理科、汽车维修管理科、货运管理科。改革后，交通局为行政单位。

（葛子忠）

【换发道路运输经营许可证和道路运输证工作】 根据交通部统一部署要求，从7月1日起，必须使用交通部规定的新版道路运输经营许可证和道路运输证，为确保本区换证工作的质量和进度，局抽调30余人下到基层站开展工作，4月1日至5月29日共换发6152户，8431部车，20900个吨位，换审率分别为96%、97%和100%，两证全部实现机打。

（葛子忠）

【质量认证工作】 局属事业单位汽车检测中心更名为“北京市万通兴汽车检测站”，经过市质量技术监督局及北京市交通局联合组成的专家组的评审，正式通过计量认证，成为汽车检测的计量合格机构，再次获得为道路运输车辆提供准确、公正检测数据的合法机构资质。局属企业益源出租汽车公司在区内出租行业率先通过ISO9001国际质量体系认证，成为全市400家出租汽车公司中第9家通过此项认证的公司。京东加油站顺利通过ISO9001质量体系认证，成为通州区本行业中第一家取得质量管理体系认证的加油站，受到区成品油整顿办公室的肯定，作为经验进行推广。

（葛子忠）

【公路交通培训中心成立】 3月1日，公路交通培训中心成立。该中心是交通局机构改革后，根据市局要求和工作需要新组建的事业单位。中心以提高交通行业管理人员及从业人员的整体素质，为通州区交通行业的发展提供良好服务为宗旨，主要负责通州区交通行业包括公共交通、出租汽车、小公共汽车、省际客运、道路货物运输、汽车维修、汽车租赁、水路运输和三轮车运输及交通运输法规等方面管理人员及从业人员的培训与考核工作。截止年底，中心共完成报名培训1.1万人，2500人参加培训，8500人直接拿到了营业性驾驶员资格证书，培训20期，其中客运培训290人，95%学员一次性通过考试。

（葛子忠）

【集中整治规范客运市场】 2002年上半年两次集中整顿客运市场，5月20日至6月30日第二次整治行动中结合“通州区环境建设年”活动，由交通局牵头组织，区交通支队、区公安分局、区城管监察大队等单位组成的集中整治交通秩序领导小组，重点整治了卫星城内交通秩序、车辆乱停乱放、乱开乱闯、各种违法占道、挤占公共设施、无照经营的黑车、违章驾驶、乱设摊点、烧烤点。在整顿过程中，行动一致，纪律严明，执法到位，客运市场得到进一步的净化、规范，城区交通环境得到很大改善，百姓出行更加方便。

（葛子忠）

【整顿和规范汽车维修市场秩序】 为整顿本区汽车维修市场秩序，由交通局牵头组织，研究制定整顿方案，成立由区工商分局、公安分局等单位组成的整顿汽车维修市场秩序领导小组。9月1日至12月底针对维修质量低劣、使用假冒伪劣配件、维修乱收费等欺骗消费者的行为和无照无证从事汽车维修、超范围经营的违法行为等对汽车维修市场进行全面整顿。通过整顿全区汽车维修行业的规范化经营、质量保证、文明服务水平等有明显提高，市场秩序明显好转。

（葛子忠）

【加大基础设施建设投入】 全年基础设施投入累计882万元。其中局机关投资30万元购置微机等现代化办公设备，与市局联网实现网上审批和现代化办公；投资30万元为机关在编人员和行管外勤人员统一更新服装。局属企业为进一步扩大再生产,全年投入总计超过500万元。万通兴汽车检测站投资60万元对办公设施进行了彻底改造。局交通运输管理所投资162万元更新交通工具,购买微机及税控装置,并对所有操作人员进行了培训。局投资80万元对本局交通培训中心的教学设施、办公条件、教练场地进行了全面改造,使培训中心管理日趋规范,设施逐步齐全。改善交通、公路、公安、林业、畜牧、环保等部门执法人员的办公条件,全区5个公路交通检查站安装了空调。

(葛子忠)

【恒基客运有限公司进行重组】 随着客运行业的快速发展,单车个体业户在运营中存在的问题逐渐暴露,已不适应区内客运市场的需要。为此恒基客运有限公司与13户个体业户向区交通局提出重组请示,经本局严格审核并报市交通局公交处批准后,同意恒基公司与13户个体业户在清产核资、产权界定的基础上达成协议,以资产为纽带,按照现代企业制度进行重组,并沿用北京市恒基客运有限公司户名。年底,企业重组各项后续工作已结束,恒基公司按照北京市交通局对境内长途营运车辆的市场准入条件,对原个体业户超过年限的车辆统一进行更新。

(葛子忠)

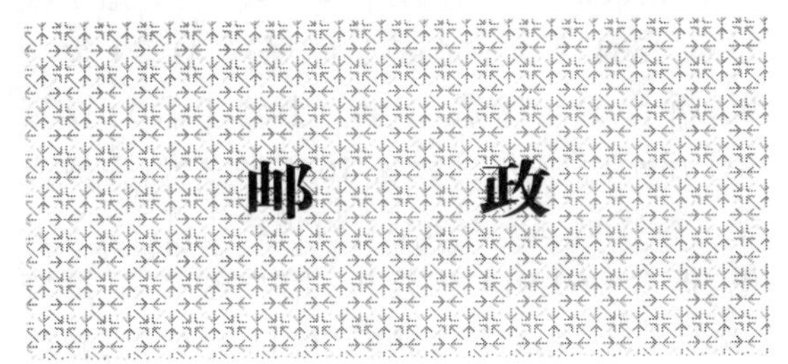

【概 况】 通州区邮政局设在通州运河大街64号,全局共有职工386人,下设10个科室,3个公司,8个支局,21个邮政所,36个报刊亭(门市部)。其中可提供邮政全部功能服务的局所27个,实行微机处理的电子化局所20个,比上年增加10个。全局共有邮政运输路线5条,总长332公里;投递道段65条,总长2147公里,现有邮政汽车47辆,过戳机1台,邮资机9台,多媒体服务器2台,计算机设备125台。2002年,固定资产原值4458.81万元,实现业务收入4761.5万元,人均劳产率为21.3万元,列郊区邮政业务收入第二位。年内,与通州电信局联合在新华支局营业厅开办IP超市业务。

(范二华)

【通信能力明显增强】 2002年改扩建局所2处,新增局所1处,新增报刊亭13处,新增生产场地2040平方米,梨园支局正式通过验收。年内,更新汽车2辆,新增汽车2辆,更新购置微机设备14套。计算机室先后四次为13个电子汇兑网点进行升级程序,安装并使用速递跟踪查询系统,安装代收电话费终端11套;新增ATM机1台,一台清服务器7台,存折补登机2个。邮政金融业务的安全性和处理速度不断提高。

(李平平)

【进一步扩大服务范围】 全年通邮333栋楼房。在落实区政府办实事工作中,为8个不具备通邮条件的小区安装信报箱7554个。新增、更换信箱10处。增加投递道段四条,解决了武夷花园小区晚报当日投送问题。年内,免费上门为全区20余户盲人送退休金、养老金,收到良好的社会效益。

(刘 克)

【加强行政执法】 按照上级要求及时向区内用邮大户进行依法用邮宣传,并对八里桥市场、潞洲商城、马驹桥镇的邮票代销点,依法进行检查。对全区83个邮票代售点进行检查,在检查中下发整改通知8件,口头警告32户,取缔4个不法摊位,罚款1904元。行政执法中坚持双人执法、文明执法,使被处罚单位心服、口服、受到市管局、郊区局的多次通报表扬。

(王起钧)

【成立物流公司】 2002年,针对北京物流市场的多层次需求,年底成立了物流公司,开发完成了三笔物流直递业务,创收3万余元。

(韩庆全)

【邮政储蓄业务】 储蓄业务在连续降息等不利环境下,通过开展劳动竞赛,开展创建文明行业、提倡优质服务活动,促进储蓄业务稳步发展。年末邮政储蓄净增余额1.41亿元,期末余额11.15亿元。2002年发展代发养老金、代发工资等中间业务,年内增加代发工资145个单位。

(齐洪英)

【提高局所安全防范能力】 2002年为全局储蓄网点重新安装了防弹玻璃,并为7个局所安装了无人值守夜间报警装置。全年用于安全投资34万元。增强安全防范能力,增加安全保卫工作的科技含量,确保全年安全指标全部实现。

(王德旺)

【邮政通信总量不断增长】 2002年通州区邮政局经办的业务种类共计20余种,本年邮政业务总量为5400.38万元,比上年增长18.77%;邮政通信总量为3037.92万元,比上年增长13.46%;收寄特快专递11.62万件,与上年增长34.44%;收寄邮政汇票28.49万张,比上年增长10.47%;收寄邮政包裹13.33万件,比上年增长19.95%;发行投递报纸1709.71万份,比上年减少2.96%;发行投送杂志73.13万份,比上年减少5.84%;收寄机要文件4630件,比上年减少25.74%;集邮业务145.27万枚,比上年增长25.6%,全年投送函件981.66万件,比上年增长38.71%;兑付汇票11.18万张,比去年减少4.2%;投送包裹10.21万件,比上年增长29.9%;投送特快专递11.35万件,比上年增长27.53%;投送机要文件7541件,比上年减少16.47%;邮送广告116.1万件,比上年增长2334%;全区本年度人均函件量为16件,人均订阅报刊为29份,每一局所平均服务面积为31平方公里,每一局所平均服务人口为2.1万人。

(王　雪)

电　信

【概　况】 2002年,通州区电信局面对电信拆分重组、北京通信公司成立的重大变革,以及日趋激烈的市场竞争,在认真贯彻实施北京通信公司向"服务型企业"转型工作中,克服风暴雹灾害带来的困难,较好的完成2002年工作指标,形成电信业务快速增长、业务收入稳步提高、通信能力显著增强、服务水平明显提高、职工队伍保持稳定、分局管理制收益良好的局面。

年内,通州本地网电话交换机总容量突破30万户,电话用户实占总数突破25万户。通州区电信网络综合实力继续增强,各项经济技术指标完成良好。完成业务收入2.034亿元,完成计划的100.68%(含电话卡销售收入218万元)。人均劳产率突破100万元。形成以区局8.95万户,支局16.15万户,电话用户总数达到25.104万户的遍布全区的电信网络。住宅电话比重达到83.36%,电话村482个,合并乡镇后电话镇达到11个。

年内,联网开通16544门交换机,总容量达到329438户。ADSL23套240线;管道工程投资1384万元,完成工程规模41.39沟公里,折合381.78孔公里。土建工程总投资400万元,完成局房设备1630平方米;完成光缆工程投资203万元,工程规模33.175条公里,折合469.914芯公里;用户线工程投资2143万元,完成工程规模20011对公里;新建配线区594个,调改配线区101.5个。

年内,本地电话用户实增30559部,交换机实占用户突破25万户:IC卡公用电话实增350部,完成年计划的100%,总数达到1114部;ISDN用户实增828户,用户总数达3721户;来电显示业务完成53634户,完成年计划的154.03%，总数达到7.73万户；宽带用户实增3060户，完成年计划的122.4%。

年内，程控交换观测接通率完成72.48%，中继电路可用率完成99.75%，障碍修复及时率完成100%，电路开通及时率达到100%。累计受理用户咨询、投诉12634件，回访用户41831件。客户评议满意率达到99.89%，用户投诉处理及时率达到100%，首问负责处理及时率100%，首问负责处理率达到100%，重大服务、投诉0件，装机平均等待时限为5天，移机平均等待时限为5天。

（张云伟）

城 乡 建 设

综 述

2002年城建系统认真落实区委二届八次会议精神,围绕“高标准规划城市,高质量建设城市,高效能管理城市,高水平经营城市”四高标准,抓住环境建设年主题,进一步深化改革,更新观念,增加服务,强化管理,提高效率,积极推进环境建设,做好“体制、方法、措施、思想”四新工作,城乡面貌发生巨大变化,城乡建设工作取得突破性进展。

年内全区开复工面积达到400万平方米,其中商品房开复工面积247.3平方米,销售额21.7亿元,建筑、建材、房地产三大产业完成税收5.32亿元,增长47.8%;完成建安产值40亿元,建筑业增加值8亿元。

继续深化企业改革,133家企业通过新资质就位;拥有6家一级企业,34家二级企业;其中78家企业完成转制工作;完善数据监控和实体监督工作,工程质量整体提高,质量保证体系更加健全。西上园、长安星园等群体小区主体优良率超过75%;安全生产日常检查力度加大,形式多样,全年没有发生三级以上安全生产事故;商品房开发建设继续保持良好发展势头,房地产市场整顿取得阶段性成果,房地产开发企业达到147家;建材产品种类不断丰富,质量不断提高,市场份额继续加大,全年建材产值超过11亿元,年生产门窗超过130万平方米;2002年用于乡镇基础设施建设和村容镇貌整治的资金超过3亿元,建成了永乐店、宋庄等文化广场,使四个小城镇成为服务功能更加健全、基础设施日臻完善,具有现代气息的新型城镇。

继续坚持依法行政,简化了办事程序,实行行政性审批,加大了批后监督管理力度。在优化人居环境、创造新型社区、优先保证基础设施建设、创造良好城市空间环境、加大服务与管理力度、营造健康有序的市场环境、加快墙体材料更新改造工作、保护生态环境等方面工作取得新成就。

旧城改造进度进一步加快,居住区环境得到进一步治理,贯彻执行了停止经营性项目国有土地使用权协议出让要求,土地一级市场建设迈出实质性一步,确定了红旗机械厂、北苑商务A区等地区;完成卫星遥感清查工作,对420家、1.29万亩的新增土地进行现场勘察和图斑核对,确认实际新增用地281块、9367亩;顺利实施廉租住房制定,规定廉租住房配租面积标准为人均使用面积10平方米,租金补贴标准为月每平方米10元,与24户签订了廉租住房租赁合同。

完成新华南北路道路施工设计、张家湾镇古城规划、温榆河绿色生态走廊总体规划等一批基础规划工作;完成旧日化路、杨庄路等一批重点工程规划的前期准备工作;进一步落实了张家湾镇、永乐店镇等乡镇规划编制工作,对全区乡镇、村级各类工业大院进行了摸底调查,加快了中心镇规划与旧城改造工作,完成通惠河两岸、新华南北路改造等工程的拆除、拆违任务。拆违 816 件,拆除违法建设 113612 平方米,实施了《地名命名、更名核准程序》、《标准地名使用核准程序》、《通州卫星城地名总体规划》工作。

完成了通州区污水处理厂的测绘、勘察和设计工作,对卫星城 135 个网格进行区域环境噪音监测,监测面积达 32 平方公里,卫星城区域噪音平均值达到 55.6 分贝,比上年降低 0.9 分贝;对 6 条主要交通干线,18 个路段进行交通噪音监测,道路交通噪音公里加权等效声级达到 69.7 分贝,比上年降低 0.1 分贝;全区空气质量二级和好于二级的天数为 223 天,占全年的 61%;开展"环保百日严查行动",对污水超标、烟尘和二氧化硫超标、噪音超标的 265 家单位进行了治理。

(田　文)

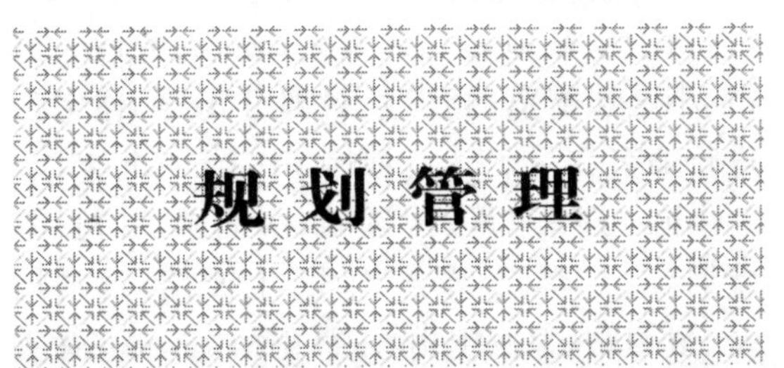

规划管理

【概　况】 2002 年,通州区规划管理工作紧扣"环境建设年"主题,围绕"高标准规划城市、高质量建设城市、高效能管理城市、高水平经营城市"标准,加大执法力度,加强批后监督,查处违法建设,改善城乡环境。进一步深化改革,强化管理,提高效率,积极推进环境建设。

采用新的审批机制与网上审批后,审批周期缩短,审批质量提高。全年共完成永久和临时建设工程等各类收件 477 件,建筑面积 696.7 万平方米。加大基础规划。完成"新华南北街道路施工设计"、"张家湾镇古城规划"、"工业区扩区规划"、"卫星城中小学配置规划"、"卫星城医疗设施配套规划"、"卫星城居住小区配套规划"、"新华大街过街天桥规划设计"、"温榆河绿色生态走廊总体规划"、"河东新城变电站及垃圾处理厂规划选址"等一批重大规划。落实乡镇规划编制工作,加快中心镇规划。协调市规委总体规划处与部分乡(镇)签订了修改乡(镇)域规划协议,其中台湖镇、西集镇年底完成。加强批后监督和规划验收工作。全年共收到审验件 228 件,建筑面积 100.3 万平方米。完成了通惠河两岸、新华南北路、新华大街、玉带河大街、京哈路、通顺路改造工程的拆临、拆违任务,拆除处理 99 件,13.76 万平方米;协助办事处对玉桥南里一区、二区、东里小区违法建设进行整治,共拆除 79 件,1173 平方米。规范地名管理工作。配合市地名办公室和公路六环指挥部完成了公路六环通州区境内(六合村 - 北窑上)12 座桥梁的命名工作;完成运河园等 12 个居住区和上园路等 6 条城市道路的地名命名及新华大街、新华南、北路的名称调整工作。完成重点工程前期测绘。提供工作用图和基础用图 4000 余张,完成拨地 160 余件、建筑放线 140 余件,竣工测量 5 件。

(赵少华)

【召开规划业务培训会】 3 月 1 日,区规划局召开《规划审批申报程序》培训会。对全区各乡镇主管城市规划工作的乡镇长、规划办主任、街道办事处规划工作人员、建筑开发公司有关人员进行培训。同时要求全区规划干部要转变工作作风,加强业务学习,提高办事效率。

(赵少华)

【举行通州区发展战略研讨会】 4 月 4 日,召开通州区发展战略研讨会,区委、区政府与部分专家就通州与通州卫星城发展展开研讨,分析了通州的人口、经济、区位等资源的优劣势。提出要整合通州区资源,用经营城市的理念搞好通州区规划;战略性研究规划要注意研究三个方面:一是要考虑到中央对北京市的定位,以及北京市对通州区的定位;二是规划之前要把通州的区位、土地、产业、人口、历史、人文等社会和自然资源研究透彻,要有利用资源发展城市的思路。三是要考虑顺义、昌平、朝阳、三河等周边区域的发展。为制定通州区总体规划修编、通州卫星城修编奠定了基调。

(赵少华)

【启用新审批程序】 随着市规委规划管理运行机制的调整,本局及时相应的对规划管理运行机制进行了调整,将六道审批程序改为四道,3月1日开始启动新审批程序。并根据区政府关于改进工作作风、加强廉政建设,做好网上政务公开,推进电子政务工作的要求,编制了通州区规划局《行政审批程序规定》,已经上网公布。

(赵少华)

【召开运河文化产业带发展规划论证会】 5月15日,区委、区政府主要领导在区规划局召开运河文化产业带发展规划论证会。专家对运河文化产业带发展规划提出了建议。区领导认为《北京市通州区运河文化产业带发展规划》总体方向是对的,思路清晰,但有些具体细节还要进一步研究。要研究卫星城的定位、城市功能分区。

(赵少华)

【做好重点工程规划的前期准备工作】 完成了“新华南北路”、“旧日化路”和“杨庄路”改造工程以及“科技大厦”规划前期准备工作。继续深化了“新华大街的城市设计”及各地段特别是南北大街开发的前期具体工作。通州区战略发展研究、轻轨沿线城市设计、北苑商务区规划、北苑立交桥及交通组织规划、新华南北路城市设计、南部新城现管网总体规划、污水处理厂选址工作在进展之中。

(赵少华)

【加强地名工作规范化管理】 为了加强城市管理,提高城市运行质量,优化房地产市场,方便群众,通州区制定了《地名命名、更名核准程序》、《标准地名使用核准程序》,向全区颁发了《关于加强新建小区建筑物名称管理的通知》,地名工作逐步走向规范化管理。

(赵少华)

【区人大领导调研部分规划详规】 7月12日,区人大主任和人大各委室主任到规划局对通州区卫星城商业网点规划和新华大街详细规划进行调研。肯定了卫星城商业网点规划和新华大街详细规划的规划方案。提出:卫星城商业网点规划要做到统筹兼顾、合理安排,要做好小区商业网点的规划和建设;新华大街两侧的建筑要体现现代气息,要改善新华大街局部段景观不协调现象,古建筑保护要学习成功先例,做到保护与拆迁相统一。

(赵少华)

【完成商业网点规划】 区规划局结合卫星城快速发展的形势,对城区内商业网点进行统筹规划,适应卫星城发展的需要。加快调整城区内商业网点布局,逐步形成区级、地区级、社区级三级商业网络体系,充分发挥商业网点服务快捷方便等优势,提升市民生活水平,促进本区经济发展。

(赵少华)

【部分街道、住宅区命名、更名】 通州区根据《通州卫星城地名总体规划》要求,为便于城市、小区和街道的管理,对部分街道、住宅区进行命名和更名。运河园、中上园、北上园、北小园、玉桥东里、紫运园、水仙园、牡丹园、紫荆园、月季园、翠屏南里、上园路、运河园路、梨园路、梨园中街、京洲南街、京洲北街等17个住宅区、城市街道名称自5月1日起正式启用。长桥园、新华北路(原新华北街)、新华南路(原佟麟阁街、新城南路)、牡丹雅园(原牡丹园)、紫荆雅园(原紫荆园)、月季雅园(原月季园)新地名自8月1日起开始启用。

(刘玉兰)

国土资源和房屋管理

【概　况】 2002年,本局围绕区政府“环境建设年”这一主题,全力推进各项工作再上新台阶。全年局系统共完成产值2.08亿元,直接上缴税收1571万元,分别比上年增长73.3%和162%,代征代缴各类税费1.8亿元。注重正确处理土地与经济发展的关系,确保全区用地需求,全年共发放土地使用权证431件、956万平方米,发证面积同比有所减少;城镇地籍调查历时三年已接近尾声,完成6个街道和地区办事处、114个街坊、3910宗地、46.7平方公里的业务量;土地"二次详查"历时一年顺利结束,利用卫星遥感影像配合实地勘测的先进技术,查清本区现有土地面积135.94万亩,其中耕地63.92万亩,同时建立土地资源调查统计制度,推进土地资源数字化、网络化、信息化和社会化进程;进一步规范地矿管理,对全区27家非煤矿山企业进行检查,关闭10家不合格企业,积极扶持地热资源的开发,引导15家砖厂转向生产节能型墙体砖;按时完成卫星遥感清查工作,对卫星遥感图片中反映出的420宗、12903亩新增用地进行现场勘察和图斑核对,确认本区2000—2001年度实际新增用地281块、9367亩,全年处理违法用地3起,关闭两处非法沙场,收缴罚款17.9万元,腾退耕地140亩;房地产交易量继续增长,全年共办理交易额8676件、84.7万平方米,交易总额19.36亿元,分别比上年增长13%、15%和22.5%,发放房屋所有权证1.3万件、建筑面积291万平方米,办理出租房屋备案806件,发放租赁房屋许可证767个,比上年同期增长90.5%和92.7%;进一步加强物业管理工作,扶持督促21个小区成立了业主委员会,积极创物业管理服务品牌,运河园、西上园三区被评为"通州区精神文明小区,同时加大对物业管理人员培训力度,全区已有240人取得了物业从业人员岗位证书;局属企业积极创造良好的发展环境,民望房地产开发公司取得了企业二级资质证书,全年实现开复工面积10万平方米,上缴税收111万元,住宅建筑公司全年完成开复工面积14.8万平方米,实现产值1.23亿元,上缴税收169.4万元,并顺利完成ISO9000质量体系认证的改版工作。

(王　玥)

【夏季防汛工作扎实细致】 共查房51.98万平方米,查房率100%,督促100家自管房单位查房395万平方米,修缮投资912万元,45家物业管理企业参加了房屋安全检查工作,查房面积430万平方米,修缮投资356万元,完好率达100%。

(王　玥)

【抢险救灾】 8月,本区遭受罕见的大风冰雹灾害,本局迅速启动防汛预案并拟定抢险救灾方案,做到组织、措施、人员、物资四到位,同时牵头组织四城办事处展开抗灾抢修工作。投入修缮资金1300万元,对47户危房居民实施"解危救灾拆迁改造"工程,将群众损失降到最低。

(王　玥)

【确立46个地价监测点】 根据市有关部门要求,本局工作人员深入11个乡镇及城区范围,通过收集资料、现场勘探和分析比较,确定了本区46个代表工业、商业、综合、居住四类地价监测点,为政府进行地价管理提供决策性依据。

(王　玥)

【土地一级市场建设取得实质性突破】 土地整理储备中心研究起草了《北京市通州区人民政府关于加强国有资产管理建立土地储备制度的意见》和《通州区土地收购储备项目收购补偿价格确定及收益分配暂行办法》,与此同时,10月首次以2160万元的成交价成功完成永顺镇果园村三块地共25.5亩的试点拍卖工作,为今后土地挂牌交易、招标拍卖工作奠定良好基础。

(王　玥)

【全力推进旧城改造工作】 全年实施了西上园小区三期、新华南北路拓宽改造、中山街改造、油脂公司一期、北大街一期和南大街一期的拆迁工作,制定了《通州区拆迁范围内农民宅基地上正式房屋确定标准》和《通州区拆迁安置补助标准》,全年共核发拆迁许可证21件,实施动迁1415户,拆除正式房屋5721间、8.6万平方米,发放拆迁补偿款2.89亿元,分别是上年的1.6倍、2.3倍、2.2倍和1.9倍。

(王　玥)

【房地产市场治理整顿】　历时两个半月,对本区利用农村集体土地建房出售、物业管理、商品房销售和房地产经济共四方面存在的问题进行了清查,查出9宗利用集体土地进行房地产开发经营的违规行为,总占地面积286亩,对此进行了相应查处。

(王　玥)

【六环路通州段全线竣工】　六环路通州段起自本区潞城镇至与顺义交界处,全长11.5公里,总占地1127亩,占地补偿费共计7720万元,年内正式竣工通车。

(王　玥)

【本区列为征地制度改革试点地区】　国土资源部"完善征地制度调研及改革试点工作座谈会"在本区召开,全国十七个省、市的近百名代表出席了会议。此次会议将本区列为征地制度改革第二批试点地区之一,本局正拟定改革试点方案并上报国土资源部和市国土房管局批准后实施。

(王　玥)

【城镇地籍信息系统正式运行】　年内,本局投入大量资金购置了各种硬件设备建立起计算机管理系统,经过培训,该系统于10月正式运行,从而推进了本区城镇范围内国有土地统一管理的现代化进程,并能及时准确了解国有土地变化的整体现势。

(王　玥)

【继续完善小区物业管理及配套设施建设】年内,先后投资300万元对天桥湾小区进行了外墙粉刷、设备维修、垃圾清运、绿化美化等工作,保证了居民正常生活需要,此外,本局还完成天后宫、小园和吉祥如意小区1-5期的配电改造工作,使困扰小区居民多年的用电不稳定问题得以彻底解决。

(王　玥)

【做好重点工程前导性服务工作】　年内,围绕八通轻轨、六环路、新华南北路改造、光机电一体化基地建设、马驹桥环保产业园区建设等一批市区重点工程,本局工作人员克服困难及时高质完成了前期的征地、评估、测绘、拆迁等项工作,确保了工程的顺利进行。

(王　玥)

城镇住房制度改革

【概　况】　2002年区房改事业平稳发展。存量公房出售政策继续执行,全区职工住房普查基本完成,解决城镇最底收入家庭住房困难的廉租住房制度顺利实施。

(闫海军)

【公有住宅楼房出售工作稳妥进行】　2002年出售公有住宅楼房价格延续2001年政策,仍为每建筑平方米1290元。房改售房截止12月30日共审批售房85件,1807套14.33万建筑平方米。变更产权60件、433套。调整住房51件、290套。

(闫海军)

【出台出售拆迁范围内公有住宅平房、简易楼房、筒子楼的相关政策】　房改办会同拆迁、物业,测绘、房管所、评估所等相关部门,多次召开协调会,根据实际情况制定了《通州区职工购买拆迁范围内公有住宅平房、简易楼房、筒子楼的实施意见》。到12月30日已经向居民出售平房36间,1057平方米。

(闫海军)

【建立住房档案】　年内进行了全区职工住房普查工作,全区104个单位4.6万名职工完成了住房建档工作,为制定下一步住房政策,实施住房分配货币化奠定基础。

(闫海军)

【已购公房交易活跃】　房改办积极寻找政策执行中的问题,协调交易、房管、发证、税务等部门,妥善解决了交易中出现的问题,有力的促进了住房二级市场的健康发展。截止12月30日,已有507套已购公房办理了立契交易手续。

(闫海军)

【检查落实住房公积金政策执行情况】 房改办会同住房资金管理分中心、区财政局对本区住房公积金政策执行情况进行了联合检查。共检查23个单位,2874人。对19个单位101名职工存在的问题进行了纠正。

(闫海军)

【城镇廉租住房制度顺利实施】 房改办依据北京市有关精神,调查了本区低保家庭住房情况,掌握了第一手材料。结合本区实际情况,制定了城镇廉租住房制度实施意见。该意见主旨精神与城八区保持一致。根据《通州区城镇廉租住房制度实施意见》规定,连续享受本市城市低保待遇一年以上的家庭或者具有本市非农业常住户口、持有本市民政部门认定的优抚对象身份证明的家庭且家庭人均住房使用面积7.5(含)平方米以下,可以享受廉租住房政策,政府给予租金补贴,由廉租户自行到市场租赁住房。区廉租住房配租面积标准为人均使用面积10平方米(包括原住房面积)。租金补贴的标准按每月每平方米10元对廉租家庭进行补贴。截止12月底,房改办共接受廉租住房申请26份,已经有24户签订了廉租住房租赁合同,得到廉租住房补贴,累计发放廉租补贴4.56万元。房改办在热情为廉租户服务的同时严格执行廉租住房审核工作。组织人力会同各街道办事处、财政局深入到廉租户家中实地调查,确保廉租补贴资金的合理、正确使用。

(闫海军)

市政建设

【概　况】 2002年,区市政管理委员会市政系统下属五个基层单位:市政工程公司、市政管理所、市政收费站、市政设计所、住宅锅炉供暖管理办公室,分别负责区、管委各项重点市政工程施工、协调;负责卫星城区内90.7公里下水管线疏通、清掏维护,103条市政道路、6座泵站维护养护及城区防汛工作;负责城区路政稽查、市政设施、市容市貌监察管理工作;负责城区道路、排水、园林绿化设计工作;负责全区101家住宅锅炉供暖单位的各项日常管理工作,监督、检查供暖单位的管理服务项目,进行资质审查发证,参与新建、改建、扩建供暖工程及验收工作。年内,加大了市政基础设施建设,全年总投入资金3.7亿元,先后完成新华南北路拓宽改造工程,旧日化路、杨庄路等城区次干道路和八里桥市场路、岳庄路、群芳三街等市政基础设施建设工程。全年城区共完成12631平方米市政道路补油、42公里下水清掏工作,清挖雨水口11490座/次,污水井1671座/次;更换和修复井盖、雨水箅子等600余处。

(李继良)

【内环路工程全线竣工】 内环路起点为京津公路北机路口,终点为滨河路小圣庙变电站,全长8公里,设计平均车速为60公里/小时,为城市主干道。内环路控制线宽70米,其中道路宽36米,采用3块板结构,中间为16米机动车道,双侧各为2米隔离带、5米慢车道、3米人行步道,人行步道外双侧各为18米绿化带。整个工程包括道路、上水、下水、电信、供电、天然气、绿化共7大工程。该工程于2000年3月正式动工,2002年10月全线竣工,工程总投资1.8亿元。

(李继良)

【改造新华南北路】 新华南北路北起北关环岛,南至果园环岛,全长3400米,为通州卫星城主干道,承担着南北交通运输的主要任务。新华南北路原有道路一幅,宽度为14至20米,改造后红线宽60米,施工控制线宽42米,道路横断面采用三幅路型式,其中:中间机动车道宽21米,两侧非机动车道宽各为5

米，机动车道与非机动车道之间隔离带宽度为2米，非机动车道外侧为3.5米宽人行便道。地下铺设供电、电信、有线电视、燃气、上水、下水等管道。实施此项工程共拆迁房屋16551.31平方米；整治广告牌匾267块，粉刷油饰房屋45775平方米；安装夜景照明设施79栋楼房；安装公共汽车停车站候车亭10处，果皮箱84对，信筒8个，IC卡电话34处。根据交通需要施划交通标志线、安装交通标志牌51套、安装中心护栏3100米，增设改造3处交通信号灯、增设自助灯3处。另外，根据新华南北路道路规划需要，在潞河中学南京秦铁路立交桥西侧新顶进一孔厢涵。工程1月1日动工，7月28日竣工，总造价16434万元。此项工程被市农工委、市农委、首都环境整治办评为2002年郊区环境建设精品工程。

（李继良）

【杨庄路改造工程】 杨庄路改造工程于2月28日动工，4月30日竣工。道路全长2423米，分两段施工，其中：南北段北起京通快速路出口，南至北机路，全长1567米，路面宽12米，两侧为3.5米宽彩砖步道，面积为25631平方米；东西段由内环路与南北段接顺，全长856米，路面宽8.3米，面积7327平方米。配套工程包括排水、上水、有线电视、供电、电信、绿化等，总投资1044.6万元。

（李继良）

【旧日化路改造工程】 旧日化路改造工程于3月3日开工，4月14日竣工。西起佟麟阁大街，东至玉桥西路，全长1131.7米，路面由原来的7米拓宽为9米，道路总面积10990平方米。附属工程包括路灯安装，有线电视管道铺设、电信线路拆改移、绿化等，总投资514.3万元。

（李继良）

【通济桥修复工作完成】 通济桥横跨于滨河路上，全长90米，宽12米，由于来往大型车辆较多，桥面损坏严重。此次整修于9月11日开工，历时40天，主要对桥面的四条伸缩缝以及两侧桥头板坏损部位进行处理，路面加铺5厘米厚沥青砼面层，维修总面积1680平方米。同时，在桥两侧四个角安装四盏路灯。区水利资源管理局提供技术，工程总投入资金37.7万元。

（李继良）

【加大市政监察和行政审批管理力度】 2002年，市政监察共查处违章超桥梁限载车辆3万余起，收缴罚没款165万元；发放市政设施宣传材料2000余份，限改通知386次，查处违章461件，行政处罚81件；征收污水处理费689.76万元，渣土清运管理费101.4万元。在加强清理违章牌匾、条幅、灯箱等户外广告的同时，市政管委加大行政审批管理力度，严格审批程序，全年共完成各项审批项目1710件，其中包括户外广告审批、审核，户外悬挂条幅审批，占道开路口项目审批，污水排放项目审批，绿化项目审批，城市清洗站审批，北京公共停车场审批。5月，编制完成《通州区市政管理委员会行政审批事项程序规定》，为进一步规范行政审批程序奠定了坚实基础。

（李继良）

【供暖任务顺利完成】 4月底，住宅锅炉供暖管理职能由区国土资源局划转市政管委。全区共有住宅锅炉供暖单位101家，供暖面积800万平方米，锅炉309台，其中燃煤锅炉285台，燃气锅炉24台。11月1日点火试运行，11月6日供暖进入稳定状态，11月15日平稳供暖。住宅锅炉供暖办公室实行工作人员轮班制度，24小时接听、处理群众投诉。2002年，较好地完成供暖的各项工作，保障了居民室温不低于16摄氏度的标准。

（李继良）

供　水

【概　况】 2002年区自来水公司强化企业管理，全面推进供水优质服务，围绕安全稳压供水中心工作展开了第二水厂筹建、引进市水源等重点供水基本设施建设。配合区城市建设和改造，完成了新华南北路、内环路、杨庄路、运河东大街等多项上水工程。全年供水总量达1706.8万吨，日均供水4.8万吨，日最高供水5.8万吨，水质合格率100%；售水量为1463.6万吨，产销比为83.12%。完成销售收入33871.6万吨，实现营业利润606.6万元。上缴税金230余万元。

（焦友明）

【引进市供水集团公司水源】 为彻底解决供水紧张问题，本区将投资2000万元实施市供水管网与区供水管网对接工程。该工程起点为朝阳区草房村，铺设DN1200钢管至北关环岛。预计在2003年供水高峰到来之前竣工通水。

（徐红艳）

【完成重点城建项目配套上水工程】 配合区城市建设和改造，全年共投资1428.9万元，完成新华南北路、内环路、杨庄路、运河东大街等道路改造的配套上水工程。铺设DN800、DN600、DN0400管线共7048米。

（徐红艳）

【调整自来水水价和污水处理费】 按有关规定本区自3月1日起对自来水水价和污水处理费进行调整。居民用水每吨由1.3元调为2元；居民生活用水污水处理费每吨由0.4元调为0.5元，其他每吨由0.8元调为1元。

（徐红艳）

【供水管网水质抽测检验】 为进一步确保城区供水主管线水质，8月自来水公司对全区供水管网上开采了30个测水点，采集水样进行水质监测，合格率达100%。

（徐红艳）

【加强管网暗漏检测】 年初，公司引进管网先进测漏设备用于全区管网漏水的检查，先后及时修复自来水管网暗漏18处，节水近20万吨。

（徐红艳）

【完成城区管网大规模冲洗】 为进一步提高本区用水质量，自来水公司于12月9至19日对城区管网做了一次大规模的冲洗工作。工作分9段在9天内完成。时间安排在每晚十时至十二时。

（徐红艳）

【水表安装业务迅猛增长】 随着区环境建设步伐的加快，自来水新增用水户越来越多，水表安装业务迅猛增长。全年为区90位用水户安装、改装大小水表299块，其中安装DN75以上水表83块、DN50以下水表191块，改装DN75以上水表和DN50以下水表分别是6块、8块。同时安装施工用表11块。

（徐红艳）

【特设来访接待】 用水户因查表、水费等事情到公司来电来访的事件较多，为使来访者能够随时得到满意答复，自来水公司特设来访接待人员。对需到现场解决的来访事件，有专人随来访者到现场解决问题。随着来访事件的处理，工作效率也得到了提高。

（徐红艳）

【入户查表工作难度大】 本区入户查表工作难度大，主要表现在：查表入户前更换水表的资金难以解决；用水户中人户分离现象依然存在；多数用水户早出晚归，且不愿让查表人员入户查表；少数用户水表损坏，不能正确显示等。建议在产权单位或各小区楼门总表处安装IC卡水表，由产权单位或小区购总水量并刷卡，小区内用户用水由产权单位或小区负责。

（徐红艳）

节　水

【概　况】 2002年区节水管理工作落实新

水法及有关方针、政策,坚持宣传与抓落实相结合,执法与服务相结合,抓典型与日常管理相结合,城镇管理与农村管理相结合,扎扎实实地开展节水工作,摸清各类用井9720眼,为全面征收水资源费打下了基础;开展了5个用水单位、3个居民小区和3个节水示范村的创建达标工作,完成技术改造5项,水平衡测试8户,推广节水器具2000套件,开展节水执法检查600户次,节水宣传活动4次;年内共收取地下水资源费1684万元,全部上缴财政。

(韩宝华)

【开展节水宣传系列活动】 结合落实新水法、世界水日和节水宣传周,共组织大型宣传活动4次,设宣传站90多处,参加活动人数达500多人,发放各种宣传材料2万份,出板报300多块,挂横幅100多条,发放印有节水口号的书包、围裙2000多个,为城镇内300辆人力车换上印有节水口号的车棚子,开展"绿色奥运、节水先行"的群众签名活动,组织了第十一届节水杯游泳比赛,参赛的有40多个单位计500多名运动员,对4名老同志自发骑自行车万里宣传节水等给予大力支持,与通州关心下一代协会联合在葛布店北里小区开展了节水知识竞赛活动,参加活动的有400多人,期间利用一周时间分三批对用水单位的主管领导、节水员共300多人进行业务培训并收到较好效果。

(徐景跃)

【切实加强各类用水井管理】 对原来所管160户、260眼自备井重新挂牌登记,据统计,全年总取水量1200万立方米,收取地下水资源费1684万元并全部上缴财政;与各水务所配合对各类用井普查登记,共摸清各类用井9720眼,其中村镇企事业单位用井602眼,村镇人畜饮水井642眼,农业灌溉用井6789眼,村镇养殖业等用井1304眼,村镇集中供水用井61眼,自来水公司用井45眼,城镇及各类工业开发区用井277眼;开展地下水资源费征收工作,对长期拖欠水资源费的自备井使用单位计6户、20多眼自备井进行智能型IC卡水表换装,解决了水费收缴过程中的拖欠问题。

(田亚男)

【加大检查执法力度】 年内执法检查600户(次),对4个浪费用水单位给予处罚,共罚款3000多元;检查200多个单位的用水器具使用情况;对30多个洗车业、30多个洗浴业严格检查,重新换发洗车单,对不符合要求的坚决取缔,截止年底,保留下来的10多家洗车业全部安装循环水设施,并达到用水要求。

(田亚男)

【抓节水典型开展整改工作】 按照节水型单位标准,年内抓了5个单位、3个居民小区、3个村镇的节水型创建达标工作,并通过市里验收进入市级节水型单位行列。依据节水法规,对8个2000立方米以上自用水单位进行水平衡测试;对5个不符合节水要求的浴室、厕所进行改造,更换节水型器具30多套件。

(田亚男)

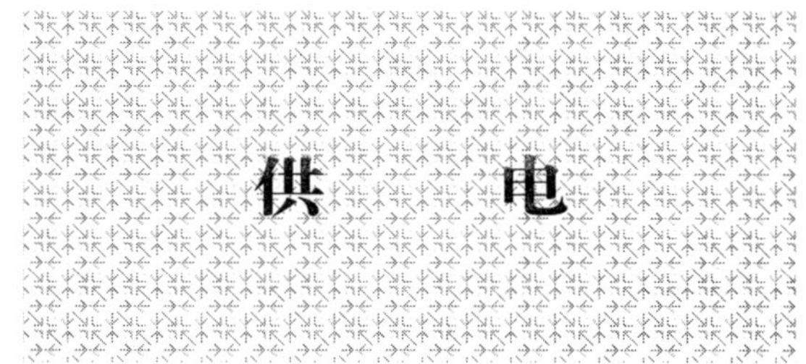

供　电

【概　况】 2002年,通州供电局努力转变思想观念、落实责任制、提高管理水平以适应外部严峻形势,经济实力和队伍素质有所提高,电网工程、形象凝聚工程及职工的福利工程均取得较大进展。2002年完成局党委三项责任制目标考核,物质精神文明建设双丰收,通过了国电公司全国县级一流企业验收。安全生产形势稳定,实现了安全生产无考核事故1000天的好成绩。地区售电量全年完成13.7亿千瓦时,同比增长11.29%;供电可靠性完成99.992%,电压合格率完成情况,综合实际完成99.61%,A类实际完成99.66%,出色的完成北京供电公司下达的各项安全、生产、经济技术指标。

2002年通州供电局荣获国家电力公司全国一流县级供电企业，首都文明行业，北京市交通安全先进单位，华北电力集团公司管理规范营业单位，北京供电公司文明单位标兵、先进单位、优质服务先进单位、科技进步先进单位、安全监察管理优胜单位、谐波管理先进单位、用电管理优胜单位、农网改造先进单位、教育工作先进单位、消防先进单位等。

（曹增新）

【建设全国一流供电企业】 2002年，通州供电局继续坚持“三个善待”的为民服务理念。用特事特办的方法，适时的解决了保利来、邢钢、铜牛、天旭等一批大用户的用电问题。发挥整体优势，用优质服务占领市场，业扩一口对外，一条龙服务的相关工作有了改进和提高。事故抢修、一户一表维修和供电所抢修队伍形成有机的整体，在夏季大负荷期间经受住了考验，为用户、为百姓提供高质量的、规范化的服务。通州供电局分别通过了华北电力集团公司及北京供电公司的三次验收，10月28日，通过国家电力公司考评验收，通州供电局进入全国一流县级供电企业行列。是北京地区唯一通过验收的区县级供电企业。

（曹增新）

【新华南北路架空线路入地工程竣工】 1月5日通州供电局接受新华南北路改造工程的任务。全体工程人员夜以继日地工作。4月30日，新华南北路10千伏架空线入地工程竣工。新华南北路架空线入地工程共建设沟槽4120米，铺设电缆10650米，安装设备变压器24台，分支箱44台，开闭器4台，低压分支箱60台，壁挂式接线箱50台，迁移线路2.75公里。为沿线的19个高压用户解决了过度和永久供电问题。

（曹增新）

【二期农网建设工程】 4月，北京供电公司启动二期农网建设，本局争取到农网改造资金达3亿元以上。4月25日开始选择了积极性比较高、条件具备的120个村进行首批二期农网改造，区委、区人大、区政府、区政协的领导先后视察农网改造情况，慰问参加农网改造的职工。10月26日首批120个行政村农网改造后，对二批240多个行政村进行改造，另外还有110千伏变电站建站工程、35千伏站改造工程、输电线路工程、配电线路工程，所有工程要在两年内完成。

（曹增新）

【供电线路抢修】 8月4日，中午12:30分北京供电局变电管理处负责运行的通州变电站10千伏4号母线全停故障，致使6路10千伏线路停止供电，本局立即组织抢修人员进行倒路工作。15:00分所有因故障停电的线路全部倒入其它线路上运行。晚上完成通州站4#变负荷倒出工作。22:30分大风冰雹袭击通州，致使通州地区10千伏线路有45路掉闸。局领导立即组织抢修，指派有关领导分片负责，现场指挥。其中张家湾地区5路10千伏掉闸，成片树木砸在导线上，道路被封锁，车辆无法通过，为了加快抢修工作，抽派4名供电所人员加强抢修力量，在抢修人员的共同努力下5日早8:00分近70%的停电线路恢复供电，中午所有停电线路恢复供电。

（曹增新）

【重新修订并实施通州电网规划】 2002年本局重新修订了通州电网的五年和十年规划，并以此为依据，指导电网建设工作。供电局主动营造有利于电网发展的大环境，充分调动各方积极性。区政府常务会议年内两次(2月22日，9月25日)听取供电专题汇报，解决了很多实际问题，发挥了积极的作用。2002年，电网改造与新建工程等各类工程均按时完成，农网改造的输变电工程的准备工作就绪，城区配网过负荷的现象有所缓解。城区电缆网规划已经形成并开始实施。

（曹增新）

【通州供电局社区电力服务所成立】 11月18日，通州供电局社区电力服务所正式营业。社区电力服务所主要服务于通州城区居民磁卡表用户11万多户表抢修工作，以及居民用电和小电力用户报装安装业务。受到广大群众的好评。

(曹增新)

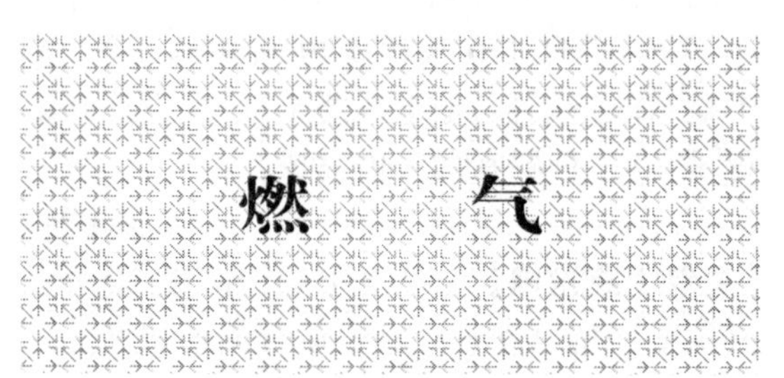

【概 况】 2002年,通州区燃气事业继续快速发展。年内共铺设天然气中压管线10.33公里,完成4000户居民的室内安装工程,为11个居民区安装了天然气采暖锅炉,为4家公服单位安装了燃气设施。

(张宝山)

【管线铺设工程】 年内,共铺设七条天然气主干线路。分别是:新华南路DN300中压管线0.8公里,通胡路DN500高压管线1.5公里,车里路DN500中压管线2.65公里,八通轻轨沿线(果园—土桥)3.8公里,运河东大街东端0.78公里,永顺西街DN300中压管线0.5公里,玉桥东路DN300中压管线0.3公里,共计10.33公里。

(张宝山)

【天然气入户工程】 年内,为11个居民区(运乔嘉园、怡佳家园、长安星园、紫金成苑、恒通新城、新华联家园等)编制燃气专业规划,进行燃气专业设计,铺设庭院管网,为4000户居民安装了室内燃气设施。

(张宝山)

【实施煤改气工程】 继续落实市、区政府关于煤改气工作的指示,年内为10个居民区、单位(怡佳家园、永顺苑、长安星园、恒通新城、团中央培训中心、区法院等)安装了燃气采暖锅炉,总吨位达111蒸吨,供暖面积达75万平方米。

(张宝山)

【燃气安全检查】 2002年,区燃气管理办公室对全区70余家燃气企业进行6次安全大检查,纠正各种违章操作,消除了一些安全隐患,全年没有发生重大安全事故。

(张宝山)

【培训燃气企业从业人员】 2002年,燃气办继续对从事燃气行业的管理、销售、操作人员进行上岗培训,有59人取得《岗位证书》。从1998年—2001年,燃气办共举办4期培训班,有168人参加培训并取得了上岗证。

(张宝山)

园林绿化

【概 况】 2002年,市政管理委员会园林绿化系统,现有城镇绿化队、西海子公园管理处、运河文化广场管理处、苗木基地等基层单位。干部职工计402人,其中:专业技术人员15人,技术工人247人,临时工125人。负责通州卫星城建成区3646公顷内的园林绿化建设和管理。至年底,城市实有各种树木328万株,草坪214万平方米,园林绿地1392公顷,人均绿地面积77.14平方米,城市绿化覆盖率41.52%,有古树70余棵,建成花园式单位共89个。2002年新增树木3.89万株,新植草坪21.7万平方米,新增绿地面积109.94公顷,人均绿地面积增加6.09平方米,绿化覆盖率提高3个百分点,新建花园式单位7个。年内,卫星城的绿化美化建设,是以建成城区“五条林荫大道”为中心任务。全年完成新华南北路、京哈路(通州城区段)绿化工程、通惠河(通州城区段)北岸绿化工程、运河文化广场绿化改造工程等十六项重点绿化工程。全年用于园林绿化工程建设和绿地维护养护的投资达到4159.8万元,比上年度增加投资1659.8万元。

（于 军）

【新华南北路绿化工程】 该路段自北关环岛至果园环岛，全长3400米，绿化面积3.14万平方米。工程自5月19日开工，7月31日竣工，由通州区绿化队承建。栽植行道树为银杏，共计867株，隔离带栽植迎春、月季、金叶女贞、紫薇等。新华南北路（除行道树银杏树外）共计栽植各类乔木324株、花灌木10.3万株、草坪11635平方米。该工程共计投资298万元。

（于 军）

【通胡路二期绿化工程】 通胡路全长4700米，西起运河左堤，东至宋郎路，绿化面积达55775平方米。工程自3月12日开工，4月底完工，该工程路段南北两侧分别由：北京天宝大森林园艺公司、北京园林设计工程有限公司共同承接完成。绿地内构筑微地形18处，清运渣土2040立方米，动用土方达1万立方米。栽植各种苗木16种16.13万株，铺草46351.5平方米，主要行道树为13—15厘米（胸径）的银杏、国槐，与新华大街相匹配形成银杏一条街。该工程总投资为271.4万元。

（于 军）

【通马路绿化】 通马路全长4300米，东起京津公路，西至京沈高速公路，绿化面积达100049平方米。工程自3月12日启动至5月1日完工，该工程路段东西两侧分别由：通州区梨园花木公司和北京福林达园林绿化公司共同承建。道路两侧共做微地形15处，回客土11294立方米，打井4眼，铺设上水管线3500米，行道树为法桐，两侧绿地及道路隔离带内，共栽植各类乔灌木15种117104株，铺草75610平方米。共计投资455万元。

（于 军）

【通惠北路及京哈路段绿化工程】 通惠北路自财政学校至新华大街，全长近2000米。工程自3月12日启动至5月1日前完工。破除硬化7500平方米，清运渣土2300立方米，回填好土近2000立方米，破除硬化后所增绿化面积7694平方米，总绿化面积12694平方米。主行道树为大规格银杏，共计450株，间种栾树为替代树种。

京哈路自北关环岛至旧八里桥，全长近3000米，一期自北关环岛至收费站，自3月12日启动至4月底完工。前期治理工作共清运渣土1000立方米，回填好土3000立方米，现绿化面积近1.2万平方米，清除原有桧柏篱2500平方米。二期自收费站至旧八里桥（南侧），完成拆迁后新增绿化面积1.4万平方米，该段自5月20日动工至9月10日完成。清运土方近2.6万立方米。栽种落叶树约1500棵，常绿树350棵，花灌近4800株。行道树为完善后的国槐、毛白杨。该项工程由通州区泽润绿化公司负责施工建设，两段共计投资338.7万元。

（于 军）

【通惠河北岸绿化】 通惠河园林绿化东起通济桥西至旧八里桥，全长4270米，绿化总面积为204479平方米，其中南岸107003平方米，北岸92058平方米，计划新建小公园面积541.8平方米。北岸自3月12日启动至5月1日前完工。由通州区城镇绿化队承接此工程。共计栽植各类乔木9种2900株、各类花灌木16种4.8万株、草坪两种9.15万平方米；清运渣土1.5万立方米，进客土21126立方米，做微地形11处。工程投资303.6万元。南岸绿化工程将于2003年动工。

（于 军）

【故城东路至玉桥中路绿化完善工程】 故城东路至玉桥中路自东关新华大街至内环路，全长1800米，总绿化面积近4万平方米，工程自3月12日启动至5月1日前完工，一期完成2.8万平方米（已于2001年完成整地、铺草及丰花月季的栽植），二期1.2万平方米。“五一”前完成所有绿地内乔木、花灌木的种植，共清运土方4000立方米，堆微地形3处。此工程行道树的栽植分为新华大街——玉带路为合欢，共280株；玉带路——内环路为法桐，共550株。绿地内种植各种常绿树80株，落叶乔木390余株，花灌木187株，各种色块组团1400平方米。绿化工程完成后总投资140万元。

(于 军)

【运河文化广场绿化改造】 从4月1日起对文化广场进行全面改造,在原来的草坪上增加21种树木,堆15处微地形,并将中轴路两侧、北坛四面草坪改为大叶黄杨、女贞、小檗组成的色带。栽植常绿乔木510株,常绿灌木80株,落叶乔木741株,落叶灌木2671株,攀缘植物3730株,色带植物124544株/6847平方米,宿根花卉1000株/167平方米。15处微地形用土方量1660立方米,色带7200立方米,栽种植物15万株,宿根花卉1000株,补植草坪82850平方米。增加200套座椅,供游人休息;部分草地增加铸铁围栏,以保护草坪;水池周围做不锈钢护栏,以防止游人不慎落水;将原玻璃钢垃圾桶全部换为新颖垃圾桶;制做475平方米的钢筋混凝土花架,装点广场。制作宣传橱窗2个,大型阅报栏和灯箱指示牌16个,以增加文化氛围和方便游客。以上项目投资448万元。

(于 军)

【西海子公园绿化改造】 2002年,西海子公园重点开展以葫芦湖为中心的环境治理。环湖护坡多年未修,已破损,倒塌严重,上半年进行了整修,共计252米,结合"黄土不露天"工程,对旧有草坪进行更新、在裸露的假山北坡新铺草坪,共计1.5万平方米。对园内破旧雨路修缮硬化,面积达3000平方米,长廊油漆彩画以及妇女儿童活动中心粉刷等,共计投资223.8万元。

(于 军)

环境卫生

【概 况】 市政管理委员会环境卫生系统下设环境卫生设备所、环境卫生管理所和西田阳垃圾卫生填理场,其主要负责卫星城内环卫基础设施建设、城乡环境综合整治、137座公厕管理、796个化粪池抽运、185万平方米城市道路日常清扫和城区垃圾无害化处理等项工作任务。2002年围绕"环境建设年",市政管委加大环卫基础设施建设及城乡环境综合整治力度,全年总投资5.06亿元(包括4个街道、11个乡镇投资),先后开展了通惠河两岸环境治理、京哈路通州段整治、"两道、四河"环境整治、整治市容市貌和纠正不文明行为等活动。完成有机生物处理站建设工程,翻建公厕9座,更新了部分环卫设备设施。全区的环卫基础设施水平及城乡市容环境面貌明显改观。

(李继良)

【通惠河两岸环境治理】 通惠河贯通城区全长4.3公里,是运河文化产业带重点开发地段。1月10日至2月5日对通惠河两岸进行集中治理,拆除两岸临建、违建28955平方米,清运渣土6万立方米,修砌通透式围墙3371米,粉刷油饰面积19350平方米,完成绿化面积20万平方米,埋设污水管线,改善水环境,投资总金额646万元

(李继良)

【完成有机生物处理站建设】 有机生物处理站坐落在梨园砖厂村以北,3月中旬正式动工,8月底竣工,9月初投入使用。该工程占地总面积7860平方米,建筑面积1500平方米。修路12000平方米,地下贮粪池300立方米,绿化5800余平方米。工程总投资1500万元,日处理粪便300吨,使城区生活粪便无害化处理率达60%,有效解决了卫星城粪便无序排放问题。

(李继良)

【京哈公路通州段整治】 京哈公路通州段,西起西马庄收费站,东至白庙桥,全长13.8公里。此项治理工作从3月15日至5月10日,历时两个月共完成拆迁、拆临任务40400平方米,粉刷油饰面积25180平方米,清洗公路设施42689平方米,清除杂草95800平方

米,树木刷白24318棵,植树21712棵,清运垃圾120000方,修复交通设施(处)666处,治理广告牌匾3785处,清理白色污染1698公斤;平整绿化用地79600平方米,清运渣土1150吨,拉运素土2900吨,栽植7种乔木1594株,花灌木9种39.06万株,种植草坪5.41万平方米。总投资金额283万元(不含绿化投资)。

(李继良)

【完成"两道、四河"环境整治】 "两道、四河"即京秦铁路、京承铁路,北运河、小中河、温榆河、运潮减河,由通州区市政管委牵头,对区域内其沿线两侧进行环境卫生综合治理。主要清除铁道、河道两侧的临建、违建、有碍观瞻的建筑物及废品收购点;清理非法小广告、乱涂乱画不规范的广告牌匾和标语口号;清洗粉刷沿线两侧视野之内的建筑物外立面;解决两侧坟头的平坟问题;整修农田河堤相接壤的沟渠、边沟,清理两侧绿化带内的废弃物。此项工作于6月3日开始实施,7月18日圆满完成。"两道、四河"沿线共清运、推平掩埋垃圾渣土26万立方米;拆临、拆违18637平方米;粉刷油饰13万平方米;平坟1500个,平碑600个;发放宣传材料1000余份。

(李继良)

【开展整治市容市貌和纠正不文明行为活动】 9月初至11月初,全市开展了整治市容市貌和纠正不文明行为活动,本区动员社会各界力量,对辖区的市容环境及不文明行为进行彻底治理。历时3个月,共清理卫生死角637处;查处露天烧烤768起,清理无照经营5810起;清理收缴小广告22万张;查处各类窝点43个,出动执法人员8625人;移送三无人员269人,接受并办结整治信访249件,开办"一堂课教育"202课210482人参加,活动总投资163万元。此项工作被首都精神文明建设委员会评为优秀组织奖。

(李继良)

【部分小区实行生活垃圾分类收集处理】 为提高本区城市生活垃圾减量化、资源化和无害化的管理水平,本区部分小区实行生活垃圾分类收集和厨余垃圾处理。市政管委在开展此项工作中共发放垃圾分类宣传品1.5万张,发放垃圾分类桶300个,以云景里小区、华兴园小区、如意小区等8个物业小区为首批实施单位。据统计,实行垃圾分类小区可回收物的回收率在不断增加,垃圾外运车次明显减少,减量率达到40%。此项工作总投资120万元。

(李继良)

【创建环境整治示范村】 年初,本区11个乡镇、483个行政村对"五个一"工程运行和工作职能进行安排与布置,并建立起"五个一"工程台帐,对2001年"五个一"工程缺项的村庄,做了补项工作,确保"五个一"工程的正常运转,为农村的环境面貌改变起到重要的作用。以净化、硬化、绿化、美化为标准,开展创建环境整治示范村工作,年内在上年72个示范村的基础上,又创建131个示范村,基本上实现三季有花,四季常青。村内主要街巷硬化达到95%以上,改变了"晴天一身土,雨天两脚泥"的落后状况,提高了农村环境整治工作的整体水平。

(李继良)

【乡镇成立城管分队、环卫所】 为了加强乡、镇环境管理水平和执法力度,区环境整治办督促各乡、镇尽快成立城管分队。年内,马驹桥镇、永乐店镇、台湖镇等5个乡镇成立城管分队,人员达到74人。各乡、镇环卫队伍也在扩建,成立了4个环卫所,乡、镇保洁人员3000人。城管分队和环卫所两支队伍的成立,为乡、镇的环境治理和规范化创造了条件。

(李继良)

城管监察

【概　况】 2002年城管监察工作围绕“环境建设年”的总体要求，以不断完善长效管理机制为龙头、以落实好“门前三包”管理责任制为基础，通过深入开展行政执法公示教育，创新工作思路，强化执法力度，整洁优美、规范有序的城市环境得到持续巩固和发展。截止12月底，依法查处各类违法案件2.4万起，罚款金额187.34万元。大队制度建设进一步规范和完善，结合工作实际先后制定了机关办公、行为规范、行政执法、目标考核、行政后勤五类49个规章制度并汇编成册人手一份，同时组建了督查组，随时对每个队员的执法情况、遵章守纪情况进行督导，使全体队员依法行政、文明执法、秉公执法的意识有了新的增强，较好地树立了城管队伍的新形象。年底被首都精神文明建设委员会评为“整治市容市貌及纠正不文明行为先进集体”、被北京市语言文字工作委员会评为“北京市语言文字工作先进集体”、被区评为“依法行政先进单位”、“综合整治先进集体”。

（郭宝堂　秦来富）

【加大宣传力度】 全年在开展执法公示教育活动中先后召开“门前三包”单位负责人、店外占道洗车修车组装加工站点负责人、施工现场负责人会议13次，召开66个居家委会负责人座谈会一次，深入2700个社会单位进行法规宣传，在14所中小学开展“做环保小卫士”征文活动，制作电视专题片5部，在主要大街设点宣传12次，累计发放有关城管职能、城管法规等宣传材料12.8万份，受教育人数达10万人次以上，促进了良好执法环境的形成。

（郭宝堂　秦来富）

【综合整治力度进一步增强】 2002年会同有关部门依法取缔城内木材市场62个、废品收购点308个，消除了事故隐患。取缔占路市场13个，方便了群众出行。拆除违建1846处，合计167736平方米。整顿店外修车、洗车、组装、加工站点543处次，填埋修车地沟17条，整顿脏乱死角138处，卫星城主要大街违法建设被基本拆除，为落实城市总体规划创造了条件。

（郭宝堂　秦来富）

【规范散装货物运输及施工现场秩序】 年内共查处违规运输车辆2100台次，规范大型施工现场120个，零散小型施工点500个，有力的杜绝了道路遗撒、车轮带泥上路行驶及工地扬尘等现象，净化了道路及大气环境。

（郭宝堂　秦来富）

【治理无照经营、露天烧烤】 年内共查处取缔无照经营摊点7441处，校园周边及各大商场周边的散摊乱点得到治理。先后71次对露天烧烤进行集中整治，取缔烧烤点1762处次，没收销毁烧烤工具5300件，主要大街的露天烧烤现象被杜绝。

（郭宝堂　秦来富）

【非法张贴小广告行为得到遏制】 全年执法工作中查处乱贴、乱涂、乱发小广告案件309起，取缔小广告窝点37个，没收销毁各种非法小广告55.5万张，发动群众清理小广告3.8万张。

（郭宝堂　秦来富）

【受理人大代表、政协委员提案、议案及群众来电来访】 全年共受理人大代表、政协委员提案、议案14件，涉及的问题均得到圆满解决。年内还开通了热线微机联网系统，受理群众举报597个，有关法律及事项咨询736个，均给予了及时处理和答复。

（郭宝堂　秦来富）

【城管监察职能进一步扩大】 10月，城管监察职能在履行原市容、园林绿化、工商管理、规划、交通占道等五个方面全部或部分法规的基础上又增加了七项职能。即：市政管理（包含城市道路、桥梁、过街天桥、地下通道市政设施）的全部处罚权、公用事业管理（包含城市供水管理、燃气管理、热力管理）的全部处罚权、停车管理（包含机动车、非机动车管理）的全部处罚权、城市节水管理的全部处罚权、环境保护的部分处罚权、施工现场部分处罚权、城市河湖管理的部分处罚权。

（郭宝堂　秦来富）

【城管监察进社区】 12月，在北苑办事处开展了城管监察进社区试点工作，并将在四个街道及永顺、梨园两个镇进行普及推广。

（郭宝堂 秦来富）

环境保护

【概 况】 2002年以通州区卫星城建设为中心，以防止大气污染和保护饮用水源为重点，开展大环境的综合整治，强化环境管理，加大执法力度，为促进本区经济与环境协调发展，不断推出新举措，实现新突破，创出新水平。严格执行环保“三同时”制度，全年共审批新、改、扩建项目1300余项，对68家较大项目进行了环境影响评价报告书批复；认真落实北京市控制大气污染第八阶段的措施，推广使用低硫、低灰分优质煤60万吨，限期治理茶浴炉41台，大灶26台，全部使用清洁燃料；限期治理锅炉除尘器23台，安装高效脱硫除尘装置，实现达标排放；限期治理餐饮206家；对辖区内各乡镇和90个锅炉冒黑烟、烧树叶、烧垃圾的情况进行严格执法检查，全区15万亩小麦秸秆全部实现禁烧。为防止扬尘污染，对119个建筑施工工地现场进行执法检查，对辖区内11个较大单位的煤堆、料堆限期采用喷淋、加覆盖剂；加强对汽车尾气的防治，对觅子店、白庙检查站的69419辆进京车辆进行检查和监测，劝返超标车辆3720辆，发放环保标志3.8万个；加强环保监测，对170家水污染源中各项污染物进行检测，取得有效数据1688个，对辖区内425台锅炉进行烟尘、二氧化硫、烟气黑度的检测，提供监测数据1700个；全年收取超标排污费430万元，受理来信来访359件（次）；开通了环境保护举报热线12369；卫星城日处理10万吨污水处理厂已经开工建设；区政府拟办的18件环保实事全部完成，城考各项指标比去年同期有所提高。大力加强执法队伍和行风建设，2002年，评为通州区精神文明建设先进单位，连续五年评为执法先进单位。

（王振英）

【从源头控制污染源】 为了促进通州区经济发展，增强服务意识，提高办事效率，本局严格按照规定实施“一站式”审批程序。对于符合环保要求、材料齐全的所有项目，全部实行“一站式”审批。2002年共审批项目1300多个，“三同时”执行率达到100%。

（孔庆媛）

【环保宣传】 2002年以“环境建设年”为契机，加大宣传力度，开展环境科普“三下乡”环保知识宣传活动8次，共发放宣传材料9400余份，咨询2900余人次，展出展板250余块次，发放环保布袋26万个，环保倡议书2万余份。在《通州时讯》报上继续开办“绿色家园”栏目，刊登宣传环保法律、法规和环保科普知识的文章50余篇。为了加强中小学生环境教育，先后举办6次中小学生环保科普知识讲座，受教育面达3600人。在中国环境报上刊登环保产业发展情况文章3篇，2002年被评为通州区宣传工作和“三下乡”活动先进单位。

（孔庆媛）

【噪声环境略有好转】 2002年对通州区卫星城建成区按500×500平方米等面积划分监测网格，实测有效网格125个，监测面积1.25平方公里，占建成区总面积的86.3%。2002年区域环境噪声平均值55.6分贝，比去年降低0.9分贝，达标网格117个，各功能区累计达标率96.3%，达到区域环境噪声标准。道路交通噪声共监测6条主要干线，计18个路段，总长21.66公里。公里加权等效声级为69.7分贝，平均车流量为1641辆/小时。随着机动车总量逐年增加，城区道路状况好转，车速提高及生活区机动车数量增加，本区声环境受道路交通噪声的影响将日益加大。

(徐晓云)

【锅炉排放标准提高 达标率下降】 采暖期对辖区内452台锅炉进行烟尘监测，超标率55%，抽测二氧化硫669台，超标186台，超标率28%。这与北京市锅炉排放标准提高，旧有除尘器设计能力不够有关。

(徐晓云)

【机动车检测治理】 加大机动车汽车尾气的检查力度，全年共路检机动车11463辆，检测进京路口车辆69419辆，年检机动车尾气检测发标36836个，入户检测机动车1480辆，对2318辆尾气不合格或无环保标志的本市车辆下达了责令改正通知单，治理复检合格后方可上路行驶。对外埠3702辆超标车辆进行罚款后予以劝返。在专项检查柴油公交车和社会货运机动车排放工作中，巡查机动车3405辆，入户检查公交车364辆，班车89辆，查处冒黑烟车辆40辆，合格率为89%。

(徐晓云)

【卫星城污水处理厂开工建设】 根据通州区环境建设年的要求和通州区的总体规划，区政府决定采用国际通用的BOT形式，建设通州区卫星城日处理10万吨的污水处理厂。该工程通过国际招投标方式，美国AEPA国际集团公司中标。美国AEPA国际集团公司向我方介绍了WWRR系统，该方法采用多层无界面水处理单元综合模型，是厌氧—兼氧—好氧的交替过程，有着活性污泥和吸附、凝聚和沉淀等多重作用。厂址选在土桥砖瓦厂的废坑。10月26日举行了开工典礼，现污水处理厂正在建设中，管网部分已完成任务三分之一多的工程，预计2003年年底整个污水处理厂投入使用。

(胡建华)

【控制大气污染】 全区共推广使用低硫、低灰分优质煤60万吨。限期治理茶浴炉41台，大灶26台，全部使用清洁燃料；限期治理锅炉除尘器23台，安装高效脱硫除尘装置，实现达标排放；限期治理餐饮206家，全部安装油烟净化装置。

(张志永)

【环保百日严查活动】 共出动779人次，查处企业421家，重点对97台套污水处理设施的运转情况进行拉网式检查。对其中2家未正常使用污水处理设施的单位进行行政处罚，对1家气味扰民企业进行限期整改。

(张志永)

【加大排污费征收力度】 2002年，环保局依据《北京市执行国务院<征收排污费暂行办法>的实施办法》和《北京市关于二氧化硫排污费征收办法》对全区960家企事业单位征收超标准排污费和二氧化硫排污费，征收总额为430万元，有效地促进了企事业单位治理污染的积极性。

(张志永)

【依法行政】 日常检查与专项检查相结合，查处违法行为遏制污染反弹，全年共进行9个方面的专项检查：对燃煤茶油炉及大灶的执法检查，对燃煤锅炉黑烟的执法检查，对全区加油站的联合执法检查，对污水处理设施运行状况的执法检查，对全区15万亩小麦秸秆禁烧情况的执法检查，综合性环保百日严查活动，对全区建筑施工场地噪声污染情况进行执法检查，对煤炭质量的联合执法检查，对制砖业的联合执法检查。通过检查对其中的9家违反环保法的行为进行了处罚。

(张志永)

【信访工作】 共接到和办理人大议案、政协提案4件，群众来信来访359件，其中12369热线90件。在这359个污染事件中反映水污染21件，占总数的5.8%；反映废气（含烟尘）污染192件，占总数的53.5%；反映噪声污染144件，占总数的40.1%；反映固废污染2件，占总数的0.6%。结案率为100%。

(张志永)

房地产开发

【概　况】 2002年全区商品房开发开复工面积达到247.3万平方米，当年新开工面积114.4万平方米，竣工92.8万平方米；销售面积81.5万平方米，销售额21.7亿元，房地产业完成税收3.1亿元，同比增长58.8%；2002年在通州区注册的房地产开发企业数量达到147家，比上年增加68家；其中本区注册经营企业107家，异地在本区注册经营40家；内资企业141家，合资企业6家；房地产开发企业资质，一级1家，二级3家，三级4家。2002年房地产开发重点围绕加快旧城改造步伐，抓好重点地区的危旧房改造，对旧城改造坚持成片拆迁，整体推进的策略，不断加大招商引资力度。2002年对西上园小区三期、新华南北路拓宽、中山街旧城改造、北大街一期工程进行了开发建设。

（田　文）

【表彰纳税大户】 3月15日，北京市通州区房地产开发公司、北京武夷房地产开发公司、北京顺开房地产开发公司等11家房地产开发企业获得房地产开发先进企业称号。这些企业全年的纳税额大多超过了千万元，年开复工面积保持在10万平方米以上。

（田　文）

【监理介入房地产开发】 8月上旬，根据区建委通知要求，凡是新开工的商品房工程，单体5000平方米以上，小区4万平方米以上，必须实行强制性工程监理，工程监理采取公开招投标制度；土建监理人员监理面积原则上不超过1万平方米，水暖电监理人员监理面积原则上不超过2万平方米；房地产开发小区的监督面保证100%；工程验收备案合格率100%。

（田　文）

【房地产开发稳步上升】 1至8月，全区房地产开发共完成投资156.4亿元，同比增长17.37%；商品房建筑施工面积216.4万平方米，其中住宅191.1万平方米，同比增长25.14%和19.54%。

（田　文）

【WTO知识培训】 为使本区房地产开发企业尽快适应中国入世后的形势发展需要，年内，区建委组织本区60多家房地产开发企业学习了《中国房地产管理法》，传达了国务院和建设部有关文件精神，重点加强了对WTO知识、规划的学习，请建设部和市建委有关专家就WTO内容给开发企业经理进行了专题讲座，提高本区房地产开发企业依政策、法规和市场规则办事的能力。

（田　文）

【企业年检工作完成】 到10月下旬，本区第一批参加房地产开发企业资质年检的121家企业中，有119家通过验收，合格率为98.3%；第二批参加年检的26家企业，验收工作年底完成。本区的房地产开发企业规模，发展为一级企业1家，二级企业3家，三级企业4家。

（田　文）

【定位北京新城区标准】 11月上旬，区长办公会议提出本区的房地产开发建设要定位于北京新城区的标准上，新城区不能同于一般卫星城，要把通州建设成为生态城、数字城、文化城和文明城。在旧城改造中，应考虑宜商则商，宜住则住原则，疏散卫星城建设密度，实行城市减法原则，卫星城中心地区拆除的地块，原则上不再进行开发建设；要增加公共绿地面积，保持原有特色，根据区位及传统资源进行市场细分和土地利用细分。

（田　文）

【强化小区基础配套设施建设】 12月上旬，区建委向政府提出关于强化商品开发小区基础配套设施的建议，被政府采纳作为一项折子工程来实施。房地产开发在保证一定的开发建设的规模同时，要着力提升商品住宅小区品质和项目档次，注重环境质量，打造智能化、花园式、生态型精品社区，要不断强化商品住宅小区的基础配套设施建设，推进物业小区的综合验收制度。验收组人员由区建委、规划局、房地局、环保局、教育、卫生、街道办事处、电信、邮政等部门组成，抓住八个方面工作，即：1、幼儿园和教育设施建设；2、小区商服综合设施建设;3、小区污水处理设施建设;4、强电、弱电建设;5、网络通信建设;6、通邮建设;7、小区内外整体绿化美化环境建设;8、小区居委会和社区医疗建设。商品住宅开发小区中以上八个方面基础配套设施没有规划的,工程不能开工,没有建成或达不到验收标准的,工程不能报竣,不予进行综合验收。

(田　文)

通州区房地产开发总公司

【概　况】 2002年,区房地产开发总公司以提高员工素质、塑造企业形象、提升产品品质和增强企业实力为重点,积极实施品牌发展战略,两个文明建设再创历史最好水平,全年共实现开复工总面积17.29万平方米,同比增长33%;竣工面积8.28万平方米,同比增长3.5%;投资2.5亿元,同比增长56.3%;商品房销售额2.2亿元,同比增长55%;税收1937万元,同比增长204%。并成为北京市第一家通过ISO9001:2000国际质量标准认证的房地产开发企业和全国房地产行业信誉百佳创建单位之一。

(代艳东)

【通过ISO9001:2000国际质量标准认证】 公司坚持以质量管理为核心,提升商品房品质,打造企业品牌,提出了“业主至上,诚信守法,质量一流,持续改进,追求卓越”的质量方针和“工程合格率100%,工程优质率不低于50%,小区优质率不低于30%,业主满意率不低于95%”的质量目标,根据1SO9001:2000国际质量标准,按照产品实现过程,建立了文件化的质量管理体系。9月25日,公司顺利通过中质协质量保证中心的质量管理体系认证审核,获得认证证书,成为北京市第一家通过ISO9001:2000国际质量标准认证的房地产开发企业。

(代艳东)

【解决34万平方米小区居民用电问题】 为全面解决帅府、玉桥、西上园、南关等小区居民用电难的问题,公司投资3200多万元,并与区供电局紧密配合,科学规划、合理施工,到年底,已基本完成施工、装表工作,各小区将确保在2003年春节前全部用上放心电。

(代艳东)

建筑·建材

【概　况】 2002年建筑业企业队伍发展为133家,其中一级资质企业6家,二级资质企业34家,三级资质企业87家,劳务分包企业6家,从业人数近5万人;建筑企业完成税收1.6亿元,同比增长23.1%;完成建安产值40亿元,同比增长14.3%;建筑业增加值完成8亿元,同比增长21.2%。全区开复工面积超过400万平方米,其中当年竣工面积219万平方米,同比增长19.3%。

建材产品种类不断丰富,完成建材业产值11亿元,上缴税收7000万元,年生产门窗130万平方米,门窗、型材相关产品销售产值超过5亿元,继续牢固树立北京第一门窗生产大区地位;节能墙改工作取得新进展,16家自然干燥砖厂,5家已转产为生产页岩普通烧结砖、多孔砖或建筑渣土砖,多孔砖年生产能力达到7000万块;建立移动或混凝土搅拌站2个,散装水泥罐101个,散装水泥专项资金收缴率达100%,为企业节约资金上千万元。

(田　文)

【乡镇建设见成效】 全区已有468个行政村完成村庄规划工作,完成总任务的98%;2001年在乡镇村容镇貌治理工作中总共投资3.93亿元,其中集镇区综合治理投资2.7亿元,村庄综合治理投资1.23亿元;修路318.76公里,其中集镇道路占126.89公里。

(田 文)

【全国安全检查名列前茅】 3月19日,国家建设部办公厅向全国发出2001年全国建筑安全生产大检查评比排序榜,北京市通州区在全国60个参加安全生产大检查的城市、直辖市的区、县中排名第五位,是北方三十个参赛区中的第一名,受到建设部和市建委的通报表扬,通州区建筑业安全生产管理模式被建设部作为先进典型经验在全国推广。

(田 文)

【夺得安全生产流动杯】 2002年,通州区建委再次获得北京市建委授予的“安全生产监督管理优胜流动杯”,这是区建委第三次夺得该杯。

(田 文)

【区人大代表考察城乡建设】 3月28日,区人大主任曹文广等17人到区建委调研,共同探索本区城乡建设新思路,人大代表对区建委近几年在队伍建设、人才培养、抓企业资质、重视工程质量、强化安全生产手段等方面所取得的成绩给予了充分肯定。同时,也对如何防止房地产开发过热,尽快完善小区基础配套设施等方面做了有益的建议。

(田 文)

【禁止使用粘土实心砖】 根据北京市政府80号令《北京市建筑节能管理规定》,为保护耕地资源,自5月1日起,除农民在宅基地上自建低层住宅外,所有建筑工程(包括基础部分)一律禁止使用粘土实心砖,改用多孔砖、渣土砖等新型节能材料,原有砖厂全部改产或停产,达不到改造要求的要坚决关、停,来年进行复垦。

(田 文)

【加强工作质量管理】 8月下旬,区建委出台一系列措施,加强对建设工程质量的监督管理,文件要求,要依法规范工程参建各方主体行为,转变质量监督职能,完善质量监督手段,各方要努力探索提高住宅工程质量的有效途径,采用推广先进适用成套技术,严格执行强制性标准,强化事先控制,完善预控措施,加强过程控制管理,加强科技攻关等。并以北京华威建筑工程有限公司、北京牛建建筑集团公司施工的新华联小区工程作为质量生产样板进行了推广。

(田 文)

【5家企业获安康杯先进称号】 2002年,在参加由区总工会组织的安康杯竞赛活动中,北京华威建筑工程有限公司,北京市通州区建筑集团公司等5家建筑企业获得先进企业称号。前两家企业还被选送参加全国安康杯竞赛评选。

(田 文)

【职称考核】 10月22日,区建委召开北京市工程专业职务任职资格中级评审委员会会议,23名工程师、7名助理工程师通过职称考核。

(田 文)

【开展保稳定安全生产检查】 10月28日起,对区属100多家建筑、装饰施工企业的400多个建筑工地开展保稳定拉网式安全生产专项检查。重点是消防保卫措施、安全防护设备、易燃易爆物品管理、人员值班制度、车辆清洗防止道路遗洒、防止施工扬尘和夜间噪声施工扰民以及民工食堂、宿舍卫生安全等方面,从而确保十六大顺利召开。

(田 文)

通州区建筑集团公司

【概 况】 2002年区建筑集团公司坚持“上规模、上水平、创品牌、创效益”的工作方针,不断加强企业经营管理力度,在狠抓开复工面积的同时,注重提高工作质量,取得较好效果。全公司年开复工面积65万平方米,竣工面积30万平方米,上交税金1600万元,比去年增加500万元,增长45.5%。同时创市级优质工程面积30280平方米;创区级优质工程面积73433平方米;创建市级文明安全工地61023平方米;创区级文明安全工地3处,总面积23337平方米。建筑施工和房地产开发均获得区建委系统先进称号。

（张桂莹）

【再次通过国家一级企业资质审核】 通州区建筑集团公司，1995年被中华人民共和国建设部批准为国家一级建筑企业。为当时全区唯一一家国家一级企业。此后，建设部曾多次对现有建筑企业资质进行重新审核认定，该公司都以优异成绩名列前茅。2002年，建设部又根据部颁标准对该企业重新认定，最终获得国家一级企业资质证书。

（张桂莹）

【技术人员培训】 通州区建筑集团公司把技术人员的岗位培训放在重要位置。年末，举办各类岗位培训班50多次。土建质检员、水电质检员、工长、技安员、材料员参加了培训。共培训各类岗位人员380多人。

（张桂莹）

【13名业务骨干进修研究生学业】 年内，公司选派作风正派，业务精良的13名同志前往北京建工学院参加研究生班培训。经过近一年半的刻苦学习，均取得研究生学历结业证书。

（张桂莹）

【全面推行ISO9000族质量体系标准】 继1996年ISO9000族质量体系认证后，2002年6月初，企业又顺利通过了ISO9000族改版后的ISO－9001(2000)质量管理体系标准外部审核，使企业质量管理进一步深化。

（张桂莹）

【通过职工安全健康与环境管理体系认证】 企业为了提高公司员工的职业安全健康与环境保护管理水平，建立起职业安全健康与环境管理体系，于2001年末开始，培训有关人员，2002年3月正式启动，历时5个月。通过初始评审，制定公司安全健康与环境方针，目标及指标，确定并实施安全健康和环境管理方案、运行控制及其要素程序，完成了两个体系的建立。7月15日正式颁布运行，11月18日，正式通过国家经贸委安全科学技术研究中心的审核，并取得了两个体系的认证证书。

（张桂莹）

【参加八通轻轨三站一线建设】 2001年年末，公司一处、三处、六处、九处4个单位加入八通轻轨通州段建设。承建项目为“三站一线”。即第一工程处承建八里桥车站，第三工程处承建土桥车站，第六工程处承建九棵树车站，第九工程处承建高架桥。在工程建设中，广大干部、员工克服困难、顽强奋斗，得到了甲方的认可。第六工程处王柏利项目部获八通全线先进项目部称号；在全线质量评比中，全公司排名第一，并得到甲方的奖励。

（张桂莹）

【承建金源泉小区】 10月30日，公司第二工程处、第七工程处、第六工程处承建的金源泉小区主体工程顺利竣工。该小区建筑面积114106平方米，总造价为11784万元，全部为框架结构，为公司有史以来承建的面积最大的一处整体工程。工程开工以来，指挥部坚持高标准、高起点，建设中经有关部门多次检查验收，已经入围市级优质小区评比和市级文明安全工地。

（张桂莹）

【采用新材料、新技术、新工艺】 年内，企业大力推广新材料、新技术、新工艺，努力提高工程的科技含量。第六工程处轻轨体育场车站项目部，在施工中首次采用建设部研究院研究的滚轧直螺纹套管连接钢筋技术，使施工质量和进度都有大幅度提高。同时，地下防水工程也首选新型防水材料EOB卷材，取得了较好的效果。第九工程处添置了全站仪，提高了测量的精确度，为创优工程打下了基础。

（张桂莹）

【创建各级文明安全工地活动】 6月，企业狠抓在施工工程现场安全达标和创建各级文明安全工地活动，采取下发“隐患通知书”和限期整改等办法，加大安全检查指导力度，使现场达标率达到83%以上。第十工程处双桥住宅楼工程，第二工程处玉桥东里等工地创出了市级文明安全工地，第二工程处和第七工程处金源泉小区工地入围市级安全文明工地，第七工程处金源泉小区工地被区政府命名为“红旗单位”。

（张桂莹）

【房地产开发呈现好势头】 年初，企业将房地产开发作为工作重点之一，加大开发、销售、物业管理力度。幸福艺居一期开发6万平方米，年底入住。二期7万平方米进入基础施工。同年，完成北小园小区室外各项工程，并获区优“文明小区”称号。

（张桂莹）

【创区优工程3处】 第一工程处承建的乔馨园1＃、2＃住宅楼工程建筑面积9651平方米，第三工程处承建的西上园503＃乙商住楼工程建筑面积8126平方米和第六工程处承建的市政法委党校教学楼工程建筑面积11548平方米，经过严格验收，获得区级优质工程，捧得“运河杯”。

（张桂莹）

【创市级文明安全样板工地2处、文明工地3处】 第八工程处承建的西上园403＃住宅楼面积5707平方米，第三工程处承建的西上园503＃住宅楼面积8126平方米，在建筑施工中现场管理标准高，均获得市级文明安全样板工地称号。第一工程处承建的安定园高层住宅楼、第六工程处承建的市政法委党校教学楼工程、第九工程处承建的自住楼工程均获得市级文明工地称号，总面积36793平方米。

（张桂莹）

【成立房地产经济公司】 2002年，潞隆房地产开发公司成立了房地产经纪公司，狠抓销售，成绩显著。北小园销售5493平方米，幸福艺居销售19730平方米，销售呈现出强劲的势头。

（张桂莹）

【成立文明市民学校】 为贯彻《公民道德建设实施纲要》，强化干部职工，特别是外工的道德素质教育。年初，企业在全区首家成立起了文明市民学校。公司为中心校，教育对象为干部员工，各单位成立起分校，将课堂设在工地，教育对象为单位的管理人员和外工队伍。学校制定了章程、教学机构、学员守则，规定了教师、学生教学相长的内容。年末，基层分校已成立8所。公司中心校被区文明办推荐为出席市级先进单位。

（张桂莹）

科教文卫体

科　技

【概　况】 2002年通州区科技工作围绕经济和社会发展这个主题及区政府制定的工作任务指标，积极、扎实、创造性地开展工作，完成了各项任务。全区新发展民营科技企业18家，总注册资金3.5亿元，年底，全区有民营科技企业102家，技工贸总收入11.88亿元；新认定高新技术企业6家。年末，全区共有高新技术企业18家。

年内，共组织申报国家级重点新产品计划2项，市级科技项目4个，认定高新技术成果转化项目4项；申报2003年度国家级火炬计划项目5项；落实实施星火计划项目17项；全区申报科技进步奖、星火奖、博飞科技奖等共55项。

年内，共引进各类专业技术人员354人，举办各类培训班306期，培训各类专业技术人员1.6万人次；发放绿色证书506本。组织3期“促进高新技术产业发展优惠政策”培训班。

通州科技大厦工程已经启动，区科委代表通州区已和外商签订了项目合作意向书和项目合作协议书。

（林广连）

【民营科技企业快速发展】 2002年底，通州区实有民营科技企业102家，其中当年新发展18家。企业资产总额29.77亿元。职工总数6405人，其中科技人员1930人；科技人员中有高级职称368人，中级职称816人，初级职称746人。年内全区民营科技企业实现工业总产值12.38亿元，技工贸总收入11.88亿元，工业增加值2.78亿元，实现利润2992万元，上缴税金7863万元，出口创汇5454万美元。

（宋长福）

【高新技术企业累计18家】 2002年底，本区经北京市科学技术委员会认定批准的高新技术企业已有北京市恒聚油田化学剂有限公司等18家。涉及电子与信息技术4家，光机电一体化技术3家，新材料技术10家，环境保护技术1家。

（宋长福）

【高新技术成果转化项目认定】 年内，通州区有9个科技项目被北京市科学技术委员会认定为高新技术成果转化项目。其中北京中科镓英半导体有限公司的砷化镓外延片、半绝缘砷化镓单晶片被认定为重大项目。

（宋长福）

【科技成果评定工作】 2002年通州区共评出科技进步奖23项，其中一等奖8项，二等奖10项，三等奖5项；评出星火奖1项，星火优秀个人11人；评出博飞科技奖3项。在此基础上推荐北京市科学技术奖4项，经过专家评审，本区有2项获得北京市科学技术奖，其中二等奖1项，三等奖1项。

（杨玉稳）

【科技成果鉴定工作】 区科委协同北京市科委组织专家对本区北京创导工业陶瓷有限公司自主开发研制的堇青石－莫来石窑具的科技成果进行了鉴定，鉴定专家委员会对该项目进行了全面论证后，认为产品性能达到同类产品国际先进水平，一致通过鉴定。

（杨玉稳）

【两个项目列入国家重点新产品计划】 北京市恒聚油田化学剂有限公司的高抗盐超高分子量聚丙烯酰胺项目和北京磁通设备制造有限公司的 YDJ－99 型铁路车辆轮对动平衡检测及自动去重机床项目，被列入国家重点新产品计划项目。其中北京市恒聚油田化学剂有限公司的高抗盐超高分子量聚丙烯酰胺项目符合国家重点支持的范围，得到了国家 30 万元的财政补助支持。

（杨玉稳）

【实施星火计划效果显著】 2002 年本区共实施星火计划项目 17 项，其中新上项目 6 项，延续项目 11 项；项目完成产值 103341 万元，利税 15549.8 万元。其中新上项目完成产值 12400 万元，利税 1004.8 万元。在到期项目中，已有北京新鸿节能建材厂的耐力克铜铝复合散热器产品开发项目、嘉华天润科技有限公司的 TBO 系列绿色智能通信高频开关电源系统开发项目、北京御香苑畜牧有限公司的高档牛肉生产线项目、北京琪景饮片厂的精制中药饮片、颗粒剂的开发项目通过了北京市科委组织的星火计划项目验收。

（杨玉稳）

【星火技术密集区建设】 2002 年在永顺镇星火技术密集区全面完成各项建设指标，通过市科委组织的验收后，又申报了马驹桥星火技术密集区建设项目，并得到市科委的批准。根据马驹桥镇发展现状和其周边经济的发展趋势，借助国家经贸委为迎奥运，将马驹桥镇列入国家环保示范园区建设项目为契机，把发展环保产业作为该密集区建设的重点，带动其它相关产业的发展，在现有企业的基础上，发展以环境咨询、信息和技术服务、环境工程以及污染防治等为主要内容的环保产业服务体系建设。年内该密集区的各项建设任务已全面启动。

（杨玉稳）

【两家企业被评为市星火科技先导型示范企业】 2002 年，本区的清华紫光泰和通环保技术有限公司、银力环电气有限公司被市科委评为北京市星火科技先导型示范企业。至此，本区已有 4 家企业被列入北京市 100 家科技先导型示范企业的行列。

（杨玉稳）

【完成科委机关局域网升级改造】 为适应政府上网工程的需要，科委机关加强了自身的计算机网络建设，对原有机关局域网资源进行升级改造，对原有网络资源进行整合，提升了资源利用率，提高了机关办公自动化水平。2002 年机关局域网的升级改造工作投资 15 万元完成了综合布线工程、机房改造工程、机房设备更新及机关局域网 Miss 系统；又投资 15 万元对机关局域网的 14 个终端进行了设备更新，购置了 OFFICE 办公软件及常用工具软件。

（张树杰）

【农村远程教育及信息服务工程建设】 本区第一批农业远程信息服务终端站建设集中在各乡镇，2002 年重点放在了专业协会、科技示范村上，到年底，完成了包括永乐店镇、于家务乡、通州区养殖中心、种植中心、潞城镇大营科技示范村等 8 个点的卫星接收站的建设工作。至此，全区农业远程教育终端站总数已达 19 个。为推动本区农村远程教育终端站建设，区科委制定了相应的鼓励政策，对建站单位免费提供微机和卫星接收设备，使科技工作在农业结构调整、农民致富，提高农民科技素质，为农业增产增收服务工作落到实处。同时加强了远程教育信息管理人员的技术培训工作，对所有操作人员进行了为期一周的相应技能培训和考察。

（张树杰）

【区科委技术合同登记处重新认定】 按照北京市科委统一部署，2002 年对全市技术合同登记处进行重新认定授牌工作，通过考核评审，通州区科委技术合同登记处被北京市科委认定为“技术合同登记处”并授牌。年内，完成技术合同总金额560万元，实现技术合同交易额688万元。

（张树杰）

【农业科技成果转化基地建设】 2002年加强了西集镇农业科技成果孵化基地建设。为加速科技成果转化，促进科技成果在当地的推广、应用，通州区科委支持西集镇科委建设“通州区金桥科技孵化基地”，通过有偿科技合作、技术咨询论证、技术服务等方式引进科技成果，进行研究、示范、推广；为成果单位提供科技示范基地，开展科技攻关、科技招商、科技普及活动，促进京郊农村技术中介、成果转化孵化体系建设。

（张树杰）

【专利执法工作】 2002年是《北京市奥林匹克知识产权保护规定》公布实施的第一年，根据市知识产权局《集中开展清理整治侵犯奥林匹克知识产权》活动的意见，区科委对全区的主要商家、广告公司、主要繁华街道进行了检查，发现7处较明显的侵权行为，对带有侵权标志的图案、宣传牌、广告进行了拆除和更换。

（张树杰）

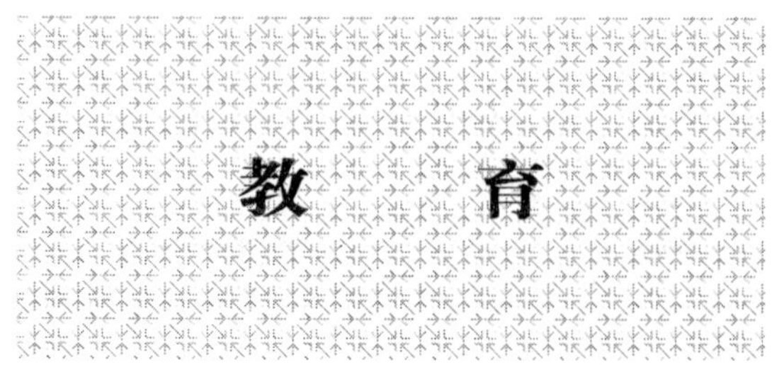

教　育

【概　况】 2002年通州区教育工作坚持以结构调整为主线，以转变教育思想为主导，以整合教育资源为重点，以体制改革和体制创新为动力，以加强队伍建设为核心，以全面推进素质教育为目标，以满足人民群众对优质教育需求为出发点，积极构建规模、结构、质量、效益内在统一，协调发展的现代教育体系，努力提高教育教学质量。

大力推进素质教育，促进学生健康、全面发展。全区中小学以德育为核心，开展丰富多彩的德育教育活动。以教科研为先导，探索科学的教学模式和教学方法，启动了“十五”期间确定的28个重点教科研重点立项课题和61个一般立项课题。24所小学103个教学班和高中学校新教材实验工作顺利进行。幼儿教育、小学教育、中学教育质量明显提高。中考和高考成绩实现历史最好水平。加快教育信息化建设，推进教育跨越式发展。年内中小学添置计算机2500台，新建校园网17个。

注重学校现代化建设，坚持基础教育均衡发展。巩固潞河中学国家级示范高中校建设成果，推进运河中学、永乐店中学申报市级示范高中校建设。通过整合教育资源，着力中小学合理布局、规模办学。农村中心校由上年的19所调整为11所。迁址建设潞州中学（原草寺中学），新建杨庄学校。区镇投资389万元实现新建平房校舍75间，翻建危旧房333间，挑顶200间，楼顶防水5000平方米。投资100万元，对34所中小学的危电按标准进行了改造。投资200万元，对36所中小学进行了取暖设施改造。从高中一年级择校费中提取254.5万元，调剂到农村中小学，改善办学条件。

着力搞好成人职业教育，进一步完善终身教育体系。职业教育坚持结构调整，深化改革，按照适应通州区经济社会发展的需要，突出设置现代化标志性专业和骨干特色专业。成人教育立足岗前、岗中培训，立足成人教育五项培训工程。年内全区成人教育培训达37万人次，并推出了新华办事处“社区教育培训工程”、台湖镇“万亩稻田养蟹新技术推广工程”、张家湾镇“双万亩葡萄标准化生产培训工程”、成教中心“农业现代化培训工程”、永乐店镇“半截河苜蓿草种植技术培训工程”等五项申报市优秀项目。社区教育进入全面推进的新阶段。16所文明市民学校有1所被评为“市级文明市民学校”。

（勾庆祥）

幼儿教育

【概　况】 2002年通州区有托幼园所97所。其中教育部门和集体办86所，社会力量办9所，其它部门办2所。在园所幼儿8525名，其中学前班幼儿（含小学附设幼儿班）1005名。在园所幼儿3岁以下506名，3岁以上8019名；教职员工382名，其中，园长、教师266人。教职员工中具有研究生学历的1人，大学本科学历的13人，大学专科学历的96人，教职员工中具有小学高级职务的43人。

（勾庆祥）

【4所中心园纳入中心小学管理】 9月1日，梨园镇、马驹桥镇、永顺镇、漷县镇中心幼儿园纳入本镇中心小学管理。为了加强对农村乡（镇）中心幼儿园的管理，促进农村学前教育事业的发展，根据《北京市农村乡中心幼儿园管理暂行办法》精神，通州区教育委员会具体指导第一批四所乡镇中心幼儿园纳入本镇中心小学管理。中心小学负责对本乡（镇）中心园园长、教师的选聘、资格认定、职称评定、工作质量考核。中心幼儿园园长享受中心校副校级待遇。

（勾庆祥）

【漷县镇中心幼儿园建成】 9月7日，漷县镇中心幼儿园落成剪彩，投入使用。该中心幼儿园投资260万元，建筑面积2000平方米。设有教室、睡眠室、多功能活动厅、厨房、备餐室、洗漱室、卫生间。可同时容纳百余名幼儿活动、休息、就餐。园内大中小型教学设备分类、分型配置。

（勾庆祥）

【认定市一级一类、二类幼儿园2所】 10月24至25日，市教委分别对东里幼儿园、东方幼儿园进行级类验收。经市验收领导小组审核，东里幼儿园办园条件和课教工作达到一级一类标准。东方幼儿园办园条件和管理水平达到一级二类标准。11月21日予以批复认定。

（勾庆祥）

【接管街道中心幼儿园】 11月12日，通州区教育委员会接管了原通州区街道中心幼儿园的5个分园，即后南仓幼儿园、四员厅幼儿园、西大街幼儿园、马家回民幼儿园、吉祥如意幼儿园。街道幼儿园始建于1958年，1997年改称为街道中心园。归口管理后，在区教委直接领导下开展工作。

（勾庆祥）

【落实纲要，观摩研讨】 11月26至29日通州区教委为进一步落实《幼儿园教育指导纲要》精神，组织全区各类幼儿园园长、骨干教师210人次对东里幼儿园、区幼儿园、民族幼儿园、教工幼儿园开展的小、中、大三个年龄班教育活动进行了观摩研讨。

（勾庆祥）

中小学教育

【概　况】 2002年通州区有小学136所，其中教育部门办129所，社会力量办4所，厂办校3所。共有1468个教学班，在校学生39911人，当年招生5093人，毕业12577人。教职员工3724人，其中专任教师3342人；中学48所，其中教育部门办40所，社会力量办8所。中学初中班904个，在校生37205人，当年初中招生12734人，初中毕业生10526人；高中班245个，在校生10508人，当年高中招生4675人，高中毕业生2084人；中学教职员工3581人，其中专任教师2713人；特殊教育学校1所，小学附设特教班2处，共有特教学生565人，其中视残生7人，听残生19人，弱智生539人。当年招生77人，毕业生61人。教职工27人，专任教师24人；校外教育单位1个，教职工51人，专任辅导员33人。中小学专任教师学历合格率95.38%，其中小学专任教师学历合格率98.14%，初中专任教师学历合格率92.21%，高中专任教师学历合格率90.81%；具有高级专业技术职务的教师218人,其中小学3人,初中123人,高中92人。全年中小学教育总支出35446万元,其中,财政投入32612万元,学校自筹2834万元。

(勾庆祥)

【运河中学成立教育发展促进会】 3月15日,通州区运河中学教育发展促进会经通州区教育委员会和通州区民政局批准成立。其办事机构名称为北京市通州区运河中学教育发展促进办公室。促进会是运河中学部分退休教师和在职教师为促进运河中学的教育教学质量,把运河中学建成名牌学校,自行发起筹备建立的。

(勾庆祥)

【举办第二届"春华杯"教学竞赛】 3-7月,区教委在全区小学开展第二届青年教师"春华杯"课堂教学竞赛活动。全区共安排五个赛区。按选拔推荐、课堂教学初赛、教案设计、总结表彰四个阶段进行。全区35岁以下教师1300多人参加了此项活动,初赛涉及小学所有学科。16名教师获表扬奖,8名教师获优秀奖,12名教师捧得"春华杯"。

(勾庆祥)

【副市长林文漪到二中调研】 3月29日,副市长林文漪到通州第二中学调研,视察了校园以及兴建中的教学楼工地,林文漪指出:一定要把学校规划好、建设好,使百年老校再创辉煌。

(勾庆祥)

【评选师德建设先进典型】 4月12日始,区教委、教育工会为贯彻落实中共中央《公民道德建设实施纲要》和教育部《关于加强中小学教师职业道德建设的若干意见》的精神,在全系统以师德规范为核心,广泛开展师德系列教育活动。运河中学等14个单位被评为师德群体建设先进单位,岳国新等86名同志被评为"师德之星"先进个人。

(勾庆祥)

【举办首届"新风杯"小学生书法比赛】 5月7日至6月1日,区教师进修学校与通州区关心下一代协会、共青团通州区教育委员会联合举办了通州区首届"新风杯"小学生书法比赛。本届比赛收到毛笔参赛作品221件,硬笔参赛作品498件。经过初评、现场复赛和终评,评选出一等奖29名,二等奖52名,三等奖76名,优秀奖76名,总获奖率为32%。

(勾庆祥)

【开展真情奉献社会活动】 5月8日始,区教育工会组织系统教师参加《展教师风采,真情奉献社会》活动。历时5个月,53个单位举办86场"师德之星"事迹报告会,27430名学生家长听了优秀教师的事迹报告;1734名教师把自己最优秀的课展示给学生家长;1685名教师参加了社会公益劳动;2554名教师与3372名特困生交朋友;2652名教师为特困生捐款49823.80元。

(勾庆祥)

【撤销调整区农村中心小学】 年内,通州区将农村19所中心小学撤并为11所农村中心小学。撤并具体情况为:撤销徐辛庄镇中心小学,所属小学并入宋庄镇中心小学;撤销次渠镇中心小学,所属小学并入台湖镇中心小学;撤销牛堡屯镇中心小学,所属小学并入张家湾镇中心小学;撤销郎府镇中心小学,所属小学并入西集镇中心小学;撤销大杜社镇中心小学,所属小学并入马驹桥镇中心小学;撤销觅子店镇中心小学,所属小学并入漷县镇中心小学;撤销柴厂屯镇中心小学,所属小学并入永乐店镇中心小学;撤销胡各庄镇中心小学和甘棠镇中心小学,建立潞城镇中心小学。

(勾庆祥)

【召开第二届地方课程建设工作会】 5月29日,通州区第二届地方课程建设工作会在漷县中学召开。市教科院、市教材编审部及区教委领导出席,各中学校长及主管教学的副校长参加了会议。通州区在地方课程编写工作中,先后出版《通州区地理》、《创业》、《通州区生物》、《通州区历史》等地方教材。《创业》在全区中学开课,1999年此教材获首届市政府颁发的教育教学成果奖。

（勾庆祥）

【完成普通高校招生录取工作】 8月2至31日，通州区2002年普通高校录取工作圆满结束。全区共有统招考生2866人（文科893人，理科1973人），共录取2390名，录取率为83.4%。按学历分：本科生1419人，占考生总数的49.5%，专科生969人，占考生总数的33.8%，中专生2人，占考生总数的0.1%。按科类分：文科692人，占文科考生总数的77.5%；理科1698人，占理科考生总数的86.1%。

（勾庆祥）

【贾庆林到潞河中学调研】 8月13日，市委书记贾庆林到通州区潞河中学调研。市领导强卫、刘志华等同行。贾庆林一行深入到学生宿舍、学生电子阅览室和信息传播中心，详细询问学校环境建设、师资队伍建设、信息建设等情况。指出，示范校要充分利用学校现有资源在贯彻落实素质教育方面起到榜样作用，在教书育人的过程中不但要教给学生书本上的知识，更重要的是要提高学生的综合能力。特别是要对学生进行艰苦奋斗教育。

（勾庆祥）

【选派优秀教师支教边远乡镇】 8月20日，区教育委员会从城区永顺、梨园两镇中心小学选派30名优秀教师到区边远乡镇学校支教。为了促进全区小学教育均衡发展，区教委2001年做出了《关于选派优秀小学教师到边远地区工作的意见》。选派的教师政治思想好，业务素质高，有较丰富的教育教学经验。通过自愿报名、组织批准的方法认定，支教时间一定两年。

（勾庆祥）

【中招工作顺利结束】 8月20日，通州区中招工作顺利结束。全区共有考生7846名，其中往届生237人，借读生116人。全区升入各类学校学生7707人，升学率为99.7%。其中升入重点高中人数1305人，升学率为16.9%；升入普通高中人数2788人，升学率为36.1%；升入师范类学校人数8人，升学率为0.1%；升入中专类学校人数2637人，升学率为34.1%；升入技工类学校人数766人，升学率为9.9%；升入职高类学校人数203人，升学率为2.6%。

（勾庆祥）

【20位模范班主任获运河育人杯】 9月5日，在潞河中学解放楼小礼堂举行了“运河育人杯”颁奖仪式。马驹桥中心小学张友杰、潞河中学王秀东等20位青年模范班主任受到表彰。该基金自1997年以来，先后有四届，80名青年模范班主任受到表彰。

（勾庆祥）

【举行素质教育展示活动】 9月24日，由市教委主办、区教委承办的“走进校园——北京市素质教育系列展示活动”在张家湾镇中心小学举行。教育部、市教委以及区委、区政府等领导参加了活动。张家湾镇中心小学校长做了“学本领，做主人，主动为农村经济建设与社会发展服务”的专题汇报；展示了学校的素质教育成果；进行了研讨。参加活动的领导、专家高度评价了张家湾镇中心小学的素质教育。

（勾庆祥）

【教育部领导到通州区督导检查】 10月12日，教育部国家督学张民生、俞恭庆等一行六人，到本区督导检查“九五”期间继续教育工作。检查组首先听取了通州区“加强教师队伍建设，积极开展中小学教师继续教育”工作的汇报，随后检查组成员与部分中小学教师进行了座谈。座谈结束后，检查组深入到区第一教师进修学校督导检查。区领导李章泽、何凤慈等随同督导检查。

（勾庆祥）

【第二届“秋实杯”竞赛活动】 9—12月，在全区小学范围内开展了第二届中老年教师“秋实杯”课堂教学竞赛活动。950名中老年教师参加了校级选拔赛，占全区中老年专任教师总数的80%。通过3个阶段的评比，刘廷芝、雷宝奎等11位教师夺得“秋实杯”，运河小学、宋庄镇中心小学等11所学校获活动先进单位称号。

（勾庆祥）

【市中小学课间操评比获奖】 12月15日,在北京市中小学百所课间操优秀校表演暨表彰大会上,通州区教育委员会获“2002年北京市中小学百所课间操优秀校评选活动优秀组织奖”。运河中学、永乐店中学、漷县镇中心小学、张家湾镇中心小学、西马庄小学获“2002年北京市中小学百所课间操优秀校”称号。同时,宋庄、马驹桥、永乐店、台湖、永顺、张家湾、漷县、柴厂屯、梨园9所中心小学获“北京市小学生健身课题研究优秀校”称号,30名领导和教师获此项活动的先进个人称号。

(勾庆祥)

【举办中外校长论坛】 10月18日,潞河中学举办《中外校长论坛》,来自国内20多所著名中学的校长和来自澳大利亚、新西兰、英国的校长出席了论坛会。潞河中学、北京四中、上海建平中学以及来自澳大利亚、英国的校长在会上做了演讲。通州区中小学校长聆听了论坛演讲。

(勾庆祥)

【举办紫禁杯优秀班主任报告会】 10月25日,通州区小学“紫禁杯优秀班主任系列报告会”首场在永乐店中心校举行。永乐店镇45岁以下的百余名班主任聆听了市紫禁杯优秀班主任特等奖获得者北关小学曹丽曼、培智小学李银环、中山街小学王小慧三名教师的教书育人报告。

(勾庆祥)

【10所中学通过市验收】 10月28日至11月7日,通州区北苑学校、第二中学、第四中学、潞城中学、甘棠中学、郎府中学、龙旺庄中学、侯皇庄中学、陆辛庄学校、于家务中学接受了北京市普通中学规范化建设验收团验收。以上学校全部达到了标准。

(勾庆祥)

【中小学危电标准化改造】 年内,区教委协同相关乡镇政府多方筹集资金,实施了危电改造工程。全年共投资100万元,完成34所中小学危电标准化改造。

(勾庆祥)

职业教育

【概　况】 2002年通州区有职业学校6所,其中教育部门办4所,社会力量办2所,在校学生2731人,95个教学班。当年招生1069人,毕业848人;教职员工195人,其中专任教师132人。教职工中具有大学本科学历的82人,大学专科学历的41人。教职工中具有中学高级技术职称的8人,中学一级的41人,二级58人。

(勾庆祥)

【营建“太阳花园林”】 4月12日,通州区第一职业学校师生在运河苑度假村参加了由国家烟草专卖局、宋庆龄基金会、全国少工委、中国吸烟与健康协会、《中华少年》杂志社共同组织的“我们的选择—‘太阳花杯’劝阻青少年吸烟系列活动”。共同营造“太阳花园林”,倡议全国青少年远离一切不良嗜好。

(勾庆祥)

【招生联谊会取得实效】 4月18日,通州区第三职业学校召开招生工作联谊会。学校邀请了全区30所中学校长及负责初三工作的领导参加会议。学校负责人分别介绍了2002年招生专业、招生人数、学校教学设备、师资力量、毕业分配就业情况以及适应通州区经济和社会发展学校办学未来规划。2002年,第三职业学校共招收新生214人。其中,计算机专业49人,旅游专业53人,饭店管理31人,财会专业41人。

(勾庆祥)

【举办主题班会评比】 5月20日始,区教委组织了“爱我专业,学好本领,建我通州”职业学校主题班会评比活动。第二职业学校“爱我旅游”,第四中学职教班“走近父母”两节班会获得评比一等奖;第三职业学校“青春赞歌”,第一职业学校“让绿蔓延”,第四中学“青春誓言”三节班会获得评比二等奖。

(勾庆祥)

【推行半日走班制教学】 9月1日起,第三职业学校推行计算机专业半日走班制教学。

学校在计算机专业安排半日专业课强化学习,另一半日敞开旅游、饭店管理、财会等专业课堂。任计算机专业学生按自己志愿、兴趣走班听课。通过相关考核考试取得第二专业证书。毕业后,走入社会面向就业市场即持一专多证。

(勾庆祥)

成人教育

【概　况】 2002年,通州区成人教育按区机构改革需要,设立1个成人教育中心、10个乡镇成人学校,16所文明市民学校。成人教育中心下辖北京电视大学通州分校、北京市通州区中等职业学校、北京市农业广播学校通州区分校、北京市广播电视学校通州工作站、通州区成人高中学校、通州区人才培训中心、通州区英才培训中心等。年内,成人高等教育,开设7个专业,大专(高职)在校生1678人,招生753人,其中,本科招生151人,专科(高职)招生602人,专科毕业187人。成人中等教育,开设8个专业,在校生855人,招生311人,毕业389人。全年各类成人教育培训37万人。成人教育中心有教职工110人。其中专职教师22人。有高级技术职称的2人,中级技术职称28人,初级技术职称29人。

(吴鸿茹)

【第五期研究生班开学】 4月27日,通州区电大分校与中国农业大学管理工程学院联合举办的第五期"管理科学与工程"研究生班举行了开学典礼。"管理科学与工程"专业共开设16门课程,学习时间为一年半。从1998年起,已成功举办四期研究生班,249名学员获得了结业证书。

(吴鸿茹)

【村级党支部书记任职资格培训】 8月12日到9月30日,成教中心举办三期156人参加的村级党支部书记任职资格培训班。培训班进行"邓小平理论,农村改革的巨大成就、基本经验及农村跨世纪发展的目标,党在农村的基本政策,市场经济基础知识,农村常用法律法规,农村现代化与农业产业化经营,农村基层民主法制建设,农村基层党组织建设、创建工作以及农村基层干部的党性修养、工作作风与工作方法"等九个专题讲座。学员学完规定课程,经市农工委统一考试,成绩合格,由市委组织部颁发全市统一的村级党支部书记任职资格证书。

(吴鸿茹)

【成人高考报名人数增加】 全年成人高考报名人数达到8241人,比上年增加3288人,增长幅度达66.38%。其中,报考高中起点专、本科的考生有6687人,报考高职的考生有1554人。这次考试共设12个考点,14个考务室,278个考场。

(吴鸿茹)

【组织计算机模块考试】 全年共进行4次专业技术人员计算机模块考试,有977人次参加了2966个模块的考试。

(吴鸿茹)

【建成电子阅览室】 9月,成教中心与区教委共同投资40万元,建成拥有60台计算机、3台交换机、1台投影仪的电子阅览室。计算机的CPU全部是P4,128M内存,20G硬盘。阅览室可以进行多媒体教学,开展电子商务,基本满足了中心教职工对教育、教学信息的需求和学生上网查阅资料的需要。

(吴鸿茹)

【开展"校园拒绝邪教"宣传周活动】 10月18日,成人教育中心中专部根据中专学生的特点,以知识竞赛的形式,开始了"校园拒绝邪教"宣传周活动。活动以各班团支部为单位,利用业余时间,认真学习自然科学和社会科学等方面的知识,并选出两名选手参加预赛,预赛的前4名参加决赛。竞赛活动增强了同学们遵纪守法、崇尚科学、热爱生命、珍惜生命的意识,掀起了学习科学知识的热潮。

(吴鸿茹)

文化文物

【概　况】 2002年，全区的文化工作以环境建设年为主题，以弘扬运河文化促进文化艺术繁荣为中心，以艺术精品创作、基层文化建设、文化文物市场管理为重点，扎实工作，努力创新，全面推进文化事业的健康发展，为本区的两个文明建设做出了应有的贡献。全区文化环境发生明显变化，文化设施条件进一步改善，文化活动场所扩大，各种文化资源得到充分的利用。以文化馆、图书馆的达标升级为动力，加强两馆的基础设施建设和业务建设。投资35万元，改造文化馆北配楼一层舞蹈排练厅和二楼展览厅共640平方米。在图书馆建设中，先后投入10余万元，购置电脑16台，建起电子阅览室，电子计算机阅览为读者提供丰富的知识平台。年内，文化馆共举办书法、绘画、舞蹈等培训班12期，进馆3000人次。于6月通过了区县文化馆评估达标及地、市级一级馆的验收工作。区图书馆全年共接待读者10万余人次，流通图书156018册次，阅览26123人次，流通书刊78370册次，接待来馆自习读者7500余人次。区图书馆被市里列入“智慧2000”计算机信息网络十个试点馆之一。区图书馆重视发挥辐射示范作用，年内先后建立“新华社区分馆”和“西集镇分馆”，藏书分别达到1.2万册和2.2万册，拥有阅览席位100余个。乡镇和社区文化设施建设有新的突破。永乐店、漷县、张家湾、宋庄、于家务5个乡镇级文化广场先后建成并投入使用。另有于家务乡后伏村文化广场、潞城镇大营村文化广场、卜落垡村文化广场和张家湾镇南许场文化广场年内相继建成并投入使用。在乡镇文化广场评比中，漷县镇的圣火文化广场被北京市文化局评为特色文化广场。基层文化设施建设进一步扩大和完善。其中马驹桥、永顺、西集、台湖镇的文化活动中心使用面积均已达到1000平方米以上。村级文化室（农村文化科技大院）已建成305个，其中漷县镇苏庄村、马头村、马驹桥镇大葛庄村、永乐店镇永一村、台湖镇次一村、台湖村、宋庄镇葛渠村、梨园镇曹园村、西集镇和合站村、潞城镇大营村、永顺镇龙旺庄村11个村级文化室被市文化局评定为市先进农村文化室并受到表彰。年内在全区范围内开展的大规模群众文化活动有：“第十二届农民艺术节”系列活动、“文化下乡”活动、“五月的鲜花”群众歌咏活动、“纪念毛泽东《在延安文艺座谈会上的讲话》发表60周年系列活动”、“夏日文化广场”活动和“党的光辉照万家”喜迎十六大文艺演出等活动。全年各种形式的演出625场次，电影放映3000余场。群众文化活动注意突出特色，打造运河文化品牌。文化创作队伍日渐活跃，创作一批扬运河名、唱运河人、演运河事，充满运河文化气息的文艺作品。由个体出资组织画家创作的长168米，高0.8米反映古都风貌的“京门九衢图”巨幅画卷于10月完成，并在人民大会堂隆重推出引起轰动。加强和完善文化市场管理的规范化建设。制定并完善《行政审批程序性规定》，参与政府互联审批工作。年内共受理咨询1752人次，核检文化市场项目410家，审批文化市场项目48家。加大对印刷企业的管理力度，做好“扫黄”、“打非”工作。年内共举办书报刊、音像、印刷行业法规培训班8期，培训有关人员710人。共出动执法检查文化市场610人次，检查书报刊（电子出版物）市场、音像市场、印刷行业600余家（次），会同公安、工商、经委、商委等部门联合检查38次，配合市新闻出版局吊销许可证1家，取缔书刊、音像及其它无证照经营摊点和游商319家，收缴非法出版物9984册，各种非法广告33万张，非法音像制品46730张（盘）。加大文物法规的宣传力度，增强人民群众的文物保护意识。同时做好文物抢修工作，使区内文物得到有效保护。

（彭仕强）

【举办第十二届农民艺术节】 1至2月，在全区范围内举办“第十二届农民艺术节，开展了文艺演出，送戏下乡，书画、摄影展览等系列活动，同时积极参加市里组织的各项群文赛事。由楚学晶创作的京韵大鼓联唱《丑末寅初》运河篇、刘康达创作的小品《鞋》在北京市第十二届农民艺术节戏剧、曲艺、小品大赛中双双荣获二等奖。

（彭仕强）

【“群星奖”比赛获金奖】 1月6日，由区文化馆演员田永玲、夏德勇表演的小评戏“谁当家”在广州举办的全国“群星奖”比赛中荣获金奖。

（彭仕强）

【举办“首届大运河文化武夷花园杯”中国书画大赛】 4月28日，通州区成功举办“首届大运河文化武夷花园杯”中国书画大赛，大赛共收到来自全国31个省和自治区的6000余件作品，评出各类获奖者194人。来自祖国台湾国际书画会，日本菁菁书友会、伯云书会，韩国书画艺术协会等艺术团体的书画佳作参加展览。

（彭仕强）

【第20届“五月的鲜花”歌咏活动】 5至6月初，通州区开展了第20届“五月的鲜花”群众歌咏活动。区委、区政府、区政协及各委、办、局和11个乡镇、4个街道办事处的领导班子成员参加这一传统活动。6月7日，区委宣传部、区文化委在运河文化广场联合举办2002年通州区“五月的鲜花”群众歌咏优秀节目调演暨广场“万人大合唱”活动。在“五月的鲜花”群众歌咏活动中，全区城乡共组织合唱队518支，举办大型演唱会18场，上演节目360个，有近2万人登台演唱，共吸引观众近20万人次。

（彭仕强）

【通州区印刷协会成立】 5月29日，通州区印刷协会成立大会在通州宾馆召开，会上选举出区印协组织机构成员。王青春当选为理事长。

（彭仕强）

【开展“网吧”专项治理】 6至10月，区文化委等有关部门联合对“网吧”营业场所清理整顿。专项治理安全大检查活动中，共清查“网吧”260家，责令30家证照不齐的“网吧”停业整顿，取缔擅自设立的“网吧”230家。配合公安、工商部门收缴封存电脑主机384台，显示器247台，清查公共娱乐场所601家。

（彭仕强）

【中央督察组检查验收印刷市场秩序】 7月4日，中央督察组到本区检查验收整顿和规范印刷市场秩序及“扫黄”“打非”工作情况。区领导李章泽、何凤慈及区有关部门负责人陪同检查。结果表明，本区印刷行业守法经营，市场秩序良好。

（彭仕强）

【《运河文库》第二辑出版】 7月13日在通州宾馆举行“运河文库”第二辑丛书首发式。市、区领导及来宾百余人参加了首发式。中国作家协会书记处书记高洪波，区委副书记李章泽到会祝贺，区政协主席王玉辉向来自国家级贫困地区湖北省恩施苗族土家族自治州铜锣镇中学代表及本区潞河中学代表赠书。

（彭仕强）

【运河文化交流】 7月17日杭州市拱墅区洪嫦副区长一行5人，来本区进行运河文化交流，区文化委领导向客人介绍了通州区运河文化的深厚底蕴，双方以运河文化为主题对城市建设、文学作品、摄影、诗歌等内容进行交流；并组织客人参观了燃灯塔、李卓吾墓、红楼、大运河水系的北起点和运河文化广场。10月16－18日，由副区长何凤慈领队，区文化委（文化馆）运河文化产业办8人组团，赴杭州参加“二00二中国京杭大运河文化艺术节”。何凤慈在运河文化建设市（区）长论坛会上，发表了题为《通州运河文化产业建设》的演讲。区文化馆参加了文艺晚会演出，选送了20余幅摄影作品，参加“中国大运河风情摄影艺术展”。

(彭仕强)

【"宏旺杯"乡村歌手大赛】　9月9至12日，通州区举办第二届"宏旺杯"乡村歌手大赛。来自11个乡镇基层的百名歌手参加复赛，有36名选手进入决赛。决赛分通俗、美声、民族三种唱法进行，经过激烈角逐，最后评出一等奖3个，二等奖9个，三等奖14个，优秀奖10个。

(彭仕强)

【举办文艺创作班】　9月10至14日，通州区文化馆举办文艺创作班，来自乡、镇、社区、委办局的业余创作骨干，学习小品、小戏和曲艺创作，由文化馆副高级馆员讲授，学习班还特邀燕山石化艺术团曲艺演员史英潭教授曲艺。

(彭仕强)

【"远离邪教崇尚科学"电影放映活动】　10月4至22日，区电影管理中心与610办公室密切合作，为全区11个乡镇、4个街道办事处放映大型科普教育片《深渊—邪教的本质》30余场，揭露"法轮功"反社会、反人类、反科学的反动本质。向人民群众宣传科学知识，教育群众远离邪教。

(彭仕强)

【拍摄《通州群众文化巡礼》电视片】　11月13至15日，北京市电视台文艺台一行4人，来本区拍摄《通州区群众文化巡礼》电视片，该片拍摄了西集镇武辛庄梁俊制作表演的"风车"，永乐店镇临沟屯制作"放飞的风筝"，漷县镇小屯剪纸艺人的剪纸作品，区文化馆业务干部演唱的《我的大运河》和运河风光等内容。副区长何凤慈就通州群众文化活动开展情况接受了北京电视台记者专访。

(彭仕强)

【文化下乡活动】　12月30日，区委宣传部、区文化委(文化馆)组织一台自己创编以宣传十六大为主题的精彩文艺节目，到台湖镇进行文化下乡演出。年内，区文化委员会与区卫生局、区科协、区司法局在西集镇、张家湾镇、潞城镇等分别开展了文化"三下乡"活动35次，发放宣传材料6000余份，发放致富书籍5000册，受益群众3万余人。

(彭仕强)

【文物保护】　年内配合市文物研究所对八通轻轨铁路土桥终点站300亩地进行考古勘探、发掘。在260余座汉—清代墓葬中选择并发掘了20余座汉墓，2座唐墓、15座汉代砖窑、1座唐代砖窑，出土大多为灰、红陶器，有少量瓷器、铜币等。按照北京市文物保护单位巡视检查制度，对区内8处市级文物保护单位，31处区级文物保护单位、4处北京市地下文物埋藏区进行巡视检查，根据隐患情况分别给所在单位下发了整改通知；进行了市级文保单位——通运桥和区级文保单位——文庙、紫清宫的修缮工程；在真武庙正殿、土长城遗址、三义庙等15处区级文物保护单位建立文物保护标识；完成了市文物局交给的《考古年鉴》中通州部分3万余字的编写任务。

(彭仕强)

广播电视

【概　况】　2002年广播电视工作取得优异成绩。宣传工作导向正确，重点突出，电台、电视台播出新闻2567条，播出专题1422期，均贯穿了迎接十六大、环境建设、经济建设这条主线。技术改造力度较大，全年无责任事故。拓展广告业务，增加了大型会议布展和大型户外业务；管理工作更加规范，顺利完成科级干部竞争上岗，劳动纪律严肃，工作质量大大提高。

(翟玉中)

【宣传工作中心突出】　2002年电台、电视台的宣传工作抓住了迎接十六大、宣传十六大，强化环境年建设、经济建设及农村产业结构调整四个重点，全方位多层面进行宣传报道。在迎接十六大、宣传十六大的宣传工作中，电台、电视台在通州新闻中先后开设《三个代表在基层——记者乡村行》、《实践“三个代表”做时代楷模》、《立党为公　执政为民》等栏目，播出实践三个代表的先进典型92个，播出优秀党员先进事迹12例。十六大召开前期，在新闻栏目中，又设置《与时俱进看通州》栏目，报道十三届四中全会以后十三年以来通州的巨变典型42例。十六大召开以后在新闻中开办《学习十六大　贯彻十六大》栏目，播出学习宣传十六大精神的新闻113件，创造了单一栏目播出稿件之最。环境建设中，在新闻节目中播出《搞好环境建设年——乡镇领导访谈》系列节目，开设《家园》栏目，跟随重点工程进行连续报道，全年播出相关新闻232条。在对农村的宣传工作中，将农村、农业、农民问题新闻性、实用性、服务性融为一体，播出一批调整产业结构和科技致富的典型，播出310期市场行情，受到农民朋友的欢迎。

（翟玉中）

【舆论监督效果明显】　2002年，通州电台、电视台关注社会热点和难点，弘扬正气，鞭挞丑恶，在综合治理中对乱停乱放、露天烧烤、乱涂乱写现象严重等不文明现象，对生活中光膀子不文明、××地区卫生状况亟待改进等20个问题进行曝光，问题都得到有效解决，许多居民来电话感谢，还有的送来锦旗表达心意。

（翟玉中）

【首次完成“中国绿色行北京东方大学城永乐之夜大型文艺晚会”实况转播】　9月18日，中国绿色行北京地区文艺晚会在本区永乐店镇举行。广电中心领导班子组织技术人员多方调研，制定方案，领导班子成员5次开会进行专题研究，并派人到北京电视台、中央电视台学习，购置了10万元的设备，架设1000余米光缆，进行了15次模拟训练。9月18日，电视台高标准、高质量的转播晚会实况，这在本区及京郊区县尚为首例。

（翟玉中）

【保证公共频道按期开播】　1月1日始，各区县在北京市电视台设公共频道，每天播出90分钟自办节目。为了保证节目质量和如期播出，通州投资170万元建立虚拟场景系统，搭建兰箱，添置两套SONVD35摄像机，购置四套SDNYDSR—570摄像机和两套编辑机，增加了两个制作站，增设了服务器，提高了电视节目制作质量，实现了制作播出相对分离，保证了公共频道如期开播。为了使播出的节目更有吸引力，电视台开设了《通州新闻》、《与我同行》、《乡村天地》、《法制经纬》、《健康之友》、《四海漫游》、《通州商情》、《欢乐周末》、《政协之窗》、《家园》等11个栏目。除《通州新闻》以外，均实行责编负责制。通过公开报名、选拔，研究决定，十个栏目均有了责编，并自选三人，完成一个栏目的采编工作。

（翟玉中）

【科级干部实行竞争上岗】　2002年初，广电中心制定《关于科级干部竞争上岗的实施方案》，成立考评小组，并在取得试点经验基础上，在全体干部职工中进行广泛动员。并经过公开报名、资格审查、专业考试、演讲答辩、民主测评、组织考察，考评小组提出使用意见，由党组按照择优录用的原则和干部“四化”标准，研究决定10名同志担任正副科长，试用期为一年。这是广电中心首次实行科级干部竞争上岗制度。

（翟玉中）

【有线电视并购】　2001年12月末，通州区有线电视网络被北京市歌华有线电视网络股份有限责任公司并购，从2002年1月1日起通州区有线电视网络的建设和管理工作均由北京市歌华有线电视网络股份有限责任公司负责。通州区广播电视中心的管理建设有线电视网络责任随之取消。由于职能发生变化，科室设置由原来的12个变为8个，即办公室、总编室、新闻部、专题部、技术科、财务统计科、播出部、广告部(海艺广告公司)。

（翟玉中）

卫 生

【概 况】 2002年,通州辖区内共有各类医疗卫生机构427个,按医疗机构管理划分:非营利性医疗机构136个(政府办27个,非政府办109个),营利性医疗机构336个。按级别划分:三级医疗机构1个(市结核病胸部肿瘤研究所);二级医疗机构5个,(潞河医院、中医医院、新华医院、妇幼保健院,老年病医院);一级医疗机构21个(医院7个,卫生院14个),诊所24个,其中私人诊所21个;村卫生室320个;门诊部、卫生所、医务室等医疗机构共101个。

生命统计,2002年出生3466人,出生率5.73‰,死亡3839人,死亡率6.35‰,人口自然增长率-0.62‰,因病死亡200人,占总死亡人数的5.2%,死因顺位前10位依次为:脑血管疾病、心血管疾病、恶性肿瘤、损伤、糖尿病、消化系统疾病、内分泌系统疾病、传染病、泌尿系统疾病、精神病。

区卫生系统全年门诊172.1万人次,急诊21.4万人次,急诊观察8.0万人次,危重病人抢救3096人次,住院3.42万人次,出院3.41万人次,病床使用率69.7%,治愈率62.3%,好转率27.8%,死亡率1.6%,住院病人七日确诊率97.79%,诊断符合率99.48%。

2002年,继续坚持"以农村卫生为重点,城乡兼顾;以业务建设为中心,突出预防。努力提高"三个素质"和社会效益为目标的主导思想,在继续推进卫生事业各项改革措施落实的同时,促进整体医疗模式的转变,大力发展社区卫生服务,创建城乡卫生服务中心和社区卫生服务站,将诊室、病房开到群众家门口,甚至家中。

提高医务人员素质,随着新的《医疗事故处理条例》的实施,卫生局加强了医务人员法律、法规知识的培训,严格规范各种医疗文书的书写标准且加大了检查力度。为更好地贯彻实施新的《医疗事故处理条例》,根据上级指示精神专门成立了通州区医学会,设立了医学专家库,为公正、快速处理各种医疗纠纷开通了顺畅的管道。

医疗卫生执法取得显著成效。食品卫生、职业卫生、学校卫生等执法工作效果明显,为加强卫生执法职能和卫生防病工作专门成立了通州区卫生局卫生监督所和疾病预防控制中心。

(高宝东)

【计划免疫工作】 2002年,全区计划免疫程序内各种生物制品应种总人数为95082人,实种94384人,接种率99.27%,其中12月龄脊髓灰质炎糖丸的接种率为99.99%;白百破疫苗接种率为100%;麻疹疫苗接种率为100%。风疹、流行性腮腺炎疫苗接种率均为100%。继续保持高接种率。在对1岁儿童基础免疫和2岁儿童加强免疫及风疹腮腺炎免疫接种进行调查中,对210名儿童调查结果显示,以镇为单位建卡、建证率、卡证符合率、四苗全程接种合格率、12月龄接种合格率、及时率均为100%,1岁风疹、流行性腮腺炎疫苗接种合格率分别为92.2%和95.7%,1岁加强或复种接种合格率均为100%。

(高宝东)

【传染病发病情况统计】 2002年,全区发生法定报告传染病4种2777例,没有死亡病例报告。其中,甲类传染病在本区得到有效控制,全年无发病;乙类传染病发生10种1406例,发病率控制在232.57/10万,比上年上升31.75%,但仍控制在全市防病指标340/10万以下,影响乙类传染病的几个主要指标是肝炎177例,痢疾1078例,淋病47例,梅毒9例,流行性出血热24例,麻疹37例;丙类传染病4种1371例,发病率226.78/10万,比上年下降30.51%,其中主要病例是腹泻病

1195 例，风疹 88 例，腮腺炎 79 例。4 月 20 日全区 26 个医疗单位的肠道门诊准时开诊，期间共接诊 4875 人次，其中本市居民 3763 人次，外来人口 1112 人次。年内起草了《通州区流行性出血热疫性控制应急措施实施方案》，发放宣传品 3 万份，接种流行性出血热疫苗 33000 人份。自 7 月 1 日起将乙肝疫苗正式纳入本区儿童计划免疫，新生儿乙肝疫苗，接种 9200 人，接种率 90.5%。

（高宝东）

【食品卫生管理】 2002 年，全区共有食品生产经营单位 5602 户，食品经营人员 22426 人，全年共监督食品经营单位 11510 户次，达标 10928 户次，合格率 94.94%。在监督工作中，共监测 16 类食品 1687 件，合格 1408 件，新户审批发证 791 户，复验发证 4811 户。全年开展打假 21 次，出动执法人员 353 人次，取缔无营业执照、无卫生许可证地下黑加工点 49 户，取缔非法经营 6 户，在日常监督中依法处罚 109 起，无处罚行政诉讼案件发生。全年对从业人员进行卫生知识培训 46 期，共 8506 人。

（高宝东）

【学校卫生监督管理】 全区共有各类学校 175 所，86581 名学生，按计划对城口小学 15 所、中学 14 所；农口小学 16 所、中学 13 所实施学校卫生监督，通过监督指导改进，48 所学校各项指标合格达标，学校食堂卫生监督 42 户次，采样监测 1842 件，合格率 76.3%。注意抓紧学生常见病防治，对 201 名肠道蠕虫患者给予驱虫治疗，对沙眼、视力低下，营养不良和肥胖者指导其保健防治，完成 11000 人次学生龋病氟化治疗。开展学生行为危险因素调查，7400 名学生资料已输机待检。

（高宝东）

【公共场所监督管理】 2002 年，对各类公共场所监督 1351 人次，达标 1306 户次，合格率 93.6%；新审批公共场所 334 户；公共场所卫生许可证复验发证 149 户。公共场所监测采样 4375 件，合格 3881 件，合格率 88.71%；新审批生活饮用水 3 户；对已申请自备井卫生许可证复验的 54 户，经审验合格的 31 户给予发证；对公共场所、生活饮用水、化妆品从业人员进行健康体检 3210 人。完成从业人员卫生知识培训 2187 人。对违反《北京市生活饮用水卫生监督管理条例》的 7 起案例和 25 户违反《公共场所卫生管理条例》的法人进行了行政处罚，对 13 起群众举报、投诉都及时调查处理，予以公正的答复。

（高宝东）

【职业卫生监督管理】 2002 年，共监测有毒有害作业场所 390 个，采样 1147 件，新增检测项 4 项，卫生监督 46 户次，行政处罚 3 户，其中对全区 6 个镇 70 余家有害企业进行重点监督检查，对 3000 余名从事有毒有害人员进行了职业健康体检。通过会议、培训、街头宣传发放宣传品 2000 份。

（高宝东）

【妇幼保健工作】 2002 年，全区未发生孕产妇死亡的记录，全年共有产妇 2733 人，早孕检查 2661 人，早孕检查率 97.3%，孕产妇系统管理 2645 人，孕产妇系统管理率 96.78%，围产儿死亡 19 例，其中死胎 12 例，早期新生儿死亡 7 例，围产儿死亡率 6.93‰。妇女多发病防治常规检查，全区共有应查妇女 46089 人，实查 29456 人。普查率 63.91%，查出妇科疾病 11121 例，疾病检出率 37.75%，查出乳腺病 5370 例，其中乳腺癌 4 例，乳腺病发病率 18.02%，妇科疾病治疗率达 92.41%，乳腺疾病治疗率 93.19%。全区婚前医学检查共 7679 人，婚检率 96.23%，检出各种疾病 1565 例，疾病检出率为 20.38%。全区活产新生儿 2743 人，管理 2713 人，管理率 98.91%，新生儿疾病筛查 2710 人，筛查率为 98.79%，5 岁以下儿童死亡 21 例，死亡率为 7.66‰。新生儿死亡 12 人，新生儿死亡率 4.37‰。全区共有 0—2 岁儿童 8143 人，全部实行系统管理，其中合格管理 7915 名，合格率为 97.20%。全区共有 0—6 岁儿童 23804 人，0—6 岁儿童大体检实查 22789 人，合格率 95.74%。对上年度出生的婴儿进行

4个月喂养情况调查，共调查2519人，其中母乳喂养2303人，母乳喂养率91.43%；混合喂养144人，混合喂养率为5.72%。人工喂养72人，人工喂养率为2.85%。

（高宝东）

【严格规范各种医疗文书书写标准】　2002年，贯彻新的《医疗事故处理条例》及“法律举证倒置原则”，有效地保护患者和医疗机构及医务人员的合法权益，严格统一规范了医疗文书的书写及检查标准，举办相关培训班5期，培训医疗机构的各类骨干人员1200人次。组织各基层单位8名业务院长和医务科一起对二级医院的病历进行互查，达到取长补短，共同提高的目的。年末，随机抽取16个农口医疗机构112份，进行病历展评，评比结果：张家湾卫生院、通州区第二医院分别获得总分第一名和第二名。

（高宝东）

【加大医疗执法力度】　2002年，全区对医疗机构进行日常性监督1500余户次，下发责令改正通知书12户次，共接到各种形式的非法行医举报26起，均及时进行了现场监督检查。全年共取缔非法游医117个，取缔非法设置的科室5个，清理不规范医疗机构名称4个，清理非法广告牌6块，没收并销毁伪劣药械200余箱500余种，净化通州区医疗市场，保障了患者的医疗安全。

（高宝东）

【社区卫生服务工作进一步加强】　2002年，通州区加快社区卫生服务工作步伐，在政府部门、街镇、医疗单位、社会各界领导的配合、参与和支持下，全年共完成3个社区卫生服务中心，8个社区卫生服务站的建设工作，其中城口社区卫生服务中心3个、城口社区卫生服务站7个、农口社区卫生服务站4个。到年底，全区共有社区卫生服务中心4个，社区卫生服务站49个，4个社区卫生服务中心总使用面积10267平方米，覆盖人口35.6万人；从业医务人员289人。

（高宝东）

【公民无偿献血成绩突出】　2002年，区中心血站继续宣传、贯彻《献血法》，每天出动5部采血车，奔赴设在北京市区的五个宣传点，进行《献血法》的宣传，接受公民的无偿献血，全年散发宣传品20万份，全年采血总数43701袋，其中自愿无偿献血31512袋，比上年同期增加6637袋，中心血站向用血医院的送血比例长期保持在70%以上。

（高宝东）

【卫生技术职称晋升】　2002年，经北京市高级卫生技术职务资格评审委员会评审，有24人获高级卫生技术职务任职资格。卫生系统累计共有在职主任、副主任医师142人，主治、主管（医技）医师职称697人，医师职称993人，各类士级人员278人，未到期聘任199人。

（高宝东）

【继续教育工作】　2002年，共举办继续医学教育培训项目277项，参加学习比率100%，参加市级必修课培训51人次；组织培训社区护士227人，参加市卫生局考试229人，取得合格证121人，单科合格101人。申报市级科研项目4项，申报区级科技进步奖22项，评奖12项。根据市卫生局《关于实施北京市乡村医生系统化、正规化的规定》的要求，7月最后一批31名乡村医生已经毕业，年底，本区乡村医生全部通过系统化、正规化培训持证上岗。组织科技论文研讨会2次，共宣读论文106篇，参加研讨会人员400余人。安排专业技术人员专科进修6个月以上139人，临时适应性培训268人次，全区参加学历教育大专以上学历617人。国家级刊物上发表文章（论文）49篇，省市级刊物发表论文19篇。

（高宝东）

【爱国卫生运动】　2002年，全区完成2000座农村户厕的新建改造。4月、11月在全区范围进行大规模冬春季灭鼠，用鼠药近200吨，有效地遏制了鼠传疾病的蔓延。永顺镇乔庄村等12个村经市爱卫会验收合格命名为“北京市卫生村”。

（高宝东）

【通州区医学会成立】 8月29日通州区医学会正式成立，通州区医学会是由北京市通州区医学科学工作者联合发起成立的，为社会团体法人。9月18日，医学会成立了通州地区医学专家库，用于随机抽取医疗事故鉴定专家，使医疗纠纷能公开、公平、公正地解决，到年底医学会专家库共贮备内、外、妇、儿、骨、五官、辅助及中医8个专业学科专家共79名。医学会共有集体会员28家，理事会成员30名。

（高宝东）

【卫生监督体制与疾病预防控制机构改革】 6月8日，根据区机构编制委员会有关文件精神，将原北京市通州区卫生防疫站撤销，分别成立北京市通州区卫生局卫生监督所和北京市通州区疾病预防控制中心。北京市通州区卫生局卫生监督所，编制为85名，其主要职责是负责本行政区域内传染病防治、职业病防治、食品卫生、生活饮用水卫生、化妆品卫生、公共场所卫生、放射卫生、学校卫生和碘盐、医政、妇幼保健、血液等监督执法任务。北京市通州区疾病预防控制中心编制为69名，主要职责是负责本行政区域内传染病、地方病、职业病、慢性病的预防控制和突发疫情的调查处理及卫生检测、检验、健康教育等预防保健工作。

（高宝东）

通州区潞河医院

【概　况】 潞河医院为北京地区二类甲级医院并正向三类医院迈进。现有病床513张，职工1006人，固定资产近3亿元，年门诊量达到50万人次，急诊10万人次，设有二级临床学科20个，医技科室18个，中级职称医护人员256人，有博士、硕士学位者32人。医疗质量逐步提高，已成立急救中心、心脏病治疗中心，神经治疗中心，血液净化中心，口腔治疗中心等；百万元以上的医疗设备有核磁共振、CT机、血管造影机、数字化胃肠机、CR柯达数字化成像系统、干式激光像机、全自动系列化分析仪、体外循环机、体外碎石机、高压氧等。医院从1997年开始实行计算机网络化管理，2001年对网络系统进行了全面升级，医院的信息化工作走在同级医院的前列。年底，高层病房楼工程竣工。

（时淑珍）

【成功完成首例颈动脉内膜剥脱手术】 2月27日，潞河医院神经外科在外院专家的协助下，对一位颈动脉狭窄的老年患者作了“颈动脉内膜剥脱手术治疗，获成功。此手术在县级医院尚属首例，该手术属国家级“十五”攻关项目之一，这一手术的成功，标志着潞河医院的医疗水平又上一个新的台阶。

（时淑珍）

【参加国际学术大会】 8月，潞河医院神经外科主任赴日本，参加国际学术大会。本次会议系在日本东京日本大学医学部召开的国际第二届意识障碍学术交流会，会议中心论题围绕脑和脊髓损伤的神经恢复展开的，尤其对高位截瘫和植物生存患者的后期康复提出了诸多行之有效的治疗措施。赴国外参加学术交流会在京郊地区尚属首次，提高了潞河医院的知名度，促进了神经外科的业务发展。

（时淑珍）

【潞河医院病房楼竣工】 12月，潞河医院高层病房楼工程完工，工程总投资5000万元，占地1100平方米，大楼高67米，地下1层，地上15层，设有15个住院单元，560张床位，是远郊区县规模最大，设备最新的病房大楼。该工程2001年9月动工，2003年投入使用。

（时淑珍）

【成功开展CT肺动脉造影检查】 11月8日，潞河医院成功地为呼吸科一例疑为肺动脉血栓塞（PTE）的患者进行CT肺动脉造影检查，结果显影清晰，证实该病例为左右肺动脉主干、左右下叶肺动脉、右下叶基底段动脉大面积栓塞。为肺动脉血栓患者提供了方便并节省费用。

（时淑珍）

【潞河医院现场急救】 1月24日上午10点

许，通州东关地区发生一场严重的车祸，潞河医院院前急救以最快的速度将7名伤员陆续送到抢救室。经过一个小时抢救，伤员全部得到妥善安置和治疗。

（时淑珍）

【京东地区神经外科学术研讨会召开】 12月26日，京东地区神经外科学术研讨会在潞河医院召开。参加会议的有中日友好医院、天坛医院、安贞等20多家医院，300多位知名院长、专家、教授和有关脑神经外科的专业人士。分别就蛛网膜下腔出血、缺血性脑血管疾病、三叉神经痛、面肌痉挛等疾病的诊疗新进展作了专题报告，潞河医院神经外科介绍了交通动脉瘤的手术治疗经验。各兄弟医院也做了临床诊疗的学术交流。

（时淑珍）

【美国克利夫兰大学教授到潞河医院进行学术访问】 9月1日，美国克利夫兰大学教授应邀来到潞河医院骨科进行学术访问。来访教授亲自为两位骨性关节炎患者进行全膝关节和全髋关节置换手术，手术非常成功。访问期间，和潞河医院骨科大夫在骨科学术方面进行了交流，并对疑难病例进行讨论，促进潞河医院骨科业务的提高。

（时淑珍）

药品监督管理

【概　况】 2002年通州药监分局贯彻落实国家药监局确定的“抓基础、抓基层、抓作风”的工作重点，继续贯彻“以监督为中心，监、帮、促相结合”的工作方针和市药监局“四、三、二、一”工作思路，较好地完成了全年工作任务，使通州区药品监督管理工作迈出了坚实的一步。

年内，辖区共有药品生产企业21家，其中大型企业1家，中型企业4家，小型企业16家，已通过国家GMP认证的企业4家。共有职工2242人，其中技术人员528人，管理人员215人，年总产值17637.83万元，销售收入15085.78万元，上缴税款1390.08万元。年内共有药品经营企业73家，其中批发企业5家、零售企业68家。年销售额25282.2万元，利润额434.7万元，有职工539人，其中药学技术人员200人，占职工总数的23.5%。

2002年共有医疗器械生产企业16家，其中Ⅰ类5家、Ⅱ类11家，16家企业共生产35种产品，年总产值1511.56万元，销售收入1394.06万元，上缴税金77.25万元。有职工368人，技术人员46人，占职工总数的12.5%。共有医疗器械经营企业131家，其中Ⅰ类2家，Ⅱ类63家，Ⅲ类66家。其中国有13家、集体7家、有限公司43家、股份合作35家、其他形式33家，销售收入2272.427万元，销售利润233.91万元。职工981人，其中技术人员565人，占职工总数的57.6%。

全年抽样药品491个批次，查出不合格药品9件，不合格率1.8%。其中中药饮片不合格率8.3%(4/48)，中成药不合格率1.9%(3/153)，西药不合格率0.7%(2/256)。一次性使用无菌医疗器械的抽样共10个批次，送市医疗器械检测中心检测。通州药监分局进行假劣药品销毁活动，销毁了1－8月份没收的医疗器械39种，药品222种(包括西药121种、中成药96种、中草药5种)这些药品中有假劣药品、过期失效药品、违法经营的药品。所销毁药品标值20余万元。

全年共立案24件，其中电话举报5件，市药监局批转2件，日常监督检查中发现17件。已结案22件，结案率达92%。已结案件，罚没人民币共计84618元，没收药品、医疗器械共计154种，标值人民币共计120175.7元。22个案件中，涉及外地来京人员无证制售假冒药案1件，商厦、保健品专柜超范围经营2件，村卫生室违法购药品案11件，违法销售医疗器械案5件，假劣药品案3件。农村案件占总案件的50%。2002年1月，根据市机构编制委员会有关文件，区卫生局所属药品检验所整建制划入药监局。

（李　季）

【推进GSP认证工作】 1月7日，通州分局贯彻执行国家药品监督管理局关于加快GSP

认证步伐和推进监督实施 GSP 工作，召开了辖区内所有批发、零售企业的经理、质量负责人参加的工作会议。会议要求各批发零售企业对照认证验收工作的情况总结经验，找出不足，为 GSP 的认证工作做好充分的准备。同时布置 2002 年度的工作重点，对进一步加强处方药、非处方药的管理提出了更高的要求。

（李　季）

【聘请特约监督员】　为了建立行政监督与社会监督、群众监督相结合的监督体制，提高本局依法行政、公正执法、依法监督的水平，本局建立了一支由人大代表、政协委员、民主党派、无党派人士、行为管理相对人（医药）、卫生、工商、技术监督、乡（镇）长、办事处主任等代表组成的特约监督员队伍。制定了《北京市药品监督管理局通州分局特约监督员须知》，规定了特约监督员的职责、权力和义务。2 月 1 日，通州分局召开特约监督员座谈会。市药监局及区领导参加了会议。

（李　季）

【药品经营企业统一悬挂 OTC 标牌】　3 月 6 日，通州分局为了进一步推动、落实药品分类管理工作，帮助群众能够正确地选择购买非处方药（非处方药简称 OTC），将国家药品监督管理局公布的第二批非处方药目录，打印成册，分发到各个药品经营企业，同时帮助各药品经营企业统一制做了 OTC 标牌 235 块，发放后制定了统一要求。

（李　季）

【联合执法检查打击违法售药行为】　通州药监分局联合工商分局，对无证经营药品的情况进行了专项检查，检查了徐辛庄、宋庄、潞城、牛堡屯、漷县 6 个乡（镇）的佳联便利超市、通糖连锁商店、通州百货商场、新华市场、人民商场、西门商业大厦等 17 个商店。在检查中发现佳联便利超市第 42、43、37 号店，通糖连锁第 26 号店、通州百货商场 6 家商店存在无证经营药品、保健药品的柜台。对违反《药品管理法》无证照经营药品、医疗器械的柜台，依据《药品管理法》予以取缔，对违法经营的药品、医疗器械进行了封存扣押，依据《药品管理法》、《医疗器械管理条例》相关条款予以没收违法所得并处罚款，对违法情节较轻的，态度较好的予以警告，限期改正。

（李　季）

【毒麻药品管理亟待加强】　3 月 1 至 12 日，通州药监分局安监科对全区 34 个医疗机构的过期麻醉药品、精神药品、医用毒性药品进行核实收缴，有 9 个单位有过期失效的毒、麻药品。其中有麻醉药品 6 种、一类精神药品 1 种、二类精神药品 2 种、医用毒性药品 3 种，价值人民币 4017.47 元。

（李　季）

【举办不良反应监测培训班】　3 月 22 日，通州药监分局召开了“通州区药品不良反应监测培训暨领导小组成立大会”。各医疗单位的主管业务副院长、医务科长、护理部主任、药剂科科长 80 余人参加了培训。会议强调了成立领导小组及在区内建立监测网络的重要性，并对各医疗单位提出了三点要求。北京市药品不良反应监测中心副主任对与会人员进行了“国内药品不良反应监测工作现状与方法”的培训。

（李　季）

【《医疗器械监督管理条例》宣传活动】　3 月 30 日上午，通州药监分局全体人员和药品经营企业共计 31 人，在通州区医药公司、盛仁堂药店门前设点宣传《医疗器械监督管理条例》。通州电视台对此次宣传、咨询活动进行了现场采访。在长达两个多小时的宣传咨询活动中，共向过往行人发放了各种宣传材料 500 份，咨询解答近 100 人次。

（李　季）

【建立农村药品监管信息网】　通州分局在 16 个卫生院选拔 16 名业务骨干作为药品监管信息员。4 月 30 日，召开了乡镇卫生院药品监管信息员会议，并邀请了区卫生局有关领导参加。会议宣读了由通州区人民政府办公室转发的《关于北京市药品监督管理局通州分局、通州区卫生局关于进一步整顿规范医药市场在农村卫生室实行药品、一次性无菌医疗器械统购分发的意见》文件；对药品信息监管员进行了业务知识的培训；对农村药品监管工作提出了要求。

(李　季)

【购置永久性办公楼】 7月30日，通州药监分局与区副食品公司签订购买办公楼协议，将通州副食品公司办公楼及附属设施有偿转让给通州药监分局，总建筑面积2545.6平方米，占地面积716.8平方米，折价人民币600万元。11月26日，分局由新华北街35号迁至新华大街35号新址办公。

(李　季)

【宣传药管法实施条例】 9月15日《中华人民共和国药品管理法实施条例》正式实施，通州药监分局在新华办事处、玉桥办事处设宣传点宣传《条例》。这次宣传活动悬挂横幅2条，设宣传版20块，据不完全统计共发放3种宣传材料4000余份。区领导李章泽、沈德海、鲁宗福等参加宣传活动。

(李　季)

【参加集中整治活动】 9月24日，通州药监分局参加了全区开展的拉网式清查整顿工作，全局21人全部出动，兵分三路检查了13家药店、8家医疗机构、4家商场、3个社区、6条街道，发现有7家药店超范围经营生物制品予以警告，没收商场内散发的小广告23张，清除社区胡同内张贴的小广告120余张。

(李　季)

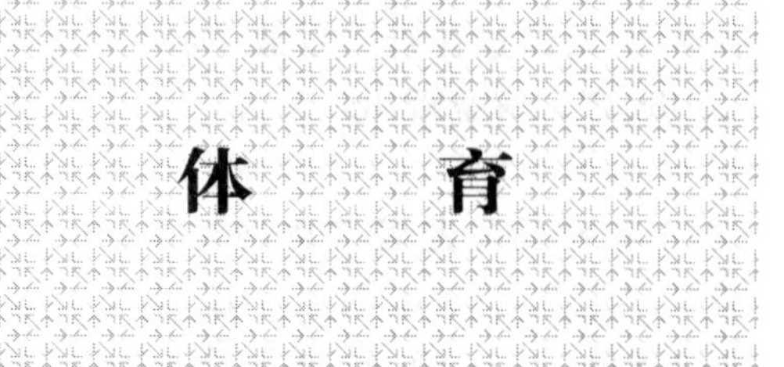

体　育

【概　况】 2002年，通州区体育局坚持体育为人民服务，为社会主义现代化建设服务的方针，以举办2008年奥运会为契机，以满足广大人民群众日益增长的体育文化需求为出发点，以增强人民体质为根本目标，深入实施《全民健身计划纲要》和《奥运争光计划》，努力提高竞技水平，重点加强体育设施建设，大力发展体育产业，加强了体育法制和体育社团建设，全面推进通州区体育事业的健康发展。年内，共举办全区性各类大型活动13次，参加人数5000人；承办市级大型活动2次，参加人数1500人；参加市级各类比赛获奖牌33枚，其中金牌11枚。全年中小学生体育达标人数77355人；全区参加体育锻炼人口达26万人，全区体育经费开支625万元。2002年体育局被评为区精神文明先进单位，“610”工作先进单位；在2001－2002年度北京市区县综合评估中考核达标，名列远郊区县第二名。

(张　芳)

【机构设置】 机构改革后，通州区体育运动委员会改为通州区体育局，下属事业单位有：通州区体育运动学校、通州区社会体育指导中心(原通州区体育场)、通州区游泳娱乐活动中心(机构改革后划入体育局管理)。

(张　芳)

【举办区首届城运会】 9月21日，通州区首届城运会在通州区体育场举行。来自全区各委、办、局、公司和驻通中市属单位共42个，1143名运动员，100名裁判员参加了此次盛会。本届城运会规模大、形式新颖，共分48个组别，24个项目，区公安局、劳动和社会保障局、东方化工厂、区经委、结研所、区委、区房地局、区交通局分别荣获团体总分前8名；区人大、区教委、中仓办事处、林业局荣获精神文明奖；东方化工厂、区劳动和社会保障局、财政局、民政局、公安局荣获贡献奖。

(张　芳)

【“全民健身工程”器材展示会】 3月15日，2002年北京市“全民健身工程”器材展示会在通州区运河奥体公园隆重举行。展示会展出面积5000平方米，参展企业10家，来自全市18个区县体育局的负责人和1200个“全民健身工程”受赠单位前来参加订购，到会的人数近万人。市体育局和区领导光临了展会。本次展会标志着本区2002年“全民健身工程”配建工作的全面启动，对开发体育产业和培育体育市场发挥了积极作用。

（张　芳）

【首届环北京国际公路自行车赛】 10月31日，2002年首届环北京国际公路自行车赛（通州区赛段）在通州区体育场举行了开幕式，中国自行车协会、北京市体育局及区领导光临了比赛。本届自行车赛作为在自行车王国首都举办的国际大赛，首次将北京各区县赛段贯穿起来，展现出通州区人民的新风貌，促进了经济发展和全民健身活动的深入开展。

（张　芳）

【社会体育指导员培训】 年内，举办2期社会体育指导员培训，其中二级社会体育指导员45人，三级社会体育指导员45人，参加市体育局培训10人，全年共有100人荣获社会体育指导员称号。

（张　芳）

【学校体育】 2002年，认真贯彻落实《学校体育卫生工作条例》和《国家体育锻炼标准》，坚持两课两操和一小时锻炼时间，开展多种形式的课外活动。顺利开展了“达标”系列活动，全区159所中小学全部参加了达标活动，实施面100%，参加达标的学生达79608人，其中77355人达到合格标准，合格率为98.3%，比上年提高0.2%。

（张　芳）

【竞技体育】 2002年，认真贯彻实施《奥运争光计划》，以在全市、全国乃至国际比赛中取得优异成绩为目标，大力加强竞技体育建设。加强体校领导班子和教练员队伍建设，制定岗位责任制、各项规章制度和教练员奖罚管理办法，与教练员签订目标管理责任书。全年投入400万元对田径场、柔道馆、教学楼、办公楼、学生宿舍、食堂、浴室进行装修、改造，改善了教学、训练条件。参加北京市第十一届运动会取得2金、1银、3铜的好成绩。2002年向体育大学输送3人，普大2人，市级传统校34人；向市体校输送7人。

（张　芳）

【体育执法】 年内，对全区体育经营场所进行清理整顿。1－4月，区体育局会同区公安分局、工商局对本区体育运动项目经营的企业实施清理整顿，全部经营单位都办理了“体育运动项目资质证书”。5月，对游泳场馆进行执法检查，对检查合格的场馆发给“开场许可证”。7月，对本区各类体育设施进行检查，所有公共体育设施和居住区配套体育设施全部对社会开放，开放时间每年在300天以上。由于管理措施得力，全年未发生溺亡、传染病和其它安全事故。

（张　芳）

【体育社团呈现新格局】 2002年，为适应社会健康休闲市场的发展，区体育局改变多年来体育总会工作由体育局业务科兼管的管理方式，换届选举产生了第五届体育总会，下设16个单项协会；理顺关系，加强管理；开展了通州区首届老年人趣味运动会等多项比赛活动，在全民健身活动中发挥了积极作用。

（张　芳）

【体育产业】 年内，区体育局对通州区游泳娱乐活动中心、通州区社会体育指导中心篮球场、网球场、健身园进行更新改造，提高服务水平，改善服务环境，创造良好条件，拓宽经营渠道，全年完成创收184万元。

（张　芳）

【全民健身工程】 年内，在全区共配建45个全民健身工程，其中“市级工程”1个，“标准工程”2个，“居家工程”42个，总面积2.16万平方米，总投资465万元。

（张　芳）

【奥体公园建设】 通州区运河奥体公园是2002年通州区重点工程之一，也是区政府为群众办理的重要实事之一。奥体公园位于通州区东关大桥东南侧，占地面积200亩，总投资7000万元。建设项目有两个标准游泳池、一个儿童戏水乐园，网球馆，6片网球场，6片篮球场，4片沙滩排球场，8片足球训练场，万米健身工程，田径场，看台内建有柔道馆、跆拳道馆、乒乓球馆、田径训练馆。年底已完成全部工程的3/5。

（张　芳）

【“法轮功”练习者帮教工作】　2002年，根据区委和610办公室对帮教工作的安排，共结成“健康活动对子”115对，体育局作为对教育转化法轮功练习者的结“健康活动对子”的牵头单位，突出体育特色，针对“法轮功”练习者的自身情况、特点，广泛开展了群众喜闻乐见的体育健身活动，特别是本区创编的大型哑铃操活动，吸纳了大量法轮功练习者参与。在开展国民体质测试工作中，重点为法轮功练习者测试，根据他们的健康情况进行分类指导，使其掌握一、两种适合自身的科学健身方法，以达到强身健体的目的。

（张　芳）

社 会 生 活

精神文明建设

【概　况】 2002年，全区精神文明建设工作围绕学习贯彻《公民道德建设实施纲要》和“环境建设年”两大主题，以“讲文明树新风，争做文明通州人，营造文明社会环境”为主线，以二十字公民基本道德规范宣传教育为重点，开展群众性精神文明创建活动。抓住突破口，标本兼治，分步实施，整体推进，在创造一流的市民道德素质，一流的服务质量，一流的文化氛围，一流的环境面貌，一流的公共秩序、一流的社会风气等方面取得可喜成绩。先后涌现出全国精神文明创建活动示范点宋庄镇，全国创建文明村镇工作先进村梨园镇大稿村以及4个首都文明乡镇、24个首都文明村、5个首都文明单位标兵、24个首都文明单位、2个首都文明景区、2个首都文明社区、10个首都文明居民区、2个首都共建文明居民区。还涌现出“中国雷锋”新时代的道德楷模孟宪峰、全国助残先进个人张雪梅、赵玉华、“京东女神探”许春兰、勇救落水儿童的73岁老人何增度、勇斗拦路歹徒英勇负伤的长安星园保安车润贵等一批践行公民道德规范的先进典型。同时，“学习孟宪峰，争做文明通州人”活动、礼仪宣传教育系列活动等富有特色、成效显著的道德实践和群众文化活动的开展，使人民群众的思想感情得到熏陶，精神生活得到充实，道德境界得到升华，使公民道德建设的外在要求真正转化为加强自身道德素质的内在行动，为全区的改革、发展、稳定营造良好的社会氛围和政治环境，城市的文明程度和市民的文明素质有了进一步的提高。

（何志达）

【召开区精神文明建设工作大会】 3月14日，召开区精神文明建设工作会议，区委书记、区精神文明建设委员会主任崔君乐和首都文明办主任赵东鸣参加会议，会议全面总结了全区2001年精神文明建设工作，部署2002年工作任务，表彰了一大批精神文明建设先进集体和个人。

（何志达）

【开展“学习孟宪峰，争做文明通州人”活动】 3月，12万字的报告文学《新时代的道德楷模——孟宪峰》出版发行并在北京市学雷锋先进事迹报告会上举行首发式。以此书为教材，3月至11月，全区广泛开展读书征文演讲实践活动，参加单位1000多个。许多单位结合实际开展了富有特色的活动。如新华街道开展“学习孟宪峰，争当文明使者”、中仓街道开展“学雷锋、比宪峰、当先锋，争做文明中仓人”等活动。在此基础上，全区组织“学习孟宪峰，争做文明通州人”读书征文演讲比赛。区委宣传部、区文明办从全区5000余篇征文中精选出119篇结集出版了《走进活雷锋——读<新时代的道德楷模孟宪峰>百人百篇优秀征文选》。以孟宪峰事迹为题材的广播剧《功臣鞋匠》于十六大期间在北京人民广播电台播出。学习孟宪峰活动引起人们普遍的见贤思齐,涌现出勇救落水儿童、勇斗拦路歹徒、热心扶助弱势群众等一大批见义勇为、助人为乐的好人好事。年底全区新评选出文明通州人1万人,文明通州人总数达到3万人。“学习孟宪峰,争做文明通州人”活动被首都文明办评为“最佳活动”。孟宪峰先后获得“中国雷锋”、“全国学习雷锋、志愿服务先进个人”等荣誉称号,并受到李长春、刘云山等中央领导的亲切接见。

(何志达)

【开展礼仪宣传教育系列活动】 2002年初,通州区成立郊区第一家礼仪课堂——北京礼仪专修学院通州分院。下发了《关于在全区开展礼仪知识普及和礼仪规范培训工作的意见》,培训总人数超过10万人。为充分调动起干部群众参与系列活动的积极性,先后举行“旅游系统服务礼仪展示大赛”、“公务员礼仪知识竞赛”、“文明公民礼仪知识竞答”、“喜迎十六大礼仪文化风采大赛”等多场竞赛,与北京电视台合作,举办礼仪文化风采大赛颁奖晚会。区文明办印发2万个“接听电话礼仪规范卡”,并组织调研监督员、新闻媒体不定期地对各单位活动实施情况进行电话电视现场抽查、专项检查,在《通州时讯》上公布了116家被检单位名单,刊登选票,发动全区老百姓对各单位接听电话礼仪规范的执行情况进行检查,通过投票,满意率在80%以上的单位共有112家,其中区委机关接听电话群众满意率为91.90%。

(何志达)

【开展集中整治市容市貌和纠正不文明行为活动】 9-10月,按照全市统一部署,在集中整治小广告、取缔各类非法经营、占道修车洗车、整治汽车维修市场秩序混乱问题、整治环境脏乱问题、整顿户外广告、公共设施、整顿旅游市场以及纠正社会公共生活中的不文明行为等七个方面开展集中整治市容市貌和纠正不文明行为的活动。区四大家主要领导多次带领机关工作人员参加大型城市清洁日活动。全区共出动70万人次参加整治活动。各有关部门积极努力,密切配合,整治活动取得较好效果,城乡面貌明显改观。在整治活动中,通州区获得市级“先进组织奖”,区城管监察大队获“先进集体奖”,北苑街道办事处获“文明教育奖”。为了配合全年环境综合整治和纠正不文明行为工作,加强对市民社会公德的宣传教育。组织社会公益宣传日、城市清洁日活动,开展“维护市容市貌,做文明北京人”一堂课、整治市容市貌、纠正不文明行为优秀宣传栏评比、“我为整治市容市貌献良策”征集、美好家园摄影征文比赛等活动。开展“公共场所告别光膀子 争做文明通州人”宣传周活动。发放“文明伴您行”文化衫5000余件,近3万余人在印有“公共场所告别光膀子 争做文明通州人”字样的横幅上签名。

(何志达)

【建立文明城市调研监督员队伍】 4月1日,区文明办聘请11位“文明城市建设调研监督员”直接参与全区精神文明建设,这些调研监督员都曾在或正在精神文明第一线上工作,工作经验丰富。年内,组织监督员相继到区四个办事处和密云、朝阳、顺义走访调研,并对本区争创首都文明区进行可行性分析,监督、参与文明行业创建、接听电话规范服务检查等工作。

(何志达)

【组织开展“扶贫济困春风行动”】 6月28日,本区举行扶贫济困送温暖春风行动总结暨捐助仪式。以“为特困家庭献爱心,做热心公益好市民”为主题的“扶贫济困春风行动”和“扶贫济困送温暖”募捐月活动,自3月在本区启动以来,全区广大群众和社会各界为困难群众献爱心,捐款777391.86元,为江西省九江市贫困地区募捐衣被9万余件,同时还确定100户特困家庭作为重点帮助对象。作为本区扶贫济困春风行动的延伸,又在区私营个体经济系统开展“喜迎十六大 真情奉献看行动 光彩服务月”系列活动,引导全区5

万名个体劳动者积极为社会奉献爱心。

（何志达）

【召开通州区“移风易俗 创建文明村镇”工作现场会】 9月17日，在张家湾镇举行通州区“移风易俗 创建文明村镇”工作现场会，引导广大农民树立健康、文明、科学的生活方式，一定程度上遏制了婚丧嫁娶大操大办、丧事烧纸活、撒纸钱的现象，树立本区现代农民的文明新形象。

（何志达）

【开展“法轮功”帮教结对子活动】 由区文明办牵头，开展了与“法轮功”练习者结“思想对子”帮教转化活动，共结“思想对子”1097对。确立了坚持“一个中心、两个结合、三项落实”的帮教工作方针，即：以“帮教结思想对子”工程为中心，将法轮功的教育巩固工作与精神文明建设综合考评相结合、与文明创建评选活动相结合，把“法轮功”练习者教育转化工作落实到“文明通州人”和“文明十星户”的评选活动中、落实到基层文化活动中、落实到文明市民学校教育中。充分调动起全社会参与“法轮功”练习者的教育转化工作的积极性，发挥党组织思想政治工作的优势，极大地加强本区对“法轮功”习练者的转化力度，加快转化进度。

（何志达）

【广泛开展市民学校教育活动】 随着本区现代化进程的加快，外来务工人员大量涌进通州，文明办从外来务工人员比较集中的建筑行业入手，成立通州建筑集团公司文明市民学校中心校，将教育引到工地，建立起一所所“流动着的学校”，让外工工余时间在市民学校中接受培训教育，使他们树立守法规、守公德的意识，激发他们建设第二故乡的热情，该校获得北京市文明市民学校优秀校称号。同时，在区邮政局进行企业、局、公司文明市民学校的试点工作，取得较好效果。

（何志达）

【群众文化活动丰富多彩】 2002年，全区立足基层，大力开展形式多样、内容丰富的社区文化、楼院文化、村镇文化、广场文化活动。一是开展以“演身边文明人，唱社会新风尚，颂通州新发展”为主题的社区楼院文化活动。全区4个街道的38个社区居委会和11个乡镇的绝大多数行政村都有自己的群众文化活动队伍，自编自演反映身边好人好事，歌颂新北京、新通州的文艺曲艺节目上百个。其中，新成立的已有团员800多人的北苑长青艺术团自编自演《五唱公民道德歌》、《通州是个好地方》等几十个文艺节目。二是开展“第十二届农民艺术节”系列活动、“五月的鲜花”群众歌咏活动、“纪念毛主席《在延安文艺座谈会上的讲话》发表60周年系列活动”、“党的光辉照万家”喜迎十六大文艺演出等各项文艺活动。2002年全区共计各类广场演出625场次，观众达25万人次。三是举办一批有影响、规模大、效果好的大型文艺活动，努力提升通州百姓文化品位。相继配合中央电视台、与北京电视台联合在本区录制《走进绿色》大型公益晚会、“中国绿色行”永乐之夜大型文艺焰火晚会。

（何志达）

人口管理

【概　况】 2002年底，通州区共有常住人口249280户，606869人（男299218人、女307651人）。其中非农业人口103990户，217424人（男115553人，女101871人）；农业人口145290户，389445人（男183665人，女205780人）。全年出生4467人（男2324人，女2143人），死亡3533人（男1812人，女1721人），迁入3576人（市内迁入420人，市外迁入3156人），迁出966人（迁往市内335人，迁往市外631人）。

（李明玺　曹卫兵）

【外来人口管理】　年底，共登记外来人口145980人，办理暂住证136464人，办证率为90.3%。年内，处罚外来人口5648人，罚款290510元，收容“三无”人员4591人。

（李明玺　张新伟）

【出租房屋管理】　年内，共登记出租房屋12064户，33009间，办理“两证一牌”的11454户，办证率为95%，处罚违法出租房主72户，没收所得86090元，罚款159107元。

（李明玺　曹卫兵）

【证件管理和户口申报审批工作】　年内，共办理身份证11752个，办理临时身份证964个，办理边境通行证789个，办理外地进京人户手续1598人。共审批各类户口申报材料1381份2210人，其中外省市小城镇户口236份493人，本市小城镇户口156份322人，小城镇户口迁移36份85人，市外投靠83份98人，市内投靠870份1212人。

（任绪荣　龚　华）

【居民小区实行封闭管理】　年内，积极推动和促进居民小区实行封闭管理，城区177个居民小区已封闭154个，封闭率达到86%。居民小区封闭管理提高了防范能力，有效控制了可预防性案件的发生，居民安全感增强。

（李明玺　任绪荣）

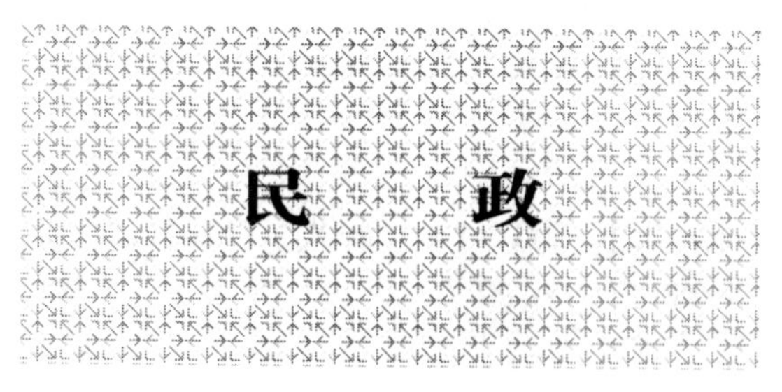

民政工作

【概　况】　2002年，民政工作围绕全区环境建设年，以邓小平理论和“三个代表”重要思想为指导，为广大人民群众服务，为最需要帮助的困难群众服务，为改革发展稳定的大局服务，认真履行各项工作职能，促进工作作风的转变和服务水平的提高。年内，区民政局共有19项工作被区委、区政府及有关部门评为先进单位，21人次评为区级先进个人，15项工作被市民政局评为先进单位，2个乡镇评为全优乡镇，4所社会福利院中心评为北京市文明敬老院，21人评为市级先进个人。

（夏文利）

【民政信息宣传】　2002年，区民政局进一步加大宣传工作力度，建立健全全区信息宣传网络，向《人民日报》、《北京日报》、《北京晚报》、《京郊日报》、《中国社会报》、《公益时报》、《北京社会报》、《通州时讯报》等各大报纸报送宣传稿件1510篇，刊录436篇；向北京电台、北京广播电台、通州新闻、北京党史等电台、刊物报送新闻稿件120篇，播报105篇；与通州区广播电视中心联办《民政之声专题广播》每周一期，全年52期，播出稿件52篇；与《通州时讯报》联办民政宣传园地52期，刊登稿件52篇。自办民政信息29期，刊登信息232条。

（夏文利）

【民政调研】　民政局党委围绕全年民政重点、难点工作，制定重点调研课题，广泛开展调查研究，累计调研时间1260小时；完成重点调研课题3个；根据本职工作，机关副科以上公务员完成各类调研报告34篇，并送交区委政研室评议，评出一等奖12篇，二等奖14篇，三等奖8篇。调研报告内容涉及面广，选材针对性强，观点鲜明，为解决新时期民政重点、难点工作，为全年各项工作任务的完成发挥了重要作用。局党委书记、局长李淑华题为《关于通州区社区建设情况的调查和思考》获得全区二级班子优秀调研报告二等奖，并刊登在通州调研第22期上。

（夏文利）

【民政法制宣传】　为提高民政依法行政水平，区民政局以“四五”普法和宪法颁布实施20周年为契机，进一步加大民政法制宣传工作的力度，建立学法、执法、普法、考核、监督制度，增强法律素质，提高执法水平，使行政执法人员的普法率、培训率、执法上岗率、考试合格率和执法合格率均达到100%。年内,区民政局积极开展"送法下乡"活动,将城乡最低生活保障政策、优抚对象医疗保障政策、发展民族经济优惠政策、申办结婚登记、协议离婚登记、收养登记等与群众切身利益密切相关的15项工作的法律依据、申办手续、报批程序、工作时限等制成宣传展板,深入全区各乡镇进行政策宣传,增强了工作的透明度。

(夏文利)

【信访工作】 依照《信访条例》及有关文件精神,坚持"定期排查,提前化解,控制越级,减少重访,及时调处,防止激化"二十字方针,认真接待、妥善处理人民群众来信来访。年内,区民政局重新调整信访工作领导小组,完善局长信访接待制度,共接待群众来访520人次;来信39件;政策咨询电话1250个,群众满意率100%。

(夏文利)

优抚安置

【概　况】 认真贯彻落实国家各项优抚安置政策,积极为广大优抚对象办好事、实事,依法维护和保障优抚对象基本生活权益。年内,为全区享受定期抚恤补助的优抚对象每人每月提高定期补助标准30元至50元;为全区78户优抚对象解决临时性困难补助款5.6万元;为100名优抚对象解决大病医疗困难补助款40万元;为100户优抚对象免费订阅2002年《北京社会报》;为136名城镇待业安置义务兵每人补助600元;"八一"前夕,兑现2002年度"军功奖"1.9万元;为患白血病驻通部队士官杨建民一次性补助3万元。

(夏文利)

【优抚对象建房110间】 采取市、区、镇(乡)、村及个人投资方式,共计90.7万元,为全区30户优抚对象翻建房屋110间,维修25.5间,雨季前竣工。

(夏文利)

【优待金统筹】 年内,区政府召开城镇居民革命烈士家属、义务兵家属优待金收缴工作协调会,对优待金的收缴工作进行部署要求,截止到12月底,共收缴义务兵统筹款39.55万元。

(夏文利)

【走访慰问优抚对象】 "八一"、元旦、春节等重大节日期间,市民政局、区委、区人大、区政府、区政协及区民政局领导采取多种形式广泛开展送温暖活动,全年走访慰问优抚对象280户,慰问金及慰问品总价值14万元。

(夏文利)

【下乡为优抚对象送医送药】 "八一"建军节前夕,区民政局组织驻通部队医疗机构深入全区11个乡镇50户优抚对象家中开展"送医送药"活动,免费为50名在乡老年优抚对象检查身体,并发放2万余元药品。

(夏文利)

【召开军嫂座谈会】 7月29日,区民政局、区武装部、区妇联联合组织召开驻通部队随军家属代表参加的庆"八一"军嫂座谈会。在座谈会上,区双拥办授予10名军嫂为"通州区好军嫂"荣誉称号,军嫂们纷纷表示,孝敬好公婆,积极支持丈夫工作,以实际行动为第二故乡建设多做贡献。

(夏文利)

【义务兵接收安置】 年内,全区共接收退役士兵342名,退伍回原籍的196名;城镇安置146名,其中8名复工复职;75名申请自谋职业;63名由政府指令安置,"八一"前夕全部安置到位,安置率100%。

(夏文利)

【双拥工作】 区委、区政府和驻通部队把双拥工作纳入社会发展和部队建设的总体规划,不断巩固和发展新型的军政军民关系。区委、区政府把支持部队建设作为义不容辞的责任,用于支持部队建设、慰问驻通部队官兵款物共计100余万元;为部队培养两用人才70人;安置随军家属57名。驻通部队广大官兵积极参加第二故乡建设,牢固树立"驻通州、爱通州、建通州"观念。全年驻通部队出动2000余人次，车辆1000多台次，支持参与全区重点项目建设和绿化美化工程。其中植树8.15万株、种植草坪10万多平方米、开展便民服务800余人次。参加公益活动累计捐款10万余元。

（夏文利）

救济救灾

【概　况】 年内，认真落实救灾工作分级管理、救灾经费分级负担工作责任制，下拨救灾款435万元；临时性救济款21.56万元；实施“阳光助学工程”，资助236名困难学生就学，助学款14万元；10月起，全区建立起城市特困人员医疗救助制度，已为全区67人办理城市特困人员医疗救助，救助款95984万元。

（夏文利）

【城市低保】 认真落实城市居民最低生活保障政策，及时为符合条件的470户、1495人办理了最低生活保障手续，保障金额100万元，努力实现应保尽保。截止到2002年底，全区共有1425户、3062人享受城市最低生活保障补助，年保障金额500万元。

（夏文利）

【农村低保】 年内，全区新增享受农村低保对象1921户、2846人，保障金额153万元。严格按照有关政策，加强动态管理，将全区45户、57人因收入增加及时停发了保障金；为315户、407名农村低保对象的保障金及时进行调整。截止到2002年底，全区共有3079户、5545人享受农村最低生活保障补助，年保障款300万元。

（夏文利）

【农村社救对象危旧房改造】 年内，共为全区45户农村社救对象改造危旧房屋178间，其中，翻建20户、86间；维修25户92间，市、区、镇(乡)补助资款共计78.5万元，在汛期前全部竣工。

（夏文利）

【农村敬老院改造】 按照市民政局关于《农村敬老院改造社会福利中心》的工作部署，区民政局积极争取协调资金2850万元，加大农村敬老院改造社会福利中心的工作力度，年内张家湾、永乐店、潞城、甘棠、徐辛庄、台湖、次渠、西集、郎府、永顺、梨园等11所敬老院进行新建、扩建改造，其中，新建2所，面积7000平方米；扩建、改建9所，面积9600平方米，新增床位750张。

（夏文利）

【接收捐助工作】 4月，全区广泛开展“扶贫济困春风活动”，在此次活动中，全区共接收捐款122.9万元，衣被9万余件；8月为全区遭遇大风冰雹袭击的乡镇募集捐款70.46万元，帮助受灾群众恢复生产，解决生活困难。

（夏文利）

社区建设

【概　况】 区民政局重点抓好社区居委会规模调整和“三室一场一校”建设。区委、区政府下发《中共北京市通州区委、北京市通州区人民政府关于推进城市化社区建设的意见》。年内，先后有27个社区居委会建成100平方米以上，具备“三室一场一校”(即日间照料室、文化活动室、卫生保健室、室外健身场、老年学校)功能建设标准的社区服务站，占全区38个社区居委会的70%。全区38个社区居委会开展了以建文明整洁小区，喜迎“十六大”为主题的“北京市第九次社区志愿者活动日”活动，77支社区志愿者队伍的6864名社区志愿者参加了活动，活动项目58项，新登记注册志愿者人数557人。

（夏文利）

【社区居委会规模调整】 按照每个社区2000户左右的规模要求，将城区4个街道办事处现有的68个居委会和97个家委会进行规模调整，合并为38个社区居委会。其中，新华办事处6个，中仓办事处12个，北苑办事处10个，玉桥办事处10个。

（夏文利）

【市领导到如意社区调研】 8月13日，市委书记贾庆林到新华街道如意社区调研。8月

26 日，副市长翟鸿祥到新华街道如意社区调研。贾庆林和翟鸿祥在调研期间听取了街道办事处的汇报，详细询问社区建设情况，并对社区今后的发展提出具体要求。

（夏文利）

【社区信息网络建设】 年内，全区 6 个街道级社区服务信息网络总量 4877 条，其中政务公开信息 219 件，办事处指南数据信息 278 条，生活驿站信息 4380 条，注册登记志愿者 1764 人。社区服务信息网络支撑体系发展了 114 家服务商，涉及家政、综合修理、医疗保健等 14 类 50 项居民生活的服务内容，并组织 23 家服务商参加 96156 热线呼叫系统招商大会，11 家服务商签订了工作意向书。

（夏文利）

基层政权建设

【概　况】 2002 年进一步推进基层民主政治建设，维护农村改革发展稳定的大局。全区分别于 1 月 6 至 20 日，7 月 28 日至 8 月 10 日开展了两次“农村民主日”活动。两次“农村民主日”活动共抽调全区二级班子领导干部 356 人，中层干部 1094 人，做到组织有序，分工明确，责任落实，有效地促进“农村民主日”活动顺利开展。活动中村民代表提出关于促进农村经济发展，加强农业产业结构调整的建议 866 件，议案 1374 件。

（夏文利）

【加强农村基层干部培训】 4 月，先后 4 次对全区农村党支部书记和村委会主任进行培训。培训内容围绕加强和改善党的领导，正确处理好“两委”关系，保持农村稳定，促进农村经济发展及坚持在党的领导下实行村民自治等。

（夏文利）

【区人大扩大会议听取民政工作汇报】 9 月 3 日，区人大召开主任扩大会议，听取区民政局关于贯彻《中华人民共和国村民委员会组织法》和《北京市村民委员会选举办法》的工作情况汇报。内容包括监督、指导各乡镇依法组织村民开展民主决策、民主管理、民主监督工作；依法指导、协助乡镇对 3 个村部分村民联名提出罢免村委会成员的罢免工作及在贯彻“两法”中所遇到的问题。区人大各位主任对区民政局在贯彻执行“两法”中所做的大量深入、细致工作及取得的成效给予充分肯定，同时提出一些具体的意见和建议。

（夏文利）

【调解村委会罢免工作】 年内，接到潞城镇杨坨村、永乐店镇南堤东村、永顺镇西马庄村部分村民要求罢免村委会主任成员的罢免书。区民政局按照《村民委员会组织法》中规定的法律程序，进行深入、细致的调查了解，积极协调各乡镇妥善处理，并与以上村村民代表见面，向他们讲解有关法律法规，做到合法、公正、公开、公平，说明“罢免”结果无效，使以上 3 个村联名罢免一事妥善得到解决。

（夏文利）

行 政 区 划

【概　况】 年内完成通州区行政区划有关材料的统计上报工作；分别与朝阳区、顺义区就朝通线、通顺线行政边界协议书、附图，朝通顺、朝通大（大兴）三交点勘定成果等机关档案、资料互相交接。

（夏文利）

【漷郎边界争议最终划定】 年内就原“漷郎线”苏庄与儒林边界争议问题，区、镇两级进行反复调研，区勘界办与两镇主管领导到实地进行勘定，按照本次勘界的有关原则进行最终划定。至此，全区乡镇行政边界区划工作全部结束。

（夏文利）

【完成边界线、界桩联合勘查工作】 8－9 月，区勘界办在大兴区、顺义区和朝阳区的协同配合下，圆满完成通大线、通顺线和朝通大（大兴）三交点五年一次的边界线、界桩联合勘查工作，对发现的界碑、界桩丢失、损坏等问题及时进行处理。

（夏文利）

殡葬管理

【概　况】 按照《北京市殡葬管理条例》规定和市民政局的工作部署，制定方案，扩大宣传，加大对丧葬用品经营网点的清理整顿，对丧葬用品的生产、销售实行统一管理。积极倡导移风易俗，丧事简办，提倡文明祭扫，反对各种封建迷信活动。全年共火化尸体5861具。

（夏文利）

【清明节祭扫安全有序】 为确保清明节期间群众祭扫安全有序、文明健康，区政府办公室印发了《关于清明节期间加强殡葬管理的通知》，通知要求各单位要加强学习和教育，以“讲文明树新风，争做文明通州人，营造文明社会环境为主线，加强殡葬管理，深化殡葬改革，破除封建迷信，倡导科学、文明、健康的殡葬新风尚，促进全区精神文明建设。为加强清明节期间群众祭扫工作的领导，由区文明办、民政局、公安分局、交通队、工商分局、林业局、消防处等部门共同组成工作指挥部。3月30日至4月5日7天中，接待扫墓群众9.4万人，车辆3.21万辆，各扫墓点安全有序。

（夏文利）

【清理整顿“四河、两道”非法墓碑】 6月11至15日，区民政局组织有关镇(乡)对“四河、两道”沿岸乱埋乱葬现象进行集中清理整顿，此次清理整顿共平坟126座、推碑76块，清理整顿收到实效。

（夏文利）

【开展殡葬执法检查】 全面加强对全区丧葬用品销售网点进行统一管理，实行销售生产“经营许可证”制度，控制发展，统一管理，定期验证，有效地控制丧葬用品销售网点盲目发展，规范经销范围。年内，通州区殡葬管理所会同区工商分局、公安分局、城管监察大队等有关部门，对经营销售丧葬用品网点进行联合执法检查，取缔2家非法经营墓碑的门店，限期3家经营丧葬用品网点进行整改。

（夏文利）

民族·宗教·侨务

【概　况】 按照市民委、市宗教局2002年民族宗教环境部署要求，维护民族团结，重视少数民族教育，发展少数民族经济。4月24日，成立以区委副书记李章泽为组长的通州区民族宗教工作领导小组，领导小组与全区11个乡镇及4个街道办事处签订了责任书。建立区、镇(乡、街道)、村(街道)三级工作网络，并将三级工作网络纳入各镇(乡)及办事处年终考核内容，促进了工作水平和服务水平的提高。

（夏文利）

【召开民族宗教工作会】 5月29日，区委、区政府召开了全区民族宗教工作会议。市民委、市宗教局、区委、区人大、区政府、区政协领导出席会议。来自全区各镇(乡)、街道办事处的主管领导、有关委、办、局主要领导及民族村、宗教村党支部书记等200余人参加会议。副区长杜宏谋代表区委、区政府作了《与时俱进、开拓创新、维护稳定、服务大局》的工作报告，报告全面总结了全区民族宗教工作所取得的成绩。区委书记崔君乐结合当前形势，就全区民族宗教工作提出具体要求。

（夏文利）

【加快民族乡村经济发展步伐】 为进一步加快民族乡村经济发展步伐，区民委积极协调资金，争取各级领导的支持。年内市、区两级投资100万元建立“民族经济发展基金”，用于发展民族地区经济，提高少数民族生活水平；市、区两级投资470万元，用于“聚富苑工业区”发展及扶持民族村经济发展。此外，市、区两级投资20万元用于于家务工业园区基础设施建设；投资15万元用于于家务回族村农田基础设施建设；补助53万元，用于张家湾村因遭受雹灾恢复发展生产。

（夏文利）

【重视少数民族教育】 2002年，区委、区政府投资202.6万元用于民族学校的基础设施及硬件建设；民进北京市委委员、回族民营企业家李仕杰捐赠20台电脑，帮助张家湾民族小学建立了多媒体教室。区民委协调区教委投资28万元，用于于家务回族中学硬件建设，改善办学条件；年内，市民委为通州区民族小学补助教育经费10万元，进一步改善民族学校的办学条件。

（夏文利）

【开展少数民族体育活动】 8月，区民委组织召开通州区首届民族体育运动会。全区4所民族小学及1所民族中学的400余名师生参加了跳绳、踢毽、夹包、凌球、角球等五个具有少数民族特色的体育项目的比赛。8月，区民委组织全区170名少数民族运动员及教练员参加了第六届北京市少数民族体育运动会，并参加了蹴球、珍珠球、角球、凌球、棋类等项比赛，取得了1个第二名，1个第三名，5个第四名，4个第五名，5个第六名的成绩。

（夏文利）

【全区宗教场所通过年检】 年内，区民委组织召开有全区宗教活动场所负责人、神教职人员40余人参加的宗教活动场所年检总结会。会上传达了北京市宗教工作会议精神，对全年各宗教活动场所年检工作进行总结，并向全区13处宗教活动场所负责人颁发了年检合格证书。

（夏文利）

【侨务工作】 为推动《北京市实施<中华人民共和国归侨侨眷权益保护法>办法》的贯彻执行，区民委积极落实各项侨务政策，举办侨界人士茶话会，组织归侨侨眷参观、收看中国共产党第十六次全国代表大会开幕式实况，积极为侨眷办好事、实事。

（夏文利）

民间组织管理

【概　况】 2002年，区民间组织管理办公室认真贯彻北京市民间组织管理工作会议精神，积极培育发展社会中介组织，认真做好民间组织的成立、变更、注销登记，社团年检、档案管理、信息交流，依法开展民办非企业单位的登记管理工作，使民办非企业单位登记工作逐步走上法制化、规范化管理轨道。

（夏文利）

【民办非企业单位复查登记】 根据民政部、卫生部和北京市民政局、卫生局有关文件，积极与区卫生局协调，正式启动城镇非盈利性医疗机构进行民办非企业单位复查登记，在复查登记过程中，对有些民办非企业单位存在名称不规范问题及时进行指导更正。年内为17个民办非企业单位进行注册登记，其中教育事业单位13个（法人8个，个体5个）；劳动事业单位2个；卫生事业单位2个，并为3个民办非企业单位做了变更登记。

（夏文利）

【社团年检】 3月31日至5月31日，对全区38个社团组织在遵守法律法规和国家政策情况；依照《社会团体登记管理条例》履行登记手续情况；按照章程开展活动的情况；人员和机构变动情况；财务管理及资产负债，以及经费收支情况进行年检。其中合格36个、基本合格2个，年检率100%。

（夏文利）

【召开社团工作会】 11月27日召开全区社团工作会，市、区有关领导及全区45个社团负责人参加了会议。区民政局党委书记、局长李淑华受区民间组织管理工作领导小组委托，作《2000—2002年社会团体工作报告》，区委副书记石进贤对全区社团管理工作提出具体要求。会上对张家湾葡萄协会等10个先进单位进行表彰。

（夏文利）

婚姻家庭

【概　况】 认真贯彻《婚姻法》、《收养法》，严格执法、文明服务，不断提高工作水平和服务水平，确保婚姻登记合法率、合格率100%。2002年，全区共办理结婚登记3758对；补办"夫妻关系证明书"163对；办理协议离婚176对；补办"解除夫妻关系证明书"11件；办理收养登记10件，接待咨询98人次；接待咨询电话5100人次，现场咨询1600余人次。

（夏文利）

【实行婚姻登记统一登记管理】 2002年1月1日起，对全区婚姻登记实行统一集中登记管理，并实行全日制办公，双休日、节假日可预约登记；对特殊群众可上门登记。年内，预约登记195对，上门登记21对。

（夏文利）

【婚姻登记档案管理】 按照《北京市婚姻登记管理办法》规定，婚姻登记当事人的档案要进行长期保存，防止婚姻登记档案丢失或遗漏，区婚姻登记管理办公室按照市档案管理一级标准要求，对婚姻档案进行系统整理成卷。其中，2000年婚姻档案145卷；2001年婚姻档案151卷，婚姻档案实现规范化管理

（夏文利）

【收养登记工作】 按照《收养法》及《中国公民收养登记管理办法》规定，以维护收养人和被收养人的合法权益作为收养登记工作的出发点和落脚点，认真深入地做好调查、审定工作，准确率、合法率保持100%。

（夏文利）

【离婚调解工作】 为确保协议离婚当事人的合法权益，在办理协议离婚过程中，区婚姻登记办公室做好调解工作，多方进行耐心细致的疏导及家庭伦理道德方面的宣传，其中做谈话笔录的179对，有效调解使夫妻重新和好不再提出离婚51对。

（夏文利）

福利事业

【概　况】 全区福利企业坚持以市场为导向，以挖潜改造为重点，生产适销对路的产品，增加企业活力和市场竞争力，福利企业效益稳步提高。2002年全区销售收入500万元以上的福利企业12家，比上年增加4家，占全区福利企业总数的19%；利税超过50万元的福利企业有13家，占全区福利企业的20.6%，福利企业销售收入25505万元，利税3012.8万元。

（夏文利）

【福利企业年检认定】 年内，区民政局会同区国家税务局、地方税务局，对全区社会福利企业逐一进行年检认定，并对福利企业残疾职工比例、减免税金的使用，残疾人公益金的上缴等方面进行审核。全区社会福利企业63家，年检合格62家，年检合格率98.4%。

（夏文利）

【福利彩票发行】 2002年全区34个电脑福利彩票投注站总销售额1743万元；即开型福利彩票总销售额23.5万元，创电脑福利彩票销售量京郊之首，单点单机日销量、月销量全市第一。

（夏文利）

【落实军休干部两个待遇】 2002年，共接收安置军队离休干部2人，无军籍退休职工88人。区干休所干部职工努力做好服务和管理工作，认真落实军休所干部的“两个待遇”。区干休所新组建了合唱队，组织离退休干部开展丰富多彩的文化娱乐活动，举办五月鲜花歌咏比赛、书画展；开展门球、乒乓球、台球比赛；“八一”前夕，召开军休干部座谈会，畅谈人民军队在党的领导下取得的丰功伟绩。年内军休干部每人每月增加200元护理费、50元工勤费；无军籍退休职工每人每月增加20元生活补助费。制定了每周一至周五军休干部全天候门诊制度，全年接待门诊7500余人次；为60名军休干部办理了北京市红十字学会助老卡，并保证军休干部用车。

（夏文利）

【精神病医疗康复】 2002年，区社会福利院共收容各类精神病患者131人，病情好转得到控制出院123人；临时收容精神病患者39人，门诊治疗990人次。上半年，区社会福利院在全区范围内进行各类精神病患者的调查摸底工作，为全区289名精神病免费购买了药品，并发放到每位精神病患者手中，为维护社会稳定起到积极作用。

（夏文利）

老龄工作

【概　况】 认真贯彻落实北京市老年人工作委员会会议精神，拟定了通州区社区老年福利服务“星光计划”实施意见及《通州区老龄工作“十五”规划》，明确责任目标，维护老年人合法权益，努力为全区老年人办好事、办实事，积极组织老年人开展适合老年人特点的文体活动。年内，区政府投资3782万元，新开发了百亩运河广场，为老年人提供良好的活动场所。春节、重阳节期间，区四大家领导走访慰问高龄特困老人，送去慰问金及慰问品共计10万余元。

（夏文利）

【文体活动丰富多彩】 年内，区老龄委在通州体育场举办“通州区首届老年人柔力球”比赛，比赛共有6支代表队200名中老年人参加，并从中选拔18人组成通州区柔力球代表队参加全国比赛；举办“通州区首届老年人趣味运动会”，比赛共设五个项目，580人参加包括地掷球、沙包掷准、足球射门、飞镖、夹包等。14人参加了全国老年人太极拳比赛，并取得冠、亚、季军的优异成绩；举办全区“重阳杯”老年台球赛，有36支代表队共180余人参加；举办喜迎十六大“康乐杯”门球赛，72支代表队的620余名中老年运动员参加。区老龄委组队参加北京市老年文艺汇演、老年迪斯科健身操比赛；“九九”重阳节举办老年书画展，展出作品217幅。

（夏文利）

【为老年人办实事】 全年为老年人安装救助门铃145对，办理老年证5000余个，为全区347名70岁以上老年人发放救助款2.8万元。

（夏文利）

【空巢老人调查】 区老龄委从5月底至11月底，对全区空巢老人进行系统调查。调查结果显示：全区共有空巢老人20251人，占全区老年人总数的24.4%。其中，60至69岁10915人；70至79周岁7195人；80至89周岁1863人；90周岁以上的278人。此外，为全区60周岁以上老人建立个人档案，为95周岁以上高龄老人建立健康档案。

（夏文利）

人民生活

【概　况】 2002年，全区人民生活水平继续稳步提高。全区职工工资总额（包括乡镇）达17.48亿元，比上年增加3.26亿元，增长22.90%；在岗职工平均工资12934元，比上年增加731元，增长6%。城镇居民人均可支配收入10081.03元，比上年增加1575.53元，增长18.5%；农民人均纯收入5835元。随着人民收入水平的增加，消费观念的转变，区商业发展前景广阔。全区消费品零售额达401690万元，比上年增加45029万元，增长12.6%。2002年末城乡居民储蓄余额达118.6亿元，比上年增加17.9亿元，增长17.80%。

（董慎霞）

【城镇居民收入继续增加】 据城镇居民家庭抽样调查统计，2002年城镇非农居民人均可支配收入10081.03元，比上年8505.5元增长18.5%，增长幅度比上年下降0.7个百分点。家庭总收入中，其中工薪收入7095.05元，经营净收入157.14元，转移性收入3124.14元，在转移性收入中，养老金或离退休金2965.81元。

（范丽华）

【城镇居民消费增长10.6%】 2002年，城镇居民人均消费性支出7691.03元，比上年增长21.6%，增幅增加10.9个百分点。在人均消费支出的八大消费支出中：用于服务性消费支出1865.42元；用于家庭设备用品及服务的支出为485.32元,比上年下降6.1%;居民在食品支出、衣着支出、教育文化娱乐服务支出分别比上年增长19.9%、20.1%、101.9%。医疗保健和居住支出分别为735.18元、688.06元。

（范丽华）

【城镇居民家庭耐用消费品拥有量进一步增加】 2002年末,城镇居民每百户家庭拥有主要耐用消费品:彩色电视机124台;电冰箱104.89台;电冰柜12台;录放象机32台;房间空调器93.89台,比去年增加17.89台;摩托车24辆,比去年增加5.33辆;家用汽车4辆,去年无;家用电脑39.22台,增加32.55台;照相机78.22架,增加3.55架;淋浴热水器86.44台,增加10.44台。2002年新兴家用产品保持较高增长。

（范丽华）

【农民生活消费支出保持增长】 2002年本区农民的生活消费支出人均3593元,比去年增加221元,增长6.6%。其中:食品消费支出人均1231.5元．占生活消费支出的比重即恩格尔系数为34.3%,比上年低3.4个百分点。根据恩格尔定律,人们的收入越高,生活消费支出越多,恩格尔系数也就越小。

（范丽华）

【农民家庭耐用消费品拥有量继续增加】 2002年末,农村每百户农民家庭拥有主要耐用消费品比上年有所增加。其中:彩色电视机114台,比上年增加5.1台;电冰箱105台,比上年增加13.5台;移动电话47部,比上年增加30.08部;空调机40台,比上年增加12.69台。汽车,电脑和摄象机等高档消费品在农民家庭中的消费比重增加。

（范丽华）

街　　道

中仓街道

【概　况】 中仓街道位于通州城中部，面积6.5平方公里。辖区内有街巷56条，12个社区居委会，生活小区23个，常住居民30601户73911人，其中回族2445户5492人。另有暂住人口10872人。驻区内有市、区机关单位21个，企事业单位57家，个体工商户398家，1所中学，5所小学。潞河医院、区中医医院等坐落在辖区。车站路形成餐饮一条街。西上园小区、北小园小区、皓月园小区建设已具规模，社区功能不断完善。社区志愿者达6000余人，服务项目26项。开通96156信息网，为居民服务更加便利。社区志愿者开展公益服务活动，使1600人发挥特长。

2002年，街道工委和办事处围绕“环境建设基础年”的总体要求，从“抓管理、强素质、树形象、创一流”的工作思路入手，开展“双十创百星”活动、学习宣传新时代道德楷模孟宪峰，岗位做贡献，取得较大成绩。年内，办事处被评为北京市外管工作先进单位，被区评为社会治安综合治理工作先进集体、法轮功工作先进集体、计划生育先进红旗单位、劳动保障先进单位、信访工作优秀单位。上营居委会、中仓居委会、东里一区居委会被评为市级治安工作先进单位。办事处赵万奎被市评为同法轮功斗争先进个人、李玉华被评为市级计生先进工作者。

（张胜泳）

【社区党建】 年内，街道工委在社区党员中施行《党员手册》管理，8月初举行了中仓工委党员手册发放仪式，共发放手册1600册。街道工委办事处投资21万元采取自建和与辖区单位资源共享的方法，建立了党员活动室，解决社区党支部的活动场所问题。总面积达到920平方米，平均每个支部48.4平方米。

（赵天龙）

【安全防范与科技创安】 年内，在推广东方生活区科技创安经验的同时，又相继推进了司法局、西上园小区、西营前街小区等科技防范工作，分别安装了电视监控探头，有效地震慑和控制了犯罪。协调东里小区22家产权单位，筹集近50万元资金，对该辖区实行了封闭，全长964延米，安装铁艺大门12个，新建门卫3个，年内完成一期工程。

（张胜泳）

【社会治安综合治理】 全年召开辖区综治委动员会5次，协调会6次，治安防范等会议11次，签订各类治安保稳责任书6种998份。提高辖区单位、居民对社区治安工作的认识。东里市场摘掉了治安乱点的牌子，潞河医院的治安环境明显改善。加强了对法轮功重点人的办班、教育和转化、监控工作，取得较好成果，实现了“0”指标。

（赵万奎）

【建设环境精品街】 年内，投资20万元对新建街进行绿化美化，绿化1200平方米，硬化铺方砖1400平方米，栽种花卉3200多株，成为辖区环境基础建设的精品街。

（张玉平）

【环境治理】 10月初，与市政管委及区文化委、区房地局、区资产运营公司三个产权单位协调，清理、绿化新建街北口和区博物馆西侧3处环境卫生死角，投资20余万元，铺草坪2.4万平方米。全年共清除街巷、楼门小广告5万余张，清理垃圾渣土近千吨，动用车辆近200辆次，发动人员达1.4万人次，投资数万元。辖区环境明显改善。

（邢维江）

【社会保障】 全年为下岗失业人员办理求职证2022个、失业金领取证1961个，已存入失业人员档案3650份，有1368人办理了自谋职业手续，295人享受社会保险。开发失业人员就业岗位1200余个，1164名失业人员再就业。

（郭立君）

【劳动监察】 10月成立劳动监察专职队伍，有力规范了辖区企业单位用工行为。年底社会保险扩面征缴完成率为125%。

（刘彦平）

【优抚社救】 年内，共为50户生活困难的居民办理低保手续，为855人办理了空房注册，使4名特困学生领到助学金，三次发动机关干部和辖区居民为灾区捐款14700元，捐赠棉衣被8000余件。为加强民族团结解决了清真寺水电问题，协调了清真寺修缮问题。

（王　健）

【社区服务】 年内，组织社区志愿者大型公益活动两次，服务队伍不断壮大。社区卫生服务站义务为居民体检1200人次，为750名60岁以上的老人建立了健康自助卡。开通96156社区便民服务电话为居民提供方便。

（张玉萍）

【计划生育】 年内，将在册的育龄妇女12285人，人户分离4619人，与派出所配合，逐户进行调查，逐人进行登记建卡。建立中仓社区计生服务站，成为全国计划生育服务站进社区的典型。

（李玉华）

【便民服务】 年内，办事处协调10多万元增建便民服务大厅，实现“一站式”服务。社区居委会进行改建（翻建），改善办公条件，为居民办事提供方便。

（焦春岩）

【信访排查】 年内，街道工委积极做好人民内部矛盾的排查调处工作，实行领导保稳责任制，把矛盾化解在基层。年内民事调解110件，防止矛盾激化9件，解决信访6件，没有重大信访事件，无越级访和集体访，确保了社会稳定。

（张胜泳）

中仓街道主要领导人

工委书记　于海春
主　　任　于海春（8月免）
　　　　　姜富龙（8月任）

（张胜泳）

新华街道

【概　况】 新华街道位于通州卫星城东北部，面积3.25平方公里。辖区街巷48条，下设6个社区居民委员会，2个居民委员会，有居民1.4万户，3.46万人。辖区有市属单位10个，区属单位55个，非公有制经济组织310个。2002年新华街道坚持“以人为本，服务居民，重点突破，逐步推进”的原则，充分发挥社区党建的龙头作用，全面推进社区建设。初步构建了以党组织为核心、以社区居委会为主体、社会单位支持、共同参与共驻共建的新型社区管理体系。年内，先后有中央政治局常委、原市委书记贾庆林，市委副书记强卫，副市长翟鸿祥，公安部纪委书记祝春林，区委、区人大、区政府、区政协四大家领导多次视察新华街道社区党建、社区建设和如意社区工作，并给予高度评价和充分肯定。2002年，新华街道被评为首都文明示范街道，如意社区居委会被评为首都文明社区，辖区有8个社会单位被评为市级相关工作先进单位，有5个社区居委会被评为市级相关工作先进单位，有13个社会单位被评为区级相关工作先进单位，有6个社区居委会和1个居委会被评为区级相关工作先进单位。

（张梅菊）

【成立社区党建协调委员会和社区建设管理委员会】 5月20日，新华街道工委、办事处在全区率先成立社区党建协调委员会和社区建设管理委员会。社区党建协调委员会成员单位18个。社区建设管理委员会成员单位22个。“两委”的主要职责是共同研究、协调、指导社区大事，共同承担社区工作任务。

（张梅菊）

【组建社区居委会】 年初，按照1000—3000户划分一个社区居委会的规模标准，将辖区原有的30个居（家）委会，科学合理调整为6个社区居委会。如意社区居委会是全区率先成立的社区居委会。

（张梅菊）

【实施“老年星光计划”】 2002年，为4个社区居委会建立健全“三室一场一校”（即：文化活动室、日间照料室、医疗保健室、健身场和老年学校），总面积1000平方米。“星光计划”实施，为社区老年人提供广阔的活动舞台，使老年人得到更多实惠。

（张梅菊）

【成立如意社区关心下一代协会】 5月17日，在如意社区居委会成立了社区关心下一代协会，这是北京市远郊区县第一个关协基层组织。协会会员由社区12名德高望重的老同志组成。同时还开展“老少牵手，共建文明社区”活动，得到了全国和市、区关工委的充分肯定。

（王丽艳）

【创建“国防教育街”和“十大元帅墙”】 7月，新华街道办事处与区武装部联手投资30万元，在吉祥路创建“国防教育街”和“十大元帅墙”。国防教育街全长500米，两侧设有双拥画廊，20个宣传橱窗和20位英雄模范人物头像。沿街的20余个单位均设有国防教育宣传角。同时，在区市政管理委员会、区供电局等单位的资助下，投资50万元，为“国防教育街”两侧便道铺设了三彩防滑步道砖，增设盲道和电缆，更换24盏新颖别致的路灯，摆放60个黄菊鲜花坛。中央军委副主席、国务委员兼国防部长迟浩田为“国防教育街”亲笔题词。

（张梅菊）

【健全工委、办事处内设机构】 按照区机构编制委员会关于《北京市通州区机构改革方案的实施意见》要求，6月新华街道工委、办事处内设机构全部到位，共设职能科室10个，分别是：组织部、宣传部、党政办公室、社会治安综合治理办公室、计划生育办公室、财务统计科、街政管理科、环境卫生科、劳动和社会保障科、规划监察科。另外，又根据区纪律检查委员会要求设垂直部门纪检监察科。

（薛　玲）

【健全社区党组织】 2002年，新华街道工委相继成立6个社区居民委员会党总支，下设21个居民区党支部，共有党员772人。

（薛　玲）

【建立通州区图书馆“新华社区分馆”】 1月8日，建立了通州区图书馆“新华社区分馆”。现有图书近2万册，并于12月与“首图”联网。2002年被区文化委评为“优秀图书分馆”。

（贾钧苹）

【“月嫂”服务站获“再就业工作先进单位”称号】 1月15日，新华社区“月嫂”服务站正式成立，安置下岗、失业女工88名。这是北京市远郊区县第一家为孕、产妇和婴幼儿提供保健、护理服务的机构。2002年被市、区两级政府授予“再就业工作先进单位”称号。

（贾钧苹）

【新华社区网站评为市级“全优”】 新华社区“三位一体”网络中心以“信息质量优秀,栏目内容全面,‘特服’求助者多,转接处理及时”,被评为2002年度市级“全优”网站。

(贾钧苹)

【劳动力和就业管理工作】 全年接收失业档案935份;为861人发放失业金603万元,报销医药费5.6万元;为238人发放退休养老金224万元,报销医药费180万元;举办大型就业招聘会2次,接待咨询1468人,登记473人;全年置换、安排就业人员1014人。被区劳动局评为“2002年度劳动就业服务先进单位”。全年超额完成扩面征缴社会保险基金23.66万元,圆满完成全国城镇劳动力就业和社会保障状况调查工作。

(刘希英)

【建立社区警务工作站】 8月1日,如意、司空两个社区居委会在全区率先建立“社区警务工作站”。区领导石进贤、安铁军以及全区各乡镇、街道主管综治工作的领导、各派出所所长200余人,参加了揭牌仪式。

(常占伟)

【加强小区封闭式管理】 为了确保小区居民生活安全稳定,新华街道投资100万元,对如意、司空两个居民小区四周安装钢筋护栏,进行封闭管理,并在如意居民小区安装电子监控器,有效地遏制了小区内各类盗窃案件的发生。

(常占伟)

【获区“卫生杯”和“市容杯”】 全年,新华街道的环境卫生工作在市、区及有关职能部门组织的28次检查中,总成绩在全区居第一位。获全区唯一的“卫生杯”和“市容杯”。

(王文宝)

【改善人居环境】 投资6万余元,对贡院、贡院前街和磁器胡同道路两边进行硬化,面积约1100平方米;对商业街和吉祥路两侧墙壁进行粉刷,面积约600平方米;在如意和新建两个小区栽种月季花3000余株,建成两个月季小区;与东方化工厂联手投资13万元,在吉祥小区建成街道首家垃圾分类站。

(王文宝)

【组建新华街道综合整治办公室】 6月,由机关规划监察科、环卫科和城管监察分队联合组建新华街道综合整治办公室。其主要职责是依法拆除违章建筑、依法取缔占道摊点、依法整治环境卫生。

(郑友松)

【强化社区文化】 年内先后举办“五月鲜花”歌咏比赛、“文明伴您行”消夏晚会、“抗灾之歌”和庆“七一”京剧专场演出、“庆十六大”、辞旧迎新春节晚会等大型文艺演出活动;分别成立60人的合唱团,24人的新秧歌队,“新华之声”姐妹歌唱队和“新华之声”小乐队。新秧歌队在市文化委举办的“新秧歌大赛”中,取得了较好成绩;抓好新华街道文明市民学校中心校、社区文明市民学校分校的阵地建设,大力宣传贯彻《公民道德建设实施纲要》,开展多种培训活动,教育居民牢固树立正确的世界观、人生观、价值观,为社区的发展尽一份力量。

(王春芳)

【开展争做社区文明使者活动】 年内,新华街道在社区广泛开展争做“社区文明使者”活动,年底对60名“社区文明使者”进行表彰,并将22名“社区文明使者”的典型事迹编印成“群星灿烂”小册子,树为典型,在居民中宣传学习。

(王春芳)

【城市低保工作】 截止年底,新华街道辖区享受城市居民最低生活保障金的共有298户664人,全年发放低保金及其各类民政费共计177.3万余元。

(王丽艳)

【成立特困户志愿者服务队】 10月19日,新华辖区150名特困人员自发成立特困户志愿者服务队。百余名特困户人员联名发起倡议:用实际行动感谢政府回报社会,为社区建设尽微薄之力。并自定每月月末的周五为集中整治社区环境活动日。

(王丽艳)

【成立社区公共服务社特困户编织组】 11

月，新华街道成立社区公共服务社特困户编织组，吸纳低保户、残疾、下岗等生活困难的妇女30余名。主要是用毛线编织帽子和围巾。经过十余次的专业培训，已娴熟掌握编织技术。已编织成品200套对外出售，每位妇女月增收近百元。

（王丽艳）

【资助贫困生完成学业】 新华街道妇联与区妇联联合资助贫困生王超。王超是潞河中学高二年级的学生，因家境贫寒面临辍学，区妇联与新华街道妇联为其送去5000元助学金，并鼓励她安心学习，完成学业。

（杜艳玲）

【计划生育工作】 年内，举办计生干部培训三次，完成近8000张育龄妇女卡的重新核对和身份证号码的录入工作，为167名独生子女办理《独生子女父母光荣证》，发放独生子女父母奖励费2.2万元。

（杜艳玲）

新华街道主要领导人

工委书记　　姚广生

主　　任　　张小艳

（张梅菊）

北苑街道

【概　况】 北苑街道位于通州城西部，辖区有新华大街、玉带路、京津公路等12条主要大街，有新城南街、帅府街等32条胡同，辖区面积5.27平方公里，新开发的华兴园、长安星园、富河园、怡佳家园等新型现代化社区、居民小区规模不断扩大。原分设的13个居委会15个家委会和19个单位职工生活区重新划分调整为10个社区居委会。辖区常住人口17245户44772人，暂住人口为4180人。有北京中科印刷有限公司、北京北方红旗机电有限公司、北京光学仪器厂等16个中央、市、区属企业驻在辖区，区委、区人大常委会、区人民政府、政协通州区委员会和通州公安分局等区级重要机关和群众团体驻此。北苑地区是文化教育集中地，有2所高等教育学院、4所中学、4所小学和3所幼儿园。按照社区建设的总体要求，北苑街道坚持以人为本，围绕“环境建设年”的各项任务，在党建、精神文明建设、基础设施建设、环境卫生整治、社会治安综合治理等方面都取得长足的发展。全年共调处民间纠纷79件，防止民间矛盾激化18件36户57人，防止群众上访事件3起210人。深入到被帮教对象群体中进行宣教39人次，全年无“两劳”人员重新犯罪。年内，北苑街道办事处被评为北京市环境卫生文明教育奖，后南仓社区被评为北京市先进居委会，新华西街和后南仓社区被评为北京市文明社区，官园和帅府的文艺活动队被评为北京市业余文化队。刘英被评为北京市同“法轮功”邪教组织斗争先进个人。

（刘松霞）

【社区体育】 4月21日，举办第四届居民运动会。为辖区11个居（家）委会颁发北京市晨晚练点标志牌，使广大居民更加愉快、放心地参加体育锻炼。北苑街道代表队在首届街道社区运动会中，取得较好成绩。在区“交通杯”乒乓球比赛中，办事处获男子团体第七名，女子团体第六名，女子单打冠军。

（周士宽）

【社区文化走上正规化管理轨道】 北苑街道的社区文化活动在巩固“一个居委会一支文化活动队”的基础上，向品牌化方向发展。5月20日，成立了以老年人为主体的“北苑街道长青艺术团”，并举办“五月的鲜花”群众歌咏比赛活动。9月，在科印灯光球场举办“庆十一、迎接‘十六大’”居民联欢晚会，区少年宫、区文化馆等单位加盟演出。通过参加运河文化广场万人大合唱等活动，演出质量不断提高，涌现出黄存信、刘子玉等业余词曲作家。

（王金瑞）

【环保进社区】　6月5日，北苑街道“环保进社区”启动仪式在后南仓小学举行。在仪式上，发放环保小布袋300个，并由后南仓小学生代表向全区中小学生发出环保倡仪书。先后开展了“环保进校园”、“环保进企业”系列教育活动，通过组织环保知识讲座、组织义务劳动、知识答卷、竞赛等活动，学生、职工、居民的环保意识得到增强，直接受教育面1.8万人次。同时涌现出北苑学校、官园小学等环保工作先进典型。

（赵全喜）

【机构改革】　6月底，街道的机构改革工作全面结束。设有12个科室和部门，2个事业编制，公务员36名，事业干部15名，工勤人员7名。改革后的公务员队伍平均年龄降低10岁，大专以上文化程度的达到85%以上。

（牛春刚）

【社区党建】　7月23日，召开成立“社区党建工作协调委员会”和“北苑街道社区建设管理委员会”会议。会议提出《北苑街道社区建设工作意见》和《关于加强街道社区党建工作意见》、《社区党的建设三年发展规划》，宣布《社区党建工作协调委员会章程(草案)》。建立成员单位联系制度，通过召开座谈会，共商社区发展大计，社区建设翻开了新的一页。年底，“党员素质工程教育”全面启动。

（牛春刚）

【成立社区警务工作站】　9月12日，北苑街道警务工作站揭牌仪式在华兴园小区举行。在街道系统首家实现11个社区警务工作站全部一次到位，实现一区一警，并配备专职保安，给居民的生活带来安全和方便。

（魏志军）

【环境卫生综合整治】　年内组织6次较大规模的环境卫生集中整治和“两道四河”的集中整治活动，清理辖区内城乡结合部“三不管”地区两处，做到社区内无暴露垃圾、无乱堆乱放、无私搭乱建、无残标广告。驻辖区的部队、社会企事业单位、社区志愿者及街道全体干部积极投入到环境整治的活动中，使中山街、玉带路、新仓路等重点部位的卫生状况得到很大改观。坚持整治建设并举，平整硬化路面，设立垃圾站点提示牌，封闭小区垃圾道，设置生活垃圾箱等，提升小区居民生活环境的档次。

（赵全喜）

【后南仓社区居委会成立】　10月25日，后南仓社区居委会成立暨小区封闭工程揭牌仪式举行。这是北苑街道在通州区最早、产权单位最复杂的小区进行规范化管理的一种尝试。社区居委会的办公用房达到了三室一场一校的标准，小区封闭采用了目前城区内最先进的电子监控系统，居民的安全感明显增强。

（魏志军）

北苑街道主要领导人

工委书记　孔维民
主　　任　孔维民(11月免)
　　　　　贾君刚(11月任)

（牛春刚）

玉桥街道

【概　况】　玉桥街道位于卫星城东南部，辖区面积11.2平方公里。辖区两栋楼以上的居民小区21个，在建小区4个，常住居民2.18万余户，居民6.80万余人，社会单位80个，居委会12个。年内获准确定10个社区居委会改建方案。通过区委统一公开招聘考试，10名专职社区工作者充实干部队伍。修订、完善了“门卫、值班、卫生和节约、车管、机关工作、奖惩、一站式办公”等七项管理制度规定、宣传信息规定和居委会工作制度。建立了玉桥街道团工委、妇联、工会，进行了改选，发展非公经济单位群团组织8个。年内，玉桥街道获全国城市体育先进社区称号，2002年全国全民健身周先进单位，2002年北京市全民健身活动周先进单位，首届北京市街道社区运动会精神文明奖，"九五"期间被评为北京市残疾人康复工作先进集体，北京市同法轮功邪教组织斗争先进集体。

（张　颖）

【机构改革】 6月，完成街道机构改革任务，调整设置设有：党政办公室、组织部、宣传部、纪工委（派出机构）、监察科、综治办（挂610办公室牌子）、财计科、街政科、环卫科、规划科、计生办、劳动科，群团组织：团工委、妇联、工会、武装部；事业单位：社区服务中心、劳动和社会保障服务所。人员配备有公务员32名，事业编制人员14名，公勤人员6名。

（张　颖）

【举办大型社区文化活动】 4月13日，在区体育场举行玉桥第二届社区体育运动会，参加人员达1700余人，展示了玉桥形象。举行规模较大的"五月的鲜花"、"夏日文化广场"等群众文化活动，认真策划、组织编写，创作了"玉桥之歌"。此外，继续加强文化设施的建设，建立梨花园社区图书室，新建家居健身工程4个，占地1000余平方米。

（张　颖）

【开展争创评选"文明玉桥人"活动】 年内，提出和研讨创建特色街（路）、特色小区的工作，对现有文明社区、居民区进行复查考核，开展争创文明十星户、共青团文明楼门等活动。创建评选出1200名"文明玉桥人"，申报500名"文明通州人"，创建评选出"文明十星户"100户，申报区级"文明十星户"50户。

（张　颖）

【社区共建研讨会】 1月16日召开"春节社区建设研讨会"，辖区中、市、区属80余个大中型单位的领导参加，副区长刘辉、何凤慈等出席会议，共商玉桥社区建设大事。

（张　颖）

【推进社区服务】 年内，将玉桥社区卫生服务站由120平方米扩建到235平方米，全年门诊量达5万余人次，为1400余名婴幼儿、学生进行义务体检和牙防。下半年建成早点店2个、净菜销售站2个、再生资源回收站2个。

（张　颖）

【便民服务新举措】 4月，投资10多万元将办事处一楼改建成社区服务"一站式"办公厅，在全区率先实行社区服务一站式办公，并实行"首问负责制"和"持证上岗"，极大地方便了居民，使社区服务跨上一个新层次。

（张　颖）

【劳动和社会保障】 年内，完成失业人员、用工单位、居民需求三项调查，实施"五查五建"失业动态管理，绘制管理流程图，建起"再就业阳光工程网络"和"40、50再就业工作室"、10个"社区再就业工作站"，多次组织再就业培训，组织5次再就业洽谈会。转换就业岗位1200个、安置就业850人（含自谋职业260人）。

（张　颖）

【民政工作】 年内，完成了帮困助残、抚恤救济民政保障服务任务，发放民政事业费1290余万元。加强特困家庭最低生活保障、特困卡承办，有145户360人享受国家低保补助。开展残联、空巢老人、"一助一"扶贫帮困送温暖活动，校外教育形式多样，为特困家庭送助学金5400元，减免学杂费25人。对45名眼疾患者进行体检。开展捐献救灾活动，为灾区募集衣被3400件，捐款17536元。

（张　颖）

【计划生育工作】 年内，完成计划生育管理服务任务，开展《人口与计划生育》新法宣传活动，签订流动人员责任书210份，进行100名育龄妇女生殖健康检查，完成7984名育龄妇女建卡、各种表格的填写、微机存储、2400余名流动人口的见面了解和日常接待服务等大量工作。

（张　颖）

【加大环境整治力度】 开展"争当绿色使者，共创绿色生活"活动，组织运河、玉桥两校学生认养玉桥中路两侧绿地。年内，出动人员5000多人次，共清运渣土2558.6吨，整治面积15.45万平方米；清理小广告8500多条，治理楼门395个，发放宣传材料1.1万张；植树580棵，栽种各种花100株。

（张　颖）

【进一步加大拆违力度】 认真实施了规划检查监督，大力抓好经常性的拆违工作，3月在全区重点整治活动中，开展宣传、调查、摸底、统计、上报工作，发宣传材料2000多份，拆除协辛庄等违章建筑计41处1153平方米。清理玉南三区非法占用绿地1193平方米。完成“两道四河”周边环境整治活动，做了大量调查、协调工作，发通知书180份，签责任书78份，拆违832余平方米，粉刷大门、墙壁6810平方米，清运渣土6480立方米。

（张　颖）

【加强综治工作】 年内，加强综治网络建设，现有社区治安力量1900余人，外管站13个，实行警务进社区工作，建成8个社区警务站（占80%），30余名保安全部到位。

（张　颖）

【安全设施建设】 玉桥办事处坚持人防、物防、技防一起上，发动辖区单位，调动社区资源，加大科技创安和小区封闭力度。年内梨花园小区10号楼8个门、美然百度城小区10栋楼和乔庄北街3号院3栋楼安装了楼宇对讲设备，源泉苑小区投资15万元安装电子监控设备；葛布店北里小区实行全封闭。辖区内两栋楼以上的21个小区有7个小区采取了科技创安措施，占33%。

（张　颖）

【加强司法民调工作】 年内，开展了纠纷排查活动，调解民事纠纷117件，排查纠纷苗头和隐患24件，调解率100%，防矛盾激化11件。进行“两劳”解教人员摸底、建档帮教活动，开展司法帮教送温暖活动，6月，社区司法所形象工程验收合格，成绩突出。

（张　颖）

玉桥街道主要领导人

工委书记　　程静林

主　　任　　刘立新

（张　颖）

乡　　镇

【概　况】 永顺镇位于通州卫星城内，总面积37.46平方公里，辖25个村，户籍人口43473人，其中：农业户籍人口24068人，非农业户籍人口19405人。本镇为外来人口的聚集地，出租房屋3438户9882间166272平方米，暂住人口22743人。全年出生人口274人，出生率6.3‰，死亡人口184人，死亡率4.2‰，人口自然增长率2.1‰。

2002年主要经济指标一览表

项　　目	2002年	2001年	2002年为2001年%
国内生产总值（万元）	75132	64000	117.4
第一产业增加值（万元）	2174	2490	87.3
第二产业增加值（万元）	34823	27152	128.3
第三产业增加值（万元）	38135	34358	111
国家税收（万元）	4240	3857	109.9
地方税收（万元）	12406.5	7479.4	165.9
农民人均纯收入（元）	7323	6615	110.7

（赵杰英）

【召开镇第二次党员代表大会】 永顺镇选举产生了新一届党员代表128名，12月5日、6日召开中共通州区永顺镇第二次党员代表大会，选举产生了新一届镇党委委员9名，镇党委书记、副书记；选举产生了新一届纪委委员和纪委书记。

（赵杰英）

【月亮河度假村效益居区旅游业首位】 北京东润工贸有限公司月亮河度假村是四星级涉外酒店，占地面积3万平方米，总投资额1.5亿元。2002年接待中外宾客近8万人，营业收入6768万元，比去年增加458万元，税收613万元，比去年增加73万元，居全区旅游业之首。

（赵杰英）

【举办投资项目推介会】 4月28日，镇政府在北京国际饭店举行投资项目推介会，国家经贸委轻工生产力促进中心、国家机关海外联谊会、市外商投资服务中心负责人及通州区副区长张少田等领导出席了推介会，有80多家国内企业参加了推介会。

（赵杰英）

【12家企业通过ISO9000质量管理体系认证】 北京磁通设备制造有限公司、北京清华紫光泰和通环保技术有限公司、北京市雅宝食品机械厂、北京海传光盘有限公司、北京市华德碘盐配送中心、北京市运乔铁城混凝土搅拌站、北京顺开房地产开发有限公司、北京顺开物业管理有限公司、北京富新制冷设备有限公司、北京富新达电动车有限公司、北京平顺化工有限公司、北京聚龙科技发展有限公

司等12家企业通过了ISO9000质量管理体系认证。

(赵杰英)

【利民屠宰场被定为绿色生猪屠宰基地】 永顺利民有限公司是民营股份制企业，占地面积40亩，拥有职工49名，年屠宰生猪40万头，是集养殖、屠宰、分割为一体的生猪屠宰销售基地。12月26日被中国绿色食品总公司授予"生猪屠宰基地"铜牌，中国绿色食品总公司总经理谷宜成出席了授牌仪式。

(赵杰英)

【兄弟制衣厂破产】 北京市通州区兄弟制衣厂是镇工业公司下属企业，始建于1991年，由于经营管理不善，连续8年亏损，资不抵债。到2001年底企业资产总额360万元，负债1334万元，资产负债率370.6%，其中：银行欠款1247万元。依照《破产法》、《民法通则》、《民事诉讼法》等法律规定，北京市通州区兄弟制衣厂于2002年12月25日宣告破产，核销银行坏账1247万元，是永顺镇首例依法实施破产的企业。

(赵杰英)

【村帐托管】 年内全镇25个村实施"双层审计、村帐托管、电算管理"，村级财务管理进行了改革。各村设一名财务专管员，负责村内日常财务收支管理；3—5人组成的村民主理财小组按照财务管理制度，每月定期对村内经济业务往来票据审核监督；镇农村财务管理服务中心与各村签订村账托管协议，负责村级财务的复审和账务处理。

(赵杰英)

【机关机构改革顺利完成】 6月25日，永顺镇采取"竞争上岗、双向选择"的办法顺利完成镇机关机构改革工作。改革后，镇机关内设机构由30个部门减为16个部门，机关在编干部由231名减少到52名。在此次机关机构改革中，分流人员171名，其中：分流到事业单位52名，分流到企业15名，留村工作2名，内部退休67名，自谋职业13名。9月18日镇机关52名机关干部过渡为国家机关公务员。

(赵杰英)

【北京人文大学东校区坐落永顺镇】 北京人文大学东校区2002年6月建校，坐落于通州区永顺镇东潞苑106号，占地面积80亩，一期建筑面积2万平方米，该校是北京市教委批准成立的文理综合多学科全日制民办高等院校，创办于1984年，东校区现拥有教职工138名，在校学生近2000名。2002年3月28日该院校被北京市教委评为"综合评估合格高校"。

(赵杰英)

【风雹灾害】 8月4日晚发生大风和冰雹灾害，全镇17个村受灾，小圣庙村受灾最重，1000亩葡萄、500亩桃树、200亩蔬菜绝收，450棵直径30公分左右的大树倒地，损坏房屋3000平方米，小圣庙村电力设施损坏，通讯中断。区、镇积极救灾，拨付救灾款129.45万元，社会各界捐款16万元。

(赵杰英)

【再生资源回收市场】 3月，镇政府投资260万元，在焦王庄村西建成占地85亩、建筑面积1100平方米、80个收购站的通州区顺源晟再生资源回收市场，市场分废纸、塑料、金属、杂物四个经营区，彻底清理了散落在镇域内的256个废品回收站，集中进市场经营管理，凡从事废品回收人员一律备案登记、统一着装、统一车辆、配戴胸卡。

(赵杰英)

【基础设施环境建设】 年内投资6000万元修建了皇木厂路、岳庄路、物资学院路、龙旺庄西路、邓家窑路等5条路，上水、下水、供电、燃气、通讯等配套设施齐全，全长5公里，硬化路面3086平方米。投资660万元用于绿化美化环境建设，完成京哈路、东方环厂林的绿化美化，建街心花园2个，依法取缔了通州八里桥木材交易市场，集中清理了卫星城内的256个废品收购站，全年共拆除违章建筑、临时建筑15万平方米，植树9.8万株，建绿地9万平方米，退耕还林450亩。

(赵杰英)

【永顺镇评为市二三产业先进乡镇】 2002年全镇国内生产总值7.5亿元,同比增长17.4%;税收1.67亿元,同比增长46.7%。二、三产业是永顺镇经济的主导产业,全镇有企业2607家,从事二、三产业人员2.08万人,二、三产业国内生产总值7.3亿元,占全镇国内生产总值97.1%,同比增长18.6%;税收1.5亿元,占全镇税收总额90.1%,同比增长36%。其中:第二产业国内生产总值3.5亿元,占全镇国内生产总值46.4%,税收6044万元,占全镇税收总额36.2%;第三产业国内生产总值3.8亿元,占全镇国内生产总值50.8%,税收8985万元,占全镇税收总额53.9%。通过重组引进,调整优化产业结构,关、停、迁移各类不符合卫星城发展要求企业64家,工业企业由数量型向规模质量效益型转变,年末全镇工业企业241家,有年销售收入500万元以上的重点工业企业24家,年利润100万元以上的企业6家,年创税收50万元以上企业15家,通过ISO9000质量体系认证企业12家,市高新技术企业3家,科技先导型企业3家,出口企业8家。房地产建筑业是镇经济支柱产业,年内在镇域内进行房地产开发企业34家,大的房地产开发项目有:天赐良园、格兰晴天、月亮河休闲公寓、在水一方、新潮家园、西潞苑小区、东阁雅舍、富河园小区、东潞苑小区、运乔嘉园、盛业家园、潞苑嘉园等。全年开复工面积107.24万平方米,其中:旧村改造面积17.28万平方米,房地产开发面积89.96万平方米,商品房销售面积30.85万平方米,房地产建筑业创税收6700万元,占全镇税收总额40.6%。运乔建材批发市场、八里桥农副产品批发交易市场、明珠建材城等大型批发交易市场3个,月亮河度假村是通州区四星级涉外酒店。2002年新发展企业84家,投资总额79073.6万元,其中:商业、饮食、服务业、房地产开发等第三产业79家,投资额72548.6万元,占总投资额的91.7%。2002年永顺镇被市农工委评为“京郊二三产业发展先进乡镇”。

(赵杰英)

永顺镇主要领导人

镇党委书记　周鸿武
镇人大主席　刘淑云
镇　　长　胡介报

(赵杰英)

梨园镇

【概　况】 通州区梨园镇位于通州卫星城南,属城乡结合部。镇域面积24.83平方公里,下辖35个自然村26个村民委员会。总人口37911人,其中农业人口21741人,非农业人口16170人。全年共出生人口256人,人口出生率5.55‰。

2002年主要经济指标一览表

项　目	2002年	2001年	2002年为2001年%
国内生产总值(万元)	37687	24310	155
第一产业增加值(万元)	3182	1600	198.9
第二产业增加值(万元)	16872	13300	126.9
第三产业增加值(万元)	17633	9410	187.4
国家税收(万元)	3974	2652	149.85
地方税收(万元)	7687	3743	205.37
农民人均纯收入(元)	7210	6300	114.4

(霍艳平)

【工业发展迅猛】 梨园镇经济持续增长,运行质量稳步提高,全年实现工业销售收入53800万元,利润4150万元,增加值实现13000万元,同比增长分别为12%、13.5%和30%。充分利用闲置资产和城市边缘土地,以投资规模大，科技含量高，适合城市发展的项目为原则，全年新发展企业35家，协议金额4亿元。引进和利用外资191万美元，实现出口创汇514万美元，出口供货额实现2080万元，同比增长41%。

（霍艳平）

【第三产业快速发展】 2002年，梨园镇突出抓好花卉和宠物两个市场的引进和建设，以市场带动农业为城市发展服务的调整工作稳步推进，全镇花卉、苗木、果木面积达到4111亩，引导农民从事家庭花卉果木种植、批发销售业500人以上，实现产值366万元。同时以琪景饮片厂、乌鸡养殖中心、梨园绿色养牛场为龙头的10家农产品加工企业不断扩大规模，农业产业进程加快。

（霍艳平）

【城市建设进一步加强】 2002年梨园镇坚持科学规划、合理规划、超前规划的原则，大力推进南部新城建设步伐。围绕将梨园建设成南部新城的目标，坚持先规划后建设，大力吸引外部生产要素到梨园聚集。2002年，全镇共落实城市建设项目17个，规划建设规模达450万平方米。全镇26个村已有14个村开始进行旧村改造工作，建设自住房、商品房78万平方米，4297户农民搬进新楼，占全镇农民总数的40%，农民居住条件正向宽松、舒适、优美的方向迈进。全镇开发占地总面积86.8公顷，规划建筑面积达112万平方米。同时，配合卫星城南部新城建设，梨园镇不断加大基础设施建设投入，共计投资4000万元先后对政府大街夜间照明灯、群芳大街、外环路梨园段、街心花园等项工程进行改造，城市功能不断完善。

（霍艳平）

【税收突破亿元大关】 2002年，全镇实现财政税收11661万元，其中：国税3974万元，地税7687万元，分别是上年的149.85%、205.37%。

（霍艳平）

【精神文明建设不断加强】 2002年，梨园镇以创建文明梨园人、文明城镇为活动载体，积极开展群众性创建活动，促进群众素质的提高；深入开展农村“三个代表”重要思想学习教育活动，组织机关干部开展“新时期干部形象大讨论”活动和“立党为公 执政为民”活动；围绕《公民道德建设实施纲要》，对全镇的村民进行政策理论、法律法规等内容的素质教育活动；并邀请首师大教授对金鑫木业有限公司的外来务工青年进行人生观、价值观的专题报告会；在广泛开展群众歌咏活动的基础上，成功举办“五月的鲜花”群众歌咏比赛。并在出席通州区“五月的鲜花”群众歌咏比赛中获得组织奖。

（霍艳平）

【第九次党员代表大会召开】 12月11至12日，中共北京市通州区梨园镇第九次党员代表大会召开。大会以投票表决的方式选举产生了中共北京市通州区梨园镇第九届委员会委员共9人。大会还选举产生了新一届中共通州区梨园镇纪律检查委员会委员共5人。

（霍艳平）

【第十四届人民代表大会召开】 12月29至30日，梨园镇第十四届人民代表大会召开。大会以投票表决的方式选举出镇长1人、副镇长6人、人大主席1人。

（霍艳平）

梨园镇主要领导人

镇党委书记：董士清

镇人大主席：臧和启（11月免）

董士清（11月兼）

镇　　长：刘　卉

（霍艳平）

宋庄镇

【概　况】 宋庄镇位于通州区北部，距天安门24公里，地处潮白河与温榆河之间，西北镇界距首都机场仅2公里，北京六环、京哈高速，京承铁路、京秦电气化铁路穿镇而过，镇内设有客货两用的张辛火车站。全镇面积116.18平方公里，辖47个行政村。2002年全镇有耕地面积89173亩，粮食产量4669吨，年末总户数17762户，常住人口56298人，其中农业人口51105人，非农业人口5193人，全年出生321人，人口出生率5.7‰。被北京市政府命名为净水保护区和环境建设样板乡镇。得天独厚的地理位置，便利的交通网络构成了宋庄镇独有的区位优势。

2002年主要经济指标一览表

项　　目	2002年	2001年	2002年为2001年%
国内生产总值（万元）	101120	89506	113
第一产业增加值（万元）	19469	19483	99.9
第二产业增加值（万元）	51360	41920	122.5
第三产业增加值（万元）	30291	28103	107.8
国家税收（万元）	3380	2580	131
地方税收（万元）	13865	8932	155.2
农民人均纯收入（元）	6998	6447	108.5

（杨海英）

【镇、村两级领导干部素质进一步提高】 通过加强教育培训，使镇机关和村干部带领群众致富的能力明显增强，政治思想和业务素质明显提高，思想作风和工作作风明显转变，50岁以下党支部书记持证上岗率达到100%；处级领导干部全部达到大专以上学历（其中具有大学以上学历达到8%）；村级45岁以下主要干部都达到高中、中专以上学历，具有大专学历的达到30%。

（杨海英）

【村干部服务意识增强】 在村级干部“三个代表”学习教育活动回查工作中，各村“两委”班子成员广泛征求群众意见，边查边改、努力为村民办实事，在两个多月的时间里，全镇47个行政村为群众办实事、办好事共计178件，总计投资1268.5万元。植树80万株，绿化面积1万余亩，修路35980米，打井59眼，低压改造15个村，建街心花园6个，农业结构调整1442亩，引进企业9家，解决村民就业240人，村政建设及福利投资达439.5万元，村干部的服务意识明显增强。

（杨海英）

【农业结构调整取得新突破】 全镇经济作物面积已经达到84214亩。其中：蔬菜31676亩，果树20402亩，苗木13991亩，花卉1290亩，草坪3530亩，其它经济作物13325亩，粮经比例达到1:9，在全区率先完成“十五计划”的调整目标。全镇形成了苗木花卉、苜蓿草、蔬菜、果品、药材和养殖业等六大种养业。农民们开始注重绿安食品，通过各类农业合作组织闯市场，打造自己的品牌。

（杨海英）

【工业园区发展势头良好】 全镇共引进企业112家。其中，投资企业70家，注册企业42家，引进投资总额4亿元，建成镇级工业开发区3个、村级工业园18个，解决劳动力就业4760人。

（杨海英）

【加大基础设施建设】 年内，新建、改建、扩建公路82.75公里，公路密度每平方公里达到3.36公里。其中投资700万元，全长3200米，宽16米的宋徐路建成通车。完成任里路改造，建成小杨各庄、关辛庄两座大桥，解决沿路各村出行难的问题。投资2200万元新建设施完备的“潞州中学”。投资1800万元的宋庄镇文化公园即将竣工。镇两座电力开闭站、工业区水厂工程竣工并投入使用。

（杨海英）

【加大镇村两级环境投资力度】 年内，用于环境建设投资共计7612万元。“五个一”和“四个坚持”在全镇得到全面落实。在环境整治中，新建垃圾池158个，垃圾填埋场21处，新增运输车15辆，调整充实保洁队伍，保洁队员增加到460人，使本镇环境整治向经常化、制度化、规范化和专业化发展。

（杨海英）

【落实教育优先发展战略】 镇村两级为教育投资达到564万元，改善中小学办学条件，提高教育教学质量。镇成人学校和24所村级文明市民学校、农业技术培训学校为农民学习提供了场所。受培训的人数达到15000人次，各业在岗人员培训达到80%以上。

（杨海英）

【铸造厂加强技改投入】 宋庄镇铸造厂从改进生产条件和技术入手，加强技改投入，以科技为先导。投资60万元新引进两台数控车床，投入使用以来，工作效率提高4到6倍。2002年完成社会总产值1.1亿元，完成税收1200万元，创汇1300万美元，人均职工收入1.03万元。

（杨海英）

【加强党建工作】 全镇紧紧围绕经济建设的中心和争创“六好”乡镇党委、“五好”村党支部开展党建工作，坚持每年一次的镇机关干部和村级支部考核制度。建立了中心组理论学习制度，加大政务公开的透明度，镇政府建立政务公开栏和各科室公开栏。2002年，全镇发展新党员42名，宋庄镇党委被评为北京市“六好”乡镇党委，全镇47个村级党支部，有24个村达到“五好”党支部标准。

（杨海英）

【机构改革工作完成】 按照区委、区政府的部署，坚持精简、统一、效能的原则，进行镇机关机构改革，机构设置由25个减少到15个，人员由145人减少到78人。

（杨海英）

【北京市御膳坊食品厂正式落户宋庄镇】 该厂以180万元的价格买断本镇潞汰塑料制品有限公司闲置厂房场地，厂房总面积3937平方米。总投资2000万元，年初签订协议，10月开始建设，主要经营各种小吃等食品。

（杨海英）

【党代会、人代会换届选举工作】 年内，召开了宋庄镇第一次党员代表大会和第一届人民代表大会，宋庄镇第一次党员代表大会代表135名，第一届人代会代表78名。选举产生新一届中共宋庄镇委员会、新一届宋庄镇人大和政府成员，顺利实现新老成员的交替。新的党委、人大和政府班子成员结构更加合理，体现了知识化、年轻化的特点。

（杨海英）

【表彰先进促经济发展】 宋庄镇党委、政府坚持以经济建设为中心，以创建“五个好”村党支部和“六好”乡镇党委为目标，以富民强镇为主线，加快现代化建设步伐。全镇在各条战线上，涌现出一批为本镇社会各项事业发展做出突出贡献的先进集体和先进个人。2002年镇党委、政府对在两个文明建设中做出突出贡献的先进党支部、先进工业园、纳税先进村、纳税先进企业、环境整治先进村、安全生产先进单位，共计100个先进集体和各条战线上涌现出的90名先进个人给予表彰。

（杨海英）

【宋庄镇小堡村佰富园工业区晋升为镇级工业区】 该工业区共引进企业38家，投资总额1.72亿元，吸纳本地劳动力500余人。2002年小堡村佰富园工业区晋升为镇级工业区。

（杨海英）

【首都图书馆小堡村分馆建成】 宋庄镇小堡村投资10万元与首都图书馆合作，建成首都图书馆小堡分馆。馆内有能容纳100多人的阅览室和图书室，有专门图书管理人员用电脑办理借阅手续，室内藏书达2.5万册。图书馆每周两次对村民借阅开放，每次有百名村民来借阅图书。

（杨海英）

【加强都市工业园区建设】 该工业园区被列入北京市55家重点工业园区之一，规划面积200公顷，一期开发107公顷。2002年累计投资5100万元实现“七通一平”，主要包括建设日供水能力5000吨的水厂和10KV的电力开闭站各一座，安装10吨锅炉4台，建成50000平方米的主路1条和附路3条等。5

家企业已入驻，总投资8500万元。

（杨海英）

【发挥法律服务职能作用】 2002年宋庄司法所共为80家单位担任法律顾问，代理民事、经济案件56份，代理非诉讼案件11份，代理签证业务137份，代写法律公文128份，解答法律咨询681人次，避免和挽回经济损失354.1万元，业务收费15.29元，取得了良好的社会和经济效益。

（杨海英）

宋庄镇主要领导人

镇党委书记　罗明光（10月免）
　　　　　　李柏松（10月任）
镇人大主席　杜德玖（7月免）
　　　　　　李柏松（12月兼）
镇　　长　　李柏松（10月免）
　　　　　　陈　宇（10月代，12月任）

（杨海英）

张家湾镇

【概　况】 张家湾镇位于通州卫星城东南，镇域面积102.45平方公里，下辖57个行政村。2002年全镇有耕地面积96603亩，其中粮食面积9600亩，林果面积25300亩，经济作物24950亩；全镇共有工业企业600家；总户数21881户，总人口53691人，其中农业人口48208人，非农业人口5483人，全年出生人口268人，出生率4.99‰。

2002年主要经济指标一览表

项　目	2002年	2001年	2002年为2001年%
国内生产总值（万元）	72100	59896	120.4
第一产业增加值（万元）	9800	9749	100.5
第二产业增加值（万元）	50600	38593	131.1
第三产业增加值（万元）	11700	11554	101.3
国家税收（万元）	6747	5161	130.7
地方税收（万元）	3888	2986	130.2
农民人均纯收入（元）	6170	5589	110.4

（林长春）

【农业结构调整取得新进展】 加快以葡萄为主导产业的种植业结构调整，2002年新增优特品种葡萄面积2000亩，总面积达到1.8万亩。建成大北关标准葡萄生产基地180亩，集品种示范，苗木繁育，技术推广，保鲜贮藏于一体，成为葡萄新区的示范基地。新增葡萄观光园6个，加大对外宣传力度，成功举办通州区第四届葡萄采摘节。农民专业经济合作组织建设进一步加强，成立了张家湾镇农业技术服务中心，协会总数达到14个，其中3个合作组织建立党支部。食用农产品安全体系建设起步，2002年通过市级认证的食品基地12家。农业标准化基地、标准化养殖小区建设得到加强，完成1500亩葡萄标准化基地的建设，北京里二泗奶牛合作社及恒利明乌鸡养殖场成为市级标准化小区。楸树推广工程启动，初步完成苗圃定植面积700亩；梨、枣、桃等果树面积增加1000亩；莲藕、茭白等经济作物不断扩大，全镇经济作物面积达到5.5万亩，粮食作物面积不足1万亩。完成5000亩中低产田的改造工程及京沈路、六环路的补植工程和20个环村林，10个环厂林建设，新植林木40万株，整体环境明显改观，都市型农业格局初步形成。

（乔文生）

【工业总量快速增长，运行质量明显改善】

2002年全镇工业围绕“一区带多园”发展战略，狠抓园区优化布局和基础设施建设，投资环境得到进一步改善，镇域内形成以建材、服装、新医药为三大主导产业的工业格局和一批各具特色的工业园区。2002年全镇共引进企业74家，协议资金总额16.2亿元，其中投资1000万元以上项目11家，5000万元以上项目6家，投资5亿元的福耀玻璃、投资8000万元的福建亚通、投资5000万元的大本营彩钢等知名企业相继入驻，基础设施建设起动。镇域企业总资产达到30亿元。深化企业改革，强化企业管理，加大破产减债工作力度，坚持企业发展名牌战略，相继推出“东亚门窗”、“五木”和“高久雷蒙”服装等名牌产品。严格环保企业“三同时”申报和审批程序，加大企业污染物排放的监测力度。累计投资1.5亿元用于企业革新和技术改造，先后对150家企业进行转制，对7家企业依法进行破产，减免债务总额1.2亿元，全镇资产负债率下降10个百分点，达到66%；有40家企业和公司通过ISO9000系列认证，加快产品生产与国际市场接轨的步伐。到2002年底，全镇实现工业增加值3.8亿元，销售收入16.1亿元，利润7800万元，税收1.005亿元。

（冯宝熙）

【建筑业稳步提升】 建筑业继续保持健康发展势头，成为全镇重要产业。张家湾镇一建、二建两个建筑公司发挥国家一级、二级资质的优势，捧回2个市级最高奖项“长城杯”，参与市区多个重点工程的建设。全年实现开复工面积50万平方米，建筑业完成税收1250万元。2002年组建张家湾房地产开发公司，参与城市建设和旧村改造。

（刘恩伟）

【人居环境明显改观】 以农村城市化为发展方向，以改善生活环境和提高生活质量为目标，旧村改造工程和古镇开发工程全面启动，张家湾村太玉园项目二期工程新建成多层住宅楼11.8万平方米，土桥村建成住宅楼1.8万平方米，两村能够安置600户村民的搬迁。完成皇家新村建设工程。一批重点工程建设取得突破性进展。完成政府大街的改造工程，建成多处花园景点，兴建电子屏幕广告牌。完成总长达30公里的镇域道路建设，张采路一期、张梁路、环湖路、盐河路和枣林庄等多条镇村道路工程竣工通车。启动幼儿园建设，完成敬老院建设。结合京沈路、六环路绿化和进京第一形象工程，大规模、高标准地进行绿化美化，大规模开展“净洁示范月”和整治“三乱”为内容的百日大战工程，重点对国道、政府大街、市、区级道路两侧、重点村进行违建、临建的拆除工作，全年拆违面积共3080平方米。

（刘恩伟）

【开发民俗旅游项目】 2001年9月，张家湾镇成立文化旅游度假中心，2002年进行了规范完善，开发了以皇家新村民俗旅游度假村为代表的一系列景点、景区40个，包括文化古迹、农业观光、田园生活、娱乐休闲等四项内容，开设一日游、两日游路线，共接待市区各级领导及日本、韩国等客人32批。另外，有众多专家学者前来考察研究。农业观光是张家湾文化产业的特色，每年一度的葡萄采摘节吸引着广大游客。8月3日，通州区第四届葡萄采摘节开幕式在张家湾举行。副市长张茅，区领导崔君乐、卢晓明及市内部分旅行社及游客等5000人参加了开幕式。并举办通州区特色农业资源展示会大型文艺演出，开放20个葡萄采摘园迎接游客。葡萄采摘节自8月3日至11月3日，历时三个月，期间开展“吃农家饭、住农家屋、观古迹、游新村”等多种民俗活动。

（林长春）

【党建工作再攀新高】 党的建设围绕创建“六好”乡镇党委、“五好”村党支部的工作重点，本着“以一流党建促一流经济”的工作目标，按照创建工作“一年打基础，两年见实效，三年要达标，四年、五年完善和提高”的总体思路，坚持“全面负责、确定规划、组织实施、搞好协调”的原则，通过实施四项工程，切实使全镇创建先进基层党组织活动再攀新高。一是采取培树典型“一包一”、扶贫整后“一联一”,创先工作“一带一”等方式,实施了创建“结对子”工程,使全镇创建工作形成了一个“优势互补、互促互进、同创共建、共同提高”的工作新格局,2002 年镇党委通过市、区验收,基层 27 个村级支部达到“五个好”的标准,2 个后进整顿支部得到转化。二是探索创建工作新领域,实施富民工程,主要是从调动党员增收致富的积极性出发,在 3 个农民专业合作组织中建立党支部,既填补了新经济组织党建工作的空白点,又为建设小康镇奠定基础。三是从扩大党组织覆盖面、提高党员素质出发,实施“素质培训”工程,按照“按需设岗、以岗定人”的原则,实施“党员素质工程”分别组织 246 名无职党员上岗。同时,利用“从思想上带、组织上带、措施上带、作风上带”的四带途径,加大“党建带团建”工作力度,完善基层团组织 61 个,发展年轻党员 22 名。四是从加大政务公开透明度出发,实施“透明工程”,镇村两级一方面通过公开栏定期向村民公开政务、财务相关内容,另一方面坚持每年召开两次村民代表大会,既密切了党干群关系,又使全镇人民的民主意识明显增强。

(马俊艳)

【精神文明建设蓬勃发展】 认真学习贯彻党的十六大精神,深化环境建设,全面建设小康社会,大力发展社会主义文化,建设社会主义精神文明,坚持为人民服务、为社会主义服务、为镇域经济发展服务和百花齐放、百家争鸣的方针,弘扬主旋律,提倡多样化。群众文化活动更加丰富多采,张家湾村业余秧歌队被市文化局评为北京市优秀业余团队,里二泗村文化室被区委宣传部、文化委评为通州区 2002 年文化工作先进基层文化室;教育事业蓬勃发展,张家湾镇中心小学被评为通州区先进文明市民学校、“学习新时代的道德楷模—孟宪峰”活动优秀组织单位;巾帼建功,恒利明养殖场总经理薛惠英被授予“全国城镇妇女巾帼建功标兵”称号。

(李小军)

张家湾镇主要领导人

镇党委书记　陈国庆
镇人大主席　曹岐连
镇　　长　邓乃庚

(林长春)

漷县镇

【概　况】 漷县镇位于通州区东南部。全镇辖 65 个自然村,61 个村民委员会,总面积 112.7 平方公里,耕地 10.2 万亩,其中粮食面积 37294 亩,经济作物面积 9950 亩。总户数 20864 户,常住人口 58263 人,其中农业人口 51147 人,非农业人口 7116 人。年出生人口 221 人。

2002 年主要经济指标一览表

项　目	2002 年	2001 年	2002 年为 2001 年%
国内生产总值(万元)	56252	46832	120
第一产业增加值(万元)	14076	13089	108
第二产业增加值(万元)	27390	20656	133
第三产业增加值(万元)	14786	13087	113
国家税收(万元)	5904	2738	216
地方税收(万元)	3309	2990	111
农民人均纯收入(元)	5500	4882	113

(王锦山)

【农业结构调整力度进一步加大】 立足本镇实际,全面加快农业产业结构调整步伐,坚持“两引一扶持”方针,年内引进种植、养殖项目 12 家,引进资金 2000 余万元。充分发挥农产品深加工企业龙头带动作用,北京通州酿造厂、北京绿友食品公司等企业,与全镇农户签订了近万亩农产品收购合同。进一步改善农业生产条件,高标准完成1.5万亩中低产田改造工程,打农田井218眼,修管桥41座。全面加强农业实用技术培训工作,开展奶牛、肉牛、肉鸭、大棚蔬菜种植等方面的培训活动,培训农民3000人次,发放各种宣传材料1.75万份。全镇林果蔬菜面积已达到4.3万亩,发展养殖小区和规模养殖场70个,种植园区3个,发展各类养殖户4250户;全镇奶牛存栏达到3400头,肉牛出栏3560头;栽植各类树木20余万株,绿化沟渠15条,新建苗木基地0.2万亩。益鑫种植园区、军庄菊花基地、黄厂铺和龙庄观赏鱼养殖基地,具有一定的规模和特色,成为农业结构调整的示范点。

（王锦山）

【农村各项基础设施建设】 以环境整治为契机,以小城镇建设为龙头,拆除了镇域内主要公路两侧的临建和违章建筑。全镇新修扩建镇级公路10.35万平方米,15个村新修了村内道路,硬化面积82941万平方米。百分之五十的村达到净化、硬化、绿化、美化标准,村容村貌焕然一新。

（王锦山）

【工业发展再上新台阶】 年内,全面启动小城镇工业西区、金三角工业区、马头工业区的开发建设,充分利用各项优惠政策和社会各界能人,建立广泛的对外联系,吸引一大批规模大、市场前景好的成熟型企业先后到本镇落户。年内,引进各类实体投资企业73家,总投资8亿元,其中引进的中联国际文化发展有限公司,总投资1亿元。全镇实现工业产值11.2亿元,销售收入1.2亿元,利润4583万元,同比增长33%、37.4%和37.8%。从事二、三产业就业已达到1.2万人,占总劳动力的45%,其中年内新增劳动力达1300余人。先后获得京郊小城镇建设先进乡镇、京郊先进工业区两项荣誉称号。在全区工业评比表彰的十大项中,有22个项目得到区委、区政府的表彰,排名全区第一,并被评为“招商引资优胜单位”。在“销售收入十强企业”中,北京东方叶杨羊绒企业集团、北京恒聚油田化学剂有限公司榜上有名。

（王锦山）

【企业管理】 年内,完成北京鄂尔多斯羊绒有限公司等6家企业技改项目,累计完成14家企业ISO9002认证和12家产品质量认证。盘活企业16家,完成转制企业12家,关停企业3家,完成企业破产3家,减债2800万元。北京通州开关厂、北京恒聚油田化学剂有限公司等5家企业,作为重点扶持对象,加快上市进程。

（王锦山）

【实施小城镇建设重点工程】 年内,投资3000余万元,加快小城镇基础设施建设,打造“京门第一亮点”。以市场机制筹资实施京津公路东侧2万平方米商业广场主体工程。对京津公路小城镇段1800米道路进行拓宽改造,安装高标准路灯。完成敬老院公寓楼和镇中心幼儿园楼建设,并投入使用。完成镇文化广场公园工程,安装了体育健身器材。建成漷兴二街西段路跨河大桥工程,使小城镇A、B工业区连为一体。完成小城镇漷兴三街1500米道路拓宽改造工程和雨污排水分流工程。启动小城镇工业B区建设工程。完成小城镇规划区一干路、漷兴二街、三街两侧23000平方米绿化美化工程。完成绿茵小区10号楼住宅工程。东鲁村跨河大桥建成投入使用。启动吴营跨河大桥、南阳跨河大桥工程。截止到年底,小城镇规划区内基础设施投资达1.5亿元。

（王锦山）

【精神文明建设迈出新步伐】 以全面落实《公民道德建设实施纲要》为突破口,在全镇进行职业道德、社会公德和家庭美德教育,开展创建文明乡镇、文明村、文明单位、文明十星户活动。投资7万元建立体能监测站,以文化广场为主导,在广大群众中广泛开展门球、木兰球、象棋等各种健康向上的文体活动，“五月鲜花”歌咏活动、金秋圣火秧歌大赛，极大地调动了群众的参与热情。年内，马头、黄厂铺等18个村获区级文明村称号，北京通州开关厂、北京东方叶杨羊绒有限公司等4个单位获区级文明单位称号，有100户获区级文明十星户。北京通州开关厂孔繁仪、黄厂铺村肖春茹成为区级精神文明奖章获得者。本镇荣获区精神文明建设综合百分考核评比先进单位、区级文明乡镇称号。

（王锦山）

【教育事业蓬勃发展】 坚持科教兴镇，不断改善办学条件，先后投资2000万元，建成了小城镇基础教育园区，硬件设施达到远郊区县一流水平。年内，对漷县中学教学楼重新进行装修，对觅子店、曹庄等5所小学进行危旧房改造，为中小学添置新桌椅、电脑和部分仪器设备，支教资金达247万元。加强教师队伍建设，引进22名大学本科毕业生到本镇从事教学工作，教育质量大幅度提高。

（王锦山）

【党建工作跨入区先进行列】 以创建“六好”乡镇党委和“五个好”支部为主线，不断提高创建水平。支持26个村新建大队部，24个村建立党员活动室，制作了公开栏，35个村配备电教设备，建起图书室、健身房，镇村用于创建的资金累计达到260万元。年内，镇党委被评为“六好”乡镇党委，马头、苏庄、军庄等31个村党支部被评为“五个好”村党支部。

（王锦山）

漷县镇主要领导人

镇党委书记　董维毅

镇人大主席　贯君刚（9月免）

　　　　　　董维毅（9月兼）

镇　　长　郭　辉

（王锦山）

马驹桥镇

【概　况】 马驹桥镇位于通州区西南部，北京六环路横跨东西，与京石、京开、京沈、京哈高速公路相通。全镇行政区域面积87.63平方公里，辖50个行政村。全年粮食产量2389.8万公斤。人口39103人，其中农业人口35722人，非农业人口3381人，2002年全年出生人口199人，出生率5.08‰。

2002年主要经济指标一览表

项　目	2002年	2001年	2002年为2001年%
国内生产总值（万元）	41188	35203	117%
第一产业增加值（万元）	11483.2	11163	120.9%
第二产业增加值（万元）	18543	13830.9	134.1%
第三产业增加值（万元）	11161.8	10209.1	109.3%
国家税收（万元）	2606	1927	135.2%
地方税收（万元）	5503	3494	157.5%
农民人均纯收入（元）	5576	4846	115.1%

（马春明）

【农业结构调整有效突破】 全镇农业形成以蔬菜、林业、养殖业为主的三大主导产业。通过调整，全镇粮经比例为4:6。重点建设东部农业高效园区，万亩芦笋产业化基地建设开始启动，种植面积达2000亩。大力发展农产品深加工企业，推进农产品流通，绿园伟业蔬菜配送中心初具规模；绿色安全食品体系建设，完成食用农产品安全体系ISO9000标准体系和1500亩优质粮基地的认证工作。

（马春明）

【大力发展畜牧养殖业】 全镇现有养殖小区38家，主要以养殖肉牛、奶牛为主，有3090户农民从事养殖业,养殖品种26个,养殖业收入占农业收入的43%。

(马春明)

【绿化美化工作成绩显著】 植树造林是本镇种植结构调整的一项大工程,对镇域生态环境的改善,绿色产业的形成起特殊作用,全年植树造林面积5600余亩,植树36万余株。

(马春明)

【招商引资成绩突出】 年内,第二产业增加值占国内生产总值的比重达45%;全年实现工业销售收入6.65亿元,同比增长46.7%,利润实现2510万元,增长48.6%,工业增加值实现1.57亿元,增长58.9%。全年引进企业(项目)88家。投资总额7亿元。到位资金2.9亿元,引进的企业中投资在100万元—500万元的48家;500万元—1000万元的7家;1000万元—5000万元的8家;5000万元以上的5家。其中投资亿元以上的4家。邢钢焊网科技发展有限公司投资1亿元,占地137亩,实现当年签约,当年建设,当年投产。北京润都金属结构有限公司投资1亿元,占地130亩,在房辛店开始建设。

(马春明)

【加快园区建设步伐】 北京通州物流产业园区和北京国家环保产业园区建设的各项工作有序进行。北京通州物流产业园区面积约6.75平方公里。距离北京市区15.5公里,京津塘高速公路、北京六环高速于此交汇,毗邻京沈高速公路。1月,市政府批准将北京通州物流产业园区列为市级开发区。

国家经贸委支持北京承办2008年奥运项目的北京国家环保产业园区的建设开始启动。园区规划面积10平方公里,与通州工业开发区、亦庄开发区、北京光机电一体化基地以及北京通州物流产业园区形成链接,园区现有11万KVAx2供电、上水、供气及排水等市政基础设施建设基本齐全。园区现有“三横三纵”交通便捷的路网与京津塘高速、六环高速公路相通。镇域程控电信容量8万门,有线电视传输网络、Internet计算机宽带网络和手机接收塔接通并投入使用。园区的基础设施投入已达2.3亿元,初步实现“七通一平”的目标。12月26日,北京市政府正式批复,将国家环保产业园区列为市级开发区。

(马春明)

【建筑业发展成效显著】 镇建筑业全年开复工面积22万平方米,其中商品房面积14.7万平方米,销售12.36万平方米,销售率达86%。全年总收入实现1.87亿元,比上年有较大幅度的增长。

(马春明)

【加大基础设施建设】 全年用于环境基础设施建设的投资近亿元,大力推进全镇十项重点工程建设。投资1000万元新建凉水河大桥,实现与北京经济技术开发区的对接;投资2500万元拓宽改造辛房路与北京经济技术开发区路网相通;投资1200万元引天然气入区工程主体完工;投资12.7万元完成5000亩中低产田改造工程;新建一所社会福利服务中心敬老院,占地50亩,总投资400万元,为老年人提供了一个集学习、娱乐、康复为一体的综合性场所;水厂建设投资500万元,完成前期工程。硬环境的改善,增强了招商引资的吸引力。

(马春明)

【社会治安综合治理】 年内,社会治安综合治理工作力度加大,各村组建了专兼职的巡逻队伍,维护村内的治安秩序。镇政府统一组建由10人组成的专职保安巡逻队伍和社会治安综合治理督查队伍。做到镇村联合,全镇联网,有效地遏制治安案件的发生。

(马春明)

【各项社会事业健康发展】 年内,完成中心校合并。投资100余万元,改善中小学办学条件和育人环境;为中小学校配备电脑110台;抓教师队伍建设,教学质量提高,小学入学率、巩固率、合格率均达到100%,中学升学率达98%,中小学教育质量走在全区的前列。投资20万元建村级文化活动室,人口学校,群众文化活动进一步丰富。投资400万元为原大杜社卫生院更新医疗设备。

（马春明）

马驹桥镇主要领导人

镇党委书记　赵玉影

镇人大主席　赵玉影（兼）

镇　　长　薄立军

（马春明）

西 集 镇

【概　况】 西集镇位于通州区东南部，总面积92.59平方公里，辖57个行政村，总户数15476户，其中：农户13149户，居民户2327户；总人口40849人，其中农业人口37806人，非农业人口3043人。出生人口189人，出生率1.3‰。全镇农业用地80846亩，粮食总产量1063.3万公斤。

2002年主要经济指标一览表

项　目	2002年	2001年	2002年为2001年%
国内生产总值（万元）	41500	35262	117.7
第一产业增加值（万元）	11817	10743	110
第二产业增加值（万元）	16540	13783	120
第三产业增加值（万元）	13143	10736	122.4
国家税收（万元）	3386	2412	140.4
地方税收（万元）	4032	2606	154.7
农民人均纯收入（元）	6083	5510	110.4

（王学萍）

【农业结构调整成效明显】 镇政府本着以市场为导向，促进农民增收为根本目的，优化质量、强化特色，积极推进种养业布局区域化，生产专业化，经营规模化，农业结构调整取得可喜成绩。根据建设林果专业镇的总体部署，以一路两河为重点，实施六个“万字号”工程，即：万亩爱宕梨、万亩大樱桃、2万亩大桃、万亩大葱、万亩速生丰产林工程。年内发展速生丰产林1161亩，新发展大樱桃、爱宕梨等优质果树4726亩。全镇林果面积累计达到4.73万亩，占全镇耕地总面积的61.3%，其中大桃面积9790亩，苹果面积6330亩，爱宕梨、大樱桃面积1万亩。全年果品总产量6214吨，收入1114万元。全面加快农业产业结构调整。镇党委实施运河左堤绿化工程、潮白河绿化工程，以大葱为主的万亩蔬菜，以高档果品苗木为主的万亩经济林果等工程，实施“两大、两区、一专、一企”工程建设。“两大”即发展大樱桃、大葱生产；“两区”即建设农业高效园区和养殖小区；“一专”即建立林果、蔬菜专业村；“一企”即建立农副产品加工企业。到年底，全镇林果面积达4万余亩，并建成供店大葱、郎东果树等专业村6个。以加工肉类、果品、蔬菜为主的农副产品加工企业正在筹建。

（王学萍）

【大力发展养殖业】 全镇已建成养殖小区9个，建立1000只波尔山羊繁育基地和830亩的观赏鱼生产基地，以及一座年产鲜奶300吨的百亩花园式奶牛养殖场。2002年，全镇出栏商品猪6万头，商品肉牛2000头，商品蛋2000吨，商品羊1.3万只，养殖业总产值达到9600万元，占农业总产值的45%。畜牧养殖业以绿色兔业为龙头，大力发展草食动物，使养殖业向规模化发展。年内新建养殖小区3个，其中辛集村的奶牛养殖小区、杨洼村生猪养殖小区已投入生产，增加了养殖业的经济效益。

（王学萍）

【绿化美化工作成绩显著】 年内，不断强化生态林的建设，重点实施三大重点绿化工程，一是潮白河左堤绿化工程，整体工程绿化面积6054亩，建成30米宽的绿化带和200米宽的经济林绿化带；二是潮白河治沙片林工程，共植树5.88万株；三是京沈路绿色通道补植工程，共植树7800株。绿化工程的建设，进一步改善本镇的生态环境，增强环境的吸引力，为发展工业、旅游观光业打下坚实的基础。

（王学萍）

【招商引资取得成效】 年内，通过制定优惠政策、成立招商队伍、明确工作重点、宣传园区优势等措施提升园区知名度，加大园区的招商引资力度。2002年3月，西集镇与国务院发展中心东方综合管理所签订协议，共同建立通州绿色生态产业园。8月，通州轻纺服装服饰园区被市政府批准为北京国际服装名城通州园区，居全市四大园区之首。到2002年底，两个园区共引进项目39个，其中投资5000万元以上的项目3个，项目总投资4.4亿元，到位资金1.12亿元。

（王学萍）

【工业园区、工业大院建设】 2002年，镇政府加大园区的投入力度，先后投资2870余万元修建园区中心路，安装路灯167盏，广告灯箱43个，建设了占地20亩，总建筑面积3000余平方米的供暖、供气中心，购置十吨供暖锅炉，铺设园区地下管道5000米，建造绿地1.8万平方米，宽带网已进入园区。到年底，园区基础设施达到"七通一平"，为园区招商引资创造了良好的外部环境。在完善工业园区建设的基础上，加强工业大院建设，辛集、张各庄等村级工业大院初具规模，并引进各类企业11家。年内，对部分企业实行重组转制，盘活存量资产5000多万元，引进增量资产5000多万元。加强企业内部管理，提高产品质量，积极鼓励企业进行技术改造，不断开发新产品，至年底有8家企业通过ISO9002质量体系认证和产品认证。全年镇工业总产值实现7.91亿元，利润4768万元。

（王学萍）

【村镇环境建设】 深化落实五个一整治要求，开展大规模的环境卫生整治活动，镇、村两级共投入资金3300万元，新修柏油路8.3公里，全镇柏油路里程达到232公里；新修各种路桥、闸、涵11座；建街头公园及健身活动场所8处；修建垃圾池，购置垃圾箱198个，购置专用保洁车82辆，设置垃圾填埋场72处，组建268人的保洁员队伍，清运垃圾18万吨，捡拾白色污染物4800公斤，清理各种乱贴乱画小广告900余张；拆除各类违章建筑和临时建筑5000多平方米，粉刷墙壁30万平方米，依法取缔任辛庄等两个占路市场和校园周边地区的游商摊点，书写全镇公益性固定标语230余条幅。通过"五个一"工程的实施，全镇的环境明显改观。加强农村低压电网改造，完成30个村的改造任务，改善了农村用电混乱现象，提高用电质量，为村级经济的发展打下了坚实的基础。

（王学萍）

【计划生育工作】 认真贯彻落实《人口与计划生育法》，以强化计划生育规范化管理，提高人口素质，稳定低生育水平为中心，开展宣传教育活动，年内全镇共建立计划生育一条街12条，新建和完善大沙务、郎东等5个计划生育活动室，开展大型集市宣传3次，发放各类宣传材料4万余份，为全镇4500名育龄妇女进行健康检查并建立健康档案。2002年全镇计划生育率达到99.39%，人口自然增长率1.2‰，人口出生率控制在4.18‰以内。

（王学萍）

【教育工作】 深化教育改革，改善办学条件，提高教学质量。镇政府坚持领导干部联系学校制度，定期深入各学校了解情况，解决问题。年内，相继投资200万元完成全镇中小学的危电改造和校舍翻建翻修，彻底解决危房问题。购置了计算机、多媒体等先进的教学设备。郎府中学顺利通过"北京市远郊区县普通中学规范化建设学校"的验收，肖林小学通过"通州区农村完小环境示范校"首次验收。完成了西集中心校与郎府中心校的合并工作。成人教育面向社会，开展学历教育、职业技能等多种培训活动。

（王学萍）

【劳动力向二三产业转移】 充分发挥劳动就业服务所的职能作用，建立农村剩余劳动力数据库，采取多种形式，广开就业渠道，鼓励农民向二、三产业转移并取得显著成效。全年共举办大型劳动力招聘洽谈会三次，1200余人达成用工意向，促进了本镇人才与劳动力的合理流动。

（王学萍）

【民政工作】 开展一助一扶贫帮困活动，镇主要领导与企业挂靠同全镇22户特困户结成一助一对子，通过一年的努力，已有7户达到脱贫标准。2002年，本镇遭受百年不遇的风雹灾，镇政府多方筹集资金，帮助困难户进行生产自救。进一步完善社会救济制度和最低生活保障制度，对全镇298户524人发放救济金，使他们的基本生活得到保证。开展拥军优属活动，为全镇70名义务兵投保了养老保险，解决他们及家属的后顾之忧。

（王学萍）

【民主法制建设】 完善和落实社会治安综合治理领导责任制和目标管理责任制，先后成立综合治理工作领导小组以及办公室，加大科技创安力度。公安、司法、交通、劳动等部门联合执法，定期进行治安巡逻，开展安全生产检查和进行安全防范知识的宣教活动，取得显著效果。完成"三五"普法的教育任务，实施"四五"普法宣传教育活动，坚持每年两次的民主日活动，完善《村民自治章程》，实行村务公开，政务公开，并且在全区率先实行村帐托管，电算管理。推进依法治村，充分发挥基层治保组织群防群治的作用，依法打击各种犯罪，全镇治安刑事案件发生率全区最低，安全交通责任事故逐年下降。全面启动"四个纳入"工程，以市民文明学校为依托，建立起镇、村两级与法轮功邪教组织斗争的长效机制，年内，全镇共举办培训班3期，结致富对子5名，健康对子78名，思想对子29名，全镇112名原法轮功人员全部得到转化。

（王学萍）

西集镇主要领导人

镇党委书记	王春元(3月免)
	彭殿军(3月任)
镇人大主席	张玉震(3月免)
	彭殿军(3月兼)
镇　　长	彭殿军(3月免)
	张玉震(3月任)

（王学萍）

潞　城　镇

【概　况】 潞城镇位于通州卫星城东部，运河与潮白河两河之间，总面积70.76平方公里，辖56个自然村，54个村民委员会，人口35406人，其中农业人口32143人，非农业人口3263人，乡村户数12396户，全年出生人口149人，出生率4.2‰，人口自然增长率为-4.9‰。

2002年主要经济指标一览表

项　目	2002年	2001年	2002年为2001年%
国内生产总值（万元）	34000	28120	120.9
第一产业增加值（万元）	10000	8095	123.5
第二产业增加值（万元）	13000	11317	114.9
第三产业增加值（万元）	11000	8708	126.3
国家税收（万元）	3959	3076	128.7
地方税收（万元）	8735	5222	167.3
农民人均纯收入（元）	5698	5149	110.7

（李桂凤）

【经济稳步发展】 2002年全面超额完成各项经济指标。全镇国内生产总值实现34000万元，比上年增长20.9%。其中：第一产业增加值10000万元，第二产业增加值13000万元，第三产业增加值11000万元，分别比上年增长23.5%、14.9%和26.3%。工业创产值5.5亿元，比上年增长36.2%；实现利润总额2760万元，增长45%。税收实现12694万元，增长53.9%。农民人均可支配收入实现5698元，比上年增长10.7%。

（李桂凤）

【加大工业基础设施投入】 工业基础设施投入力度加大。年内总投资2200万元，全镇工业形成以食品和劳动密集型企业引进为主，其他类型引进为辅的工业格局。工业增加值在国内生产总值中所占比重同比增加32个百分点。

（李桂凤）

【招商引资成效显著】 年内，工业园区共引进企业50家，吸引投资11亿元。其中，投资在亿元以上的项目2家，投资在千万元以上的项目15家，已有28家竣工投产，22家正在建设中。北京益华食品厂、蒙牛乳业（北京）有限责任公司等一批科技含量高、经济效益好、环境污染少的知名企业相继在园区落户。

（李桂凤）

【劳动力就业取得新成效】 1月，通过竞聘上岗方式，建立了全区第一家劳动就业服务所，制定劳动力就业政策，建立用工档案，加大就业技能培训，提高就业人员的整体素质，并采取举办招聘会、加强区镇联合等多种形式，使1000余名农村富余劳动力得到妥善安置。

（李桂凤）

【农业产业化进程加快】 农业形成以蔬菜、林果、养殖三个产业为主的新格局。蔬菜总面积达到1.42万亩，林果总面积达到1.6万亩。培育了武疃红提、兴各庄速生林、七级蔬菜等一批特色种植专业村。养殖业产值占农业总产值比重达到46%，已成为增加农民收入的重要组成部分。京东大运河农产品配送中心在原来的基础上，进一步扩大规模；新建成5000亩绿色安全食品蔬菜基地，年配送能力达到3万吨。农民专业合作经济组织健康发展。

（李桂凤）

【河东新城建设迈出新步伐】 到年底，已引进武夷、泰禾、盈通等7家具有一定实力的开发商参与河东新城建设。开复工面积12万平方米，商品楼销售8万平方米，实现税收2000万元。村民居住条件得到进一步改善，又有300余户村民入住小区，完成部分城市发展应具备的基础设施和功能设施建设，如学校、污水处理厂、道路、农贸市场等工程。全镇围绕河东新城的发展定位，确定了城市经济、城市功能和城市就业服务的三个发展空间，并已初具雏形，城市建设分布更趋合理。

（李桂凤）

【加大基础设施投入】 年内，投资3800多万元，高标准完成全长2800米的潞城中路柏油铺设任务，打通镇域经济发展的瓶颈，拓展发展空间。实施建设一座日供水能力为1万吨的水厂、6000吨的污水处理厂的一期工程、每小时20吨供气的热力中心等工程。协调有关部门筹备和启动10万门程控电信支局、11万伏变电站、新建召里大桥、运河桥加宽等一系列重点工程，城市承载能力和服务功能进一步增强。同时，筹融资3800万元新建杨庄学校和镇中心幼儿园，已交付使用。镇村绿化美化力度加大。全年植树32万株，林木覆盖率达到28%。重点完成潮白河、运河、六环路和区镇级公路及10个环村林的绿化工程。加大水网建设治理力度。完成水梦园一期工程建设。相继建成潞湾橡胶坝和运河新堤工程。实施“三河五路”环境综合治理，镇村环境质量有了较大提高。

（李桂凤）

【精神文明建设取得新成绩】 以“讲文明、树新风、争做文明潞城人，携手共建新家园”为主线，广泛开展精神文明十佳创建活动，并收到了良好的社会效果。深入开展《公民道德建设实施纲要》的宣传教育活动，使人民群众的道德水准和文明素质进一步增强。科技、卫生、法律“三下乡”活动在精神文明建设中起到了良好作用。

(李桂凤)

【加强党的建设】 组织机关干部和村级“两委”班子成员深入学习邓小平理论和“三个代表”重要思想,提高镇村两级干部政治理论水平,增强为人民服务的公仆意识。常屯村的学教活动被市、区做为典型进行广泛宣传,两次被中央电视台进行专题报道。开展“六好”乡镇党委和“五个好”村级党支部的创建活动,全镇有28个村达到“五个好”支部标准,3个后进村得到了转化。全年共调整8个基层党支部,充实基层领导班子,加大对后备干部培养教育力度,干部队伍的文化水平、年龄结构、政治素质得到进一步改善。做好党员发展工作,全年共发展新党员46名,一批率先致富、热爱集体公益事业、爱岗敬业的中青年同志被吸收入党,进一步改善农村党员队伍结构。

(李桂凤)

【机构改革】 年内,完成机关机构改革,对28个科室,156名机关干部和工勤人员进行重组,共削减科室14个,精简行政机构人员76名。设行政机构10个,按照有关规定,科级以下编制53人,工勤编制7人,事业单位编制40人。

(李桂凤)

【镇域内遭受大风冰雹袭击】 8月4日22时至24时,潞城镇遭到暴雨袭击,瞬时风力10级,并伴有直径12—60毫米的冰雹,部分树木被折断或连根拔起,造成交通堵塞,部分房屋倒塌,农作物、菜果被砸,部分村供电、供水和通讯设施被毁,有杨坨村、郝家府村、辛安屯村、大台村、胡各庄村、前北营村、后北营村、大营村、小营村、留庄村、古城村、南刘村、八各庄村、大甘棠村等18个村受损严重。全镇蔬菜、林果、粮食作物、苗圃、花卉等受灾面积2.77万亩,房屋损坏倒塌210间,刮倒大树150株,经济损失3358万元。

(李桂凤)

【举行蒙牛乳业有限公司奠基仪式】 10月20日,蒙牛乳业(北京)有限公司奠基仪式在通州绿色食品工业园区举行,内蒙古蒙牛乳业股份有限公司董事长(总经理)牛根生致词,潞城镇代镇长崔松光介绍全镇和通州绿色食品工业园区的情况,蒙牛集团的开工建设,对于大力发展养殖业,促进本区农业结构调整有着十分重要的意义。

(李桂凤)

【召开中共潞城镇第一次代表大会】 12月7日至8日召开中共潞城镇第一次代表大会。会议听取并审议了镇党委书记于世疆作的《与时俱进、开拓创新、发挥优势,加快发展,为建设富裕文明的新潞城而努力奋斗》的工作报告;听取并审议了组织部长张震峰作的《深入学习贯彻党的十六大精神,为加快建设富裕文明新潞城创造良好环境》报告,代表以无记名投票的方式选举并产生了中共潞城镇第一届委员会和纪律检查委员会。大会通过了中共潞城镇第一次代表大会《关于中共潞城镇委员会工作报告的决议》和《关于中共潞城镇纪律检查委员会工作报告的决议》。

(李桂凤)

潞城镇主要领导人

镇党委书记	于世疆
镇人大主席	崔松光(代,7月免)
	于世疆(7月任)
镇　　长	姜富龙(代,7月免)
	崔松光(7月代)

(李桂凤)

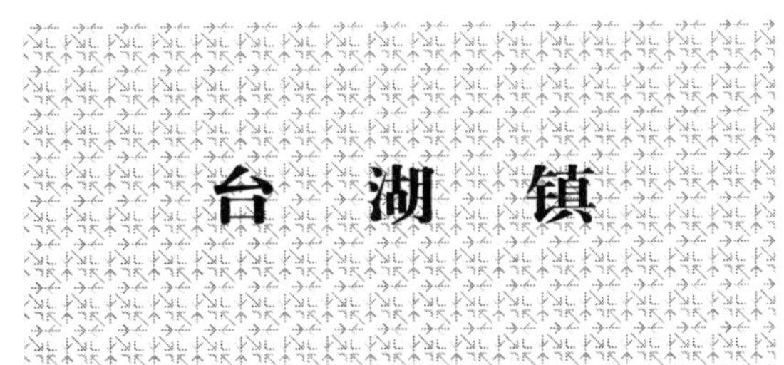

台湖镇

【概　况】 台湖镇位于通州区西部,面积

82.5平方公里,辖区内有45个自然村,46个行政村。全镇38007人,其中农业人口34889人,非农业人口3118人。镇域南部建有北京光机电一体化基地,镇域北侧萧太后河流域为通州卫星城规划区。境内有京沈高速路、京津塘高速路、北京六环路三条国家级公路交错通过,镇政府驻地距通州镇8.5公里。

2002年主要经济指标一览表

项　　目	2002年	2001年	2002年为2001年%
国内生产总值(万元)	40421.5	31160	129.7
第一产业增加值(万元)	9855.6	8470.5	116.4
第二产业增加值(万元)	29293.7	15693.7	186.7
第三产业增加值(万元)	10272.2	6995.8	146.8
国家税收(万元)	5973	4774	125.1
地方税收(万元)	3741	2838	131.8
农民人均纯收入(元)	6050	5660	106.9

(彭立胜)

【大力发展旅游观光农业】　农业以富裕农民为目标,全面实施优化农业资源配置,提高经济效益,加快农民致富的发展战略,全力推进农业内部结构调整。在逐步壮大蔬菜、苗木花卉、养殖三大主导产业的同时,依托丰富的农业资源,规划和发展生态旅游观光农业。投资建设台湖第五生产队农村生活实践园,建成旅游项目20余个,发展旅游接待家庭20家。在园区成功举办"葡萄采摘节"、"金秋捉蟹节"、"金秋风情周"活动。至年底,接待游人3万人次,实现收入200万元,取得广泛的社会效益和较好的经济效益,走出了一条发展生态旅游观光农业的新路。台湖第五生产队农村生活实践园被市科协确定为"科普实践基地"。

(彭立胜)

【工业步入快速发展新阶段】　通过营造良好的政策环境、基础设施环境,招商引资取得丰硕成果。全镇共引进各类企业150余家,引进资金突破8亿元。其中北神树、垛子、次一、西下营、董村、大地等村均引进5家以上企业,引资额均超过3000万元。镇村工业园建设取得重大进展,启动建设兴湖工业区,完善安定营、永隆屯、西下营、东下营等村级工业园区的水、电、路、绿化等基础设施。全镇初步形成兴湖工业区、民营工业园和创业园以及十几个村级工业园区的工业发展格局。市政府批准规划占地7.5平方公里的北京市光机电一体化产业基地建设已经全面启动,创造性的完成了基地一期建设用地的征占、地上物补偿工作,基础设施达到"十通一平"标准。投资1.5亿元的中科镓英有限公司已经开工兴建,电科集团产业群、CMI控股公司等十多家企业签订入区协议,入区投资总额超过50亿元。

(彭立胜)

【第三产业和建筑业成绩显著】　年内,规划和改建农贸市场,新建多处临街门店,促进农民向第三产业转移。建筑房地产业作为全镇新兴产业,逐步扩大规模,不断开拓市场,开复工面积30万平方米,完成产值1亿元,实现税收700万元。开发建设了府东苑、华馨园和玉江佳园等多个住宅小区。

(彭立胜)

【镇村面貌明显改观】　按照年初制定的"三大功能区域"发展格局,加大投入,组织力量编制镇域规划,实施建设,逐步形成镇域北部文化教育商住区、镇域中部生态旅游观光农业区、镇域南部第二产业功能区的雏形。投资3000多万元完成九窑路、崔窑路、京渠路、光大路等一批重点基础设施建设工程。高标准完成全长10公里的六环路绿色通道工程。以营造环境,建设都市新镇为目标,加大环境综合整治力度,成立区属城管监察大队,促进镇村环境整治走向制度化、规范化。不断加大村镇绿化美化力度,投资140万元对镇政府大街进行绿化美化,安装休息服务设施。建设群众休闲健身园。9个村建设了街心花园。涌现出外郎营、孟庄、兴武林、大地村等十多个环境整治先进村，镇村面貌进一步改观，投资环境不断改善。

（彭立胜）

【社会事业全面进步】 在加快经济发展的同时，努力促进全镇各项事业的协调发展。通过科技培训、引进人才、推广科技项目、实施科技服务，全面落实科教兴镇战略。积极深化教育改革，推进素质教育，教育教学质量稳步提高。投资改善办学条件，添置了计算机多媒体教学设备。中小学毕业生合格率、升学率达到100%，高考升学率创历年最好成绩。医疗卫生事业保持较高水平，卫生服务体系得到改善。社会福利事业取得新进展，投资改造了台湖第二社会福利中心。计划生育工作不断创新，继续保持全区先进单位称号。文化、体育事业健康发展，群众性文化体育活动丰富多彩，为3个村安装了体育设施。在国家低改政策的扶持下，完成14个村的低压改造。成立镇劳动就业服务中心，提供就业信息，拓宽就业渠道，解决近千名农村劳动力就业。顺利完成行政区划调整和机关机构改革工作。

（彭立胜）

【首都精神文明创建示范点】 以创建首都文明乡镇为目标，全方位开展精神文明创建活动。结合《公民道德建设实施纲要》的宣传贯彻，开展2次大规模的学雷锋志愿者服务活动，举办优秀共产党员事迹报告会。通过礼仪培训、参加区礼仪文化风采大赛等活动，机关作风、行业作风明显转变。举办以“献给教师的歌”为主题的专场晚会。以“讲文明，树新风，争做文明通州人”为主线，开展“创建文明村镇、文明单位、文明十星户”为主要形式的文明创建活动，评选、树立20个文明村示范标兵，20个文明单位示范标兵，500个文明新风示范户，1000名文明通州人和30条文明示范街道。全镇人民的道德素质和文明程度得到提高，2002年被确定为首都精神文明创建示范点。

（彭立胜）

【党建工作全面加强】 开展“三个代表”学教回查活动，重点解决一批群众关心的重点和难点问题，镇党委确定的18件实事得到落实。着力推进基层领导干部队伍建设，一批年轻干部走上领导岗位，干部队伍结构和素质有了明显改善。发展50名新党员，后备干部和入党积极分子队伍达到500余人。开展“六好”乡镇党委和“五个好”党支部创建活动。突出抓好党的作风建设，认真开展“立党为公、执政为民”教育活动，部门服务水平和办事效率进一步提高。“无职党员设岗定责作贡献”活动的开展，密切了党群、干群关系。在二级班子和机关干部中开展记《民情日记》活动，共记民情日记180余篇，为基层解决修路、低压改造、改水、提高福利待遇等各种实际问题40余件。党风廉政建设力度加大，责任制得到落实，领导干部廉洁自律，党务、政务、村务公开等工作取得新成果。

（彭立胜）

台湖镇主要领导人

镇党委书记	禹学垠（11月免）
	张　华（11月任）
镇人大主席	刘景山（11月免）
	刘　成（11月任）
镇　　长	张　华（11月免）
	王　晨（11月任）

（彭立胜）

永乐店镇

【概　况】 永乐店镇位于通州区南部，距通州城30公里，是北京市郊区33个中心镇之一。全镇总面积105.8平方公里，耕地面积101415亩，其中：粮食面积29980亩，年总产量1650万公斤，总户数14965户，人口41596人，其中农业人口36217人，非农业人口5379人，年出生人口219人，出生率5.3‰，年死亡人口302人，死亡率7.3‰，计划生育率96.3%，人口自然增长率为-2‰。镇政府驻地永乐店镇，下辖33个自然村38个村民委员会。

2002年主要经济指标一览表

项　目	2002年	2001年	2002年为2001年%
国内生产总值（万元）	26054	21421	122
第一产业增加值（万元）	9085	8252	110
第二产业增加值（万元）	8678	6366	136
第三产业增加值（万元）	8291	6803	122
国家税收（万元）	1002	709	141
地方税收（万元）	1502	788	191
农民人均纯收入（元）	4716	4215	112

（杨宝刚）

【完成速生经济用材林三期工程建设】 按照“两通”、“三环”、“四沿”的总体规划发展格局，第三期速生林建设工程顺利完成，植树20294亩，96万株，总投资1901万元。全镇速生经济林达到3.2万亩，基本形成农业主导产业。全镇林木覆盖率达到45%以上。被评为“绿化美化先进乡镇”，坚村速生丰产林建设工程荣获“首都绿化美化优质工程奖”，大务村被评为“首都绿化美化先进单位”，半截河村获区“绿化美化先进村庄”。

（杨宝刚）

【农业结构调整】 年内，压缩粮食种植面积5000亩，种植经济作物。以苜草生产为养殖业提供优质饲草，扩种苜草3000亩，全镇苜草种植总面积达到1.1万亩。以养殖小区带动全镇畜牧养殖业发展，新发展规模养殖小区6个，以养猪、种羊、奶牛为主，全镇养殖小区34个，规模养殖小区21个。年内，获区“农业经济结构调整先进乡镇”，镇农业服务中心获“畜牧、水产养殖工作先进单位”，坚村速生林、半截河苜草、小务食用鱼养殖获区“先进种植、养殖专业村”，东方红养殖场，永发养殖小区获区“先进农业标准化生产基地（养殖小区）”称号。

（杨宝刚）

【中低产田改造工程】 全年新打机井101眼，铺设低压输水管道8.6万米，新建节水配套建筑物27座，总投资373.13万元。

（杨宝刚）

【中心镇基础设施建设】 3-8月完成永乐店中心镇文化休闲广场的规划建设。广场位于镇政府办公楼南侧，占地6.8万平方米，具备文化、休闲、娱乐、健身、大型活动等功能，是北京市乡镇级最大的综合性广场之一，可容纳2.5万人，总投资1200万元。镇、村两级新修道路总长度30930米，硬化面积27.63万平方米，安装路灯780盏，绿化面积102539平方米，排水工程28620米，其中，永乐大街延长线盖板1500米，永乐大街、永新路电信光缆入地1600米，由德仁务变电站至中心镇工业区（B区），新建两条供电线路，天然气工程开始启动。全镇基础设施建设总投入达1.4亿元，中心镇的基本框架初步形成。

（杨宝刚）

【绿色永乐大型推介活动】 7-9月，开展集中宣传活动，通过多种媒体向社会推介永乐店。在《通州时讯》开辟专版，在《京郊日报》、《北京社会报》、《中国旅游报》、《劳动午报》、《北京食品报》、《北京晚报》以及通州电视台、北京电视台、中央电视台等多家媒体刊登、播出二十多条有关本镇的新闻报道。镇宣传部制作了“泼洒出最美的画面”的专题片，北京电视台“首都经济报道”栏目及中央电视台“金土地”栏目都对本镇进行专题报道。9月20日，在永乐广场成功举办“中国绿色行‘北京东方大学城永乐之夜’大型文艺焰火晚会”，并在北京电视台、中央电视台陆续播出，向全社会展示了永乐店新形象，取得较好的宣传效果。

（杨宝刚）

【招商引资取得新进展】　年内共引进入驻企业10家，总投资额2.89亿元，注册企业301家，注册资金3.3亿元。其中入驻企业规模较大的北京市中油现代技贸公司占地100亩，投资8000万元；北京大家地业农业科技有限公司占地50亩，投资3000万元；北京国利钢筋钢网有限公司占地150亩，投资1亿元。

（杨宝刚）

【企业重组转制管理水平提高】　年内对14家集体企业进行清产核资全部实现转制，对符合破产的两家企业实行破产。通过内部挖潜、技术改造，5家企业通过ISO9002国际质量体系认证，1家通过ISO14000环境体系认证，企业整体运行质量提高。加强对企业的安全生产规范化管理工作，全年未出现安全事故，获区级“2002年安全生产六好单位”。

（杨宝刚）

【继续加强环境综合整治】　在环境综合整治工作中，年内共出动人力3万多人次，清运垃圾2000余吨，捡拾白色垃圾5000余公斤，拆除违建、临建及破旧房屋、墙壁30多间，非法广告标牌70多块，清除公路沿线坟墓、碑20余座，清理整顿23家废品收购点，取缔或整顿占路市场4个，粉刷油饰外墙面2万平方米，清理绿地9万多平方米，植树270万株，道路照明3万多米，暗排4800米，填埋不规范垃圾坑80多处，规划出15个环境整治“示范村庄”的方案。加大环卫设施投入，投资70万元，为镇物业服务中心添置了清扫车、升降车、垃圾运输车、撒水车、化粪池清掏车等设备、设施，落实“五个一”，38个行政村均成立了保洁队。8月份成立了城管监察分队，进一步加强对中心镇的治理工作，使全镇公路交通、环境、卫生秩序明显改观。

（杨宝刚）

【“幸福工程”启动】　4月25日，市计生协会、区计生协会在本镇隆重举行“幸福工程—救助贫困母亲”项目签字仪式，签字仪式上镇政府向小务村20户贫困母亲提供了10万元的幸福工程项目资金，帮助贫困母亲进行规模种养殖，发展家庭手工业，治愚、治病、治穷和早日脱贫，提高母亲的素质和社会地位。

（杨宝刚）

【制定实施计划生育村民自治章程】　落实通州区计生委关于加强计划生育村民自治工作的意见，截止到8月底，本镇计划生育村民自治章程在经村民代表大会通过后全部制定完成，在村务公开栏公布并印发给每一个家庭，做到家喻户晓，使本镇的计划生育工作顺利开展并纳入法制化轨道。

（杨宝刚）

【劳动就业】　年内，劳动就业服务所成立，启动对失业人员和社会化管理的退休人员的管理体系，加大社会保险扩面征缴力度。全年接待求职登记，就业信息咨询2000人次，向用人单位推介劳动力581人，新增自谋职业人员300人，为使更多的农村富余劳动力向二、三产业转移奠定基础，镇妇联荣获区“再就业优秀工作站”。

（杨宝刚）

【继续加强党的建设】　充分发挥镇党委的领导核心作用，不断提升党组织建设水平，以提高干部队伍素质为核心，加强干部队伍建设，加强干部工作实绩的考核，实行村级党支部书记的公职化管理，注重干部的选拔、培养和使用，加强党员教育管理，加强民主政治建设。年内，新西庄村党支部等12个村党支部被评为区“五个好”村党支部。11月和12月，召开了永乐店镇第一届党员代表大会和人民代表大会，成功地进行换届选举，选举出新一届镇党委、政府的领导班子。

（杨宝刚）

【社会各项事业全面发展】　镇政府不断加大文化、教育、卫生、体育等社会各项事业的投入，加强阵地建设，开展各类文体活动，人民生活更加丰富多彩，放映露天电影120场次，举办秧歌会380场次。年内，永一村文化室评定为市级“示范性先进文化室”，大务村“新生评剧团”获市级“业余优秀文化团队”，永乐店镇被评为区“文化先进单位”，小务村文化室被评为区“先进基层文化室”，大羊村文艺宣传队被评为区“业余优秀文化团队”，在9月12日通州区第二届《宏旺杯》乡村歌手大赛中，乡村歌手王玉文和李宝林分别获得通俗、民族唱法三等奖，同时获得“优秀节目组织奖”，在区“体之杰杯”老年人健身大赛中获“最佳表演奖”，在“五月鲜花”歌咏比赛中获“最佳组织奖”和“优秀节目奖”。努力增加教育投入、改善办学条件、教学质量稳步提高，小学入学率、巩固率、中考及格率均达100%。积极组织开展各类成人职业技能培训，培训人次达5400人次。广泛开展“爱国卫生、建设环境、美化家园”宣传活动，依法搞好除害防病、优化生产生活环境，冬、春季大规模灭鼠，夏、秋季百日无蚊蝇等，年内后甫、西何各庄两村荣获北京市“卫生村”称号，张各庄、胡家村、应寺、西槐庄4个村评为区级“爱国卫生先进单位”。

（杨宝刚）

永乐店镇主要领导人

镇党委书记　王振良
镇人大主席　张振泉
镇　　长　张　洪

（杨宝刚）

【概　况】 于家务回族乡位于通州区南部，东邻永乐店镇，西、南与大兴区采育镇接壤，距通州卫星城21公里，是通州区唯一的少数民族乡。总面积65.7平方公里，耕地面积69612亩，总户数7033户，人口22288人，其中农业人口21101人，非农业人口1187人，回族人口2703人，占全乡总人口的12.1%。下辖23个村民委员会。

2002年主要经济指标一览表

项　目	2002年	2001年	2002年为2001年%
国内生产总值（万元）	16334	13842	118
第一产业增加值（万元）	8945.3	6507	137.5
第二产业增加值（万元）	2000	1805	110.8
第三产业增加值（万元）	6003	5530	108.6
国家税收（万元）	1764	780	226.2
地方税收（万元）	2422	1320	183.5
农民人均纯收入（元）	4733	4260	111.1

（陈丙库）

【农业结构调整成效显著】 2002年，有计划、有步骤地实施三项农业重点工程：一是农业种植业和养殖业结构调整工作，按照产业调特、规模调大、品种调优、产品调精、效益调高的农业结构调整思路，加大调整力度，经济作物面积不断增加，品种不断丰富。到2002年底，全乡经济作物种植发展到4.5万亩，占耕地面积的66%。狠抓养殖业结构调整，各类养殖大户发展到1100户，养殖小区发展到15个，养殖业收入占农业总收入的45%，各类专业合作经济组织发展到15个。二是农业项目引进工程，充分发挥本乡农业发展空间大，土地资源丰富等优势，引进北京东昇农业发展有限公司、北京东方农苑发展有限公司、北京山子畜牧发展有限公司，三家公司均为投资在500万元以上的科技含量较高、市场前景好、带动性强的农业项目。三是农田基础设施建设工程。加大农田基础设施投入，全乡共打农用机井90眼，购置喷灌设备40套，疏挖斗支沟渠17条，动土方12万立方米，修桥18座，种植环乡、环村和乡域内主要公路两侧速生丰产林1200亩，植树13万株。

（陈丙库）

【招商引资取得丰硕成果】 加大招商引资力

度，坚持诚信、环境、服务、招商理念，先后制定十几项招商引资优惠政策、奖励办法和工作措施。全年新引进入工业区投资建设项目11家，总投资3.8亿元。如北京华德永佳地毯有限公司，总投资1亿元，北京美采机电设备有限公司总投资5000万元、北京亿通正尤工贸有限公司总投资5000万元等。9月14日，占地2000亩的中国民营企业家北京创业园与本乡签订协议，共同开发聚富苑民族工业区B区，基础设施建设启动。

（陈丙库）

【工业区基础设施建设力度加大】 年内，完成工业区环境和基础设施建设十项重点工程。修建工业区主路、辅路15万平方米，进行绿化、美化、亮化；打通京、津、塘高速公路采育出口至乡工业区道路，建设工业区水厂、热力中心、综合服务楼和955、956两路公交车始发站，启动工业区程控电话、宽带网和B区建设等工程。通过工业区环境和基础设施建设，提高工业区档次，为打造特色园区奠定基础。

（陈丙库）

【提升环境建设水平】 年内，乡村共同投资为10个村修建柏油路8公里，为5个村打五眼深水井，为8个村进行低改；对长2200米，宽16米的政府大街进行改造、拓宽、延长，路面硬化35200平方米，铺设人行步道8000平方米，种植花灌木2.5万株，砌花墙4000多平方米，安装路灯60盏；建设占地32亩，建筑面积2400平方米的回族敬老院；建设占地80亩的民族健身公园和后伏村文体活动中心；开展常年性的环境综合整治。乡党委、政府坚持五个一，做到月检查，季评比兑现，半年初评，年终总评。有5个村受到区政府表彰，有9个村被乡党委、政府评为环境治理免检村和达标村。2002年，本乡被评为北京市郊区环境整治"样板乡镇"。

（陈丙库）

【"六好"乡镇党委、"五好"村党支部创建工作】 全乡基层党支部和全体党员进一步提高了创建工作认识，各支部积极制定创建计划和措施，规范党内各项制度，开展各种形式的创建活动。为提升创建水平，乡党委拨出专款，为部分村党支部配备电教器材，装备党员活动室，为党员活动提供场所，有效地促进创建工作的开展。2002年全乡有12个村党支部跨入"五好党支部"行列，3个后进党支部已转化为五好党支部。

（陈丙库）

【计划生育工作】 贯彻执行《人口与计划生育法》等各项法规，狠抓目标责任制和奖罚政策的落实，促进计划生育工作的开展。年内，全乡计划生育率保持在96%以上，长效率保持在85%以上，综合节育率保持在96%以上，人口出生率控制在4.5‰以下。已为70%的独生子女户投入养老保险金，保险金额累计达到60万元。有力的促进了计划生育工作的开展。

（陈丙库）

【社会保障工作不断加强】 乡党委主要领导带头开展扶贫帮困活动，积极协调区民政部门，为特困户解决资金达3.5万元，为41户、85人发放最低生活保障金累计达12万元，全乡优抚对象待遇不断提高。成立乡劳动就业服务所，帮助推荐661名劳动力到企业就业。社会保障事业的发展为全乡社会稳定、地区经济繁荣起到积极的促进作用。

（陈丙库）

【科技、文化、教育、卫生工作】 年内，组织各类技术培训、授课20多次，参加培训人员近4000人次；大力开展群众性文化娱乐活动，先后开展夏日广场、十月金秋晚会等活动。卫生工作明显加强，积极协调资金，为不符合食用水标准的5个村打了深水井，在仇庄、后伏两个村开展改厕试点。努力改善中小学办学条件，年内累计投资100多万元，购置教学设备，改善学校环境等，促进中小学规范化办学，教育水平不断提高，中学中考升学率达到100%。小学生入学率、普及率、成绩合格率，小学生升入中学率均达到100%。

(陈丙库)

【精神文明建设】 深入开展以创建文明村、文明单位、文明十星户为主题的争创活动,采取多种形式对干部群众进行教育。年内全乡有10个村、4个单位、100户被评为区级文明村、文明单位和文明十星户。大力开展健康向上,群众喜闻乐见,丰富多彩的文化娱乐活动,用新思想、新风尚和新科技占领农村文化阵地,群众的思想道德素质明显提高。年内组织全乡范围内的五月鲜花歌咏比赛、演讲比赛,并参加区文化委组织的新秧歌比赛等,带动村级文化活动的开展,丰富群众业余文化生活。

(陈丙库)

于家务回族乡主要领导人

乡党委书记	张德福(10月免)
	肖志刚(10月任)
乡人大主席	魏金生
乡　　长	何志强

(陈丙库)

人　　物

组织机构负责人名单

一、区委机构

中国共产党北京市通州区委员会

书　记　崔君乐
副书记　卢晓明　石进贤　邓乃平
　　李章泽(3月任)
常　委　崔君乐　卢晓明　石进贤
　　苏文权(11月免)　刘　辉
　　解　崑(6月免)　杨　林(女)
　　刘德龙(12月免)史瑞堂　邓乃平
　　李章泽(3月任)　王春元(3月任)
　　张文山(12月任)　安铁军(6月任)

中国共产党北京市通州区纪律检查委员会

书　记　邓乃平
副书记　赵丽丽(女,3月免)
　　赵潮英(女,3月任)　张希方
常　委　邓乃平　赵丽丽(女,3月免)
　　赵潮英(女,3月任)　张希方
　　袁士全　刘文启　荣玉坤　姜俊东
区委办公室主任　刘德龙(12月免)
　　蒋洪昉(2003年1月任)
组织部部长　石进贤(3月免)
　　王春元(3月任)
宣传部部长　杨　林(女)
精神文明建设委员会办公室主任
　　王增哲
监察局局长　赵潮英(女)
统一战线工作部部长　李汉良
台湾事务办公室主任　李汉良
老干部局党组书记　王家明
　　局　长　李玉山
政法委员会书记　石进贤
综合治理委员会办公室主任
　　蒋洪昉
区委610办公室主任　蒋洪昉
政策研究室主任　张秀余
区直机关工委书记　刘德龙
国家保密局局长　吕咸生

二、人大机关

通州区人民代表大会常务委员会

主　任　曹文广

副主任　陈巨宗　朱　启　李玉贤(女)
沈德海　金建华

委　员　郑德宽　傅桂英(女)
宋　艳(女)　刘玉山
周一鸣　吴潮钦　李文才
刘东生　王　梅(女)
何福田　武士奎　刘维佳
杨学义　赵　兰(女)
刘学力　刘　华　刘晓云

人大办公室主任　郑德宽

代表联络室主任　傅桂英(女,12月免)
李清俊(女,12月任)

财政经济工作委员会主任　刘　华(女)

内务司法工作委员会主任　刘晓云(女)

教科文工作委员会主任　刘学力

城乡建设环保工作委员会主任
黄春来(8月任)

研究室主任　王玉庆(6月任)

三、政协机关

中国人民政治协商会议北京市通州区委员会

主　席　朱学民(1月免)
王玉辉(1月任)

副主席　鲁宗福　李汉良　叶永清
杨绍杰　黄念辉　张晓燕(女)

秘书长　朱世勤(1月免)
张丽华(1月任)

常务委员　于冬竹(女)　于启富
王　汉(女)　古朋义(回族)
田春华(女)　白静宜(女,满族)
刘秀珍(女)　刘淑华(女)
孙望超(女)　杜少勋
李　伟(女)　李清俊(女)
沃维汉　张福才　金文岭
周　颖(女)　胡建功　鲍静波
赵潮英(女)　耿文举　徐金龙
高广安

办公室主任　张丽华(女,6月免)
郭兆霞(女,6月任)

联络办公室主任　张　强(女,回族)

综合办公室主任　王玉庆(6月免)
杨克杰(6月任)

文史办公室主任　张晨声

四、群众团体

区工会党组书记、主席　张德金

共青团北京市通州区委员会书记
肖志刚(10月免)
张若冰(副书记,10月主持工作)

区妇女联合会主席　钎淑清(女)

区科学技术协会党组书记、主席　唐　钰

区工商业联合会党组书记　刘晓波
会　长　金文岭

区残疾人联合会党组书记、理事长
陈洪志(10月免)
刘景山(10月任)

区红十字会秘书长(副处级)　杨有平(女)

五、政府序列

通州区人民政府

区　长　卢晓明

副区长　苏文权(11月免)　刘　辉
杜宏谋　张少田　张树森
何凤慈(女,回族)
刘德龙(11月任)

政府办公室主任　林殿彪

经济信息中心主任　张　朋

信访联合办公室主任　汤德月

人防办公室主任　谷维臣

工业工作委员会书记 高志禄
经济工作委员会主任 高志禄
农业工作委员会书记 张文山
农业委员会主任 张文山
城乡建设工作委员会书记 仇春利
城乡建设委员会主任 仇春利
教育委员会工委书记 宋京璋
教育委员会主任 宋京璋
教育督导室主任 臧兴仁
商业工作委员会书记 邵大钧
商委主任 袁廷权
对外经济贸易委员会主任 王士杰
科学技术委员会党组书记 古朋义(回族)
主　任 古朋义(回族,10月免)
季志会(女,10月任)
计划委员会党组书记、主任 张永明
物价局党组书记、局长 姜锡华
计划生育委员会主任 胥德琪
城市管理委员会党委书记、主任 张志强
文化委员会党委书记 赵俊臣
主　任 张宝玺
文联主席 张宝玺
人事局党组书记 赵玉田
局　长 赵玉田(11月免)
罗明光(11月任)
编制办公室主任 赵玉田(11月免)
罗明光(11月任)
劳动和社会保障局党组书记、局长 李玉君
财政局党组书记、局长 韩振福
审计局党组书记、局长 孙文宽
城市规划管理局
党总支书记 孟广禄
局　长 孟广禄(10月免)
禹学垠(10月任)
房屋土地管理局党委书记 王汉琦
局　长 王　平
房改办公室主任 王　平
房地产交易中心主任(副处级) 张　杰
环保局党委书记 刘宝君
局　长 李冠健
统计局党组书记 潘殿禄
局　长 潘殿禄(10月免)
张春良(10月任)
体育运动委员会主任 车林平
乡镇企业局党委书记、局长 唐国良
卫生局党委书记 刘光扬(10月免)
董思瑞(10月任)
局　长 王文勇
交通局党委书记、局长 李永锋
林业局党委书记、局长 张春华
绿化办主任 张春华(兼)
水资源局党委书记 刘建成(10月免)
局　长 张冠启
旅游局局长 张兰荣(女)
民政局党委书记、局长 李淑华(女,回族)
民委主任 李淑华(兼)
老龄工作办公室主任(副处级) 贾海生
司法局局长 宁秋君
法制办公室主任 宁秋君
人民检察院检察长 东晓钟
反贪污贿赂局局长 李建平
人民法院院长 高洪涛
城管监察大队党总支书记、队长 闵迺水

六、事业单位

燃气办公室主任 季崇奎(11月免)
张文宽(11月任)
地震办公室主任 郎紫霞
党史区志办公室主任 张洪林
档案局(档案馆)
党组书记 苏光兴(7月免)

罗文路(7月任)
局　长(馆长)　苏光兴
农机服务中心党委书记、局长(主任)
季志会(10月免)
刘雪峰(10月任)
广播电视服务中心党组书记、主任
王振华
养殖业服务中心党委书记、主任
杜中芳(7月任)
水产养殖服务中心党委书记、主任
杜中芳(7月免)
畜牧养殖服务中心党委书记、主任
邓文章(7月免)
成人教育中心党委书记、主任
臧兴仁(6月免)
杜德玖(6月任)
职业教育中心党委书记　宗树培
主　任　宗树培(10月免)
王亚岚(10月任)
铁路道口安全管理办公室主任(副处级)
金德信(6月免)
冯振华(6月任)
农产品产销服务中心经理　刘庆生(兼)
水利工程服务中心党委书记(副处级)
尹　亮
经　理　高振利
永乐水管站站长(副处级)　李春茂
永乐蔬菜公司经理(副处级)　刘凤友
潞源阁党总支书记(副处级)　赵士录
经　理　张志云(女)
通州报社总编(副处级)　安继连
通州宾馆党委书记、经理　李建国
农村合作经济经营管理站站长张玉刚
区委党校党委书记　李　括
校　长　王玉辉(3月免)
李章泽(3月任)
行政学校校长　苏文权(11月免)
刘　辉(11月任)
潞河中学校长　张世义
潞河医院党委书记、院长　马春光
区工业开发区管委会主任　张树森
总经理　陈国增
永乐经济开发区管委会主任　张　洪(兼)
自来水公司党总支书记　梁国生
经理　梁国生(11月免)
吕文才(11月任)
房地产开发总公司党委书记、经理
贾宝才
招商局(招商公司)局长　李金玺
通政国有资产经营公司董事长
韩振福(6月任)
总经理
毕玉生(6月任)

七、企业单位

通州商业资产运营公司
书　记　高振宗(8月兼)
董事长　袁廷权(3月任)
经　理　高振宗(3月任)
粮食局党委书记　姜凤奎
局　长　芮宝森
副食品公司书记、经理
高振宗(3月机构撤销)
饮食服务公司书　记
李思文(3月机构撤销)
经　理
杨志国(3月机构撤销)
食品公司党委书记、经理
张纯岩(3月机构撤销)
菜蔬公司党总支书记、经理
杨春友(3月机构撤销)
北京金远洋对外贸易有限公司(原对外贸易公司)　**党总支书记**　韩世春(7月免)
杜春生(7月任)
经　理　杜春生
工业品公司党委书记、经理
王泽文(3月机构撤销)
北京大百商贸集团

党委书记　李为民(10月免)
李宝忠(10月兼)
董事长　李为民(10月免)
经　理　李宝忠
供销合作总社党委书记、主任　李庆军
物资总公司党委书记　周士颐(4月病逝)
经　理　李玉忠
建筑集团公司党委书记、经理　徐凤祥
煤炭公司党委书记　赵德江(10月免)
经　理　西作章(11月免)
曹恒永(11月任)
北京轻铁京东经济发展中心经理　王葆刚
金通资产经营管理公司经理　王栓成
光机电一体化产业基地主任　张树森
通运达投资运营有限公司　石国辉
通济达农业发展有限公司董事长　张少田
经　理　胡克诚
东方运河文化产业开发有限公司
董事长　何凤慈
经　理　徐景发
运河文化产业带建设办公室主任　徐景发

八、双管单位

工商行政管理局局长　马光祥(11月免)
廉建设(11月任)
地方税务局局长　杜德茂
国家税务局局长　张玉龙
邮政局党委书记、局长　刘国军
电信局党委书记　马庆余
局　长　王树生
市公安局通州分局局长　解　崑(6月免)
安铁军(6月任)
政委　杜太原
气象局局长　池长春
市公路局通州分局党委书记、局长　段博新
农村信用合作社联合社主任　张辛增
质量技术监督局党委书记、局长　吕建忠
药品监察管理局党组书记、局长
刘术旺(7月任)

九、其他单位

中国人民保险公司通州区支公司经理
高　勇
中保人寿保险通州区支公司经理
薛福义(1月免)
刘德奇(1月任)
太平洋保险公司通州支公司经理
金启明
建设银行通州区支行行长　柴爱国
工商银行通州支行行长　张　健
农行通州区支行行长　张福利(1月免)
王世良(1月任)
中国银行通州区支行行长　陈殿厚
农业发展银行通州支行行长　常崇祥(1月免)
周　燕(1月任)
供电局党委书记　周福春
局　长　王宝华
烟草专卖局(公司)局长(经理)　王文相
中国人民解放军北京市通州区人民武装部
部长　邵明星
政委　史瑞堂

先进人物

张春华　男,1950年3月出生。河北省香河县人。中共党员,大专学历,工程师。1966年参加工作。现任通州区林业局党委书记、局长、绿化办公室主任。80年代后期,在西集工作期间,针对西集富水多沙的特点,实施建设宜林则林、宜果则果的环乡林带的设想,通过三冬两春的建设,形成了北京市首个环乡林。1993年到林业局工作后,坚持生态效益、社会效益、经济效益统筹的方针,建成一批林果专业村、专业镇。通州林业成为全区农业的主导产业。多年来积极实施高标准农田林网配套建设,大环境隔离片林、四环林建设,绿色通道建设,绿地公园建设等一批大工程,带动全区生态的大发展,通州区林木覆盖率从90年代初的13.8%上升到30%以上,通州区的生态环境明显改善。他曾四度获"首都绿化美化积极分子"称号,1999年4月荣获"全国绿化奖章",2000年被列入《中国治沙名人录》,2002年6月荣获全国绿化委员会、国家人事部、国家林业局共同颁发的"全国防沙治沙先进个人"称号。

程显新　女,1954年9月出生,中共党员,通州区张家湾镇菜果公司经理。1998年、1999年先后被评为"全国三八红旗手"、"全国十大女状元"。她在农业战线上努力钻研,刻苦学习,将科学技术知识与本地区的生产实际相结合,在提高当地农民栽培管理水平、增加农民收入上,做出突出贡献,连续几年被评为北京市"女状元"。她注重新成果、新技术的应用,不断推出新品种,充分发挥"龙头"示范作用。基地的自身建设逐年壮大,总面积由始建200亩扩建到400亩,由负债11万元发展到现在拥有总资产550万元。基地现有设施大棚34栋,钢架大棚19栋,投资50万元引进了国外先进渗灌设备,建起容积50吨的保鲜冷库:投资25万元建立了组培室;购置2台微机,并在英特网上建立自己的网页,实现了现代化管理,2000年又投资60万元建成丽程源园林绿化工程公司,种植1500亩楸树苗。2002年被授予全国"三八绿色奖章"。

敖淑明　女,1950年7月出生,中共党员。畜牧兽医师。她所负责的北京市农业标准化示范基地—通州区妇女养殖乌鸡服务中心占地50亩,拥有种鸡15000只,年孵化雏鸡120万只,出售成鸡100万只,拥有固定资产150万元,带动农户300户,年收入300万元。在全国、市区各级妇联组织开展的"双学双比"活动中,发挥女状元女能手的科技带动作用。为解决更多妇女就业,带动更多姐妹走上致富路,充分发挥新型合作组织的龙头带动作用,服务中心为养殖户"四上门、四服务",制定回收保护价,即送鸡雏上门服务、防疫上门服务、送料上门服务、收购成鸡上门服务。目前,她带动全区300户姐妹家庭,走上养殖乌鸡的致富之路。1999年评为全国"双学双比"女能手,2000年评为全国"科技致富"先进女能手,2001年评为北京市"双学双比"京郊十大女状元;2002年被授予全国"双学双比"先进女能手、北京市"三八"红旗奖章等荣誉称号。

崔秀荣　女,1953年3月出生,中共党员,通州区人民政府蔬菜办公室职工,高级农艺师。自1978年大学毕业后一直从事蔬菜植保、栽培科学技术的试验、科技项目开发引进、示范推广工作。多年来,为了适应改革开放的新形势,认真开发蔬菜新项目,如:农产品安全生产体系建设,无公害蔬菜生产技术的推广等;进行新产品引进、特种菜的推广,精心做实验搞示范,掌握蔬菜植保、栽培技术。新品种引进获得很好效益,促进了全区蔬菜的发展。她定期定点为广大菜农作技术指导,每年组织培训班,宣传蔬菜知识,巡回讲课30次,听课人数3万人次,科技下乡37次,编写简报245篇,满足了菜农对科技知识的渴求。20多年,参加市部级科研实验、示范推广项目210项。获得市、部、区级专业项目一、二、三等奖共计16项。2002年评为全国"双学双比"优秀科技服务工作者。

关学文　女,1969年12月出生,通州区宋庄镇妇女养殖肉鸡服务中心经理。她所创办的肉鸡养殖服务中心是一个集种鸡、鸡雏、屠宰为一体的生产服务型单位,拥有固定资产300万元。该中心种鸡存栏20000只,向农户提供鸡雏200万只,销售商品鸡110万只,年获纯利55万元。10余年间,她带领众乡亲致富,积极参加区妇联开展的"双学双比"、"万元大嫂扶万户"活动,尽自己所能扶持生活困难的姐妹,同时,为养鸡户提供产前、产中、产后服务,做到四负责、四上门、三优惠。她多次被评为北京市"双学双比"女能手。2002年获全国"双学双比"先进女能手称号。

肖春茹　女,1957年2月出生,从事纺纱、欧洲十字绣等手工业。自1982年开始进入纳纱行业,20多年来,她以纳纱为龙头,带动妇女姐妹共同致富。经过多年的实践,技术过硬,经验丰富,形成了自己独特的生产格局。以大户为中心、以家庭为基础、以质量求生存,所有纳纱产品被外贸部门定为免检产品,直接出口。2002年与枫澄海兰有限责任公司承接"欧洲十字绣"加工业务,成为该公司正式妇女加工基地。目前她带动本村及周边几十个村300余户妇女姐妹从事纳纱和"十字绣"行业,并取得可喜的经济与社会效益。2002年被评为全国"双学双比"先进女能手。

薛惠英　女,1961年7月出生,中共党员。1998年,原所在集团公司经济效益不佳,精简企业人员,她主动申请放弃了公司舒适的工作,凭着新时代中国妇女自强不息的精神,于1998年夏天,自筹资金80万元,在村内租用80亩土地,搞起乌鸡养殖业。1999年初,投资兴建了占地80亩、建房400余间的恒利养殖场。又先后建起2个分厂,面积扩大到100亩,拥有鸡舍40多栋,并购买7台电脑孵化机,使育雏能力达到200万只,商品鸡可同时存栏10万只,实现养殖自动化,全部上笼喂养、自动饮水,年出商品鸡40万只,年产值500万元。恒利养殖场已成为集孵化、育雏、饲养、防疫、销售、服务于一体的大型综合养殖场。2002年薛惠英被评为全国再就业标兵、北京市创业与再就业标兵。

新闻人物

李淑华　女,回族,1952年1月出生,中共党员。通州区民政局党委书记、局长,中共十六大代表。她九年如一日,团结带领民政战线上的广大干部职工,高举邓小平理论伟大旗帜,认真贯彻"三个代表"重要思想,恪守为民之责,始终坚持"民有所想,我有所为;民有所呼,我有所应;民有所盼,我有所办"的服务宗旨。在工作实践中,她满腔热忱,以泼辣、干练的工作作风,开拓进取,取得卓有成效的工作业绩,推动了民政事业的健康发展,在全区树立了人民公仆的楷模形象。全区基层民主政治建设不断巩固加强,依法行政水平进一步提高,农村敬老院改造及社区建设方兴未艾,救灾救济体制进一步健全,社会保障体系建设日臻完善,有力地维护和保障了全区民政对象的基本生活权益。通州区民政局连续9年被评为区精神文明建设先进单位。李淑华本人9年4次荣立个人三等功、获6个个人优秀嘉奖,2001年荣获北京市"三八"红旗奖章,2002年被评为京郊十大新闻人物。2002年11月,作为通州区党员代表,出席了党的第十六次全国代表大会。

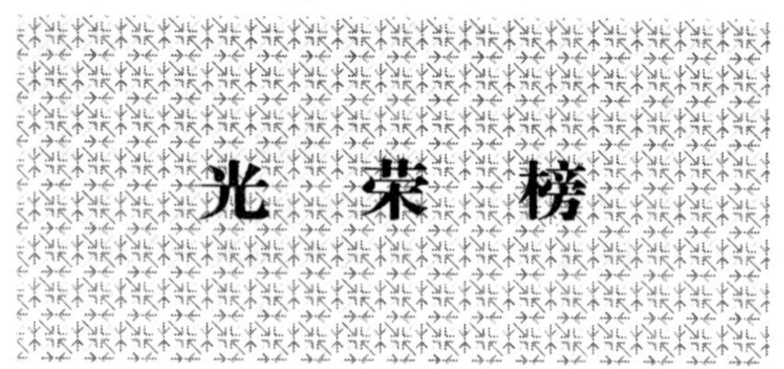

全国先进单位

全国妇女工作先进单位
通州区
全国妇女"巾帼致富工程"先进单位
通州区妇女联合会
全国巾帼文明示范岗
通州区妇女儿童活动中心

北京市先进单位、先进个人

"首都劳动奖状"获得者
潞河医院心脏治疗中心
北京市妇联信访工作先进单位
通州区妇女联合会
北京市妇女再就业工作先进单位
通州区妇女联合会
北京市妇联信息、宣传报道先进单位
通州区妇女联合会
北京市妇联系统先进集体
梨园镇妇联
永顺镇妇联
宋庄镇妇联
梨园镇西总屯村妇代会
新华街道如意社区妇代会
张家湾镇张辛庄妇代会
于家务回族乡仇庄村妇代会
北京市公安局授予"人民满意的公安单位"
通州公安分局刑侦支队重案队
北京市公安系统集体二等功
通州公安分局侦破"4·05"杀人、抢劫、盗窃、强奸案专案组
通州公安分局侦破骑摩托车抢劫案专案组
通州公安分局侦破"8·21"特大系列杀人案专案组
北京市计划生育红旗单位
通州区梨园镇
北京市计划生育先进单位
通州区永顺镇
通州区宋庄镇
通州区张家湾镇
通州区马驹桥镇
通州区台湖镇
通州区中仓街道办事处
通州区教育委员会
通州区财政局
通州区卫生局
通州区梨园镇曹园村委会
通州区宋庄镇六合村委会
通州区马驹桥镇大葛庄村委会
市级信访排查工作优秀单位
通州区信访办公室
首都精神文明社区(居民区)
新华街道如意社区
新华街道贡院居民区
新华街道司空居民区
中仓街道中仓居民区
中仓街道东方居民区
中仓街道东里一区居民区
玉桥街道玉桥北里居民区
玉桥街道玉桥南里居民区
玉桥街道梨花园居民区
北苑街道总后干休所居民区
北苑街道新华西街居民区
首都精神文明旅游景区
西海子公园景区
中国民兵武器装备陈列馆景区
首都精神文明村
通州区梨园镇大稿村
通州区梨园镇曹园村

通州区梨园镇西总屯村
通州区宋庄镇小堡村
通州区宋庄镇翟里村
通州区宋庄镇双埠头村
通州区台湖镇次二村
通州区台湖镇玉甫上营村
通州区马驹桥镇大葛庄村
通州区马驹桥镇姚村
通州区永顺镇龙旺庄村
通州区永顺镇南关村
通州区张家湾镇西定福庄村
通州区张家湾镇苍头村
通州区潞城镇大营村
通州区潞城镇大豆各庄村
通州区 漷县镇苏庄村
通州区马驹桥镇小周易村
通州区宋庄镇疃里村
通州区台湖镇安定营村
通州区于家务乡仇庄村
通州区西集镇小屯村

北京市农经系统先进单位

通州区经管站

北京市农经调研工作先进单位

通州区经管站

北京市信息化工作先进单位

通州区经管站

北京市农村集体经济审计工作先进单位

通州区经管站

北京市农村财务管理工作先进单位

通州区经管站

首都绿化美化优秀设计奖

通州区北运河生态景区工程

首都绿化美化优质工程奖

通州区六环路一期绿色通道工程
通州区温榆河绿色通道工程
通州区潮白河绿色通道工程
通州区永乐店镇坚村速生丰产林建设工程

首都林业绿地养护管理奖

通州区林业局

首都绿化美化先进单位

通州区张家湾镇大北关村
通州区永乐店镇大务村
通州区城镇绿化队
通州区运河文化广场管理处

首都全民义务植树先进单位

中华人民共和国民政部
北京航空制造工程研究所
中国农业出版社印刷厂
通州区委政法委员会

首都绿化美化花园式单位

通州区鑫苑小区
梨园镇群芳园小区
通州区宋庄镇敬老院
通州区潞城镇甘棠卫生院
通州区地方税务局 漷县税务所
通州区 漷县电信局
通州区西田阳卫生填埋场
北京高久雷蒙时装有限公司
通州区小务奶牛场
北京新世界房地产有限公司
新华联家园
通州区乔馨园小区
北京金达新材料有限公司
北京市直埋保温管厂
通州区潞城镇敬老院
北京市东方叶杨纺织有限公司
通州区 漷县中心小学
北京奥达石化新技术开发中心
通州区姚村中学
通州区永乐店镇政府
通州区永乐店电信局
中国人民解放军北京军区通州干休所
潞隆房地产物业部北小园小区
北京市佳开原物业管理有限公司乔庄北街小区
通州区西上园居住区
北京华特物业管理发展有限公司运河园管理处

市护林防火先进单位

漷县镇人民政府
西集镇人民政府

“首都劳动奖章”获得者

郭同喜　左继祥　杨　森　刘　刚　李玛英
刘国强　邢宏光

京郊经济发展“十大”杰出典型

邢仲山

北京市公安局授予“人民满意的公安民警”

许春兰　陈　平　苏喆华　王东辉

北京市公安系统个人二等功

刘爱民　龚秀平　李　铁　杨永轩　董亚生

北京市委授予优秀思想政治工作者

钎淑清

北京市妇联系统先进个人

刘桂英 周淑华 徐亚利 辛洪英 郭亚清
潘秀清 王永珍 刘桂兰 刘会菊

京郊妇女"双学双比"活动先进个人

刘桂英

北京市妇联信访工作先进个人

马秀芝 詹海霞

北京市计划生育先进个人

崔君乐 李章泽 卢晓明 杜宏谋 杨 林
胥德琪 刘 卉 房广成 杨金岭 胡介报
袁静华 徐亚利 刘美俊 于国秀 陈 宇
张桂香 张 华 李秋霞 武顺金 郑玉凤
张玉霞 刘淑华 斐春兰 徐炳华 何志强
张宝贵 王子江 冯俊兰 李玉华 崔志颖
张小艳 燕国萍 王志泽 韩振福 王文永
孙天舒 宋京璋 李淑华 侯维明

首都绿化美化积极分子

胡介报 董士清 贾来勇 张 彦 李实杰
潘自欣 刘 成 薄立军 范杰英 张 洪
吴建国 杨德英 王 志 甘长生 巩如意
刘晓波 苗德雪 郑学平 冯志鹏 刘学军
程丹棣

市护林防火先进个人

郭德水 万龙川 李艳海 王士勇

北京市郊区经济工作先进集体

京郊发展"六种农业先进区县

通州区

京郊发展二、三产业先进区县

通州区

京郊平原水利建设先进区县

通州区

京郊第一产业发展先进乡镇

通州区潞城镇

京郊发展二、三产业先进乡镇

通州区永顺镇

京郊小城镇建设先进乡镇

通州区漷县镇

京郊民俗旅游先进村镇

通州区潞城镇大营村

京郊环境建设先进村镇

通州区梨园镇曹园村

京郊先进工业区

北京通州工业开发区
通州区漷县工业区

农业产业化经营国家重点龙头企业

北京御香苑畜牧有限公司
北京八里桥农产品中心批发市场有限公司

京郊优秀乡镇企业局

通州区乡镇企业局

农业部全国诚信守法乡镇企业

北京东亚铝业有限公司
北京五木服装有限公司

农业部基本建设现代企业制度乡镇企业

北京华威建筑工程有限公司

北京市名牌产品

强力软家具、木家具
东亚建筑铝合金型材

北京市乡镇企业创名牌重点企业

北京隆昊肉类食品有限公司
北京正兴饲料有限责任公司

北京市乡镇企业营业收入百强

北京东亚铝业有限公司
北京顺开房地产有限公司
北京市恒聚油田化学剂有限公司
北京富河房地产有限公司
北京华成建筑公司
北京市东方叶杨纺织有限公司
次渠建筑集团
北京奔驰服装集团公司
京洲建筑集团公司
北京牛建建筑集团公司

北京市乡镇企业利税总额百强

北京市恒聚油田化学剂有限公司
北京富河房地产有限公司
北京首发高新建材有限公司
北京东亚铝业有限公司
北京华成建筑公司
北京通州宋庄铸造厂
京洲企业集团公司
京洲建筑集团公司
北京牛建建筑集团公司
紫云恒房地产有限公司
次渠建筑集团

北京市乡镇企业出口供货额百强

北京市东方叶杨纺织有限公司
北京奔驰服装集团公司
北京通州宋庄铸造厂
北京美采机电设备有限公司
北京宜通家具制造有限公司
北京市通州建华种植园
北京汇诚橡塑制品有限公司
北京中纺三昌纺织公司
北京菲美特协立铸造有限公司
北京利通纺织有限公司
北京金鑫木业有限公司
北京中恒复印材料技术有限公司

京郊先进农民专业合作经济组织

通州区梨园敖凤乌鸡养殖合作社

京郊农业标准化示范基地

通州区京东大运河农产品配送中心潞城标准化生产示范基地

京郊妇女“双学双比”活动先进集体

通州区妇女联合会

统　计　表

2002年通州区国民经济主要指标统计表

项　目		2002年	2001年	2002年为2001年%
综合				
国内生产总值	(万元)	900985.4	765473.2	117.7
第一产业		132308.5	114929.4	115.1
第二产业		398240.9	335322.7	118.8
第三产业		370436	315221.1	117.5
地方国内生产总值	(万元)	791637.6	671575.8	117.9
第一产业		132308.5	114929.4	115.1
第二产业		314639.8	250004.4	125.9
第三产业		344689.3	306642.0	112.4
财政收入	(万元)	69424	47536	146.0
#增值税		7616	6813	111.8
营业税		29400	17465	168.3
企业所得税		10846	8897	121.9
财政支出	(万元)	146461	112714	129.9
#基本建设支出		6968	6550	106.4
支援农业生产支出		11489	10557	108.8
文教卫生事业费		29852	23837	125.2
人口和劳动力				
常住户籍人口	(人)	607062	604693	100.4
男		299350	297730	100.5
女		307712	306963	100.2
#非农业人口		220058	202502	108.7
出生率	(‰)	5.28	5.16	102.3
死亡率	(‰)	5.84	5.58	104.7
自然增长率	(‰)	-0.57	-0.42	135.7
从业人员	(人)	274872	267775	102.7
按产业分				
第一产业		79176	82730	95.7
第二产业		101318	97302	104.1

续表 1

项　　目	2002 年	2001 年	2002 年为 2001 年%
第三产业	94378	87743	107.6
按职工非职工分			
在岗职工人数　（人）	133213	109214	122.0
不在岗职工人数	5742	5790	99.2
劳动工资			
在岗职工工资总额　（万元）	174822.6	142266.1	122.9
不在岗职工生活费	4068.2	3327.7	122.3
在岗职工平均工资　（元）	12934	12203	106.0
在岗职工平均生活费	5827	5348	109.0
固定资产投资			
全社会固定资产投资　（万元）	534977	407209	131.4
按建设性质分			
#基本建设投资	53482	26388	202.7
更新改造投资	26886	11253	238.9
房地产开发	342434	331999	103.1
乡企事业单位固定资产投资项目	112175	36829	304.6
新增固定资产　（万元）	519771	268008	193.9
#基本建设投资	52520	35455	148.1
更新改造投资	21005	6083	345.3
房地产开发	334742	230259	145.4
乡企事业单位固定资产投资项目	111504	37749	295.4
开复工面积　（万平方米）	407.4	333.5	122.2
#基本建设投资	15.4	23	67.0
更新改造投资	1.9	6.7	28.4
房地产开发	299.3	265.9	112.6
乡企事业单位固定资产投资项目	90.8	37.1	244.7
竣工面积　（万平方米）	243.8	178.7	136.4
#基本建设投资	11.6	18.2	63.7
更新改造投资	0.2	3.3	6.1
房地产开发	149.9	120.1	124.8
乡企事业单位固定资产投资项目	82.1	36.2	226.8
农村经济			
农村劳动力　（人）	189200	184207	102.7
种植业	61545	65749	93.6
林业	4968	4103	121.1
牧业	8839	8852	99.9
渔业	2195	2667	82.3
农村工业	43127	40679	106.0
农村建筑业	18693	15584	119.9
农村运输业	14625	12864	113.7

续表 2

项　目		2002 年	2001 年	2002 年为 2001 年%
农村商、饮食业、服务业		35208	33709	104.4
耕地面积	（公顷）	38596.5	42612	90.6
化肥施用实物量	（吨）	79561	92765	85.8
农村用电量	（万千瓦时）	29692.3	28072.5	105.8
农村国内生产总值	（万元）	564863.8	464394	121.6
第一产业		132308.5	114929.4	115.1
第二产业		260868.2	204076.6	127.8
第三产业		171687.1	145388	118.1
农业总产值	（万元）	155571	135976	114.4
种植业		73648.5	62770.7	117.3
林业		5058	3335.7	151.6
牧业		62733.4	58386	107.4
渔业		14131.1	11483.6	123.1
农作物总播种面积	（万公顷）	5.7	6	95.0
粮食作物		2.6	3.1	83.9
经济作物		0.3	0.3	100.0
其他作物		2.8	2.6	107.7
农副产品产量				
粮食	（万吨）	13.5	16.5	81.8
蔬菜	（吨）	991119	933895	106.1
干鲜果	（吨）	48722	43329	112.4
畜产品产量				
生猪出栏	（头）	506294	493044	102.7
出栏羊	（只）	168257	154652	108.8
出栏肉牛	（头）	25993	23989	108.4
出栏鸭	（百只）	44776	44017	101.7
出栏肉鸡	（百只）	51904	53540	96.9
牲畜年底头数	（头）	407696	375826	108.5
大牲畜		24070	22971	104.8
猪		263629	247625	106.5
羊		119997	105230	114.0
水产品产量	（吨）	14906	14649	101.8
农村经济总收入	（亿元）	118.8	109	109.0
国家税金		5.3	2.9	182.8
乡镇企业单位数	（个）	14756	16009	92.2
乡镇企业人数	（人）	141456	128959	109.7
乡镇企业固定资产原价	（万元）	646034	425712	151.8
乡镇企业固定资产净值	（万元）	474275	367310	129.1
工业				
全部工业企业单位数	（个）	2876	3263	88.1

续表3

项　　目	2002年	2001年	2002年为2001年%
其中:中市属	69	87	79.3
区属	111	58	191.4
乡镇办	130	213	61.0
村办	1398	931	150.2
农村合作经营及私营个体	1168	1974	59.2
全部工业总产值(现价)　(万元)	1262488.5	900636.5	140.2
其中:中市属	252074.5	244866.6	102.9
区属	113860.8	53436.1	213.1
乡村办	746015.2	481078.8	155.1
农村合作经营及私营个体	150538	121255	124.1
乡及乡以上独立核算轻工业总产值	191352.5	248278.8	77.1
乡及乡以上独立核算重工业总产值	342242.4	232865.7	147.0
工业企业年平均职工人数(人)	111635	92256	121.0
其中:中市属	16998	18042	94.2
区属	8287	8289	100.0
乡镇办	14095	18280	77.1
村办	60998	35293	172.8
农村合作经营及私营个体	11257	12352	91.1
产品销售收入(万元)	1158399.3	850296.8	136.2
其中:中市属	253612.1	251201.5	101.0
区属	130988.8	61727.8	212.2
乡镇办	145024.5	163281.3	88.8
村办	504748.9	265575.2	190.1
农村合作经营及私营个体	124025	108511	114.3
全部流动资金年平均余额	749235.5	556258	134.7
其中:中市属	234642.9	210413.8	111.5
区属	79433.3	50877.1	156.1
乡镇办	99559.4	112218.9	88.7
村办	310136.9	136680.2	226.9
农村合作经营及私营个体	25463	46068	55.3
固定资产原价(万元)	876799.7	660503.7	132.7
其中:中市属	268408.6	293110	91.6
区属	161019.9	82318.6	195.6
乡镇办	136637	120915.8	113.0
村办	272715.2	121714.3	224.1
农村合作经营及私营个体	38019	42445	89.6
乡及乡以上独立核算固定资产净值(万元)	395929.6	376580.7	105.1
其中:中市属	178682	215755.3	82.8
区属	111691.9	66619.4	167.7
乡镇办	105555.7	94206	112.0

续表 4

项　　目	2002 年	2001 年	2002 年为 2001 年%
利润总额(万元)	57717.6	37905.2	152.3
其中:中市属	13801.8	8810.2	156.7
区属	7795.8	1584.1	492.1
乡镇办	7667.3	7024.6	109.1
村办	21625.7	13588.3	159.1
农村合作经营及私营个体	6827	6898	99.0
资金利税率　(%)	6.1	6	101.7
产品销售率　(%)	91.8	94.4	97.2
增加值率　(%)	21.9	20.4	107.4
建筑业　(万元)			
产值	423222	331847.5	127.5
总收入	399760.6	278292.9	143.6
利润	17488.9	18131.4	96.5
商业			
社会消费品零售额　(万元)	407386	356661	114.2
按类别分			
吃的商品	177906	179273	99.2
穿的商品	55497	53766	103.2
用的商品	140701	105644	133.2
烧的商品	33282	17978	185.1
按行业分			
批发零售贸易业	272830	233814	116.7
其中:个体	96924	96520	100.4
餐饮业	47104	43462	108.4
其中:个体	41400	41365	100.1
制造业	2196	2196	100.0
其他	85256	77189	110.5
各类商品交易市场成交额(万元)	147198	140664	104.6
商业、饮食业、服务业网点数　(个)	16752	12252	136.7
其中:商业	13180	9786	134.7
饮食业	2240	1425	157.2
商业、饮食业、服务业网点人数　(人)	30849	24869	124.0
其中:商业	24063	19722	122.0
饮食业	3742	2972	125.9
外经、外贸			
三资企业个数　(个)	334	303	110.2
出口商品交货额　(万元)	103240	100934.6	102.3
出口创汇　(万美元)	11200	8160	137.3
实际利用外资　(万美元)	6573	6168.3	106.6
教育			

续表 5

项　　目		2002 年	2001 年	2002 年为 2001 年%
学校数	（个）	187	192	97.4
小学		136	141	96.5
普通中学		48	45	106.7
中等专业教育		3	3	100.0
招生数	（人）	22813	21258	107.3
小学		5093	5505	92.5
初级中等学校		12734	12151	104.8
高级中等学校		4675	3146	148.6
中等专业教育		311	456	68.2
在校学生	（人）	88479	91942	96.2
小学		39911	47336	84.3
初级中等学校		37205	34902	106.6
高级中等学校		10508	8226	127.7
中等专业教育		855	1478	57.8
毕业生	（人）	25576	24120	106.0
小学		12577	12091	104.0
初级中等学校		10526	8766	120.1
高级中等学校		2084	2136	97.6
中等专业教育		389	1127	34.5
达到“国家体育标准”学生数	（人）	88700	90399	98.1
幼儿园、托儿所个数	（个）	97	113	85.8
幼儿入托数	（人）	8525	9663	88.2
文化				
公共图书馆	（个）	1	1	100.00
公共图书馆藏书	（万册）	18.2	17.4	104.6
区级以上重点文物保护单位	（个）	38	37	102.7
卫生				
卫生机构数	（个）	150	180	83.3
# 医院		13	13	100.0
卫生院		16	16	100.0
床位数	（张）	2260	2276	99.3
# 医院		1715	1674	102.4
卫生院		355	390	91.0
平均每千人拥有床位数	（张）	3.7	3.8	97.4
卫生技术人员	（人）	2937	3226	91.0
# 医生		1476	1583	93.2
公用设施				
区级以上公园	（个）	1	1	100.0
体育场馆	（个）	1	1	100.0
道路长度	（公里）	2079.6	2082.4	99.9

附　　　录

中共北京市通州区委文件目录

中共北京市通州区委文件

通发【2002】01号　中共北京市通州区委、北京市通州区人民政府关于进一步做好农村劳动力就业工作的意见

通发【2002】02号　中共北京市通州区委、北京市通州区人民政府关于组织开好2002年第一次村民代表会议(村民大会)的安排意见

通发【2002】03号　中共北京市通州区委、北京市通州区人民政府关于对2001年度招商引进优胜单位、科技进步和科学管理优秀企业、优秀企业经营者等进行表彰的决定

通发【2002】04号　关于印发区委书记崔君乐在区委二届八次全体(扩大)会议上所作的《深化改革,扩大开放,营造环境,加快发展》报告的通知

通发【2002】05号　关于进一步做好2002年调查研究工作的意见

通发【2002】06号　中共北京市通州区委、北京市通州区人民政府关于调整国防动员委员会的通知

通发【2002】07号　中共北京市通州区委关于通州区出席北京市第九次党代表大会代表选举的通知

通发【2002】08号　中共北京市通州区委关于区党代表会议代表名额分配和产生办法的通知

通发【2002】09号　中共北京市通州区委员会关于机构改革后通州区人民政府工作部门党组织设置及调整的通知

通发【2002】10号　中共北京市通州区委、北京市通州区人民政府关于对2001年度农业工作先进集体、先进个人进行表彰的决定

通发【2002】12号　关于开展村级"三个代表"学习教育活动回查工作的安排意见

通发【2002】13号　关于印发区委领导分工的通知

通发【2002】14号　关于转发《中共北京市委关于李章泽、王春元同志任职的通知》的通知

通发【2002】15号　中共北京市通州区委、北京市通州区人民政府关于推进城市社区建设的意见

通发【2002】16号　关于调整北京市通州区精神文明建设委员会组成人员的通知

通发【2002】17号　关于调整通州区双拥工作领导小组成员的通知
通发【2002】18号　关于调整通州区防汛抗旱指挥部组成人员的通知
通发【2002】19号　中共北京市通州区委、北京市通州区人民政府关于通州区乡镇企业局加挂通州区工业投资促进发展局牌子的通知
通发【2002】20号　中共北京市通州区委关于办理民主党派提案的暂行办法
通发【2002】21号　中共北京市通州区委、北京市通州区人民政府关于印发政协北京市通州区委员会机关机构改革方案的通知
通发【2002】22号　中共北京市通州区委、北京市通州区人民政府关于印发北京市通州区人大常委会机关机构改革方案的通知
通发【2002】23号　关于成立中共北京市通州区种植业服务中心委员会的通知
通发【2002】24号　关于"中共北京市通州区农业机械局委员会"更名为"中共北京市通州区农机服务中心委员会"的通知
通发【2002】25号　关于成立中共北京市通州区商业资产运营公司委员会的通知
通发【2002】26号　关于成立中共北京市通州区成人教育中心委员会的通知
通发【2002】27号　关于成立中共北京市通州区经管站党组的通知
通发【2002】28号　关于赋予区委教育工作委员会党委职能的通知
通发【2002】29号　关于成立中共北京通运达投资发展有限公司委员会的通知
通发【2002】30号　关于成立中共北京金通资产经营管理公司委员会的通知
通发【2002】31号　关于认真学习贯彻中共北京市第九次党代会精神的通知
通发【2002】32号　中共北京市通州区委、北京市通州区人民政府关于通州区经济委员会加挂北京市通州区经济技术合作办公室的通知
通发【2002】33号　中共北京市通州区委、北京市通州区人民政府关于印发北京市通州区人民法院机构改革方案的通知
通发【2002】34号　中共北京市通州区委、北京市通州区人民政府关于印发北京市通州区人民检察院机构改革方案的通知
通发【2002】35号　中共北京市通州区委、北京市通州区人民政府关于印发中共北京市通州区永顺镇委员会、北京市通州区永顺镇人民政府机构改革方案的通知
通发【2002】36号　中共北京市通州区委、北京市通州区人民政府关于印发中共北京市通州区梨园镇委员会、北京市通州区梨园镇人民政府机构改革方案的通知
通发【2002】37号　中共北京市通州区委、北京市通州区人民政府关于印发中共北京市通州区于家务乡委员会、北京市通州区于家务乡人民政府机构改革方案的通知
通发【2002】38号　中共北京市通州区委、北京市通州区人民政府关于印发中共北京市通州区宋庄镇委员会、北京市通州区宋庄镇人民政府机构改革方案的通知
通发【2002】39号　中共北京市通州区委、北京市通州区人民政府关于印发中共北京市通州区张家湾镇委员会、北京市通州区张家湾镇人民政府机构改革方案的通知
通发【2002】40号　中共北京市通州区委、北京市通州区人民政府关于印发中共北京市通州区漷县镇委员会、北京市通州区漷县镇人民政府机构改革方案的通知
通发【2002】41号　中共北京市通州区委、北京市通州区人民政府关于印发中共北京市通州区西集镇委员会、北京市通州区西集镇人民政府机构改革方案的通知
通发【2002】42号　中共北京市通州区委、北京市通州区人民政府关于印发中共北京市通州区

马驹桥镇委员会、北京市通州区马驹桥镇人民政府机构改革方案的通知

通发【2002】43号 中共北京市通州区委、北京市通州区人民政府关于印发中共北京市通州区永乐店镇委员会、北京市通州区永乐店镇人民政府机构改革方案的通知

通发【2002】44号 中共北京市通州区委、北京市通州区人民政府关于印发中共北京市通州区潞城镇委员会、北京市通州区潞城镇人民政府机构改革方案的通知

通发【2002】45号 中共北京市通州区委、北京市通州区人民政府关于印发中共北京市通州区台湖镇委员会、北京市通州区台湖镇人民政府机构改革方案的通知

通发【2002】46号 中共北京市通州区委、北京市通州区人民政府关于成立北京金远洋对外贸易有限公司的通知

通发【2002】47号 关于印发《区机构编制委员会工作规则和机构编制管理程序》的通知

通发【2002】48号 关于建立通州区预防职务犯罪网络的工作意见

通发【2002】49号 关于调整北京市通州区密码工作领导小组成员的通知

通发【2002】50号 关于将经济技术开发区光机电一体化产业基地管理委员会和北京经济技术开发区光机电一体化产业基地开发总公司进行更名的通知

通发【2002】51号 中共北京市通州区委、北京市通州区人民政府关于建立北京市通州区知识产权中心的通知

通发【2002】52号 关于成立中共北京市通州区委北京光机电一体化产业基地工作委员会的通知

通发【2002】53号 关于成立中共北京金远洋对外贸易有限公司总支部委员会的通知

通发【2002】54号 关于成立中共北京市通州区委北京通州区工业开发区工作委员会的通知

通发【2002】55号 关于成立北京市通政国有资产经营公司的通知

通发【2002】56号 关于进一步加强基层党组织建设，切实做好维护社会稳定工作的意见

通发【2002】57号 中共北京市通州区委关于转发中共北京市委京文[2002]160号文件的通知

通发【2002】58号 中共北京市通州区委、北京市通州区人民政府关于组织开好2002年第二次村民代表会议（村民会议）的安排意见

通发【2002】59号 中共北京市通州区委关于进一步加强政协工作的决定

通发【2002】60号 中共北京市通州区委、北京市通州区人民政府关于开展抗灾自救工作的意见

通发【2002】61号 关于成立中共北京市通州区种植业服务中心委员会的通知

通发【2002】62号 关于“中共北京市通州区农业机械局委员会”更名为“中共北京市通州区农机服务中心委员会”的通知

通发【2002】63号 关于区级领导对乡镇、街道办事处领导信访接待日制度加强和检查的意见

通发【2002】64号 关于转发《中共北京市通州区人大常委会党组关于镇、民族乡人民代表大会换届选举工作的请示》的通知

通发【2002】65号 关于转发《中共北京市通州区人大常委会党组关于召开北京市通州区第二届人民代表大会第五次会议的请示》的通知

通发【2002】66号 关于调整中共北京市通州区委查办大案要案协调领导小组成员的通知

通发【2002】67号 中共北京市通州区委、北京市通州区人民政府关于通州区人民政府办公室督查室更名的通知

通发【2002】68号 中共北京市通州区委、北京市通州区人民政府关于成立北京国家环保产业

园区管理委员会和北京金桥伟业投资发展公司的通知
通发【2002】69号　关于对全区处级单位贯彻落实党风廉政建设责任制情况进行专项检查的意见
通发【2002】70号　中共北京市通州区委、北京市通州区人民政府关于进一步加强与驻通中央、市属企业联系和合作,促进区域经济发展的意见
通发【2002】71号　中共北京市通州区委关于认真学习贯彻党的十六大精神的通知
通发【2002】72号　关于实施“党员素质工程”的意见
通发【2002】73号　关于授予于振山等28名同志“通州区优秀专业技术人员”荣誉称号的决定
通发【2002】74号　关于组织开好2003年第一次村民代表大会(村民会议)的安排意见
通发【2002】75号　关于批转《中共北京市通州区人大常委会党组关于召开北京市通州区第二届人民代表大会第六次会议的请示》的通知
通发【2002】76号　关于印发区委书记崔君乐在区委二届十一次全体(扩大)会议上所作的《抓住发展机遇　深化环境建设　加快建设北京新城区》报告的通知

中共北京市通州区委办公室文件

通办发【2002】01号　关于转发区委组织部关于《通州区村级组织规范化管理工作实施细则(试行)》的通知
通办发【2002】02号　关于转发通州区档案局《关于接收区级机关及所属单位档案的意见》的通知
通办发【2002】03号　中共北京市通州区委办公室、北京市通州区人民政府办公室关于开展农村土地流向调查的通知
通办发【2002】04号　关于组织观看北京市《反对邪教 崇尚文明》巡回展览的通知
通办发【2002】05号　中共北京市通州区委办公室、北京市通州区人民政府办公室关于在全区开展礼仪知识普及和礼仪规范培训工作的意见
通办发【2002】06号　中共北京市通州区委办公室、北京市通州区人民政府办公室关于转发通州区档案局(馆)关于《通州区2002年档案工作计划》的通知
通办发【2002】07号　中共北京市通州区委办公室、北京市通州区人民政府办公室关于解决群众关心的热点、难点问题安排意见
通办发【2002】08号　关于调整通州区外事工作领导小组的通知
通办发【2002】09号　关于通州区春节期间维护稳定工作意见
通办发【2002】10号　关于调整通州区社会治安综合治理委员会组成人员的通知
通办发【2002】11号　关于转发中共北京市委办公厅、北京市人民政府办公厅《关于2002年春节期间维护社会稳定防范安全事故加强值班等工作的通知》的通知
通办发【2002】12号　中共北京市通州区委办公室、北京市通州区人民政府办公室关于严格控制会议、精简文件简报和减少区级领导事物性活动的规定
通办发【2002】13号　关于调整充实通州区委处理“法轮功”问题领导小组的通知
通办发【2002】14号　中共北京市通州区委办公室、北京市通州区人民政府办公室关于通州区二级班子领导干部因公出国(境)审批和管理工作的规定

通办发【2002】15 号　关于对 2001 年度调研工作先进单位、调研先进工作者和优秀调研成果予以表彰的通报

通办发【2002】16 号　中共北京市通州区委办公室、北京市通州区人民政府办公室关于调整通州区减轻企业负担领导小组成员的通知

通办发【2002】17 号　关于调整通州区老干部工作领导小组的通知

通办发【2002】18 号　关于调整通州区党风廉政建设责任制领导小组的通知

通办发【2002】19 号　关于调整通州区新建企业组建工会工作领导小组的通知

通办发【2002】20 号　中共北京市通州区委办公室、北京市通州区人民政府办公室关于调整通州区调查研究工作协调联席会议组成人员的通知

通办发【2002】21 号　关于调整通州区依法治区领导小组成员的通知

通办发【2002】22 号　关于调整通州区关心下一代工作委员会成员和各乡镇、街道办事处关心下一代工作委员会组成人员的通知

通办发【2002】23 号　关于调整通州区“扫黄”“打非”领导小组成员的通知

通办发【2002】24 号　关于调整通州区禁毒委员会组成人员的通知

通办发【2002】25 号　中共北京市通州区委办公室、北京市通州区人民政府办公室关于印发《2002 年通州区党风廉政建设和反腐败斗争主要任务分工》的通知

通办发【2002】26 号　中共北京市通州区委办公室、北京市通州区人民政府办公室关于调整通州区再就业工程领导小组成员的通知

通办发【2002】27 号　关于 4.25、5.1 期间严防“法轮功”顽固分子滋事的通知

通办发【2002】28 号　关于调整通州区科普工作联席会议组成人员的通知

通办发【2002】29 号　中共北京市通州区委办公室、北京市通州区人民政府办公室关于成立通州区民族宗教工作领导小组的通知

通办发【2002】30 号　中共北京市通州区委办公室、北京市通州区人民政府办公室关于 2002 年“五一”期间维护社会稳定、防范安全事故、加强值班工作的通知

通办发【2002】31 号　关于调整通州区机构编制委员会组成人员的通知

通办发【2002】32 号　中共北京市通州区委办公室、北京市通州区人民政府办公室关于调整通州区人民政府残疾人工作协调委员会的通知

通办发【2002】33 号　中共北京市通州区委办公室、北京市通州区人民政府办公室关于办理政协建议议案的工作程序

通办发【2002】34 号　中共北京市通州区委办公室、北京市通州区人民政府办公室政协北京市通州区委员会办公室关于办理有争议重点提案的协商办法

通办发【2002】35 号　北京市通州区委办公室、北京市通州区人民政府办公室关于聘请政协委员担任特约工作人员的暂行办法

通办发【2002】36 号　关于使用视频会议系统召开电视电话会议的通知

通办发【2002】37 号　关于印发通州区互联网有害信息专项清理整顿工作方案的通知

通办发【2002】38 号　关于调整通州区革命烈士家属、义务兵家属优待金社会统筹领导小组成员的通知

通办发【2002】39 号　关于表彰民族宗教工作先进单位、先进个人的通报

通办发【2002】40 号　关于调整通州区企事业思想政治工作人员专业评定工作领导小组成员的通知

通办发【2002】41 号　关于调整通州区知识分子工作领导小组成员的通知

通办发【2002】42 号　中共北京市通州区委办公室、北京市通州区人民政府办公室关于转发区委研究室、区发展计划委、区文化委、区规划局等单位制定《关于通州区卫星城功能定位研究工作方案》的通知

通办发【2002】43 号　中共北京市通州区委办公室、北京市通州区人民政府办公室关于调整通州区人口与计划生育领导小组组成人员和成员单位职责分工的通知

通办发【2002】44 号　关于转发区委组织部《关于在街道、乡镇机关干部中开展记(民情日记)活动的意见》的通知

通办发【2002】45 号　中共北京市通州区委办公室、北京市通州区人民政府办公室关于进一步完善区级领导信访接待日制度的意见

通办发【2002】46 号　关于调整通州区厂务公开领导小组成员的通知

通办发【2002】47 号　关于进一步加强《通州信息》报送工作的通知

通办发【2002】48 号　关于转发中共中央办公厅、国务院办公厅《关于"八一"期间广泛开展走访慰问转业复员退伍军人活动的通知》的通知

通办发【2002】49 号　关于转发通州区委 610 办公室关于《通州区建立与"法轮功"邪教组织斗争长效机制的工作意见》的通知

通办发【2002】50 号　关于转发区信访办、排查办《2002 年上半年信访排查工作总结及下半年工作意见》的通知

通办发【2002】51 号　关于建立区紧急系统的通知

通办发【2002】52 号　关于调整通州区国家安全领导小组组成人员的通知

通办发【2002】53 号　关于转发通州区委台湾工作办公室等五部门《关于举办通州区"弘扬爱国情、高唱统一歌"主题曲活动的安排意见》的通知

通办发【2002】54 号　关于做好 2002 年国庆节期间保稳定等工作的通知

通办发【2002】55 号　中共北京市通州区委办公室、北京市通州区人民政府办公室关于转发政协通州区委员会《关于加强专门委员会同区委区政府有关部门之间对口联系的意见》的通知

通办发【2002】56 号　关于转发《中共北京市通州区委宣传部关于做好〈通州时讯〉2003 年发行工作的安排意见》的通知

通办发【2002】57 号　关于转发区委统战部《关于成立通州区社会主义学院的意见》的通知

通办发【2002】58 号　中共北京市通州区委办公室、北京市通州区人民政府办公室关于规范各级党组织的公章及图案的通知

通办发【2002】59 号　关于转发通州区第十三届农民艺术节指导委员会《关于通州区第十三届农民艺术节活动方案》的通知

通办发【2002】60 号　关于做好 2003 年元旦、春节期间有关工作的通知

通办发【2002】61 号　中共北京市通州区委办公室、北京市通州区人民政府办公室关于转发通州区档案局《关于加强重大活动档案管理工作的意见》的通知

通办发【2002】62 号　中共北京市通州区委办公室、北京市通州区人民政府办公室关于转发通州区档案局《关于征集珍贵档案资料的通知》的通知

北京市通州区人民政府文件目录

北京市通州区人民政府文件

通政发【2002】01 号　关于印发《通州区"十五"人才事业发展规划》的通知
通政发【2002】02 号　关于《北京市少数民族权益保障条例》实施办法
通政发【2002】03 号　关于调整通州区信息化工作领导小组成员的通知
通政发【2002】04 号　关于成立通州区重点地区整治工程指挥部的通知
通政发【2002】05 号　关于调整区经济发展服务中心领导小组成员的通知
通政发【2002】06 号　关于天府烤鸭店发生火灾事故的通报
通政发【2002】07 号　关于给予章开先行政开除公职处分的决定
通政发【2002】08 号　关于改进和完善政府议事制度、决策程序的意见
通政发【2002】09 号　关于印发代区长卢晓明在区人大二届四次会议上做的政府工作报告的通知
通政发【2002】10 号　北京市通州区人民政府、北京市通州区人民武装部关于调整区军事设施保护委员会成员的通知
通政发【2002】11 号　北京市通州区人民政府关于成立通州区北运河甘棠橡胶坝工程指挥部的通知
通政发【2002】12 号　关于印发 2002 年区政府折子工程
通政发【2002】13 号　关于调整通州区绿化委员会成员的通知
通政发【2002】14 号　关于进一步加强招商工作的若干意见
通政发【2002】15 号　关于进一步完善乡镇财政管理体制方案的通知
通政发【2002】16 号　关于支持通州工业区、永乐经济开发区发展的意见
通政发【2002】17 号　关于对纳税大户及企业领导班子奖励办法
通政发【2002】18 号　关于进一步促进农产品加工业发展推进农业产业化经营的意见
通政发【2002】19 号　关于调整区社区建设工作领导小组成员的通知
通政发【2002】20 号　关于表彰荣获北京市质量管理优秀企业、通州区质量管理先进奖企业和质量工作先进乡镇的决定
通政发【2002】21 号　关于进一步加强产品质量工作若干问题的意见
通政发【2002】22 号　关于印发通州区社区建设发展规划(2001—2005 年)的通知
通政发【2002】23 号　关于经委系统各公司、各开发区总公司资产、资金、投资及财务管理的暂行规定
通政发【2002】24 号　关于成立通州区第二水厂建设指挥部的通知
通政发【2002】25 号　关于授予游俊英、苏仲平通州区荣誉区民的决定
通政发【2002】26 号　关于原次渠镇人民政府办公楼及相关土地资产转让给北京市光机电一体化产业基地开发总公司的决定
通政发【2002】27 号　关于通州区 2002 年环境综合整治工作意见

通政发【2002】28号　关于政府各部门2002年工作目标及任务考核意见
通政发【2002】29号　印发《通州区城镇退役士兵接收安置暂行办法》的通知
通政发【2002】30号　关于成立通州北运河治理工程指挥部的通知
通政发【2002】31号　关于调整区农田水利基本建设指挥部成员的通知
通政发【2002】32号　关于制定《通州区人民防空袭方案》工作计划的通知
通政发【2002】33号　关于印发《北京市通州区乡镇财政财务管理办法》的通知
通政发【2002】34号　关于依法确定和调整行政执法主体有关事项的通知
通政发【2002】35号　关于调整区整顿和规范市场经济秩序工作领导小组成员的通知
通政发【2002】36号　关于印发《北京市通州区档案安全行政责任追究规定》(暂行)的通知
通政发【2002】37号　关于印发《北京市通州区人民政府法制工作义务监督员监督办法》(试行)的通知
通政发【2002】38号　关于"两道"、"四河"两侧环境整治方案的通知
通政发【2002】39号　关于成立通州区污水处理厂施工现场指挥部的通知
通政发【2002】40号　关于表彰基层安全生产"红旗单位"和"先进标兵"的决定
通政发【2002】41号　关于给予张殿华行政开除公职处分的决定
通政发【2002】42号　关于批转区民政局等四单位关于认真做好2002年度复退军人安置工作的意见的通知
通政发【2002】43号　关于高志禄等任职的通知
通政发【2002】44号　批转区民政局关于建立和实施通州区农村居民最低生活保障制度意见的通知
通政发【2002】45号　关于调整区地方志编纂委员会组成人员的通知
通政发【2002】46号　关于印发通州区户外广告管理办法的通知
通政发【2002】47号　关于印发通州区实施《北京市户外广告设置使用权招标投标办法》细则的通知
通政发【2002】48号　关于加强国有土地资产管理建立土地储备制度的意见
通政发【2002】49号　关于印发《通州区土地收购储备项目收购补偿价格确定及收益分配暂行办法》的通知
通政发【2002】50号　关于在通州区范围内的生产企业限期在本区注册完税的通知
通政发【2002】51号　关于成立通州区农村税费改革领导小组的通知
通政发【2002】52号　关于印发《通州区人民政府罚没财务管理办法》(试行)的通知
通政发【2002】53号　关于印发授予张世义、祁京生等十二名同志"名校长"、"名教师"称号的决定
通政发【2002】54号　关于印发通州区破坏性地震应急预案的通知
通政发【2002】55号　关于评审认定第三批区级骨干教师的决定
通政发【2002】56号　关于加强知识产权工作的意见
通政发【2002】57号　关于成立"北京环球影城主体公园"和"北京地铁五号线延长线"重大项目工程指挥部的通知
通政发【2002】58号　关于废止《关于停止使用村级经济合作社公章及财务章的通知》的通知
通政发【2002】59号　关于印发《通州区防雷减灾管理办法》的通知
通政发【2002】60号　关于成立区京津风沙源治理工程领导小组的通知

通政发【2002】61 号　北京市通州区人民政府、北京市通州区人民武装部 2002 年冬季征兵命令
通政发【2002】62 号　关于调整区征兵工作领导小组成员的通知
通政发【2002】63 号　印发《关于加强住宅配套商业服务业用房管理的实施办法》的通知
通政发【2002】64 号　关于大力推进区域内企业改建成股份有限公司的意见
通政发【2002】65 号　关于授权北京通政国有资产经营公司经营与管理权属国有及集体资产的通知
通政发【2002】66 号　《关于征收地下水资源费规定》的通知
通政发【2002】67 号　《关于加强供水工程建设和管理规定》的通知
通政发【2002】68 号　关于给予陈有海行政开除公职处分的决定
通政发【2002】69 号　关于进一步加快村级二三产业发展的意见
通政发【2002】70 号　关于印发《2003—2005 年通州区外经外贸工作振兴纲要》的通知
通政发【2002】71 号　关于吴群刚任职的通知

北京市通州区人民政府办公室文件

通政办发【2002】01 号　转发区体改办、区经委、区财政局关于区属国有和城镇集体企业破产工作的审批意见的通知
通政办发【2002】02 号　转发区质量技术监督局关于收回已撤销机关组织机构代码证书的请示的通知
通政办发【2002】03 号　转发区经委 2002 年工作思路和工作重点的通知
通政办发【2002】04 号　关于成立北京市光机电一体化产业基地建设指挥部的通知
通政办发【2002】05 号　关于印发《通州区政府网站管理暂行办法》的通知
通政办发【2002】06 号　关于明确北京市光机电一体化产业基地有关审批事项报批程序的意见
通政办发【2002】07 号　关于印发通州区 2002 年在直接关系群众生活方面拟办的重要实施的通知
通政办发【2002】08 号　关于表彰 2001 年度区政府系统信息工作"五优"单位、个人的通报
通政办发【2002】09 号　转发区监察局《关于违反行政审批规定的责任追究暂行办法》的通知
通政办发【2002】10 号　转发区监察局关于加强行政审批制度建设进一步提高机关行政效能意见的通知
通政办发【2002】11 号　关于表彰 2001 年度便民电话工作优秀单位通报
通政办发【2002】12 号　关于规范性文件报送审核办法
通政办发【2002】13 号　关于行政执法机关联合执法的暂行规定
通政办发【2002】14 号　转发区劳动和社会保障局关于实施《北京市企业补充医疗保险暂行办法》的意见的通知
通政办发【2002】15 号　关于 2001 年秋粮收购工作的意见
通政办发【2002】16 号　关于调整区环境综合整治领导小组成员的通知
通政办发【2002】17 号　关于印发《通州区行政执法监督考核办法(试行)》的通知
通政办发【2002】18 号　关于调整区接受安置复退军人领导小组成员的通知
通政办发【2002】19 号　关于调整区卫生防病工作委员会成员的通知

通政办发【2002】20 号　关于调整区刑释解教人员安置帮教工作协调领导小组成员的通知
通政办发【2002】21 号　转发区整顿和规范市场经济秩序领导小组办公室关于专项整治我区加油站的实施意见的通告
通政办发【2002】22 号　转发通州药品监督管理分局、区卫生局关于进一步整顿规范医药市场在农村卫生室实行药品一次性使用无菌医疗器械统购分发的意见的通知
通政办发【2002】23 号　关于 2002 年度区政府系统信息工作的意见
通政办发【2002】24 号　关于开展 2002 年度信息工作“五优”评选活动的通知
通政办发【2002】25 号　关于成立马驹桥镇北五村拆迁工作领导小组的通知
通政办发【2002】26 号　关于通州区老龄工作领导小组更名为通州区老龄工作委员会及有关事项的通知
通政办发【2002】27 号　关于调整通州区社会保险扩面征缴工作协调领导小组成员的通知
通政办发【2002】28 号　关于调整区环境保护委员会成员的通知
通政办发【2002】29 号　转发区乡镇企业局关于 2002 年乡镇、村、私营、个体工业及外向型企业指导性生产计划的请示
通政办发【2002】30 号　关于调整区严防网幕毛虫指挥部成员的通知
通政办发【2002】31 号　关于加快通州区政府信息网络系统建设的意见
通政办发【2002】32 号　关于清明节期间加强殡葬管理的通知
通政办发【2002】33 号　关于调整区治理公路“三乱”领导小组成员的通知
通政办发【2002】34 号　关于印发区政府 2002 年为人民群众拟办环保实事计划的通知
通政办发【2002】35 号　关于印发 2002 年通州区环保工作三项限期治理(改造)计划的通知
通政办发【2002】36 号　转发区整顿和规范市场经济秩序领导小组办公室关于全面开展集贸市场专项整治工作方案的通知
通政办发【2002】37 号　关于调整通州区妇女儿童工作委员会成员的通知
通政办发【2002】38 号　转发区地震办公室关于进一步做好通州区防震减灾工作意见的通知
通政办发【2002】39 号　关于调整区爱国卫生运动委员会成员的通知
通政办发【2002】40 号　关于成立区第五届体育总会的通知
通政办发【2002】41 号　转发区民政局关于临时收容精神病人及盲流工作意见的通知
通政办发【2002】42 号　成立通州区再生资源管理办公室的通知
通政办发【2002】43 号　关于运河园等住宅区及上园路等地名命名的通知
通政办发【2002】44 号　关于调整通州区语言文字工作委员会成员的通知
通政办发【2002】45 号　关于固定资产投资项目实行“一站式”审(报)批工作的意见
通政办发【2002】46 号　关于印发《通州区 2002 年“五一”假日旅游接待工作方案》的通知
通政办发【2002】47 号　关于成立北京大唐高新技术创业园管理委员会的通知
通政办发【2002】48 号　转发区农村合作经济经营管理站关于村级财务实施“双层审计、村帐托管、电算管理”工作意见的通知
通政办发【2002】49 号　关于认真做好二期农村电网改造工作的意见
通政办发【2002】50 号　关于认真组织学习宣传和贯彻实施《中华人民共和国职业病防治法》的通知
通政办发【2002】51 号　关于调整区护林防火指挥部成员的通知

通政办发【2002】52 号　关于成立通州区外地来京投资开办私营企业人员办理北京市常住户口工作领导小组的通知
通政办发【2002】53 号　关于区护林防火指挥部领导成员实行包片分工责任制的决定
通政办发【2002】54 号　转发区再就业工程领导小组关于进一步发展社区就业的实施意见的通知
通政办发【2002】55 号　关于对行政审批程序性规定进行审查修订的通知
通政办发【2002】56 号　关于开展安全生产月活动的意见
通政办发【2002】57 号　关于调整区社区卫生服务领导小组成员的通知
通政办发【2002】58 号　关于成立北京市通州区经济技术合作工作领导小组的通知
通政办发【2002】59 号　关于贯彻落实 2002 年“北京市民讲外语活动”工作方案的通知
通政办发【2002】60 号　转发区信息中心关于做好网上政务公开，迎接北京市国家机关网站检查评议工作意见的通知
通政办发【2002】61 号　关于调整区农村负担监督管理领导小组成员的通知
通政办发【2002】62 号　关于调整区农业承包合同仲裁委员会成员的通知
通政办发【2002】63 号　关于成立通州区农作物秸秆禁烧和综合利用指挥部的通知
通政办发【2002】64 号　关于加强精神卫生工作的意见
通政办发【2002】65 号　关于进一步明确各单位网上政务公开内容及要求的通知
通政办发【2002】66 号　关于成立区职业病防治工作领导小组的通知
通政办发【2002】67 号　关于印发规模化畜禽养殖场环境治理工作的意见
通政办发【2002】68 号　关于成立区文物安全工作领导小组的通知
通政办发【2002】69 号　关于加强避雷装置安全检测的通知
通政办发【2002】70 号　关于外来人口管理工作经费问题的通知
通政办发【2002】71 号　关于调整区外来人口管理工作领导小组及办公室成员的通知
通政办发【2002】72 号　关于印发《通州区农田排、灌水利工程保护管理暂行规定》的通知
通政办发【2002】73 号　关于印发《通州区内部审计管理办法》的通知
通政办发【2002】74 号　关于停止执行部分收费项目文件的通知
通政办发【2002】75 号　成立区农村电网改造工程指挥部的通知
通政办发【2002】76 号　关于调整区户外广告领导小组成员的通知
通政办发【2002】77 号　关于建立通州区知识产权办公会议制度的通知
通政办发【2002】78 号　关于成立通州区第四届葡萄采摘节领导小组的通知
通政办发【2002】79 号　关于长桥园命名，牡丹园、佟麟阁街等更名，东关大街等名称合并的通知
通政办发【2002】80 号　转发区国土房管局、区房改办关于通州区职工购买拆迁范围内公有住宅平房、简易楼房、筒子楼实施意见的通知
通政办发【2002】81 号　关于加强生活饮用水管理杜绝水污染事故发生的意见
通政办发【2002】82 号　关于进一步加强农村集体经济审计工作的意见
通政办发【2002】83 号　关于整顿和规范汽车维修市场的实施方案
通政办发【2002】84 号　关于开展有毒有害化学品生产、销售和使用专项整治工作的通知
通政办发【2002】85 号　关于成立通州区工业系统内部联合审计领导小组的通知
通政办发【2002】86 号　关于对木材经营加工单位进行清理整顿的实施方案

通政办发【2002】87号　关于调整区农村改水领导小组成员的通知
通政办发【2002】88号　关于加强新建小区建筑物名称管理的通知
通政办发【2002】89号　关于成立通州区电力整治工作领导小组的通知
通政办发【2002】90号　关于调整区劳动争议仲裁委员会成员的通知
通政办发【2002】91号　关于印发通州区电力专项整治工作的实施意见
通政办发【2002】92号　关于印发《通州区社区档案管理暂行办法》的通知
通政办发【2002】93号　关于切实加强安全生产工作确保党的“十六大”顺利召开的通知
通政办发【2002】94号　关于印发《通州区2002年“十一”假日旅游接待工作方案》的通知
通政办发【2002】95号　转发区教委《关于进一步加强对新建、改建居住区配套学前教育设施管理使用的意见的通知
通政办发【2002】96号　关于成立区裸露农田治理工作领导小组的通知
通政办发【2002】97号　关于统一“九通一平”解释及标准的通知
通政办发【2002】98号　印发关于加强通州区青少年学生校外教育工作的意见
通政办发【2002】99号　关于印发《通州区校外教育“十五”事业发展规划》的通知
通政办发【2002】100号　转发区政府教育督导室《关于加强和改进教育督导工作意见》的通知
通政办发【2002】101号　关于成立区教育招生考试委员会的通知
通政办发【2002】102号　关于印发《通州区实施〈北京市城市特困人员医疗救助暂行办法〉的具体意见》的通知
通政办发【2002】103号　关于成立首届环北京国际公路自行车赛领导小组的通知
通政办发【2002】104号　关于印发《通州区乡镇政府电力工作协管员管理办法》的通知
通政办发【2002】105号　关于建立保护电力设施群众组织的意见
通政办发【2002】106号　关于区冬季扫雪铲冰指挥部《关于今冬明春扫雪铲冰工作的意见》的通知
通政办发【2002】107号　关于做好2003年度《北京市人民政府公报》订阅工作的通知
通政办发【2002】108号　关于成立通州区工业系统机关工作协调委员会的通知
通政办发【2002】109号　关于进一步明确通州区各级工业开发区(园区)的级别和称谓的通知
通政办发【2002】110号　关于加强外商投资企业管理与服务的意见
通政办发【2002】111号　北京市通州区人民政府办公室北京市通州区监察局关于党政机关企事业单位购置汽车情况的通报
通政办发【2002】112号　关于开斋(尔代)节对信仰伊斯兰教的少数民族干部、职工放假的通知
通政办发【2002】113号　关于制定《加入世贸组织过渡期通州区行动计划纲要》的意见
通政办发【2002】114号　关于调整区安全生产委员会成员的通知
通政办发【2002】115号　关于建立劳动关系三方协调机制工作的意见
通政办发【2002】116号　关于印发2003年通州区工业主要经济指标、外经外贸、农村劳动力安置指导性计划的通知
通政办发【2002】117号　关于印发《2002—2008年通州区服装产业发展规划》等四个“行动规划”的通知

通州区法律服务所、公证处及律师事务所

名称	地址	电话
中仓法律服务所	中仓街道办事处院内	69513322
玉桥法律服务所	玉桥街道办事处院内	81585143
北苑法律服务所	北苑街道办事处院内	69549401
新华法律服务所	新华街道办事处院内	69531644
永顺法律服务所	永顺镇政府院内	69550109
梨园法律服务所	梨园镇政府院内	60524279
宋庄法律服务所	宋庄镇政府院内	69596207
潞城法律服务所	潞城镇政府院内	89581506
西集法律服务所	西集镇政府院内	61576541
漷县法律服务所	漷县镇政府院内	80580362
张家湾法律服务所	张家湾镇政府院内	61567086
台湖法律服务所	台湖镇政府院内	61531526
马驹桥法律服务所	马驹桥镇政府院内	60504990
永乐店法律服务所	永乐店镇政府院内	80572284
于家务法律服务所	于家务乡政府院内	80532826
通州区公证处	通州区新建街 17 号	69557977 69553774
北京市致宏律师事务所	通州区新建等 17 号	69543548
北京市天正律师事务所	通州区西大街 74 号	69550285
北京市隆康律师事务所	通州区西大街 85 号	69517449

通州区卫生机构名录

名称	地址	电话
潞河医院	新华南路 54 号	69543901
新华医院	新华大街 47 号	69544236
中医医院	车站路 31 号	69542682
第二医院	马驹桥镇	60509269
运通医院	新华大街 21 号	69544228
疾病预防控制中心	新城南关 2 号	69547952
卫生监督所	新城南关 2 号	69542957
妇幼保健院	玉桥中路 38 号	81588625
徐辛庄卫生院	宋庄镇徐辛庄	69597032
宋庄卫生院	宋庄镇宋庄	69595708
潞城医院	潞城镇胡各庄	69546330

甘棠卫生院	潞城镇甘棠	61521017－8020
西集卫生院	西集镇西集	69576285
郎府卫生院	西集镇郎府村	69578015
漷县卫生院	漷县镇漷县村	69586031
觅子店卫生院	漷县镇觅子店村	69566218
永乐店卫生院	永乐店镇永乐店村	69568653
牛堡屯卫生院	张家湾镇牛堡屯村	69581337
张家湾卫生院	张家湾镇张家湾村	69572762
次渠卫生院	台湖镇次渠村	69502154
大杜社卫生院	马驹桥镇大杜社村	61585937
梨园卫生院	梨园镇葛布店南里11号楼	81511566
老年病医院	永顺东街152号	69544987
结核病防治所	梨园北杨洼221号	60526582
中心血站	玉带路大街甲62号	69543732
农村改水领导小组办公室	梨园镇西总屯村	69543261

通州区中小学校名录

名 称	地 址	电 话
通州区潞河中学	新城南关31号	69546337
通州区第二中学	玉带路大街72号	69544963
通州区第三中学	女师胡同3号	69542090
通州区第四中学	新华大街127号	69522231
通州区第六中学	西顺城街32号	69543268
通州区运河中学	运河大街79号	81523528
通州区北关中学	永顺西街62号	69555728
通州区北苑学校	杨富店104号	69542948
通州区玉桥中学	玉桥南里	81588780
通州区永乐店中学	永乐店镇	69568463
通州区宋庄中学	宋庄镇	69595470
通州区翟里中学	宋庄镇翟里村	89573246
通州区潞州中学	宋庄镇草寺村	89598336
通州区胡各庄中学	潞城镇胡各庄村	89581581
通州区南刘中学	潞城镇南刘各庄村	89581056
通州区西集中学	西集镇	61576275
通州区肖林中学	西集镇肖家林村	61576257
通州区郎府中学	西集镇郎府村	61558070
通州区甘棠中学	潞城镇侉店村	61529437
通州区漷县中学	漷县镇	80586085

通州区觅子店中学	漷县镇觅子店村	80566041
通州区侯黄庄中学	漷县镇侯黄庄村	80566129
通州区渠头中学	于家务乡渠头村	80521528
通州区柴厂屯中学	永乐店镇柴厂屯村	80511402
通州区小务中学	永乐店镇小务村	80551584
通州区于家务中学	于家务乡于家务村	80531147
通州区大杜社中学	马驹桥镇大杜社	61582577
通州区牛堡屯中学	张家湾镇牛堡屯	69581391
通州区陆辛庄学校	张家湾镇陆辛庄村	69581109
通州区张家湾中学	梨园镇高楼金村	69571821
通州区里二泗中学	张家湾镇东定福庄村	69573748
通州区马驹桥中学	马驹桥镇	60509266
通州区姚村中学	马驹桥镇姚村	60509343
通州区次渠中学	台湖镇次渠村	69502312
通州区台湖中学	台湖镇台湖村	61531691
通州区龙旺庄中学	永顺镇龙旺庄村	89597954
通州区梨园中学	梨园镇	60523283
通州区宋庄镇中心小学	宋庄镇	69591219
通州区潞城镇中心小学	潞城镇召里村	89594147
通州区西集镇中心小学	西集镇	61576249
通州区 漷县镇中心小学	漷县镇 漷县村	80586050
通州区永乐店镇中心小学	永乐店镇	69568681
通州区于家务乡中心小学	于家务乡于家务村	80531942
通州区张家湾镇中心小学	张家湾镇	69572781
通州区马驹桥镇中心小学	马驹桥镇	60500123
通州区台湖镇中心小学	台湖镇	61531537
通州区梨园镇中心小学	梨园镇刘老公庄	81526570
通州区永顺镇中心小学	永顺镇黄瓜园村	81562737
通州区东方小学	西顺城街甲 32 号	69542593
通州区后南仓小学	新仓路 53 号	69544555
通州区中山街小学	新华大街 210 号	69544116
通州区东关小学	东关后坑 8 号	69543767
通州区南关小学	南关东营后街 9 号	69554219
通州区北关小学	牛作坊甲 126 号	69544207
通州区贡院小学	贡院胡同 1 号	69544015
通州区司空分署街小学	司空小区 10 号	69543921
通州区公园下坡小学	新街下坡 11 号	69554349
通州区民族小学	回民胡同 66 号	69553754
通州区运河小学	运河东大街	81513954
通州区玉桥小学	玉桥北里	81587322

通州区永顺小学	永顺西街 61 号	69544474
通州区培智学校	运河西大街 6 号	81524430
通州区官园小学	新仓路 29 号	69544034

通州区社区居委会名录

新华街道办事处

名　称	地　址	电　话
如意社区居委会	吉祥路	69522210
东大街社区居委会	东大街 733 号	69555734
司空社区居委会	司空小区平房	69526371
天桥湾社区居委会	天桥湾小区平房	69519272
新建社区居委会	新建小区 5 号楼	69518591
东里社区居委会	永顺东街	69537315
西里社区居委会	取中庄平房	60514252
结研所社区居委会	通惠北里一区	60511094

中仓街道办事处

名　称	地　址	电　话
四员厅社区居委会	水月院 2 号楼	
东里社区居委会	东里 17 号楼前	69555872
西营社区居委会	未定	69548171
悟仙观社区居委会	南大街 102 号	69514731
中仓社区居委会	中仓小区院内	69513099
连花寺社区居委会	连花寺 53 号	69554865
白将军社区居委会	蔡老胡同 51 号	69551849
新华园社区居委会	未定	
西上园社区居委会	未定	
东关社区居委会	赵登禹大街 19 号	69554767
上营社区居委会	赵登禹大街 53 号	69554478
小园社区居委会	未定	69513149

玉桥街道办事处

名　称	地　址	电　话
葛布店北里社区居委会	葛布店北里 17 号北	81524180

葛布店南里社区居委会	葛布店南里13号楼313号	81512199
玉桥北里社区居委会	玉桥北里51号	81586392
乔庄北街社区居委会	乔庄北街1号院	81585317
运河东大街社区居委会	运河东大街98号南	81525744
梨花园社区居委会	梨花园6号北	60526537
玉桥南里社区居委会	玉桥南里17号西	81586360
土桥社区居委会	土桥砖瓦厂院内	81586390
艺苑西里社区居委会	未定	
玉桥东里社区居委会	未定	

北苑街道办事处

名称	地址	电话
后南仓社区居委会	后南仓12号楼前平房	69553562
帅府社区居委会	帅府小区院内	69516593
中山街社区居委会	未定	
新华西街社区居委会	未定	69531046
官园社区居委会	新仓路33号	69551593
五里店社区居委会	杨庄路5号	60533861
新北苑社区居委会	杨庄1号	
果园西区社区居委会	果园233号院	81523334

通州区村民委员会名录

永顺镇(21个)

名称	电话	名称	电话
上营村委会	69544959	乔庄村委会	81589096
小圣庙村委会	69571336	南关村委会	69559898
果园村委会	81525324	杨庄村委会	81566933
永顺村委会	89532837	前上坡村委会	69556752
西马庄村委会	60513606	邓家窑村委会	60519196
新建村委会	69535187	北马庄村委会	89551644
范庄村委会	69545204	焦王庄村委会	89590597
王家场村委会	89597701	刘庄村委会	89597700
李庄村委会	89591962	耿庄村委会	89593773
龙旺庄村委会	89590357	小潞邑村委会	89597311
苏坨村委会	89597682		

梨　园　镇(26 个)

名　称	电　话	名　称	电　话
半壁店村委会	81567623	刘老公庄村委会	81522440
东总屯村委会	81525795	西总屯村委会	81522184
西小马庄村委会	81521609	大稿村村委会	81564910
曹园村委会	60524038	大马庄村委会	81514851
公庄村委会	60522577	孙庄村委会	60521755
车里坟村委会	60521574	孙王场村委会	60522744
九棵树村委会	60522782	东小马庄村委会	60521855
魏家坟村委会	60521733	将军坟村委会	60524095
高楼金村委会	61567166	砖厂村委会	69573088
三间房村委会	60526667	梨园村委会	60524999
北杨洼村委会	81514009	李老公庄村委会	81563244
小稿村村委会	60522734	小街一队村委会	60525633
小街二队村委会	60525822	小街三队村委会	60525079

宋　庄　镇(47 个)

名　称	电　话	名　称	电　话
关辛庄村委会	89571470	郝各庄村委会	89572596
西赵村村委会	89572556	港北村委会	89572534
南马庄村委会	89572537	高各庄村委会	89571189
翟里村委会	89571481	北寺村委会	89571591
小杨各庄村委会	89571519	白庙村委会	69595380
任庄村委会	69592297	喇嘛庄村委会	69596776
辛店村委会	69591318	大兴庄村委会	69596764
宋庄村委会	69591208	小堡村委会	69595829
疃里村委会	89599022	六合村委会	69591536
后夏公庄村委会	69591012	前夏公庄村委会	69591015
邢各庄村委会	69591031	丁各庄村委会	69593741
高辛庄村委会	69591049	菜园村委会	69591050
小邓村委会	69599158	大邓村委会	69594178
师姑庄村委会	69595098	北刘各庄村委会	69591072
摇不动村委会	69591082	平家疃村委会	89572384
大庞村村委会	89567534	小营村委会	89567347
内军庄村委会	89567704	徐辛庄村委会	89567417
沟渠庄村委会	89567694	双埠头村委会	89567409
富豪村委会	89551542	尹各庄村委会	89551774

草寺村委会	89567384	岗子村委会	89567814
北窑上村委会	89567864	王辛庄村委会	89567764
寨里村委会	89559724	寨辛庄村委会	89559934
葛渠庄村委会	89559534	吴各庄村委会	89559640
管头村委会	89559504		

潞 城 镇(54 个)

名 称	电 话	名 称	电 话
东杨庄村委会	89521604	魏庄村委会	89521688
霍屯村委会	89521653	古城村委会	89582750
杨坨村委会	89582757	郝家府村委会	89581857
辛安屯村委会	89582031	胡各庄村委会	89582070
大台村委会	89582151	留庄村委会	89582352
东夏园村委会	89582453	庙上村委会	89582475
大营村委会	89584001	东小营村委会	89582652
前北营村委会	89582674	后北营村委会	89582760
黎辛庄村委会	89581373	南刘各庄村委会	89581206
八各庄村委会	89583992	七级村委会	89581804
堡辛村委会	89594175	常屯村委会	89594280
东堡村委会	89581927	西堡村委会	89592060
召里村委会	69594138	后屯村委会	69594387
孙各庄村委会	69598871	兴各庄村委会	61521186
燕山营村委会	61521238	凌庙村委会	61521313
李疃村委会	61521264	武疃村委会	61521995
前疃村委会	61521284	东前营村委会	61521294
贾后疃村委会	61521244	前榆村委会	61522190
后榆村委会	61522642	卜落垡村委会	61521711
刘庄村委会	61521314	岔道村委会	61521075
侉店村委会	61521297	大甘棠村委会	61522818
小甘棠村委会	61521214	大豆村委会	61521394
小豆村委会	61521242	武窑村委会	61521505
夏店村委会	61521385	崔楼村委会	61521364
肖庄村委会	61521090	大东村委会	61521324
小东村委会	61521046	谢楼村委会	61559044
康各庄村委会	61559204	太子府村委会	61551656

张家湾镇(57个)

名　称	电　话	名　称	电　话
张家湾村村委会	69573172	张家湾镇村委会	69568516
施元村委会	69573004	宽街村委会	69572972
小庄村委会	69573703	立禅庵村委会	69573724
大高力庄村委会	69573432	南许场村委会	69571033
北许场村委会	69571866	土桥村委会	69572643
皇木厂村委会	69573040	上马头村委会	69571606
张辛庄村委会	69573093	梁各庄村委会	69572441
东定福庄村委会	69573431	西定福庄村委会	69574789
贾各庄村委会	69573743	姚辛庄村委会	69573493
里二泗村委会	69573348	烧酒巷村委会	69573451
上店村委会	69571313	大辛庄村委会	69571097
枣林庄村委会	69577014	何各庄村委会	69573746
瓜场村委会	69573747	南姚园村委会	69572939
齐善庄村委会	69572938	牌楼营村委会	69573014
马营村委会	69573714	前街村委会	69581366
中街村委会	69581403	后街村委会	69581407
后坨村委会	69581443	小耕垡村委会	69583531
前南关村委会	69581776	后南关村委会	69571430
北仪阁村委会	69571669	前青山村委会	69581450
后青山村委会	69571440	苍上村委会	69588655
王各庄村委会	69581457	东永和屯村委会	69571462
西永和屯村委会	69581459	小北关村委会	69582358
大北关村委会	69581417	垡头村委会	69581420
三间房村委会	69588620	北大化村委会	69585050
陆辛庄村委会	69581126	苍头村委会	69581153
南火垡村委会	69585262	十里庄村委会	69581432
南大化村委会	69581415	柳营村委会	69582178
坨堤村委会	69584487	高营村委会	69587741
样田村委会	69581147		

台湖镇(46个)

名　称	电　话	名　称	电　话
董村村委会	81501387	北神树村委会	81501276
丁庄村委会	69501281	白庄村委会	69501282
马庄村委会	69501280	孟庄村委会	69501384

郑庄村委会	69508385	安定营村委会	69508386
北堤村委会	69501822	崔窑村委会	69502246
水南村委会	69503089	北小营村委会	69502245
西太平庄村委会	69502474	次一村委会	69501725
次二村委会	69501237	东石村委会	69502248
桂家坟村委会	69501578	麦庄村委会	69502417
永隆屯村委会	69503727	大地村委会	69509494
新河村委会	69500546	铺头村委会	61531962
朱家垡村委会	61531895	高古庄村委会	69500416
桑园村委会	69501548	垛子村委会	69509471
徐庄村委会	69500545	台湖村委会	61536096
玉甫上营村委会	61531617	西下营村委会	61531639
东下营村委会	61531705	北姚园村委会	61531732
唐大庄村委会	61534299	碱厂村委会	61531737
尖垡村委会	61531743	兴武林村委会	61531754
姚上村委会	61531763	北火垡村委会	61534143
蒋辛庄村委会	61531907	外郎营村委会	61531916
周坡庄村委会	61532380	胡家垡村委会	61531936
江场村委会	61531950	口子村委会	61531952
前营村委会	61532014	田府村委会	61531335

马驹桥镇(50个)

名　称	电　话	名　称	电　话
北海村委会	60509296	南海村委会	60509398
胜利村委会	60509264	河北段村委会	60509527
壮丁屯村委会	60509308	北门口村委会	60509484
马二街村委会	60509416	马三街村委会	60509202
马一街村委会	60509492	西后街村委会	60509494
辛屯村委会	60509516	大葛庄村委会	60500272
东店村委会	60509861	西店村委会	60509403
马村村委会	60509581	小白村村委会	60509327
姚村村委会	60505858	张各庄村委会	60509272
大白村村委会	60509745	张村村委会	60509227
古庄村委会	60509490	房辛店村委会	60509517
小张湾村委会	60505058	周营村委会	60509228
杨秀店村委会	60509417	郭村村委会	60501226
柴务村委会	60509519	小周易村委会	60506702
大周易村委会	60509219	史村村委会	60509491
前银子村委会	60509338	后银子村委会	60500244

驸马庄村委会	60591198	南堤村委会	60591108
大杜社村委会	61585729	小杜社村委会	61585740
西马各庄村委会	61582737	六郎营村委会	61582733
大松垡村委会	61584561	小松垡村委会	61585747
神驹村委会	61585753	柏福村委会	61585752
东田阳村委会	61583398	南小营村委会	61582571
团瓢庄村委会	61582666	姚辛庄村委会	61585996
前堰上村委会	61585951	后堰上村委会	61585935
陈各庄村委会	61583508	西田阳村委会	61582058

西　集　镇(57个)

名　称	电　话	名　称	电　话
曹刘各庄村委会	61576083	南小庄村委会	61576061
上坡村委会	61576063	和合站村委会	61576065
安辛庄村委会	61578189	吕家湾村委会	61576014
杨家洼村委会	61579713	辛集村委会	61576238
肖家林村委会	61576040	前寨府村委会	61577119
后寨府村委会	61576093	东辛庄村委会	61576095
大灰店村委会	61576109	大沙务村委会	61576046
小灰店村委会	61576113	小沙务村委会	61576119
牛牧屯村委会	61576584	桥上村委会	61576107
杜店村委会	61576105	前东仪村委会	61576121
史东仪村委会	61576004	侯东仪村委会	61576005
黄东仪村委会	61576009	尹家河村委会	61576124
赵庄村委会	61573442	侯各庄村委会	61576013
于辛庄村委会	61576015	车屯村委会	61571336
武辛庄村委会	61576371	胡庄村委会	61579436
协各庄村委会	61576043	西集村委会	61576041
石上村委会	61576914	王上村委会	61576115
林屯村委会	61576059	岳上村委会	61576081
郎东村委会	61558071	郎西村委会	61558003
老庄户村委会	61558374	冯各庄村委会	61558147
耿楼村委会	61558230	陈桁村委会	61558203
王庄村委会	61558204	金坨村委会	61558993
何各庄村委会	61558213	金各庄村委会	61558240
张各庄村委会	61558132	望君疃村委会	61558234
杜柳棵村委会	61558259	马坊村委会	61558126
任辛庄村委会	61558047	太平庄村委会	61558008
小屯村委会	61558186	小辛庄村委会	61558148

供给店村委会	61558618	儒林村委会	61558184
沙古堆村委会	61558610		

漷　县　镇(61个)

名　称	电　话	名　称	电　话
马头村委会	80586102	马堤村委会	80586103
三黄庄村委会	80586945	石槽村委会	80586105
毛庄村委会	80586107	高庄村委会	80586040
沈庄村委会	80585757	后地村委会	80586760
小香仪村委会	80580180	大香仪村委会	80588888
东黄垡村委会	80586034	西黄垡村委会	80586024
漷县村委会	80586132	杨堤村委会	80586109
长凌营村委会	80586121	榆林庄村委会	80586095
苏庄村委会	80586097	马务村委会	80586007
翟各庄村委会	80585242	许各庄村委会	80586275
南阳村委会	80586090	靛庄村委会	80586094
吴营村委会	80589309	王楼村委会	80586092
郭庄村委会	80587172	中辛庄村委会	80586091
南丁庄村委会	69568406	东鲁村委会	69569754
西鲁村委会	69569348	草厂村委会	80571215
周起营村委会	69568414	北堤寺村委会	69568405
黄厂铺村委会	69568457	小屯村委会	80566043
曹庄村委会	80566082	纪各庄村委会	
侯黄庄村委会	80566515	马庄村委会	
张庄村委会		东寺庄村委会	80566123
凌庄村委会		前尖平村委会	
后尖平村委会		大柳树村委会	
徐官屯村委会		东定安村委会	
西定安村委会		军屯村委会	
柏庄村委会		龙庄村委会	80566131
李辛庄村委会	80566059	尚武集村委会	80565257
觅子店村委会	80566221	南屯村委会	80566042
穆家坟村委会		军庄村委会	80566535
边槐庄村委会		梁家务村委会	80565218
罗庄村委会	80566045	前元化村委会	
后元化村委会	80564186		

永乐店镇(38个)

名　称	电　话	名　称	电　话
永一村委会	69569024	永二村委会	69568744
永三村委会	69568632	新西庄村委会	69568493
南堤寺东村村委会	69568489	南堤寺西村村委会	69568487
小南地村委会	69569155	大羊村委会	69569314
孔庄村委会	69567366	老槐庄村委会	69568751
陈辛庄村委会	69560538	邓庄村委会	69567975
后甫村委会	69568355	东张各庄村委会	69568736
德仁务前街村委会	69569990	德仁务中街村委会	69568153
德仁务后街村委会	69568308	西河村委会	80551310
东河村委会	80551978	小务村委会	80551012
大务村委会	80551192	鲁城村委会	80551414
马合店村委会	80553586	后营村委会	80551315
西槐庄村委会	80551454	坚村村委会	80551313
小安村委会	80551312	临沟屯村委会	80511342
应寺村委会	80511306	胡家村村委会	80512105
柴厂屯村委会	80511241	熬硝营村委会	80511248
小甸屯村委会	80511475	三堡村委会	80511407
半截河村委会	80511097	兴隆庄村委会	80511424
前马坊村委会	80511397	后马坊村委会	80511492

于家务回族乡(23个)

名　称	电　话	名　称	电　话
于家务村委会	80531963	东马各庄村委会	80531950
西马坊村委会	80531951	果村村委会	80531776
神仙村委会	80531934	北辛店村委会	80532820
大耕垡村委会	80532945	南仪阁村委会	80531946
仇庄村委会	80521158	南刘庄村委会	80521997
吴寺村委会	80522067	枣林村委会	80521014
小海字村委会	80522196	渠头村委会	80521362
南三间房村委会	80521397	富各庄村委会	80521367
王各庄村委会	80523898	满庄村委会	80522048
崔各庄村委会	80522074	东垡村委会	80521474
西垡村委会	80521359	前伏村委会	80523400
后伏村委会	80521543		

房地产开发公司名录

北京市通州区房地产开发总公司
北京市民望房地产开发有限责任公司
北京顺开房地产开发有限公司
北京开原房地产开发有限责任公司
北京潞隆房地产开发有限责任公司
北京永泰 宏基房地产开发有限公司
北京宏泰炀房地产开发有限公司
北京圣馨房地产开发有限公司
北京怡园伟业房地产开发有限公司
北京中博房地产开发有限公司
北京马桥神龙房地产开发有限公司
北京市欣达园房地产开发有限公司
北京利民生房地产开发有限公司
北京中南锦城房地产开发有限公司
北京新世界房地产开发有限公司
北京张家湾房地产开发有限公司
北京八通房地产开发有限公司
北京久久房地产开发有限责任公司
北京新建房地产开发有限公司
北京贵源房地产开发有限公司
北京通运达房地产开发有限公司
北京景欣世纪房地产开发有限公司
北京富河房地产开发有限责任公司
北京盈通房地产开发有限公司
北京颐辰房地产开发有限公司
北京联成房地产开发公司
北京市宏远置业房地产开发有限公司
北京嘉利恒德房地产开发有限公司
北京浩隆房地产开发有限责任公司
北京泰禾中维房地产开发有限公司
北京方德房地产开发有限公司
北京雅坤房地产开发有限公司
北京金致达房地产开发有限公司
北京子轶房地产开发有限公司
北京一方房地产开发有限公司
北京豪光房地产开发公司
北京筑高房地产开发公司
北京东亚房地产开发有限公司
北京东方嘉业房地产开发有限公司
北京华源京都房地产开发有限公司
北京凯瑞房地产开发有限公司
北京新华联房地产开发有限公司
北京潞隆房地产开发有限公司
北京武夷房地产开发有限公司
北京蓝蔚恒房地产开发有限公司
北京福田房地产开发有限公司
北京富新房地产开发有限公司
北京天旺房地产开发有限公司
北京海文房地产开发有限公司
北京恒帝隆房地产开发有限公司
北京潞河房地产开发有限公司
北京市天河运通房地产开发公司
北京中力房地产开发有限公司
北京东方家园房地产开发有限公司
北京东方华园房地产开发有限公司
北京中房佳和房地产开发有限公司
北京东安恒新房地产开发有限公司
北京京升达房地产开发有限公司
北京华亿伟业房地产开发有限公司
北京世纪园房地产开发有限公司
北京中天和置业有限公司
北京中天世纪房地产开发有限公司
北京金时代房地产开发有限公司
北京北亚华欣置业有限公司
北京亚通房地产开发有限公司
北京中泽房地产开发有限公司
北京绿色大运河房地产开发有限公司
北京万基房地产开发有限公司
北京紫金恒房地产开发有限公司
北京民兴房地产开发有限公司
北京信成房地产开发有限公司
北京特德物业发展有限公司
北京牧华伟业房地产开发有限责任公司
北京中建方圆房地产开发有限公司

北京同马房地产开发有限公司
北京津华通达房地产开发有限公司
北京万佳房地产开发有限公司
北京瑞景房地产开发有限公司
北京维盛宾房地产开发有限公司
北京东杰房地产开发有限公司
北京津华新联房地产开发有限公司
北京福润达房地产开发有限公司
昊宇房地产开发有限公司
北京宏大兴业房地产开发有限公司
北京东润投资集团有限公司
北京富利华房地产开发公司
北京泽丰房地产开发有限公司
北京盛达兴业房地产开发有限公司
北京天旭达房地产开发有限责任公司
北京万德福房地产开发有限公司
北京实地房地产开发有限公司
北京永同昌北方房地产开发有限公司
北京市京工房地产开发总公司
北京东方长安房地产开发有限公司
北京盛通绿色家园房地产开发有限公司
北京金五环房地产开发有限公司
北京紫翔房地产开发公司
北京泰博房地产开发有限公司
北京阳光迅益房地产开发有限责任公司
北京顺华房地产开发公司
北京运河新城房地产开发有限责任公司
北京凯丰房地产开发有限公司
北京地中缘房地产开发有限公司
北京华润新镇置业有限责任公司
北京百年房地产开发有限公司
北京弘正房地产开发有限公司
北京太合嘉园房地产开发有限责任公司
北京颐西房地产开发有限公司
北京黄海房地产开发公司
北京市跃天房地产开发有限公司
北京银创房地产开发有限公司
北京东海房地产开发有限公司
北京运河房地产开发有限公司
恒迅科创(北京)置业有限公司
北京中盟房地产开发有限公司
北京鑫裕阳房地产开发有限公司
北京名流源房地产开发有限公司
北京龙太房地产开发有限公司
北京古城房地产开发有限公司
北京世纪鼎盛房地产开发有限公司
北京安国房地产开发有限公司
北京博雅房地产开发有限公司
北京旺泰房地产开发有限公司
北京丰禾房地产开发有限公司
北京世纪恒丰房地产开发有限公司
北京万和正业房地产开发有限公司
北京中超房地产开发有限责任公司
北京天辰新世纪房地产开发有限公司
北京盛世伟业房地产开发有限公司
北京华银房地产开发有限公司
北京海涛房地产开发有限公司

图书在版编目(CIP)数据
书名:北京市通州年鉴.2003/通州区地方志编纂委员会编.
北京:中国对外翻译出版公司,2003.10
责任编辑:张　杰
ISBN 7-5001-1167-3/K.76
Ⅰ.北…　Ⅱ.通…　Ⅲ.区(城市)—北京市—2003 年鉴
Ⅳ.Z521.3
中国版本图书馆 CIP 数据核字(2003)第 088795 号

北京市通州年鉴
BEIJINSHI TONG ZHOU NIAN JIAN
北京市通州区地方志编纂委员会
*
出版发行:中 国 对 外 翻 译 出 版 公 司
(北京市西城区车公庄大街甲 4 号物华大厦六层)
电话:(010)68002481　68002482　传真:(010)68002480
邮编:100044
E-mail:ctpc@public.bta.net.cn　http:www.ctpc.com.cn
经销:新华书店北京发行所
787×1092 毫米　1/16 开　印张:23
2003 年 10 月第一版　2003 年 10 月第一次印刷
印刷:中国人民解放军第四二一〇工厂
印数:2000
ISBN 7-5001-1167-3/K.76
定价:70.00 元